좋은 역사학자는 '성인전'을 쓰지 않는다. 헨드릭스의 『마르틴 루터』는 이 점에서 요한 하위징아의 에라스무스 전기를 떠올리게 한다. 하위징아가 에라스무스의 위대함과 왜소함을 빛과 그림자로 그려 내듯이, 헨드릭스는 희망과 절망, 기쁨과 슬픔, 좌절과 분투 속에서 엎치락뒤치락 고뇌하면서 살아간 인간 루터의 다양한 모습과 삶을 그려 낸다. 이를 통해 하나님의 신실하심과 그 신실함에 응답한 연약하고 고집스러우면서도 충성스러운 한 종의 삶이 고스란히 드러난다. 루터 주변의 사람들, 시대의 정황과 한계, 원대한 꿈의 실현과 좌절, 잘 조명되지 않는 루터 후반기의 삶과 사역, 그의 실수와 연약함 등도 읽는 재미를 선사한다.

강영안 미국 캘빈 신학교 철학신학 교수

진리를 향한 루터의 외침은 중세의 암흑을 깨뜨리고 복음 및 인간성의 회복을 향한 역사의 새로운 차원을 열었다. 종교개혁사의 세계적 연구자인 스콧 헨드릭스 교수의 『마르틴 루터』는 루터의 삶과 비전을 생생하게 보여 줌으로써 오늘 우리로 하여금 루터의 종교개혁을 항상 현재적인 것으로 여기게 하고, 우리 시대의 종교개혁을 위한 비전을 가슴에 품도록 해 주며, 이러한 비전이 오늘날의 교회사적 요청임을 드러내 준다. 이 책을 통해 독자들은 믿음에 뿌리를 박고 자유를 누리는 그리스도인이자 근대의 첫 자유인 마르틴 루터를 만날 수 있으며, 나아가 루터가 그러했듯 내면적 양심의 고뇌를 오직 믿음으로 극복하는 길만이 인간에게 한없는 기쁨을 줄 수 있다는 증거를 붙잡게 될 것이다.

권득칠 루터대학교 총장

역사에 위대한 족적을 남긴 사람들은 그렇게 태어난 것이 아니라 그렇게 만들어지는 것이다. 조형의 칼날을 쥔 시간 속을 어렵게 통과해 가는 동안 그들은 전혀 예상치 못했던 역할을 감당하기도 한다. 칼 야스퍼스는 인간 존재는 인간 되어 감이라 했다. 루터, 그는 처음부터 개혁자는 아니었다. 그가 일으킨 위대한 개혁은 자신의 실존적 물음이라는 날실과 그에게 부여된 공적 책임이라는 씨실로 이루어진 태피스트리다. 스콧 헨드릭스는 역사가 루터에게 입혀 놓은 영웅적 존재로서의 의상을 벗겨 내고, 고뇌하는 존재로서의 인간 루터를 상세한 자료를 통해 보여 준다. 이 책은 루터의 이야기인 동시에 그를 빚어낸 역사 이야기, 더 나아가 하나님의 섭리 이야기이기도 하다.

김기석 청파교회 담임목사

스콧 헨드릭스의 책은 특별하다. 단순히 루터에 관한 그릇된 소문들을 걸러 내고, 루터 신학의 전개 및 발전 과정을 이해하는 데 도움을 주기 때문만이 아니다. 오히려 이 책은 루터의 위대한 성공담을 다루기보다, "대학 교수요 이단자요 배교한 수도사요 정치적 추방자요 도발적 사상가요 종교적 이상가"로서 살아간 한 사람의 장점과 단점을 모두 그려 내고자 했다. 저자는 중세의 지식과 문화의 환경 안에서 루터가 어떻게 새로운 생각을 따라갔는지, 그러한 삶 안에서 어떻게 '옛 교회로 대표되는 하나의 종교'를 '새로운 교회로 대표되는 또 하나의 종교'로 바꾸는 일에 쓰임을 받았는지를 치밀하게 기록한다. 오늘날 교회가 도덕적 의미에서 개혁되어야 한다고 생각하는 사람이라면, 이 책을 통해 루터가 헌신한 교회 개혁은 단순한 도덕적 개혁이 아니라 성경에 근거한 참 종교를 세워 가는 근본적인 신학 원리와 실천의 개혁이라는 점을 인식하게 될 것이다. 그런 의미에서 이 책은 루터라는 한 사람을 통해 하나님이 그분의 나라를 새롭게 하시는 은혜의 섭리를 깨닫게 한다. 더불어 루터에 관한 세부적인 사실을 알아 가는 기쁨 또한 누리게 한다. 교회의 개혁을 바라는 모든 분들에게 진심으로 일독을 권한다.

김병훈 합동신학대학원대학교 조직신학 교수

루터 전기가 부족해 이 책을 반기는 것은 아니다. 책은 이미 많다. 하지만 신뢰하며 마음 편히 읽고 인용할 수 있는 책은 많지 않다. 스콧 헨드릭스의 『마르틴 루터』는 그럴 수 있는 책이다. 루터와 16세기 프로테스탄트 개혁이라는, 한 권에 다 담아내기 어려운 이야기를 그 폭과 깊이와 복잡성을 잃지 않으면서도 핵심을 추려 쉽게 풀어낸 능력이 돋보인다. 헨드릭스는 탁월한 전문성과 가장 최근의 자료들을 가지고 독자가 루터의 생애와 신학은 물론 비전을 함께 나눌 수 있도록 500년 전 인물을 매력적으로 생생히 되살려 놓았다. 영어로 된 "좋은 루터 전기"를 쓰고자 했던 헨드릭스의 바람이 현실이 되었다. 루터에 대한 무성한 말이 아닌, 루터 자신의 글로 '루터'를 알기 위한 필독서다.

김선영 실천신학대학원대학교 교수, 『믿음과 사랑의 신학자: 마르틴 루터』 저자

마르틴 루터야말로 지난 500년 동안 서구 역사를 가장 결정적으로 추동하고 향도한 단 한 사람이다. 이 책은 1517년 10월 31일 95개 논제가 나오기까지의 과정과 그것들이 일으킨 이후의 역사적 격변을 총체적으로 다룬다. 이 책은 루터의 종교개혁자로서의 업적을 부각시키기 위해 저술된 여타의 루터 전기와는 다르다. 이 전기는 루터의 신학만을 다루기보다는 그의 개인적 친교권, 동료들,

그리고 그가 품은 정치적 동기들을 함께 부각시킨다. 이렇게 생생한 전기를 완성하기 위해 저자는 루터가 쓴 2,600편에 달하는 편지들과 여러 역사적 문서들을 직접 인용한다. 마치 루터가 말하는 것을 직접 듣고 있는 듯하다. 또한 루터의 일상생활을 상상할 수 있도록 도와주는 생동감 넘치는 상황들에 대한 세부 묘사는 루터가 살던 문화적, 정치적, 영적 세계가 어떠했는지를 짐작케 한다. 그럼으로써 우리는 루터의 전모를 좀더 온전히 그릴 수 있게 된다. 전체적으로 루터는 비범하고 독창적인 신학자요 까다로운 동료요 정력적인 행정가이며, 정치적으로는 어정쩡하고 타협적인 면이 있는 중도노선주의자이고, 그러면서도 지극히 가정적이고 자애로운 남편이자 아버지였다. 이 책을 읽고 나면, 한마디로 설명하기 어려운 입체적 인물 마르틴 루터에 대해 훨씬 더 큰 친근감을 갖게 될 것이다.

김회권 숭실대학교 기독교학과 교수

루터를 만나러 가자. 영웅 루터가 아닌 인간 루터를 만나러 가자. 후대 추종자들에 의해 화려하게 채색된 신화 속 루터는 잠시 잊자. 평생을 바쳐 수백의 자료는 물론 가장 최근의 연구까지 섭렵한 대학자의 글에 몸을 맡기고, 완벽하지 않은 날것 그대로의 루터를 만나러 가자. 온갖 결함과 실수투성이 인간이지만 불의에 맞서 용감하게, 비판을 무릅쓰고 단호하게 "꽉 찬" 인생을 살았던 글쟁이 교수, 추방된 이단자, 도발적 사상가, 종교적 이상가 루터를 만나게 되리라. 동료들과 나눈 수많은 편지에서 루터의 열정과 고뇌를 엿보다 보면 흥미로운 스토리에 몰입하고 있는 자신을 발견하리라. 자기 생애에 못다 이룰 개혁의 꿈이 언젠가는 완전해지리라 기대했던 몽상가 루터. 16세기 독일의 루터를 만나고 인생이 바뀐 20세기 미국의 마틴 루터 킹 주니어처럼, 이 책을 통해 21세기 한국에도 '루터들'이 출현하기를 기대한다.

남오성 주날개그늘교회 담임목사, 교회개혁실천연대 집행위원

루터에 관한 전기가 넘쳐 난다. 하지만 스콧 헨드릭스의 루터 전기는 몇 가지 점에서 독특성을 지닌다. 첫째로, 루터의 삶을 추적하되 루터 자신의 말로부터 시작한다. 루터 스스로가 자신의 삶을 말하게 만들며, 독자들은 루터의 이야기를 지금 여기에서 듣는 것처럼 느낄 수 있다. 둘째로, 책의 내용이 전문성을 갖춘 동시에 대중성을 겸하고 있다. 현재까지의 루터 연구를 망라한다는 점에서 깊고, 누구라도 읽을 수 있는 쉬운 문장으로 풀어 간다는 점에서 넓다. 셋째로, 루터를 객관적으로 바라볼 수 있게 돕는다. 루터라는 인물을 영웅이나 악당이

아닌 있는 그대로의 모습으로 그리며, 오늘날의 관점에 맞춘 루터가 아니라 16세기의 루터 그대로를 보여 준다. 저자의 탁월한 작품에 번역자의 맛깔스러운 솜씨가 더해져 빛이 난다. 꼭 일독을 권한다.

박경수 장로회신학대학교 역사신학 교수, 『교회사 클래스』 저자

한 권의 책을 읽으며 지금으로부터 500년 전 중세 유럽으로 날아가고 싶은 사람이라면 이 책을 적극 추천한다. 밤잠을 못 이룰 정도의 강력한 흡입력으로 루터의 세계를 흥미진진하게 여행하도록 도와주는 책이다. 저자는 유려하고 탁월한 문체와 감히 필적할 수 없는 엄밀함으로, 루터의 생애와 그가 속한 시대를 기막히게 생생히 그려 내었다. 최고의 루터 학자가 이토록 입담 좋은 이야기꾼이라는 사실은 동시대를 사는 우리에게 너무나 행복한 일이다. 이 책은 단지 한 권의 기독교 서적이 아니다. 기독교와 관계없이, 역사가 주는 재미에 푹 빠져 보고 싶은 분들에게도 이 책을 적극 권하고 싶다. 루터를 비롯한 중세 유럽의 사람들이 바로 눈앞에서 살아 움직이고 있음을 느끼게 될 것이다.

우병훈 고신대학교 신학과 교수, 『처음 만나는 루터』 저자

지금까지 우리는 이렇게 멋진 루터 전기를 만난 적이 없다. 중세 교회가 저질렀던 교리와 예배의 타락, 교황과 그 어용 정치꾼들의 횡포와 음모, 그 때문에 당시 민초들이 당했던 영육의 피폐, 이러한 회오리 속에서 영적 씨름으로 교회와 세상의 현실을 직시한 루터의 깨우침! 그 깨우침으로 다시 몸부림치면서, 연옥에서 헤매는 불쌍한 사람을 사랑하고 붕괴하는 교회를 온몸으로 감싸 안은 루터! 저자의 필안으로 한국 교회와 직분자 및 온 교인들을 바라보면서, 우리는 루터의 믿음의 열정을 공유하고 이 시대 루터로 파송받게 될 것이다.

유해무 고려신학대학원 교의학 교수

이 책은 수준 높은 역사신학 전문가의 다년간 연구의 열매다. "빛이 많은 곳에 그늘도 많다"는 독일 속담이 있다. 루터의 생애에 대한 이전의 책들과 달리, 요즘의 책들은 루터의 약점과 문제점들을 부인하지 않는다. 스콧 헨드릭스도 루터를 높이 평가하지만 그의 인격과 역할을 과대평가하지 않는다. 그런데 대부분의 루터 전기가 1517년의 95개 논제로부터 종교개혁이 비롯되었다고 판단하는 것과는 달리, 이 책은 종교개혁이 루터가 바르트부르크성으로 피신해 있던

1522년에 비텐베르크에서 시작되었다고 본다는 점이 독특하다. 즉 불씨를 던진 것은 루터이지만, 종교개혁 자체는 여러 사람들에 의해 일어난 사건으로 해석하는 것이다. 루터 자신도 이와 비슷하게 판단하여, 제89번 논제를 설명하며 이렇게 기록했다. "교회가 개혁을 필요로 한다. 그러나 그 개혁은 한 사람의 일이 아니다. 여러 사람들의 집단적 일도 아니다. 온 세상의 일이다. 하나님이 하시는 일이다." 이 책은 2015년에 출간되자마자 금방 인정을 받았다. 손성현 박사의 번역은 언제나 정확하고 읽기 쉬운데다, 원문의 오탈자까지 바로잡았다. 기쁜 마음으로 이 책을 추천한다!

이말테 루터대학교 신학과 교수, 『서울에서 만난 루터』 저자

너무도 많은 루터 관련 문헌들 가운데 어떤 것부터 시작해야 할지, 혹은 단 한 권만을 읽어야 한다면 무엇을 읽어야 할지 고민이 깊을 수밖에 없는 독자들에게, 스콧 헨드릭스의 『마르틴 루터』를 추천하고 싶다. 저자는 헤이코 오버만이 교수로 재직하던 시절 튀빙겐 대학교에서 루터 시편 연구로 박사 학위를 취득한 후, 40년 이상 루터 전문가로 활동하며 여러 저술을 남긴 베테랑 학자다. 그는 이 전기를 통해 역사와 신학 모두를 조명하려고 했고, 루터의 초기 생애만큼이나 후기 생애도 균형 있게 다루려고 심혈을 기울였다. 또한 바이마르 전집이나 영어판 루터 전집을 비롯하여 루터 관련 주요 2차 문헌들을 다 섭렵하였을 뿐 아니라, 루터의 족적을 직접 따라가면서 눈으로 관찰하고 확인한 결과들을 이 전기 한 권에 다 녹여 내고 있다. 학문적으로 탄탄할 뿐 아니라, 누구라도 편하게 읽을 수 있는 쉬운 필치로 쓰였다는 것도 이 책의 장점이다. 영어권에서도 이미 정평을 얻은 책인데, 이번에 역량 있는 역자의 손에서 한글로 옮겨져 출간되었다. 루터와 신학적 입장을 달리하든, 혹은 헨드릭스와 다른 견해를 가졌든 간에 상관없이, 개혁자 마르틴 루터를 이해하기 원한다면 그 첫걸음을 헨드릭스의 이 탁월한 전기로부터 시작해 보는 것이 좋으리라 생각하여 이 책을 추천하는 바다.

이상웅 총신대학교신학대학원 조직신학 교수

영미권 최고의 루터 전문가 스콧 헨드릭스는 오랜 학문 경력을 마무리하며 쓴 『마르틴 루터』에서 '성자' 루터를 그리지 않는다. 헨드릭스는 일평생 '꿈과 비전을 품었던', 그러나 그 비전의 성취를 자기 눈으로는 보지 못하고, 이를 보는 영광을 후세에 유산으로 남겨주어야 했던 '인간' 루터의 모험과 도전, 반성과 고백을 담담히 그려 낸다. 영웅을 그려 내려는 과장도, 성인을 만들려는 환상도,

패배자를 규정하는 비하도 없다. 헨드릭스는 그 중간에 서 있는 한 사람 루터, 즉 루터 스스로의 말대로, '성도이면서 죄인'인 바로 그 루터를 그려 낸다. 그러나 그 역사는 정직하고 진실하기에 울림이 크다. 역사의 매력과 절망, 복원할 수 있는 것과 복원할 수 없는 것 사이의 위험한 줄타기를 성공적으로 완수한 저자에게 독자의 한 사람으로 갈채를 보낸다. 이는 루터의 이야기이자, 동시에 희망과 절망의 중간 어딘가에 서 있는 우리 모두의 이야기다.

이재근 웨스트민스터신학대학원대학교 선교학 교수, 『종교개혁과 정치』 저자

진짜가 나타났다. 루터와 관련된 수많은 책들 중, 이 책은 영웅적 로봇으로 종교개혁을 성공한 루터가 아닌 원기 왕성한 삶을 살아간 역동적 인간 루터를 가장 적실하게 담고 있다. 루터는 신앙과 지성, 성품과 역량에 있어 모든 면이 완벽한 개혁가가 아니었다. 그는 직설적이고 강한 말로 주위 사람들에게 상처를 주고 무모하리만큼 용감한 행동으로 숱한 시행착오를 반복한 극단주의자였다. 그럼에도 그는 하나님이 주신 꿈을 꾸었고 꿈을 포기하지 않고 꿈을 위해 대가를 치렀다. 오늘날 한국 교회는 루터 시대 이후 가장 타락하고 부패했다고 평가받고 있다. 돈과 권력으로 세속화된 '베드로 대성당' 못지않은 초대형 교회와 브랜드 교회들이 우뚝 서 있다. 우리가 루터를 기억해야 하는 것은 단지 그를 기념하고 영웅시하기 위한 것이 아니라, 루터가 자신의 시대에 꿈꾸는 개혁가로 산 것처럼 우리도 우리의 시대와 교회를 꿈꾸며 개혁하기 위함이다.

이진오 세나무교회 담임목사, 『재편』 저자

이 책은 역사학자의 맛깔스런 스토리텔링이다. 옥석을 가리기 힘들 정도로 쏟아져 나온 다양한 루터 관련 서적들 가운데 단연 돋보이는 책이 바로 스콧 헨드릭스의 『마르틴 루터』다. 그는 루터의 생애를 연대기로 서술하는 간명한 방식을 선택했지만, 알아듣기 힘든 학자들의 언어 대신 쉬운 언어를 사용하되, 신학계의 거장답게 진중한 내용들을 정교하게 엮어 낸다. 이제껏 학계에 잘 소개되지 않았던 루터와 종교개혁 현장의 정보들을 촘촘한 그물망으로 건져 올린 다음, 독자로 하여금 보물 같은 역사의 교훈들을 발견하도록 돕는다. 이 책에 담긴 역사학자의 출중한 스토리텔링이 훌륭한 번역자를 통해 더욱 품격 있고 맛깔스럽게 펼쳐진다. 루터와 종교개혁을 알고 싶다면, 이 책을 잡으라. 이 책은 진짜다!

최주훈 중앙루터교회 담임목사, 『루터의 재발견』 저자

또 다른 루터 전기를 통해 많은 것을 배울 수 없으리라고 생각했는데, 내가 틀렸다. 스콧 헨드릭스의 『마르틴 루터』는 많은 면에서 모든 루터 전기 가운데 단연 으뜸이다. 이 중요한 전기에서, 헨드릭스는 루터에 대한 자기만의 관점을 수립하는 것 이상의 일을 해냈다.

데이비드 스타인메츠 전 하버드 대학교 역사신학 교수

주목할 만한 한 사람과 그의 시대에 관한 놀라울 정도로 훌륭한 초상화다. 능수능란한 이야기꾼이 마르틴 루터의 삶과 신념을 폭넓은 맥락에서 다룬다. 우아하고 열정 넘치는 문체로 루터의 삶을 소개하는데, 박식하면서도 공감을 자아낸다. 헨드릭스는 루터의 사상이 형성되는 과정에 집중하면서도 그에 관한 수많은 신화의 정체를 폭로한다. 헨드릭스의 루터는 신랄하고 사나우면서도, 자신의 신학에 하나님의 용서에 대한 깊은 감사를 담아내는 남다른 부드러움을 지닌 사람이다. 이 책은 예언자적 권위와 세계를 변화시키는 영향력에 초점을 맞추면서 마르틴 루터와 마틴 루터 킹 주니어를 비교하기도 한다.

브루스 고든 예일 대학교 교회사 교수, 『장 칼뱅』 저자

이 우아하고 세심한 전기의 가장 뛰어난 점 하나는 루터를 그 상황 안에서 서술한다는 점이다. 낭만적 신화 속 고통받는 영웅 대신, 우리는 동료, 친구, 가족들에 둘러싸인 바쁜 한 사람의 학자, 교사, 설교자, 작가를 만나게 된다. 그는 시대를 변혁하는 자신의 통찰력으로 인해 예기치 못한 무수한 도전에 직면했지만 그에 정직하게 반응하며 살아갔다. 생동감 넘치는 상황 묘사들을 통해, 스콧 헨드릭스는 루터를 진정으로 그의 문화적, 정치적, 영적 세계 속에서 살아간 사람으로 그려 낸다.

유안 캐머런 유니언 신학교 종교개혁사 교수

헨드릭스는 루터라는 한 사람의 전기를 썼을 뿐 아니라 초기 루터파의 종교개혁에 관한 역사 또한 보여 주었다. 이 책은 그야말로 훌륭한 루터 전기다. 헨드릭스의 이 전기는 결코 마지막 루터 전기는 아니겠지만, 그가 이 책에서 보여 주는 통찰력의 폭과 깊이에 필적할 만한 전기를 찾는 일은 무척 어려울 것이다.

「씨올로지」Theology

스콧 헨드릭스는 미국 프로테스탄트 전통의 내부자이자 베테랑 역사가로, 전통이 그 창립자에 관해 구축한 자기만족적 신화에 문제를 제기하는 가치 있는 목표를 세웠다. 그 목표는 이 책 『마르틴 루터』를 통해 아주 효과적으로 수행되었다.

「런던 리뷰 오브 북스」 London Review of Books

훌륭하며 주목할 만한 정확성과 명료함으로, 헨드릭스는 서구 세계와 그 너머에서 500년 동안 사고와 행동에 영향을 끼쳐 온 한 인물의 생애를 조명한다. 이 책을 통해 그는 자신이 종교개혁에 대해 이미 학문적으로 기여해 온 중요한 업적에 또 하나를 추가했다.

「르네상스 쿼털리」 Renaissance Quarterly

놀라울 정도의 간결한 문체로, 헨드릭스는 종교개혁의 아버지 루터의 명예를 회복하기 위해 그의 긴 생애를 조명한다. 아주 훌륭하고 견고한 전기다.

「북리스트」 Booklist

이 책은 루터의 강점과 결점 모두를 보여 주고 루터 주변 인물들(남녀 모두)의 중요성을 강조한다. 이해하기 쉬운 문체로 쓰여, 다양한 독자들이 흥미롭게 읽을 수 있을 것이다.

「씨올로지 앤 히스토리」 Theology and History

헨드릭스는 루터의 삶과 신학이 발전되는 과정에 대한 공정하고도 매력적인 이야기를 제시하여, 많은 역할을 맡은 복잡한 인물 루터에 관한 미묘한 초상화를 그린다.

「씨올로지컬 스터디」 Theological Studies

대단히 뛰어난 전기다. 익숙한 재료(루터)가 독특하고 새로운 빛깔로 채색되었다. 루터가 주고받은 편지들을 더 새롭고 철저하게 분석하여, 루터의 내면세계가 성숙해지는 과정을 루터 자신의 말로 들려준다.

「아메리카」 America

헨드릭스가 『마르틴 루터』에서 보여 주는 루터는 대단한 신학자일 뿐 아니라 한결같은 친구이자 까다로운 동료, 정력적 행정가, 썩 훌륭하지는 않은 정치인,

다정하지만 때로는 냉정한 남편이자 아버지다. 헨드릭스의 날카로운 통찰력과 쉬운 문체, 그리고 사실과 인용에 충실한 판단을 통해 이러한 복잡한 모습이 모여 하나의 그림을 완성해 낸다.
「처치 타임스」 Church Times

헨드릭스의 이 전기는 최신 연구에 기반한 종합적인 교과서다. 그는 역사가이자 신학자일 뿐 아니라 유럽과 미국 사이에 다리를 놓는 학자인데, 그의 글쓰기는 숨 막히게 학문적인 문체와는 거리가 멀다. 유사한 크기의 여러 루터 전기들 가운데, 헨드릭스의 이 책은 많은 면에서 최고의 학술적 교과서다. 포괄적이지만 지루하지 않고, 신학과 역사 사이에서 균형을 잘 맞춘다. 가장 최신의 유럽 및 미국의 학문적 성과를 적절히 활용한다. 대단히 추천한다.
「퍼스트 씽스」 First Things

이 책은 학문적으로 영향력 있는 루터 전기다. 헨드릭스는 120권에 달하는 전집을 비롯하여 루터가 남긴 수많은 저작들을 섭렵하며 유능한 가이드가 되어 준다. 루터의 생애에 관한 기본서로, 여전히 지속되는 마르틴 루터의 유산에 인상적으로 기여한다.
「히스토리 투데이」 History Today

마르틴 루터

IVP(InterVarsity Press)는
캠퍼스와 세상 속의 하나님 나라 운동을 지향하는
IVF(InterVarsity Christian Fellowship)의 출판부로
생각하는 그리스도인을 위한 문서 운동을 실천합니다.

ⓒ 2015 by Yale University
Originally published in English as *Martin Luther: Visionary Reformer*
by Yale University Press, London, United Kingdom.
All rights reserved.

This Korean edition is published by arrangement of Yale University Press
through rMaeng2, Seoul, Republic of Korea.

This Korean Edition ⓒ 2017 by Korea InterVarsity Press
156-10 Donggyo-Ro, Mapo-Gu, Seoul 04031, Korea

이 한국어판의 저작권은 알맹2 에이전시를 통하여
Yale University Press와 독점 계약한 IVP에 있습니다.
신 저작권법에 의하여 한국 내에서 보호받는 저작물이므로
무단 전재와 무단 복제를 금합니다.

마르틴 루터
새 시대를 펼친 비전의 개혁자

스콧 헨드릭스 | 손성현 옮김

Ivp

아멜리아, 조이, 마야에게.

한 사람의 인생에서 그의 행위와 말이 차지하는 부분은 얼마나 작고 미미한가! 진짜 인생은 머릿속에서 전개되며, 그래서 자기 외에는 누구도 알지 못한다.…전기(傳記)는 한 사람의 옷과 단추들에 불과하다. 그 사람 자신의 전기는 글로 쓰일 수 없다.

—마크 트웨인(1906)

차례

한국의 독자들에게 19
머리말 21
인물 소개 32
지도 38

1부. 개혁을 향해 가는 길 1483/1484-1521 41
1. 나의 고향 43
2. 나의 모든 존재와 소유 67
3. 머리끝에서 발끝까지 거룩한 87
4. 그런 사람들 가운데 하나는 아닌 111
5. 더 이상 침묵할 수 없습니다 139
6. 최고의 신학자들 163
7. 내 마음의 돛 191
8. 그분께만 종속된 221

2부. 새로운 비전을 추구하며 1522-1546 253
9. 천 가지 술책의 달인 255
10. 나 같은 유명한 애인 285

11. 폭동은 용납할 수 없다	323
12. 상스럽고 난폭한 민족	357
13. 새로운 노래	393
14. 세상에 대하여 죽은	429
15. 참된 종교	459
16. 더 나은 쪽으로	487
17. 교황주의자들에게 빚진	513
18. 어마어마한 죄인	541
맺음말	573
약어	581
주	583
참고문헌	624
도판 출처	646
찾아보기	647
연표	680
옮긴이의 말	685

• 일러두기
본문의 인명과 지명 표기는 원어를 따랐고, 병기는 원서에 준했다.
각주는 옮긴이의 주이며, 번호가 붙은 미주는 지은이의 주다.

한국의 독자들에게

이 책이 번역되어 이제는 한국 독자들도 모국어로 읽게 되었다니 정말 기쁩니다. 저는 프린스턴 신학교에서 가르치면서 많은 한국 학생을 만났고, 그들이 얼마나 신실하게 믿음 생활을 하며 얼마나 열심히 공부하는지를 알게 되었습니다. 나의 제자로서 지금은 한국에서 가르치고 있는 김선영 박사는 한국 기독교의 역사와 한국 개신교의 생명력에 관해 많은 이야기를 들려주었습니다. 저는 또 한국의 루터 교회가 교육과 목회에 헌신한 역사에 대해서도 알고 있습니다.

루터가 살았던 16세기 유럽은 대부분 기독교 세계였지만, 이 루터 전기는 그리스도인 독자만을 염두에 둔 책이 아닙니다. 루터는 종교개혁을 촉발함으로써 종교의 역사를 바꾸었습니다. 그 변화는 그가 성취한 개혁에 의해, 나중에는 개신교 신앙이 전 세계에 전파됨을 통해 가능해졌습니다. 루터는 사람들을 구원에 대한 두려움으로부터 자유롭게 해 주는 종교, 그래서 사람들이 예수님의 가르침을 구현하는 사회를 만들기 위해 노력하도록 힘을 북돋워 주는 종교를 꿈꾸었습니다. 루터가 그 비전을 품고 이를 집요하게 추구해 나간 이야기는 어떤 영웅담이 아니라, 위대한 재능을 가졌지만 우리와 똑같은 결함도 있었던 한 신앙인에 대한 매력적인 이야기입니다.

저는 종교와 역사에 관심이 있는 사람이라면 누구나 읽고 이해할 수 있는 루터 전기를 쓰고자 했습니다. 여러분도 루터 이야기를 읽으면서 영감을 얻고, 나아가 루터의 저술을 직접 읽는 것까지 고려해 보기를 바랍니다. 루터 자신의 글도 루터의 삶과 비전을 우리에게 생생하게 보여 줄 테니까요.

머리말

2014년, 매사추세츠 공대 디지털 지도 프로젝트는 주전 800년부터 주후 1950년 사이에 이루어진 인류의 문화적 업적을 꼼꼼히 훑었다. 판테온이라 이름 붙인 이 프로젝트는 인류 역사상 위대한 인물들 중에서도 위키피디아에서 이름이 25개 이상의 언어로 검색되는 사람들을 추렸다. 판테온이 찾아낸 4,002명은 모두 1950년 이전까지 예술과 과학 분야에서 크게 기여한 인물들이었다. 그런 다음 디지털 프로그램으로 그들의 업적을 활동 분야와 시대와 출생지 등의 범주로 분류하여 순위를 매겼다.[1] 놀랍게도 마르틴 루터는 종교 영역에서 활동한 주요 인물 518명 가운데 5위에 올랐고 독일 출생의 746명 가운데서는 4위에 올랐다.[2] 종교 영역에서 루터보다 높은 순위를 차지한 인물은 예수, 모세, 무함마드, 아브라함뿐이었다. 루터 바로 아래에는 사도 바울, 솔로몬왕, 마리아, 사도 베드로가 있었다. 독일에서 태어난 사람들 중에는 아인슈타인, 바흐, 베토벤만이 루터보다 위에 있었다. 공산주의의 아버지 칼 마르크스, 문학의 천재 요한 볼프강 폰 괴테, 예술가 알브레히트 뒤러, 구텐베르크 성경 인쇄공도 루터를 넘어서지 못했다.

이러한 결과를 보건대, 1517년 마르틴 루터가 불을 붙인 종교개혁은 종교와 인류 문화의 영역에서 지속적인 영향을 끼쳤다. 이 개혁은 성경 전체가 독일어로 번역되면서 영향력이 극대화되었고, 순식간에 다른 지방 언어로의 번역을 이끌었다. 성경이 평범한 사람들의 손에 안겨지고 유럽 문화 속으로 스며들면서 기독교가 분화되었는데, 수백 년에 걸친 그 변화의 정도는 눈으로 다 확인할 수 없을 정도다. 유럽 열강의 대대적인 식민지 확장으로 종교개혁의 영향은 다른 대륙으로 퍼져 나갔으며, 개신교뿐 아니라 로마 가톨릭도 여전히 그 변화를 체험하고 있다. 16세기 로마 교회는 유럽 기독교에 대한 지배력을 상실했으나 아메리카 대륙에서, 그리고 아프리카와 아시아 일부에서 강력한 위상을 확보했다.

모든 역사가들이 기독교의 분화를 문화적 기여로 여기지는 않는다. 어떤 역사가들은 그 분화가 불러일으킨 부정적 결과를 대부분 마르틴 루터의 탓으로 돌린다. 그러나 기독교 세계의 분열과 팽창을 아쉬워하는 사람들조차도 종교개혁이 종교, 문화, 정치의 격변에 엄청난 영향을 끼쳤다는 사실만큼은 인정한다. 루터의 명성은 이런 영향력 덕분이지만, 루터 전기를 쓰는 사람에게는 이런 영향력이 오히려 문제가 된다. 종교개혁 자체가 너무나 어마어마한 사건이다 보니 오히려 그 개혁을 일으킨 사람이 이런저런 개혁들(루터 자신은 생각해 보지도 못한 일들)을 현장에서 추진한 인물들 사이에서 묻혀 버리는 경우가 비일비재하다. 그러므로 루터 전기 작가들은 그의 생애를 초기 종교개혁 운동과 분리해서 서술할 수 없음에도 종교개혁이 인물 자체를 압도해 버려서도 안 된다는 딜레마에 빠진다. 종교개혁의 역사는 루터가 한 일에 대해서는 많은 것을 말해 주지만, 루터가 누구인가에 대해서는 거의 말해 주지 못한다.

그가 성취한 일과는 별개로, 마르틴 루터는 대단히 흥미로운 인물이다. 루터는 요즘 우리가 "꽉 찬" 인생이라고 부르는 그런 삶을 살았다. 하루하루가 친구, 동료, 친척, 비평가들과 더불어 보낸 다채롭고 격정적인 시간으로 꽉 차 있었다. 그는 기뻐하고 슬퍼하며, 건강하다 아프고, 부드럽게 말하다가 폭풍 같은 분노의 말을 토해 내는 사람이었다. 믿지만 의심하고, 대담하지만 두려워하며, 저주하지만 기도하고, 감동으로 몸을 떨지만 또한 낙심하는 사람이었다. 종교개혁을 시작한 사람은 영웅적 로봇이 아니라 원기 왕성한 삶을 살아간 역동적 인간이었다. 이 전기傳記는 바로 그러한 삶의 면면을 최대한 짚어 가면서, 대학 교수요 이단자요 배교한 수도사요 정치적 추방자요 도발적 사상가요 종교적 이상가로 살았던 그의 비범한 이력을 따라가 보려고 한다.

1983년, 독일의 루터 연구자 헬마르 융한스Helmar Junghans는 이렇게 경고했다. "마르틴 루터에 대해 철저하게 정확하고 적절한 전기를 쓰는 일은 한 사람의 역사가가 감당하기에는 너무나도 큰일이다."³ 그때 융한스는 루터 탄생 500주년을 기념하여 출간될 일련의 전기들을 검토하고 있었다. 2017년 즈음에는 더 많은 전기들이 쏟아져 나올 것이다. 루터가 95개 논제를 게시한 날, 전통적으로 종교개혁의 출발점이라 간주되는 날로부터 500년이 지난 것을 기념하는 해가 되기 때문이다. 그러나 그 전기들 가운데서 어떤 것도 완전할 수는 없다. 융한스의 말이 맞다. 어떤 전기도 처음부터 끝까지 정확할 수 없으며 모든 독자에게 꼭 알맞은 것이 될 수는 없다. 그러나 나는 여러 사람으로 구성된 위원회 같은 데서 쓰는 전기보다 한 사람이 쓴 전기가 낫다고 생각한다.

내가 불가능한 도전을 하는 이유는 단순하다. 나는 영어로 된 "좋은 루터 전기"가 있으면 좋겠다는 요청을 이따금 받았다. 내 생각에 좋은 루터 전기란 루터의 생애 전체를 포괄하되, 루터에 대한 뜬소문들은 쳐내고 가장 최근의 루터 연구까지 섭렵해야 한다. 게다가 학교 강의를 위한 참고 도서 목록에 올리려면 분량이 적절해야 하고 잘 읽혀야 한다. 오래전에 출간된 전기들은 얇은 책이든 두꺼운 책이든 여전히 쓸 만했고, 최근에 출간된 책 가운데서도 어떤 특별한 주제나 루터 생애의 특정 시기를 다룬 책들은 아주 훌륭했다. 그러나 학생들을 가르치는 입장에서 나를 충분히 만족시키는 전기를 찾아내지는 못했다. 그렇다고 내가 그걸 써야겠다는 생각은 감히 하지 못했다.

마르틴 루터의 전기를 쓰려는 사람은 여러 가지 난관에 직면한다. 자료의 부족 때문이 아니다. 오히려 한 사람의 전기 작가가 도저히 읽어 낼 수 없을 만큼 자료가 많다는 것이 문제다. 독일어와 라틴어로 된 루터의 학술적 저작은 아주 두꺼운 책으로 120권이 넘는다. 영어 번역본은 55권이 일단 "완성"되었고 지금도 추가되고 있다. 또 다른 난관들도 이루 다 헤아릴 수 없을 정도다. 가령 최근의 연구는 과거에 확실시되었던 날짜들, 예를 들어 루터의 탄생 연도 같은 중요한 날짜의 신빙성을 의심한다. 어떤 중요한 사건들에 관한 자료가 아예 없는 경우도 있는데, 마르틴 루터와 카타리나 폰 보라가 언제 어떻게 결혼을 결심했는지 같은 것이다. 대표적으로 루터가 가족, 하숙생, 친구, 동료들과의 식사 자리에서 한 말이라고 알려진 흥미진진한 단상들은 정말 루터 자신의 입에서 나온 말인지 불확실하다. 이 대화는 독일어 혹은 라틴어로 되어 있고(혹은 두 언어가 섞여 있고), 여섯 권 분량의 이른바 『탁상담화』Table Talk에 실려 있다. 이것은 루터의 생애 마지막 15년 동안 드문드문 루터를 찾아와 이야기를 나누었던 최소 11명의 손님들이 기록한 글 모음집이다.[4] 그 내용을 얼마나 신뢰할 수 있느냐 하는 문제는 여전히 논란이 있지만, 그 가운데 루터의 삶과 관련이 있으며 루터 특유의 직설적이고 극적인 어투와 잘 맞는 듯한 대목들은 이 책에서 활용했다.

루터 전기를 쓰려는 사람이 직면하는 다른 문제도 있다. 조각보처럼 여러 주州와 도시로 이루어진 16세기 독일의 상황, 어지럽게 뒤엉킨 교회와 국가, 종교개혁 이전의 기독교를 현대의 로마 가톨릭과 똑같이 생각한다거나 초기 프로테스탄트—그들은 스스로를 '복음적인 사람들'evangelicals이라 불렀다—를 오늘날의 복음주의 그리스도인들과 동일시하려는 경향 같은 것이다. 다른 장애물도 있다. 루터의 삶과 행보를 같이한 다수의 교황, 추기경, 주교, 수도사, 수녀의 행렬이나, 당시 루터를 위험에 빠뜨리거나 곤경에서 구해 냈던 정치가들의 불명확한 동기, 광범위한 분석까지는 아니더라도 설명이 필요한 생소한 신학 개념들,[5] 루터 시대의 일상에 대해 신뢰할 만한 단서를 제공하기도 하지만 그렇지 않기도 한 고고학적 발굴 등도 있다.

하지만 이런 어려움이 변명이 되지는 않는다. 나는 이 문제들을 탐색하면서 세 가지 기준을 염두에 두었다. 첫째, 루터는 영웅도 아니고 악당도 아니며, 나름의 장점과 결함을 지닌 한 인간이었다. 루터 신학의 주요 명제인 "성도이면서 죄인"at the same time saint and sinner은 다른 어떤 사람보다 루터 자신에게 잘 들어맞는 말이다. 나는 그의 비범한 특성을 고려하면서도 이 두 가지 측면을 있는 그대로 드러내고자 했다. 둘째, 루터는 고립된 개혁자가 아니었다. 그는 친척, 친구, 동료, 정치적 조언자들과 밀접한 관계 속에서 함께 살고 일했으며, 그들 없이는 종교개혁도 불가능했을 것이다. 그들은 루터 이야기에서 중요한 역할을 감당한 다른 사람들과 더불어 이 책의 앞부분 '인물 소개'에 제시될 것이다. 셋째, 나는 여러 인물과 사건을 16세기의 모습으로 재현하며, 오늘날의 기준으로 그들을 평가하지 않으려 한다. 이 일을 완벽하게 해낼 수 있는 역사가는 없다. 모든 역사가는 나름의 관점을 지닌다. 나 역시, 루터가 누구였고 그가 무엇을 원했는가에 대해 읽은 자료를 토대로 발전시킨 나의 의견을 여기저기에 늘어놓았다. 그러나 나의 의견에 동의하지 않는 독자들도 루터의 생애를 즐겁게 조망할 수 있었으면 한다. 나는 지금도 루터라는 사람의 생애에 매료된다. 철저한 조사로 알 수 있는 범위마저 뛰어넘어 한 사람과 그의 삶에 함께한 사람들을 좀더 잘 알게 되었으면 좋겠다. 과거는 연구할 수는 있지만 다시 살 수는 없다. 이것이 역사의 매력이자 절망이다.

판테온 프로젝트는 인류의 종교·문화 분야에 기여한 과거의 인물들 가운데 마르틴 루터를 거의 정상의 자리에 배치했다. 그러나 지금 우리 시대에 루터가 중요한 것은 그가 이룬 것 때문이라기보다는 그가 꿈꾼 것 때문이다. 루터는 단순히 교회를 개혁한 사람이 아니라 종교를 개혁한 사람이었다. 그는 나쁜 종교를 새로운 신앙으로 대체했으니, 이는 편협한 교리와 도덕 대신 자유와 정의를 소중히 여기는 신앙이었다. 생각을 닫아 버리는 대신 생각을 열어 주는 종교, 고통과 착취로 마음을 닫아 버리는 대신 (루터의 표현에 따르면) "서로 위로함"mutual consolation을 통해 마음을 열어 주는 종교였다. 종교는 십자군 운동이 아니었으며 루터는 폭력을 옹호하거나 실행하는 일에 대해서는 경계하는 태도를 보였다. 루터 자신도 자기중심적 성향에서 완전히 자유롭지는 않았으나, 그가 바랐던 종교는 이생과 내세의 행복 추구에만 열을 올리는 이기적인 모습에 기초한 것이 아니었다. 루터는 열심히 믿고 기도하기만 하면 치유와 성공을 약속하는 그런 신앙의 주창자가 아니었다. 루터에게 신앙이란 잘 개발시켜야 할 원자재 같은 것이 아니라 선물이었으며, 그것도 그 일부만 오래 이어지는 그런 것이었다. 신앙은 단순히 개인적 견해가 아니라, 다른 사람의 복지를 위한 공적 헌신까지 포괄하는 것이었다.

그러나 루터는 인간 조건에 관한 한 현실주의자였다. "죄와 죽음과 악마"의 사악한 삼두 정치는 신자든 불신자든 가리지 않고 서로를 학대하고 착취하고 죽이게 만든다. 인간의 이성과 낙관주의로는 악을 없앨 수 없다. 기적을 약속하며 사람들을 현혹하는 종교도 마찬가지다. 루터는 그런 종교를 가차 없이 미신으로 간주하곤 했다. 그는 이 세상이 종교를 통해 완전해질 것이라고 기대하지 않았다. 그러나 자기가 대변하는 종교가 악에 맞서 최후의 승리를 거둘 때까지 위로와 힘과 자비를 줄 것이라고 믿었다. 루터가 믿는 하나님은 악을 냉엄하게 심판하시는 분임에는 틀림없으나, 동시에 자비로우시며 신뢰할 수 있고 타락한 정도에 관계없이 모든 피조물에게 충실한 분이셨다.

사람들이 신을 믿든 믿지 않든, 종교는 인간의 삶 속에서 선과 악을 일으키는 강력한 힘 가운데 하나이며 앞으로도 그 잠재력을 잃어버리지 않을 것 같다. 어째서 하나님이 이 세상에 뛰어들어 모든 일을 해결해 주시지 않으시냐? 루터는 그런 문제로 당황하지도 않고 그 문제를 설명하려 들지도 않을 것이다. 하나님의 신비, 하나님의 다름(타자성)otherness은 그에게 소중한 것이었다. 그의 머리는 그의 삶에 닥쳐온 고난과 환멸에 대한 손쉬운 해답을 찾아내지 못했으나, 신앙은 그의 마음을 사로잡고 그를 지탱해 주었다. 루터에 의하면, 신앙은 어려운 것이지만 그것만이 종교의 유일하며 확실한 근거, 겸손하고 희망 가득한 근거다. 세상을 새롭게 만드는 자체의 힘에 대해서는 겸손하지만, 우리를 우리 자신으로부터 구원하시는 힘―종교 자체보다 큰 힘―에 대해서는 희망차다.

———◆———

루터의 생애는 그가 종교개혁자가 되기 이전과 이후로 나뉜다. 이 책 제1부는 루터가 처음으로 자신의 소명을 언급하는 시점(1521)에서 끝난다. 그때 루터는 기독교의 참모습에 대한 비전에 근거하여 중세 종교를 개혁하는 일이야말로 자신의 소명이라고 선언한다. 루터는 1521년 이전에도 여러 가지 개혁을 제안했지만, 자기가 종교개혁과 같은 대중 운동의 지도자가 될 것이라고 생각하지는 않았다. 제2부는 종교개혁자 루터의 이야기다. 그는 여태껏 제안하기만 했던 것을 구체적으로 실행에 옮기는 명실상부한 지도자로 나섰다. 물론 루터의 제안 그 자체도 엄청나고 강력한 것이어서, 국가는 그에게서 모든 법적 권리를 박탈해 버렸으며 교회는 그를 이단으로 간주했다. 1522년에 일어난 운동은 루터가 11년 동안 살고 가르쳤던 작은 마을 비텐베르크에서 시작되었다. 루터가 글을 통해 제시한 급진적 개혁은 대학교와 수도원의 동료들에 의해 처음으로 실행되었다. 루터는 정치적 망명에서 돌아온 다음부터 비로소 개혁 운동의 지도자가 된다. 하지만 그때까지도 종교개혁의 마스터플랜 같은 것은 없었다. 루터와 동료들이 숱한 시행착오를 거치며 추진한 개혁은 1546년 루터가 사망한 후에도 계속해서 수정과 보완이 이루어졌다.

각 장의 제목은 그 장의 들머리에 인용된 루터의 말에서 따왔다. 독일어나 라틴어 명칭을 전부 다 영어식으로 옮기지는 않았다. 예를 들어, 'Nürnberg'(뉘른베르크) 대신 영어권 독자들에게 익숙한 'Nuremberg'라는 지명을 썼지만, 'Braunschweig'(브라운슈바이크)를 동의어도 아닌 'Brunswick'으로 바꾸지는 않았다. 마르틴 루터라는 이름은 문제가 없고, 마르틴의 아내를 비롯한 많은 여성들의 이름인 'Katharina'(카타리나)도 'Katharine' 혹은 'Catherine'이라고 쓸 필요가 없다. 그러나 'Jerome'이라는 이름은 영어권에서 라틴어 원명인 'Hieronymus'(히에로니무스)보다 널리 통용된다. 쉽게 읽히도록 하기 위해 'Johannes'(요하네스)와 'Johann'(요한)은 'John'으로 바꾸었다. 일부 귀족들의 이름, 예컨대 'Johann von Staupitz'(요한 폰 슈타우피츠)는 귀족의 지위를 강조할 필요가 없을 것 같아서 'John Staupitz'라고 썼다. 16세기 화폐의 가치를 산출하는 일은 상당히 골치 아픈 일이다. 이런 경우 최고의 해법은 어떤 특정한 정황에서 사용된 액수를 그와 비슷하거나 상반되는 상황에서 기록된 다른 액수와 비교하는 것이다. 예컨대 루터의 대학 교수 봉급을 오늘날의 화폐로 환산하는 일은 불가능하지만, 당시 동료 교수나 장인匠人의 봉급과 비교해 보는 것은 의미 있는 시도다.

전기는 한 사람이 쓰는 게 제일 좋다는 생각은 아무래도 맞는 것 같다. 하지만 그 저자에게는 과거와 현재의 수많은 스승, 친구, 동료가 있으며, 그들의 지식과 제안이 오랜 세월 저자를 도와 책을 완성시켰다고 말할 수 있다. 그들의 이름을 전부 언급하는 것은 불가능하므로, 나는 지난 4년 동안 어쩌면 자기도 모르게 이 프로젝트에 도움을 준 사람들을 언급하려고 한다. 특별히 마음껏 자료 조사를 할 수 있도록 허락해 준 독일의 연구 기관들, 바트 홈부르크에 위치한 프랑크푸르트 대학교 인문학 연구소, 볼펜뷔텔의 아우구스트 공작 도서관에 감사의 마음을 표하고 싶다. 바트 홈부르크에서 편안히 지내면서 작업할 수 있도록 배려해 준 루이제 쇼른쉬터 교수와, 잉그리트 루돌프가 운영하는 연구소의 친절한 직원들에게 감사한다. 질 베플러 박사는 두 달 동안 볼펜뷔텔 도서관에서 시간을 보낼 것을 적극 권해 주었는데, 거기서 전문가들의 도움을 받았을 뿐 아니라 다른 방문자들과의 만남을 통해 유익한 자극을 받을 수 있었다. 마인츠의 라이프니츠 유럽사 연구소에서 받은 재정적 지원은 연구소장인 이레네 딩엘 교수 덕분이었다.

집필 방향을 잡는 데 여러 조언과 질문으로 도움을 준 친구와 동료들, 일리야 아드로노프, 로날트 아슈, 울리히 부벤하이머, 하우케 크리스티안센, 모나 가를로프, 엘리자베스 하딩, 지그룬 하우데, 브리짓 힐, 루카 일리치, 헤닝 위르겐스, 로버트 콜브, 울리히 코프, 오스트라 레이니스, 게르힐트 숄츠 윌리엄스에게 감사를 표하고 싶다. 비텐베르크에서는 마르틴 트로이가 사흘 내내 질문에 대답해 주고 최근의 고고학적 발굴에 관해 설명해 주었으며, 루터가 살았던 마을에 대한 최신 정보를 알려 주었다. 스캇 무어는 에르푸르트 근방을 돌면서 루터의 대학생 시절에 관한 최신 연구 결과를 소개해 주었다. 아우구스티누스 수도원 도서관에서는 미하엘 루트샤이트가 수도원에 대한 자료와 루터에 관한 유용한 도서들을 안내해 주었다. 또 내가 바트 홈부르크, 런던 남부의 덜리치 미술관, 뮌스터에서 발표할 때 귀 기울여 듣고 좋은 질문을 해 준 분들께도 감사하고 싶다. 내가 뮌스터를 방문하게 된 것은 종교와 정치 학제 간 연구 책임자인 이리스 플레센캠퍼 덕분이었다. 그녀는 따로 시간을 내서 이 책의 미완성 원고를 논평해 주었으며, 뮌스터 시내와 종교개혁에 대한 그 도시의 악명 높은 시도를 돌아볼 수 있게 해 주었다.

이 프로젝트를 제안하고 계속해서 격려를 아끼지 않았던 나의 편집자 헤더 매켈럼, 예일 대학교 출판부 런던 사무실의 사만다 크로스와 타미 할리데이에게 특별히 감사한다. 이 책의 초고를 읽고 의견을 준 익명의 독자들과 스탠 프릭, 로버트 해리먼에게도 감사한다. 끝으로, 내가 한 장을 끝낼 때마다 원고를 읽어 준 아내 에밀리는 전체를 비판적으로 검토해 주었다. 마르틴 루터에 관해 알 만한 것은 다 아는 그녀였지만, 모든 지식을 제쳐두고 잔인할 정도로 정직하게 비판해 달라는 요청에 응해 주었다. 그런 요청을 들어줄 수 있는 건 자상한 배우자밖에 없다. 에밀리는 내가 생각지도 못했던 점들을 지적해 주었다. 이 책이 잘 읽힐 뿐 아니라 잘 이해된다면 아내 덕분이다.

인물 소개

만스펠트 루터 가족

한스 루더(Hans Luder)　　마르틴의 아버지, 1530년 사망

마르가레트 린데만(Margaret Lindemann)　　마르틴의 어머니, 1531년 사망

마르틴 루더/루터(Martin Luder/Luther)　　1483/1484-1546

바르바라 루더(Barbara Luder)　　마르틴의 여동생, 1520년 사망

도로테아 루더(Dorothy Luder)　　마르틴의 여동생, 마켄로트(Mackenrot)와 결혼

마르가레트 루더(Margaret Luder)　　마르틴의 여동생, 폴르너(Polner)와 결혼

야코프 루더(Jacob Luder)　　마르틴의 남동생, 1571년 사망

비텐베르크 루터 가족

카타리나 폰 보라(Katharina von Bora)　　마르틴의 아내, 1499-1552

"헨스헨" 루터("Hänschen" Luther)　　첫째 아들, 1526-1575

엘리자베트 루터(Elisabeth Luther)　　첫째 딸, 1527-1528

마그달레나 "렌헨" 루터(Magdalena "Lenchen" Luther)　　둘째 딸, 1529-1542

마르틴 루터(Martin Luther Jr.)　　둘째 아들, 1531-1565

파울 루터(Paul Luther)　　셋째 아들, 1533-1593

마르가레트 루터(Margaret Luther)　　셋째 딸, 1534-1570

마그달레나 폰 보라(Magdalena von Bora)　　카타리나의 고모

볼프강 지베르거(Wolfgang Sieberger)　　관리인

폰 보라 가족

한스 폰 보라(Hans von Bora)   카타리나의 아버지, 1523년 이전 사망
카타리나 폰 하우크비츠/하우비츠(Katharina von Haugwitz/Haubitz)   카타리나의 어머니, 1504/1505년 사망
한스 폰 보라(Hans von Bora)   카타리나의 남자 형제, 1542년 사망
플로리안 폰 보라(Florian von Bora)   카타리나의 조카

아이제나흐 관련 인물

요한 브라운(John Braun)   사제, 인문주의자, 마르틴의 조언자
안토니우스 린데만(Antonius Lindemann)   마르틴 어머니의 삼촌
카스파르 린데만(Caspar Lindemann)   마르틴의 어머니와 친척 관계인 의사
하인리히 샬베(Heinrich Schalbe)   부유한 시민, 마르틴에게 숙소를 제공함

아우구스티누스 수도회 관련 인물

로버트 반스(Robert Barnes)   전 케임브리지 교수, 헨리 8세가 독일로 보낸 사절, 1540년 처형됨
바르톨로메우스 아르놀디 폰 우징겐(Bartholomew Arnoldi von Usingen)   에르푸르트 대학교 철학 교수
벤첼 링크(Wenzel Linck)   비텐베르크의 수도원장이자 주교 대리, 알텐부르크와 뉘른베르크의 개혁자
야코프 프롭스트(Jacob Propst)   안트베르펜의 수도원장, 브레멘의 개혁자
요하네스 나틴(John Nathin)   에르푸르트 대학교 신학 교수
요하네스 랑게(John Lang)   마르틴의 에르푸르트 대학교 동기, 수도원장이자 개혁자
요한 슈타우피츠(John Staupitz)   주교 대리, 마르틴의 상관, 가장 중요한 조언자이자 후원자

비텐베르크의 동료 및 친구들

게오르크 뢰러(George Rörer)   시교회의 부제, 기록자, 편집자
게오르크 슈팔라틴(George Spalatin)   프리드리히 선제후의 비서이자 담당 목사, 역사학자, 알텐부르크의 개혁자
니콜라우스 암스도르프(Nicholas Amsdorf)   교수, 마그데부르크의 개혁자, 나움부르크의 주교
루카스 크라나흐(Lucas Cranach the Elder)   궁정 화가, 약제상, 부유한 시민, 시장
마테우스 아우로갈루스(Matthew Aurogallus)   히브리어 교수, 구약성경 공동 번역자
안드레아스 카를슈타트(Andrew Karlstadt)   교수, 개혁자, 반대자, 바젤의 교수
요하네스 부겐하겐(John Bugenhagen)   시교회 목회자, 교수, 교회 조직가
요하네스 아그리콜라(John Agricola, "Mater Eisleben")   루터의 조교, 아이슬레벤의 교장이자 설교자, 브란덴부르크의 궁정 설교자
유스투스 요나스(Justus Jonas)   성교회 주임 사제, 교수, 할레의 개혁자
카스파르 크루치거(Caspar Cruciger)   교수, 기록관, 헨스헨 루터의 장인
파이트 디트리히(Veit Dietrich)   조수, 기록자, 편집자, 뉘른베르크의 개혁가
필립 멜란히톤(Philip Melanchthon)   교수, 평신도, 특출한 학자이자 신학자, 루터의 가장 가까운 동료 개혁자

작센의 통치자들

프리드리히 선제후(Frederick "the Wise" Elector) 1486-1525, 루터의 보호자, 가톨릭
요한(John "the Steadfast")   프리드리히의 형제, 선제후(1525-1532), 루터파
요한 프리드리히(John Frederick "the Magnanimous")   요한의 아들, 선제후(1532-1547), 루터파
게오르크(George "the Bearded")   작센의 공작, 1500-1539, 가톨릭
하인리히(Henry "the Pious")   게오르크의 형제, 공작(1539-1541), 루터파
작센의 모리스(Maurice of Saxony)   하인리히의 아들, 공작(1541-1547), 선제후(1547-1553), 루터파

신성로마제국의 다른 통치자들

스페인의 카를 1세(Charles I of Spain)   카를 5세 황제(1519-1556), 가톨릭

페르디난트 1세(Ferdinand I)   카를의 형제, 오스트리아의 대공, 황제(1558-1564)

프로이센의 알브레히트(Albert of Prussia)   공작(1525-1568), 루터파

필립(Philip "the Magnanimous")   헤센의 백작(1519-1567), 루터파

브란덴부르크의 알브레히트(Albert of Brandenburg)   마인츠와 마그데부르크의 대주교(1514-1545), 독일의 제1재상, 추기경

브란덴부르크의 요아힘 1세(Joachim I of Brandenburg)   알브레히트의 형제, 선제후(1499-1535), 가톨릭

브란덴부르크의 요아힘 2세(Joachim II of Brandenberg)   알브레히트의 조카, 선제후(1535-1571), 루터파

에른스트(Ernest the "Confessor")   뤼네부르크의 공작(1520-1547), 작센의 선제후 프리드리히의 조카, 루터파

하인리히 2세(Henry II, "Hanswurst")   브라운슈바이크-볼펜뷔텔의 공작(1514-1568), 가톨릭

유럽 통치자들

크리스티안 2세(Christian II)   덴마크와 노르웨이의 왕(1513-1523), 프리드리히 선제후의 조카, 가톨릭/루터파

크리스티안 3세(Christian III)   덴마크와 노르웨이의 왕(1534-1558), 루터파

프랑수아 1세(Francis I)   프랑스 왕(1515-1547), 가톨릭

헨리 8세(Henry VIII)   잉글랜드 왕(1509-1547), 가톨릭/개신교

술레이만(Suleyman "the Magnificent")   오스만 튀르크 제국의 술탄(1520-1566), 이슬람

루터 생애의 교황들

인노켄티우스 8세(Innocent VIII)   1484-1492, 이탈리아인

알렉산데르 6세(Alexander VI)   1492-1503, 이탈리아인

피우스 3세(Pius III)   1503-1503, 이탈리아인

율리우스 2세(Julius II)   1503-1513, 이탈리아인

레오 10세(Leo X)   1513-1521, 이탈리아인

하드리아누스 6세(Adrian VI)   1522-1523, 네덜란드인

클레멘스 7세(Clement VII)   1523-1534, 이탈리아인

파울루스 3세(Paul III)   1534-1549, 이탈리아인

루터를 반대한 가톨릭 저술가들

실베스터 프리에리아스(Silvester Prierias)   이탈리아 교황청 신학자, 『교황의 권위』(The power of the Pope, 1518)

아우구스티누스 알펠트(Augustine Alveld)   독일 프란체스코 수도회, 『교황좌(座)』(The Apostolic See, 1520)

암브로스 카타리누스(Ambrose Catharinus)   이탈리아 도미니쿠스 수도회, 『가톨릭 진리를 옹호함』(Defense of Catholic Truth, 1520)

야코부스 라토무스(Jacob Latomus)   루뱅의 플랑드르 신학자, 1521년 루터의 정죄를 옹호함

에라스무스(Erasmus)   네덜란드인, 선도적 인문주의자, 『의지의 자유』(Freedom of the Will, 1524)

요하네스 에크(John Eck)   잉골슈타트의 독일 신학자, 1519년 라이프치히에서 루터와 논쟁함, 『루터 및 교회의 다른 적들에 맞서 아주 흔하게 일어나는 일들의 안내서』(Enchiridion of Commonplaces against Luther and Other Enemies of the Church, 1525)

요한 코흘레우스(John Cochlaeus)   독일 인문주의자이자 사제, 『머리 일곱 개 달린 루터』(Seven-headed Luther, 1529), 루터 전기(1549)

토머스 모어(Thomas More)   영국 인문주의자, 대법관, 『루터에 대한 답변』(Response to Luther, 1523), 1535년 처형됨

토마스 무르너(Thomas Murner)   알자스의 풍자 작가이자 시인, 『위대한 루터스러운 멍청이』(The Great Lutheran Fool, 1522)

토마스 카예탄(Thomas Cajetan)　　이탈리아 도미니쿠스 수도회, 아퀴나스 전문가, 추기경, 교황 특사, 1518년 아우크스부르크에서 루터를 심문함

헨리 8세(King Henry VIII)　　『일곱 성례전을 주장함』(Assertion of the Seven Sacraments, 1521)

히에로니무스 엠저(Jerome Emser)　　독일 인문주의자, 게오르크 공작의 비서, 신약성경을 독일어로 번역함(1527)

프로테스탄트 개혁자들

마르틴 부처(Martin Bucer)　　스트라스부르, 케임브리지, 1551년 사망

볼프강 카피토(Wolfgang Capito)　　바젤, 마인츠, 스트라스부르, 1541년 사망

아굴라 폰 그룸바흐(Argula von Grumbach)　　바이에른, 프랑켄, 1554년 사망

안드레아스 오지안더(Andrew Osiander)　　뉘른베르크, 쾨니히스베르크(프로이센), 1552년 사망

요하네스 브렌츠(John Brenz)　　슈베비쉬 할, 뷔르템베르크 공국, 1570년 사망

요하네스 외콜람파디우스(John Oecolampadius)　　바젤, 1531년 사망

우르바누스 레기우스(Urban Rhegius)　　아우크스부르크, 뤼네부르크, 1541년 사망

울리히 츠빙글리(Ulrich Zwingli)　　취리히, 1531년 전사

윌리엄 틴들(William Tyndale)　　영어 성경 번역자, 1536년 처형

장 칼뱅(John Calvin)　　스트라스부르, 제네바, 1564년 사망

카타리나 쉬츠 첼(Katharina Schütz Zell)　　스트라스부르, 1562년 사망

토마스 뮌처(Thomas Müntzer)　　비텐베르크, 프라하, 튀링겐, 1525년 사망

파울 슈페라투스(Paul Speratus)　　오스트리아, 비텐베르크, 프로이센, 1551년 사망

하인리히 불링거(Henry Bullinger)　　취리히, 1575년 사망

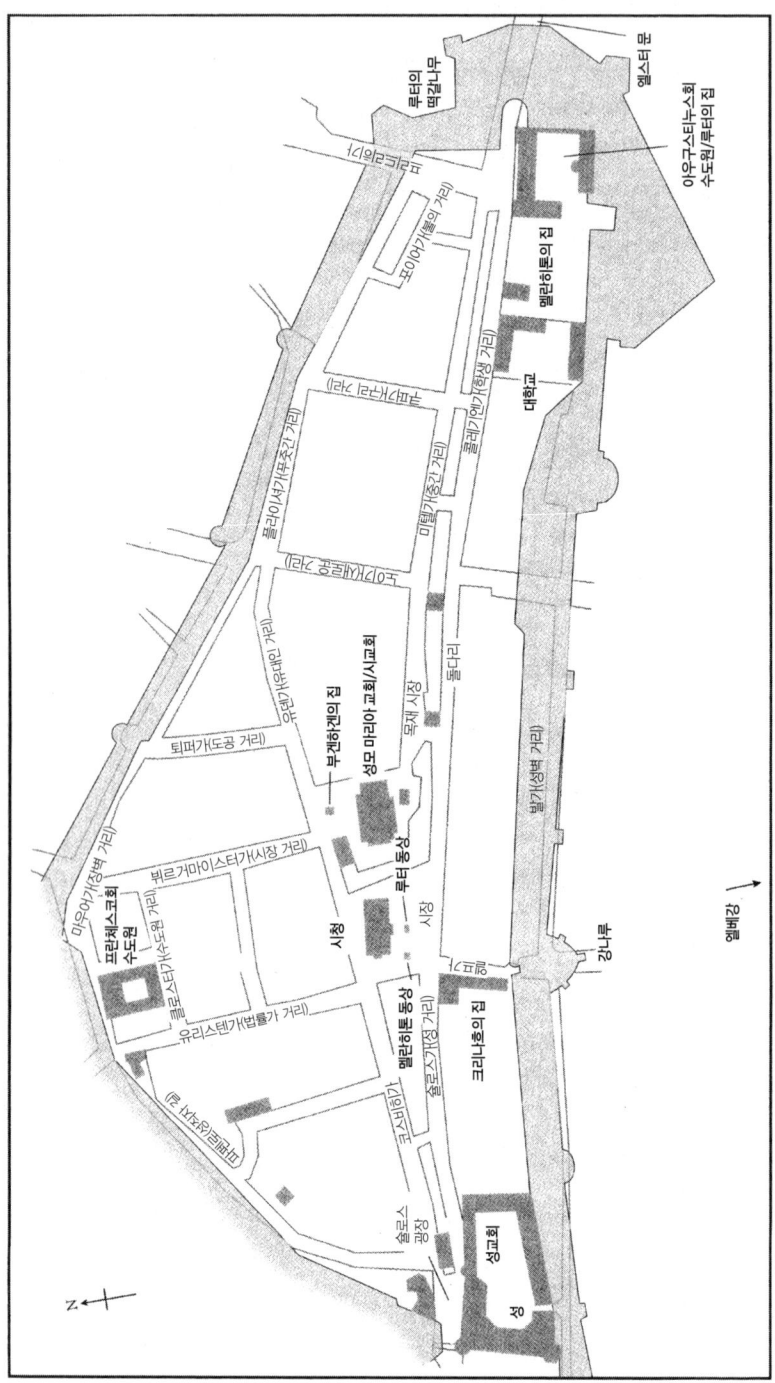

지도 1 비텐베르크

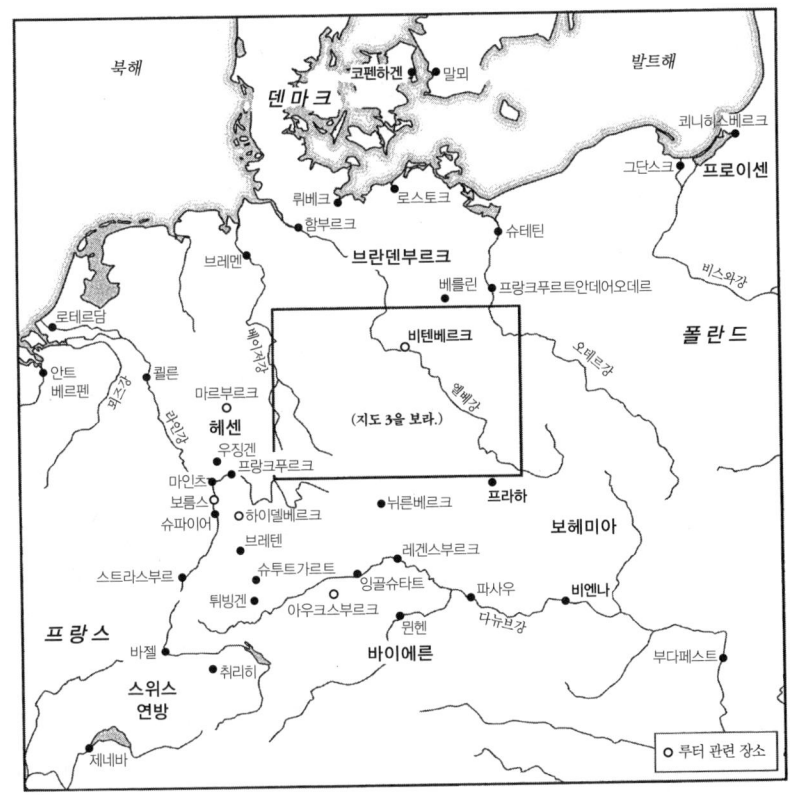

지도 2 종교개혁 시기의 중부 유럽

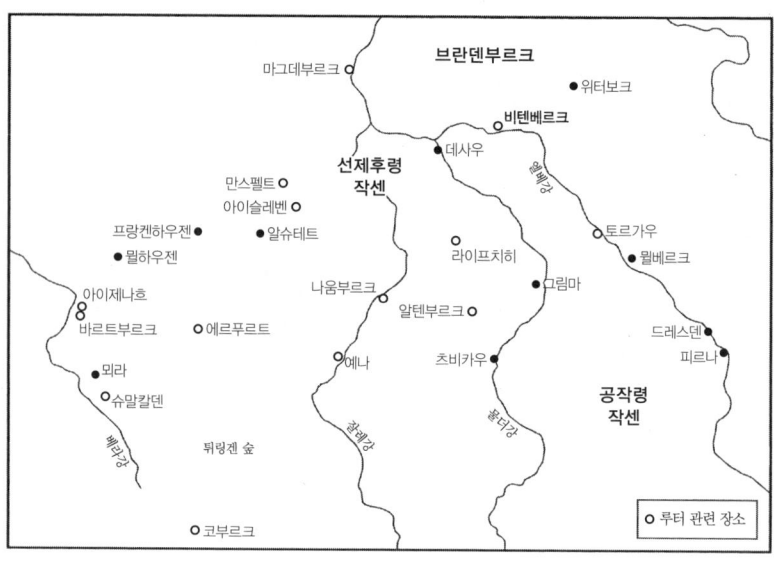

지도 3 작센주와 주변 지역

1부

개혁을 향해 가는 길
1483/1484-1521

1
나의 고향

1546
아이슬레벤 — 만스펠트 — 비텐베르크 — 로마

"폐하께서도 아시다시피 저는 만스펠트 토박이입니다. 아이들은 조국을 사랑해야 한다는 모든 옛날 책들의 가르침에 따라 저도 저의 고향을 사랑했습니다."[1]

마르틴 루터가 아내 카타리나 폰 보라Katharina von Bora에게 마지막 편지를 써 보낸 날은 1546년 밸런타인데이였다. 그로부터 나흘 후, 루터는 자신이 태어난 곳 아이슬레벤Eisleben에서 숨을 거두었다. 루터의 마지막 편지는 로맨틱한 편지가 아니었다. 중세 독일에서 밸런타인데이는 사랑을 기념하는 날이 아니었기 때문이다. 마르틴과 카타리나에게 그날은 종교적 기념일, 곧 성 발렌티누스St. Valentine의 축일이었으며, 1546년에는 그날이 일요일이었다. 과거에 수녀였던 카타리나는 편지를 쓴 날이 2월 14일이라는 사실을 알고 있었을 것이므로, 루터는 편지에 그냥 사무적으로 이런 서명을 남겼다. "1546년 발렌티누스 주일, 아이슬레벤."² 루터가 직접 쓴 것으로 확인된 2,600편 가량의 현존하는 편지들은³ 대부분 카타리나에게 보낸 편지처럼 수 세기 동안 통용되던 교회력에 따라 가장 근접한 축일을 기준으로 날짜가 표시되어 있다. 교회력은 다이어리도 아니고 월간 계획표도 아니었다. 16세기 유럽인들에게 교회력은 삶의 리듬을 만들어 내는 보편적 시계였다. 교회력은 아담에서 시작하여 최후의 날에 끝나는 성경적 역사의 흐름 속에 그들을 붙잡아 두었다. 그 흐름은 예수님 탄생 준비 기간(성탄절 이전의 대림절)에 시작되어 봄의 마지막인 부활절에 정점에 이르렀다가, 성령강림절을 통과하며 여름과 가을을 보내고 다시 대림절로 들어가는 여행 속에서 매년 재생된다.

아우구스티누스 수도회 수사였던 마르틴 루터도 교회력을 다 외우고 있었다. 초등학교 시절에는 시 암기법을 활용하여 각 달의 기념 축일들을 익혔다. 수도원에 들어간 때(1505)부터 카타리나와 결혼한 때(1525)까지 20년 동안 루터가 생활한 두 군데의 수도원은 부활절 같은 주요 절기뿐 아니라 사도들과 성인들과 순교자들의 기념일까지 다 지키는 곳이었다. 기념일이 아닌 날이 거의 없을 정도였다. 경건한 사람들은 그런 기념일을 보내면서 자신들이 지금 한 해의 거룩한 시간 속에서 어디쯤에 있는지를 짐작할 수 있었다. 루터는 마지막 편지를 쓰기 나흘 전 카타리나에게 보낸 또 한 통의 편지에 '성 스콜라스티카의 날'(2월 10일)이라고 적었고, 다른 편지 하나에는 '성 도로테아 기념 축일(2월 6일) 지나고 첫 번째 주일'이라고 적었다. 그가 프로테스탄트 종교개혁의 도화선이 되었다는 사실, 로마 가톨릭으로부터 파문당했다는 사실, 신성로마제국에서 사회적으로 매장당한 채로 살아야 했다는 사실이 그가 걸어왔던 길을 바꿔 놓지는 못했다. 루터에게 종교개혁은 시간을 숫자로 계산하는 근대의 시작이 아니라, 시간이 더 이상 문제가 되지 않는 종말의 징조였다. 그는 최후의 전투가 벌어지면 오랜 염원이었던 하나님 나라가 도래할 것이라 믿었다. 그런 일이 실제로 일어나지 않았음을 우리는 알고 있으나, 루터는 알지 못했다. 그의 삶이 끼친 장기적 영향은 루터 자신이나 주변의 그 누구도 알 수 없었다. 루터의 죽음으로 종교개혁은 지속 가능성이 불확실해졌으며, 루터 자신조차 그가 한 일에 대해 양가적 태도를 보였다.

카타리나에게 보낸 마지막 편지에는 루터의 세계를 이해할 수 있도록 도와주는 또 다른 단서들이 있다. 루터는 생애 대부분을 작센 Saxony주에서 보냈으며 종교개혁도 거기서 시작되었지만, 여전히 튀링겐Thuringia주의 만스펠트Mansfeld를 "나의 고향"⁴이라 부르며 사랑했다. 마르틴이 태어난 아이슬레벤은 그가 어린 시절을 보낸 만스펠트에서 불과 16킬로미터 떨어진 곳에 있다. 루터가 일했던 작센주의 대학 도시 비텐베르크Wittenberg도 만스펠트와 그리 멀리 떨어진 곳은 아니었기 때문에(100킬로미터) 친지들과의 꾸준한 교류가 가능했다. 만스펠트 지역은 1200년대부터 하르츠산맥 동쪽의 혈암에서 구리 등의 광물을 채취하여 부를 축적했다. 1500년대 초반 루터의 가족과 친구들은 백작들로부터 독점 판매권을 허가받아 채광 산업에 뛰어들었다. 독점 판매권을 가진 사람들은 제련소를 차리고 작은 용광로를 설치해서 광석을 녹여 금속을 추출했다. 마르틴의 동생 야코프 루더Jacob Luder는 아버지의 제련소를 물려받았다. 루터의 사촌 형제가 소유한 제련소나, 루터와 같이 학교를 다닌 한스 라이니케Hans Reinicke 가족 소유의 제련소도 있었다. 루터 가족의 친구인 필립 드라흐슈테트Philip Drachstedt 박사 소유의 용광로도 있었다. 필립은 훗날 루터가 생을 마감한 아이슬레벤 집의 소유주이기도 했다.

그러나 1546년에는 백작들 소유의 구리 광산과 소매 시장을 연결하는 중개 상인의 수가 너무 많아지는 바람에 루터의 친척들이 독점 판매권을 빼앗길 위기에 처하게 되었다. 그들에게는 백작들과 협상을 해서 타협을 이뤄 낼 변호사가 필요했다. 루터의 친구들과 친척들이 그를 선택했기에, 말년의 루터는 결국 고향 아이슬레벤에서 백작들 간의 분쟁을 조정하느라 생의 마지막 한 주를 보내야 했다. 처음에는 전혀 성공할 것처럼 보이지 않았다. 카타리나에게 보낸 2월 7일 자 편지에, 루터는 양측이 얼마나 심한 교착상태에 빠져 있는지 아무래도 악마들이 지옥을 완전히 비워 두고 모조리 아이슬레벤에 와서 자기의 노력을 방해하고 있는 것 같다고 썼다. 그러나 일주일 후에 쓴 마지막 편지는 그 문제가 상당한 진척을 보였음을 암시한다. 루터는 알브레히트 백작과 게프하르트 백작을 초대하여 함께 식사하는 자리를 마련했고 결국 화해를 이끌어 냈다. 알브레히트 백작 부인이 이에 대한 감사의 표시로 선물한 송어 한 마리를 루터는 카타리나에게 주고자 했다.[5]

편지는 중요한 일이건 시시콜콜한 일이건 새로운 소식을 전달해 주는 주요 수단이었다. 루터의 편지에는 거의 언제나 이런 소식이 있었다. 카타리나에게 보낸 루터의 마지막 편지에서, 우리는 두 사람의 아들들이 아버지와 함께 아이슬레벤에 왔다가 삼촌 야코프를 만나러 만스펠트로 갔다는 정보를 접하게 된다. 과거 비텐베르크에서 루터의 동료 교수였던 유스투스 요나스Justus Jonas가 아이슬레벤까지 동행했는데, 한쪽 다리에 부상을 입었다는 소식도 있다. 오랫동안 루터의 친한 친구였던 요나스는 친구의 임종을 꼭 지키겠노라고 말해 왔었다. 그런데 아이슬레벤에 오자 일이 꼬여 버렸다. 루터가 임종하기 전, 요나스의 발에 난 상처가 점점 심해져 정강이에 구멍이 나고 말았던 것이다. 그래서 루터는 요나스의 상태를 비텐베르크에 있는 친구들에게 전해 달라고 카타리나에게 부탁했다. 1546년을 기준으로 루터의 핵심 측근은 필립 멜란히톤Philip Melanchthon, 요하네스 부겐하겐John Bugenhagen, 카스파르 크루치거Caspar Cruciger 같은 동료들이었다. 요나스도 비텐베르크에 있을 때는 그 그룹에 속했다. 요나스의 상태를 전달받을 사람으로 그 세 사람을 선택한 것은 우연이 아니었다. 비록 루터가 선구자이긴 하지만, 루터 자신이 늘 옹호해 왔던 종교개혁의 공동 리더십에 대한 표현이었다.

끝으로, 루터는 늘 그래 왔듯이 뜬소문을 전했다. 아이슬레벤이든 어디든, 루터가 납치당했다는 소문이 돌았다. 루터는 카타리나의 고향 근처인 마이센^Meissen 주변의 원수들이 그런 소문을 냈을 거라면서 아내를 놀렸다. 또한 루터는 가톨릭 황제인 카를 5세^Charles V와 그의 군대가 독일의 프로테스탄트들을 향해 오랫동안 미뤄 둔 공격을 마침내 개시하려고 가까이 와 있다는 소식도 들었다. 그는 늘 그랬던 것처럼 하나님이 돌봐 주실 것이라고 믿으며 그런 우려를 일축했으나, 1년 후(1547) 가톨릭 군대는 프로테스탄트 진영을 격파하고 비텐베르크를 함락했다. 1546년 2월 18일에 세상을 떠난 루터는 그런 수모를 면할 수 있었는데, 그 나흘 전에는 카타리나에게 이런 글을 남겼다. "하나님의 뜻이 있다면 이번 주에는 집으로 돌아가기를 바라오."[6]

루터의 명성 때문에 드러난 면모를 제외하면, 그의 개인적 인간관계는 동시대 사람들과 크게 다를 바 없었다. 그가 악명 높은 영웅이 되기 전에도 그의 친척, 친구, 동료, 원수들이 여러 가지 모습으로 그에게 기쁨과 슬픔, 즐거움과 분노를 안겼다. 그가 이런 평범한 관계에 둘러싸인 사람이었다는 인식은 종교개혁의 수많은 사건 속에서 그가 감당한 기념비적 역할 때문에 가려져 있었다. 루터의 가족과 지지자들이 그를 떠받들면서 그런 경향이 나타나기 시작했다. 수도원에서 지낼 때만 해도 그는 마르틴 형제였지만, 그 후로는 형제인 야코프를 제외하고는 그 누구도 그의 이름(마르틴)만 부르면서 친근하게 대할 수 없었다. 카타리나조차 사람들 앞에서는 남편을 "박사님"^Herr Doktor 이라고 불렀다. 그럼에도 불구하고 루터의 편지글이나 식탁 대화를 보면 편안한 인간관계가 루터의 일과 행복에 얼마나 필수적이었는지를 알 수 있다. 그는 바르트부르크Wartburg 요새에 안전하게 은신해 있던 10개월(1521-1522)의 시간을 제외하면 고립된 상태로 지낸 적이 거의 없다. 거기서도 루터는 손님을 맞고, 하루에도 여러 통의 편지를 쓰고, 간단한 성명서를 작성하고, 심지어 비텐베르크에 몰래 다녀오기도 했다. 그의 일상은 대부분 다른 사람과의 만남 속에서 이루어졌다. 생애의 마지막 20년 동안, 루터의 거주지는 집이라기보다는 숙박소에 가까웠다. 루터가 강의실이나 설교단, 혹은 식사 시간에라도 무언가를 말하면 비서나 손님들이 거의 빠짐없이 이를 기록했다. 마르틴 루터는 죽는 순간에도 혼자가 아니었다. 유스투스 요나스만이 아니라 두 아들과 하인들, 그 외 몇 사람이 그의 임종을 지켰다.

그의 시야는 그 시대 대부분 사람들의 시야보다야 넓다고 할 수 있겠지만 근대의 기준으로 보면 협소한 것이었다. 루터는 여행을 많이 한 편이었지만 독일 바깥으로 나간 것은 단 한 번뿐이었다. 최근 이루어진 정밀한 탐사 및 퍼즐 맞추기 작업 덕분에 그 여행의 날짜와 목적에 대한 정보가 수정되었다.7 루터가 비텐베르크로 완전히 이사하고 난 직후, 1511년(1510년이 아니라) 10월에 루터와 또 한 명의 수사는 로마에 있는 아우구스티누스 수도회 본부에 파견되었다. 두 사람은 리히텐슈타인Liechtenstein과 쿠어Chur를 지나고, 셉티머 패스Septimer pass를 따라 알프스를 넘어, 밀라노와 피렌체를 거쳐 1511년 11월 말이 되기 전에 로마에 도착했으니 장장 1,450킬로미터의 여행길이었다. 그들은 십중팔구 성 아우구스티누스 수도원에서 숙박하고, 멀리서 교황 율리우스 2세를 알현하고, 아우구스티누스 수도원 장상과 회담한 후 1511년 말에 귀환길에 오른다. 루터의 동료는 잘츠부르크Salzburg에 있던 수도원장에게 직접 보고하라는 명령을 받고 그곳으로 갔지만, 루터는 둘 중 한 사람이라도 안전하게 집에 당도해야 한다고 생각했기에 다른 길을 택해 곧장 비텐베르크에 돌아갔다. 알프스산맥을 통하는 길 대신, 이탈리아 해안선 서쪽 제노아Genoa만을 따라 프랑스까지 가서 론Rhône강을 따라 북쪽으로 리옹Lyon에 이르렀고, 거기서 북동쪽으로 스위스 서부를 통해 독일로 들어갔다. 그는 이 길을 택함으로써 이탈리아 북부에서 한창이었던 전쟁도 면하고 알프스의 혹독한 겨울도 피하려고 했던 것 같다. 수도사 마르틴에게 이 여행은 그야말로 인생 최대의 여행이었다. 네덜란드, 벨기에, 프랑스, 영국, 이탈리아, 스위스, 독일을 두루 다녔던 로테르담의 에라스무스Erasmus of Rotterdam 같은 학자에 비하면 사실 루터는 우물 안의 개구리였다.

루터는 비텐베르크로 돌아오는 길에 머물렀던 장소 가운데 한 곳에 대해서만 언급했다. 탁상담화에 나오는 두 개의 인용문은 그가 아우크스부르크Augsburg에 잠시 머물렀음을 알려 준다. 두 인용문 모두 루터가 아우크스부르크의 우르젤Ursel of Augsburg로 알려진 여인과 만나 대화했다고 말하는데, 그녀가 매춘부라는 소문도 있었다. 우르젤의 본명은 안나 라미니트Anna Laminit였으며, 16년 넘게 아우크스부르크에 살면서 자신이 평범한 음식을 먹거나 소화시킬 수 없다고 주장했다. 매춘부였든 아니든 그녀의 신기한 존재는 많은 사람들을 현혹시켰으나, 마침내 황제의 누이가 그녀의 실체를 폭로했다. 안나는 어느 수녀원에 격리되고, 그녀가 머무는 독방 벽에 구멍을 뚫어 몰래 감시를 당했다. 그러자 그녀가 음식은 옷장에 숨기고 찌꺼기는 창문으로 버리는 것이 들통났다. 안나를 만났을 때, 죽을 준비가 되었느냐고 루터가 묻자 안나는 이렇게 대답했다. "오, 아니요. 여기서는 내가 일이 어떻게 굴러가는지 알 수 있지만, 거기서는 무슨 일이 일어날지 알 수 없어요."[8] 안나 라미니트는 자신의 기적적인 생존으로 성자의 반열에 오르기를 바랐다. 그러나 결국 아우크스부르크에서 추방되었고, 나중에 스위스에서 사기죄로 체포되어 수장水葬에 처해졌다.[9] 수십 년이 흐른 뒤에도 이 일을 기억하고 들려주었던 루터에게, 안나의 거짓말은 교황의 지배하에서 곳곳에 만연했던 사탄의 역사를 상징하는 것이었다.

로마에서 돌아오는 여행은 갈 때보다 한 달 정도 더 걸렸다. 비텐베르크에 도착한 루터는 짐을 풀자마자 4년마다 열리는 독일 아우구스티누스 수도회 총회에 참석하기 위해 쾰른Cologne으로 떠났다. 로마 여행과 비교하면 아무것도 아니지만 그래도 가벼운 소풍이라고 할 수는 없는 여행이었다. 루터와 동행들이 463킬로미터를 가는 데 최소한 일주일이 걸렸다. 그 여행 이후로는, 루터의 신학이 1518년 하이델베르크Heidelberg에서 열린 아우구스티누스 수도회 대회에서 논의되기 전까지 루터가 작센주 바깥으로 장거리 여행을 하는 일은 없었다. 그 대회 이후, 같은 해에 루터는 뮌헨Munich에서 서쪽으로 72킬로미터 떨어진 아우크스부르크에서 카예탄 추기경에게 심문을 받았으며, 1521년에는 프랑크푸르트Frankfurt에서 남쪽으로 72킬로미터 떨어진 라인 강가의 보름스Worms에서 카를 5세 앞에 소환되었다. 공식적으로 이단자이자 범법자로 판결을 받은 후에는 거의 대부분의 시간을 작센주에서 보내면서 그곳의 막강하고 호의적인 군주의 비호를 받았다. 그럼에도 불구하고 그는 유럽의 외교적 주도권 다툼과 정치적 분쟁에 계속해서 관심을 기울였다. 독일의 종교개혁은 지리적으로나 전략적으로 이런 혼란의 한복판에 있었으며, 만일 터키의 오스만 튀르크 제국과 프랑스가 카를 황제의 야심을 억제하지 않았더라면 버텨 낼 수 없었을 것이다.

합스부르크 왕가의 후예인 카를이 19살의 나이에 황제로 선출되기 전부터, 독일 신성로마제국은 중부 유럽의 핵심 권력이 되어 있었다. 오스트리아와 헝가리 가문에 이어, 합스부르크 왕가도 정략결혼을 통해 북해 연안의 국가들과 스페인에 대한 지배력을 확보했다. 그리고 이 결혼으로 스페인의 통치자인 페르디난트와 이사벨라의 손자 카를이 태어났다. 1519년 신성로마제국의 황제로 즉위한 카를 5세는 줄곧 이탈리아와 스페인에 신경을 쓰고 있었기 때문에, 11년 동안 독일에 들른 것은 단 한 번이었다. 1521년 보름스에서 카를 황제는 독일의 여러 도시와 영토들을 지배하는 통치자들을 소집하여 제국의회를 주재했다. 그 당시 독일에는 (예컨대 마인츠처럼) 교회에 속한 땅도 있었고, (작센주처럼) 세속 영주가 다스리는 땅도 있었고, 그 인근에서 독립적인 지위를 확보하고 있는 제국 도시들도 있었다. 루터가 이단으로 정죄된 보름스 제국의회에서 루터와 카를 5세는 단 한 번 얼굴을 마주 대했다. 그 후 얼마 되지 않아 카를 5세는 오스트리아의 통치권을 동생 페르디난트 대공에게 넘기고 자기 대신 독일을 감독하게 했다.

황제의 부재는 좋지 않은 사건이었다. 유럽인들이 그저 "튀르크인"쯤으로 알고 있던 사람들, 곧 터키에 있는 이슬람 국가의 호전적인 오스만 제국 통치자들은 중부 유럽에 심각한 위협이 되었다. 똑똑하고 야심 있는 새로운 술탄 술레이만Suleyman은 카를 황제보다 겨우 4살 위였지만 베오그라드Belgrade를 손에 넣음으로써 발칸반도에 대한 지배권을 공고히 했다. 1522년, 술레이만의 군대는 지중해 동부 기독교의 최후의 보루였던 로도스Rhodes섬에서 성 요한 기사단이 지키던 성채를 6개월간 포위하여 잔혹하게 공격한 끝에 마침내 함락시켰다. 4년 뒤에는 프랑스 왕이 숙적 카를 황제와 페르디난트 대공에 맞서 전쟁을 벌이는 데 술레이만의 지원을 요청하여, 튀르크의 술탄은 오스트리아와 독일을 향해 서쪽으로 진군했다. 1526년 여름, 도나우 평원의 모하치Mohács에서 오스만 군대는 페르디난트와 카를의 처남이자 헝가리 왕이던 러요시 2세Louis II를 죽이고 수적으로 압도적 열세였던 헝가리 군대를 섬멸했다. 열흘 후, 술레이만은 부다 왕궁을 수중에 넣고 높은 곳에서 다뉴브강을 내려다보는 기쁨을 누렸다. 이제 튀르크 군대를 격퇴하는 것은 오스트리아의 몫이 되었고 독일의 운명도 불안정한 상태에 놓이게 되었다.

튀르크의 위협 덕에 루터와 독일의 종교개혁은 숨 돌릴 여유를 얻었다. 1526년, 드넓은 영토와 주요 도시들이 루터파의 손에 들어왔으며 계속해서 루터파 지역으로 남을 수 있는 권리를 요구했다. 페르디난트 대공이 루터파 통치자들에게 튀르크군에 대항할 돈과 군대를 요청하자, 그들은 자신들이 영향력을 행사할 수 있게 되었음을 깨달았다. 그들은 종교개혁이 합법적인 것으로 인정받는 조건으로 군대를 지원했다. 충실한 가톨릭교도인 카를 황제(만일 그가 독일로 돌아왔더라면)와 페르디난트 대공은 루터파 운동을 제때 잘라낼 수도 있었지만, 이제는 너무 늦어 버렸다. 그들은 루터파의 지원이 필요했으며, 결국 1526년 제국의회는 각 도시와 영지가 루터파든 가톨릭이든 자체적인 종교 정책을 잠정적으로 추진하는 것을 허용하기로 결의했다. 그러나 루터는 튀르크 제국의 승리를 축하하지도

1. 나의 고향　53

않았고, 그 승리가 독일 프로테스탄티즘에 끼친 긍정적 효과를 기뻐하지도 않았다. 루터는 헝가리 왕이 모하치에서 죽었다는 소식을 믿지 않았으며, 만일 그것이 사실이라면 그야말로 마지막 심판의 조짐일 거라고 생각했다.¹⁰ 튀르크 군대는 독일을 치지 않았고 최후의 날도 도래하지 않았다. 하지만 튀르크의 위협과 그 밖의 다른 압력들 때문에, 카를 황제는 괜히 루터파를 공격했다가 제국의 힘이 약화될까 봐 주저하지 않을 수 없었다. 루터파 운동이 자리를 잡는 데는 거의 30년이 걸렸는데, 가장 중요한 시기였던 1520년대에 마르틴 루터와 독일의 종교개혁이 살아남을 수 있었던 것은 이슬람의 위협과 카를 황제가 독일을 방치한 것 때문이었다.

루터가 40대 중반이었을 때 대략 900만 명이 독일, 그러니까 1990년 동서독 통일로 인해 결정된 독일의 경계 안에 살고 있었다. 그러므로 루터 시대 독일의 인구는 2013년 뉴욕시 거주자의 추정 인구수와 엇비슷하다고 말할 수 있다.¹¹ 제2차 세계대전 이후 북반구에 사는 사람들의 삶과 비교할 때 16세기의 가족 구성원들이 훨씬 더 많은 죽음을 경험하긴 했지만, 그래도 30년 전쟁(1618-1648) 전까지는 인구가 꾸준히 늘었다. 루터 시대에 평균 기대 수명이 40살이 안 되었던 이유는 영유아 사망률이 높았기 때문이다. 마르틴과 카타리나의 아이들도 여섯 명 가운데 두 명이 14살 전에 죽었고, 남은 자녀 가운데 겨우 두 명만 40살을 넘겼다.

마르틴 루터는 대항해 시대age of exploration를 살았지만 유럽 너머의 세상에 대해서는 거의 아는 바가 없었다. 아주 가끔 아메리카를 언급하면서 그곳을 "서쪽에서 새로 발견한 섬"이자 유럽에 들어온 "새로운 질병"(매독)의 발원지라고 말할 뿐이었다. 그가 매독이라고 지칭한 것을 어떤 사람들은 프랑스어로, 또 다른 사람들은 스페인어로 이름을 붙이기도 했으나, 루터에게 이 병은 최근에 나타난 다른 "큰 징조들"과 마찬가지로 최후의 날의 또 다른 증거였다.[12] 루터가 죽기 얼마 전, 자기가 사용하려고 직접 만들어 인쇄한 세계사 연대표에도 이런 언급이 등장한다.[13] 연대표는 전통적인 방식에 따라 1천 년 단위로 6등분되었는데, 루터는 1540년이 그 6천 년의 끝에 해당하며 인류의 역사로 치면 5500년이라고 계산했다. 그가 판단하기로 6천 년을 다 채우는 일은 없을 것이므로 그때야말로 세상이 멸망하기에 가장 적합한 때였다. 루터 교수는 이런 비관주의 속에서 학생들에게 이런 말도 했다. "이 세상은 하루하루 악화되고 있다."[14] 그가 보기에 유럽인들이 아메리카 대륙을 발견한 것은 새로운 시대의 시작이 아니라 옛 시대의 종말이 가까웠음을 가리키는 또 하나의 징표였다.

동양은 별개의 문제였다. 이미 수 세기 전부터 인도나 중국에 이르는 무역로가 존재했으며 루터는 그것을 아주 능숙하게 자신의 성경적 시공간 관념에 결합시켰다. 그는 에덴동산에 있는 한 물줄기에서 흘러나온 4개의 강에 대해 주석하면서,[15] 첫째 강(비손)과 그 주변의 풍요로운 땅을 갠지스강 및 인도와 동일시했다. 그는 가 본 적도 없는 아득히 먼 인도에 에메랄드와 루비, 사파이어, 터키옥, 다이아몬드가 풍부하다고 확신했다. 둘째 강(기혼)은 나일강이라고 보았는데, 그러면 문제가 생긴다. 그 당시는 유럽 사람들이 나일강의 상류가 어딘지 아직 모르는 때였는데도, 루터는 많은 강들이 남쪽으로 흐르는 데 반해 나일강은 북쪽으로 흐른다고 생각했다. 그렇다면 어떻게 4개의 강이 모두 에덴동산의 한 시내에서 나왔다고 할 수 있는가? 루터의 결론은, 노아의 방주에 탄 사람들만 살아남을 수 있었던 대홍수 때 지구의 표면 전체가 변했기 때문이라는 것이었다.[16] 그러므로 "그 강들의 근원이 오늘날과 똑같은 모습이라고 상상할 필요는 없다."[17] 루터는 만일 우리가 나일강을 비롯하여 그 강들의 원래 형태를 볼 수 있다면 지금의 모습보다 훨씬 아름다운 장관이 펼쳐질 거라고 생각했다. 갠지스강에 대해서는 따로 불만을 표했다. "만일 그 엄청난 매력과 풍성함과 경로를 알았다면, 이 고상한 강과 관련해서는 거의 남아 있는 것이 없음을 알게 될 것이다."[18]

루터는 1550년 이후 최고의 새로운 동양 지도 혹은 서양 지도가 나올 때까지 살지 못했다. 유명한 지도 제작자 헤라르뒤스 메르카토르Gerard Mercator는 루터가 로마 여행에서 돌아와 박사 학위를 받은 1512년에 태어났다. 루터가 세계사 연표를 만들고 있을 때 메르카토르는 자신의 첫 번째 세계 지도(1538)를 간행했지만, 루터가 그걸 봤을 리는 없다. 새로운 투영도에 기초한 메르카토르의 1569년판 지도에도 큰 관심을 기울이지 않았을 것이다. 그러나 메르카토르는 루터에게 관심이 있었다. 메르카토르가 직접 디자인한 세계 연대기에는 루터와 다른 종교개혁자들이 언급되어 있다. 루터의 저작과 마찬가지로 메르카토르의 연대기도 바티칸 금서 목록에 올랐다.[19]

루터의 세계관은 13세기에 그려져 채색까지 된 화려한 지도의 세계관과 훨씬 공통점이 많다. 발견된 독일의 지명을 따라 엡스토르프 지도Ebstorf map라 불리는 이 지도는 지리적 정확성과는 한참 거리가 멀고, 오히려 중세 후기 신실한 북부 독일인이 생각하는 세상을 미술적으로 표현하고 있다.[20] 이 지도는 실제 지도map라기보다는 역사적 지도책atlas에 가까웠다. 모서리 두 군데가 훼손된 커다란 원의 중심에는 큰 낙타 한 마리가 서 있다. 오른쪽 상단 곡선 주변의 빈칸은 깔끔하게 잘린 흔적이고 왼쪽 아래 공백은 오래전 베네딕투스 수도회의 저장고 안에서 쥐나 습기 때문에 생겼을 것이다. 그 수도원은 아직도 함부르크Hamburg 남쪽의 황야 지대 엡스토르프에 있으나, 종교개혁으로 그 지역이 프로테스탄트의 땅이 되면서는 루터파 여성 공동체가 그 수도원을 사용하게 되었다. 1830년, 한 사람이 걸어가다가 지도에 걸려 넘어지는 바람에 엡스토르프 지도는 수 세기 만에 그 모습을 처음으로 드러냈다. 얼마 후 그 공동체는 지도를 하노버시의 전문가들에게 맡겼는데, 그들은 지혜롭게도 제2차 세계대전으로 원본이 파괴되기 전에 복사본을 여럿 만들어 놓았다. 오래된 사본들에 지도의 형태가 잘 간직되어 있었기에 전쟁 이후 발전된 기술을 힘입어 개선된 다섯 개의 새 사본이 나왔는데, 그 가운데 하나가 다시 엡스토르프의 여성들에게 돌아갔다.[21]

메르카토르의 지도가 주로 지리적 관점에 집중하는 데 반해 엡스토르프 지도는 지리를 역사와 결합시켰는데, 그 지리와 역사는 전적으로라고는 할 수 없지만 그래도 상당 부분 성경에 의존하고 있었다. 지구는 바다와 하늘로 둘러싸인 원판이다. 그 원판을 떠받치고 있는 것은 우주적인 그리스도인데, 그분의 머리는 낙원과 더불어 꼭대기에 있고 그분의 두 발은 밑바닥에 튀어나와 있다. 두 팔과 두 손이 좌우로 뻗어 있어 그분의 부활한 몸이 모든 방향에서 지구를 지탱하고 있다. 이런 모습은 중세 신앙의 전형적 특징이라 할 만한 비극적인 최후의 심판보다는 온 세상의 구원을 상징한다. 태고의 네 강은 낙원에서 흘러나와 162개의 (갠지스, 나일, 라인, 다뉴브 같은) 물줄기와 (흑해, 사해, 카스피해, 페르시아만 같은) 바다로 갈라지는

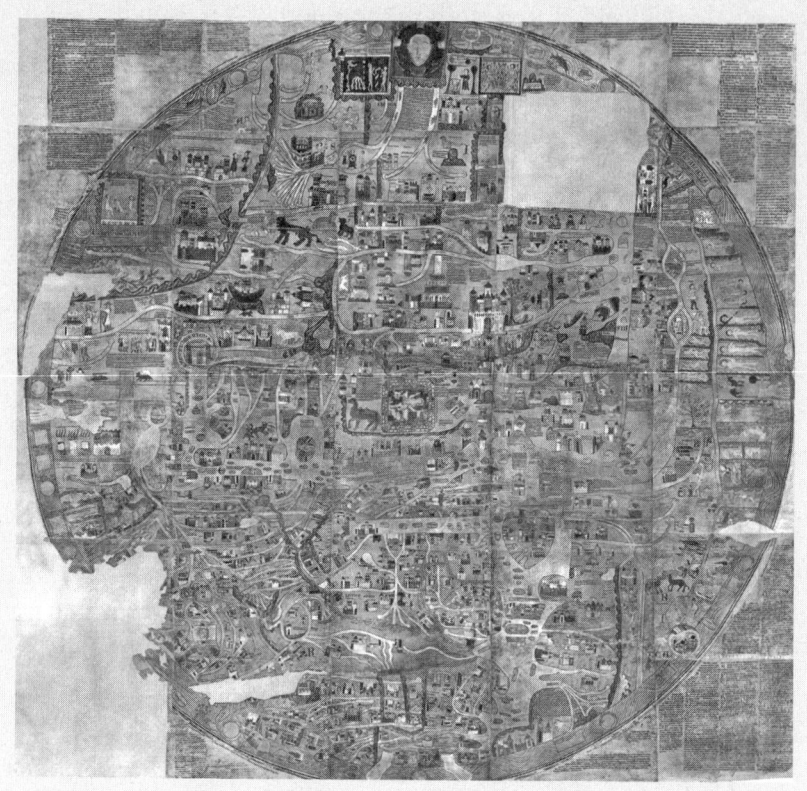

• 엡스토르프 세계 지도, 독일, 13세기.

놀라운 네트워크를 이룬다. 땅은 명확하게 구분되는 표식들로 가득하다. 534개의 도시, 60개의 산맥, 60개 이상의 섬들, 지중해에서 가장 가까운 아시아와 아프리카의 일부분도 눈에 띈다. 중심에는 예루살렘이 있는데, 무덤에서 부활하는 예수님의 모습 바깥으로 담이 둘린 네모꼴이다. 기이할 정도로 크게 그려진 쌍봉낙타 한 마리는 예루살렘을 등지고 서 있다. 낙타는 황무지에서 물을 찾아내는 능력 덕분에 소중한 동물로 간주되었으니, 그런 이유에서 이 낙타는 생명의 물인 예수님을 가리킬 수도 (그렇지 않을 수도) 있다.[22]

루터는 엡스토르프 지도를 알지 못했지만 이와 유사한 렌즈로 과거를 보고 있었다. 그는 학교에서 프톨레마이오스[Ptolemy]의 지구 중심적 우주관을 배웠으며, 고전과 성경을 읽으면서 그 지도에 나타난 것과 유사한 내용에 익숙해져 있었다. 루터가 세상을 떠나기 10년 전부터 비텐베르크에서는 태양 중심적 우주관이 논의되고 있었으니, 이는 니콜라우스 코페르니쿠스[Nicolaus Copernicus]의 저작이 출간되기 4년 전이었다. 1539년에는 이 주제가 루터와 그의 동료들 사이에서도 논의되었던 것 같다. 『탁상담화』에 의하면, 루터는 "하늘과 태양과 달이 아니라 지구가 움직인다는 사실을 증명하려고 하는 어떤 점성가"[23]의 이론을 배격했다. 그 점성가란 성직자요 천문학자인 코페르니쿠스를 말하는 것이었다. 그의 태양 중심 이론을 적극 지지한 사람이 있었으니, 바로 22살의 수학자이자 비텐베르크 대학교 교수였던 G. J. 레티쿠스[Rheticus]였다. 그는 루터가 이러한 언급을 하기 한 달 혹은 두 달 전에 (공식 또는 비공식) 휴가를 내고 발트 해안의 프롬보르크에 있는 코페르니쿠스를 방문했다. 그는 2년 동안 코페르니쿠스와 함께 머물면서 코페르니쿠스의 열혈 제자가 되었다.

함께 연구를 진행한 후 레티쿠스는 그 연구의 첫 번째 성과를 출간했다. 코페르니쿠스는 그와 협력하여 자신의 사상을 완전하게 펼쳐 내었으니, 그 결과물이 바로 『천체의 회전에 관하여』Revolutions of the Heavenly Bodies이다. 이 책은 1543년에 출간되었는데, 레티쿠스는 그보다 2년 전에 이 책의 사본을 하나 들고 비텐베르크로 돌아왔다. 루터의 동료로서 수학과 천문학 교육을 권장했던 필립 멜란히톤은 코페르니쿠스의 이론을 아주 조심스럽게, 그러나 진지하게 받아들였다.[24] 충동적인 성격의 소유자였던 것으로 보이는 레티쿠스는 신속하게 비텐베르크를 떠났으며, 생애 말년까지도 코페르니쿠스를 세상에 알렸다고 인정받을 만한 사람은 자신뿐이라고 주장했다.

루터는 하늘보다는 지구에 더 관심이 많았지만, 두 측면 모두에서 일어나는 비범한 현상들에 매료되곤 했다. 1531년 핼리 혜성이 나타나자, 루터는 혜성의 꼬리가 북쪽에서 남쪽으로 방향을 틀었으므로 카를 황제와 그의 동생 페르디난트 대공에게는 안 좋은 징조라고 단정했다.[25] 멜란히톤은 점성학에 심취해 있었다. 점성학은 천문학과는 완전히 다른 것이었다. 그는 루터와 그의 가족을 비롯하여 온갖 사람들을 앞에 두고 별점을 쳐 주곤 했다. 루터와 멜란히톤은 15세기의 저명한 점성가 요하네스 리히텐베르거John Lichtenberger(1503년 사망)가 1488년에 출간한 점성 예언집Prognostications을 알고 있었다. 1527년 비텐베르크에서 이 책이 독일어로 번역되었을 때 루터가 서문을 썼는데, 이 글에는 예언과 점성학에 대한 루터의 견해가 요약되어 있다. 오직 성령의 감동을 받은 예언자만이 참된 예언을 할 수 있는데, 루터가 보기에 리히텐베르거는 그런 예언자는 아니었다. 그저 별들의 움직임을 보고 검증되지 않은 옛 이교도의 기술을 선보이는 것인데, 가끔은 그가 정곡을 찌를 때도 있다는 사실을 인정하기는 했다. 거짓 예언자가 존재한다거나 점성학이 이교도들에게서 시작되었다고 해서 혜성이나 일식이나 기이한 자연 현상이 전혀 무의미한 것은 아니다. 루터는 온 세상을 홀로 다스리시는 하나님이 타락한 자들에게 겁을 주거나 장차 일어날 일을 경고하기 위해 이런 것들을 사용하실 수 있다고 말했다. 그러나 신실한 사람들은 그런 경고가 필요 없으므로 관심을 보이지 말고 편안하게 지내면 된다. 게다가 하나님이 보내신 징조와 사탄이 보낸 조짐이 뒤섞여 구분하기가 어렵기 때문에 조심하지 않으면 안 된다는 것이 루터의 의견이었다.[26]

이런 어려움에도 불구하고, 루터는 자기의 적대자들을 공격하는 차원에서 자기만의 해석을 시도하는 데 주저하지 않았다. 1523년 루터와 멜란히톤은 이른바 두 괴물의 출현을 토대로 삽화가 있는 반(反)로마 인쇄물을 공동 제작했다. 하나는 "교황 당나귀"라는 별명을 붙인 괴물인데 로마의 테베레강 둑에서 몸을 씻었다. 또 다른 괴물은 "수도사 송아지"라 부르는데 비텐베르크에서 그리 멀지 않은 곳에서 태어났다. 교황 당나귀는 로마에 위치한 교황의 성(城) 앞에 서 있다. 당나귀 머리, 물고기 비늘 같은 피부, 여인의 젖가슴, 한쪽 발은 발굽, 다른 발은 집게발, 오른손 끝에는 코끼리 코가 달렸다. 궁둥이에는 용의 머리가 튀어나와 있다. 루터는 이 괴물이 교황에 대한 하나님의 진노의 표시이며, 또 다른 불길한 징조들이 나타날 것이라고 경고했다. 멜란히톤도 적그리스도에 대한 중세의 어느 논문에 근거하여[27] 비슷한 해석을 제시했는데, 예컨대 당나귀의 궁둥이에 튀어나온 머리는 교황 제도의 몰락과 소멸을 상징한다고 보았다. "수도사 송아지"의 경우도 나을 것이 없었다. 이 송아지 괴물은 목 뒤쪽에 비정상적으로 크게 접힌 피부를 달고 태어난 것 같다. 루터는 이것을 보고 수도복 고깔을 떠올렸으며, 이것이야말로 수도사의 삶 전체가 하나의 사기에 불과하다는 사실이 머지않아 밝혀질 것이라는 "의심의 여지 없는" 증언이라고 말했다.[28]

어째서 루터와 멜란히톤은 교황과 수도원 제도를 향해 그렇게 험악한 손가락질을 하게 되었는가? 우선 그 당시에는 점잖은 게 미덕이 아니었고, 그들도 1523년에 적대자들로부터 똑같이 풍자의 대상이 된 바 있었기 때문이다. 하지만 종교개혁의 핵심과 직결되는 좀더 심오한 이유가 있었다. 루터는 중세 교회가 경건한 행동을 하면 하늘나라에서 그들을 위한 자리가 확보된다는 잘못된 가르침으로 평신도들을 현혹했다고 생각했다. 로마 가톨릭을 유지하는 두 개의 주요 버팀목이 있었는데 하나는 신적인 권위를 주장하는 교황 제도였고, 다른 하나는 평신도들에게 완전하거나 거의 완전한 기독교적 삶을 살라고 요구하는 수도원 제도였다. 그런 삶은 도달할 수 없는 목표였다. 그러나 그럴 수 있는 것처럼 보이기 위해, 또 그런 가능성을 촉진하기 위한 방책으로 일부 뛰어난 평신도들이 죽어서 장례를 치를 때 그냥 멋들어진 옷이 아니라 수도사의 의복을 입혔다. 루터가 보기에, 교황 당나귀와 수도사 송아지는 완벽 추구가 하늘나라에 가는 올바른 길이라고 주장하는 종교적 권위를 신뢰하는 일이 얼마나 부질없는 짓인지를 상징했다. 오히려 루터는 덜 요구하고 더 자비로운 기독교가 사람들을 하늘나라에 가는 것에 대한 두려움으로부터 해방시켜 줄 것이며, 그들이 자기 자신보다 다른 사람을 향해 관심을 돌리도록 해 줄 것이라고 주장했다. 뜻밖에도 1518

년부터 많은 사람들이 그 생각에 동의하면서, 조상 대대로 믿던 종교를 뒤로하고 루터 쪽으로 모여들었다.

그러나 로마는 무너지지 않았다. 1520년부터 1525년까지 일어난 일은 과거에는 상상도 할 수 없을 정도로 대대적인 언어 및 이미지들의 전쟁이었다. 그 전쟁이 가능했던 것은 새롭고 값싸고 빨라진 활판 인쇄술 덕분이었다. 루터의 탁월한 언변은 비텐베르크의 루카스 크라나흐Lucas Cranach 및 장인들의 정교한 기술과 결합하여 급성장하는 인쇄업에 연료를 제공했으며, 종교적 견해의 주도권을 장악하려는 싸움에서 루터 편에 엄청난 이득을 안겨 주었다. 그 5년 동안, 어림잡아 60명의 가톨릭 저술가들이 루터와 프로테스탄트 저술가들에 맞서 200종 이상의 인쇄물과 책을 펴냈다. 그중 상당수는 수준 높은 신학 논문이었으나, 라틴어로 쓰였기에 평신도 대부분이 읽을 수 없었다. 이와 반대로, 루터는 생생한 독일어로 글을 써서 자신이 원하는 변화와 그 신학적 근거를 분명하고 직접적으로 설명했다. 공정한 싸움은 아니었다. 프로테스탄트 인쇄물의 수가 가톨릭 인쇄물의 수보다 다섯 배나 많았다. 루터 혼자 출간한 인쇄물이 그를 공격하는 가톨릭 저술가들 전체가 출간한 분량의 두 배였다.[29] 하지만 그의 적수들은 절호의 기회를 붙잡았다. 1522년, 제국의 계관시인 토마스 무르너Thomas Murner가 상당히 인상 깊은 풍자시를 발표하고 "위대한 루터스러운 멍청이"Great Lutheran Fool라는 표현을 써서 루터를 웃음거리로 만들었다. 거기 실린 삽화에는 변절한 수도사 루터가 고개를 숙인 채 옥외 변소에 매장당하고 있으며 바보들을 사냥하는 고양이 한 마리가 애절한 장송곡을 노래하고 있다.[30]

우리는 이런 조롱과 야유를 유치하고 저속하고 저급한 것으로 치부하기 쉽지만, 16세기에는 그런 상스러운 논쟁술이 지극히 평범한 것이었다. 빅토리아 시대의 세련됨과 과학적 방법과 비교하면 원초적인 감정의 산물[31]에 불과해 보이지만 사실은 그렇지 않다. 마르틴 루터가 한편으로는 중세의 미신을 상당 부분 배격했지만, 다른 한편으로는 루터 역시도 그 시대의 틀 속에서 살아간 사람이었기 때문에 자연 현상의 상징적 의미를 받아들이고 그것을 로마 가톨릭에 대항하는 캠페인과 자신의 개혁 안건에 적용시켰다. 루터도 마술적 신비주의에 손을 댔는가? 아니다. 마술사나 점쟁이나 마녀들처럼 어떤 마술적 힘을 과시하는 행태는 전혀 보이지 않았다. 그러나 루터도 뜬소문을 믿고, 어떤 사건을 종교개혁 운동에는 유리하고 반대편에는 치명적인 방식으로 해석하는 경향을 보였는가? 그렇다. 더 나아가, 루터는 악마가 언제 어디에나 있다고 확신했기 때문에 악마의 대리자라고 여겨지는 사람들을 혹독하게 비난해도 괜찮다고 생각했다. 하지만 그리스도인들은 스스로를 지키기 위해 성인들에게 기도할 필요가 없다. 그들에게는 그들을 항상 지켜 주는 수호천사들이 있다. 마르틴 루터의 세계는 아주 작은 세계였다고 할 수 있지만 유용한 징표와 영적인 존재로 가득한 곳이었고, 그런 것들 덕분에 사람들은 자신들을 괴롭히는 우연성을 이해하며 거기에 모종의 제어 수단 같은 것이 있다고 느낄 수 있었다.

죽기 1년 전, 루터는 자신의 죽음을 둘러싸고 일어났다는 기이한 사건들을 서술한 이탈리아어 소책자의 독일어 번역본을 받아 보았다.[32] 그 책자에 의하면, 죽을병에 걸린 루터는 자신의 시신을 제단에 놓고 신으로 경배하라고 요구했다. 그러나 그의 육신이 무덤에 묻히자마자 끔찍한 소음이 들려왔는데 "마치 악마와 지옥이 무너질 때 나는 소리 같았다." 모든 사람이 눈을 들어 하늘을 쳐다보았고, 그들이 미사 때 그리스도의 몸이 된 성체를 보자 소음이 가라앉았다. 다음 날 밤, 루터가 묻힌 곳에서 첫날보다 심한 소음이 들렸다. 날이 밝았을 때 무덤은 열려 있고 "지옥 같은 악취"만 남아 있어 거기 있던 사람들이 구토를 할 정도였다. 이 징조를 보면서 많은 사람들이 "진리의 기둥"인 로마 가톨릭교회의 영광을 위하여 자신들의 삶을 정돈하고 믿음을 굳세게 붙잡기로 다짐했다고 한다. 루터는 이 논문의 출간에 부쳐 후기를 써서, "사탄과 그의 일당들, 교황과 교황 예찬자들이 이토록 성실하게 적대적인 것"을 너무 진지하게 받아들이지 말라고 했다.[33]

루터가 실제로 죽은 다음에 이와 유사한 거짓말이 등장할 것에 대비해, 루터의 후원자였던 작센의 선제후 요한 프리드리히는 유스투스 요나스와 만스펠트의 궁정 목사 미하엘 코엘리우스(Michael Coelius)에게 종교개혁자의 마지막 순간을 사실적으로 기록하라고 요청했다. 요나스와 코엘리우스는 루터의 임종을 지켰고, 그때 본 것을 토대로 믿을 만한 기록을 남겼다. 1546년 2월 18일 새벽 4시, 루터가 죽은 지 약 두 시간 후에 요나스는 만스펠트의 알브레히트 백작 비서에게 보고서를 받아쓰게 하고 그것을 선제후에게 보냈으며, 선제후는 다시 비텐베르크로 보냈다. 그 보고서는 2월 19일 이른 시간에 비텐베르크에 도착했고, 그날 아침 멜란히톤과 부겐하겐과 크루치거는 이것을 들고 카타리나에게 가서 남편의 부고를 전했다. 멜란히톤은 여느 때처럼 자신의 강의를 들으러 온 청중에게 루터의 죽음을 알리면서 그 보고서를 읽어 주었다. 루터의 유해는 아이슬레벤의 성 안드레아 교회에 머물러 있다가 비텐베르크로 돌아왔다. 2월 19일에는 요나스가 설교했고 다음 날에는 코엘리우스가 설교한 뒤에 장례 행렬이 시작되었다. 루터의 마지막에 대한 공식 기록은 1546년 3월 15일에, 혹은 하루 이틀 뒤에 출판되었다.[34] 종교개혁자의 시신은 그 자신이 고향이라 부르며 좋아했던 만스펠트가 아니라 비텐베르크에 안치되었다.

2

나의 모든 존재와 소유

1483/1484-1501

만스펠트 — 마그데부르크 — 아이제나흐

"오늘 한스 라이니케가 나에게 편지를 써 보내서,
나의 진정 사랑하는 아버지 한스 루더가 부활절 후
일곱 번째 주일 1시에 세상을 떠나셨다는 사실을 알려 주었다.
나의 아버지셨을 뿐 아니라 나를 아주 많이 사랑해 주신 분의
죽음은 나를 깊은 슬픔에 빠뜨렸다. 나의 창조주께서는
그를 통해 나의 모든 존재와 소유를 주셨다."[1]

네 부모를 원망하라! 정신분석학자 에릭 에릭슨Erik Erikson은 1950년대에 출간한 『청년 루터』Young man Luther, CH북스에서 이 문구를 루터에게 적용했다. 부모의 불만과 아버지에 대한 양가적 감정이, 성인이 된 아들 루터로 하여금 자기가 안전하게 거부할 수 없었던 아버지 대신 교황에게 맞서 반란을 일으키도록 했다는 것이 에릭슨의 견해였다.² 이 책은 유명세를 탔으나 몇 가지 뚜렷한 약점이 있다.

첫째, 21살의 마르틴은 수도원에 들어가기로 결정함으로써 자기가 법 공부를 할 수 있도록 대학 교육비를 마련해 준 아버지 한스의 뜻을 이미 거부했다. 한스 루더는 마르틴의 결정에 크게 실망했고 루터가 집례하는 첫 미사에 참석한 후 분노를 표출하기도 했다. 그러나 동시에 한스는 그 수도원에 상당한 양의 기부금을 쾌척했고, 마르틴도 처음에는 정신적인 어려움이 있었지만 결국 성공적으로 수도원 생활을 해 나갔다.

둘째, 마르틴은 교황에게 맞서 반란을 일으키지 않았다. 물론 교황 제도에 대한 루터의 비판이 해가 갈수록 격해지기는 했지만, 초기의 증거를 보면 그가 한 일은 교황의 권위와 관련된 세 가지 문제를 지적한 것이었다. 하나, 면벌부는 사기 행위다. 둘, 로마 가톨릭의 위계질서 안에는 목회적 관심이 없다. 셋, 교황이 절대적 권한을 행사하는 것은 역사적·성경적 근거가 부족하다.

셋째, 에릭슨은 루터가 아버지를 기쁘게 하기 위해서 수도원 생활을 정리한 것처럼 말하지만 그것은 전혀 사실이 아니다. 마르틴은 아버지의 반대가 충분히 근거 있는 것이며, 자신이 아버지에게 순종해야 한다는 사실을 인정했다. 하지만 마르틴이 수도원과 결별한 것은 신학적이고 개인적인 문제 때문이었다. 수도원이 추구하는 거룩함과 완전함은 마르틴이 발견하여 추종자들과 공유한 기독교적 자유의 핵심과 정면으로 충돌하는 것이었다. 에릭슨의 분석은 루터의 복잡한 정신 상태를 들여다보는 약간의 통찰을 주고, 성숙기의 루터가 위대한 인물이 되었을 뿐 아니라 있는 그대로의 한 사람이라는 사실을 이해하는 데 도움을 준다. 그러나 청년 루터에 대한 에릭슨의 진단은 여전히 사변적 수준이다.

루터의 청년기 연구가 솔깃한 이유는, 1500년대에 공적으로 가장 두드러진 위치에 있던 인물들에 비해서도 루터에 대한 정보가 많기 때문이다. 그러나 그 자료 중에서 일부는 불확실하며, 그 어떤 자료도 청년 루터가 직접 기록하지 않았고 기껏해야 나중에 회상한 것에 불과하다. 1483년을 마르틴이 태어난 해로 지정하는 것부터가 불확실하다.[3] 루터 스스로 자신의 삶을 간략하게 연대별로 기술한 바에 의하면 루터는 1484년생이며,[4] 그는 또 다른 자리에서 자기가 1484년에 만스펠트에서 태어났다고 "확실하게" 말했다.[5] 그럼에도 불구하고 그가 1483년생으로 널리 알려진 것은 루터의 절친한 동료인 필립 멜란히톤이 루터가 죽고 얼마 되지 않아 출판한 첫 번째 루터 전기 때문이다. 멜란히톤은 마르틴의 동생 야코프에게서 마르틴의 탄생 연도가 1483년이라는 것에 가족들이 모두 동의했다는 이야기를 들었다. 그러나 루터가 아직 살아 있을 때는 멜란히톤도 철석같이 1484년이라고 생각했으며, 유명한 이탈리아의 점성가가 별점을 치면서 루터의 탄생 연도를 1484년으로 잡았다는 사실 또한 이것을 입증한다고 말했다.[6] 1542년, 루터와 멜란히톤이 루터의 나이를 놓고 왈가왈부할 때, 루터는 자기가 지금 60살이므로 당연히 1482년생이라고 주장했다. 그러나 멜란히톤은 루터의 어머니가 자기에게 아들의 현재 나이는 58살이라고 했으니 1484년이 맞다고 주장했다.

비텐베르크 성城교회에 있는 루터 묘비는 우리를 더욱 혼란스럽게 만든다. 그 비석에는 1546년 2월 18일에 죽은 종교개혁자 루터가 63년 2개월 10일을 살았다고 새겨져 있다. 일반적으로는 루터의 탄생일을 1483년 11월 10일로 보지만, 그 묘비에 의하면 루터의 생일은 1482년 12월이 된다. 그 당시에 나이를 계산할 때 지나간 생일이 아니라 다가올 생일로 계산할 수도 있었다는 점은 문제를 더욱 복잡하게 만든다. 루터의 생애와 이력을 평가할 때는 정확한 출생 연도가 그리 중요하지 않지만, 별점을 친다든지 전기를 쓴다든지 탄생일을 기념한다든지 할 때는 정확한 날짜가 있는 편이 좋다. 그러나 모르는 것이 도움이 될 수도 있다. 루터 설화의 일부가 되어 버린 그의 인생 초반부에 대한 여러 추측들을 무작정 받아들이는 조급함에 빠지지 않도록 조심하게 해 줄 것이기 때문이다.

루터의 출생 일자와 장소에 대한 증거는 출생 연도보다는 확실하지만 그렇다고 완벽한 수준은 아니다. 마르틴은 11월 10일 아이슬레벤에서 태어난 것으로 추정된다. 모친의 기억에 의하면 마르틴은 자정을 한 시간 남겨 놓고 태어났으니 까딱하면 생일이 그다음 날로 넘어갈 뻔했다. 갓난아기는 태어난 다음 날 성 베드로-바울 교회에서 세례를 받았는데, 11월 11일은 투르Tours의 성 마르틴 축일이었으므로 아기의 이름은 마르틴으로 정해졌다. 1689년 아이슬레벤을 잿더미로 만들어 버린 화재가 루터의 생가도 완전히 태워 버렸으나, 일부 유품은 다른 건물로 옮겨졌으며 그곳이 지금의 박물관이다. 그 가운데 하나가 루터 사후에 그려진 종교개혁자의 초상화다. 이 그림에는 원래의 집이 루터의 생가, 그 근처에 있는 교회는 루터가 세례를 받은 교회로 표시되어 있다. 손상되지 않은 이 초상화는 "불에 타지 않는 루터" 전설을 만들어 냈고 루터를 거의 성인에 맞먹는 지위에 올려놓았다.[7] 그런데 사실 그 그림은 화재가 났을 때 이미 다른 곳에 있었다. 원래의 집이 있던 곳에 누가 술집을 개업했는데, 마을의 재판관 한 사람이 거기에 루터의 초상화가 있는 것이 안 어울린다고 여겨서 다른 곳에 치워 놓았던 것이다. 루터가 실제로 아이슬레벤에서 태어났다 해도 그곳에서 산 시간은 모두 합쳐 봐야 1년도 안 된다. 『탁상담화』에 의하면, 루터의 아버지가 "아내와 아들을 데리고" 만스펠트로 이사한 후에 루터가 태어났다.[8] 물론 여기서 말하는 아들은 마르틴이 아니라 마르틴의 형이고, 그 형은 아주 어린 나이에 죽은 것 같다.

아이슬레벤에서든 만스펠트에서든, 루터의 어머니 마르가레트 린데만Margaret Lindemann은 20대 초반에 마르틴을 낳았다. 린데만 가문은 바이에른Bavaria주 북쪽 잘레강 변의 노이슈타트Neustadt 출신이다. 노이슈타트는 만스펠트와 아이슬레벤에서 남서쪽으로 215킬로미터가량 떨어져 있다. 린데만 가문이 일부 튀링겐으로 이주하여 아이제나흐Eisenach에 정착했는데, 마르가레트는 거기서 성장했고 태어난 곳도 아마 거기인 것 같다. 그녀의 조카 하나는 그녀의 아버지와 이름이 같은 요한John이었는데, 나중에 신학을 공부하고 비텐베르크에서 사제 안수를 받았다. 그녀의 사촌 카스파르^Caspar는 라이프치히^Leipzig에서 의학을 공부하고 가르쳤으며, 훗날 작센 선제후의 주치의가 되었다. 카스파르는 1532년 비텐베르크 대학교 의학부에 합류하여 잠시 학장직을 맡기도 했다. 카스파르의 아내는 마르틴의 아들 파울^Paul의 대모가 되었으며, 1533년 파울이 태어날 때도 그 자리에 있었다.[9] 루터는 성인이 된 후에도 외사촌들과 많이 어울렸는데, 이것은 그가 아이제나흐에서 수년간 학교를 다녔기 때문이었다.

『탁상담화』에서 마르가레트는 억세게 일하고 엄격한 엄마로 소개되는데, 특히 마르틴이 호두 한 알을 훔쳤다고 피가 날 때까지 매질한 적도 있었다.[10] 루터 시대에 체벌은 일상적이었다. 대부분의 부모들은 "매질하지 않고"는 아이를 제대로 기를 수 없다고 믿었기 때문이다.[11] 훗날 루터는 어린 시절에 벌을 너무 많이 받아서 자기가 소심해졌다고 말했으나, 어른이 된 루터에게는 그런 소심함의 흔적이 거의 없었다. 루터의 편지에는 마르가레트 이야기가 거의 나오지 않는다. 단 한 번, 어머니가 돌아가시기 직전에 루터가 만스펠트로 보낸 위로의 편지가 주목할 만한 예외다. 루터의 동생 야코프가 어머니의 병세를 전하자, 루터는 죽음이 이제 "정말 죽었다"고, 참된 위로자이신 그리스도를 향한 어머니의 믿음이 그리스도를 무서운 심판자인 것처럼 가르치는 "가톨릭의 오류"로부터 어머니를 구원했다고 안심시켜 드렸다. "당신의 사랑하는 아들"이라고 서명하기 바로 전에 루터는 이렇게 썼다. "어머니의 자식들과 며느리 케테(카타리나)가 당신을 위해 기도합니다. 한 아이는 울고, 한 아이는 저녁을 먹다가도 '할머니가 많이 아프셔' 하고 말하네요."[12] 1531년 6월 30일, 그녀가 세상을 떠났을 때 루터에게 아직 살아 있는 자녀는 둘

뿐이었다. 하나는 막 5살이 된 한스, 또 하나는 2살 마그달레나였다. 그 당시 카타리나는 둘째 아들 마르틴을 임신하고 있었고, 마르틴은 그해 11월에 태어났다. 아버지 마르틴은 이미 40대 후반이었고 1년 전 부친상을 당한 상태였다. 우리는 어머니의 죽음이 마르틴 루터에게 어떤 영향을 끼쳤는지 아는 바가 없다. 그러나 학창 시절의 친구 한스 라이니케가 루터에게 아버지가 돌아가셨다고 전했을 때, 아버지를 여읜 아들은 실의에 빠졌다. 그는 이런 글을 남겼다. "내가 지금처럼 죽음을 경멸했던 적은 없었다." 그리고 루터는 아버지의 사랑을 회상하며 이렇게 선언했다. "나의 창조주께서 그를 통해 나의 모든 존재와 소유를 주셨다."[13]

루터의 아버지 한스는 그 가문의 장남이었지만 가문의 전통 때문에 아버지의 농장을 상속받지 못했다. 어쩔 수 없이 제힘으로 살아가야 했던 한스는 지역에서 번창하던 광산 사업에 뛰어들었고, 좋은 기회를 잡으려고 아이제나흐에 왔다가 마르가레트를 만났다. 마르가레트의 삼촌 안토니우스 린데만 Antonius Lindemann은 1500년 이전부터 아이슬레벤에서 제련 기술자로서 큰 성공을 거둔 사람이었는데, 한스는 그 사람의 도움을 받았을 가능성이 크다. 안토니우스는 한스에게 어떻게 하면 제련업 독점 판매권을 얻을 수 있는지 잘 알려 줄 수 있었을 것이다. 만스펠트로 이사한 한스는 여기저기에 돈을 지불해야 하는 소상공인 신세였다. 다른 친구나 친척들과 마찬가지로, 한스도 구리 광산을 소유한 만스펠트 귀족들의 변덕, 돈을 빌려주는 무역상들의 탐욕, 구리 가격의 끊임없는 변동에 취약한 상태였다. 그럼에도 한스의 사업은 번창했다. 한스는 자신의 제련소에서 얻는 수익 외에도, 광산을 감독해 주며 귀족들로부터 매년 급료를 받았다. 그 돈으로 한스는 마르틴을 대학에 보낼 수 있었으며, 생애 말년으로 갈수록 부채가 늘었음에도 가족 농장을 물려받은 남동생보다 많은 재산을 남겼다.[14]

한스는 만스펠트에서 사회적·정치적 신분 상승을 이룩했으니, 그 하나는 만스펠트 시민을 대표하는 네 사람 가운데 하나가 된 것이요, 다른 하나는 성 게오르크 교회에 제단을 기부한 마리아 형제회(평신도 연합회)의 창설자가 된 것이었다. 비록 만스펠트의 지도층 인사가 된 적은 한 번도 없었지만, 한스는 토지를 구매할 능력이 있고 시의회 선거권도 갖춘 시민으로서 존경을 받았다. 그가 소유했던 드넓은 토지에 대한 고고학적 조사 결과를 보면, 마르틴의 어린 시절에는 루터 집안이 꽤 안락한 삶을 영위했던 것 같다는 생각이 든다. 유물 중에는 어린 마르틴이 가지고 놀았으리라 추정되는 구슬도 있고 은화도 있으며, 가족의 식탁이 얼마나 풍성했는지를 추측하게 해 주는 동물과 생선의 뼈도 있다.[15]

비록 엄격한 규율 속에서 자랐다고는 하지만, 마르틴의 유년기가 비정상적이었다거나 그 가정이 문제 가정이었다고 볼 만한 요소는 어디에도 없다.[16] 과거의 가족생활에 그런 식의 꼬리표를 붙이거나 루터 부모의 부부 관계에 대해 시대착오적인 질문을 던지는 것은 쓸데없는 짓이다. 예컨대, 『탁상담화』에 의하면 루터는 결혼이 악한 것이 아니라는 사실을 증거하기 위해 자기 부모님을 예로 들었다. 루터는 두 분이 잠도 같이 잤고 성관계도 가졌지만—여기서 루터는 독일어로 "재미 봤다"라는 말을 썼는데 이 말은 애무했다 혹은 동침했다는 말의 완곡한 표현이다—신실한 분들이었다고 말했다.[17] 하지만 이렇게 빈약한 자료를 가지고 루터의 부모가 행복한 결혼 생활을 했다고 단정 지을 수는 없으며, 또 『탁상담화』에 루터의 부모가 빈궁했다는 말이 한 번 나온다고 그 가족이 가난했다고 결론 내릴 수도 없다. 오히려 루터가 어렸을 때는 가족이 안락하고 안정적이고, 인습적인 수준에서 경건했다고 할 수 있다. 하지만 루터가 집을 떠난 후로는 경제적인 어려움이 꼬리에 꼬리를 물었다. 한스와 마르가레트가 세상을 떠나기 직전, 루카스 크라나흐가 그린 두 사람의 초상화에서 그런 어려움을 엿볼 수 있다.

두 사람의 자녀로 우리가 알고 있는 이름들은 모두 성인의 이름을 딴 마르틴, 바르바라Barbara(마르틴이 36살 때 사망),[18] 도로테아Dorothy, 마르가레트Margaret, 야코프Jacob였다. 도로테아와 마르가레트는 그 지역 가문의 남자와 결혼했고 야코프는 아버지의 사업을 이어받았다. 넷째인 마르가레트는 만스펠트 출신의 폴르너Polner라는 사람과 결혼했는데, 그들의 아들 한스Hans가 비텐베르크에서 공부할 때 때때로 삼촌 마르틴과 숙모 카타리나의 집에 기거했다. 한번은 한스 폴르너가 술을 너무 많이 마셔서 제 몸을 가누지 못하자 루터가 그를 꾸짖기도 했다. 그 당시 적대자들의 끊임없는 감시하에 있던 루터에게 폴르너의 행실이 악영향을 주었던 것이다. 마르틴은 수년 동안 형제자매와 사촌, 조카들과 연락을 주고받았다. 1529년, 루터는 아버지가 동생 야코프와 그의 아내, 동생의 처남 카우프만Kaufmann과 함께 자기를 찾아왔다고 기록했다. 카우프만의 아들이 비텐베르크에서 대학을 다니려고 했던 것 같다.[19] 1534년 한스 루더의 토지 대금을 치를 때, 아들 마르틴과 야코프, 사위 파울 마켄로트Paul Mackenrot, 게오르크 카우프만George Kaufmann이 그 자리에 함께했다. 1520년, 루터는 부모님과 여동생들이 필립 멜란히톤의 결혼식을 빛내 주려고 비텐

• 한스 루더와 마르가레트 루더, 1527.

베르크까지 왔다고 기록했다.[20]

마르틴과 그의 아버지는 급속하게 도시화·상업화되어 가는 농촌 사회에서 경제적·사회적 성공의 모범이었다. 한스의 성공은 광산 산업의 호황으로 가능해진 번영과 그 자신의 사업 수완 덕이었으며, 마르틴의 성취는 아버지의 격려와 재정적 지원으로 이루어진 교육 덕분이었다. 루터는 교육의 가치를 강조하는 내용의 유인물을 만들어, 아버지가 세상을 떠나자 곧 출간했다. 거기서 루터는 부모들에게 자녀를 학교에 보내야 한다고 역설했다.

사랑하는 나의 아버지는 애정과 믿음으로 나를 에르푸르트에 있는 대학교에 다니게 했고 고된 땀과 노동으로 내가 지금의 자리까지 이를 수 있도록 도와주셨습니다. 나는 펜의 도움으로 여기까지 왔으니…몇 번이고 다시 선택해도 튀르크 술탄의 재산이나 온 세상의 보물이라도 그것을 나의 모든 기술과 지식하고 바꾸지 않을 것입니다. 내가 학교에 가서 글을 쓰는 사람이 되지 않았다면 결코 여기에 이르지 못했을 것입니다.[21]

루터가 가정과 학교에서 받은 훈련이 많은 것을 이룩했다. 루터가 저명한 교수, 스승, 작가, 종교개혁자의 이력을 쌓도록 도와준 학교 교육의 내용은 전혀 관심 대상이 아니었다. 실제로 루터는 성인이 된 후 자기 스승들에 대해서 거의 칭찬한 적이 없으며 자신의 학창 시절을 "지옥과 연옥"이라 불렀다.[22] 하지만 이런 평가를 내리던 때의 루터는 학위를 두 개나 취득했고 공교육에 대한 견고한 개혁안을 제시하는 중이었다. 다른 말로 하면, 그의 기준이 비현실적으로 높았으며 그가 판단한 교사들의 수준은 낮았던 것이다. "지금은 누구라도 [교사로] 지원할 수 있으며, 자기 자신 외에는 다른 감독관이 없는 사람들도 자리를 얻는다. 슬프구나, 올바른 것을 적절하게 배워야 하는 기관이 불한당들의 학교에 불과한 지경에 이르다니."[23] 이 말은 두 가지 해석이 가능하다. "지금"이라는 말은 마르틴 자신의 학창 시절을 뜻할 수도 있지만, 자기를 가르쳐 준 교사들에 비해 현재 교사들의 수준이 떨어진다는 의미가 될 수도 있다. 루터가 아이제나흐의 스승들을 높이 칭송했던 것을 생각하면 두 번째 해석이 더 맞는 것 같다.

루터는 오랜 기간 언어와 수사학을 훈련하여 얻은 화술 덕분에 청중을 매료시키는 설교자이자 교사가 될 수 있었다. 당시 만스펠트에서는 7살이 되면 학교에 들어갈 수 있었는데, 일부 부모들이 자식들을 더 일찍 입학시키는 바람에 교사들이 유모 노릇을 해야 했다고 언급하는 자료도 있다.[24] 학교는 성 게오르크 교회 바로 옆에 있었다. 그 "시시한" 학교에서는 세 과목(문법, 논리, 수사학)만 가르쳤는데, 학생들은 아엘리우스 도나투스 Aelius Donatus의 책을 가지고 주로 라틴어 문법을 배웠다. 도나투스는 주후 4세기 사람으로, 성경의 상당 부분을 라틴어로 번역한 금욕주의자 성 히에로니무스 St. Jerome의 스승이었다. 도나투스의 문법책은 주후 3/4세기에 살았던 카토 Cato라는 인물의 저작으로 간주되는 '카토의 도덕 격언집'과 더불어 중세 학교의 주교재로 쓰였다. 젊은 마르틴은 만스펠트에서 카토 선집을 읽으면서 라틴어를 갈고닦았으며, 그 안의 격언들로부터 실질적 지혜를 빨아들였다. 1524년 루터는 독일에서 공교육이 실시되어야 한다고 주장하면서 "학생들이 노예처럼 죽어라고 도나투스만 파고드는" 중세의 커리큘럼을 배격했다.[25] 하지만 4년 후에는, 학생들에게 도나투스를 가르치고 카토를 해석하게 하여 "쓰기와 말하기를 위한 라틴어 어휘 능력을 향상시켜야 한다"고 주장한 멜란히톤의 교육 계획안을 지지했다.[26] 멜란히톤의 계획안은 또한 어린이들이 이솝 우화를 읽고 설명하도록 한다. 루터는 어렸을 때 만스펠트에서 이솝 우화를 처음 읽었고 평생 그 이야기에 관심을 보였다. 심지어는 루터판版 이솝 우화 출간을 준비하기도 했다. 그는 이솝의 작품과 카토의 격언집이 사라지지 않고 계속해서 교육된다는 사실이 하나님의 섭리라고 말했고, 한층 더 칭찬했다. "내 판단으로는 성경 다음으로 최고라고 할 수 있는 것이 카토와 이솝의 작품이다. 문법으로는 도나투스가 최고이듯이 그 둘의 작품은 철학자나 법학자들의 뒤죽박죽 견해들보다 훨씬 낫다."[27]

대부분의 어른들이 그렇듯이, 루터도 자기가 받은 교육이 어렸을 때 생각했던 것보다 훨씬 쓸모가 있다는 사실을 알게 되었다면서 젊은 세대도 자기 세대와 유사한 기초 교육을 받아야 한다고 주장했다. 비록 유쾌하지 않은 기억도 없진 않았지만, 루터와 멜란히톤은 종교개혁을 뒷받침하는 고전 학문의 기초를 결코 무시하지 않았으며, 오히려 학식 있는 목회자나 교육받은 평신도가 종교개혁 정신을 견지하는 데 도움을 줄 것이라고 생각했다. 루터는 에르푸르트Erfurt 대학교에 들어가기 전부터 고전 작가들의 작품을 읽었는데, 주로 라틴어로 읽었다. 그는 에르푸르트에서, 어쩌면 아이제나흐에서부터 이미 르네상스의 혁신적 교육학에 노출되었다. 인문주의자라 불리던 르네상스 학자들이 그런 교육을 시도하고 있었으니, 그들은 고대의 고전 문학을 재발견하여 그 작품들을 원어로 읽고 출간했다. 그들은 라틴어 외에도 그리스어와 히브리어를 가르쳤고, 학교에서 그 언어를 가르치고 배우는 데 필요한 문법책도 출간했다.

이미 능숙한 라틴어 실력을 자랑했던 루터는 에르푸르트에서 약간의 그리스어, 히브리어 실력도 갖추었고, 재미도 얻고 도움도 얻을 겸 고전 작가들의 작품을 읽기 시작했다. 비록 시간이 충분하지 않아서 마음에 드는 책들을 다 읽을 수 없다고 불평했지만 말이다. 어쨌거나 루터는 수많은 고전 작품을 충분히 습득하여 저술할 때 자주 인용했고, 최소한 언급이라도 했다. 그 목록에는 호메로스, 플라톤, 아리스토텔레스, 에피쿠로스 같은 그리스 작가들과, 키케로, 『아이네이스』Aeneid의 저자 베르길리우스, 호라티우스, 오비디우스, 희곡 작가로 유명한 테렌티우스, 세네카(아들), 역사가 타키투스 등의 로마 작가들이 있었다.[28] 수도원으로 들어갈 때는 베르길리우스와 테렌티우스의 책들만 가지고 갔다. 루터가 죽기 이틀 전에 남긴 메모를 보면, 교회를 "선지자들과 함께" 100년 동안 다스리지 않고서는 그 누구도 "성경을 맛볼" 수 없다는 주장의 근거를 들기 위하여 베르길리우스와 테렌티우스를 인용했다.[29] 안타깝게도 루터는 자신의 충고를 따를 수 없었다. 30대 후반에는 종교적 논쟁의 극심한 고통에 시달리면서 훨씬 짧은 시간 안에 성경의 깊은 맛을 체험하게 되었다. 다른 한편으로는 50대가 되어 회상했듯, 감금 상태에서 읽을 때 성경이 가장 잘 이해되었다.[30]

13살쯤 되었을 무렵, 루터는 작센주에서 가장 큰 도시인 마그데부르크Magdeburg에 있는 학교에 다니게 되었다. 만스펠트를 떠날 때 친구 한스 라이니케도 함께 갔는데, 두 촌놈들은 태어나서 처음으로 대도시를 구경하는 셈이었다. 루터가 마그데부르크에서 보낸 시간은 고작 1년이었고 나중에도 그곳은 부유한 도시였다고 단 한 번 언급했을 뿐이다. 하지만 그곳에서 루터는 종교와 정치의 세계로 인도되었고, 훗날에는 그보다 훨씬 더 큰 종교·정치의 세계에 휘말리게 되었다. 마그데부르크는 대주교의 관구였으며 독일 최초로 고딕 양식 대성당이 세워지게 될 곳이었다. 공사는 1209년에 시작되었으나, 약 300년 후 루터가 그곳에 도착했을 때는 아직 첨탑이 완공되지 않은 상태였다. 당시 마그데부르크의 대주교 에른스트Ernest는 훗날 루터를 보호하고 후원해 준 작센의 통치자 프리드리히와 요한의 형제였다. 에른스트의 후임 대주교는 브란덴부르크의 알브레히트Albert of Brandenburg였는데 그는 시종일관 종교개혁의 강력한 반대자였다. 딱 한 번 알브레히트가 마음으로 루터의 안녕을 기원한 적이 있지만,[31] 두 사람은 한 해 차이로 죽기 전까지 적수로 남았다. 죽기 직전, 루터는 두 사람이 그렇게도 많이 싸웠지만 자신의 신장 결석이 알브레히트한테도 생기기를 바라지는 않는다고 말했다.[32]

　루터가 다녔던 마그데부르크 학교는 정확하게 확인되지는 않았지만 아마 대성당에 인접해 있었을 것이다. 교사들은 일반적으로 대주교 성당 참사회 회원이거나, 대주교 관구 안에 거주하며 목회적 직무와 성무 일과를 수행하는 주교 또는 사제들이었다. 참사회의 명망 있는 인사였던 파울 모스하우어Paul Mosshauer 박사는 만스펠트 출신이었는데, 아마도 그가 루터와 라이니케의 가족들에게 아들들을 마그데부르크로 보내라고 권유했을 것이다. 루터는 이따금 모스하우어의 집에 초대받았는데, 루터의 기록에 의하면 그의 가르침은 '공동생활 형제회'Brethren of the Common Life*와 연관되어 있었다. 이 형제회는 수도원과 유사한 공동체로서 학생들에게 숙박을 제공하고 개인 학습 지도도 해 주었는데, 마그데부르크에는 그들이 운영하는 학교가 없어서 거기 속한 일부 형제들이 대성당 학교에서 마르틴을 가르쳤고 마르틴과 한스는 그들의 집에서 거주했던 것 같다.³³ 그 학교에서 마르틴은 평생의 친구인 벤첼 링크Wenzel Linck를 만났다. 벤첼은 아우구스티누스 수도회에도 함께 들어갔고 비텐베르크 대학교에서도 루터의 동료였다.³⁴ 마르틴은 마그데부르크에 겨우 1년 있다가 다른 곳으로 갔지만, 성인이 되어 두 번 그곳을 다시 찾았다. 10년 후에는 아우구스티누스 수도회 수사였고, 그 후 8년이 지나서는 유명한 종교개혁자가 되어 있었다. 그 도시에 찾아올 때마다 루터는 이전과는 전혀 다른 모습이었다.

마르틴이 다음으로 간 곳은 아이제나흐였다. 튀링겐 숲의 가장자리 언덕에 아늑하게 자리한 예쁜 마을로, 그의 외가 친척들이 살고 있는 곳이기도 했다. 린데만 가문은 아이제나흐의 다른 두 가문인 샬베 가문, 코타 가문과 긴밀한 유대 관계를 맺고 있었다. 두 가문도 우르술라 샬베와 콘라트 코타의 결혼으로 친척 관계가 되었다. 루터도 두 가문에 대해 호의적으로 언급했으며 아마 그들에게서 숙식을 제공받은 적도 있는 것 같다. 그러나 현재 알려진 "루터 하우스"와 같은 모습은 아니었을 수도 있다.³⁵ 10대의 마르틴이 "사랑하

* 14세기 후반 네덜란드에서 헤라르트 흐로테(Gerard Groote)에 의해 시작된 종교 공동체로서, 기독교 엘리트 교육과 경건 서적 독서 장려를 주요 목표로 했다. 이 형제회는 네덜란드와 독일과 스위스 전역으로 퍼져 나갔으며 소년 시절의 에라스무스에게도 깊은 영향을 끼쳤다.

는 마을 아이제나흐"에서 보낸 3-4년 동안, 몇 군데 옮겨 다니긴 했지만 모두 성 게오르크 교회에 속한 학교에서 그리 멀지 않은 곳에 머물렀다.

멜란히톤의 주장으로는 성 게오르크 라틴어 학교야말로 더할 나위 없는 최고의 학교였으니, 이는 거기서 마르틴 루터를 가르쳤던 비간트 퀼데나프Wigand Güldenapf 때문이었다. 루터는 퀼데나프의 실력을 칭송했으며, 이 스승이 목사로 일했던 마을로부터 스승의 연금을 받아 내려고 애를 쓰기도 했다.[36] 루터는 에르푸르트에서 사제로 서품을 받고 나서 자신이 집전하는 첫 번째 미사에 스승 퀼데나프를 초대했다.[37] 아이제나흐의 커리큘럼은 루터가 만스펠트와 마그데부르크에서 배웠던 것보다 한층 수준 높은 문법, 수사학, 논리학이었다. 게다가 그 학교는 예배 때 성가대를 제공하는 역할도 했기 때문에, 루터는 마그데부르크 대성당에서 훈련받기 시작한 음악 실력도 키워 나갈 수 있었다. 그는 꽤 훌륭한 테너 목소리를 발전시켰고 음악 이론도 공부했는데, 두 가지 모두가 훗날 예배 개혁을 위해 찬송을 작시하고 작곡할 때 유용하게 쓰였다. 인문주의 시인 크로투스 루베아누스Crotus Rubeanus는 루터와 함께했던 에르푸르트 대학교 학창 시절을 회상하면서, 루터는 그때부터 이미 "잘 배운 음악가이자 철학자"[38]였다고 말했다. 에르푸르트 시절 초반에 허벅지 부상을 입은 마르틴은 요양 중에 류트를 배우면서 시간을 보냈다.[39]

루터와 동급생들은 아이제나흐의 관습에 따라 가끔 이 집 저 집을 돌면서 노래를 부르고 빵을 받았는데,[40] 이것이 그의 학창 시절에 대해 오해를 불러일으킨다. 마르틴은 학교 바깥에서 학식 있는 성직자와 평신도로 구성된 종교적·지성적 모임들과 접촉했다. 아이제나흐에는 성직자들이 아주 많았기에, 거의 열 명 중 한 명은 성직자이거나 수도사였다. 그들은 도미니쿠스 수도회, 프란체스코 수도회, 베네딕투스 수도회, 성모 마리아회, (1685년 요한 제바스티안 바흐가 세례받은) 성 게오르크 교회, 성 안나 교회, 성 니콜라우스 교회, 성 엘리자베트 교회 등의 이런저런 종교 기관에 속해 있었다. 1500년대 독일에서는 한 마을 인구의 10퍼센트가 성직자라 해도 전혀 이상한 일이 아니었고, 샬베 가문과 같은 유력한 가문이 여러 교회와 수도원을 후원하는 것도 특이한 일이 아니었다. 그들은 자기 가문을 위해 기도해 주고 사적 미사를 드려 줄 성직자를 지원하기 위해 하나 이상의 성인에게 봉헌하는 제단을 기부했을 것이다. 예컨대 성모 마리아 교회에는 20개의 제단이 있었는데, 각 제단은 3명의 성인에게 봉헌되었다. 그 교구에 속한 성직자가 그 제단들이 있는 곳에서 매일 미사를 집전하는데 그 가운데 하나가 샬베 가문이 기부한 제단인 것이다. 그런 제단들 위나 주변에는 성인들의 유품들이 많이 있었다. 그 유품들은 이른바 막달라 마리아, 복음서 저자 누가, 순교자 스데반, 성 루치아, 교황 레오 1세의 것이라고 주장되었다. 그 가운데는 누가복음 2장 28절에 등장하는, 아기 예수를 안았던 팔의 한 조각도 있었다.[41]

루터는 성모 마리아 교회의 신부 요한 브라운과 정중한 우정 관계로 지냈기에 그 교회를 아주 잘 알고 있었다. 브라운 신부는 루터보다 나이가 훨씬 위였는데, 학생들을 집으로 초대하여 음악과 토론의 밤을 보내곤 했다. 아이제나흐를 떠난 뒤에도 루터는 브라운과 편지를 주고받았으며, 1507년 보낸 초대장은 루터가 직접 썼다고 인정되는 편지로는 가장 오래된 것이다. 그 편지는 루터가 사제 서품을 받은 후에 "그리스도 안에서 가장 사랑하는 친구" 브라운에게 보낸 것으로서, 루터 자신이 처음으로 집전하는 미사가 에르푸르트에서 있으니 꼭 와 달라는 내용이었다. 형식과 격식을 갖춰 쓰인 편지이지만, 그래도 브라운이 루터에게 베풀었던 친절과 루터의 안녕에 대해 보였던 지속적 관심을 잘 말해 준다. 루터는 또한 브라운에게 아이제나흐에 있는 자기 친척 한 사람과 동행할 것을 제안하며, 비록 "샬베 자문 위원회" 회원들을 초대하지는 않기로 했지만 감사의 마음은 꼭 전해 달라고 부탁한다. 루터는 그 자문 위원회 회원들이야말로 각별한 사람들이지만, 이제 "세상에 대하여 죽은" 일개 수도사의 바람 때문에 부담을 느껴서는 안 된다고 말했다. 이 편지 외의 곳에서는 전혀 언급되지 않는 이 자문 위원회는 에르푸르트나 뉘른베르크^{Nuremberg} 같은 비교적 큰 마을에서 인문주의 학자들이 모여 고전 작품을 함께 읽고 생각을 나누던 모임과 비슷했던 것 같다.[42] 성직자들을 포함해 이런 지식인들은 고전 연구가 부흥하고 그것이 주변 세상에 영향을 끼치는 것에 열광하고 있었다. 종교적 삶을 위해 그런 세상을 포기한 루터는 아마도 당혹스러웠을 것이며, 그들의 반응을 확신할 수 없었기에 선뜻 초대할 수 없었을 것이다.

  1501년 루터는 아이제나흐를 떠나, 거기서 64킬로미터도 채 떨어져 있지 않은 에르푸르트 대학교에 입학했다. 만일 그가 1484년에 태어났다면, 마르틴은 17살의 나이에 그의 아버지가 계획한 대로 법률 전문가가 되려는 교육적 모험을 시도한 셈이다. 학문적으로 그는 이미 준비된 상태였으나, 마그데부르크와 아이제나흐의 막강한 종교적 환경은 법을 가르치거나 귀족 또는 시의회의 법률 고문으로 충실한 변호인이 되는 것과는 다른 삶의 가능성을 열어 주었다. 루터가 수도사가 되기로 결정한 것은 흔히 알려진 것처럼 폭풍우 때문이든 아니든 마른하늘의 날벼락같이 느닷없는 일은 아니었다. 브라운에게 보낸 편지에는 세속적인 경력을 선택할 것인지 "세상에 대하여 죽을 것"인지를 둘러싼 그의 내적 고뇌가 암시되어 있으며, 이 싸움은 아이제나흐 시절에 이미 시작되었을 것이다. 만일 그렇다면, 루터의 갈등은 법을 공부하기 시작하면서 중대한 국면을 맞이하게 되었고, 그 결과 루터는 아버지의 뜻을 저버리고 수도원에 들어가기로 결정한 것이다. 루터는 그때까지 받은 교육을 기반으로 둘 중에서 어떤 길이라도 걸어갈 수 있는 능력을 갖추었고, 에르푸르트에서 얻은 수준 높은 자료들로 인해 결정을 내릴 수 있었던 것이다. 젊은 라틴어 학자이자 음악가였던 마르틴은 자기가 마침내 선택한 이 길이 20년 후에 어떤 결과를 가져올지 전혀 눈치채지 못한 채 아이제나흐를 떠났다. 그는 자기가 이단자요 제국의 범법자로 낙인찍혀 "사랑하는 마을" 아이제나흐로 돌아올 거라고는 상상하지도 못했다. 하지만 1521년과 1522년 사이에 그는 아이제나흐의 저 높은 바르트부르크 요새에 격리되어, 여러 가지 일을 하는 와중에도 한때 저 아래 마을에서 갈고닦은 실력으로 신약성경을 독일어로 번역해냈다.

3
머리끝에서 발끝까지 거룩한

1501-1511
에르푸르트 — 비텐베르크

"인간이 상상할 수 있는 가장 큰 거룩함이 우리를 수도원으로 이끌었다.
…우리는 거듭거듭 금식하고 기도했으며, 고깔 달린 모직 수도복 아래
거친 셔츠를 입고 검소하고 엄격한 생활을 했다.
한마디로 우리는 수도사다운 거룩함을 준수했다.
그런 과시적인 일에 너무도 깊이 몰입하다 보니, 우리는 스스로
머리끝에서 발끝까지 거룩한 사람들이라고 생각했다."[1]

아이제나흐에서 에르푸르트까지의 57킬로미터는 건장한 사람이 고타^{Gotha}에서 하룻밤 숙박하고 꼬박 이틀을 걸어야 도달할 수 있는 길이었다. 루터가 만스펠트에 있는 집에 먼저 들르지 않았다고 가정할 때, 그가 여름학기 대학교 등록을 제때 마치기 위해 에르푸르트로 떠난 때는 1501년 4월이었을 것이다. 초봄 날씨가 화창했다면, 푸릇푸릇한 초원을 따라 성큼성큼 걸으면서 산야가 녹색으로 변해 가는 모습을 즐겼을 것이다. 풀밭은 울창한 나무숲이 시작되는 지점까지 뻗어 있고 근처의 개울을 호위하듯 열을 지어 선 관목들이 있는 곳까지 내려온다. 목이 마르거나 잠깐 쉬어야겠다고 마음먹으면 작고 흰 꽃들을 따라 개울을 찾아갈 수 있다. 막 움터 오르기 시작한 잎사귀들은 자연의 팔레트에 다양한 초록의 음영을 더할 만큼은 아직 충분히 크지 않았다. 봄이 되면 튀링겐은 가장 아름다운 모습을 뽐냈고, 대학교는 저 앞에 우뚝 솟아 있었으며, 루터는 미래에 대한 희망으로 가득 차 있었다.

튀링겐주는 지리적으로 독일의 중심부인데, 주도州都인 에르푸르트는 8세기에 독일로 파견된 선교사로 알려진 보니파키우스^{Boniface}에 의해 발견되었다. 에르푸르트는 동서남북의 무역로가 교차하는 지점에 위치했기 때문에 중세 후기에 상업 중심지로 크게 번창했다. 무역로 가운데 오랜 국도國道는 동유럽과 서유럽을 연결해 주었다. 도시의 성벽 바깥으로 펼쳐진 넉넉한 토지에서는 청색 염료의 훌륭한 원료인 대청大靑이 많이 생산되어, 루터는 그 지역을 "아주 비옥한 베들레헴"[2]이라 불렀다. 에르푸르트는 이러한 번영에 힘입어 1392년 고등 교육 기관을 설립했는데, 이곳은 그 당시 독일 지역에서 가장 오래된 국립 대학교였으나 오랜 기간의 공백기도 겪어야 했다. 1816년 프로이센 왕국이 에르푸르트를 점령하여 폐쇄된 학교는 1990년 독일의 재통일 이후에야 다시 제 역할을 하게 되었다.

1501년 루터가 도착했을 때 에르푸르트에는 1만 9천 명의 주민이 살고 있었고 대략 80개의 종교 기관이 있어 "북부의 로마"라는 별명이 붙을 정도였다. 284미터 고도의 베드로산 꼭대기 편평한 곳에서 내려다 본 도시는 수많은 교회와 첨탑으로 뾰족뾰족한 윤곽을 선보이는데, 그중에서도 성 세베루스 교회의 첨탑과 대성당이 압도적이다. 다른 교회와 수도원 가운데 세 곳이 독일의 도시라면 어디서든 볼 수 있는 도미니쿠스 수도회, 프란체스코 수도회, 아우구스티누스 수도회의 것이었으며, 각각의 기관은 나름의 특수성을 견지했다. 1300년 에르푸르트의 도미니쿠스 수도회 원장은 탁월한 설교자요 신학자로서 독일 신비주의의 정수를 담은 설교와 논문을 남긴 마이스터 에크하르트Meister Eckhart였다. 프란체스코 수도회 교회는 제2차 세계대전 때 부분적으로 파괴되었으나, 성 프란체스코의 생애를 묘사한 13세기의 스테인드글라스 두 점이 남아 있어 복원된 성가대석 위의 창문에서 볼 수 있다. 아우구스티누스 수도회 교회는—수많은 관광객과 세미나를 위해 수리되고 정비되고 확장되었는데—마르틴 루터 덕분에 명성을 얻었다. 루터는 에르푸르트에 도착하고 4년 후 아우구스티누스 수도회에 입회하기로 결심했는데, 그 이유는 한 번도 밝힌 적이 없다.

에르푸르트 대학교 장부에는 루터의 이름이 세 번 기록되어 있다. 1501년 입학 및 등록금 완납, 1502년 학사 Bachelor of Arts 수료, 1505년 석사 Master of Arts 시험 통과. 이것은 루터의 삶과 관련된 가장 오래된 증빙 자료인데 세 군데 모두 만스펠트 출신 "마르티누스 루더" Martinus Luder 로 적혀 있다.[3] 모든 학생들은 독특한 의복을 입고 대학 기숙사 혹은 '부르사' bursa 에서 기거했다. 부르사는 라틴어로 "주머니" 혹은 지갑이란 뜻으로, 학생들이 그곳에 지불하는 하숙비 때문에 붙은 이름이었다. 에르푸르트에는 1천 명이 안 되는 대학생을 수용하기 위한 다섯 혹은 여섯 개의 부르사가 있었고, 루터는 그중 두 곳에서 생활했던 것 같다. 아이제나흐에 살던 친척 디트리히 린데만 Dietrich Lindemann 이 에르푸르트에 있는 루터를 방문한 적이 있는데, 그는 당시 루터의 숙소가 성 게오르크 부르사였다고 회상했다.[4] 다른 증거에 의하면, 루터는 조금 더 큰 숙소인 암플로니우스 대학 기숙사에 거주했는데, 이곳은 1400년대 초반 에르푸르트 대학교 2대 총장의 기부금으로 설립된 곳이었다. 기부자의 훌륭한 장서들은 '천국의 문'이라고도 불렸던 그 기숙사 건물에 지금도 온전하게 보관되어 있다. 그곳의 또 다른 거주자로는 루터의 동료였던 크로투스 루베아누스가 있는데, 그는 유명한 학자가 되어 훗날 그들의 학창 시절을 회상하는 글을 남겼다.[5] 역시 에르푸르트에서 공부했던 유스투스 요나스의 기록에 의하면, 루터가 수도원에 들어가기 전에 환송회를 연 곳도 천국의 문이었다.[6]

대학생들의 부르사 생활은 교수 한 사람과 그의 조교들의 감독 하에 엄격한 통제를 받았다. '천국의 문'에서는 4시 기도회로 하루가 시작되었으며, 그 후 6시에 시작될 수업을 준비했다. 식사는 아침나절에 한 번, 오후에 한 번이었다. 도서관은 오후 식사 전 1시간만 개방되었다. 저녁 8시에는 외부로 나가는 문이 닫혔다. 외출 허가를 받더라도 잠재적 악의 소굴에는 출입이 금지되었다. 개인 기도가 권고되고, 미사 참석 여부를 체크했다. 토요일에는 모든 사생이 머리를 감아야 했다.[7] 기숙사의 규칙은 분명했지만, 학생들이 그 규칙을 얼마만큼 지켰는지는 불분명하다. 30년 후 루터의 주장에 의하면, 에르푸르트는 "매춘의 소굴이며 술집"에 불과하기 때문에 그 도시의 대학생들이 배우는 두 과목은 매춘과 음주였다.[8] 물론 루터 자신도 천사 같은 젊은이는 아니었지만, 심각한 잘못을 저질렀다는 기록은 없다. 추측건대 그는 훗날 아내 카타리나가 가정용으로 만든 맥주를 즐겨 마셨던 것처럼 그 당시에도 맥주를 좋아했을 것이다. 음악을 좋아했고 류트를 연주했으며, 다른 학생들과 즐거운 시간을 보냈으리라. 당시의 학생들처럼 루터도 단검을 소지했을 테지만, 그가 에르푸르트 시절 방탕한 삶을 살았던 흔적은 전혀 없다.

학사 학위를 받기 위해서는 이전에 라틴어 학교에서 배운 것을 확대·심화해야 했다. 대학생들은 책을 읽고 정규 강의에 출석하고, 교수들이 제시하는 명제를 놓고 토론했다. 비록 우수한 성적을 거두지는 못했지만 루터는 학사 시험을 잘 통과했고, 그때 학사 학위를 받은 동료들 중에는 훗날 비텐베르크의 시장에 오르고 작센 선제후의 고문이 된 크리스티안 바이어Christian Beyer도 있었다. 1530년 바이어는 황제 카를 5세 앞에서 루터파의 『아우크스부르크 신앙 고백』Augsburg Confession을 큰 목소리로 낭독했다.[9]

루터는 곧바로 석사 학위를 위한 공부를 시작했는데, 당시에는 석사 학위까지 받으려는 학생들의 수가 많지 않았다. 루터는 20대가 되자 능력이 훨씬 좋아져서, 1505년 1월에 치른 시험에서는 17명의 수험생 가운데 2등을 했다. 시험과 논쟁과 강의는 주로 "큰 대학"great college에서 이루어졌는데, 이곳은 에르푸르트에서 가장 오래된 기숙사이면서 루터가 등록한 철학과가 시작된 곳이었다. 석사 학위를 취득한 루터는 교원이 되어 강의도 하고 논쟁에도 참여했다.[10] 루터는 강의와 논쟁을 다 좋아해서 비텐베르크 대학교 교수가 된 후에도 줄곧 강의하고 논쟁했으며, 세상을 떠나기 얼마 전까지도 그 일을 쉬지 않았다.

에르푸르트는 학문적 능력이 출중한 도시였다. 최고 수준의 대학교도 하나 있고, 교양 대학*도 하나 있고, 전문학교도 세 군데나 있었다. 세 곳의 수도원은 나름의 신학적 연구 성과를 대학교에 공급해 주었다. 에르푸르트는 눈에 띄는 인문주의자들을 배출했으며 그들 가운데 상당수가 대학교와 연결되어 있었다. 교양 과목 커리큘럼은 기원전 4세기의 그리스 철학자 아리스토텔레스에게 비중이 많이 실렸다. 그의 작품은 그리스어와 아랍어에서 라틴어로 번역된 이후 1100년대에 유럽 학자들 사이에 널리 알려졌다. 아리스토텔레스의 저작은 (논리학, 심리학, 윤리학으로 구분되는) 인간의 사유와 지각과 행동을 포괄하면서, 자연적 세계(물리학)와 자연을 초월하는 실재(형이상학)를 포착하고 범주화하려는 시도였다. 아리스토텔레스 사상은 또한 신학의 기초가 되었으며, 중세 여러 학파들의 논쟁과 가르침의 대상이었다.

* 중세의 주요 7과목, 즉 문법, 논리학, 수사학, 수학, 기하학, 음악, 천문학을 가르치는 대학이다.

그러나 1400년 이후 아리스토텔레스의 영향력은 르네상스와 신학문 양식에 의해 서서히 침식되어 갔다. 인문주의 학자들은 문법, 수사학, 수학, 음악을 더욱 선호했다. 루터에게도 아주 친숙한 과목들이었다. 에르푸르트 대학교 도서관은 1501년 베네치아에서 인쇄되어 1505년 이전에 에르푸르트에서 제본된 두 권짜리 백과사전을 소장하고 있는데, 논리학 및 기하학 관련 장에는 루터가 직접 밑줄을 긋고 좌우 여백에 메모하고 주해를 달아 놓은 부분이 있다.[11] 볼펜뷔텔Wolfenbüttel의 아우구스트 공작 도서관에 소장된 책에는 루터가 에르푸르트의 아우구스티누스 수도원 시절(1505-1511)에 직접 기록한 각주가 추가되어 있다. 루터는 황제들의 연대기에서 자기 고향 사람들이 추앙하는 튀링겐의 성 엘리자베트의 이름을 발견하고는 그녀의 출생 날짜와 사망 날짜를 써넣었다. 그 책과 함께 제본된 별도의 소책자에는 중세 후기의 이탈리아 시인 밥티스타 만토아노Baptista Mantuanus의 시가 포함되어 있다.[12] "믿음"이라는 단어 옆에는 로마서 1장에 나오는 바울의 말("의인은 믿음으로 살리라")이 루터의 글씨로 적혀 있다. 이것은 2013년에 발견되었는데, 루터는 평생 이 말씀과 씨름하면서 자기 신학의 기둥으로 삼았다.[13] 이 메모에서 알 수 있듯이, 청년 루터는 수도원에 들어가기 전이든 수도원 생활을 할 때든 동시대의 인문주의자들과 연관된 자료들을 많이 읽었다. 루터는 종종 울리히 츠빙글리Ulrich Zwingli나 장 칼뱅John Calvin처럼 인문주의적 성격이 잘 알려진 종교개혁자들과 대비되곤 했으나, 최근 루터가 신학 이외의 자료들도 잘 알고 있었을 뿐 아니라 자주 인용했다는 사실이 밝혀지면서 그가 다른 종교개혁자들보다 인문주의의 영향을 덜 받았다는 주장이 힘을 잃고 있다.

많은 교수들이 아리스토텔레스의 사상과 그것이 중세 철학에 끼친 영향을 학생들에게 전파하면서도 인문주의 사상에 상당히 열려 있었다. 루터의 스승이었던 요도쿠스 트루트페터Jodocus Trutvetter와 바르톨로메우스 아르놀디 폰 우징겐Bartholomew Arnoldi von Usingen도 그러했는데, 두 사람은 에르푸르트 대학교의 유명 인사였다. 루터가 입학한 1501년 여름학기에 아이제나흐 출신의 트루트페터가 학장이 되었다. 우징겐과 트루트페터는 아리스토텔레스 전문가로서 논리학, 문법, 자연 철학 교과서를 집필했다. 두 사람을 존경했던 에르푸르트의 인문주의자들은 트루트페터의 책에는 안내의 시문詩文을 달았고 우징겐이 추진한 고전어 교육 확대 캠페인에는 열렬한 환호를 보냈다. 결과적으로 루터는 그 스승들로부터 아리스토텔레스를 배웠을 뿐 아니라 인문주의의 핵심 주제들도 파악하게 되었다. 루터가 대학교 공부를 시작했을 때 에르푸르트 인문주의자들의 지도자는 니콜라우스 마르샬크Nicholas Marschalk였다. 그는 대학교에서 강의하면서 고전 텍스트를 원어로 출간하는 인쇄소를 열었다. 고전어의 올바른 사용을 촉진하기 위해 히브리어, 그리스어, 고전 라틴어 문법책도 만들었다. 마르샬크의 그리스어 정서법은 독일에서 출간된 최초의 그리스어 교본으로, 루터도 이 책으로 공부했을 가능성이 크다.[14]

루터가 마르샬크를 만났을 것 같지는 않다. 하지만 에르푸르트의 인문주의는 종교개혁을 지지하는 모판이 되어 주었으며, 그 가운데 게오르크 슈팔라틴George Spalatin이라는 인물은 비텐베르크의 프리드리히 선제후와 루터를 연결해 주었다. 슈팔라틴은 바이에른 출신으로 에르푸르트에 와서 1499년 학사 학위를 취득했다. 마르샬크가 그를 가르쳤고, 1502년 그를 조교로 삼고 비텐베르크로 데려갔다. 1505

년 마르샬크가 비텐베르크를 떠나자 슈팔라틴은 에르푸르트로 돌아와 전임자 마르샬크보다 유명해진 콘라트 무티안Conrad Mutian의 제자가 되었다. 신학은 슈팔라틴이 제일 좋아하는 과목은 아니었다. 그는 역사를 더 좋아했으며, 훗날 작센주의 역사와 종교개혁의 역사에 관한 책을 출간했다. 어쨌든 그에게도 마땅한 직업이 필요했다. 그는 무티안의 도움으로 에르푸르트에서 그리 멀지 않은 시토회 수도원 강사로 일하면서 작은 교구의 사제직도 맡게 되어 안수를 받았다. 슈팔라틴의 안수식은 1508년 에르푸르트 대성당에서 열렸으며, 1년 전 루터에게 안수를 베푼 주교가 이를 진행했다.

얼마 후 무티안은 프리드리히 선제후의 조카를 가르칠 가정교사 자리에 슈팔라틴을 추천했다. 슈팔라틴은 그 일을 맡아서 2년 동안 토르가우Torgau에 있었는데,[15] 그곳은 선제후들이 머무르던 마을 중 하나였다. 그 후 프리드리히 선제후는 슈팔라틴을 비텐베르크 대학교에 등록한 다른 두 조카의 가정교사로 임명했다. 슈팔라틴은 이 임무를 맡아, 그리고 프리드리히 선제후가 오랫동안 갈망했던 도서관 건립을 위해 1511년 비텐베르크로 이주했다. 그해는 루터가 비텐베르크의 정주민이 된 해이기도 하다. 슈팔라틴은 선제후가 맡긴 대학교 관련 업무까지 하고 있던 터라 3년이 지나기 전에 마르틴과 만날 수 있었으며, 훗날 이단자가 된 루터를 죽음의 위협으로부터 보호해 주는 정치적 후원 세력도 확보할 수 있었다.

슈팔라틴이 무티안 주변에서 만난 에르푸르트의 인문주의자들은 곧 루터의 지지자가 되었다. 그 가운데는 시인 에오바누스 헤수스Eoban Hessus와 기사 울리히 폰 후텐Ulrich von Hutten이 있었다. 특히 폰 후텐은 교황 제도를 격렬하게 비판하면서 종교개혁을 위해 군대를 조직하려고 했다.[16] 에르푸르트의 인문주의자 가운데 다른 두 명, 요하네스 랑게(John Lang)와 유스투스 요나스는 루터의 평생 친구가 되었다. 슈팔라틴은 두 사람 모두를 잘 알고 있었다. 그리스어 학자인 랑게는 에르푸르트에서 태어나 그곳의 대학교에서 공부했다. 루터가 아우구스티누스 수도회에 입회하고 1년 후에 랑게도 같은 수도원에 들어왔고, 두 수도사는 아주 가까워졌다. 1511년 함께 비텐베르크로 이주한 후, 랑게는 석사 학위를 취득했고 그리스어를 가르치면서 수업 시간에 그리스어 텍스트를 사용했다. 루터가 그러했듯 랑게도 자신의 인문주의 원칙에 따라 아우구스티누스나 히에로니무스나 암브로시우스 같은 교부들보다도 가까운 중세의 신학자들에게 더 큰 권위를 부여하는 교수들을 맹렬히 비난했다.[17] 1516년, 랑게는 에르푸르트로 돌아가서 자신과 루터가 종신 서약을 한 아우구스티누스 수도원의 원장이 되었다.

랑게가 유스투스 요나스를 만난 곳도 아마 에르푸르트였을 것이다. 1506년에서 1511년까지 루터와 랑게는 에르푸르트의 수도원에 살고 있었고, 두 사람보다 어린 요나스는 대학교에서 학사 학위와 석사 학위를 받으려고 공부하고 있었다. 그때는 그야말로 격동의 시기였다. 에르푸르트의 역사에서 1509년은 "미친" 해로 기록되었다. 에르푸르트 시의회가 엄청난 빚을 갚기 위해 새로운 세금을 도입하자 시민 계층은 격분했다. 그들의 저항은 점점 과격해져서 결국에는 저명한 시의원 한 명을 처형하기에 이르렀다. 부유한 대학생들이 시의회 편을 들자 대중의 분노는 폭력으로 치달아 대학 건물을 부수었을 뿐 아니라 대학교를 폐쇄하겠다고 협박했다. 1511년 소요가 다시 표면화되자, 요나스는 에르푸르트를 떠나 비텐베르크에 가서

법을 공부했다. 바로 그해 루터와 랑게도 비텐베르크의 수도원으로 옮겨 왔다. 1515년 초에 요나스는 에르푸르트로 돌아와 법학 학위를 끝마치지만, 거의 4년 내내 비텐베르크의 작은 마을에서 살았고, 바로 그 시기에 루터와 랑게는 비텐베르크 대학교에서 가르치고 있었다. 그들이 서로 알게 된 것이 정확하게 언제인지는 알려지지 않았으나, 1517년부터는 루터와 랑게와 슈팔라틴이 서로를 잘 알고 지냈으며, 유스투스 요나스에 대해서도 알고는 있었다.

이 에르푸르트-비텐베르크 연결 고리를 인정하는 것이 루터를 고립된 영웅처럼 여기는 신화에서 벗어나고 그에게 영향을 끼친 관계를 존중하는 법을 배우는 첫걸음이다. 루터의 에르푸르트 시절에 대한 통속적인 견해는 대개 이런 식이다. 루터는 류트를 연주하는 대학생이었는데, 천둥 번개를 만나 기겁한 나머지 갑자기 수도원에 들어가겠다고 서약했다. 그는 에르푸르트의 독방을 거의 떠나지 않았다. 끊임없이 자기 죄를 헤아리고 용서를 갈구하고 사탄과 싸웠다. 이런 식의 스토리 라인은 루터가 비텐베르크 대학교의 교수가 된 1512년 이후를 기술할 때도 거의 달라지지 않는다. 그가 초반에 가르쳤던 과목들 정도나 언급될 뿐, 대학교와 아우구스티누스 수도회 안에서 그가 감당했던 일상적 업무나 인간관계에 대해서는 전혀 언급이 없다. 루터는 그저 갑자기, 혼자서 "종교개혁의 발견"에 이르러 95개 논제를 붙였으며, 원하건 원치 않건 로마와의 갈등을 촉발시켰다는 것이다. 이렇게 혼자 힘으로 종교개혁을 시작한 영웅 루터의 신화가 만들어진다. 그러나 실제로는 전혀 그렇지 않다.

대학생 루터가 수도사 마르틴이 되기로 결심했을 때, 그는 4년의 대학 생활 동안 강도 높은 학업을 수행하고 새로운 인간관계를 맺고 있었다. 그런 와중에 폭풍우를 만났다. 하지만 오로지 그것 때문에 루터가 돌연 수도사가 된 것일까? 그건 아닌 것 같다. 현재 확인할 수 있는 가장 정확한 기록은 그 일이 일어난 지 34년 후 『탁상담화』에 남겨진 것인데, 루터가 성 안나를 부르면서 수도사가 되겠다고 맹세한 것은 사실이다. 그러나 바로 그 기록에 의하면, 루터 자신이 그 맹세를 후회했으며 "많은 사람들"이 그 폭풍우 체험과 수도원 입회 사이의 2주 동안 루터를 만류했다. 그들 가운데 일부 "절친"들은 루터가 초대한 이별 만찬 자리에서도 그의 생각을 돌리려고 했다. 게다가 루터의 아버지는 루터가 수도원에 들어간다는 소식을 듣고 격분했다.[18] 너무나 당연한 일이었다. 얼마 전 한스 루더는 아들을 위해 값비싼 법학 교재를 구입했고, 마르틴이 법률가요 협상가로서 출세가도를 달리는 중이라고 확신하고 있었다. 루터는 아버지 한스에게 자기가 수도원에 들어갈 생각을 하고 있다는 말을 전혀 하지 않은 것 같다. 『탁상담화』의 기록에서 처음으로 성 안나가 언급되는데, 아마도 이것은 루터 자신의 맹세를 좀더 구속력 있는 것으로 보이게 해서 자신이 그 많은 반대에도 불구하고 뜻을 꺾지 않은 이유를 설명하기 위함인 것 같다.[19] 1517년 이후 처음이자 마지막으로 이 폭풍우와 맹세 이야기를 언급한 것은 루터의 대학교 친구 크로투스 루베아누스였는데, 그는 이 체험을 성 바울의 회심과 비교함으로써 루터의 반로마 투쟁에 거의 신성한 수준의 정당성을 부여했다.[20] 루터가 수도원 제도와 교황 제도를 함께 부정한 후에는, 크로투스와 다른 친구들이 보기에 루터가 일단 수도사가 될 수밖에 없었던 이유를 설명하는 데 이보다 좋은 스토리가 없었을 테니 그걸 거부할 필요가 없었다.

비록 그 이야기가 차후에 사용된 것이라고는 하지만, 그래도 그 폭풍우와 일종의 서약이 루터의 결심을 재촉했을 법하다. 결국 루터는 아버지의 명백한 반대를 무릅쓰고 자신의 학문 영역만이 아니라 인생 전체를 바꾸는 결정을 내렸다. 수도사가 되는 엄청난 변화의 한 걸음을 내딛기 위해 그는 상당 기간 심사숙고했을 것이다. 어쩌면 그는 법학 공부를 너무나 싫어해서 출구를 찾고 있었는데 결단을 내리지 못하고 있었던 것일지도 모른다. 모르긴 해도, 수도원 삶을 시작하는 것은 훗날 수도원 삶을 청산할 때만큼이나 어려웠을 것이다. 1533년 루터는 어느 수사 한 사람과 공감하며 이야기를 나누었는데, 결국 그 수사는 단념하고 계속 수도원에 남기로 했다. 거의 20년의 세월을 아우구스티누스 수도회에서 살았던 루터는 이렇게 썼다. "나도 철저하게 같은 생각에 빠져 있었습니다. 만일 하나님께서 나를 움켜잡고 확실한 힘으로 꺼내 주시지 않으셨다면, 그저 말만으로는 빠져나오지 못했을 것입니다. 나는 그것을 직접 경험한 사람으로 이렇게 말하는 것이며, 그래서 나는 기꺼이 당신을 믿습니다."[21] 수도원 생활의 맨 처음과 맨 마지막에 루터에게 필요했던 것은, 스스로의 고민에 더하여 자기가 하나님의 개입이라고 느낄 수 있을 만한 어떤 것이었다.

그런데 왜 아우구스티누스 수도회였을까? 그저 가까이 있었기 때문에? 만일 루터가 성 게오르크 부르사에 살고 있었다면, 지그재그로 걸어도 수도원까지는 채 10분도 걸리지 않았다. 문을 열고 나가서 왼쪽으로 18미터, 오른쪽으로 돌아 한 블록, 다시 왼쪽으로 폭이 그리 넓지 않은 게라강을 건너서, 다시 오른쪽으로 한 블록 걸어간 다음 왼쪽으로 틀면 곧바로 콤투트로[※]가 나오고 수도원의 높은 담을 따라서 금방 정문에 도달한다. 만일 루터가 천국의 문에 살고 있었다 하더라도 몇 분이 더 걸리는 정도였을 것이다. "큰 대학"들을 비롯하여 대부분의 대학교 건물들에서 가장 가까운 수도원이 아우구스티누스회 수도원이었기 때문이다.

루터가 아우구스티누스 수도회를 선택한 데는 이런 지리적 근접성 외에도 다른 이유가 있었던 것 같다. 그곳의 수도사들이 수도회의 규정을 엄격하게 지키는 것으로 유명했기 때문에 루터의 마음이 끌렸을 것이다. 50년 전, 에르푸르트의 아우구스티누스 수도원은 대대적인 수도원 개혁에 순종했던 이른바 "엄수" 수도원 가운데 하나였다. 수도사들은 신학 수업과 관련하여 대학교와 긴밀한 유대 관계를 맺고 있었으니, 그 수도회의 형제들이 신학과 교수로서 직접 신학 과목을 가르쳤기 때문이다. 그 수도원은 덕망 있는 감독이요 학자였던 히포의 아우구스티누스 Augustine of Hippo(주후 430년 사망)의 이름을 따라 세워졌는데, 아우구스티누스는 회심 이후 금욕 생활을 하며 종교 공동체 안에 머물렀다. 그는 루터가 가장 좋아했던 신학자였으며, 이상주의자 루터가 꿈꿨던 거룩한 학자의 모델이었다. 아우구스티누스가 한 말에 의하면, 그를 비롯하여 몇몇 사람들은 인간이 상상할 수 있는 가장 위대한 거룩함에 이끌려 수도원에 들어오게 되었다. 카르투지오 수도사들, 프란체스코회의 엄수 수도원 수도사들처럼 다른 엄격한 수도원들도 위대한 거룩함을 주장했지만 모든 사람에게 사랑받지는 못했다. 교구 사제들은 그들을 경쟁자로 인식했다. 특히 수도원에서 엄격하게 봉쇄된 삶을 살지 않는 탁발 수도사들이 자선 사업과 설교를 통해 대중의 마음을 끌기 시작하자 더더욱 그러했다. 교구 사제들은 철저하게 은둔 생활을 하는 수도사들과 수녀들도 못마땅하게 생각했는데, 이들이 자신들의 거룩함을 추구한다는 명목으로 공적 사역의 의무를 회피하고 있다고 여겼기 때문이다.

수도원을 선택한 계기가 무엇이었든, 결국 루터는 1505년 7월 17일 심란한 마음으로 수도원의 수수한 정문까지 동행해 준 친구들에게 작별을 고했다. 아우구스티누스 수도회 규정에 따르면, 외부인이 입회를 원할 때는 근무 중인 문지기가 수도원장에게 그 사실을 통보해야 했다. 수도원장은 루터를 수도원의 대강당처럼 쓰이는 회관으로 데려가 먼저 함께 기도를 하고, 입회 목적을 물었다. 수도원장이 대답에 만족하여 루터는 체류 허가를 받고 객실 하나를 얻었다. 그곳은 1277년 아우구스티누스 수도회가 인수한 것으로 현재 에르푸르트에서 가장 오래된 건물이다.[22]

지원자는 기다림의 시간과 철저한 고백을 거친 후에야 비로소 수련 수도사 자격을 얻을 수 있었다. 그 과정 후에 루터는 다시 한 번 회관에 들어갔다. 이번에는 수도원의 모든 형제들이 그곳에서 일어나는 일의 증인이 되기 위해 모여 있었다. 루터가 엎드려 주님의 자비를 구하는 기도를 드린 그 타일 바닥은 지금도 남아 있다. 수도원장은 마르틴이 결혼을 하지 않았으며 다른 세상적 의무에 매이지 않은 사람이라는 것을 공동체에게 확인시켜 주었다. 그런 다음 루터에게 수도원의 힘겨운 생활을 기꺼이 견뎌 내겠냐고 물었다. 루터가 그러겠다고 대답하자 1년 동안의 수습 과정, 즉 수련 수도사 과정을 시작할 수 있게 되었다. 다른 형제들이 성 아우구스티누스를 극찬하는 찬송을 부르는 동안 루터의 머리털은 조심스럽게 깎여 나갔다. 정수리 부분에만 머리칼을 둥근 모양으로 남기는 독특한 삭

• 왼쪽부터 에르푸르트의 아우구스티누스 수도원 교회, 수도원 입구, 내부의 수도실.

발식이었다. 그 후에는 아우구스티누스 수도회 의복을 갖춰 입었다. 모직 속옷, 아마亞麻실로 만든 레깅스, 길고 검은 고깔이 달린 짧은 모직 튜닉이나 꼭대기에 두건이 달린 가운, 혁대 기능을 하는 가죽 끈, 마지막으로는 머리를 넣을 구멍이 있는 어깨 길이의 하얀 옷깃을 걸쳤다. 수련 기간 동안에는 붉은 표지로 제본된 성경 한 권을 받았는데, 수련 수도사는 모두 이 성경을 매일 읽어야 했다. 수련 기간이 끝나면 성경은 회수되었다.

수련 수도사 루터는 수도원의 예식들에 참여했으며 수련 담당자에게 규칙적으로 지도를 받았다. 또한 성무일도 Divine Office를 중심으로 구성된 매일의 시간표를 지켜야 했다. 성무일도란 하루에 일곱 번 거행되는 기도로, 150편의 시편을 매주 노래할 수 있게 짜였다. 수도원의 일상에는 매일의 미사와 두 번의 식사가 포함되었다. 식사할 때는 수도사의 덕성을 함양하는 글을 담당자가 큰 소리로 읽는 가운데 침묵 속에서 먹었다. 추가로 침묵의 시간, 허드렛일, 공부, 강의가 있었다. 수도사들은 한 주에 한 번씩 수도원장과 만나 자기가 아우구스티누스 수도회 규약을 어기는 일을 한 적은 없는지, 혹은 다른 형제가 그러는 걸 본 적은 없는지 말해야 했다. 수련 기간이 끝나자 루터는 공부하고 기도할 수 있는 독방과 공동 침실의 한 자리, 그리고 예배당 사제석에 자리를 배정받았다. 또 개인 소장용 수도원 규칙서 필사본과, 향료와 성수를 뿌려 거룩하게 구별한 새로운 의복도 받았다. 세례 가운보다 훨씬 좋았을 것이라고 추측되는 이 수도복은, 이제 이 사람이 세상에 대해서 죽고 새로운 존재가 되었음을 상징했다. 훗날 루터는 수도원 서약이 맨 처음 받는 세례보다 강력한 두 번째 세례라는 주장을 거부하게 된다. 첫 번째이자 유일무

이한 세례가 기독교 안에서 탁월한 중요성을 차지한다는 사상의 회복은 루터 신학의 주요 특성 가운데 하나다.

서약을 한 후 루터의 수도원 생활이 본격적으로 시작되었다. 그와 동시에 사제 서품을 위한 준비도 시작되었는데, 사제 서품을 받기 위해서는 신학 학사 이후 과정을 이수해야 했다. 하지만 루터는 이미 석사 학위가 있는 최적의 지원자였으므로 그런 조건이 장애가 되지 않았다. 대학 도시 안에 있는 수도원은 요즘으로 말하면 미국이나 영국 대학교 안의 신학교나 신학 대학과 같은 기능을 했다. 에르푸르트에 있는 아우구스티누스 수도회는 프란체스코 수도회나 도미니쿠스 수도회와 마찬가지로 자체 학교가 있었다. 하지만 그곳 학생들은 대학교에도 등록이 되어 있었고 그들이 받는 학위가 곧 대학교 학위였다. 수도원과 대학교의 주된 연결 고리는 수도원의 교사인 동시에 대학교에 속한 교수들이었다. 루터의 스승 요하네스 나틴(John Nathin)은 1472년 아우구스티누스 수도회에 들어왔으며 20년 후 박사 학위를 얻었다.[23] 그는 루터의 회심에 깊은 감명을 받아, 루터의 친구 크로투스처럼 루터를 "제2의 바울"이라고 칭송했다.[24]

루터는 나틴 교수 아래서 중세 후기의 신학자 가브리엘 빌(Gabriel Biel)의 미사 정경 주해를 연구했다.[25] 미사 정경이란 빵과 포도주를 그리스도의 살과 피로 바꾸는 성별의 말씀을 포함한 고대 교회의 감사 기도문이었다. 중세 후기에 쓰였으니 상당히 늦기도 했거니와, 이 신성한 본문에 대한 빌의 주해는 결코 첫 번째 시도도 아니었고 그 자체로 완전히 독창적이지도 않았다. 그는 자료를 다루며 어떤 것은 문자 그대로 받아들였고 어떤 부분은 이전에 나온 주해에서 따왔는데, 그 가운데는 빌이 에르푸르트에서 공부할 때 친하게 지낸 신학자가 쓴 것도 있었다. 루터가 태어나던 해, 빌은 독일 남서부 튀빙겐에 세워진 지 이제 7년밖에 안 된 대학교 교수진에 합류했다. 빌이 튀빙겐에 도착했을 때 요하네스 나틴은 아우구스티누스 수도원에서 지내며 신학 박사 과정을 시작했다. 아마 그때 나틴이 들은 과목 가운데 빌의 정경 주해가 있었던 것 같다.[26] 그래서 훗날 나틴이 그 주해서를 제자들에게 추천해 주었을 것이다. 그 당시에는 루터도 한 친구에게 말하기를, 빌의 책이 너무나 좋아서 가슴이 벅차오르는 것 같다고 했다.[27] 그러나 1516년에 루터는 생각을 바꾸었다. 루터가 보기에, 빌은 모든 주제를 훌륭하게 다루고 있지만 정말 중요한 주제, 곧 은총, 그리고 사랑, 소망, 믿음에 관해서는 그러지 못했다.[28]

빌의 주해서는 이전 학자들의 많은 저작을 인용하고 있었기에, 루터는 중세의 자료들과 아우구스티누스, 클레르보의 베르나르, 토마스 아퀴나스, 던스 스코투스Duns Scotus, 보나벤투라Bonaventure, 윌리엄 오컴William Ockham, 장 제르송Jean Gerson과 같은 저명한 신학자들의 작품을 다양하게 맛볼 수 있었다. 철학과의 우징겐 교수와 트루트페터 교수는 아리스토텔레스를 강의했을 뿐만 아니라 오컴과 빌의 아리스토텔레스 해석도 좋아했다고 알려져 있었다. 그런 이유에서, 루터는 아리스토텔레스와 스콜라 신학에 비판적 태도를 취하게 된 이후에 자신에게 처음 그 자료를 가르쳐 준 에르푸르트 학자들(우징겐과 트루트페터)을 "가브리엘주의자"라고 지칭했다.[29] 그러나 이 말은 칭찬이 아니었다. 그 시기의 루터는 빌의 오컴주의적 접근을 배척했기 때문이다. 하지만 4년 후에도 루터는 오컴주의적 방법을 자신의 "분파"요 "당파"라 불렀다.[30]

루터는 자신이 집전하는 미사에 대한 연구와 더불어, 고해성사를 통해 사제인 자신이 알게 된 죄에 대해 어떻게 반응해야 하는지를 공부했다. 이를 위해 비공식적으로 '천사의 다이제스트'라고 불리던 교본도 읽었는데, 그 책은 양심에 관한 문제를 어떻게 다루어야 하는지 알려 주었다. 이러한 공부가 루터의 발전에 결정적 영향을 미쳤으니, 이는 루터 스스로가 죄책감의 문제와 씨름하고 있었기 때문이다. 루터는 성실하게 자신의 죄를 고해했지만 하나님이 그 죄를 용서해 주셨다는 확신을 가질 수 없었다. 다른 사람의 고해를 들을 때마다 자기와 같은 사제들이 사람들에게 너무 손쉬운 탈출구를 제시하고 있다는 사실을 깨닫게 되었다. 그러다 보니 사람들은 자신의 죄를 진지하게 생각해서 깊이 뉘우치고 용서를 받는 것이 아니라, 단지 진부한 속죄 행위(자선, 금식, 묵주 기도, 순례)를 반복하라는 지시만을 받았다. 어떤 경우에는 아예 속죄 행위 자체도 면제되었다. 이런 체제는 사람들이 자신의 행동을 바꿀 수 있는 동기도 부여하지 못하고 그들에게 진정한 확신을 주지도 못했다. 이것은 루터가 비텐베르크에서 신자들의 고해를 들을 뿐 아니라 강의와 설교와 미사 집전을 수행할 때에도 여전히 문제로 남았다.

 자신의 문제와 씨름하던 루터는 그의 고해 신부들에게 도움을 구했다. 하지만 그들은 루터가 너무 세세하게 죄를 세고 있다는 식으로 반응했다. 그들은 인간의 죄를 심판해야 마땅한 하나님의 정의는 언제나 하나님의 자비에 의해 완화된다고 말했다. 하지만 그런 말은 충분한 위로가 되지 못했다. 루터는 더욱 강력한 위안을 원했으며, 그것을 빌에게서나 성경만이 아니라 아우구스티누스, 클레르보의 베르나르, 장 제르송 같은 옛 신학자들에게서도 찾아보려고 애썼다. 저명한 시토회 수도원장 베르나르의 설교문은 중세 후기의 수도사들이 많이 읽고 최고의 영성 서적으로 간주하던 것이었다.[31] "위대한 위로의 스승"이라는 별명이 붙은 제르송은 개혁 성향의 학자로서 신비주의 전통을 높이 평가했으며, 사변과 논리보다는 경험의 기초 위에 신학을 세우려 했다.[32] 그 둘은 루터가 훗날 비판하는 수도원 제도와 교황 제도를 지지했던 사람들이지만, 그럼에도 루터는 두 사람을 칭찬했다. 베르나르는 아우구스티누스나 다른 어떤 신학자들보다도 아름답게 그리스도를 설교했으며, 제르송은 교회의 통치에 짓눌린 양심적인 신자들에게 최초로 희망의 불꽃이 되어 주었기 때문이었다.[33]

1507년 4월 초, 루터는 에르푸르트 대성당 성 킬리안 예배당에서 다른 지원자들과 함께 사제 서품을 받았다. 5월 2일에는 처음으로 미사를 집전했다. 그가 매일 예배드리는 아우구스티누스 수도회 교회에서 거행된 미사였지만, 그래도 몹시 긴장했던 것 같다. 미사가 끝난 다음, 실망한 아버지가 던진 책망은 14년이 지난 후에도 루터의 마음에 상처로 남아 있었다. 한스는 아들에게 이렇게 말했다. "너의 맹세가 착각이 아니기를 바란다." 또 이런 말도 했다. "부모에게 순종하라는 말은 들어 보지 못했느냐?" 루터도 그때를 회상하면서 자기가 얼마나 건방진 상태였는지 인정했다. "나 자신의 의로움을 너무나 확신했기 때문에 아버지의 말을 그저 남의 말처럼 들었으며 아버지를 완전히 무시했습니다."[34] 그러나 1507년에 루터는 하나님이 자신을 부르셨다고 확신했던 삶으로, 그의 책들이 있는 곳으로 되돌아갔다.

루터의 승진은 빨랐다. 1508년, 루터는 비텐베르크에 새로 생긴 대학교에서 임시로 철학 강사직을 맡게 되었다. 그러면서 1년 동안 아직 공사 중이었던 아우구스티누스 수도회 건물에서 생활했던 것 같다. 그 기간에 루터는 아리스토텔레스의 『윤리학』Ethics을 강의하면서, 박사 과정의 첫 번째 자격 요건을 충족시키기 위해 신구약성경에 대한 주석을 썼다. 그다음 자격 요건은 페트루스 롬바르두스Peter Lombard가 1100년대에 집필한 『명제집』Sentences 네 권에 대한 강의를 하는 것이었다. 그 책은 교수가 되려면 반드시 숙지해야 하는 스콜라 신학의 교과서였다. 각각의 "명제"는 논쟁의 여지가 있는 질문이나 문장이며 롬바르두스는 합리적 추론과 성경, 혹은 이전 신학자들의 글을 통해 올바른 답을 제시하고자 했다. 하나님의 성품을 다루는 제1권에서 롬바르두스는 이렇게 묻는다. "하나님은 하실 수 없는 일들을 인간이 할 수 있는데도 하나님이 전능하시다고 말할 수 있나?" 예컨대, 하나님은 걷거나 말하실 수 없다. 하나님이 입이나 다리를 가지셨다고 한다면 그분의 신성이 감소하기 때문이다. 롬바르두스는 이에 대해 이렇게 반박한다. 결코 그렇지 않다. 우리가 말하고 걸을 수 있는 것은 하나님이 우리를 창조하실 때 그런 능력을 주셨기 때문이다. 하나님의 능력은 모든 피조물이 할 수 있는 것 배후의 힘이므로 얼마든지 하나님은 전능하시다고 말할 수 있다. 『명제집』 제1권에 대한 강의는 롬바르두스가 생각해 낸 질문을 전부 토론하며 진행되었고, 다른 책들도 이와 비슷한 방식으로 철저하고 끈질기게 다루었다.

1509년 루터가 에르푸르트에 돌아왔을 때, 그는 이 과업을 수행할 만한 충분한 실력이 있었다. 그러나 그의 자격에 대한 문제제기가 있었다. 박사 학위를 받기 위해서는 모든 자격 요건을 에르푸르트에서 충족시켜야 했는데, 첫 번째 자격 요건을 비텐베르크에서 수행한 것이 문제였다. 에르푸르트의 동료 수도사들이 불만을 터뜨린 것은 한편으로는 정당한 일이었지만, 여기에는 정치적 문제가 개입되어 있었다. 비텐베르크의 엄수 아우구스티누스 수도회 주교 총대리였던 요한 폰 슈타우피츠는 에르푸르트와 경쟁할 만한 신학 연구 프로그램을 기획하고 있었다. 루터가 슈타우피츠의 허락을 받고 규칙을 무시한 것 때문에 에르푸르트의 수도사들은 슈타우피츠에 대해 불쾌감을 마음껏 표출하면서 자신들의 반대를 정당화할 기회를 얻었다. 결국 루터는 다른 대학교에서 박사 과정을 끝마치지 않기로 약속한 다음에야 에르푸르트 대학교에서 취임 강의를 할 수 있었는데, 대성당에서 축제 성격으로 진행된 그 강의도 『명제집』에 관한 것이었다. 그는 『명제집』 제3권에 대해 처음으로 강의하던 학기에 다른 학위도 하나 얻으면서 교수직에 더욱 가까워졌다.

루터의 학문적 성취는 종교적 업적에 가려 축소되기 일쑤라서, 미래의 종교개혁자가 학문적 장애물은 아주 쉽고 빠르게 뛰어넘은 것처럼 보일 수도 있다. 그러나 당시 대학교 정관에 따르면, 롬바르두스의 『명제집』 강의는 일주일에 세 번씩 꼬박 2년에 걸쳐 진행해야 하는 과정이었다. 루터는 더 빠르게 끝마칠 수 있는 1년 코스 대신 2년 코스를 선택했다. 그 강의를 성실하게 준비하고 싶었기 때문이다. 성실함을 넘어서서 꼼꼼하게, 다른 자료들을 조사하고 자기가 소장한 20년 전 복사본에 필기도 해 가면서 준비했다. 루터는 『명제집』의 다른 판본 두 개를 입수하여 자기가 가진 1489년판과 비교하고 본문에 주석을 달아 놓을 뿐 아니라 본문 자체를 수정하기도 했는데, 아주 많은 수는 아니지만 이것은 근대적 의미의 본문 비평에 해당한다.[35] 에르푸르트에서 루터는 여러 사본을 대조할 수 있었으며, 어떤 경우에는 롬바르두스가 아우구스티누스를 인용한 부분을 점검하면서 아우구스티누스의 작품에서 그 부분을 직접 찾아보기도 했다. 루터는 1509년 봄에 에르푸르트에 돌아와서 1511년 여름 다시 비텐베르크로 떠나기 전까지 다른 책에도 그런 식의 메모를 해 놓았다. 저자들의 목록은 짧지만, 캔터베리의 안셀무스의 주요 저작들, 보나벤투라의 비교적 짧은 작품들, 아우구스티누스의 『고백록』, 『삼위일체론』, 『신의 도성』을 비롯하여 참고한 저작들의 양은 상당하다. 루터는 제단에서 이루어지는 성만찬에 대한 오컴의 논문도 읽었으며 보나벤투라, 스코터스, 오컴, 빌이 『명제집』에 대해 주석한 글도 참고했다.

루터가 『명제집』 강의를 끝내기로 계획했던 1511년 여름, 루터와 아우구스티누스 수도회 동료 수도사이자 친구였던 요하네스 랑게가 비텐베르크로 소환되었다. 5년 후 랑게는 에르푸르트로 돌아왔지만, 26살의 루터는 얼마 안 있어 큰 소동에 휘말릴 것을 내다보지 못한 채 그의 새로운 고향 비텐베르크에 남았다. 종교개혁의 시작으로 불리게 될 그 소동은, 우리가 흔히 접하게 되는 아주 진부한 상식과는 달리 한 수도사가 은혜로우신 하나님을 절실하게 찾았기 때문에 일어난 일이 아니었다. 마르틴 루터는 이따금 신학책을 읽게 되면 두려워서 덜덜 떠는 괴로운 수도사의 모습으로 에르푸르트를 떠난 것이 아니었다. 오히려 정반대였다. 에르푸르트에서 9년, 비텐베르크에서 1년을 보내면서 루터는 실력 있는 젊은 학자가 되었고 가끔은 조심스러운 아우구스티누스회 수도사의 모습을 보이기도 했다. 이후 6년을 다시 비텐베르크에서 보내며, 루터는 그 두 역할 모두에서 급속도로 성숙해졌다. 아직 그가 면벌부의 정당성에 의문을 던지기 전의 일이었다.

4
그런 사람들 가운데 하나는 아닌

1511-1517
비텐베르크 — 로마

"나는 완전히 외로웠으며, 아우구스티누스가 자신에 대해 말했던 것처럼 글쓰기와 가르치는 일로 숙달된 사람들 가운데 하나였다. 나는 아무것도 아니었다가 갑자기 정상에 오른 그런 사람들 가운데 하나는 아니었다. 물론 그런 사람들도 결국 아무것도 아니다. 그런 사람들은 노동도 하지 않고 시험도 당하지 않고, 경험에서 우러나온 말도 하지 않고, 그냥 성경을 한번 훑어본 다음 자신의 영혼 전체를 소모시킨다."[1]

1511년, 에르푸르트에서 비텐베르크로 가는 길은 3년 전 마르틴 수사가 처음으로 그 길을 걸었을 때와 비교해서 거의 달라진 것이 없었다. 그 길은 구불구불한 언덕과 풍성한 초목으로 우아한 아름다움을 뽐내는 튀링겐주에서 시작되었다. 그러나 북쪽으로 갈수록 그 다양함과 다채로움이 덜해졌다. 지형은 점점 편평해져서 마침내 평지가 되었고, 독일 북부에서 발트해로 가까워질수록 모래가 많아졌다. 비텐베르크는 남쪽의 에르푸르트에서 똑바로 북쪽 해변을 향해 움직일 때 중간 지점에 위치해 있다. 대부분의 방문객들은 1511년 여름 루터가 그랬던 것처럼 남쪽으로부터 비텐베르크에 접근했다. 1535년에는 로마 교황의 사절 피에트로 파올로 베르게리오^{Peter Paul Vergerio}가 방문하여 루터를 직접 만나 협상하려고 했다. 루터 자신도 고향을 방문할 때 이따금 그랬던 것처럼, 베르게리오 일행도 비터펠트^{Bitterfeld}에서 공식적으로 영접받고 숙소를 제공받아 하룻밤 묵었다.² 다음 날, 북쪽으로 길을 계속 가면서 몇 개의 마을을 지나고 엘베강까지 건너면 비텐베르크의 자그마하지만 뚜렷한 스카이라인이 보였을 것이다. 그런 다음에는 지금도 볼 수 있는 서로 현저하게 다른 두 탑이 두드러지는데, 하나는 성채에 속한 탑이고 다른 하나는 시교회에 속한 탑이었다. 맑은 여름날이면 갈색, 흰색, 회색 탑들이 위로는 푸른 하늘, 아래로는 초록빛 경치와 그림같이 아름다운 대비를 이루었다.

• 비텐베르크 성교회와 탑.

1511년 늦여름 어느 날, 루터는 나무다리 아래로 흐르는 엘베강을 건너 친숙한 그 마을로 들어갔으니, 그곳은 바야흐로 그의 평생 집이 되었다. 당시 비텐베르크는 인구가 2천 명을 갓 넘었고 중심가도 고작 1킬로미터 정도밖에 되지 않았다. 그 거리의 서쪽 끝 콜레기엔가(街)에는 선제후 프리드리히의 비교적 소박한 관저가 있었고 바로 그 옆에 "성(城)교회"(정식 명칭은 모든 성인 교회 Church of All Saints)가 서 있었다. 성교회는 보통 '교회 탑'이라고 부르는 거대한 북서쪽 탑이 들어서기 2년 전에 완공되었다. 마을의 동쪽 끝에는 엄수 아우구스티누스 수도회의 새로운 수도원이 있었으나, 1511년 당시에는 공사가 거의 진척되지 않은 상태였다. 그곳의 모습을 직접 목격했던 프리드리히 뮈코니우스Friedrich Myconius의 증언에 의하면, 그때 완공된 곳이라고는 기숙사 한 채밖에 없었고 교회 건물은 터가 닦여 있는 정도였다. 뮈코니우스는 그 터 위에 다 쓰러져 가는 작은 예배당이 남아 있었는데, 기껏해야 20명 정도가 들어갈 수 있는 수준이었지만 아직

• 엘베강을 가로질러 북쪽을 바라본 비텐베르크의 스카이라인.

도 사용되고 있었다고 말했다. 그의 주장대로라면, 루터는 그 예배당 강단에서 자신의 첫 설교를 했다.³ 뮈코니우스의 말은 사실이다. 원래 그 부지에는 빈민 구호소, 부속 건물, 성령 예배당Chapel of the Holy Spirit이 있었다. 아우구스티누스 수도회는 그 빈민 구호소를 밀어 없애는 대신 비텐베르크의 다른 곳에 구호소를 세울 만큼의 돈을 지불하기로 했다. 수도회는 그 예배당을 대신하여 새로운 교회를 세울 예정이었으나 교회는 건설되지 않았고 그 예배당은 1542년까지 남아 예배 처소로 사용되었다. 고고학자들은 뮈코니우스가 봤다는 그 교회 터를 찾아내지 못했다.⁴ 예배당이 철거된 후, 루터는 돼지들이 그곳을 파헤치는 모습을 보면서 이렇게 회상했다. "여기에 거룩한 건물이 서 있었으며, 나는 그 교회에서 처음으로 설교했다."⁵

루터가 그 마을에서 가장 유명한 성직자가 된 후로는 선제후와 궁궐 사람들이 중요한 손님을 접대할 때 성교회에 설교자로 초청받곤 했다. 그러나 대개는 비텐베르크의 교구 교회에서 설교했다. 이

교회는 마을 중앙, 중심가에서는 살짝 벗어나서 선제후의 공관과 아우구스티누스 수도원 사이 중간쯤에 자리하고 있었다. 1200년대 후반에 완공되어 예수님의 어머니에게 헌정되었고 그 후로도 성모 마리아 교회라는 이름을 간직했다. 교회의 서쪽 벽면(파사드)에는 마리아의 모습이 두 번이나 석재로 묘사되어 있다. 장미무늬 유리창 위에는 성모상, 아래쪽 삼각면(팀파눔)에는 앉아서 아기 예수를 안고 있는 마리아 옆에 성 바울과 성 베드로가 있다. 마리아와 두 사도 아래의 팀파눔에는 성 도로테아, 사도 요한, 부르군트의 지기스문트, 성 니콜라우스, 성 카타리나가 새겨져 있다. 524년 물에 빠져 죽은 지기스문트는 열병을 막아 준다고 알려졌기에 물가에 인접한 마을들에서는 일반적으로 숭배의 대상이었다. 중세 후기의 다른 종교적 건물들처럼 성모 마리아 교회도 면벌부 판매 수익금으로 세워졌다.[6]

1511년, 역사가 오래되지 않은 비텐베르크 대학교는 불안정한 출발에서 조금씩 회복되는 중이었다. 처음 4년 동안은 니콜라우스 마르샬크 같은 저명한 교수들이 떠나고 마을에 전염병이 도는 바람에 입학생 수가 급격히 줄어들었다. 그러나 1507년 법학 박사 크리스토프 쇼이얼 Christoph Scheurl이 뉘른베르크에서 와서 총장으로 임명되었다. 그는 대학교 정관을 새로 쓰고 커리큘럼도 개정해서 인문주의 학자들이 더 많은 강의를 개설할 수 있도록 했고 교수진도 재정비했다. 1507년 교수 명부에는 신학과 교수가 다섯 명이었는데, 그 가운데는 에르푸르트에서 루터의 철학 선생이었던 트루트페터와 슈타우피츠도 있었다. 쇼이얼은 뉘른베르크에 있는 친구들에게 비텐베르크 대학교는 주변에 있는 그 어떤 학교보다도 훌륭하다며 자랑했고, 그 마을에 있는 아우구스티누스 수도회가 새로운 거주지 공사를 하고 있다는 사실도 언급했다.[7] 그 당시 루터와 랑게는 아직 완공되지 않은 기숙사에서 슈타우피츠 및 점점 늘어나는 수도사들과 함께 지내고 있었다. 하지만 트루트페터는 루터, 슈팔라틴, 요나스, 랑게 등이 이미 지나왔거나 앞으로 지나게 될 회전문을 통해 다시 에르푸르트로 돌아갔다.

루터와 랑게를 비텐베르크로 불러온 사람은 아우구스티누스 엄수 수도회의 주교 대리이자 이제 겨우 9년 된 대학교의 신학 교수였던 요한 슈타우피츠였다. 그는 루터에게 하나님의 용서를 얻는 길에 대한 의심을 누그러뜨리는 목회적 영향도 끼쳤다. 종교개혁이 시작된 후에, 루터는 슈타우피츠가 완전을 향한 노력으로 하나님을 기쁘시게 하려는 일의 무익함을 자신에게 가르쳐 주었다는 일화를 들려주었다. "나는 하나님께 천 번도 넘게 맹세하면서 더 나아지겠다고 다짐했으나, 내가 맹세한 것을 결코 이행하지 못했다. 그 후로는 그런 맹세를 하지 않으려고 했으니 이는 내가 그 맹세에 상응하는 삶을 살지 못할 것을 너무나도 잘 알기 때문이다."[8] 그러나 슈타우피츠가 루터에게 해 준 일은 그의 초상화가 암시하는 것처럼 자상하고 현명한 상담자의 역할 그 이상이었다. 비록 자신은 로마 가톨릭을 떠나지 않았지만, 슈타우피츠는 루터가 종교개혁자로 성장하는 데 발판이 되어 주었다. 루터가 원했던 것만큼 자주는 아니었지만, 슈타우피츠가 비텐베르크를 떠난 뒤에도 두 사람은 계속해서 친분을 유지하며 편지를 주고받았다.

루터보다 약 20년 먼저 작센주에서 태어난 슈타우피츠는 그림마Grimma라는 마을에서 겨우 13킬로미터 떨어진 곳에서 살던 귀족 가

• 요한 슈타우피츠, 약 1522.

문 출신이었다. 젊은 시절 프리드리히 현공賢公은 그림마에 있는 아우구스티누스 수도원 소속 학교에 다녔다. 나이가 비슷한 슈타우피츠와 프리드리히 사이의 우정은 아마 그림마에서 시작된 것 같다. 1490년경, 정확한 사정은 알 수 없지만 슈타우피츠는 뮌헨에 있는 아우구스티누스 수도회에 들어갔다. 7년 후에는 튀빙겐 대학교에 파송되어 신학을 공부했다. 3년 후인 1500년, 슈타우피츠는 튀빙겐에서 신학 박사 학위를 받았다. 뮌헨으로 돌아온 그는 모원母院의 수도원장으로 선발되었으나, 얼마 되지 않아 프리드리히 선제후의 초청을 받고 작센주로 가서 선제후가 비텐베르크에 세운 새로운 대학교에서 교수로 일하게 되었다.

그다음부터는 정상으로 직행이었다. 슈타우피츠는 신학과 학장이 되었고, 1503년 5월 7일 엄수 아우구스티누스 수도회의 주교 대리로 선출되었다. 아우구스티누스 수도사들은 '개혁 총회'Reformed Congregation라 알려진 30개 엄수 수도원 간의 긴밀한 네트워크를 발전시켰는데, 이 모임은 작센의 선제후가 가장 좋아하는 모임이 되었다.[9] 에르푸르트와 비텐베르크의 엄수 수도원도 뮌헨과 튀빙겐의 엄격 수도원과 마찬가지로 이 총회 소속이었다. 프리드리히는 두 수도원을 잘 알고 있었기에 슈타우피츠를 비텐베르크 수도원의 주교 대리로 뽑았는데, 이러한 배치는 두 사람 모두에게 이익이었다. 프리드리히는 자신이 세운 대학교의 교수진에 저명한 아우구스티누스 수도사를 얻을 수 있었고, 슈타우피츠는 프리드리히의 지원을 받아 비텐베르크 대학교를 아우구스티누스 수도회 신학 연구의 중추로 키우겠다는 계획을 추진할 수 있었기 때문이다. 이 계획은 눈부신 성공을 거두었다. 비텐베르크 대학교는 18년(1502-1520) 만에 120명의 아우구스티누스회 수도사들이 등록한 큰 대학이 되었다. 이와는 대조적으로 1520년에 에르푸르트에서 공부한 수도사들의 수는 겨우 40명이었다.

루터와 랑게가 1511년 에르푸르트에서 비텐베르크로 옮긴 것도 슈타우피츠 계획의 일부였다. 슈타우피츠는 1506년 개혁 총회의 주교 대리 자격으로 에르푸르트 수도원을 방문했을 때 루터를 처음 만났다.[10] 그는 1508년 루터를 비텐베르크로 불러서 1년 동안 아리스토텔레스 강의를 하도록 했으며, 박사 과정의 요건 하나를 그곳에서 마치도록 허가도 해 주었다. 1511년, 슈타우피츠는 엄수 아우구스티누스 수도회의 개혁 총회 일에 전념하기 위해 신학 교수직을 그만둘 생각을 하고 있었다. 그가 이 일을 위해 잘 훈련시킨 마르틴

4. 그런 사람들 가운데 하나는 아닌 **119**

루터야말로 후계자로 가장 적합한 인물 아니겠는가? 랑게가 그리스어 전문가라는 사실도 슈타우피츠가 세운 계획의 핵심 요소였다. 결과적으로 슈타우피츠는 비텐베르크에서 자신의 계획을 추진하기 위해 에르푸르트에서 두 명의 똑똑한 젊은이를 빼내 온 것이었다.

이것이 슈타우피츠가 마르틴 루터를 위한 한 일의 전부는 아니었다. 루터는 에르푸르트에서 『명제집』 강의를 했고 신학 석사 학위를 받을 준비가 되어 있었기 때문에, 이미 가르칠 자격을 갖춘 셈이었다. 그런데도 슈타우피츠는 루터를 설득하여 비텐베르크에서 박사 학위를 받도록 했다. 그 덕분에 루터는 아우구스티누스 수도회에 배정된 신학 교수직의 적임자로서 슈타우피츠의 뒤를 잇는 데 필요한 지위와 학문적 특권을 갖출 수 있었다. 처음에 루터는 그 계획에 반대하며 그것이 좋지 않은 생각인 이유를 15가지나 제시했다. 그 가운데 하나는, 그럴 경우 루터 자신이 금방 탈진해서 오래 살지 못할 것 같은 예감이 든다는 것이었다. 슈타우피츠는 그건 좋은 이유가 아니라며 이렇게 되받아쳤다. "만일 네가 일찍 죽으면 하나님께서 너를 하늘나라의 자문단에 넣으실 텐데, 안 그래도 그 자문단에 박사가 많이 필요할 것이다."[11] 루터는 원래 에르푸르트에서 박사 학위를 받겠다고 약속했지만, 수도원 부지에 있는 배나무 아래에서 슈타우피츠와 대화를 나누다가 결국에는 비텐베르크로 가는 것에 동의했다.[12] 박사 학위 과정을 밟는 것은 돈이 아주 많이 드는 일이었기 때문에, 슈타우피츠는 선제후를 설득하여 50플로린Florin을 받아 내면서 루터가 평생 비텐베르크에서 일하게 될 것이라고 약속했다. 그 약속은 그대로 이루어졌지만, 프리드리히 선제후나 슈타우피츠가 상상도 하지 못한 방식으로 이루어졌다. 루터는 50플로린에

대한 영수증을 써 주었다. 이 영수증은 루터가 직접 쓴 독일어 문건 중에서 가장 오래된 것이다.[13]

1512년 5월, 쾰른에서 열린 4년 주기의 개혁 총회 대표자 회의에서 루터가 슈타우피츠 대신 비텐베르크 대학교의 교수가 되는 안이 통과되었다. 루터는 그때 막 로마에서 돌아온 상태였지만 그 회의에 참여했고 신학 분과 지도 위원으로 임명되었다. 전임자인 슈타우피츠가 그랬던 것처럼, 이제 루터도 아우구스티누스 수도회의 일원으로서의 책임과 신학 교수로서의 학문적 의무 사이를 오가는 전문적인 삶을 살게 되었다. 그는 무척 바빴고 자신의 그런 신세를 가끔 한탄하기도 했다. 랑게가 수도원장이 되어 에르푸르트로 돌아갔을 때, 루터는 그에게 비텐베르크의 "게으른" 삶을 이렇게 묘사했다.

> 나는 서기 두 명, 혹은 비서 두 명을 두어야 할 것 같네. 하루 종일 편지 쓰는 일밖에 하지 않았네.…나는 수도원에서는 설교를 하고, 식사 시간에는 낭독을 하고, 매일 시립 교회에서 설교 요청을 받고, 학생들의 학업을 감독하고, 11개 수도원의 원장으로서 교황을 대리하고 있다네. 거기에 더해서 라이츠카우에 있는 연못도 관리하고, 토르가우에서는 헤르츠베르크 주민들과 논쟁하고[14]…바울에 대해 강의를 하고 또 시편에 대한 자료를 모으고…아무런 방해 없이 (수도사의) 기본 의무를 지키고 미사를 드릴 수 있는 날은 거의 없다네. 게다가 나 스스로도 육체와 세상과 악마와 싸우고 있지. 내가 얼마나 게으른 사람인지 보게나![15]

1516년 또다시 랑게에게 보낸 글에서, 루터는 자기가 수도원에서 이행하는 의무가 대학교에서 가르치는 일보다 더 많은 시간을 요구한다고 말했다. 강의를 준비하고 직접 강의하는 데 하루를 다 쓸 수 없었으니, 이는 교황 대리가 하는 일이 역사가들이 전에 생각했던 것보다 훨씬 더 많았기 때문이다. 루터가 자신을 11개 수도원의 "교황 대리"vicar라고 말한 것은, 1515년에 그가 작센주와 튀링겐주에 있는 엄수 수도원들의 대표로 선출되었다는 표현이다. 그는 한 번이나 두 번 정도 그 직무를 "구역 대표"district vicar 정도로 언급했는데, 그것은 결코 가벼운 임무가 아니었다. 루터가 넌지시 표현하듯이, 그 임무를 수행하려면 비텐베르크 바깥으로 여행하는 일도 필요했다. 그러므로 적절한 공식 명칭은 "지방 대표"provincial vicar라 할 것인데, 그 당시 독일의 개혁 총회는 두 지방으로 구성되어 있었고 각각 한 명의 대표자가 있었다. 루터가 대표하는 지방은 작센주와 튀링겐주였고, 다른 한 사람이 바이에른주, 슈바벤Swabia주, 라인란트Rhineland주를 대표했다. 독일 개혁 총회의 최고 지도자 3명은 슈타우피츠가 맡았던 직무인 주교 대리vicar-general와 두 명의 지방 대표였다. 1515년 5월부터 1518년 4월까지 3년 동안은 마르틴 루터도 그 셋 가운데 하나였다. 95개의 논제가 세상을 깜짝 놀라게 했을 때, 그 저자는 존재감 없는 한 아우구스티누스 수도사가 아니었다. 마르틴 루터는 이미 개혁 총회의 고위 간부였던 것이다.[16]

지방 대표는 한 사람의 지도자가 임명하는 것이 아니라 총회에 의해 선출되었다. 따라서 루터는 단순히 주교 대리를 보좌하는 비서 수준이 아니었다. 루터와 다른 지방 대표는 자기 지방의 수도원장을 세우거나 내보낼 수 있는 힘이 있었다.[17] 1516년 봄, 루터는 적어도 9개의 수도원을 방문했다. 드레스덴Dresden과, 루터의 모원이자 친구 랑게가 수도원장으로 있던 에르푸르트의 수도원도 포함해서였다. 에르푸르트 근처의 아우구스티누스회 수도원에 머물던 루터는 자기가 본 수도원 건물 중에서 고타와 랑겐잘차Langensalza에 있는 건물만큼 상태가 좋은 곳이 없었다고 보고했다.[18] 그때 루터는 자신이 태어난 아이슬레벤에 새로 지어진 아우구스티누스 수도원도 방문했다. 아마 루터는 1515년 만스펠트의 백작들이 아우구스티누스 수도회에 재산을 기부했을 때에도 지방 대표의 자격으로 그곳을 찾았을 것이며, 1516년에는 그 수도원의 봉헌식에 참석했을 것이다. 그 자리에는 랑게와 슈타우피츠도 있었다.[19] 두 번 모두 만스펠트 근방에 사는 가족들을 만나기 좋은 기회였을 것이다.

비텐베르크로 돌아온 루터는 다시 일상 업무를 처리해야 했다. 마인츠로 달아난 아우구스티누스회 수도사의 귀환을 요청하는 일, 수도원이 "여관이나 호텔"이 되지 않도록 수도원 손님 숙소의 비용을 적당하게 책정하는 일,[20] 인사 관련 업무 처리, 다른 수도회 출신 수도사가 아우구스티누스 수도회 소속이 되려 할 때 취해야 할 행동 방침을 조언하는 것 등 수많은 일이 그를 기다리고 있었다. 까다로운 업무가 많아서 어떤 일은 초치기로 진행되기도 했다. 1516년 8월 24일, 성 바르톨로메우스 축일 아침에 루터는 슈팔라틴에게 누가 선제후의 도서관 사서인지 묻고는 곧장 그에게 달려가 바르톨로메우스에 대한 자료를 부탁했다. 바르톨로메우스에 관한 설교를 준비해야 했기 때문인데, 그 설교 예정 시간은 낮 12시였다![21] 루터는 목회적 사안에 더 많은 시간을 할애했다. 예컨대, 그는 비텐베르크에서 남부 독일의 수도원으로 옮겨 간 수도사 게오르크 슈펜라인George Spenlein에게 편지를 썼다. 슈펜라인은 떠날 때 두 권의 책을 남기면서, 루터에게 그 책을 판 돈으로 슈타우피츠에게 진 빚을 갚아 달라고 했던 것이다. 루터는 책 두 권을 판 값으로도 반⁺ 플로린 정도가 부족하지만, 슈타우피츠에게 나머지는 탕감해 달라는 부탁을 해 보라고 슈펜라인에게 권했다. 그 편지의 나머지 부분을 읽어 보면 슈펜라인은 젊은 시절의 루터와 비슷했던 것 같다. 문제는 너무 세세한 것까지 꼼꼼히 따지는 양심이었다. 루터 자신도 그런 면을 잘 알고 있었기 때문에 다음과 같은 조언을 해 주었다.

이제 내가 알고 싶은 것은, 자기 의에 지친 너의 영혼이 그리스도의 의 안에서 소생되는 것과 그 의를 신뢰하는 법을 배우고 있느냐 하는 것이다.…네가 죄인으로 간주되거나 그렇게 되고 싶어 하지 않는 지나친 순결 추구를 경계하라. 그리스도는 오직 죄인 안에만 거하시기 때문이다. 그래서 그분은 의로운 사람들이 있는 하늘을 버리고 내려오셔서 죄인들 안에 거하신다. 이런 그분의 사랑을 묵상해 보면 그분의 달콤한 위로를 보게 될 것이다.²²

이런 감동적인 진술은 슈타우피츠의 조언과 루터 자신의 경험에서 나온 것이었다. 또한 이것은 "놀라운 교환"이라는 신비주의 전통에서 끌어온 것이기도 한데, 그 이론에 따르면 예수 그리스도는 자신의 의와 신자의 죄를 교환하심으로써 죄인이 하나님의 용서와 구원을 받기 위해 완전하거나 충분히 거룩해져야만 하는 필연성을 꺾어 버리셨다. 아직 종교개혁이 시작되지 않았기 때문에, 루터는 이런 문장을 종교개혁자로서 의식적으로 써 내려간 것은 아니었다. 하지만 이런 글에는 바울의 로마서를 이해하기 위한 루터의 끈질긴 노력에서 우러나온 신학적 통찰과 인간적 통찰이 메아리치고 있다. 루터가 슈펜라인에게 이 편지를 쓰던 1516년 봄에 강의하던 본문도 마침 로마서였다.

지방 대표 임무도 바빴지만, 대학교 교수직 역시 신경이 많이 쓰이는 일이었다. 1512년 말에 루터가 박사 학위를 받고 교수진에 소속되면서 그의 교수 업무도 시작되었다. 비텐베르크에서 박사 학위 수여식은 이틀 동안 거행되는 성대한 의식이었으며, 학위 수여자는 동료 교수의 후원을 받아야 했다. 루터의 후원자는 안드레아스 보덴슈타인 폰 카를슈타트 Andrew Bodenstein von Karlstadt였는데, 그는 비텐베르크에서 학문적 지위를 통해 신분 상승을 이룬 사람으로 루터보다 2년 먼저 박사 학위를 취득했다. 카를슈타트는 수도회 소속은 아니었지만 사제였고 최근에는 비텐베르크 성교회를 섬기는 성직자 모임의 대부제大副祭로 임명된 상태였다. 카를슈타트는 성교회에서 설교를 하고 미사를 집전할 수 있는 지위에 있었을 뿐 아니라 대학교에서 강의도 했고, 루터가 박사 학위를 받기 직전 학기에는 신학과 학과장이기도 했다. 두 사람의 관계는 훗날 종교개혁의 발전에 결정적인 역할을 하게 된다.

1512년 박사 학위 수여 행사는 10월 18일에 열렸으며, 여느 때처럼 학문적 논쟁과 연설로 시작되었다. 카를슈타트도 연설 하나를 맡았다. 학위 수여식은 그다음 날 성교회에서 거행되었으며, 그 자리에서 루터는 학위 수여자로서 서약을 해야 했다. 이 서약은 루터가 학문 여정을 마무리할 때까지 했던 몇 번의 서약 가운데 하나로, 그 모두는 "교회가 단죄한 허탄한 교리와 경건한 사람들의 귀에 공격적인 것을" 멀리하고, 로마 가톨릭교회에 순종하며, 신학과의 명예와 위상을 드높일 것이라는 내용이었다. 그 후 루터는 자신의 직무를 상징하는 세 가지 상징물을 받았다. 펴고 덮을 수 있는 성경, 학자의 모자, 삼위일체를 기념하도록 디자인된 반지가 그것이었다. 아주 기억할 만한 날이었지만, 모두가 행복하지는 않았다. 비텐베르크에서 루터가 박사 학위를 받은 것 때문에 에르푸르트 대학교는 크게 분개했다. 루터는 2년 후 에르푸르트 대학교 교수진에게 공식 서한을 보내서 자기의 결백을 입증하려고 노력했다.[23]

서약 내용 자체는 모호했다. 훗날 루터가 교황의 권위를 비판했다는 공격을 받았을 때, 루터는 자신이 "성경에 맹세한 박사"이며 "사랑하는 성경을 신실하고 진실하게 설교하고 가르치도록" 서약했다고 주장함으로써 자신의 입장을 변호했다.[24] 그러나 실제로 그가 그런 약속을 했다는 증거는 빈약하다.[25] 루터는 구체적으로 맹세하지 않고, 그가 교수로서 비텐베르크 대학교와 로마 가톨릭교회에 대한 의무가 있다는 식으로만 표현했다. 중세 대학교에서 신학을 가르친다는 것은 당연히 성경을 가르치는 것이었다. 루터는 학자로서 33년을 보내면서 오로지 성경에 있는 책들만 강의했다. 이것은 요즘 신학교의 경우처럼 성서학 전공 교수였기 때문이 아니다. 루터는 신학 교수와 "거룩한 책" 선생님, 곧 성경을 동일시했던 중세의 전통과 대학교의 정관을 충실히 따랐을 뿐이다.[26] 신학을 가르친다는 것은 성경 본문을 설명하고, 그 본문에서 제기되는 신학적 질문과 그 타당성을 토론한다는 뜻이었다. 그 결과, 학문적인 신학 강의라 할지라도 마치 설교나 성경 연구 시간과 비슷한 모습이었을 것이다. 전부 라틴어로 진행된 루터의 강의에서는 "오늘"*hodie*이라는 라틴어 단어가 돋보였으니, 이것은 신학을 가르친다는 것이 성경 본문을 오늘 이 시대에 맞게 적용함을 의미했기 때문이다. 만일 그 적용이 교황과 그의 신학자들의 권위에 도전한다면? 루터의 대답은 간단하다. 그의 박사 학위는 어떤 결과가 있더라도 "거룩한 책"을 그가 이해한 대로 소상하게 해설할 것을 명령했다.

그의 강의가 처음부터 로마의 권위에 도전하기 위한 것은 아니었다. 그는 조심스럽게 강의를 준비했는데, 시편에 관한 첫 강의 말고는 준비할 시간이 충분하지 않았다. 1512년 늦봄, 로마에서 돌아오자마자 쾰른에서 열린 엄수 아우구스티누스 수도회 총회에 참석하고 돌아온 루터는 비텐베르크의 수도원에서 깊은 생각에 빠졌다. 슈타우피츠의 제안대로 박사 학위를 받고 그의 후임이 되어 매주, 매 학기 강의를 하는 것은 무슨 의미가 있을까? 그는 충격 속에서 깨달았다. 그건 산더미 같은 일을 의미했다. 특히 루터 자신이 아주 까다롭고 철저한 사람이라서 더욱 그럴 것이다. 시편은 이미 헤아릴 수도 없이 많이 음송해서 외울 정도였지만, 150편의 시편 전체를 강의하는 것은 전혀 다르고 벅찬 일이었다. 그 수업을 위해, 루터는 학생들이 강의를 들으면서 본문의 행간과 주변 여백에 충분히 필기를 할 수 있도록 시편 본문을 특별한 방식으로 인쇄하기로 했다. 루터는 라이프치히에서 인쇄된 라틴어 시편을 가지고 약간 수정한 뒤, 편집 방식에 대한 지시와 함께 인쇄공 그뤼넨베르크에게 넘겼다. 어떤 오랜 자료에 의하면 그 인쇄기는 수도원 부지 어딘가에 있었다고 한다.[27] 특별 주문된 시편 본문은 1513년 7월 8일 인쇄가 끝나서 새 학기 교재로 사용되었다.

이제 학생들을 위한 시편 교재는 완성했다. 하지만 루터 자신이 강의를 할 때 필요한 자료는 어디서 찾아야 할까? 그 답도 분명했다. 이전의 시편 주석서를 참고하는 것이었다. 1513년에는 가동 활자movable type 기술의 발견과 인문주의 학자들의 편집 기술 덕분에 최소한 여섯 권 정도의 시편 주석서가 나와 있었다. 대부분의 주석서는 1490년과 1512년 사이에 출간되었는데, 에르푸르트 대학교 도서관에도 그중 몇 권이 있었다. 루터가 비텐베르크에서 강의를 할 때는 특히 두 권의 책이 큰 역할을 했다. 첫째, 『표준 주석』Glossa ordinaria 은 성경 본문과, 초기 기독교 주석가들 및 가까운 중세 저자들에게서 선별한 여러 해설을 포함한 책이었다. 페이지 중앙에 시편 본문이 사각 블록 형태로 배치되고, 일정한 간격을 두고 행간에는 짤막한 주석들이, 블록 주변에는 좀더 긴 주석들이 인쇄되었다. 루터가 자신과 학생들을 위해 주문한 시편 본문과 비슷한 형태였다. 다만 『표준 주석』에서는 주석들로 채워진 부분이 강의를 위한 인쇄본에는 여백으로 남아 있었다.

두 번째로 중요한 자료는 파베르 스타풀렌시스Faber Stapulensis*라는 라틴어 이름으로 활동한 프랑스 학자의 5중 시편이었다. 그 책은 1509년에 1판, 1513년에 2판이 나왔다. 파베르는 시편의 라틴어 본문을 다섯 가지 다른 버전으로 인쇄하고 자신의 해설을 덧붙였는데, 버전마다 다른 해설이 붙은 부분도 있었다. 루터가 특별한 관심을 기울인 것은 이른바 히브리 시편, 곧 히브리어 본문의 라틴어 번역본이었다. 1885년 한 연구자가 여백에 루터의 필체가 적힌 파베르의 시편 1509년판을 발견했다.[28] 루터의 메모는 여기저기 흩어져 있으나 상당히 많은 양이다. 이로 미루어 볼 때, 루터는 기꺼이 이전의

* 프랑스 이름은 자크 르페브르 데아플(Jacques Lefèvre d'Éaples)이다.

해석을 고려했을 뿐 아니라 그와는 입장을 달리하면서 자기의 해석을 추구하기도 했던 것 같다.

현재 남아 있는 루터의 필기는 두 가지 형태로, 하나는 개별 단어나 문장에 대한 짧은 메모, 다른 하나는 한 구절 전체에 대한 긴 해설이었다. 첫 번째 형태의 필기는 독일 볼펜뷔텔에 있는 아우구스트 공작 도서관에 보관되어 있다. 두 번째 형태의 원고는 제2차 세계대전 전까지는 드레스덴에 있었다. 폭격으로 사라져 버리기 전에 누가 그 원고를 복사해 놓아서, 두 가지 형태의 자료를 오늘날에도 새로운 판형으로 접할 수 있다.[29] 1513년 8월, 루터는 비텐베르크에서 첫 번째 시편 강의를 시작했다. 아마 아우구스티누스 수도회 부지에 지은 새 건물에서만 강의했을 것이다. 그 건물에는 약 40명의 수도사를 수용할 수 있는 방들이 있었고, 1층에는 강의에 사용할 수 있는 공간이 하나 이상 있었다. 그러나 수도사들의 검은 의복 때문에 '검은 수도원'이라고도 불리던 아우구스티누스 수도원 옆 콜레기엔가에는 대학교 건물도 두 채 있었다. 그 대학교 건물에는 강의실이 있었고 점점 늘어나는 학생들을 수용할 숙박 시설도 갖춰져 있었지만, 얼마 지나지 않아 더 많은 주거 공간이 필요해져서 에르푸르트에 있는 것과 같은 부르사가 여기저기 생겨났다. 1507년과 1520년 사이에는 비텐베르크에 등록한 학생 수가 두 배로 늘어 1,700명이 넘었다. 초기에 루터는 수도원에서 강의를 했을 테지만, 학생 수가 늘어나면서 강의 장소를 바로 건너편 길 위에 있는 대학 건물로 옮겨야 했을 것이다. 하지만 루터가 강의를 하든 설교를 하든 그 장소는 수도원에서 그리 멀리 떨어진 곳이 아니었다.

루터의 그다음 세 강의는 모두 신약성경을 다루었는데, 곧 로마서(1515-1516), 갈라디아서(1516-1517), 히브리서(1517-1518) 강의였다. 이 강의를 할 때 루터는 과거의 주석에 비교적 덜 의존하게 되었는데, 그것을 참조할 시간이 없었다는 것도 부분적 이유였다. 우선, 이 세 강의는 그가 엄수 아우구스티누스 수도회의 지방 대표로서 분주한 시간을 보내던 3년의 시기에 이루어졌다. 둘째로는, 신학 교수는 신학 논쟁의 사회를 보거나 학위 지망생이 변호해야 하는 명제를 작성하는 등 수행해야 할 의무가 많았다. 1517년 루터는 자기가 여섯 혹은 일곱 명의 수도사의 석사 학위 시험을 준비해야 한다고 말했다.[30] 1년 전, 루터가 로마서를 강의하는 동안에는 두 건의 변론이 있었다. 그가 두 번째 변론을 위해 준비한 명제는 루터의 신학에 일어난 뚜렷한 전환을 보여 주었다. 그는 최소 1천 년 동안 신학자들이 골몰해 왔던 까다로운 주제, 곧 '원죄로 인해 제한받는 인간이 은혜의 도움 없이도 하나님의 계명에 순종할 수 있는가?'에 관한 아주 도발적인 입장을 보여 주었다.

이 물음에 대한 전형적인 논쟁은 5세기 아우구스티누스와 펠라기우스주의자들 사이에서 벌어진 것이다. 펠라기우스는 브리튼 출신의 금욕적인 기독교 교사로서 주후 300년대 말 로마에서 큰 소동을 일으켰다. 그의 가르침은 원죄의 영향력을 최소화했고, 하나님의 은혜 없이도 신자의 도덕적 개선이 가능하다고 주장했다. 일설에 의하면, 펠라기우스는 아우구스티누스가 『고백록』에서 "저의 희망 전부가 오로지 참으로 크신 당신의 자비 외에 딴 곳에 있지 않습니다. 명하시는 바를 베풀어 주시고 원하시는 바를 명하십시오"[31]라고 하나님께 간청한 것에 몹시 화를 냈다고 한다. 펠라기우스가 보기에, 아우구스티누스의 말은 하나님의 은혜 없이는 하나님이 명하신 것을 전혀 할 수 없다는 의미다. 이것은 은혜를 목발처럼 만들어, 신자가 죄를 극복하기 위해 하나님이 요구하시는 바를 스스로 실행하려는 의지를 꺾는다. 펠라기우스는 인간의 의지력을 믿었고, 은혜의 의미를 인간의 의지가 스스로의 힘으로 해야 하는 일과 할 수 있는 일이 무엇인지를 예수님으로부터 배우는 것 정도로 축소시켰다. 그러나 아우구스티누스는 은혜를 계명에 순종하도록 힘을 주는 하나님의 선물로 이해했다. 『고백록』에 묘사된 것처럼, 은혜는 또한 아우구스티누스에게 제멋에 겨워 제멋대로 살아가는 삶에서 벗어날 용기를 주는 힘이었다.

아우구스티누스와 펠라기우스가 벌인 논쟁은 중세 유럽의 신학교 내에서도 계속되었다. 슈타우피츠 같은 신학자들은 아우구스티누스의 편을 들어, 마음의 변화와 그에 따른 사랑의 행위는 모두 하나님의 은혜에 의존한다고 주장했다. 가브리엘 빌 같은 신학자들은 펠라기우스주의 정신을 간직하고 있었다. 빌의 주장에 의하면, 인간은 은혜를 받을 만한 존재이며 그것을 이용하여 자신의 의지력을 보충함으로써 하나님의 계명에 순종할 수 있다. 루터는 그런 신학을 펠라기우스주의라고 불렀지만, 그가 정확히 언제 그런 결론에 도달했는지 역사가들이 입증하기는 어렵다.

루터 자신이 회상을 통해 제공한 한 가지 실마리가 있는데, 20세기 학자들은 이를 가리켜 "종교개혁의 발견"이라 일컬었다. 1545년, 죽기 한 해 전에 루터는 자신의 라틴어 선집 첫 권 서문을 썼다. 거기서 그는 결국 종교개혁으로 이어진 갈등에 대해 말하면서 상당히 설득력 있는 개인적 일화 하나를 들려주었다. 강의를 준비하던 루터는 로마서 1장 17절의 의미를 두고 씨름하게 되었다. 하나님의 정의(혹은 의)는 율법이 아니라 복음(아무런 공로 없이 얻는 구원에 대한 기쁜 소식) 안에서 드러난다고 바울이 말하는 대목이었다. 그때 루터는 하나님의 정의가 십계명에 의해 규정되었다고 생각했는데, 그 십계명은 인간이 지키기가 어렵다 못해 불가능한 행동 규범이라서 오히려 두려움을 야기한다. 하나님의 정의는 율법을 지키지 않는 사람에 대한 심판을 의미하는 것이기에 죄인들에게는 나쁜 소식이다. 그러나 만일 하나님의 정의가 복음 안에서 드러났다면 기쁜 소식이 되는데, 왜냐하면 바울이 분명히 밝히듯이 복음은 믿는 사람을 구원하는 하나님의 능력이기 때문이다(롬 1:16). 다른 말로 하면, 하나님의 정의가 율법과 징벌하시는 하나님의 능력으로 정의되면 나쁜 소식이지만, 구원하시는 하나님의 능력, 곧 복음에 의해 규정되면 좋은 소식이라는 것이다.

그런데 그 구원의 능력에 어떻게 다가설 수 있을까? 인간의 의지력을 발휘해서? 아니면 하나님의 선물을 받음으로써? 루터는 머리를 싸매고 "밤낮으로" 그 본문을 읽고 또 묵상하다가 바울의 의도를 파악하게 되었다. 하나님의 정의는 믿음 안에서 주어지는 선물이지, 인간 의지의 산물이 아니다. 이 깨달음은 루터에게 단순히 신학적으로 만족스러운 대답 정도가 아니었다. 강렬한 안도감이 그의 내면을 가득 채웠고 마치 새로 태어난 것 같은 느낌이었다. "나는 하나님의 정의란 하나님이 보시기에 정의로운 사람이 하나님의 선물로써 살게 되는 것임을 이해하기 시작했다. '의인은 그의 믿음으로 말미암아 살리라'(합 2:4)라고 기록되었듯, 이것은 하나님께서 믿음을 통해 우리를 의롭게 하시는 수동적인 정의다. 마치 내가 완전히 다시 태어나, 열린 문으로 천국에 들어간 것 같았다!"[32] 여기서 말하는 믿음이란 하나님의 자비를 신뢰함이다. 하나님의 정의가 수동적이라는 말은 그것이 능동적이지 않아서가 아니라 하나님의 선물이요 하나님의 은혜이기 때문이며, 인간의 힘과 능력으로는 그 일부라도 얻어 낼 수 없다.

루터가 1516년 변론을 위해 준비한 명제도 동일한 논지였다. 인간의 의지로 하나님의 은혜를 얻는 것은 가능하지 않을뿐더러 필요하지도 않다. 인간의 의지와 하나님의 은혜가 협력해야만 구원을 얻는 것도 아니다. 하나님의 은혜는 복음을 통해 주어지는 믿음의 선물이며 오직 그 믿음만이 필요하다. 1516년의 명제는 루터가 가브리엘 빌의 글을 읽으면서 배웠던 스콜라 신학에 대한 정면 도전이었으며, 에르푸르트 측에서 이에 불쾌한 반응을 보인 것도 지극히 당연했다. 루터의 친구 랑게는 루터의 스승들이 빌에 대한 루터의 공격에 큰 충격을 받았다고 전했다. 그러나 루터는 별로 대수롭지 않게 여기면서, 자기도 그들만큼이나 빌에 대해서 잘 알고 있으며, 어느 지점에서 빌이 오류를 범했는지에 대해서는 자신이 그들보다 더 잘 알고 있다고 주장했다.[33]

루터가 다시 태어난 날, 루터가 종교개혁을 발견한 날이 정확히 언제인지는 단정 지을 수 없다. 루터 자신도 그 시간과 장소를 분명하게 알릴 수 없었다. 그래서 학자들은 그때가 빠르면 1512년, 늦어도 1518년일 것이라고 어림잡는다. 루터의 발견은 탑 체험 tower experience 이라고도 부르는데, 이것은 루터가 수도원 탑의 화장실에서 영감을 받아 하나님의 정의를 새롭게 파악하게 되었다고 전하는 『탁상담화』의 한 구절 때문이다.[34] 수도원의 작은 탑은 화장실이 있기도 하고 없기도 한데, 거기에 일종의 연구 장소 같은 것이 있었던 것 같다. 하지만 좀더 나은 기록 자료는, 루터의 깨달음이 오히려 루터가 로마서 강의를 준비하고 직접 강의했던 1515년을 거치면서 점진적으로 찾아왔으리라는 암시를 준다.[35] 그 강의는 펠라기우스의 입장을 변호하는 스콜라 신학자들에 대한 최초의 명백한 비판을 담고 있었다. 그 신학자들의 주장에 의하면, 구원의 과정에서 어떤 은혜가 필요하긴 하지만 그것은 자신의 앎과 힘을 발휘하여 계명을 순종한 것으로 인한 보너스 개념이다. 루터의 비판은 신랄하다. 루터가 보기에 이런 사상가들은 "바보들이며 돼지-신학자들"이다. 루터는 그들에게 은혜 없이도 계명을 완전히 지킬 수 있는지 증명해 보라고 요구했다.[36] 더욱이, 1545년 루터가 과거를 떠올리면서 기록한 로마서 1장 16-17절의 의미와 오래전 로마서를 강의하면서 제시한 해석이 일치하고 있다. "하나님의 정의가 구원의 원인이다.…하나님의 정의로 인해서, 우리는 하나님께서 스스로 의롭게 되시는 그 의가 아니라, 하나님에 의해 우리가 의롭게 되는 그 의를 이해해야 한다. 이 일은 복음 안에서 믿음을 통해 일어난다."[37] 이 명제를 압축한 "이신칭의" justification by faith 는 루터의 이름과 떼려야 뗄 수 없는 신학의 혁신이다.

그러나 이 깨달음이 완전히 새로운 것이었나? 그리고 그것이 종교개혁의 원인이었나? 이에 대한 대답은 '그렇다'와 '아니다'이다. 두 번째 질문은 다음 장에서 본격적으로 다룰 것이다. 첫 번째 질문에 대답하기 위해서, 우선 어떤 글이나 책들이 이미 존재했는지 물음을 던져 볼 수 있다. 루터가 생각하기에 이신칭의는 결코 새로운 개념이 아니었다. 그는 이 개념을 발견하자마자 이것이 정확하게 바울의 가르침이며, 바울의 이 주장을 아우구스티누스가 이어받아 펠라기우스에게 맞섰다고 주장했다. 루터는 로마서 강의를 준비하면서 아우구스티누스의 책 『성령과 문자』 The Spirit and the Letter, 한들출판사를 읽었다. 이후에 스스로 고백하듯, 그는 이 책에서 "전혀 기대치 않았던 것"을 발견했다. 아우구스티누스도 하나님의 의를 "하나님께서 의롭게 하신 사람들에게 입혀 주시는" 선물이라고 해석했다.[38] 이에 더해, 루터는 1515년에 한 강의에서 『성령과 문자』의 제9장과 제11장을 분명하게 언급하면서 같은 의미를 강조했다. "그것을 하나님의 의라고 부르는 까닭은, 하나님이 그것을 직접 주심으로써 사람들을 의롭게 만드시기 때문인데, 이것은 '구원은 여호와께 있사오니'(시 3:8)라는 말이 하나님의 소유를 가리키는 것이 아니라 하나님이 구원하신 사람들을 가리키는 것과 같은 방식으로 이루어진다."[39] 루터는 슈타우피츠가 1517년 출간한 논문에서도 하나님의 은혜와 관련하여 비슷한 강조점을 발견했다. 슈타우피츠도 아우구스티누스의 정신에 입각하여, 믿는 사람들이 하나님께 기쁨을 드리기 위해 은혜가 있는 것이 아니라 하나님이 그들에게 기쁨이 되시려고 은혜가 있는 것임을 주장했다.[40] 하나님은 두려워할 분이 아니라 사랑하고 신뢰할 분이다.

물론 이신칭의가 루터에게는 명백히 새로운 것이었다. 그렇지 않았다면, 그의 탐색이 그렇게 괴롭지도 않았을 것이며 아우구스티누스에게서 확인한 것이 그렇게 뜻밖의 일도 아니었을 것이다. 그것은 빌이나 빌이 인용하는 신학자, 혹은 루터가 직접 읽은 어떤 신학자가 가르쳐 준 것도 아니었다. 루터는 힘겹게 공부해서 찾아냈다. 1545년에 쓴 서문 끝부분에서 루터는 자신이 "갑자기 정상에 오른 그런 사람들 가운데 하나가 아니"며, 오히려 자신은 아우구스티누스처럼 글쓰기와 가르치는 일로 숙달된 사람이라고 했다.⁴¹ 누구를 염두에 두고 한 말이었을까? 빌과 같은 스콜라 신학자들? 그럴지도 모른다. 하지만 1545년까지 루터에게는 유명한 신학적 적대자들 무리가 있었으며, 루터는 그들이 성경을 피상적으로 읽고 있다고 지적했다. 더 중요한 것은, 루터의 새로운 신학적 통찰이 일을 하는 동안—연구하고 강의를 준비하면서—서서히 발전했음이 그의 글에 암시되어 있다는 점이다.

비텐베르크 대학교 교수 가운데 아우구스티누스처럼 부지런히 일하면서 뭔가를 발견해 낸 사람은 루터뿐만이 아니었다. 루터의 박사 학위 후원자였던 안드레아스 카를슈타트는 처음에는 루터가 아우구스티누스에게 매달리는 것을 반대했으며, 루터가 틀렸다는 사실을 증명하려고 아우구스티누스의 저작 최신판을 구해 읽기 시작했다. 그러나 자신이 아우구스티누스와 같은 생각이며, 스콜라 신학에 대한 루터의 비판에도 의견이 일치되는 것을 알고는 충격을 받았다. 카를슈타트는 지체하지 않고 아우구스티누스의 『성령과 문자』에 대한 강의를 계획했다. 훗날 그 강의록이 출간되었을 때, 카를슈타트는 그 책을 요한 슈타우피츠에게 헌정하면서 슈타우피츠 덕분에 자기가 그리스도의 달콤함에 집중하지 않을 수 없었다고 말했다.⁴²

머잖아 닥쳐올 로마와의 갈등으로 루터에게는 다수의 적들이 생겨날 것이었다. 하지만 그가 더 고민했던 것은 슈타우피츠를 잃을지도 모른다는 두려움이었다. 슈타우피츠는 루터에게 하나님의 심판을 생각하며 움츠러들지 말고 하나님의 자비를 의지하라고 처음으로 가르쳐 준 사람이었다. 로마와의 갈등이 시작되자 루터는 슈타우피츠에게 자신의 갈라디아서 강의록 개정판을 보내면서 편지를 동봉했는데, 그 편지는 다음과 같은 눈물겨운 내용으로 끝맺는다. "지난밤 꿈속에서 선생님이 저를 막 떠나려고 하시더군요. 저는 선생님을 붙잡고 가지 마시라고 애원하며 쓰라린 눈물을 흘렸지요. 그런데 선생님은 손을 내미시고는 저에게 안심하라고, 당신께서 다시 돌아올 거라고 말씀하셨습니다."**43** 종교개혁이 일어나지 않았더라면, 루터와 슈타우피츠는 아우구스티누스 수도회에 남아서 아우구스티누스 사상의 회복을 통해 수도회를 갱신하려 함께 노력했을 것이다. 그런데 일은 그런 식으로 풀리지 않았다. 종교적 격변으로 인해 두 사람 사이의 거리는 점점 커져만 갔고, 결국에는 두 사람이 함께 마음에 품었음 직한 수도원 개혁 운동과는 비교가 안 될 정도의 훨씬 더 격렬한 변화가 일어나고 말았다.

5
더 이상 침묵할 수 없습니다

1517-1518
비텐베르크 — 아우크스부르크

"그 불쌍한 영혼들은 면벌부 증서를 받고는 자신들이 구원을
확신할 수 있게 되었다고 믿고 있습니다.…맙소사! 주교님의
감독 아래 이런 식으로 가르침을 받은 영혼들은 사망에 이르니,
주교님으로서는 이 모든 것을 해명하기가 점점 어려워질 것입니다.
그러므로 나는 더 이상 침묵할 수 없습니다."[1]

침묵을 지키는 것은 마르틴 루터가 잘할 수 있는 일이 아니었다. 그는 원하건 원치 않건 자신의 시야에 들어온 문제 대부분에 대해 입장을 표명했다. 루터는 그리스도인을 "말은 적게, 실천은 많이 하는 사람"[2]이라고 설명한 바 있지만, 스스로는 그 조건을 충족시키지 못했다. 루터의 그 말은 원래 크리스마스 이야기에 나오는 목자들의 모습에서 영감을 받은 것이었다. 그들은 베들레헴에서 일어난 일을 "가서 보자!"라고 말로만 하지 않고, 실제로 가서 갓 태어나신 분을 보았다. 믿는 이들은 말을 많이 할 필요는 없으나 그들이 말한 것과 그 이상의 것을 행해야 한다는 것이 루터의 요점이었다. 루터는 말이 적은 사람이 아니었으나, 자기의 말을 실천에 옮기지 않은 적은 거의 없었다. 비록 문제를 일으키는 결과가 따를지라도 말이다. 면벌부 사건이 그 대표적인 예다.

1517년이 동텄을 때까지만 해도 루터는 면벌부 문제가 종교개혁의 도화선이 될 것이라고는 꿈도 꾸지 못했다. 그는 설교하고, 갈라디아서를 강의하고, 글을 쓰고, 엄수 아우구스티누스 수도회 지방대표로서 책임을 감당하느라 바쁜 나날을 보냈다. 한 예로, 비텐베르크에서 서쪽으로 140킬로미터를 가서 슈타우피츠를 만난 후, 루터는 에르푸르트 수도원장인 요하네스 랑게에게 슈타우피츠가 6-7명의 학생을 보내며 지도를 부탁했으니 준비를 하라고 알려 주었다.[3] 그해 3월, 그의 첫 저서인 일곱 편의 참회 시편에 대한 독일어 주석이 출간되었다.⁴ (표지에는 루터의 이름이 없는데, 전해지는 바로는 독일어 조판을 맡은 사람이 의도적으로 누락했다고 한다.) 비텐베르크에 사는 동안 루터의 일상에서 가장 중요한 시간은 중심 거리를 오르내리면서 이루어졌다. 거리의 서쪽 끝에서는 슈팔라틴과 대화하거나 성교회에서 설교를 했다. 거리의 중간 지점에 있는 교구 교회에서도 종종 설교를 했고, 교구 교회 조금 못 미친 곳에 있는 대학교에서는 강의를 했다. 맡은 책임을 다하느라 바쁘게 지내는 루터가 갈구했던 것은 결코 명예가 아니었다. 루터는 이전에 비텐베르크의 교수였다가 그때는 뉘른베르크시의 법률 고문으로 있던 크리스토프 쇼이얼이 보낸 편지에 답장하면서 이런 마음을 밝혔다. "사람들의 인정이 증가하는 만큼 하나님의 인정은 감소합니다."⁵

루터와 그의 동료들은 대학교 내에서 스콜라 신학에 대한 공격을 재개했다. 1517년 초반, 루터와 니콜라우스 폰 암스도르프Nicholas Amsdorf, 카를슈타트로 구성된 모임은—에르푸르트의 랑게, 프리드리히 선제후 궁에 있는 슈팔라틴의 지원에 힘입어—성경과 초기 교부에 대한 강의를 증설해야 한다는 주장을 성공적으로 관철시켰다. 이제 스콜라 신학에 관한 강의에는 아주 소수의 학생만 관심을 보였다. 중대한 개혁이 시작되어, 좀처럼 개혁이 크게 일어나지 않는 대학교 커리큘럼에까지 적용되었다. 1517년 5월, 루터는 랑게에게 다음과 같은 소식을 전했다.

우리의 신학과 아우구스티누스는 상당한 진척을 보이고 있고, 하나님의 도우심으로 이 대학교를 주도하고 있다네. 아리스토텔레스는 왕좌에서 물러났으니 이제 그가 사라지는 것도 시간문제라네.『명제집』강의가 천대받는 것은 정말 놀라운 일이지. 실제로 선생들이 이 신학을 가르치지 않는다면, 다시 말해 성경, 성 아우구스티누스, 그 밖의 다른 유명한 교부들에 대한 강의를 하지 않는다면, 학생들이 올 거라고 기대할 수 없다네.[6]

그때까지 그저 소수의 학자들만 관심을 기울였던 첨예한 학문적 토론에 루터도 관여하게 되었다. 그런데 도저히 침묵을 지킬 수 없었던 루터의 성품 탓에, 루터 자신과 동료 교수들, 심지어 프리드리히 선제후까지 교회 당국을 발칵 뒤집어 놓고 민심을 자극한 논쟁에 휘말리게 되었다. 이 모든 것은 로마의 건축 프로젝트 때문에 시작되었다. 1506년 새로운 성 베드로 대성당의 주춧돌이 놓였으며, 교황 율리우스 2세는 건축 자금을 마련하기 위해 면벌부 발행을 허가했다. 이 면벌부를 구매하는 사람은 대성당 건축 재정에 기여하는 동시에 미래에 지을 죄도 용서받고 사랑하는 사람의 영혼을 연옥에서 건져 내는 엄청난 이익도 누릴 수 있었다.

면벌부가 처음부터 독일에 들어온 것은 아니었으나, 1515년 교황 레오 10세가 면벌부 시장을 더 확대했고 1년 뒤에는 그 당시 독일에서 최고위 성직자였던 27살의 브란덴부르크의 알브레히트를 대주교로 임명하여 마인츠와 마그데부르크 관구에서 면벌부 판매를 장려하게 했다. 알브레히트는 이 캠페인을 추진할 사람으로 요한 테첼John Tetzel을 뽑았다. 1517년 초, 테첼은 비텐베르크에서 북동쪽으로 40킬로미터밖에 떨어지지 않은 위터보크Jüterbog에 도착해서 맡은 임무를 수행하여 오는 세대의 개신교인들에게 악명을 떨쳤다. 그러나 테첼은 개신교 진영에서 선전하는 것만큼 악당은 아니었다. 그는 작

• 마인츠의 대주교 알브레히트 추기경, 1526.

센주에서 태어난 도미니쿠스 수도회 수사였으며 신학을 가르칠 자격도 갖추었다. 그는 아주 능숙한 면벌부 홍보 대사로 현장에 투입되었다가 루터의 이목을 끌게 되었다.[7] 충돌은 우회적인 방식으로 일어났다. 프리드리히 선제후가 자신의 영토를 출입금지 구역으로 지정했기 때문에 비텐베르크 사람들은 작센주에서는 성 베드로의 면벌부를 얻을 수 없었다. 하지만 그 면벌부가 믿기 어려울 정도로 큰 이익을 준다는 소문을 들은 지방 주민들은 더 이상 가만히 있을 수 없었다. 위터보크까지 80킬로미터만 가서 은전 한두 닢 정도만 내면 천국 가는 무료입장권이 생기는 것이다.

면벌부는 새로운 것이 아니었다. 이미 수백 년 전, 고해성사가 사제 한 사람이 담당하는 사적 의식이 되면서부터 면벌부가 생겨났다. 가장 단순한 형태의 면벌부는 죄가 아니라 죄의 대가로 요구되는 벌의 일부 혹은 전체를 면제해 주는 것이다. 그 벌, 혹은 고행은 자선, 기도, 성지 순례, 성유물 관람, 단식과 같은 종교적 행위들이었다. 사람이 저지른 죄는 그리스도의 죽음으로 용서받지만, 그 죄를 지은 데 대한 형벌은 받아야 마땅하기에 그런 행위들이 필요하다. 그러므로 면벌부는 죄 또는 죄책을 면제해 주는 것이 아니라 죄인이 치러야 하는 벌의 일부 혹은 전부를 면제해 주는 것이었다. 원래 의도는 인정을 좀 베푸는 것이었다. 면벌부indulgence라는 단어 자체도 호의나 완화를 의미했지, 오늘날처럼 방종이나 극단적 방종 같은 경멸적 의미로 쓰이지 않았다.

면벌부의 힘은 그리스도의 무한한 공로, 그리고 면벌부가 필요 없는 성인들의 공로로 채워진 금고에서 나온다고 여겨졌다. 그 공로는 일반 신자들의 죗값을 치르는 데 가져와 쓰일 수 있었다. 엄밀한 의미에서 면벌부는 팔거나 살 수 없는 것이지만, 실제로는 성 베드로 대성당 건축과 같은 목적을 내세워 판매되었다. 1476년부터는 신자들에게 생전에 다 치르지 못한 죗값을 연옥에서 치르고 있는 영혼들을 위한 면벌부 판매가 허용되었다. 구입만 하면 된다는데, 부모나 배우자를 연옥에서 조금이라도 빨리 건져 내고 싶어 하지 않는 사람이 어디 있을까? 면벌부 사업은 독일에서 호황을 누렸다. 1486년에서 1503년 사이에 교황 특사 페라우디Peraudi는 튀르크족에 대항하는 십자군 전쟁을 위해 면벌부를 3차례 판매하여 50만 굴덴gulden 이상 수익을 올렸다.[8]

그러나 1517년, 면벌부의 호황기는 지나갔으며 여덟 번의 추가 캠페인에서 얻은 수익금은 점점 줄어들었다. 독일은 이미 짜낼 대로 다 짜낸 상태여서, 면벌부를 더 팔기 위해서는 더욱 화끈한 약속이 필요했다. 알브레히트 대주교의 허가를 받아 성 베드로 성당 면벌부 설교자들을 위한 지침으로 사용된 『요약 교본』Summary Instruction이라는 책에서는, 면벌부를 산 사람의 죄를 이생에서뿐만 아니라 연옥에서도 완전히 면제해 주고, 이미 세상을 떠난 친척들에게도 동일한 것이 가능하다고 주장했다. 또한 교회가 보유한 모든 "선한 재화"를 마음껏 사용할 수 있게 되어, 전 세계 교회 어디에서든 이루어지는 기도와 자선과 단식과 순례의 혜택을 그들과 죽은 친척들이 누릴 수 있다. 면벌부를 사서 이 모든 특혜를 누리는 사람은 자신의 죄를 뉘우치거나 고해할 필요도 없다.[9] 테첼과 그 휘하의 설교자들은 더 터무니없는 주장을 내세웠다. 면벌부를 팔 때 전시하는 십자가와 교황 문장紋章이 새겨진 겉옷은 그리스도의 십자가와 똑같은 능력을 지니고, 면벌부는 성모 마리아를 모독한 자도 사면하며, 베드로 사도가 오늘 다시 와서 교황이 된다 해도 면벌부보다 위대한 은혜를 허락할 수 없다는 식이었다. 또한 "동전이 돈궤에서 딸랑 소리를 낼 때 영혼은 연옥에서 뛰어오른다."[10] 더욱이 아직 면벌부를 사지 않은 사람들은 그 기회를 붙잡지 않는 것에 대해 죄책감을 느끼게 되었다. "너희는 부모와 선조들이 '제발 자비를 베풀어 달라! 우리는 참을 수 없는 징계와 고통을 겪고 있노라!'며 도움을 구하는 외침을 듣지 못하는가? 약간의 자선 기부금이면 그들을 구할 수 있는데, 그러지 않는단 말인가?"[11]

1516년 5월, 테첼의 캠페인에 대한 얘기가 루터의 귀에 들려왔던 것 같다. 때마침 루터는 지방 대표 자격으로 마이센과 라이프치히 근처의 아우구스티누스 수도회들을 돌아보던 중이었다. 그 지역의 역사 기록에 의하면, 그때 루터는 그림마에서 슈타우피츠를 만나 테첼이 근처에서 면벌부 설교를 하고 있다는 소식을 접했다. 그 기록에는 루터가 그림마에서 테첼에 반대하는 글을 쓰기 시작했다고 적혀 있는데, 루터 자신은 이렇게 표현했다. "나는 그 북에 구멍을 뚫을 것이다."[12] 1516년 말에 비텐베르크 시(市)교회에서 설교하면서, 루터는 청중에게 면벌부를 사서 처벌을 피하려고 하지 말고, 자신의 죄를 진정으로 슬퍼하는 마음을 키워야 한다고 했다. 처벌을 받아들임으로써만 자기 십자가를 지고 진정한 회개를 할 수 있기 때문이다.[13] 1517년 2월 말에는, 면벌부는 죄 자체를 피하는 법을 가르치지 않고 죄의 처벌에서 벗어나는 길만 가르친다면서 예배자들에게 경고의 말을 전했다. 그는 극적으로 분노를 표출하면서 설교를 마무리했다. "슬프도다! 우리 시대의 위험이여! 오, 코를 골며 자고 있는 사제들이여! 오, 이집트인들보다 사악한 어둠이여![14] 우리는 악독하기 그지없는 우리의 죄악 한복판에서도 얼마나 안전한가?"[15]

그러나 루터도 아직까지는 가장 나쁜 것이 뭔지 모르는 상태였다. 성 베드로 대성당 면벌부는 사람들을 속였을 뿐 아니라 그들의 돈을 횡령했다. 면벌부 수익금 일부는 성 베드로 대성당 건축 비용으로 들어갔으나, 일부는 알브레히트 주교가 아우크스부르크의 재벌 푸거 가문에게 진 부채를 상환하는 데 사용되었다. 그 돈은 알브레히트가 마인츠 대주교로 승진하기 위해 로마 교황청에 바친 비용이었다. 그런데 루터는 자신의 군주인 프리드리히 선제후도 면벌부의 힘을 믿고 있다는 사실을 알게 되었다. 프리드리히 선제후도 그렇지만, 그의 사촌으로서 작센주의 절반을 통치하고 있는 게오르크 대공도 아주 신심이 두터운 사람이었다. 그들은 수도사를 모셔 고해성사를 받았고, 미사에 규칙적으로 참여했으며, 순례도 몇 차례 떠났을 뿐 아니라 개인적으로 면벌부도 구입했다. 그러나 두 사람이 구입한 면벌부는 성 베드로 대성당 건축을 위한 것이 아니라 그들이 작센주에 모아 놓은 성유물이었다. 1493년 프리드리히는 예루살렘 성지 순례를 다녀오면서 많은 유물을 가지고 왔으며, 1510년까지 꾸준히 수집해서 총 5,005점을 모았다. 그 가운데 45점은 선제후의 수호성인 바르톨로메우스 사도의 것이었다. 그의 유물은 성모의 유물을 제외하면 그 어떤 성인의 유물보다 많았다. 한 용기에는 바르톨로메우스의 왼손 뼛조각들이 있고, 다른 한 용기에는 그의 턱에서 나온 뼛조각, 두 개의 치아, 또 다른 치아의 조각, 머리뼈 여섯 조각이 있었다.[16] 1520년까지 이 엄청난 양의 유물에 연결된 면벌부가 연옥에서 보내는 시간을 190만 년이나 단축시켜 준다는 소문이 돌았다.[17] 그런 계산을 미심쩍어한 사람은 루터만이 아니었다. 인문주의자 에라스무스는 이미 6년 전에 출간된 유명한 저서 『우신예찬』*Praise of Folly*에서 그런 괴상망측한 산술을 비웃었다. "연옥의 시간을 모래시계로 재 보고 나서, 수학 계산표를 보는 것처럼 시대와 연도와 개월, 날, 시간, 분, 초까지 정확하게 알아낼 수 있는 사람에 대해 내가 무슨 말을 하겠는가?"[18]

프리드리히 선제후가 열심히 유물을 모으고 면벌부를 사고 있었기 때문에, 루터가 그것을 비판하기 위해서는 아주 신중한 접근이 필요했다. 루터와 동료들이 대학교에서 추진하고 있는 개혁은 프리드리히의 후원 없이는 불가능했기 때문이다. 1516년 말, 루터는 성 우르술라와 처녀 1만 1천 명의 유품을 쾰른에서 비텐베르크로 옮겨 소장하려던 선제후의 캠페인을 도왔다. 우르술라는 4세기 브리튼의 명망 있는 공주로서 그리스도인이었는데, 1만 1천 명의 처녀들을 데리고 로마 순례를 갔다가 돌아오는 길에 쾰른에서 훈족에게 살해당했다. 1106년 쾰른의 성 우르술라 교회 근처 묘지에서 유골이 출토되었는데, 4세기에 브리튼이든 로마든 그렇게 많은 처녀들이 존재했다거나 모여 다녔다는 것은 아주 개연성 낮은 추측임에도 불구하고 그 유골은 순교한 여인들의 뼈로 인정받았다. 그 유골은 중세 후기에 대중적으로 유명세를 타면서 프리드리히 선제후처럼 부유한 유물 수집가들의 마음을 끌어당겼다. 프리드리히가 그 유물을 얻으려고 한 때로부터 23년 전, 크리스토퍼 콜럼버스는 오늘날 처녀 군도 Virgin Islands라고 불리는 카리브해의 잇단 섬들의 이름을 우르술라와 1만 1천 명의 여인들을 기념하여 작명했다.

그러나 루터는 프리드리히의 심기를 건드릴 수도 있는 위험을 무릅쓰고 "면벌부의 능력과 효력에 관한" 95개의 논제를 작성하여 대주교 알브레히트에게 보냈다. 1517년 10월 31일이라는 날짜가 적힌 편지를 동봉하며, 루터는 "더 이상 침묵할 수 없다"고 선언했다. 왜 더 이상은 안 되는가? 그가 쓴 것처럼, 사람들은 면벌부가 자신들을 구원할 것이라는 헛된 확신을 품게 되었으며 그 면벌부는 알브레히트 주교의 이름으로 판매되었기 때문이다. 루터는 알브레히트에게 말했다. "이 모든 영혼들에 대해 주교님께서 가장 큰 책임을 지고 계시며, 그 책임은 점점 늘어 가고 있습니다."[19] 실제로 알브레히트 주교는 테첼과 다른 설교자들에게 성 베드로 면벌부 판매를 위해 터무니없고 허무맹랑한 주장을 계속 퍼뜨리도록 허가했다. 그 주장을 루터가 직접 들은 적은 없었지만, 이는 상당 부분 『요약 교본』에 기초하고 있었다. 그 문건을 잘 알고 있었던 루터는 알브레히트 주교에게 그런 설교를 "다른 종류의 설교"로, 다시 말해 예수님이 실제로 설교하라고 명하신 복음으로 대치해 달라고 요청했다.[20] 루터는 최후통첩을 내놓지도 않았고 그럴 지위에 있지도 않았지만, 만일 아무런 변화가 일어나지 않으면 자신보다 덜 고상한 사람이 그 교본의 잘못을 지적하면서 대주교에게 공개적인 모욕을 가할 것이라고 경고했다. 또한 루터는 교황이 면벌부의 신학적 근거를 분명하게 밝힌 적이 없음을 알브레히트에게 환기시켰다. 그는 이런 문제를 극복하기 위한 토론을 요청하며 95개 논제와 면벌부에 대한 논문 한 편을 작성했다. 두 문건을 동봉해 보내니, 알브레히트 주교가 자세히 살펴봐야 한다고 썼다.

결국 이 문건이 대주교에게 도착했으나, 성유물 애호가이기도 했던 알브레히트 대주교가 그것을 흔쾌히 받아들였을 리 없다. 처음에는 루터의 요청을 아예 무시했다. 대주교는 이 수도사의 반항적인 행동은 자신과 아무 상관도 없다고 말했다.[21] 물론 대주교는 다른 방식으로 대응할 수도 있었다. 많은 주교들과는 달리, 알브레히트는 철학, 수사학, 법학, 음악 교습을 받아 어느 정도 계몽된 사람이었다. 머잖아 알브레히트는 그 95개 논제가 자신에게도 영향을 끼칠 수 있다는 사실을 깨닫게 되었다. 만일 성 베드로 면벌부가 팔리지 않으면 자기가 푸거 가문에게 진 빚을 갚을 수 없을 것이다. 이로써 정치적 문제가 어렴풋이 윤곽을 드러내기 시작했다. 알브레히트 대주교는 브란덴부르크의 선제후 요아힘 1세의 동생이었으며, 요아힘 1세는 작센의 프리드리히 선제후의 이웃이자 경쟁자였다. 프리드리히는 자체적으로 면벌부를 발행하여 알브레히트와 경쟁했다. 그렇다면 프리드리히의 참모들이 루터를 충동하여 알브레히트와 그의 형에게 불명예를 안겨 줄 신학 명제를 쓰게 한 것인가? 이런 추측이 크고 끈질기게 제기되자, 루터는 그 명제가 공개되기 전까지는 프리드리히가 거기에 대해 전혀 알지 못했음을 슈팔라틴에게 확인시켜 줘야 했다.[22]

알브레히트는 자신의 참모들과 마인츠의 학자들에게 그 "결론들" conclusions—루터와 몇몇 사람들은 이 논제를 그렇게 불렀다—을 평가하도록 했다. 알브레히트의 참모들은 면벌부에 대한 루터의 비판은 무시하고 그보다 자극적인 이슈에 달려들었다. 비텐베르크의 일개 교수가 감히 면벌부의 유익을 규정한 교황의 권위에 도전했다는 것이다. 결론적으로 이 사건에 어떻게 대응해야 할지는 오직 교황만이 결정할 수 있었다. 알브레히트 대주교는 재판을 기대하면서 그 95개 논제를 교황 레오 10세와 로마 교황청에 보냈다. 알브레히트의 이런 행동은 단순히 95개의 논제를 교회 문에 게시하는 수준을 훨씬 넘어, 루터와 로마 가톨릭의 위계질서 사이에 충돌을 촉발시켰다.

만일 루터가 알브레히트 대주교에게 편지를 보내는 대신 비텐베르크에서 학문적 논쟁을 소집하여 자신의 명제를 공표했다면, 95개 논제는 학문적 차원의 문제가 되었을 뿐 마인츠와 로마의 분노를 자극하지는 않았을 것이다. 그 당시 비텐베르크에서 신학 명제를 토론하고 작성하는 일은 아주 흔했다. 1516년에서 1521년까지 루터는 명제를 20번 작성했고, 그의 동료 교수 카를슈타트는 거의 30번이나 작성했다. 1517년 초반, 정확히는 4월 26일, 카를슈타트는 학문 토론을 공지하고 151개 명제를 제시했던 것 같다. 아마도 프리드리히가 수집한 성유물이 바로 그날 전시될 예정이어서 그랬을 것이다. 루터가 1517년 10월 31일 자로 논쟁을 공지한 것은 카를슈타트를 모방했을 가능성이 높다. 어쨌든 두 경우 모두, 성유물을 보려고 성교회를 찾은 소수의 방문객들만 그 라틴어 명제를 보고 신경이 쓰였을 것 같다. 대대적인 민중 봉기를 시작하려는 듯 손에 망치를 든 반항적인 루터의 모습은 순전히 창작의 산물이다. 이런 이미지는 19세기에 처음 나타나기 시작했다. 95개 논제가 만성절(11월 1일) 전야에 게시되었다면, 그것은 수준 높은 논쟁을 벌이자는 초대의 표시이지 군대 소집 요청이 아니었다.

루터 자신이 직접 언급하지 않았기 때문에 그 95개 논제가 실제로 게시되었는지 아닌지도 불확실하다. 만성절 지나고 다음 화요일인 1517년 11월 3일, 루터는 켐베르크Kemberg 근처에서 히에로니무스 슈르프Jerome Schurf와 함께 있었다고 회상했다. 슈르프는 루터에게 호의적인 동료 교수이자 프리드리히 선제후의 참모였다. 루터가 슈르프에게 "면벌부의 지독한 오류"에 맞서 글을 써야겠다고 말하자, 슈르프는 그런 행동은 교황에게 맞서는 것이며 로마 교황청이 그냥 놔두지 않을 것이라고 우려했다. 이 만남에 대한 루터의 기억이 정확하고 95개조 논제가 그 3일 전에 게시되었다면, 슈르프가 그것을 몰랐을 리 없으며 그 명제가 면벌부와 교황을 비판했음을 이미 알고 있었을 것이다.[23] 그러므로 95개 반박문이 게시되었다는 것에 대한 좀더 설득력 있는 증거는 루터의 비서인 게오르크 뢰러George Rörer가 1541-1544년에 직접 쓴 메모인데, 이것은 2007년에 재발견되었다. 여기에는 루터가 1517년 10월 31일 면벌부와 관련된 명제를 비텐베르크 교회 문에 붙였다는 사실이 명쾌하게 적혀 있다.[24] 당시

15살이었던 게오르크 마요르$^{George\ Major}$도 그날의 증인으로 볼 수 있다. 그는 훗날 비텐베르크의 신학 교수가 되었고, 1553년에 쓴 편지에서 그날의 사건에 대해 언급했다.[25] 비텐베르크 교회 문에 못으로 박았든, 아니면 알브레히트 대주교에게만 편지로 보냈든, 어쨌든 그 95개의 논제로 인해 루터는 원래 의도와는 상관없이 악명 높은 인물이 되고 말았다. 그 논제와 더불어 대주교에게 보낸 편지는 루터 인생의 방향을 완전히 바꾸어 놓았으므로 루터는 그 문서들을 잊을 수가 없었다. 1541년에도 루터는 그 편지의 사본이 어디 있는지 정확히 알고 있었다.[26]

루터의 인생이 그 즉시 달라진 것은 아니었다. 그가 히브리서를 강의하는 동안[27] 95개조 반박문은 다른 경로를 통하여 이곳저곳으로 퍼졌는데, 물론 그 전파 속도는 루터가 나중에 "그 반박문이 2주 만에 독일 전체에 퍼져나갔다"[28]고 주장한 것과는 달랐다. 2주 만에 독일 전체에 스며들기에는 복사본의 수가 너무 부족했다. 반박문은 공적 논쟁을 요구하는 포스터 형태로 인쇄되었는데, 지금은 남은 것이 없다. 알브레히트 대주교에게 보낸 복사본은 조금 작은 사이즈로 인쇄된 것이었고, 그 판형의 사본들이 다른 이들에게 전달되었다. 1517년 11월 11일, 루터는 복사본 한 부를 에르푸르트에 있는 요하네스 랑게에게 보내면서 "모든 곳에서 모든 사람이" 자신의 무엄함을 비난하고 있다고 적었다.[29]

1517년 말, 반박문이 실제로 공지되었든 아니든 여하튼 두 달이 지난 후 라틴어 명제가 세 차례 인쇄되었다. 라이프치히와 뉘른베르크에서는 포스터 형태, 바젤^{Basel}에서는 개인 독자들이 읽기에 더 좋은 팸플릿 형태였다.[30] 이 인쇄물을 모두 합쳐도 몇백 부 이상은 되지 않는다. 뉘른베르크에서는 카스파르 뉘첼Kaspar Nützel이라는 사람이 그 명제를 독일어로 번역했다. 그는 슈타우피츠의 이름을 딴 인문주의자 모임의 일원이었는데, 그 모임에는 크리스토프 쇼이얼, 화가 알브레히트 뒤러Albert Dürer, 시청 직원 라자루스 슈펭글러Lazarus Spengler, 루터의 아우구스티누스 수도회 동료 벤첼 링크가 있었다.[31] 그들은 이 명제의 중요성을 인식했고 곧장 그것을 아우크스부르크의 인문주의자이자 외교관인 콘라트 포이팅거Conrad Peutinger[32]와 잉골슈타트Ingolstadt 대학교 신학자인 요하네스 에크John Eck[33]에게 보냈다. 그러므로 이듬해 1월까지, 95개 논제 복사본 일부가 독일 북부의 함부르크, 독일 남부의 아우크스부르크까지 도달했을 가능성이 있다. 하지만 도착하는 데는 2주가 아니라 2달이 걸렸으니, 그 나라를 휜 눈처럼 뒤덮은 것은 결코 아니었다.

95개 논제는 잘 교육받은 성직자들이나 뉘른베르크의 인문주의자들 같은 신자들에게는 쉽게 이해될 수 있었으나, 그렇지 않은 사람들에게는 쉽지 않았다. 알브레히트의 참모들은 루터가 면벌부 설교자들을 맹비난한 것에 크게 당황한 나머지 루터가 교황을 비판한다고 물고 늘어졌다. 예컨대, 루터의 논제 39번과 40번은 최고의 신학자라 할지라도 면벌부의 유익과 진정한 참회를 조화시킬 수 없을 것이라고 주장했다. 왜냐하면 "진정한 참회는 처벌을 사랑하고 그것을 추구하는데, 면벌부는 처벌을 완화하고 그것을 미워하도록 만들기 때문"이다. 논제 36번과 37번은 면벌부가 그 어떤 목적에도 도움이 되지 않는다고 주장하는데, 그 이유는 "진정으로 참회하는 그리스도인이라면 누구나 면벌부 없이도 죄책과 처벌의 완전한 탕감을 받기" 때문이다. 논제 53-55번에 의하면, 우리는 면벌부 판매가 아니라 믿음의 복음, 아무런 공로 없이 얻는 구원의 복음을 설교해야 한다. 교황도 면벌부보다는 그 복음이 더욱 장엄하고 정성스럽게 선포되는 것을 백배는 더 원하실 것이다. 알브레히트 대주교와 참모들은 논제 80번에서 멈칫했을 것이다. 루터는 여기서 "주교와 보좌 신부와 신학자들"이 어째서 그런 터무니없는 주장이 사람들 사이에 유포되도록 내버려 두었는지 해명해야 한다고 요구했다.

면벌부 설교자들은 아주 쉬운 표적이었으나, 루터는 교회의 의도를 옹호하는 것에 더 신중해야 했다. 논제 81번은 면벌부 때문에 신학자들이 "일반 신자들의 비방과 심술궂은 질문에 맞서 교황의 명예를 지키는 일"에 어려움을 겪고 있다고 선언함으로써 그 부분을 최대한 강조했다. 그런 종류의 질문을 잘 파악하고 있었던 루터는 그 가운데 여덟 개를 열거했다. 예컨대 이런 질문이 있었다. "로마의 크라수스[34]보다 부유하신 교황께서 어째서 본인의 돈으로 성 베드로 대성당을 짓지 않으시고 가난한 신자들의 돈을 가져가시는가? 어째서 교황께서는 순수하게 사랑의 힘으로 경건한 영혼을 연옥에서 건져 내지 않으시고, 그만큼도 경건하지 않은 사람들을 시켜서 면벌부를 팔게 하시는가?" 물론 이런 질문을 던지는 사람들은 눈치 빠른 평신도들만이 아니라 루터와 동료 교수들도 포함되었다. 그 물음에 대한 논쟁은 충분히 가능했으나 답은 명백했으며, 그런 질문을 나열하는 것은 교황의 행동에 대한 노골적 비난이었다.

논제 58-66번은 그리스도와 성인들의 공적으로 가득 찬 보고가 있으며 바로 거기서 면벌부의 능력이 나온다는 주장도 거부했다. 루터는 강력하게 단언했다. 교회의 보물은 그리스도와 성인들이 쌓아 둔 별도의 공적 같은 것이 아니라 바로 가난한 사람들이다. 그리고 그 공적이란 것도 면벌부를 산 신자들에게 보장되는 것이 아니며, 신자는 스스로 고행하고 연옥의 시간을 거쳐야 한다. 그리스도와 성인들의 공적은 오로지 복음을 통해서만 베풀어지니, 그 복음이야말로 "교회의 진정한 보물"이다. 게다가 그리스도의 공적이 복음을 통해 가져다주는 은혜는 "심지어 교황이 없이도" 전달된다. 교황은 스스로 판결을 맡은 특정한 경우에만 형벌을 취소할 권한이 있다. 면벌부로 모든 형벌을 취소할 수는 없다. 슈르프의 생각이 옳았다. 루터가 공적으로 면벌부를 비판한다면 교황에 대한 비판을 피할 수 없었다. 루터의 주장은 교황의 잘못된 판단에 문제를 제기했을 뿐만 아니라 교황의 능력을 제한했다. 알브레히트의 참모들은 이를 제대로 간파했기에 그 논제를 로마로 보내라고 권했다.

95개의 반박문은 전쟁의 선전포고도 아니었지만, 개혁을 위한 온건한 제안도 아니었다. 루터는 참회와 회개를 믿음 생활의 핵심으로 보는 아우구스티누스 수도회의 경건하고 진실한 고위직 수도사였다. 그런데 면벌부 한 장 사서 가지고 있으면 참회와 회개가 불필요하다는 주장은 루터가 보기에 터무니없는 소리였다. 루터는 교회의 고위 성직자들이 이런 주장을 허용한 것에 격분하여, 속히 이런 남용을 막아 달라고 요청했다. 그런데 회개와 참회가 어째서 이렇게 중요했던가? 루터가 몰두해 있던 수도원 전통과 신비주의 전통에서는 영원한 생명으로 가는 길이 결코 참회의 시간을 우회해서 지나갈 수 없다. 예수님이 십자가를 피하지 않고 친히 그것을 지심으로 부활에 이르는 길을 걸어가셨던 것처럼, 우리도 참회를 정면으로 돌파하지 않을 수 없다. 루터는 이렇게 선언했다. 예수님이 회개하라고 말씀하셨을 때, 그 말씀은 그 회개가 성사聖事에만 제한되어야 한다

5. 더 이상 침묵할 수 없습니다 **155**

는 것이 아니라 지속적 태도가 되어야 한다는 의미였다. 회개는 자신의 죄에 대한 깊은 슬픔이며, 우리의 삶을 불쾌하고 때로 견디기 힘든 짐으로 만드는 모든 십자가를 수용하는 것이다. 이런 회개는 단순히 고해성사를 하고 죗값을 치르는 것만으로 충족되지 않는다. 게다가 면벌부라는 것은 회개의 의미를 철저하게 손상시킨다. 회개는 평화와 위안과 행복을 보장하지 않는다. 95개 반박문은 냉정하게 끝을 맺는다. "그리스도인들은 머리 되신 그리스도를 형벌과 죽음과 지옥을 통과하기까지 부지런히 따르도록 권고받아야 하고, 그럼으로써 평화라는 거짓된 안전이 아니라 많은 시련을 통해서 하늘나라에 이르게 된다는 것을 확신해야 한다."[35] 그 길은 면벌부가 약속하는 편안한 길과는 전혀 다르다.

루터를 입막음하려는 시도는 95개 논제가 로마에 도착한 1518년부터 시작되었다. 교황 레오 10세는 루터가 엄수 아우구스티누스 수도회의 정회원이라는 얘기를 전해 듣고는, 그 수도회의 신임 교황 대리에게 루터를 달래서 이 문제를 내부적으로 잘 처리하라고 지시했다. 그러나 독일에서는 요한 테첼 때문에 이 문제가 조용히 가라앉지 못했다. 그는 브란덴부르크의 도미니쿠스 수도회 교수 콘라트 빔피나Konrad Wimpina와 연합하여 루터의 원거리 논쟁 제안을 받아들였다. 빔피나는 브란덴부르크의 선제후 요아힘의 총애를 받았으며, 요아힘의 동생이자 루터가 95개 논제를 보낸 사람이기도 한 알브레히트가 마인츠에서 처음 미사를 집전할 때 설교를 맡은 사람이었다. 빔피나와 공조함으로써, 테첼은 단순히 루터만 공격한 것이 아니라 브란덴부르크와 작센 사이 정치적 경쟁의 불꽃에 부채질을 한 셈이었다. 공격은 먼 곳에서 시작되었다. 테첼은 브란덴부르크에 있는 도미니쿠스회 동료 수도사들보다 먼저 106개의 명제를 작성해서, 루터의 주장이 오류투성이라고 선언하면서 루터가 문제를 제기한 교황청 면벌부의 효력을 다시 한 번 확언하고자 했다. 빔피나-테첼의 명제는 곧바로 인쇄되어 비텐베르크 어디에서나 판매되기 시작했다. 1518년 3월 중순에 분개한 대학생들이 800개의 사본을 모아 불을 질렀는데, 어쩌면 이것은 너무나 당연한 일이었다. 처음에는 루터도 깜짝 놀랐다. 그는 논쟁이 과열되고 있음을 깨달았고 자신이 비난의 대상이 될 것을 우려했다. 그는 에르푸르트에 있는 랑게에게, 무슨 일이 일어날지는 도무지 모르겠지만 자신의 곤경이 점점 위태로워지고 있다고 말했다.[36]

루터는 자신에게 교황을 공격하려는 의도가 없었음을 보이기 위해 교황의 권위를 전혀 언급하지 않고 『면벌부와 은혜에 관한 설교』 A Sermon on Indulgence and Grace 라는 책을 독일어로 출간했다. 여기 실린 20개의 논문은 테첼의 106개 명제가 다루고 있는 몇 가지 주제를 반박하면서 루터 자신의 생각을 대중이 이해할 수 있는 언어로 설명해 놓았다. 하지만 결론은 역시 신랄했다. 루터에 의하면, 어떤 사람들은 면벌부에 대한 진실이 장사에 도움이 되지 않는다는 이유로 그를 이단자로 낙인찍었다. 루터는 그런 사람들은 "성경을 펼쳐 본 적도 없고, 기독교 스승들의 글을 읽어 본 적도 없고, 자기 스승들의 생각조차 한 번도 이해한 적 없기"[37] 때문에 뇌가 비정상일 것이라며 비난을 퍼부었다. 이 책은 오히려 95개 논제보다 널리 읽혔으며, 더 많은 사람이 내용을 이해할 수 있었다. 요한 테첼은 루터의 글이 상당히 쉽고 호소력이 있음을 금방 알아차렸다. 그래서 그 책을 읽자마자 20개의 논문을 조목조목 반박하는 글을 출간했다. 두 사람의 글은 한 가지 중대한 면에서는 일치하는 것 같다. 그것은 성경과 신뢰할 만한 신학자들의 저술을 가지고 설득력 있게 논거를 제시하는 것을 중요시한다는 점이다.[38] 루터는 그런 자료에 근거한 설득력 있는 논증으로도 면벌부에 대한 자신의 비판에 오류가 있음을 그 누구도 밝혀내지 못했다면서 자신의 주장을 철회하지 않았다. 이 싸움은 성경을 인용하는 루터와 성경이 아닌 텍스트를 인용하는 교황청 신학자 간의 경쟁이 아니었다. 루터가 자신의 주장을 철회하지 않은 이유는, 자신의 적대자들이 성경을 만족스럽게 해석하지 못했기 때문이다.

95개 논제 사본을 받아 든 테첼은 "저 이단자 루터를 불속에 던져 넣어야 한다"고 위협했다.[39] 그전까지는 이단이라는 고발이 제기되지 않았는데, 이제 로마에 충성하는 신학자들이 루터에 맞서 전선을 형성하고 공식적인 고발 절차를 준비하기 시작했다. 1518년 4월 말 혹은 5월 초, 테첼은 교황의 권위를 공격한 루터를 고발하는 두 번째 명제를 집필했다. 테첼의 첫 번째 명제는 루터가 무너뜨렸다고 알려진 규칙을 다시 확고하게 붙잡았다. "교황의 능력이야말로 하나님께서 제정하신 가장 높은 것이기 때문에, 그리스도인은 하나님 외에 다른 어떤 사람도 그 능력을 제한하거나 확대시킬 수 없다는 사실을 배워야 한다."[40] 잉골슈타트의 저명한 교수 요하네스 에크는 95개 논제를 읽으면서 자기가 보기에 "잘못"되고 "경박"하다고 생각되는 부분에 칼표(†)를 하고, 그 각각에 대한 자신의 거부 이유를 적었다. 에크는 이 『단검표』*Obelisks*를 출간하지는 않았지만 벤첼 링크를 통해 루터에게 전달했다. 루터는 자기에게 친구가 되자고 제안했던 에크가 등 뒤에서 자신의 명제들을 비난한 것에 격분했으며,

에크가 자신을 유일하게 그의 적수가 될 만한 신학자로 여겨서 그런 것 같다고 말했다.[41] 루터는 에크의 반대에 별표를 하고 답변을 추가한 다음, 역시 링크를 통해 사적으로 에크에게 돌려주었다. 그러나 두 사람의 사적 논쟁은 1년이 채 되기도 전에 공적으로 드러났으니, 바로 라이프치히에서 벌어진 에크와 루터의 역사적 논쟁이다.

그사이 로마에서는 도미니쿠스회 수도사이자 신학자인 실베스터 프리에리아스$^{Silvester\ Prierias}$가 지시를 받아 루터의 95개 논제를 법률 소송의 일부로 다루면서 논박할 준비를 갖추고 있었다. 그는 1456년경 이탈리아에서 태어나 자기가 태어난 지명을 이름으로 삼았고, 도미니쿠스 수도회에 입회하여 토마스 아퀴나스의 신학에 열광했다. 1516년 교황 레오 10세는 프리에리아스를 교황청 궁내 신학자$^{master\ of\ sacred\ palace}$로 임명했으니, 이 명칭은 그가 교황청 신학자이며 모든 도서를 검열하는 위치에 있다는 의미였다. 어떤 글에서 오류가 발견되면 출간을 금지하는 것이 프리에리아스의 주된 업무였는데, 그는 루터의 95개 논제를 보자마자 이것은 면벌부 판매를 위한 과도한 주장에 항의하는 글이 아니라 교황의 권위에 대한 공격이라고 단정했다. 프리에리아스는 자신의 논박을 하나의 대화로 기획했으나, 그것은 애초부터 동등한 위치의 대화가 아니었다. 그것은 『교황의 능력에 대한 마르틴 루터의 건방진 명제에 맞서는 대화』*A Dialogue against Martin Luther's Presumptuous Theses concerning the power of the Pope*였다. 루터는 자신의 명제를 제시했을 뿐이었는데, 최고의 신학적 우월성을 과시하는 프리에리아스는 루터의 오류와 열등함을 드러내는 반박문을 내놓은 것이다. 프리에리아스는 그 『대화』를 교황 레오 10세에게 헌정하면서, 자신을 로마 교회의 명예를 위한 싸움의 방패로 묘사했다. 로마 교황청이 가르치는 무흠한 진리를 받아들이지 않는 사람은 누구나 이단자다.[42] 프리에리아스는 루터의 논제 가운데 첫 세 개에만 네 가지의 오류가 있다며 목소리를 높였다.[43]

1518년 부활절, 루터는 자신이 "악의에 가득 찬" 원수들과 싸우고 있다는 사실을 깨달았으며 어쩌면 질 수도 있는 재판을 염두에 두지 않을 수 없었다. 그는 적대자들을 반어적으로 "아주 상냥한" 사람들이라고 말하면서, 동시에 "영혼보다 돈에 더 열중하는" 자들이라고 묘사했다. 루터는 그들이 자신의 논제를 반박할 수 없으므로 교활하게도 공격 태세를 취하여 자신이 교황의 권위를 침해한 것처럼 왜곡하고 있다고 말했다. 그래서 루터는 자신의 논제를 글로 설명하기로 결심하고, 『설명문』*Explanations*을 써서 교황 레오 10세에게 전달되도록 슈타우피츠에게 보냈다. 루터는 그 글을 통해 자신이 교황의 권위를 공격할 의도가 없었음을 교황과 교황청 신학자들에게 해명할 수 있기를 바랐다. 그보다도 슈타우피츠는 이 사건에 연루되어서는 안 되었다. 루터는 이렇게 썼다. "모든 위험은 나 혼자 감수하련다." 그는 "계속되는 고생으로 이미 탈진해 버린, 가난하고 너덜너덜한 몸뚱어리"밖에는 더 잃을 것도 없었다.[44]

그의 말은 패배주의자의 말처럼 들렸지만, 사실 루터는 끝까지 포기하지 않았다. 그는 『설명문』을 교황 레오 10세에게 헌정하고, 자신과 같은 신학 박사는 교황의 권위를 힘입어 면벌부의 효력에 대해 공적으로 논쟁할 권리가 있다고 주장했다. 그 명제는 토론을 위한 것이지 교리나 신조가 아니다. 더욱이 지금은 그 명제가 곳곳에서 유포되고 있어서 회수가 불가능하다. 루터는 자신을 반대하는 사람들을 누그러뜨리고 "수많은 요구"를 충족시키기 위해 이 『설명문』을 로마로 보낸다고 했다. 또 이렇게 썼다. "폐하의 발 앞에 엎드리나이다. 지금 저의 존재와 소유를 모두 맡기나이다. 어떤 결정을 내리시든지, 저는 폐하의 음성을 당신 안에서 말씀하시고 주재하시는 그리스도의 음성으로 대하겠나이다." 루터는 자신이 실수를 범할 수도 있음을 인정했지만, 다른 결과를 원하는 사람들이 제아무리 광적으로 자신을 향한 분노를 쏟아 놓더라도 자신이 이단자 판결을 받을 정도는 아니라고 생각했다.⁴⁵

루터의 말은 진심이었다. 그렇지 않았다면 100쪽에서 200쪽에 달하는⁴⁶ 설명서를 라틴어로 쓰지도 않았을 것이고, 그것을 슈타우피츠 편에 교황에게 보내지도 않았을 것이다. 그러나 교황 레오 10세에게서 호의적 반응이 나올 가능성은 매우 낮았다. 그는 피렌체의 로렌초 데메디치Lorenzo de'Medici의 아들 조반니 데메디치Giovanni de'Medici였다. 조반니는 아버지의 후광을 입고 13살의 나이에 추기경이 되었으며, 1513년에는 37살의 나이에 교황으로 선출되었다. 일설에 의하면, 그는 교황의 자리에 오르자마자 이런 말을 했다고 한다. "하나님께서 교황의 직위를 허락하셨으니, 이제 그것을 즐겨 보자!"⁴⁷ 레오는 예술의 후원자를 자처했다. 사치스러운 장식을 좋아했고, 돈을 마음껏 쓰다 못해 때로는 가진 돈보다 많이 썼다. 교황이 된 후에는 포르투갈의 왕 마누엘 1세가 선물한 흰 코끼리 안노를 타고 로마 시내를 행진하곤 했다. 성직제 개혁과 교황 궁정 개혁을 목표로 내걸었던 제5차 라테란 공의회 대부분을 주재한 것도 레오 10세였다. 주교의 권리와 의무에 관계된 새로운 규정이 통과되었으나, 관행적 기부금과 족벌주의와 부정한 특혜 때문에 유야무야되어 버렸다. 당시로서는 평범한 편이었지만, 그래도 이전의 몇몇 교황들보다는 나았던 레오 10세는 종교개혁 직전에 로마 가톨릭교회를 갱신할 수 있는 마지막 기회가 있었다. 1521년 12월 1일 생을 마감하기 전, 그는 루터가 일으킨 불쾌한 사건을 진압함으로써 위험한 이단을 제거하는 중이라고 생각했다. 실제로 그 수도사는 자취를 감추었다. 그러나 그가 없는 상태로 비텐베르크에서 중요한 변화가 일어나고 있었다.

6

최고의 신학자들

1518-1519

비텐베르크 — 하이델베르크 — 라이프치히

"내가 독일어로 내 하나님의 음성을 듣고 그분을 찾을 수 있게 된 것을 하나님께 감사하는데, 나도 그렇고 다른 사람들도 라틴어나 그리스어나 히브리어로는 그런 경험을 하지 못했다. 하나님께서는 이 작은 책이 더 잘 알려질 수 있도록 해 주셨으므로, 우리는 독일의 신학자들이 의심할 나위 없이 최고의 신학자들임을 발견하리라."

루터가 교황 레오 10세에게 95개 논제 설명문을 쓰고 있을 무렵, 두 방향에서 공격이 들어왔다. 하나는 루터가 전통적인 종교 관습을 지나치게 비난한 나머지 묵주까지 뜯어 버렸다는 고발이었다.² 루터는 그 고발이 그야말로 우습다며 무시해 버렸지만, 1518년 사순절 기간에는 습관적 기도와 단순한 성가들을 "시끄러운 지껄임이요 짖는 소리"³라고 비난했다. 한편 루터를 비판하는 사람들은 루터가 스콜라 신학을 이끈 중세 스승들보다 성경과 초기 기독교 신학자들을 더 좋아하는 것을 책망했다. 1515년 로마서를 강의하던 루터는 스콜라 신학자들을 "바보들과 돼지-신학자들"⁴이라 불렀고, 그 이후로 동료 신학자들의 지지를 받아 그런 입장을 공공연히 드러냈다. 그러므로 묵주를 끊어 버린 일은 논외로 하더라도, 이 두 가지 고발은 루터가 학문적 신학과 대중적 신앙이라는 두 개의 전선에서 개혁을 밀어붙이고 있었음을 보여 준다. 루터는 "우연히"라는 말을 덧붙였는데, 훗날 루터가 시작한 두 전선은 교회의 구조까지도 개혁했다. 그러나 그것이 그의 원래 목표는 아니었다. 그는 교회의 개혁자이기 이전에 신학의 개혁자, 종교적 관행의 개혁자였다. 하나님은 가혹한 분이 아니라 선을 베푸는 분이시며, 기독교는 천국 입장권을 얻기 위한 것이 아니라 하나님을 믿고 이웃을 사랑하는 것이라는 사실을 사람들에게 가르치는 것이 루터의 일차 목표였다. 1518년 루터는 자신의 개혁안의 핵심을 한 문장으로 요약했다. "나는 사

람들이 오직 예수 그리스도 외에 자신의 기도나 공적이나 선행 등 어떤 것도 신뢰하지 않도록 가르친다."⁵

루터가 신학의 개혁을 변호할 첫 번째 기회는 1518년 4월에 비텐베르크가 아닌 다른 곳에서 찾아왔다. 루터는 지방 대표 자격으로 엄수 아우구스티누스 수도회 대회에 참석해야 했는데, 3년마다 열리는 그 대회가 이번에는 하이델베르크에서 개최되었다. 비텐베르크에서 하이델베르크까지는 아주 멀었기에 비텐베르크의 친구들은 가지 말라고 말렸다. 만류에도 불구하고, 루터는 1518년 4월 11일에 다른 수도사 한 명과 함께 길을 떠나 남서쪽으로 이동했다. 그들이 9일 동안 걸어서 도착한 곳은―400킬로미터 떨어져 있는―뷔르츠부르크Würzburg였다. 프리드리히 선제후는 루터 교수를 위해 안전 통행증을 발부해 주고 소개의 편지와 함께 공식 경호원까지 딸려 보냈다. 세 사람이 튀링겐주를 지날 즈음에는 봄이 절정의 모습을 뽐내고 있었다. 루터는 에르푸르트에서 대학생 시절을 보냈고 최근에도 그 지역 아우구스티누스 수도원을 방문했기에 그 근방을 아주 잘 알고 있었다.

뷔르츠부르크에 도착한 루터는 에르푸르트 수도원에서 출발한 아우구스티누스회 형제들과 만나서 하이델베르크까지 남은 160킬로미터의 여정을 함께했다. 에르푸르트 대표단에는 루터가 수도원에 들어가기 전 루터의 스승이었던 바르톨로메우스 아르놀디 폰 우징겐도 있었다. 우징겐은 아우구스티누스 수도회원들과 나중에 합류했으며, 루터와 마찬가지로 하이델베르크를 향해 가고 있었다. 우징겐과 그의 에르푸르트 대학교 동료인 요도쿠스 트루트페터는 루터에게 아리스토텔레스의 철학을 소개하고, 그것이 스콜라 신학에 얼마나 중요한 의미를 지니는지 가르쳐 준 사람이었다. 그러나 1518년, 루터와 비텐베르크의 교수들은 아리스토텔레스 사상을 공격하고 스콜라 신학자들에 대한 강의를 없애 버렸다. 비텐베르크 사람들은 에르푸르트의 지지를 기대했으나, 에르푸르트의 아우구스티누스 수도원장 요하네스 랑게를 제외하고는 전향자를 얻지 못했다. 1517년에도 루터는 스콜라 신학에 저항하는 자신의 논제에 대해 에르푸르트 교수단에게 토론을 제안했으나 받아들여지지 않았다. 에르푸르트의 신학자들은 분명 루터가 아리스토텔레스를 너무 노골적으로 거부하는 것이 불쾌했을 것이다. 루터는 이렇게 선언하지 않았던가. "아리스토텔레스의 사상 전체와 신학은 어둠과 빛의 관계다."[6]

개혁 총회 내부에서 여전히 루터의 상관이었던 슈타우피츠가 하이델베르크 대회를 주재했고, 대회 중 비텐베르크의 새로운 신학을 소개하는 논쟁이 열렸다. 이를 위해 루터는 죄, 자유 의지, 은혜와 같이 신학 개혁의 중심 주제에 관하여 40개 명제를 작성했다. 무엇보다 비텐베르크의 커리큘럼에서 아리스토텔레스의 권위를 대체할 두 인물을 언급했으니, 곧 사도 바울과 성 아우구스티누스였다. 루터는 아리스토텔레스 대신 두 사람을 인용하면서 죄와 은혜에 대한 비텐베르크 학파의 접근이 스콜라 학파의 접근과 어떻게 충돌하는지를 설명했다. 주된 이슈는, 죄 많은 인간이 어떻게 은혜와 용서를 받을 만큼 하나님 보시기에 사랑스러운 존재가 될 수 있느냐 하는 것이었다. 아리스토텔레스는 인간이 선한 행위를 함으로써 선해진다고 가르쳤다. 스콜라 신학자들은 그 사상에 기초하여, 죄인이 덕스러운 행동과 칭찬할 만한 공적을 행한 뒤에야 하나님이 그를 사랑스러운 존재로 인정하여 용서를 베풀어 주신다고 가르쳤다. 반면,

사도 바울과 아우구스티누스는 죄인이 선한 일을 행하기 전부터 하나님은 죄인들을 기뻐하신다고 가르쳤다. 죄인은 하나님의 약속을 믿음으로써 용서를 받게 되며, 오직 그럴 때라야 믿음과 감사 속에서 이루어진 그들의 행위가 하나님 보시기에 선한 것이 된다. 루터는 3년 전, 시편 119편 147절("내가 날이 밝기 전에 [와서] 부르짖으며 주의 말씀을 바랐사오며")을 강의하면서 이 새로운 순서에 주목했다. 루터는 이렇게 설명했다.

실제로 나는 날이 밝기 전, 은혜가 주어지기 전에 오는데, 이는 내가 아무리 무가치한 존재라 할지라도 하나님 당신께서 나를 용서해 주시겠다고 약속하셨기 때문이다. 나는 당신이 나에게 뭔가 줄 것이 있기 때문에, 내가 벌었거나 마땅히 큰 상을 받을 만한 자격이 있어서 이렇게 일찍 와서 부르짖는 것이 아니다. 내가 번 것이라면 나는 (시편이 말하듯이) 일찍 오지 않을 것이며, 그냥 나중에 와서 내가 마땅히 받아야 할 것을 요구할 것이다. 그런데 그게 아니다! 나는 당신의 말씀을 바랐기 때문에 날이 밝기 전에 와서 부르짖는 것이다. 당신의 자비, 약속의 하나님의 자비가, 나로 하여금 적당한 때도 아니고 이를테면 내가 어떤 공적도 쌓기 전에 감히 기도하도록 했다.[7]

하이델베르크 대회에서 둘째 날의 이 논쟁은 첫날 토론회가 열렸고 루터가 묵었던 아우구스티누스 수도원이 아니라 일류 대학 하이델베르크의 강당에서 열렸다. 교수단의 홀笏과 휘장을 든 의전관이 행렬을 이끌고 입장함으로써 마치 축제 같은 행사가 시작되었다.[8] 비텐베르크에서 온 무명의 교수는 이런 광경에 위축되었는지 이에 대해 아무런 기록도 남기지 않았다. 관중들 가운데는 하이델베르크에서 공부하던 도미니쿠스회 수도사 마르틴 부처Martin Bucer가 있었으니, 그는 훗날 스트라스부르Strasbourg에서 프로테스탄트 종교개혁을 주도하는 인물이 된다. 부처는 루터를 보고 깊은 인상을 받아, 바젤에 있는 한 지인에게 편지를 쓰며 루터에 대한 칭찬을 열정적으로 늘어놓았다. "질문에 대답하는 루터의 온화한 모습은 놀라웠다네. 남의 말에 귀 기울일 때 그의 인내심은 누구와도 비할 수 없었지. 그가 뭔가를 설명하는 걸 보고 있노라면 던스 스코터스[9] 정도가 아니라 바울 사도와 같은 통찰력을 느끼게 될 거야. 그의 답변은 아주 간결하면서도 아주 현명하고, 성경의 말씀을 자유자재로 인용하는데, 듣는 사람이 자연스럽게 감탄하게 되더군."[10] 부처는 그렇게 깊은 인상을 받았지만, 스콜라 신학을 거부하는 루터의 입장에 모든 사람이 경탄을 보내지는 않았다. 루터의 기억에 의하면, 하이델베르크에서 반대 입장의 사람들과는 공정한 토론을 벌였으나, 그들은 루터의 신학을 "낯선 것"으로 여겼다.[11]

아우구스티누스 수도회 사람들도 모두 루터에게 동의하지는 않았다. 비텐베르크로 돌아오는 길에 루터는 스승인 우징겐과 같은 마차에 타서 그를 설득하려고 노력했다. 하지만 그 노력은 실패로 돌아갔다. 에르푸르트에서 두 사람이 헤어질 때, 우징겐은 자신이 들은 것에 "놀랐으며 여전히 고민 중"[12]이었다. 루터는 낙담해서 슈팔라틴에게 이렇게 알렸다. "나의 신학이 에르푸르트 사람들에게는 역겨운 음식이라네."[13] 그 "사람들" 중에는 루터의 또 다른 스승 트루트페터도 있었다. 루터는 비텐베르크로 돌아가기 전에 그를 방문하려고 집 앞까지 찾아갔으나 그냥 돌아오고 말았다. 그다음 날 트루트페터에게 쓴 편지에서, 루터는 자신이 의도하는 핵심을 이야기했다. 루터는 비텐베르크에서 스콜라 신학을 처음으로 거부한 사람도 아니고 유일하게 거부하는 사람도 아니다. 한 사람만 빼고는 "대학교 전체"가 그렇게 느끼고 있다. 루터는 자기와 의견을 같이하는 동료 교수들, 곧 안드레아스 카를슈타트, 니콜라우스 암스도르프, 법률가 히에로니무스 슈르프, 바르톨로메우스 베른하르디Bartholomew Bernhardi(대학교 총장), 요한 될쉬John Dölsch,¹⁴ 페터 루핀Peter Lupin¹⁵ 등을 언급했다. "대학교 전체"라는 말은 과장이었지만 루터를 지지하는 교수들 중에는 신학, 법학, 철학 교수도 있었다. 신학을 가르치는 새로운 방법은 루터만의 방법이 아니었으며 그걸 내세우려고 하지도 않았다. 그것은 비텐베르크의 신학이었다. 루터의 주장에 의하면, 대학교 울타리를 넘어서 프리드리히 선제후도 자신을 지지하고 있다. 지금까지 그리스도와 복음에 대해서 알지도 못하고 들어 보지도 못했다고 말하는 약삭빠른 사람들도 마찬가지다.¹⁶ 투르트페터에게 보낸 편지에서 루터는 급진적인 커리큘럼 개혁을 추천하기도 했다.

> 교회의 법과 규정과 조례, 스콜라 신학, 철학, 논리학—지금 대학교에서 가르치고 있는—이 뿌리 뽑히고 다른 학문으로 대치되지 않는다면 교회 개혁이 불가능하다고 생각합니다. 성경과 교부들의 가르침에 대한 순수한 연구가 가능한 한 신속하게 이루어지게 해 달라고 저는 매일 주님께 간구합니다.¹⁷

알려진 대로라면, 하이델베르크에서는 개혁의 두 번째 전선인 종교적 관행에 대해서는 논의되지 않았다. 가령, 논쟁 자료에는 면벌부에 관한 논란이 언급되어 있지 않다. 물론 그 문제가 가라앉은 것은 아니었다. 거기에 대한 논의는 폐회 때의 의제로 남겨 놓았을까? 로마에 있는 아우구스티누스 수도회 본부에서 슈타우피츠에게 전갈을 보내 루터가 발언하지 못하도록 했을까? 루터가 하이델베르크에 있는 동안에는 루터의 오랜 친구이자 에르푸르트의 아우구스티누스회 수도원장이었던 요하네스 랑게가 지방 대표의 의무를 대신 맡았다.[18] 이러한 교체는 루터의 가만히 있지 못하는 성격 때문이었을까? 아니면 루터 자신이 요구한 것일까? 알 수 없다. 다만 그가 1518년 5월 말이나 6월에 비텐베르크에 돌아온 이후, 로마에서 그의 글에 대한 일차 조사가 진행되었다. 거의 동시에, 우연이었든 의도적이었든 간에 루터는 자신의 95개 논제에 대한 설명문을 슈타우피츠를 통해 교황 레오 10세에게 보냈다.

그 후 두 달 동안—1518년 6월과 7월—루터는 로마에서 무슨 일이 일어나고 있는지 전혀 몰랐다. 비텐베르크에서는 할 일이 차고 넘쳤다. 여름학기가 시작되었고, 그는 히브리서 강의를 다시 시작했다. 또한 2년 전에 소책자 형식으로 출간된 원고 하나를 우연히 발견했다. 1518년판의 제목은 『독일 신학』 A German Theology, 저자는 익명의 튜턴 기사단 소속의 인물이었다. 루터는 이 책에 서문을 써서, 하나님과 그리스도와 인간과 모든 사물에 대해 그 어떤 책도 성경과 성 아우구스티누스만큼 많은 것을 가르쳐 주지 못했다고 고백했다.[19] 그는 일찍이 자신이 읽고 주석했던 독일의 신비주의자 요하네스 타울러 John Tauler의 설교와 맥을 같이하는 이 소논문을 적극 지지했다. 루터를 신비주의 신학자라고 일컫는 것은 정확한 지적이라 할 수 없지만, 그의 글에 신비주의 신학의 요소가 나타나는 것은 사실이다.

예컨대 루터는 믿음이 그리스도와의 연합을 창출한다고 주장했지만, 그가 생각한 연합은 중세 신비주의자들이 생각하던 것처럼[20] 황홀한 체험을 통해 무아의 경지에 이르는 것이 아니었다. 루터가 생각하는 그리스도와의 연합은 신자가 내면을 벗어나 바깥을 볼 수 있게 하며, 자기 안에 있는 하나님의 사랑을 어려움에 처한 다른 사람에게 전달할 능력을 준다.

『독일 신학』의 언어와 내용은 1518년의 루터에게 깊은 인상을 남겼다. 루터는 그 책의 독자들에게 단순한 독일어 어휘에 짜증 내지 말라고 충고했다. "화려하고 점잔 빼는 설교자"는 결코 하나님의 말씀을 전파하도록 부름받지 못하기 때문이다. 그러면서 자신을 처음으로 독일 신학자라고 소개했다. "내가 독일어로 내 하나님의 음성을 듣고 그분을 찾을 수 있게 된 것을 하나님께 감사"한다.[21] 그때부터 루터는 대중적인 청중을 염두에 두고 경건 서적이나 교육용 소논문을 독일어로 쓰기 시작했다. 그는 라틴어로 소통하는 학문 세계의 동료들에게도 여전히 지지를 받고 있었지만, 루터가 독일어로 쓴 글은 더 널리 퍼져서 그 비텐베르크 교수에 대한 대중의 지지를 촉발했다.

루터에게 바로 그 지지가 필요한 때가 금방 찾아왔다. 1518년 8월, 루터는 청문회를 위해 로마로 소환되었다. 그는 즉시 슈팔라틴에게 연락을 취했다. 그때 슈팔라틴은 제국의회 참가차 프리드리히 선제후와 함께 아우크스부르크에 있었다. 루터는 청문회 장소가 독일로 옮겨지기를 바랐고, 프리드리히도 동의했다. 자기 영토에서 생긴 종교 문제를 로마로 보내서 자신의 통제권을 포기하고 싶은 영주가 어디 있겠는가! 게다가, 루터도 정확하게 지적했듯이 자칫하면 루터 자신의 정통성만이 아니라 프리드리히가 세운 비텐베르크 대학교의 평판이 위태로워질 수도 있는 판국이었다. 대개 그러했듯, 정치적 명망가들은 루터에 대하여 호의적이었다. 막시밀리안 황제는 독일의 영주들이 자기 손자인 스페인의 왕 카를을 후계자로 선출해 주기를 원했으나 교황이 이를 반대하고 있었다. 막시밀리안은 교황의 지지를 얻어 내기 위해 루터의 사상을 이단으로 정죄하겠다고 약속했다. 루터 문제를 빠르게 처리할 기회를 잡았다고 생각한 교황은 아우크스부르크 제국의회에 토마스 카예탄Thomas Cajetan 추기경을 특사로 보내 독일 문제를 처리하도록 했다.

카예탄은 그런 일을 처리하기에 최적의 인물이었다. 그는 도미니쿠스 수도회의 전 총회장이었고 토마스 아퀴나스 전문가로, 16살에 수도사가 되면서 그 이름을 세례명으로 받았다. 그는 추기경으로 승진한 지 15개월 만에 루터와 만나게 되었다. 루터에 의하면 카예탄은 매력적인 사람이었다. 그가 루터에게 보여 주었던 온화함과 선한 의지는 "확실히 비범한 것이었고 넘치도록 풍성하게 드러났다."[22]

루터 일행은 1518년 10월 7일 아우크스부르크에 도착했다. 비텐베르크에서 출발한 여행은 12일이 걸렸는데, 루터는 내내 걷다가 마지막 4킬로미터는 복통이 너무 심해서 결국 마차에 기어올라야 했다. 뉘른베르크에서부터 동행한 벤첼 링크가 타고 온 마차였다. 링크는 루터와 같은 나이대로, 동료 교수이자 비텐베르크의 아우구스티누스회 수도원장이었다. 아우크스부르크에는 대성당도 있고 최소한 15개의 교회와 수도원이 있었지만 아우구스티누스 수도원은 없었다. 루터는 카르멜회 수도원을 숙소로 지정받았는데, 그곳 원장은 최근까지 비텐베르크에서 공부한 요하네스 프로쉬John Frosch였다.

청문회가 시작되기에 앞서 나흘의 시간이 있었다. 교황 레오 10세는 카예탄에게 루터와 논쟁하지 말고 그저 루터에게 이단적 진술의 철회를 요구하도록 명했다. 루터가 철회를 거부하면, 카예탄은 루터를 구금하고 로마로 압송하려고 계획했다. 그런 결과가 나올까 봐 염려했던 프리드리히 선제후는 참모 두 사람을 지정해 루터를 돕도록 했다. 그들은 루터에게 황제가 안전한 호송을 허가할 때까지는 카예탄을 만나지 말라고 했다. 제국의회가 끝나자마자 사냥을 하러 아우크스부르크를 떠나 있던 황제를 찾아내기까지 며칠이 걸렸다. 마침내 루터는 푸거 가문의 호화로운 저택 안에 있는 숙소에서 카예탄을 만날 수 있었다.[23] 루터는 그 자리에서 기가 막힌 역설을 깨닫게 되었을 것이다. 푸거 가문은 마인츠의 알브레히트 주교가 로마에서 추기경 자리를 살 수 있도록 자금을 빌려주었고, 알브레히트는 루터가 비판한 성 베드로 면벌부를 팔아서 번 돈으로 푸거 가문에게 빚을 갚았다. 이제 루터는 알브레히트에게 흘러간 자금의 출처가 되는 그 집에서 이단이라는 고발에 맞서 자신을 변호하게 되었다. 정치와 돈과 후원, 권력이 결탁하여 일으킨 소용돌이가 겁 없는 수도사요 신학 교수 한 사람을 휘감아 익사시켜 버리겠다고 위협하고 있었다.

10월 12일, 루터는 벤첼 링크의 말끔한 수도복을 빌려 입고, 링크 외에도 세 명의 카르멜회 수도사들의 호위를 받아 첫 번째 회의에 참석했다. 루터는 미리 지도받은 대로 추기경 앞에 엎드려 경의를 표했다. 추기경은 즉시 루터를 일으켜 세우고는 이렇게 말했다. "그대는 면벌부에 대한 명제로 독일을 뒤흔들었소. 만일 그대가 순종하는 아들이 되어 교황의 마음을 흡족하게 해 드리기를 원한다면 그 명제를 철회하시오. 어떤 나쁜 일도 일어나지 않을 것이오. 그대는 신학 박사로서 제자들이 많다고 들었소." 루터는 철회하겠다는 대답 대신, 자신의 반대자들이 공격을 삼간다면 침묵을 지키겠다는 간단한 제안을 했다.[24]

그러나 그 제안이 받아들여지지 않자, 루터는 자신의 오류를 말해 달라고 요청했다. 카예탄은 두 가지를 언급했다. 첫째, 루터는 면벌부가 힘을 끌어오는 저장소, 곧 교회의 보고寶庫, treasury에 그리스도와 성인들의 공적이 보관되어 있다는 사실을 부정한다. 둘째, 루터는 참회자가 사제로부터 면죄를 받기 전에도 믿음만으로 용서의 확신을 얻을 수 있다고 주장한다. 루터의 입장에서는 첫 번째보다 두 번째가 더 중요한 이슈였는데 카예탄이 그것을 거부한다는 사실로 인해 "크게 상심했으니, 그 교리가 문제시되는 것이야말로 가장 두려운 일이었기 때문"이다.[25] 뒤쪽에 서 있던 카예탄의 수행원들은 루터가 혐의를 고스란히 인정하려고 노력하는 모습을 보며 낄낄댔다. 루터는 평정을 되찾은 후, 성경에 호소하면서 방어에 나섰다. 첫 번째 사항, 그리스도와 성인들이 쌓은 공적의 보고가 존재하는지의 여부와 관련하여, 루터는 성경에 그런 언급이 없다고 주장했다. 그러자 카예탄은 그 보고의 존재를 확증하는 1343년 교황 교서로 맞받아쳤다. 두 번째 사항, 믿음이 용서의 확신을 준다는 주장과 관련해서 루터는 95개 논제와 그 설명문에 인용한 성경 구절을 가리켰다. 카예탄은 교황의 권위가 성경의 권위와 교회 공의회의 권위보다 높다고 주장했으며, 루터는 그 말을 듣고 크게 놀랐다. 그는 교황의 그런 절대적 권위에 대해서는 들어 본 적도 없다며 확실하게 거부 의사를 밝혔다.

청문회가 길고 긴 논쟁으로 치닫자 루터는 휴회를 요청했다. 때마침 뉘른베르크에서 슈타우피츠가 도착해서, 프리드리히의 참모들과 머리를 맞대고 다음 행동을 고민했다. 그들은 추기경이 지적한 오류 및 이를 철회하라는 요구에 대해 루터가 서면으로 답할 수 있도록 제안하자고 결정했다. 루터가 서면 보고서를 내게 해 달라고 부탁할 때는 거절했던 카예탄도 슈타우피츠가 루터의 의견을 거들자 마음을 누그러뜨렸다. 그러나 카예탄은 링크와 슈타우피츠를 따로 만나 루터가 자신의 입장을 철회하도록 만들라고 압박했다. 슈타우피츠는 루터의 입장 철회를 받아 내는 것은 추기경의 일이지 자신들이 할 일이 아니라고 대꾸했다. 청문회 마지막 날 루터는 작센의 참모들이 함께 있는 자리에서 다시 한 번 자신을 변호했다. 카예탄의 반응은 차가웠다. 그는 최후통첩을 선언하면서 루터를 내쫓았다. "철회를 하지 않으려면 두 번 다시 내 앞에 나타나지 마시오."

루터는 교황 레오 10세를 직접 알현하겠다는 입장을 표명한 뒤 아우크스부르크를 떠날 채비를 했다. 슈타우피츠가 "어떤 수도사"를 통해서 말 한 필을 구해 놓았다. 10월 20일 늦은 밤, 루터는 빌린 모자와 망토로 수도복을 가리고 말 위에 올라타서 경호원 한 명을 따라 아우크스부르크를 떠났다.[26] 그들은 뉘른베르크까지 북동쪽으로 135킬로미터를 갔다. 루터는 전에 하이델베르크로 여행할 때처럼 보통은 길을 걷거나 마차를 타고 여행을 했던 터라, 말을 몰고 가는 것이 그리 익숙지 않았다. 게다가 10월 말이었으니, 날도 빨리 어두워졌고 얼어 죽을 정도는 아니어도 추운 날씨였다. 전체적으로 썩 기분 좋지 않은 여행이었다. 품위 있는 출발이라기보다는 도주에 가까웠다. 48시간, 혹은 그 이상이 지나고 나서야 루터와 그의 경호원은 뉘른베르크에 도착했다. 안장 때문에 상처가 나고 기진맥진한 상태였다.

루터가 마침내 비텐베르크에 도착한 것은 1518년 10월 31일, 그가 95개 논제를 마인츠의 알브레히트 주교에게 편지로 부친 지, 혹은 추측건대 비텐베르크 교회 문에 붙인 지 정확히 1년 후였다. 1년 전 루터는 엄수 아우구스티누스 수도회 지방 대표였으며 영주와 교회의 후원을 받는 평판 좋은 교수였다. 그러나 지금은 수도회의 고위직도 아니었고 오히려 독일과 로마에 있는 고위직 인사들, 곧 교황, 최소한 두 명의 추기경, 교회법 전문가들, 점점 늘어나는 예리한 교황청 신학자들과 갈등을 겪게 되었으니 상황이 훨씬 나빠졌다. 루터는 왜 자신의 투쟁이 저 많은 유력 인사들에게 이렇게도 중요한 문제일까 고민하는 가운데 나름 근거 있는 "희망과 두려움"에 휩싸이게 되었다.[27] 희망의 근거는 그가 아우크스부르크를 떠나자마자 작성한 공식 항소서였다. 루터는 아우크스부르크에 수도사 한 명을 남겨 카예탄 추기경에게 이렇게 알리도록 했다. 이제 루터는 부실한 정보를 갖고 있는 교황이 아니라 더 나은 정보를 갖고 있는 교황에게 항소하고 있다고.[28] 그러나 루터가 보기에 교황 레오 10세는 최근에 열렸던 제5차 바티칸 공의회(1512-1517)를 주재한 전임자 율리우스 2세에 비해 더 분별력 있다고 할 수 없었다. 율리우스는 그 공의회가 자신의 권력을 위협할 수 없다고 확신했기에 이렇게 공언했다. "그것이 나에게 해를 끼칠 수 없다. 내가 그것을 소집했고 나는 그 위에 있다."[29]

루터는 언제라도 자기 앞에 도달하게 될 이단 선고 때문에 두려워했다. 이단으로 선고받은 자를 숨겨 주고 있다는 혐의 때문에 프리드리히 선제후가 궁지에 빠지지 않도록, 루터는 마음의 준비를 했다. "그 옛날 아브라함처럼 어디로 가야 할지를 모른 채 떠나지만, 그 어느 때보다 확실하게 길을 알고 있으니, 하나님께서는 어디에나 계시기 때문이라."[30] 그러나 12월 초에도 루터는 아직 비텐베르크에 있었다. 주변 사람들이 너무 배려해 주어서 루터 자신도 민망할 정도였다. "나는 하나님과 내 친구들의 손안에 있다."[31] 그 당시 잘츠부르크에 있던 요한 슈타우피츠도 루터에게 남은 것은 십자가밖에 없다고 생각해서, 오랜 친구 두 사람이 함께 살고 함께 죽자며 루터에게 얼른 잘츠부르크로 오라는 전갈을 보냈다.[32] 결국 루터는 작센주를 떠나기로 결정하고 수도원에서 송별연을 열게 되었다. 어떤 자료에 의하면, 식사 중에 선제후 프리드리히는 루터가 남기를 원한다는 내용이 담긴 슈팔라틴의 쪽지가 도착했다.[33] 그다음 날에도 루터는 여전히 떠나야겠다는 마음이었으나, 프리드리히와 비텐베르크 대학교가 자기 편이라는 사실을 믿기로 했다.

이것은 루터의 삶에서, 그리고 장차 일어날 종교개혁과 관련해서 서로 다른 방식으로 결정적인 순간이었다. 루터는 비텐베르크에 머묾으로써 가장 중요한 동지인 필립 멜란히톤을 얻게 되었다. 멜란히톤은 불과 두 달 전에 비텐베르크에 와서 그리스어 교수가 되었다. 그는 슈투트가르트Stuttgart와 하이델베르크 사이에 있는 브레텐Bretten에서 태어난 21살의 청년으로 본명은 필립 슈바르츠에르트Philipp Schwartzerdt였으며, 그때까지 독일 남서부를 떠나 본 적이 없었다. 그를 교수로 추천한 사람은 멜란히톤과 먼 친척 관계로 저명한 인문주의자이며 히브리어 학자였던 요하네스 로이힐린John Reuchlin이었다. 멜란히톤은 모든 면에서 천재였다. 그는 7살 때부터 라틴어를 배웠는데,

6. 최고의 신학자들 **177**

그의 라틴어 선생은 매일 20개 이상의 라틴어 시구를 문법적으로 분석하게 했다. 어린 필립은 한 번 실수할 때마다 매를 맞았다. 아버지와 할아버지가 돌아가시자 필립은 근처 포르츠하임Pforzheim의 유명한 라틴어 학교에 보내졌는데, 1년이 채 되기도 전에 그리스어에 통달했다. 이를 신통하게 여긴 친척 로이힐린이 그에게 그리스어 문법책을 선물하면서 독일어 'schwartzerdt'(검은 땅)를 그리스어로 바꾼 '멜란히톤'이라는 별명을 붙여 주었다.

이렇게 필립의 성姓이 바뀐 것은 인문주의 학자들의 세계에 입문한 것을 의미했다. 그 당시 많은 인문주의자들이 그리스어나 라틴어로 이름을 만들었기 때문이다. 1509년, 12살의 멜란히톤은 하이델베르크 대학교에 입학하여 2년 만에 학사 학위를 받았다. 이런 뛰어난 성취에도 불구하고, 그는 "아직 어리고 소년 같은 용모" 때문에 석사 과정 입학을 거절당했다.[34] 멜란히톤은 로이힐린의 조언을 듣고 넥카강을 따라 남쪽으로 120킬로미터 떨어진 튀빙겐의 그림 같이 아름다운 마을에 있는 대학교로 옮겨 갔다. 그는 튀빙겐에서 16살의 나이에 석사 학위를 취득했고, 그리스어와 라틴어와 수사학을 가르칠 수 있는 자격을 얻어 자기보다 1-2살 어린 학생들을 가르쳤다. 5년 후에는 비텐베르크 대학교 교수가 되어, 이단 혐의를 받고 아우크스부르크로 떠나서 교회의 수장에게 징계를 받게 된 수도사의 동료가 되었다.

루터 문제에 대해 내심 어떻게 생각했든지 간에, 멜란히톤은 비텐베르크 대학교의 개혁적 분위기와 완벽하게 잘 어울렸다. 그는 비텐베르크에 도착해서 나흘 만에 격식을 갖춘 라틴어로 취임 강의를 했는데, 교육 개혁에 관한 그 강의의 제목은 "청소년 학습을 바로

잡음"Correcting the Studies of Youth이었다. 멜란히톤은 수사학 규칙에 충실하게 먼저 자기 나이가 아직 어린 것에 대해 양해를 구하고, 대학생 청중들을 향해 그리스어와 그리스 문학에 각별한 노력을 기울이기를 권했다. 그리스어 실력이 견고해지면 라틴어 번역본에 의지해서 고대 문헌을 접하는 것이 아니라, 예컨대 신약성경과 같은 원전을 통해 직접 지혜와 영감을 얻는 풍성함을 누리게 된다고 강조했다. 그 강의를 직접 들은 루터는 슈팔라틴에게, 지금껏 살아오면서 간절히 바랐던 그리스어 스승이 바로 저 사람이라고 말했다. 그러나 멜란히톤의 성향이 "우리 지역의 거친 인생길을 감당할 정도로 강인한 것 같지 않다"는 점을 우려했다. 게다가 멜란히톤이 받는 월급이 너무 적었고, 그가 비텐베르크로 오는 길에 잠깐 들른 라이프치히 신학부는 그를 열렬히 반기다 못해 그곳으로 데려가고자 이미 일을 꾸미고 있었다.[35] 루터는 새로운 동료 교수의 장점을 백분 활용하여 자신의 그리스어 실력을 향상시켰다. 멜란히톤은 비텐베르크의 복음적 신학 사상을 놀라울 정도로 빠르고 철저하게 흡수하여, 3년 만에 첫 저서로 체계적이고 종합적인 신학 교과서를 출간했다. 루터와 멜란히톤 중 누구도 비텐베르크를 떠나 다른 곳에서 가르치지 않았다. 두 사람은 같은 나이에 죽었으며, 성교회 안에 나란히는 아니지만 마주 보고 안치되어 있다.

1519년이 밝자마자 교황과 교황청 관료들은 저 고집스러운 수도사를 로마로 데려오기 위해 총력을 기울였다. 그러나 1월 12일, 정치의 바람은 다시 한 번 루터에게 유리한 쪽으로 불었다. 신성로마 제국의 황제 막시밀리안 1세가 오스트리아에서 사망한 것이다. 그는 말에서 떨어져 다리가 망가진 이후로 하루 빨리 죽고 싶어 했으며, 5년 동안 어디를 가더라도 빈 관을 들고 다녔다. 그가 죽자 후계자 선임이 최고의 이슈로 떠올랐는데, 교황 레오 10세는 작센의 선제후 프리드리히가 자신이 내세운 후보에게 표를 던지기를 기대했다. 그런 거래를 염두에 두고 교황이 프리드리히에게 '황금 장미'^{The Golden Rose}를 수여하기로 했으니, 이는 로마 가톨릭교회를 위해 특별한 공로가 있는 사람에게 수여하는 화려한 황금 꽃꽂이 장식이다. 교황청이 장미 훈장을 수여하기 위해 교황의 시종으로 뽑은 사람은 작센의 귀족 가문 출신인 카를 폰 밀티츠^{Karl von Miltiz}로, 그의 아버지가 프리드리히 선제후와 교류가 있었다. 밀티츠는 카예탄의 허가 아래, 관대하신 교황의 특별한 선물이 담긴 가방을 들고 1518년 크리스마스 직후 비텐베르크에 도착했다. 그는 프리드리히에게 협조를 부탁하는 교황의 편지를 전달한 후 선제후의 참모들과 협상을 시작했다. 그것은 일련의 쓸데없는 만남 가운데 첫 번째 만남이었으며, 루터 자신도 세 번 정도 그 만남에 동석했다.

밀티츠는 노련한 정치가는 아니었지만 그렇다고 어릿광대 수준의 인물도 아니었다. 위기가 고조된 상황이라서 밀티츠가 가지고 온 안건은 작센주의 입장에서도 진지하게 다뤄야 했다. 1518년 11월, 교황 레오는 루터가 95개의 논제로 비웃었던 면벌부에 관한 테첼의 주장을 두둔하는 칙령을 발표했다. 그 칙령은 루터가 문제를 제기한 면벌부의 권위가 교황에게 있다고 인정했다. 그러므로 루터는 교회가 이 문제를 정확하게 판단하지 못한다고 더 이상 주장해서는 안 된다. 그는 면벌부에 관하여 자신이 쓴 것을 철회하든지, 아니면 로마에서 이단 재판을 받아야 한다. 그러나 시간은 루터의 편이었다. 로마에서 이 사건이 시간을 질질 끄는 동안 독일에서는 루터의 학문적 논쟁이 스포트라이트를 받기 시작했으니, 그의 가장 빈틈없고 끈질긴 적수와의 토론도 그중 하나였다.

그 적수의 이름은 요하네스 에크로, 이미 루터의 95개 논제에 반대를 표한 사람이었다. 그는 울름^{Ulm}에서 남동쪽에 있는 에크^{Egg}라는 슈바벤 지역 마을에서 태어났으며 본명은 요한 마이어$^{John\ Maier}$였다. 루터보다 3살 아래였던 에크는 조숙한 학생이었으며, 멜란히톤처럼 튀빙겐 대학교에서 석사 학위를 받았다. 그 후 얼마 안 있어 사제 서품과 신학 박사 학위를 받았으며, 24번째 생일에는 뮌헨 북쪽에 있는 잉골슈타트 대학교 성서학 교수로 임용되었다. 1517년까지 에크는 교회법으로는 금지된 대출금 이자 청구 권리를 변호하면서 논쟁 실력을 연마했다. 그의 목소리에는 강력한 호소력이 있었으며, 루터도 인정한 것처럼 기억력이 탁월하고 두뇌가 명민했다.[36] 루터처럼 에크도 설교를 자주 했으며 음악을 좋아했다. 두 사람이 서로를 알게 된 것은 크리스토프 쇼이얼 덕분이었는데, 수년 동안 두 사람을 알았던 쇼이얼은 둘이 잘 통할 거라고 생각했다. 에크가 95개 논제를 읽기 전까지만 해도 실제로 그러했다. 루터는 에크에게서 호의적인 반응을 기대했지만, 에크는 마르틴 형제와 논쟁하기 위해서라면 16킬로미터라도 기꺼이 걸어갈 것이라고 선언했다.

마침내 1519년 7월에 열린 논쟁은 원래 루터의 동료인 안드레아스 카를슈타트와 에크의 토론으로 계획되어 있었다. 토론 장소인 라이프치히는 비텐베르크 사람들에게는 우호적이지 않은 곳이었다. 이 도시는 게오르크 공작이 통치하는 "다른 작센"에 위치해 있었는데, 선제후 작위를 물려받지 못한 게오르크는 로마에 충성을 다하고 있었다. 에크가 라이프치히를 논쟁 장소로 선택한 것은 카를슈타트보다 자기에게 더 많은 지지가 있을 거라고 기대했기 때문이다.

그 논쟁은 대단한 구경거리가 되었다.[37] 에크는 1519년 6월 23일에 열리는 성체 축일에 참여하려고 제때 도착했다. 루터와 카를슈타트는 그다음 날 서로 다른 마차를 타고 도착했는데, 출발이 그리 유쾌하지 못했다. 카를슈타트가 탄 첫 번째 마차는 엄청난 양의 책을 싣고 있었는데, 바퀴 하나가 빠지는 바람에 성 바울 교회 앞에서 뒤집어지고 말았다. 카를슈타트는 진흙 바닥에 처박혔으며 눈에 보일 정도로 몸이 떨렸다. 다시 움직이기 시작한 두 대의 마차는 비텐베르크 대학생 200명의 호위를 받으며 라이프치히 안으로 들어갔다. 그 대학생들은 나중에 시장 관저에 있는 에크의 숙소에서 시위를 벌이게 되는데, 여기에 질세라 라이프치히 사람들도 에크를 위해 의장대를 구성했다. 카를슈타트 외에도 루터의 동료 교수인 멜란히톤, 니콜라우스 암스도르프, 요하네스 아그리콜라John Agricola, 그리고 비텐베르크 대학교 총장이 라이프치히까지 동행했다. 비텐베르크 사람들은 마차에서 내리기 전 논쟁을 금지하는 게시물들을 보았다. 그것은 라이프치히 대학교 총장의 지시로 게시된 것들이었는데, 논쟁이 벌어지는 것을 열렬하게 좋아하는 게오르크 공작이 이를 무효화했다. 게오르크 공작은 이렇게 썼다. "만일 라이프치히의 신학자들이 그런 논쟁을 견뎌 내지 못하거나 질 것을 두려워한다면, 그들을 돈 받고 노래하고 실을 잣는 늙은 여인들로 갈아치워야 한다."[38]

라이프치히 논쟁은 6월 27일 성 도마 교회에서 거행된 의식으로 시작되었다. 그 의식에는 특별히 도마 교회의 성가대 지휘자가 작곡하고 성가대가 합창하는 12성부 미사곡이 포함되었다. 그런 다음 사람들은 토론을 위해 준비된 플라이센부르크^{Pleissenburg}성까지 행진했다. 강단과 책상은 태피스트리로 덮여 있었다. 논쟁자들은 단상에서 서로를 마주 보았고 서기와 공증인들이 그 옆에 앉아 토론 내용을 기록했다. 비텐베르크 쪽 강단에는 성 마르틴의 그림이, 에크의 강단에는 성 게오르크의 이미지가 장식되어 있었다.[39] 논쟁은 매일 아침 7시에 열렸고 2주 이상 지속되었다.

첫 번째 회기는 원래 계획된 대로 에크와 카를슈타트가 나왔다. 그러다가 에크가 기독교회 중에서 로마 가톨릭교회가 항상 1순위는 아니었다는 루터의 과거 주장을 문제 삼는 바람에 에크와 루터의 맞대결이 이루어졌다. 에크와 루터는 9일 동안이나 옥신각신 논쟁을 벌였다. 마지막 이틀은 다시 에크와 카를슈타트 사이의 논쟁이었다. 그런데 그때 브란덴부르크의 선제후 요아힘이 게오르크 공작을 방문하는 바람에 논쟁이 중단되었다. 요아힘은 프랑크푸르트에서 카를 5세가 황제로 선발되는 것을 보고 돌아가는 길이었다. 그러나 시간이 더 있었더라도 루터는 흡족하지 않았을 것이다. 루터는 이 논쟁을 하나의 비극이라고까지 표현했다. 사실 루터는 이 논쟁을 면벌부에 대한 자신의 주장을 입증할 기회로 여겨 오랫동안 기다려 왔는데, 에크와 루터에게 할당된 9일은 면벌부, 고행, 연옥에 대한 논의에 이르기 전에 끝나 버렸기 때문이다. 만일 그 문제에 대해 토론을 진행했다면 에크가 자신의 견해에 대부분 동의했으리라는 것이 루터의 주장이었다. 그러나 결과적으로 면벌부에 대한 논쟁은 "완전히 실패로 끝나 버렸다."[40]

루터와 로마 사이의 갈등에서 면벌부 문제는 이후로도 다시 쟁점으로 떠오르지는 않았다. 이제 주요 쟁점은 교황의 권위였다. 이 문제를 주요 쟁점으로 부각시킨 것은 루터가 아니라 그의 논적 에크였다. 그는 성 베드로가 로마의 첫 번째 주교이며 그를 계승한 교황은 기독교의 최고 수장이라고 주장했다. 루터는 에크의 선언을 정면으로 반박했다. 옛 로마 제국에서 동방 정교회는 한 번도 로마의 주교를 수장으로 인정한 적이 없었다. 오직 교황들만이 지난 400년 간 스스로 공표한 칙령을 통해 자기네가 모든 그리스도인들의 머리라고 주장해 왔다. 루터는 동방 정교회가 최고의 권위로 인정했던 성경과 니케아 공의회(주후 325)가 최근의 교황 칙령들보다 앞선다고 주장했다.[41]

에크는 성경이 교황의 칙령보다 더 큰 권위를 지닌다는 루터의 주장에 반박할 태세가 되어 있었다. 루터가 교황 수장권의 증거를 원한다면, 마태복음 16장 18절에서 예수님이 베드로에게 하신 말씀("너는 베드로라. 내가 이 반석 위에 내 교회를 세우리니")을 내보일 생각이었다. 베드로가 예수님을 하나님의 아들이라고 고백하자 예수님의 말씀이 베드로와 그의 계승자들의 행동과 칙령에 신적 권위를 부여했다는 것이다. 마태복음 16장 18절을 이런 식으로 해석하는 것은 에크 이전부터 시도된 오랜 전통이었다. 실제로 에크와 루터가 논쟁하는 동안, 새로 지어질 성 베드로 대성당의 둥근 지붕 맨 아래에 예수님의 이 말씀이 라틴어로 새겨질 계획이었다. 루터는 교황 수장권은 성경에 기초한 하나님의 명령이 아니라, 중세 시대 교황 제도가 생겨난 서유럽에만 존재하는 인간의 작품에 불과하다고 반박했다. 지중해 동부와 그 너머의 기독교, 곧 루터가 그리스 교회들이라고 부르는 교회들은 로마 주교가 자신들보다 우위에 있다는 주장을 받아들인 적이 없었다. 이러한 견해를 입증하기 위해 루터는 예수님의 말씀에 대한 다른 해석을 제시했다. 예수님이 그 위에 교회를 세우시겠다고 말씀하신 그 반석은 베드로의 믿음이지 베드로라는 사람 자체가 아니다. 또한 루터는 성경 어디에도 베드로가 로마에 방문했다든지 거기 살았다는 기록이 없음을 지적했다. 역사적 지적에 대해서는 루터가 약간 더 설득력 있다고 할 수 있었으나, 예수님이 베드로를 바위라고 부르신 것의 의미에 대해서는 두 사람 다 자신의 해석을 입증할 길이 없었다.

그 논쟁의 비공식적 결과를 결정한 것은 두 사람의 주장이 담고 있는 힘이 아니라 에크의 수사적 기술이었다. 그는 청중의 마음을 쥐락펴락하는 능력으로 자신을 토론의 승리자로 내세웠다. 에크는 루터가 얀 후스(John Hus)의 추종자들, 즉 보헤미아 이단자들과 한패라고 선동함으로써 확실한 우위를 점했다. 얀 후스는 교황의 권위가 하나님께로부터 나온다는 주장을 거부했다가 1415년 콘스탄츠 공의회에서 이단 선고를 받고 화형당했다. 라이프치히에서 후스와 보헤미아 사람은 저주에 가까운 이름이었으니, 그것은 라이프치히 대학교를 세운 사람들이 바로 후스에 반대하여 프라하를 떠나 라이프치히에 정착한 독일인 교수들이었기 때문이다. 루터는 비록 얀 후스가 콘스탄츠에서 정죄되긴 했으나 그의 일부 주장은 철저하게 기독교적이라고 확언했다가 덫에 걸렸다. 게오르크 공작은 루터의 말을 "흑사병"이라고 부름으로써 논쟁 주최자가 지녀야 할 중립성을 내팽개쳤다. 에크는 콘스탄츠 공의회처럼 보편적으로 인정되는 공의회가 실수를 범했다고 주장하는 것은 이단이라고 고발했다. 루터는 자신이 후스를 부분적으로 옹호한 것에 대해 에크가 보인 반응을 좀더 생생하게 묘사했다. "그러자 에크는 발을 동동 구르면서 자기가 마치 원형 경기장에서 내 앞에 있는 보헤미아 사람들을 덮치기라도 할 것처럼 난리법석을 떨었으며, 내가 보헤미아 이단자들을 지지한다면서 공개적으로 나를 고발했다. 그는 뻔뻔스러울 정도로 성급할 뿐 아니라 궤변가다. 논쟁 자체보다 이 고발이 라이프치히 청중의 흥미를 잔뜩 돋웠다."42 루터는 에크의 행동을 과장했다. 그러나 그가 청중을 좌지우지할 줄 아는 노련한 논쟁가라는 것은 잘 알려진 사실이었다.

라이프치히 논쟁의 공식적 결과는 에르푸르트 대학교와 파리 대학교의 신학자들이 판결하기로 되어 있었다. 그러나 에르푸르트는 판결 내리기를 거절했으며, 파리 대학교는 게오르크 공작의 압력으로 결국 1521년 루터의 글을 정죄했다. 이런 입장을 표명한 것은 파리 대학교가 처음이 아니었다. 1519년, 쾰른 대학교와 루뱅 대학교는 루터의 저작에 있는 잘못된 주장 목록들을 정죄했으며 1520년 그 목록을 출간했다. 라이프치히 논쟁의 승자가 누구인지는 공식적으로 언급된 적이 없지만, 당시의 가톨릭 신학자들은 에크가 승리했다고 확신했다. 에크는 그런 영예를 행복하게 누리며 루터를 이단 재판정에 세우려는 시도에 박차를 가했다. 그는 루터의 영주에게 이단자를 넘겨 달라고 요청했지만 아무런 효과가 없었다. 그러나 1520년 2월, 그는 교황 레오 10세에게 연락해서 지지를 요청한 후, 교황의 법정에서 불을 밝히기 위해 로마로 떠났다.

루터는 라이프치히의 논쟁이 자기가 원하던 토론이 아니었던 것에 크게 실망한 채 라이프치히를 떠났다. 논쟁이 끝났을 무렵, 루터의 아우구스티누스 수도회 동료인 슈타우피츠와 벤첼 링크가 그 근방의 수도원을 방문하고 있었다. 지난 논쟁에 대해 이야기도 하고 위안도 받고 싶었던 루터는 근처 그림마에 있는 수도원으로 달려가 두 사람을 만났다. 이틀 뒤, 비텐베르크에 돌아온 루터는 시의회와 지지자들의 열렬한 환호를 받았다. 반면 루터 입장에서는 논쟁의 결과가 아주 느리게 영향을 끼치고 있었다. 루터는 개혁 성향 인문주의자들의 지지를 얻었으나, 라이프치히 논쟁의 여파로 교황청 신학자들의 반대는 점점 강경해졌으니 그중 한 사람이 게오르크 공작의 비서이자 궁정 신부였던 히에로니무스 엠저Jerome Emser였다.

남은 생애 동안에도 루터는 고상한 논적들과 라틴어로 맞붙었지만, 그가 결정적으로 더 많은 추종자를 얻게 된 것은 1519년 그가 독일어로 된 소책자를 가장 많이 출간한 저자로 등장하면서였다. 그 소책자들은 루터가 기독교 신앙의 기초라고 여기는 것들을 평범한 사람들이 충분히 이해할 수 있는 언어로 설명해 주었다. 대표적인 것이『평범한 민중을 위한 주기도 독일어 해설』*A German Explanation of the Lord's Prayer for Ordinary Layfolk*[43]인데 이 소책자는 1519년 4월에 인쇄되어 11판을 찍었다. 그리스도의 고난을 묵상하는 법을 가르치는 소책자는 21판이나 찍었고, 죽음을 준비하는 방법을 조언하는 소책자는 16판을 찍었다. 제일 중요한 세 권의 소책자는 1519년 11월에 나왔다. 독일의 평신도들은 루터의 해설을 통해 성례전의 새로운 의미에 관해 처음으로 독서를 할 수 있게 되었다. 성례전에 관한 독일어 소책자는 1519년에만 모두 합쳐서 150판을 찍었다. 더 대담한 기록에 의하면, 1년 후에는 그의 저작이 25만 부나 팔렸다.

1519년 말에는 루터의 소책자가 비텐베르크, 라이프치히, 뉘른베르크, 바젤, 아우크스부르크, 스트라스부르, 에르푸르트, 그리고 그 밖의 몇 군데 지역들에서 인쇄되었다. 인쇄업자들은 돈을 많이 벌었고, 인쇄물을 마음껏 생산해 낼 수 있는 행복을 누렸다. 라이프치히의 인쇄업자 멜키오르 로터Melchior Lotther는 이런 급격한 변화의 대표자 격이었다. 루터는 라이프치히 논쟁 기간 동안 그와 함께 머물렀다. 두 사람은 비텐베르크에 지점을 세우려는 로터의 계획에 대해 얘기를 나누었던 것 같다. 필립 멜란히톤도 자기 수업 때문에 그리스어 활자로 텍스트를 만들 수 있는 인쇄업자를 원했다. 로터는 그 기회를 붙잡아, 비텐베르크에 새 작업장을 열고 아들인 미하엘과 멜키오르Melchior Jr.에게 맡겼다. 멜란히톤은 대만족이었으며, 1519년 12월 루터도 랑게에게 이렇게 알렸다. "라이프치히에서 온 로터는 세 가지 언어(독일어, 라틴어, 그리스어) 조판이 가능한 인쇄소를 세우고 있다네."⁴⁴ 비텐베르크 지점 설립은 또 다른 이유에서 아주 현명한 행동이었다. 1519년 이후 게오르크 공작이 자기 관할하의 작센주에서 루터의 소책자 인쇄와 판매를 금지시켰기 때문이다.

논쟁이 끝나고 채 한 달이 되기 전에 요한 테첼이 죽어, 라이프치히에 있는 도미니쿠스 수도회 교회에 묻혔다. 테첼의 병에 대한 소식을 들었을 때, 루터는 테첼에게 면벌부 논쟁을 촉발한 것 때문에 자책하지 말라고 했다. 그 아기에게는 많은 부모가 있다고 말이다. 어쩌면 루터 자신도 그 결과를 예상치 못한 채로 교회의 권위에 대한 논쟁을 덧붙인 것일 수 있다. 테첼의 죽음은 바야흐로 면벌부 논쟁이 교황의 수장권으로 대체되었음을 알리는 신호와 같았다. 의심할 여지 없이 에크는 테첼 대신 루터의 주적이 되어 그를 이단으로 몰아붙였고, 결국 루터는 파문을 당하고 말았다. 그러나 1519년과 1521년 사이에 루터에 대항하는 캠페인을 벌인 것만 가지고 에크를 평가해서는 안 된다. 그는 루터가 교황에 대한 반대를 꺾지 않고 마침내 종교개혁이 일어난 데에는 특권을 남용한 로마 가톨릭교회에도 공동의 책임이 있다는 사실을 알고 있었다. 그는 1523년 교황청에 보낸 보고서에서, 루터의 사례를 지역 주교회의에서 다루게 해서 내부의 특권 남용을 시정하도록 해야 한다고 주장했다. 공의회 차원에서 다루게 되면 개혁을 추진하기까지 너무 시간이 오래 걸리고 까다로워진다는 것이다.[45]

루터가 확보한 최고의 방어책은 훌륭한 법률가가 아니라 루터의 독일어 저술로 깨어난 수많은 성직자 및 평신도 지지자들이었고, 그들이 일으킨 대중 운동은 교회나 세속 권력이 어찌할 수 없을 정도로 막강해졌다. 루터의 소책자를 읽은 비판자들도 그것을 깨달았다. 게오르크 공작은 라이프치히에서 루터와 따로 대화를 나누기 전에 주기도에 대한 루터의 독일어 해설을 훑어봤던 것 같다. 게오르크는 루터의 글 때문에 많은 양심적인 사람들이 혼란을 겪고 있으며, 이제는 주기도를 외우기도 어려워한다고 루터에게 말했다.[46] 그 양심적인 독자들은 아마 루터의 첫 번째 주장부터 받아들이기 어려웠을 것이다. 그것은 지금까지 그들이 기도에 대해 배워 온 모든 것에 정면으로 배치되었기 때문이다. 루터의 핵심 주장은 이것이었다. "말이 적을수록 기도는 위대해지고 말이 많을수록 기도는 초라해진다."[47] 게오르크 공작 주변에 있는 사람들은 루터의 글을 읽고 혼란스러워했으나, 길고 지루한 기도에 신물이 나 있던 다른 독자들에게는 놀라우면서도 반가운 말이었으며, 그들은 언제라도 변화를 받아들일 준비가 되어 있었다.

7
내 마음의 돛

1520
비텐베르크

"이 시련은 나를 두려움 속에 몰아넣지 못하고
오히려 내 마음의 돛에 한껏 바람을 불어넣는다."[1]

1519년이 막 내렸을 때 마르틴 루터는 35살이었고 아직 종교개혁자도 아니었다. 그의 비판은 주로 신학자들을 겨냥한 가장 민감한 논쟁에만 제한하고자 라틴어로 출간한 저서와 소책자들에 한정되어 있었다. 독일어로 쓰인 단 한 권은 루터의 가르침을 왜곡하려고 유포된 잘못된 정보를 바로잡기 위한 것이었다.[2] 그는 성인들, 연옥, 면벌부, 선행에 의지하는 것을 반대하는 입장을 설명하면서, 로마 가톨릭교회의 결함이 아무리 통탄할 만한 것이라도 교회를 떠나는 것은 정당화될 수 없다고 선언했다. "상황이 나빠질수록 우리는 더 빨리 달려서 거기에 매달려야 한다. 성급히 떨어져 나오거나 경멸하는 것은 전혀 도움이 되지 않는다."[3]

이러한 충성 선언에도 불구하고 루터에 대한 압력은 점점 강해졌다. 에크는 공세를 이어 가면서, 얼마 전까지 소위 루터파 Lutherani — 아마 에크 자신이 만들어 낸 말일 것이다[4]—였던 라이프치히 사람들을 자기가 접수했다고 큰소리쳤다. 에크는 자신의 승리를 선전하고 다니다가 집으로 돌아와 이번에는 필봉을 휘두르며 공격을 재개했다. 루터는 에크의 고발을 무시했지만, 루터가 체코의 이단자 얀 후스와 한패라는 의심은 사그라지지 않았다. 루터가 자기나 부모에게 보헤미아 친척이 전혀 없음을 증명해야겠다고 느낄 정도였다.[5] 그러나 루터는 1519년 12월, 미사에 참석한 모든 사람에게 빵과 포도주가 분급되는 것이 좋다고 주장함으로써 오히려 그 고발을 입증하는 듯했다. 한 세기 전 얀 후스도 같은 입장을 지지했고, 그의 추종 세력인 후스파 혹은 보헤미아 형제단도 성찬을 받는 모든 사람에게 빵과 포도주를 나눠 주고 있었다. 프라하에서 온 방문객들이 후스가 쓴 책을 루터에게 가져다 준 것도 전혀 도움이 되지 않았다. 그 책을 읽고 나서 루터는 오히려 자랑스럽게 후스파의 휘장을 드러내기로 결심하고는, 그 생각을 자신의 멘토이자 상관인 요한 슈타우피츠와 공유했다. "지금까지 나는 얀 후스의 가르침을 가르치고 지지해 왔던 것이다. 슈타우피츠도 의식하지 못한 채로 똑같은 것을 가르쳤다. 한마디로 우리는 부지불식간에 모두 후스파였던 셈이다. 바울 사도도 성 아우구스티누스도 사실은 후스파였다."[6]

달력이 1520년으로 넘어가는 시기, 루터는 권태와 행복을 동시에 느꼈다. 슈팔라틴에게 말한 것처럼 모든 것이 루터 자신을 반대하는 듯했고, 루터는 강의에서 자유로워지기를 갈망했다. 그러나 루터는 지금의 갈등이 자신을 두렵게 만드는 것이 아니라 오히려 마음의 돛에 한껏 바람을 불어넣었다고 말했다. 그는 이렇게 설명했다. "우리는 고난과 악, 말하자면 그리스도인의 삶에 너무도 익숙하지 않다. 그대로 두라. 고난과 악이 강력하게 일어설수록, 나는 더욱 안심하며 그것을 조롱한다. 나는 아무것도 두려워하지 않고 모든 것을 웃어넘기기로 했다."[7] 불과 1년 전 그가 슈타우피츠에게 했던 이런 말과는 전혀 다른 모습이다.

선생님은 너무도 자주 저를 혼자 내버려 두십니다. 오늘 저는 어머니에게서 떨어져 젖을 못 먹게 된 아이처럼 슬펐습니다. 저는 죄인이지만, 제 안에 계신 주님을 찬양해 주십시오. 저는 이 비참한 인생이

몹시 싫습니다. 죽음이 두렵습니다. 다른 은사는 많을지 몰라도 믿음은 결핍되어 있습니다.[8]

루터는 남은 생애 내내 행복감과 낙담 사이를 오갔지만, 기능 장애가 될 정도는 아니었다. 그다음 두 해인 1520년과 1521년의 기록을 통해 무엇보다 확실하게 알 수 있는 것은, 성년 루터는 뛰어난 회복력을 지닌 사람이었다는 사실이다. 그는 열두 달 동안 독일어와 라틴어로 대담한 저작을 한 권, 한 권 발표했으며 그때마다 갈등은 증폭되었다.

1520년 1월 9일, 로마 교황청은 루터의 문제를 또다시 다루었다. 교황 레오 10세는 아우크스부르크에서 루터를 심문했던 카예탄 추기경을 총책임자로 한 별도의 위원회를 구성한 다음, 루터의 저작에 대한 판결을 내리고 대책을 마련하도록 했다.[9] 요하네스 에크는 얼마 후 로마에 도착했다. 초대받지는 못했지만, 제때 와서 3월 25일 수태고지 축일the Annunciation을 기념하는 교황 레오 10세를 볼 수 있었다. 에크의 셈에 따르면, 그때 교황이 이끄는 행렬에는 추기경이 31명, 주교가 52명, 나귀와 말이 736마리였다.[10] 에크는 대학교에서 휴가를 받은 덕에 여행을 떠날 수 있었고, 교황의 수장권에 대한 자신의 새 저서를 교황에게 헌정할 수 있었다. 에크는 자기야말로 루터의 오류를 낱낱이 밝혀낼 수 있을 만큼 충분한 정보를 가진 유일한 사람이라고 주장했다.[11] 아마도 그런 점을 감안하여 에크도 기소를 준비하는 위원회에 속하게 된 듯하다. 그 모임은 루터의 저술 가운데 41개의 잘못된 주장을 선별하여 그를 파문시킬 생각이었다. 그런데 카예탄 추기경은 에크의 존재를 불쾌하게 여기고 있었던 것 같다. 그런 상황에서 카예탄이 루터의 주장을 하나하나 심사하여 정죄하자고 주장했는데, 에크가 나서서 한데 통틀어서 수치스럽고 이단적인 주장으로 단죄할 것을 고집했다. 결국 에크의 주장대로 진행되었다. 추기경 회의에서 승인을 받은 그 문건은 1520년 6월 15일 교황의 칙령으로 공식 출간되었고, 맨 처음 나오는 두 개의 라틴어 낱말 'Exsurge Domine'(『일어나소서 주님』)로 널리 알려졌다. 이 칙령은 시편 말씀을 차용하여, 루터의 지지자들은 여우들이며 루터는 야생 멧돼지인데, 그들은 모두 하나님의 포도원인 로마 교회를 황폐하게 만들고 있다고 했다. 야생 멧돼지라는 표현은 교황의 여름 성채 근처에서 교황이 감독하는 사냥꾼들이 제안했다.[12]

비텐베르크는 교황의 칙령에 크게 놀라지는 않았지만 상황을 진지하게 받아들였다. 로마가 공식적으로 "기독교의 적"[13]이라며 매도한 프리드리히 선제후뿐 아니라 그가 관할하는 작센주 전체가 성례전 금지나 다른 불이익이 있는 보편적 금지 명령으로 피해를 보게된 것이었다. 프리드리히의 참모들은 선제후가 루터를 넘겨주지 않는다는 이유로 공격을 당할 것을 미리 염두에 두고 대비책을 생각해 놓았다. 그들의 주장에 의하면, 프리드리히 선제후는 이 일과 아무런 관련이 없으며 루터를 로마로 보내지도 않을 것인데, 교황이 직접 지명한 특사 카를 폰 밀티츠가 독일에서 루터 청문회를 계획하고 있기 때문이다. 게다가 프리드리히는 루터의 설교나 저작을 옹호한 적이 한 번도 없다. 학식 있는 독자들이 루터의 글이 기독교적인 것이라고 확인해 주긴 했지만, 그는 루터의 저작이 기독교적인지 아닌지 결정할 수 없다. 또 루터는 아직까지 공정한 청문회를 받지 못했기 때문에, 교황의 칙령은 시기상조라고 주장했다. 물론 로마에서는 『일어나소서 주님』이 진작 나왔어야 마땅하다는 분위기였다. 이제 작센주 법정과 루터가 움직일 차례였다. 루터는 자기 주장을 철회하든지 아니면 이단 판결을 받아야 했다. 프리드리히 선제후의 명성과 작센의 운명도 그 결정에 달렸다.

루터는 교황의 답변을 수동적으로 기다리는 대신 자기가 가진 최고의 무기, 곧 펜을 휘둘렀다. 1520년 한 해 동안 그는 기독교 개혁에 토대가 될 만한 책을 다섯 권이나 출간했다. 그의 저서가 대부분 그렇듯 이번에도 어떤 사람이나 사건이 집필을 유발했다. 그러나 그 글은 단순한 반응이 아니라 루터가 품은 확신의 표현이었다. 첫 번째 책은 신자에게 기대되는 행위와 선행의 개념을 재정립했다. 두 번째 책은 꼭대기에 교황을 세워 두지 않은 기독교의 모습을 그리며 기독교를 더 넓은 의미에서 정의했다. 세 번째 책은 교황과 주교들이 전혀 앞장서지 않는 개혁을 독일의 그리스도인 평신도 귀족들이 추진해야 한다고 주장했다. 네 번째 책은 성례전을 새롭게 정의하면서, 현재 일곱 개인 성례전을 두 개로 줄여야 한다고 주장했다. 다섯 번째 책은 교황 레오 10세를 위해 쓴 것으로, 그리스도인의 자유를 정의하고 그 자유가 믿음과 선행의 적절한 관계를 어떻게 유지하는지를 설명했다.

이 다섯 권 가운데 첫 번째 책은 루터의 친구이자 궁정과의 연락책이었던 게오르크 슈팔라틴 덕분에 나왔다. 슈팔라틴은 루터가 과거에 선행에 관한 설교를 출간하겠다고 약속한 것을 상기시켰다. 그래도 루터는 꾸물거리기만 했다. 한 달이 지난 후 루터는 갑자기 진척 상황을 알렸다. "이건 설교 한 편이 아니라 소책자 한 권이 될 것 같네. 지금처럼만 원고가 진행된다면, 지금까지 내가 쓴 글 중에 최고의 저작이 될 거야."[14] 과연 최고인지 아닌지는 차치하고라도, 루터와 슈팔라틴은 그 책이 꼭 필요하다는 사실을 알고 있었다. 구원을 행위가 아니라 오직 믿음으로 얻는다는 루터의 주장에 많은 사람들이 혼란스러워했다. 그것이 수 세기 동안 들어 온 선행으로 구원을 얻을 수 있다는 교회의 주장과 정면으로 충돌했기 때문이다. 서구 기독교에서 가장 영향력 있는 수도 교본으로 알려진 6세기의 『성 베네딕투스 규칙서』Rule of St. Benedict는 선행이야말로 "영적 기교의 도구"이며 거룩함의 핵심이라고 가르쳤다. "만일 우리가 이 도구를 밤낮으로 쉬지 않고 사용하다가 심판의 날에 돌려드린다면, 우리는 '하나님께서 사랑하시는 사람을 위해 예비하신 것이 어떤 것인지는 누구도 보지 못하고, 누구도 듣지 못하며, 어떤 인간의 마음으로도 상상하지도 못하리라'고 약속하신 보상을 품삯으로 받게 될 것이다."[15] 95개 논제와 같은 해에 출간된 신학 사전은 모든 신자에게 기대되는 선행을 두 가지 범주로 명확히 나누었다. "어떤 행위는 우리의 이웃을 향함으로써 이웃 사랑에 속하며, 다른 행위는 오직 하나님 한 분만을 향한 것으로써 예배와 경배에 속한다."[16]

구원이 선행이 아니라 오직 믿음으로부터 나온다는 루터의 주장은 예컨대 에베소서 2장 8-9절과 같은 성경 구절에 기초한 것이었다. 하지만 상당수의 신자들은 "행위가 아니라 믿음"이라는 루터의 주장이 틀렸다고 생각하거나, 혹은 이제 아무런 행위도 할 필요가 없다며 그 주장을 반겼다. 독일 남부의 어느 루터파 설교자는 후자의 반응을 이렇게 요약했다. "만일 우리가 선행을 할 필요가 없다면 더 잘된 일이다. 우리는 기꺼이 믿음만을 받아들일 것이다. 만일 기도, 금식, 축일祝日 성수, 자선 행위가 필요하지 않다면, 우리는 그저 난로 옆에 누워 따뜻하게 발을 녹이고, 잘 구워진 사과나 먹고, 입을 벌리고 비둘기 날개를 석쇠에 구워 쏙 집어넣으리라."[17] 루터가 의도한 것은 기도, 단식, 거룩한 날을 지키는 것, 자선 행위 등을 무작정 금지하자는 것이 아니었다. 루터가 거부한 것은, 그런 행위를 비롯하여 성유물 수집, 면벌부 구매, 성인 숭배 및 성인에 대한 기도, 성인 묘지 순례, 사제가 따로 집전하는 사적 미사를 위한 기부, 사제와 수도사와 수녀의 결혼 금지 등의 행위로 공적을 쌓거나 구원을 얻을 수 있다는 주장이었다. 루터에 의하면 그런 행위는 잘못된 종류의 선행이며, 믿음을 따르는 좋은 선행과는 구별되어야 한다. 그렇다면 무엇이 좋은 선행인가? 루터는 십계명을 그 대답으로 제시했다. 제1계명("너희는…다른 신들을 네게 두지 말라")을 지키는 길은 믿음이니, 오직 하나님을 신뢰하는 것이야말로 다른 신을 배제하는 것이기 때문이다. 그 믿음이 구원을 보장하며, 나머지 계명에 의해 규정되는 올바른 종류의 선행으로 자연스럽게 이어진다. 예컨대, 만일 우리가 모든 경우에 하나님 한 분만을 신뢰한다면, 우리 자신만을 위해 더 가지려고 이웃의 물건을 훔친다든지 이웃을 속인다든지 하지 않고 그들이 필요한 것을 얻도록 도와줄 것이다. 이와 동일한 순서—먼저 믿음이 있고 그다음에 행위가 오는 순서—를 모든 계명에 적용할 수 있다. 참된 믿음이 먼저 있고 참된 선행이 그에 뒤따르는 것처럼, 제1계명이 먼저 있고 나머지 아홉 계명이 그 뒤를 따른다.

『선행』Good Works은 잘 팔렸다. 제1판은 멜키오르 로터가 비텐베르크에 있는 새 인쇄기로 찍기 시작했고 6월 초순에 나왔다. 1520년이 끝나기 전에, 『선행』은 여덟 번이나 다시 찍었고, 1521년에는 여섯 번이 추가되었다. 이 책은 프리드리히 선제후의 형제인 요한 공에게 헌정되었는데, 요한 공은 그 책의 견본을 하나 달라고 요청했다. 루터는 헌사에서 대중을 위한 자신의 독일어 소책자에 대한 비판에 거침없이 응수했다. "많은 사람들이 나의 궁핍함을 얕잡아 보면서, 내가 못 배운 평민을 위해 독일어로 소책자와 설교문 따위나 쓰고 있다고 말하는 소리를 매일 듣는다. 나는 거기에 별로 신경 쓰지 않는다. 내 평생의 작업을 통해 단 한 사람의 평신도라도 나아진다면 그걸로 만족할 것이다. 나는 하나님께 감사드린 후에 내 모든 책을 먼지로 만들어 버릴 것이다."[18]

1520년 4월, 루터는 목숨이 위태롭다는 경고를 받았다. 투명인간으로 변하는 재주를 가진 의사 한 사람이 곧 비텐베르크에 도착해서 루터를 암살할 것이라는 소문이 돌았던 것이다.[19] 2주 후, 루터는 솔직히 걱정될 때도 있었노라고 털어놓았다. "배가 이리저리 흔들리고 있네. 때로는 희망이, 때로는 두려움이 나를 지배하지. 하지만 나는 신경 쓰지 않네."[20] 어쩌면 그가 거기에 신경을 쓸 수 없었던 것은 비텐베르크 대학교의 긴급한 의제, 곧 어떻게 하면 히브리어 교수를 잘 모셔 올 수 있을까 하는 문제에 골몰하고 있었기 때문인지도 모른다. 교수 임용 위원회는 두 후보를 놓고 저울질하고 있었다. 한 사람에게서는 답변을 기다리고 있었고, 다른 한 사람의 경우는 봉급과 주택 수준을 어떻게 할지 고민하고 있었다. 비텐베르크 대학교 입학생 수가 점점 늘고 있었기 때문에 시내에서 숙소를 구하기가 어려웠다. 인구가 2천 명 남짓한 비텐베르크에서 500-600명에 달하는 학생들이 묵을 방을 구하기란 어려운 일이었으며, 늘어나는 교수진을 위한 주택 마련은 더더욱 어려웠다.

더욱이 루터는 『로마의 교황 제도』The Papacy at Rome라는 책을 집필하는 데도 신경을 많이 쓰고 있었는데, 교황 레오 10세가 루터를 이단으로 정죄하려던 때였음을 감안하면 그리 반가운 제목은 아니었다. 이 책은 교황 제도가 하나님이 세우신 제도라는 것을 성경으로 증명하고자 했던 라이프치히의 프란체스코회 수도사 아우구스티누스 알펠트Augustine Alveld의 글에 대한 응답이었다.[21] 에크와도 그 문제로 이미 논쟁하고 있었기에, 루터는 처음에는 알펠트의 책을 한쪽으로 치워 놓고 자기 조교에게 연습 삼아 답변을 써 보라고 했다. 알펠트가 그 책을 독일어로 펴내고 나서야 루터는 다시 한 번 그의 글을 검토했고, 채 2주가 되기도 전에 "라이프치히의 저명한 로마 가톨릭 교도"에게 보내는 반박문을 완성했다. 알펠트와는 거리가 먼 호칭으로 그를 비꼬았던 것이다. 그럼에도 루터가 쓴 반박문의 핵심은 그야말로 세상을 발칵 뒤집어 놓았다. 그는 하나님이 교황 제도를 만드셨다는 주장을 반대하는 데서 그치지 않고, 더 나아가 기독교에는 교황 자체가 필요 없다고 선언했다. 기독교의 핵심은 "하나의 믿음 안에 모인 여러 마음들의 집회"assembly of hearts in one faith,[22] 즉 국경을 뛰어넘는 영적 교제이며 이것은 믿는 사람들이 모이는 장소라면 집이건 교회건, 독일이건 로마건, 혹은 그 밖의 어디서나 가시화된다. 루터는 그런 지역적 모임을 물리적 집회라 부르며, 미리 정해진 구조나 우두머리가 반드시 필요하지는 않다고 말했다. 주교나 다른 직급의 지도자가 있을 수는 있지만, 그 지역 혹은 지방 교회의 우두머리가 이 세상 모든 기독교의 머리가 될 수는 없다. "그 머리는 생명을 불어넣어야 한다. 이 세상에서 영적인 기독교의 머리는 그리스도 한 분 외에는 존재하지 않는다."[23] 얀 후스도 콘스탄츠에서 처형당하기 전에 이와 아주 비슷한 말을 했다. "그리스도를 머리로 삼은 신실한 기독교는 교황 없이도 존재하나니, 교황은 그저 한 사람에 불과하다."²⁴ 그렇다고 루터가 교황이라는 표식을 아예 없애 버려야 한다는 입장은 아니었다. 불필요한 말이 덧붙은 것처럼 보이는 루터의 책 제목 『로마의 교황 제도』는, 그 "교황 제도"란 것이 로마가 아닌 다른 곳에서는 존재할 수 없음을 지적하는 것이었다. 로마의 주교, 혹은 교황은 로마 바깥까지 미치는 사법권이나 신적인 권위를 가질 수 없다. 그러므로 (비록 그런 표현을 쓴 건 아니지만) 교황에게는 루터를 이단이라고 선언할 권한이 없다.

루터는 거기서 더 나아갔다. 그는 중세의 전통을 끌어와, 교황과 그의 앞잡이들이야말로 적그리스도일 수도 있다는 견해를 공식적으로 제기했다. 적그리스도는 성경의 표현으로 기독교 신앙을 왜곡하는 사람이나 운동을 가리킨다. 1400년경 영국의 종교개혁자 존 위클리프John Wyclif는 교황이 적그리스도에 해당하는 범죄를 저지르고 있다며 비판한 바 있었다. 그 범죄란 성직자 계급을 사고파는 것, 십일조를 바치지 않는 사람을 파문하는 것, 소송을 제기하는 것, 종교적 권위의 영역 바깥에서 세속적 영향력을 과시하는 것, 가난한 사람들의 소유를 강탈하는 것, 면벌부로 사람들을 속이는 것 등이었다.²⁵ 이런 대담한 비판의 결과, 위클리프는 두 번 고발당하고 세 번 정죄되어 옥스퍼드 대학교에서 강제 퇴임했다. 그는 뇌졸중으로 죽는 바람에 화형을 면했으나, 그가 죽은 지 한참 뒤인 1428년에 얀 후스가 콘스탄츠 공의회에서 불에 타 죽은 후, 교황 마르틴 5세가 위클리프의 유골을 무덤에서 끄집어내라고 명령했다. 결국 그 유골은 스위프트강에 버려졌다.

루터는 교황을 적그리스도라고 부르면 어떤 위험에 처하게 될지 잘 알고 있었다. 에크와 논쟁을 벌이기 전에 그는 슈팔라틴에게 은밀히 자신의 입장을 내비쳤다. "자네한테만 털어놓는데, 교황이 적그리스도 내지는 적그리스도의 사도가 아닐까 싶을 정도로 교황의 칙령은 끔찍하게 그리스도를 더럽히고 그분을 다시 십자가에 못 박고 있다네."[26] 1년 후, 루터는 자기가 곧 이단으로 기소당할 것을 알면서도 이 견해를 공식적으로 발표했다. 루터의 책 『로마의 교황 제도』는 독일 민중을 착취하는 교황과 그 밖의 "로마 가톨릭교도들"에게 적그리스도라는 명칭을 붙였다. 루터는 현재 교황의 탐욕과 고대 이스라엘 대제사장의 검소한 재산이 얼마나 대조되는지를 생생하게 묘사했다. "그 옛날 이스라엘의 대제사장은 이스라엘의 땅 한 뙈기도 소유할 수 없었고 백성이 기부하는 것으로 먹고살았다. 그런데 왜 교황은 온 세상을 다 소유하려고 하는가? 왜 제멋대로 통치자를 임명하고 파면하는가? 교황청이 마치 적그리스도라도 되는 것처럼 말이다."[27] 여기까지는 그저 비방에 불과했다. 더욱 험악한 것은 행동하라는 루터의 요청이었다. 독일에 대한 로마의 착취를 멈추는 일은 제후들과 귀족들에게 달려 있다. 만일 그들이 용기와 실천을 일으키지 않는다면 독일은 비참한 최후를 맞이할 것이다.[28]

루터가 이런 글을 쓰고 있을 때, 벌써 귀족 몇 명이 그를 비호하고 나서기 시작했다. 그 일에 가장 앞장선 사람은 인문주의 학자이자 기사였던 울리히 폰 후텐이었으니, 그는 반(反)로마 정서로 불타오르는 독일 민족주의의 투사였다. 그는 이른바 '콘스탄티누스 대제의 기부장'Donation of Constantine이 중세 초기에 위조된 문서에 불과하다는 것을 증명하는 책을 출간한 후 1520년 초반부터 루터의 주목을 끌었다. 그 '기부장'에는 4세기에 콘스탄티누스 황제가 교황 실베스테르 1세에게 서방 세계를 다스릴 권한을 인정해 주었다고 되어 있다. 그러나 이것이 교회와 국가에 대한 교황의 지배를 정당화하기 위해 위조된 문서라는 사실이 밝혀지면서, 교황이 적그리스도일지도 모른다는 루터의 의심은 더욱 확고해졌다.[29] 후텐도 루터를 잠재적 동지로 여겼고, 자기보다 더 호전적인 기사인 프란츠 폰 지킹겐Franz von Sickingen의 군대로 그를 보호해 줄 수 있다는 제안도 했다. 프란츠의 요새인 에버른부르크Ebernburg는 머잖아 종교개혁자들의 피신처가 되었다. 루터가 『선행』과 『로마의 교황 제도』 집필을 끝마쳤을 때, 제국의 기사 실베스터 폰 샤움베르크Silvester von Schaumberg도 자발적으로 가세하여 적들로부터 루터를 지키는 대열에 합류했다.

루터는 그런 제안을 받아들이지는 않았지만, 덕분에 확신이 강해졌고 글을 통해 독일의 귀족들에게 폭넓은 지지를 호소하는 일에 더욱 용기를 갖게 되었다. 교황의 칙령 『일어나소서 주님』이 파문 위협을 가하기 일주일 전인 1520년 6월 7일, 루터는 슈팔라틴에게 보낸 편지에서 자신의 책 『독일 그리스도인 귀족들에게 고함』 Address to the Christian Nobility of the German Nation을 언급했다. 현대식 판형으로도 빽빽하게 70쪽에 달하는 이 호소문은 불과 2주 만에, 그것도 시편 강의를 지속하는 와중에 완성된 것이었다. 8월 중순에 출간된 이 책은 특별히 독일의 황제와 그리스도인 귀족들을 염두에 두고 쓴 글이었다. 루터는 이 책을 "특별한 친구"이자 동료 교수, 그리고 선제후의 궁정에서 일해 온 귀족의 아들이자 손자인 니콜라우스 폰 암스도르프에게 헌정했다. 암스도르프와 탁월한 교회법 교수이자 선제후의 참모였던 히에로니무스 슈르프는 루터에게 이 책을 쓰도록 촉구했고, 집필 과정에서 여러 자료를 제공하고 조언도 해 주었다.

헌사는 전도서 3장 7절의 말씀으로 시작된다. "잠잠할 때가 있고 말할 때가 있[다]."³⁰ 결국 루터는 모퉁이를 돌았다. 이제 성직자들은 포기하고, 그리스도인 평신도인 독일의 귀족들에게 교회를 도와 달라고 호소했다. 이 책이 인용될 때 "그리스도인"이라는 단어가 생략되기도 하지만, 이 단어는 루터의 목적을 이해하는 핵심이다. 루터의 목표는 로마에 맞서 독일의 반란을 조장하는 것이 아니라 기독교 세계 안에서 종교의 실천을 개혁하는 것이었다. 성직자들이 자신들의 의무를 게을리하고 있었기에, 유일하게 남은 방법은 권위 있는 평신도들이 억지로라도 변화를 일으키게 하도록 호소하는 것이었다. 일단 루터는 자세를 한껏 낮추면서, 자신은 지금 권력을 쥐고 계신 분들에게 감히 충고를 하려 드는 궁정 광대요 바보라고 소개했다. 이어서, 하지만 때로는 바보가 지혜의 말을 할 수도 있고, 자신은 비록 바보일망정 성경에 맹세한 신학 박사이니 그 맹세에 합당한 일을 하려 한다고 썼다.³¹

귀족에게 호소한다는 것은 황제 카를 5세를 염두에 둔 것이기도 했다. 그는 스페인에 머물다가 아헨^(Aachen)에서 열리는 유서 깊은 대관식에 참여하고자 독일로 돌아오는 중이었다. 쾰른 근처의 오래된 도시 아헨은 주후 800년 교황이 씌워 준 왕관을 쓰고 신성로마제국을 건립한 샤를마뉴 대제가 살던 곳이다. 카를 5세는 황제의 자리에 있었으므로 독일에서 가장 높은 직급의 귀족이었으며 반로마 운동의 수장이 되기에 가장 적합한 인물이었다. 루터는 그 운동이 성공하려면 개혁을 반대하는 친(親)로마 세력이 세워 놓은 세 개의 담을 무너뜨려야 한다고 주장했다. 첫 번째 담은 오직 성직자만이 영적

• 황제 카를 5세의 16세 때 모습, 1516.

계급에 속한 거룩한 직무의 일원이라는 이유로 성직자가 평신도를 지배하는 현실이었다. 두 번째 담은 오직 교황만이 성경을 올바르게 해석할 수 있다는 주장이었다. 마지막 세 번째 담은 교황의 수장권이 의미 있는 개혁을 시도한 1400년대의 두 번의 공의회를 비롯한 교회의 공의회보다 우위에 있는 것이다. 1518년, 루터는 공의회의 권위에 호소하고 성경이 교황을 지배한다고 카예탄에게 선언함으로써 두 번째와 세 번째 담 위로 기어올랐다. 담이 아니라 아예 요새가 구축되기 전에 저 첫 번째 담도 무너뜨려야 했다. 이를 위해, 루터는 종교개혁을 정치적으로 가능하게 해 준 신학적 무기를 발사했다. 바로 세례받은 신자들의 사제직에 대한 주장이다. 루터는 성경 구절에 의거하여[32] 세례받은 모든 그리스도인은 성직자(사제)이며 그들의 세례와 복음과 믿음이라는 덕목을 통해 영적 계급에 속한다고 선언했다. 그들 가운데 일부는 목회직으로 섬기는 안수받은 성직자들이다. 다른 사람들은 사회의 직무를 부여받은 일반적 성직자다. 그들의 의무는 기독교 공동체 전체의 안녕을 책임지는 것이며, 루터가 생각하기에 거기에는 하나님을 온전하게 예배하는 일도 포함된다. 그 예배가 깨끗해져야 하는데 안수받은 성직자들이 적극적으로 나서지 않으니, 그리스도인 귀족들처럼 사회적 권력을 가진 평신도 성직자들에게 변화를 이끌어 낼 권리와 의무가 있다. 그렇지 않으면 실질적 개혁은 불가능하다.[33]

두 번째, 세 번째 담을 쓰러뜨리기 위해 루터가 제시한 근거도 충격적이었다. 모든 그리스도인은 영적으로 동등하므로, 어떤 그리스도인이라도 성경을 더 잘 이해하기만 한다면 교황보다 우선권을 가진다. 게다가 그 좋은 해석을 공의회가 받아들인다면 공의회가 교황보다 큰 권위를 가질 것이다. 루터는 자신의 주장에 확실한 근거를 제시하기 위해 바울의 말을 인용했다. "신령한[영적인] 자는 모든 것을 판단하나 자기는 아무에게도 판단을 받지 아니"할 권위가 있다.[34] 교황 수위권을 지지하는 사람들은 교황이야말로 "영적인 사람"이며 그의 성경 해석은 인간적 판단의 영향을 받지 않는다고 주장했다. 루터는 사도 바울의 말에서 다른 결론을 도출했다. 세례받은 모든 사람은 "영적인 사람"이며 어쩌면 교황보다 더 적절한 판단을 내릴 수도 있다. 루터는 이렇게 선언했다.

우리는 이 본문들과 다른 많은 본문의 권위 위에서 담대하고 자유로워져야 한다. 우리는 바울 사도가 말하는 자유의 영[35]이 교황의 조작으로 인해 위축되는 일이 없도록 하며, 담대히 앞으로 행진하여 성경에 대한 신실한 이해로써 그런 조작이 한 일과 아직 하지 않은 일을 모두 점검할 것이다.[36]

이 선언은 용감한 말이었지만, 다시 돌아와 계속해서 루터의 뇌리에 맴돌았다. 세례를 받은 모든 사람 가운데 과연 누가, 무엇이 성경에 대한 신실한 해석인지 결정할 수 있을까? 한 번의 공의회, 한 사람의 신학자나 목회자, 한마음으로 모인 신자들의 소규모 집단, 큰 무리와 맞서는 한 사람의 평신도?

『독일 그리스도인 귀족들에게 고함』의 두 번째 부분은 푸거 가문의 금융업과 결탁하여 재정을 지원받는 교황과 추기경들의 과도한 부와 사치를 공격했다. 루터는 교황청 유지에 드는 비용을 절감하려면 그 돈의 99퍼센트를 삭제해야 하며, 추기경들의 사치를 억제하려면 교황이 추기경을 적게 뽑고 교황 자신의 돈으로 그들을 부양해야 한다고 주장했다.[37] 한 명의 성직자가 추기경의 자리까지 승진하는 동안 교황청은 큰 돈을 벌어들인다. 알려진 바에 따르면, 1517년 7월 1일에 교황 레오 10세는 31명의 추기경을 임명하고 30만-50만 두카트(ducat)를 받았다고 한다.[38] 루터는 독일과 교황청의 법적 연결 고리 또한 끊어지기를 바랐다. 목표는 교회와 국가의 완전한 분리가 아니라, 기독교를 부패하게 만드는 교황의 지배에서 독일을 해방하는 것이었다. "독일이 비열하고 이교적이며 비기독교적인 교황의 지배에서 벗어나 자유로워지고 다시금 진정한 그리스도인이 되도록 도울 능력과 의향이 있는 사람들을 각성시키고 그들이 제대로 생각할 수 있도록 만드는 것이야말로 내가 원하는 전부다."³⁹

세 번째 부분에서 루터는 성직자의 독신주의, 죽은 사람을 위한 사적 미사, 축일의 증가, 순례지에서 횡행하는 미신적 유물 숭배, 자치 조직이 되어 버린 평신도 형제회, 부당한 파문 등 기존의 종교적 신념과 실천의 쇄신을 주창하며, 이를 위해 로마와 반드시 결별할 것을 주장했다.『독일 그리스도인 귀족들에게 고함』제2부와 제3부가 제안하고 있는 구체적 변화는 그 정치적 기반의 윤곽을 드러냈지만, 사실 거기 언급된 고발과 제안이 전부 루터의 머리에서 나온 것은 아니었다. 그것은 독일의 제후들이 황제에게, 교회의 위원회들이 교황에게 수십 년 동안 토로했던 불만들과 거의 동일했다. 루터는 또한 후텐이나 에라스무스 같은 인문주의자들이 제기하는 유사한 비판들도 잘 알고 있었다. 하지만 교회법의 세세한 부분에 대해서는 사회법 박사 학위와 교회법 박사 학위를 모두 소지한 슈르프 같은 법학 전문가의 도움이 필요했다.

『독일 그리스도인 귀족들에게 고함』이 1520년 8월 중순에 마침내 출간되자, 초판 4천 부가 며칠 만에 다 팔렸다. 제2판도 베스트셀러가 되긴 했는데, 일부 독자들은 조심스러워했다. 에르푸르트의 아우구스티누스 수도원장 요하네스 랑게는 이 책이 군대 소집령이 될까 봐 걱정하면서 출간을 연기할 것을 제안했다. 루터도 책의 내용이 격렬하고 절제가 부족했음을 인정했다. 그럼에도 불구하고 많은 독자들이 이 책을 좋아했고, 루터도 분명 그렇게 들었을 테지만 선제후도 못마땅해하지는 않았다. 랑게와 루터는 에르푸르트 학창 시절부터 친구 사이였지만, 루터의 편지에 나오는 다음의 문장을 읽으면서 랑게는 기겁하지 않을 수 없었을 것이다. "이제 우리는 교황의 자리야말로 적그리스도가 현현하여 앉아 있는 곳임을 확신한다. 우리는 교회의 사악함과 거짓에 맞서 영혼을 구원하기 위해서라면 할 수 있는 모든 일을 해야 한다. 나는 적그리스도에게 복종하지 않는 것처럼 교황에게도 복종하지 않을 것을 선언한다."[40] 이런 표현은 교황을 겨냥한 경멸적 언사일 뿐 아니라 교황의 권위를 거부한다는 개인적 선언이었고, 루터가 돌이킬 마음이 전혀 없음을 보여 주는 신호였다. 2주 후, 루터는 프리드리히 선제후의 사냥 파티에서 사슴 고기를 선물로 받았다. 그 선물은 그저 호의의 표현이었을까, 아니면 그 책의 내용을 승인한다는 징표였을까?

교황청 신학자들에게 『독일 그리스도인 귀족들에게 고함』은 그야말로 무엄한 행위였다. 라이프치히에서 히에로니무스 엠저는 『아우구스티누스회 수도사 마르틴 루터가 독일의 귀족에게 보낸 비기독교적인 책에 반박함』*Against the Unchristian Book of Martin Luther, Augustinian, Addressed to the German Nobility*이라는 독일어 반박문을 출간했다. 그 책의 표제지에는 엠저 가문의 문장紋章인 염소 머리가 그려져 있고, 그 아래 이런 경고의 말이 적혔다. "조심하라, 이 염소가 너를 들이받을 것이다!" 엠저의 책은 『독일 그리스도인 귀족들에게 고함』의 모든 부분에 대한 진지하고 철저한 반박을 담고 있었다. 루터가 언급한 세 가지 담과 관련하여 엠저는 자신이 사용할 세 가지 무기를 공표했다. 바로 성경을 뜻하는 칼과, 교회의 전통을 뜻하는 창과, 초기 교회 신학자들의 저술에서 발췌한 문장들이라는 단도였다. 엠저가 루터의 어조 때문에 불쾌감을 느꼈던 것은 분명했지만, 독설은 자제하고 개혁의 필요성을 인정했다. 그렇지만 루터가 스스로를 바보라고 표현한 것은 지극히 옳은 말이었다며, 그 광대 모자에서 독을 쏟아 낸 것을 책망했다. 성직자로서, 엠저는 평신도와 성직자가 똑같은 영적인 지위를 누려야 한다는 루터의 주장을 거부했다. 물론 엠저 자신도 세례받은 사람이라면 모두 내적으로는 성직자라는 사실을 부정하지 않으나, 사제라는 특별한 규율 안에 받아들여진 사람들은 안수를 통해 다섯 가지 권능과 특권을 외적으로 부여받는다고 말했다.[41]

『독일 그리스도인 귀족들에게 고함』이 출간되고 열흘이 지났을 때, 루터의 아우구스티누스 수도회 상관이었던 요한 슈타우피츠가 개혁 총회의 주교 대리직에서 물러났다. 이제 루터는 파문의 위협을 받고 있었고, 슈타우피츠는 루터를 로마로 압송하는 일을 맡아야 했다. 한때 제자였던 루터와 관련된 이 씁쓸한 의무를 감당하고 싶지 않았던 슈타우피츠는 자기가 물러나는 것이 유일한 해결책이라고 생각했다. 새로 주교 대리가 된 벤첼 링크는 루터의 친구이자 비텐베르크 아우구스티누스 수도회의 전임 수도원장으로, 1518년 루터가 카예탄을 만날 때 동행하기도 했다. 주교 대리 이임식을 위한 대표자 모임은 루터가 태어난 아이슬레벤의 수도원에서 열렸다. 루터는 그 자리에 참석하지 않았지만, 모임이 끝난 후 슈타우피츠와 링크가 비텐베르크로 루터를 찾아왔다. 두 사람은 루터에게, 교황 레오 10세에게 편지를 써서 교황을 직접 공격하려는 의도가 없었음을 밝히라고 제안했다. 루터도 동의했다. 그날은 로마와의 연결 고리를 끝내 잘라 내지 못한 슈타우피츠가 루터를 마지막으로 만난 날이 되었다.

결국 슈타우피츠는 잘츠부르크에 정착했는데, 그곳은 아우구스티누스 수도회의 전초 기지로서 슈타우피츠 자신이 일찍이 방문했을 때부터 알고 있던 곳이었다. 그는 잘츠부르크 대주교 마테우스 랑Matthew Lang[42]과도 잘 아는 사이였는데, 대주교는 황제 막시밀리안의 비서로서 황제의 비호를 받았다. 사제 서품도 일사천리로 받은 랑은 1519년 잘츠부르크의 대주교가 되었다. 훗날 그는 단호하게 종교개혁 진영과 맞서 싸우게 되는데, 어쨌거나 슈타우피츠를 설교자요 상담자로 기꺼이 맞아들였다. 얼마 지나지 않아 슈타우피츠는 아우구스티누스회를 떠나 베네딕투스회에 입단하여 크고 유서 깊은 성 베드로 대수도원에서 생활하게 되었다. 랑은 그곳 수도사들을 압박하여 슈타우피츠를 대수도원장 자리에 앉혔으나, 슈타우피츠는 겨우 2년 후인 1524년 12월 28일 세상을 떠나고 말았다. 그가 묻힌 수도원의 성모 마리아 예배당에는 지금도 그의 묘비가 남아 있다. 그의 죽음은 루터에게 너무나 소중했던 우정의 슬픈 결말이었다. 슈타우피츠가 죽기 1년 이전부터, 루터는 자기가 스승의 지지를 잃어버린 것은 아닌지 두려워하면서도 여전히 그에게 감사와 찬사를 아끼지 않았다. "제가 어떻게 선생님을 잊거나 선생님을 향한 감사의 마음을 잃어버릴 수 있겠습니까. 복음의 빛이 우리 마음속의 어둠으로 비쳐 들게 된 것은 전적으로 선생님 덕분이었습니다."[43]

슈타우피츠와 루터가 마지막으로 만나고 있을 즈음, 교황의 사절 두 명이 『일어나소서 주님』을 가지고 독일을 향해 오고 있었다. 한 명은 로마의 유력 인사들과 연줄이 많은 바티칸 도서관장 히에로니무스 알레안더Jerome Aleander였다. 또 한 사람은 요하네스 에크였다. 교황의 인이 찍힌 100권을 싣고 출발한 그들의 임무는 그 책을 신성로마제국의 카를 황제, 영주들, 주교들, 대학교와 주요 도시들에 전달하는 것이었다. 교황청은 그 칙령을 제국 전체에 널리 퍼뜨리고, 루터의 서적을 불태우는 것을 비롯한 일련의 조치들을 시행하려고 했다. 그러나 그 목표는 부분적으로만 실현되었다. 『일어나소서 주님』은 소수의 영주들과 아마 절반가량의 주교들이나 대학들에만 도움이 되었다. 에크는 자신이 루터와 논쟁했던 라이프치히에서 자신을 반기는 태도가 미온적인 것을 보고 깜짝 놀랐다. 몇 년 전 에크의 설득력 있는 논증으로 루터에게 등을 돌렸던 게오르크 공도 로마에 있는 직원에게 보낸 편지에서 『독일 그리스도인 귀족들에게 고함』의 내용 전체가 잘못된 것 같지는 않다고 썼으며, 교황 칙령의 공표를 늦추었다. 그러나 메르제부르크Merseburg와 마이센의 주교들은 『일어나소서 주님』이 게시되어야 하며 루터의 책들은 주교 관저에 있는 화톳불에 던져 버려야 한다고 주장했다.[44] 결국 그들의 의견이 우세해졌다. 하지만 라이프치히 교수들 가운데 약간의 소책자를 불태운 사람은 겨우 한 명뿐이었던 것 같다.[45] 그의 라틴어 이름은 불카누스Vulcan였는데 그런 일을 하기에 딱 적합한 이름이었다.

선제후가 다스리는 작센 지역에 교황의 칙령을 출간하는 것도 에크의 임무였다. 그는 비텐베르크까지 관할하는 주교에게 그 칙령을 보냈지만, 그것을 자기가 직접 프리드리히 선제후와 비텐베르크 대학교에 들고 가는 것은 아주 승산이 없는 일이었다. 에크는 그 도시에 들어가지 않으려고 다른 사람을 시켜 칙령 한 부를 대학교에 보냈다. 결국 총장에게 도착하기는 했는데, 총장은 그것이 "비열한 도둑놈이나 쓰는 방식"[46]으로 배달되었다며 투덜거렸다. 루터는 공식적으로는 그 칙령을 받지 못했지만 다음 날 읽어 볼 수 있었다. 즉각 복사본 하나가 만들어졌고, 이미 보름스에 와 있던 슈팔라틴에게 전달되었다. 루터가 동봉한 편지에서는 생기발랄한 반항의 맛이 느껴진다. "자네에게 보낸 사본을 읽어 보면 자네도 직접 그 로마의 괴물들을 보게 될 걸세. 만일 그들이 이긴다면 믿음이고 교회고 다 끝장이지. 내가 생각해 낼 수 있는 가장 고상한 이유로 지금 나의 문 앞에 이 악[p]이 당도한 것을 나는 온 마음으로 기뻐한다네. 나는 그런 거룩한 괴롭힘을 당할 만큼 훌륭한 사람이 아닌데 말일세."[47]
에크는 프리드리히 선제후와 그의 동생인 요한 공이 모두 비텐베르크에 없다는 사실을 알게 되었다. 프리드리히는 카를 황제의 대관식 때문에 쾰른에 가 있었고 요한은 코부르크[Coburg]에 있는 공작 저택에 있었는데, 마침 에크가 라이프치히에서 잉골슈타트 집으로 돌아가는 길에 코부르크를 지나게 되었다. 에크는 요한 공에게 칙령을 직접 전달하려다가, 궁정에 들어가기에는 의복이 적절하지 않은 것 같아서 이번에도 다른 사람을 통해 전달했다.

또 다른 특사 알레안더는 막 아헨과 쾰른으로 움직이려던 황제를 안트베르펜[Antwerp]에서 가까스로 만날 수 있었다. 황제는 교황의 칙령을 받자마자 벨기에와 네덜란드에 있는 루터의 서적을 모두 없애라는 명령을 내림으로써 알레안더의 마음을 훈훈하게 해 주었다. 알레안더는 이 허가에 힘입어 행동에 돌입했고 곧이어 뤼티히[Lüttich]와 루뱅에서 책이 불태워졌다. 그러나 황제 일행과 함께 북해 연안의 저지대를 떠나 쾰른에 도착하자, 그는 강력한 저항에 맞닥뜨렸다. 알레안더는 대관식에 참석한 세 명의 대주교에게 집중했다. 쾰른의 헤르만과 트리어[Trier]의 리하르트는 아무런 문제가 되지 않았다. 비록 알레안더가 온화한 사람이라고 평가한 헤르만 대주교[48]는 1520년 11월 12일에 벌어진 서적 화형식 이전에 쾰른을 뜨긴 했지만 말이다. 알레안더는 리하르트 대주교가 작센의 영주를 지지하는 사람임을 알았으나, 리하르트는 알레안더의 바람대로 트리어에서 루터의 서적을 없애도록 허락했다. 일찍이 리하르트 대주교는 루터가 독일 땅에서 자신을 변호할 수 있도록 하는 데 동의한 바 있었으며 교황의 칙령에 대해서도 의심을 품고 있었던 것 같다. 『일어나소서 주님』의 규정을 실행에 옮긴 주교들 중에서 확신을 갖고 기꺼이 그렇게 한 사람은 극소수였다. 다른 주교들은 어떻게 해야 할지 몰라 자신의 관할 구역이나 근처의 영주에게 조언을 구했다.[49]

알레안더가 생각했던 또 한 명은 마인츠의 알브레히트 대주교였다. 그는 95개 논제를 로마에 보냄으로써 루터 사건을 촉발한 사람이었지만 그 이상의 법률 조사를 진척시키지는 않았다. 알레안더는 알브레히트의 참모들이 내심 "극단적인 루터파로서 겉으로는 루터에 대해 원수처럼 말하지만 실제로는 그를 친구처럼 대한다"[50]고 주장했다. 알레안더의 주장에는 일말의 진실이 있다. 알브레히트의 참모 가운데 한 사람은 기사 울리히 폰 후텐으로, 이미 루터를 보호해 주겠노라고 제안한 사람이었다. 또 한 명의 참모 볼프강 카피토 Wolfgang Capito는 스트라스부르에서 종교개혁을 이끌었다. 알브레히트의 참모들은 골수 루터 추종자라기보다는 개별 인문주의자들로서, 에라스무스처럼 교황의 못된 짓과 미신적 신앙에 대해서는 비판적이었지만 어떤 입장을 취하는 것은 조심했다. 마침내 알브레히트는 알레안더에게 교황의 칙령을 출간하고 루터의 책을 불태우겠다고 약속했다. 두 사람은 마인츠의 서적 화형식에 참석했는데, 일이 완전히 꼬이고 말았다. 담당 관리가 불붙이기를 거부하고 그 대신 주위 군중에게 이 책들이 정당하게 유죄 판결을 받았느냐고 물은 것이다. 사람들이 아니라고 소리치자 그는 장작더미에서 펄쩍 뛰어 내려와 버렸고 군중은 난폭해졌다. 하마터면 알레안더도 폭행을 당할 뻔했다. 그런데도 그다음 날, 그는 루터의 책 몇 권을 찾아 소각해 버리는 데 성공했다.[51]

이제 카를은 황제의 관을 쓰고 쾰른을 떠나, 라인강을 따라 남쪽 보름스로 향했다. 1521년 1월 6일, 그곳에서 그가 황제가 된 후 처음으로 제국의회가 열릴 예정이었다. 알레안더의 끈질긴 반대를 무시하고, 카를은 루터가 제국의회 대표자들 앞에 출두할 수 있게 해 달라는 프리드리히 선제후의 요청을 받아들였다. 카를 황제는 프리드리히와 다른 독일 영주들에게 조금 양보하여 의회 때 그들의 환심을 사려고 했다. 카를 황제의 참모들은 황제의 권위를 강화하고 권력이 황제에게 집중되는 결과를 의도했다. 그러나 독일 영주들은 정반대를 원했으니, 곧 자신들의 특권을 인정받고 중앙 집권적 통치를 약화하는 것이었다. 사실 루터 문제는 처음부터 부차적이었거나, 아니면 서서히 그렇게 되었다.

한편, 비텐베르크에서 루터는 적어도 겉으로는 교황의 칙령으로 인한 흔들림이 전혀 없이 설교와 강의와 저술을 이어 갔다. 멜란히톤의 1520년 11월 4일 기록에 의하면, 루터는 "마치 신들린 것"[52] 같았다. 미래에 대한 염려는 루터보다는 멜란히톤이 더 많았을 것이다. 3주 후면 비텐베르크 명문가 출신의 카타리나 크라프Katharina Krapp와 결혼식을 올릴 예정이었기 때문이다. 카타리나의 아버지는 재봉사로서, 1494년부터 비텐베르크 시장으로 일하기 시작해서 멜란히톤이 비텐베르크에 오기 3년 전 세상을 떠날 때까지 시장직에 있었다. 카타리나와 남매지간인 한스는 아버지의 사업을 이어받았으며, 그 또한 여러 차례 비텐베르크의 시장으로 선출되었다. 카타리나의 어머니는 건강하게 딸의 결혼식에 참석했으며, 그 후로도 28년간 멜란히톤의 장모님으로 살았다. 카타리나의 가족은 모두 결혼식에 와 있었으나, 멀리 남부에 사는 멜란히톤의 가족은 한 명도 올 수가 없었다. 그래서 루터는 자기 부모님과 여동생들을 초대해서 멜란히톤의 가족을 대신하도록 했다. 만스펠트에서는 그리 먼 길이 아니었다. 비텐베르크나 라이프치히처럼 가까운 곳에 사는 친구들과 동료 교수들도 결혼식에 참여했다.[53]

멜란히톤은 자기가 너무 일에 파묻힌 것처럼 보여서 "한 친구"가 자기에게 결혼을 강력하게 권했다고 말했다. 루터는 그 일이 자기랑은 무관하다고 주장했다.[54] 또한 필립은 자신의 육체가 너무나 약해서, 또 젊은 사람들에게 좋은 모범을 보이고 싶어서 결혼을 했다고 말했다. 카타리나에 대해서나 그녀가 어떻게 느꼈는지는 전혀 알려진 것이 없다. 어쨌거나 비텐베르크 대학교의 떠오르는 샛별인 젊은 교수는 좋은 결혼 상대자였을 것이다. 카타리나가 처녀가 아니라는 근거 없는 소문이 돌자 그녀의 가족이 결혼을 서둘렀을 수도 있다. 필립과 카타리나는 둘 다 23살이었고 8월 중순에 약혼을 했다. 약혼은 그 결합의 법적인 토대이자 결혼의 첫 단계였다. 전통을 따라, 두 번째와 세 번째 단계는 이틀에 걸쳐 진행되었다. 이 경우에는 11월 26일 월요일과 27일 화요일이었다. 전통적으로는 화요일이 그 주의 길일吉日이라서 대부분의 결혼식은 화요일에 거행되었다. 월요일에는 예비부부가 크라프 가문의 집에서 상호 서약을 했을 것이다. 서약을 마친 날 밤에는 신랑 신부가 잠자리를 하는데, 거기에는 반드시 증인이 있어야 했다. 멜란히톤이 사람들을 초대한 화요일에는 신랑 신부와 그 가족들을 비롯하여 모든 손님이 성교회까지 행진하고, 그곳에서 신랑 신부가 사제의 권면과 기도와 축복을 받았다. 그 다음에는 결혼 피로연과 흥겨운 술판이 벌어졌다. 그 모든 행사를 마친 후 필립과 카타리나는 멜란히톤의 작은 집으로 돌아갔다. 그 집은 15년 후 우아한 르네상스식 저택으로 교체된다.

필립과 카타리나가 결혼하던 때, 루터의 1520년 주요 저서 가운데 마지막 책이 출간되어 로마로 가고 있었다. 일전에 루터가 쓰겠다고 친구들에게 약속했던, 교황 레오 10세에게 보내는 공손한 회유의 편지가 동봉된 채였다. 그 편지는 사실과 판타지의 혼합이었다. 한편으로 루터는 링크와 슈타우피츠에게 한 약속을 지키기 위해, 자신은 개인적으로 교황 레오 10세에 대해 전혀 악감정이 없으며 로마 교황청을 공격한다든지 교황청에 대한 어떤 논쟁도 불러일으킬 의도가 없다고 적었다. 그런데 레오는 참모들로 인하여 피해자가 되었으며, 마치 늑대들에게 둘러싸인 한 마리 양이나 사자 굴 속의 다니엘처럼 괴물들에게 포위된 상태다. 에크야말로 이 모든 일에 대한 비난을 받아 마땅하다. 그는 교황의 적이며, 레오의 눈을 온통 가려 버린 아첨꾼들의 우두머리다. 다른 한편으로 루터는 로마 교황청을 인정사정없이 두들겨 댔다. 루터는 교황청이 그 옛날 바빌론이나 소돔보다 타락했다는 것은 레오 스스로도 부정할 수 없을 것이라고 썼다. 교황 제도는 경멸받아 마땅하며, 그 제도를 구해 내려는 노력은 모조리 절망적이다. 레오의 원수들은 교황의 권위를 과장하면서 교황만이 성경 해석의 권한을 가지고 있다고 주장하는 자들이다. 전직 교황들도 사탄의 꾐에 빠져 옳은 길에서 벗어났으니, 레오는 교황을 높이는 사람은 믿지 말고 교황을 낮추는 사람을 믿어야 한다. 교황은 그리스도의 대리인이 아니며, 대리인이 되려고

해서도 안 된다는 사실을 레오에게 직언하는 루터 자신이 바로 그런 믿을 만한 사람이다.

> 그리스도와 그분의 계승자들 사이에는 엄청난 차이가 있다는 것을 명심하십시오. 비록 그 계승자들은 하나같이 여기 이 땅 위에서 그분의 대리인으로 간주되길 바라지만 말입니다. 그들 대부분이 자기 자신을 너무나 실제적인 의미에서 그리스도의 대리자로 보았을까 봐 두렵습니다! 어떤 사람이 대리자가 되는 것은 윗사람이 없을 때뿐입니다.…그런 대리자 아래 있는 교회라면 그리스도 없는 사람들의 모임이 아니고 뭐겠습니까? 그렇다면, 그런 대리자는 적그리스도나 우상이 아니고 뭐겠습니까? 사도들이 자신들을 가리켜, 지금은 계시지 않는 그리스도의 대리인이 아니라 지금 여기 계시는 그리스도의 종이라고 하지 않았습니까?[55]

이 편지는 『기독교의 자유』Christian Liberty라는 책의 서문이 되었는데, 이 책은 루터가 일반 대중을 위해 쓴 독일어판의 제목인 『그리스도인의 자유』Freedom of a Christian로 더 잘 알려졌다. 이 책은 추상적 용어에 머물지 않고 선명하게 믿음과 사랑의 적절한 관계를 설명해 냈다. 이 책이 대중적으로 인기를 얻게 된 중요한 이유는 '자유'라는 단어 때문인데, 루터는 이 개념을 다음과 같은 간단한 두 명제로 명확하게 정리했다. "그리스도인은 모든 것을 다스리는 완벽하게 자유로운 존재로서 무엇에도 예속되지 않는다. 그리스도인은 모든 것을 섬기는 완벽하게 신실한 종으로서 무엇에나 예속된다."[56] 그리스도인은 믿음으로 억압과 두려움에서 자유로워지지만, 그렇다고 다른 사람을 무시하거나 함부로 대해도 되는 것은 아니다. "완전한 구원"을 가져오는 참된 믿음은 자연스럽게 사랑으로 나타나며, 그리스도인이 다른 사람을 섬기도록 한다. 신자가 그런 섬김을 통해 어떤 보상을 받는 것은 아니다. 그것은 칭찬받을 만한 선행이 아니다. 그저 다른 사람의 필요를 채우고 도움이 되기 위함이다. 루터는 이것이야말로 "진정한 그리스도인의 삶", 곧 사랑 안에서 역사하는 믿음이라고 썼다.[57] 흠 없는 그리스도인의 본보기에 관해 설명하는 이 책은 논쟁적이라기보다는 다분히 신앙적인데, 교황 레오 10세가 이 소책자를 받아 보았는지, 혹은 자신을 염두에 둔 서문이라도 읽었는지를 알 수 있는 증거는 없다.

1520년 가을 내내 루터의 깃펜은 불타고 있었다. 지금까지 언급한 주요 저서 외에도 교황의 칙령 『일어나소서 주님』을 단호하게 반박하는 글을 두 편이나 발표했다.[58] 자신의 노골적인 저항, 곧 교황 칙령을 불태우려는 행위를 변호하는 글도 썼다. 1520년 12월 10일 월요일 오전 9시, 루터는 모닥불을 준비했다. 멜란히톤을 통해 소식을 들은 대학생들과 마을 사람들이 비텐베르크의 동쪽 출입구인 엘스터 문 바깥, 성 십자가 채플에 모였다. 보통 그곳은 전염병으로 죽은 사람들의 옷가지를 태우는 장소였다. 그런데 그날 아침, 군중은 엄청난 양의 책들이 화염 속에 던져지는 모습을 지켜보았다. 교황의 칙령 『일어나소서 주님』, 로마 가톨릭의 교회법 구실을 하는 다른 칙령들, 고해성사를 받는 사제를 위한 표준 지침서, 요하네스 에크와 히에로니무스 엠저의 저작 일부를 비롯하여 "이런저런 사람들이 추가한 또 다른 책들"[59]이었다. 학생들은 그날 점심까지 마을 곳곳을 돌아다니면서 비슷한 책들을 모아서 수레에 쌓아 올렸다.

7. 내 마음의 돛 **219**

그들은 모닥불을 피웠던 자리로 돌아와 다시 한 번 불을 지폈고, 두 번째 책 무더기도 맹렬하게 타오르는 화염 속에 던져 넣었다.[60] 그 채플과 문은 지금은 그 자리에 없다. 그 대신, 원래의 그 자리이거나 혹은 근방, 그러니까 과거에 루터가 살았던 아우구스티누스 수도원에서 대각선 맞은편, 벤치와 큰 떡갈나무가 있는 작고 푸른 정원에 세워진 두 개의 표석이 그때의 사건을 기념하고 있다. 지금 그 장소에 그림자를 드리우고 있는 떡갈나무는 1830년에 심은 것인데, 이전에 있던 나무도 그 소각 사건 직후에 심은 것이었다고 한다.

8
그분께만 종속된

1521-1522
비텐베르크 — 보름스 — 바르트부르크

"아버지께 보내 드리는 이 책을 통해, 그리스도께서 어떤 징표와
기적으로 저를 수도원 서약에서 면제해 주셨으며 그로써 저에게
얼마나 큰 자유를 허락해 주셨는지 보실 수 있을 것입니다.
그 자유가 얼마나 큰지, 그분이 저를 모든 사람의 종으로 만드셨음에도
저는 그분 외에는 누구에게도 종속되지 않습니다. 그분은 저의
가장 가까운 주교, 수도원장, 주님, 아버지, 스승이십니다.
저는 다른 사람을 받아들이지 않습니다."[1]

1521년 1월 3일, 루터가 자신을 파문시키겠다고 위협하는 교황의 칙령을 소각해 버리고 채 한 달이 되기도 전에 두 번째 칙령이 반포되어 루터를 로마 교회로부터 쫓아냈다. 훗날 루터가 교황 제도 아래 머물던 때라고 불렀던 시간이 끝나고 교황 제도 바깥의 삶이 시작되었다. 하지만 루터가 그 소식을 곧바로 듣지는 못했다. 그때 루터는 비텐베르크에서 시편 22편[2]을 강의하면서 "진토 속으로 내려가는 자[도]…다 그 앞에 절하리로다"라는 구절을 설명하고 있었다. 루터에 의하면 이 구절은 하나님 앞에서 모든 사람이 평등함을 증언한다. 하나님의 눈에는 이렇듯 모든 사람이 사실상 평등하건만, 교회의 눈에는 그렇지 않다. 파문은 이러한 불평등의 궁극적 징표이며, 교회 권력층과 루터 사이의 거리는 점점 멀어지고 있다. 로마 교회의 권위가 아우구스티누스회 수도사이자 교수인 단 한 사람을 내리누르기 위해 모든 힘을 쏟아붓고 있다. 이어진 루터의 설명은 그가 직면한 현실과 명백히 모순되는 것이었다. "모든 일은 우리가 아니라 하나님께 속해 있다. 우리는 서로 시기하거나 으스대서는 안 된다. 그 누구도 다른 사람보다 낫거나 모자라지 않으니, 이는 모든 것이 모두에게 속해 있기 때문이다."[3] 루터에게 이런 이상은 너무나도 자연스러운 것이었으니, 이는 수도원의 관례가 그의 일상을 지배했기 때문이었다. 그러나 그러한 이상은 가톨릭교회의 일상적 활동에는 전혀 지배력을 미치지 못했다.

루터가 1521년 1월 중순 슈타우피츠에게 보낸 편지를 보면, 위험이 점점 고조되고 있음은 알고 있었지만 아직 파문까지는 생각하지 못했던 것 같다. "지금까지는 그냥 변죽만 울린 것이었는데, 이제는 문제가 심각해졌습니다." 양측의 적대감이 너무나 심해서, 최후 심판의 날에 하나님이 직접 나서지 않으시면 가라앉을 수 없는 문제가 되었다는 것이다.[4] 그러나 로마는 기다리지 않았고 완전히 끝난 문제로 여겼다. 루터의 파문은 로마 가톨릭이 그를 확실하게 내쫓아 버렸다는 뜻이었는데, 사실 그 일의 영향을 받은 것은 루터만이 아니었다. 루터를 보호하는 사람이면 누구나, 예컨대 프리드리히 선제후도 이단자가 되었고, 선제후 관할의 작센주처럼 루터를 보호하는 사람이 살고 있는 곳이면 어디나 성례전 거행이 금지되었다. 성직자들은 루터와 그의 추종자들에 반대하는 설교와 저술 활동을 독려받았다. 교황의 칙령은 독일의 대주교 성당 어디든 게시되는 순간부터 효력이 발휘되었다. 필요한 경우에는 처벌을 집행하기 위해 황제의 도움을 구할 수도 있었으나, 엄밀하게 말하면 루터 문제는 황제나 제국의회까지 갈 것도 없었다. 하지만 선제후 관할 작센주와 프리드리히 선제후에게는 제국의회야말로 최후의 보루였다. 프리드리히는 카를 5세의 대관식에도 참여했으니 새로운 황제를 두 번째로 만나는 셈이었으며, 루터를 위한 청문회를 열고자 부지런히 로비했다. 로마 가톨릭의 로비스트로서 교황의 특사였던 알레안더는 루터가 이미 이단으로 정죄되었음을 주장하면서 교황청의 입장을 옹호했다. 더 이상의 청문회는 필요하지 않을 뿐 아니라, 황제가 신앙 문제를 판단하는 것은 합당하지 않다는 것이었다. 그는 황제가 루터의 책을 모조리 불태우고 새로운 책이 나오는 것을 금지하라는

명령을 내려야 한다고 했다.[5]

1521년 1월 27일 보름스 제국의회가 개최되었을 때까지만 해도 카를 황제는 아직 결정을 내리지 못한 상태였다. 의회 대표단의 절반 이상, 즉 일부 주교들과 대다수의 세속 통치자들은 아직까지 루터 문제에 공공연한 찬반 입장을 취하지 않았다. 일곱 명의 선제후들도 의견이 통일되지 않았다. 의원 회의가 열렸을 때 프리드리히 선제후와 브란덴부르크의 요아힘 선제후가 난투극을 벌이기 직전까지 갔으나, 잘츠부르크 대주교가 둘 사이에 끼어들어 가까스로 뜯어말렸다. 루터의 출두 문제를 놓고 찬반투표를 한다면 결과를 예측할 수 없었기에, 알레안더는 투표를 무마시키려 애썼으나 실패했다. 결국 그의 우려는 현실로 드러났다. 의회 대표들은 루터를 의회에 소환하지도 않고 루터의 책을 소각해 버리자는 제안을 거부했다. 만일 루터가 청문회도 없이 정죄를 받는다면 대중적 소요가 일어날지도 모른다는 이유에서였다.

그것이 정말 실질적 위협이었을까? 그렇다. 하지만 얼마나 실질적인 것이었는지는 불확실하다. 보름스는 최근 폭동의 소용돌이를 경험했던 지역의 가장자리에 위치해 있었다. 저항적 성향의 농민 조직이 일련의 반란을 일으켰고, 그 가운데 하나가 1517년 보름스에서 남쪽으로 불과 50킬로미터 떨어진 곳에서 일어났다. 더욱이 기사들 중에는 무슨 꿍꿍이를 가지고 있는지 도무지 알 수 없는 사람들이 있었으니, 예컨대 4년 전 보름스를 침략했던 지킹겐 같은 기사들은 자신들이 군사적 모험을 벌이는 데 루터의 지원을 얻고자 했다. 비록 이런 폭력의 위협이 약간은 과장된 것이라 할지라도, 지역의 분위기를 살펴보면 루터에 대한 대중의 지지가 아주 확고한 것이었음을 알 수 있다. 적어도 보름스에 와 있던 알레안더가 보기에는 그랬다. "매일 루터의 책들이 독일어와 라틴어로 쏟아져 나온다. 여태껏 한 번도 들어 보지 못한 인쇄소가 떼돈을 번다. 심지어 황제의 궁정에서도, 루터의 책 말고 다른 책은 팔리지도 않는 것 같다."[6] 알레안더는 루터에 대한 열광이 종교적이라기보다는 정치적인 것임을 깨달았다. 의회에 참가한 대표들이 루터의 말을 듣고자 했던 것은 그의 신학 때문이 아니라 로마에 대한 비판에 동감했기 때문이었다. 젊고 아직 검증되지 않은 지도자였던 카를 황제의 입장에서 청문회 없이 루터를 정죄한다는 것은 정치적으로 대단히 위험한 일이었다.

제국의회 기간은 몇 주가 될 수도 있고 몇 달이 될 수도 있었다. 1521년 3월, 카를 황제는 마침내 루터를 의회에 소환했다. 단지 루터가 자신의 저서에 피력한 입장을 철회하도록 하기 위한 목적이었다. 토론 일정 같은 것은 없었다. 어떤 곳에서는 그사이에 루터의 책들을 모아 소각하기도 했다. 카를 황제는 자기가 이단 문제에 관한 한 단호한 사람이며, 선왕들의 믿음에서 벗어날 생각이 추호도 없음을 보여 주기로 마음먹었다. 황제가 제안한 시기가 상당히 촉박했음에도 루터는 의회에 참석하려고 노력했지만 프리드리히 선제후의 참모들은 망설였다. 한 세기 전, 얀 후스도 안전한 귀환을 약속받고 콘스탄츠에 출두했지만 황제는 그 약속을 지키지 못했다. 작센 궁정의 최고 관리 그레고르 브뤼크Gregor Brück는 어떻게든 결단을 내리고자 루터의 의회 참석에 대한 찬반 입장의 논거를 적어서 슈팔라틴에게 보냈다. 아주 단순한 한 가지 주장이 통과되는 데 하루가 걸렸다. 만일 루터가 보름스로 가지 않는다면, 적들은 루터를 겁쟁이 취급할 것이다. 당시 유럽에서 가장 유명한 학자였던 로테르담의 에라스무스도 사환을 통해 편지 한 다발을 보름스로 보내면서, 직접 제국의회를 방문할지를 심각하게 고민했다.[7]

황제의 명령이 루터에게 전달되고 나흘째 되는 날, 그는 비텐베르크 시의회가 제공한 마차에 올라탔다. 비텐베르크 대학교는 여행 경비로 20굴덴을 내놓았으며, 선제후의 형제인 요한 공작도 자금을 보냈다. 늘 그랬듯이 루터는 혼자가 아니었다. 루터와 함께 보름스로 떠난 사람은 황제의 명령을 전달한 사신 외에도 아우구스티누스회 수도사 한 사람, 동료 교수 한 사람, 지금은 폴란드에 속한 포메른 출신의 학생 한 명이었다. 또 다른 학생 한 명이 동행했을 수도 있다. 동료 교수 니콜라우스 폰 암스도르프와 포메른 학생 페터 슈바베Peter Swawe는 1519년 라이프치히 논쟁 때도 함께한 사람들이었다. 슈바베는 이전부터 접촉이 있던 비텐베르크 대학교로 옮겨 온 후로는 루터를 비롯하여 다른 교수들과도 잘 아는 사이가 되었는데, 보름스까지 500킬로미터 넘는 여행을 루터와 함께할 정도로 친밀했던 것 같다. 루터는 여행 중에도 여호수아서 성경 공부를 인도했고, 류트 연주로 일행을 즐겁게 해 주었다고 한다. 루터 자신은 류트 얘기는 하지 않았지만, 성경 공부에 관해서는 이렇게 말했다. "내가 여러 해석들을 제시하면 다른 사람들이 판단을 내렸다."[8]

루터 일행이 처음으로 들른 곳은 에르푸르트였다. 예전에 루터와 함께 공부했으며 지금은 에르푸르트 대학교 총장인 크로투스 루베아누스와 40명의 기수들이 루터를 호위하여 도시 안으로 들어갔다. 사람들은 멀리서라도 루터의 모습을 보려고 거리에 줄을 섰을 뿐 아니라 담벼락 위로 올라가거나 지붕 위에 서기도 했다. 시인 에오바누스 헤수스는 헤라클레스의 여섯 번째 과업과 유사한 업적을 수행하고 있는 루터를 칭송했다. 헤라클레스가 아우게이아스왕의 더러운 외양간의 오물을 단 하루 만에 깨끗하게 만든 것처럼 루터도 교회를 청소하고 있다는 것이다. 그날은 토요일이었지만, 루터는 자신이 받은 환영을 "나의 종려 주일"이라 부르며 예수님이 십자가 처형을 앞두고 예루살렘에 도착해서 떠들썩하게 환영받으셨던 날을 떠올렸다. 루터는 지금 사탄이 이러한 성대한 모습을 이용하여 자신을 시험하는 것인지, 아니면 자기가 죽음을 향해 가고 있는 것인지 고민했다.[9]

그러나 루터는 에르푸르트에 있는 모두가 자신을 선뜻 반길 수 있는 상황은 아니라는 사실을 비텐베르크를 떠나기 전부터 잘 알고 있었다. 루터는 아우구스티누스회 수도원장이자 친구인 요하네스 랑게에게 에르푸르트 수도원에서 하룻밤 머물 것이라고 알리면서 이렇게 덧붙였다. "만일 그 일이 너무 위험하지 않다면 말일세." 루터는 자기의 이름이 불미스러운 일로 널리 알려진 이후로는 에르푸르트를 찾아가지 않았다. 게다가, 지금은 자리를 비웠지만 에르푸르트를 다스리는 성직자는 루터 문제를 로마에 알린 마인츠의 알브레히트 대주교였다. 에르푸르트 대학교가 준비한 환영 연회는 루터가 수도원에서 주일 설교를 한 다음에 열렸다. 향수에 잠긴 것은 아니었겠지만, 자기를 로마 가톨릭의 신실한 종으로 빚어낸 바로 그 자리에서 로마 가톨릭의 공식 이단자로서 설교한다는 것은 루터에게 망설여질 수밖에 없는 일이었다. 그러나 루터의 설교는 전혀 그런 느낌을 주지 않았다. 그의 메시지는 단도직입적이었고 스스로의 표현에 의하면 "꽤나 거슬리는" 것이었다. 그는 이 세상이 "완전히 타락"했으며 그 원인은 신실한 설교자가 없기 때문이라고 목소리를 높였다. 또한 아마 설교자가 3천 명이 있다면 그중 4명 정도에게서만 뭔가 선한 것을 발견할 수 있을 거라고 주장했다.[10] 이런 말은 그 자리에 있던 수도사나 성직자 일부에게는 상당히 모욕적이었을 테지만, 성직자나 주교들이 누리는 특권을 못마땅하게 여기던 평신도들은 그의 말에 긍정적인 반응을 보였을 것이다.

루터가 에르푸르트에 머무는 동안, 유스투스 요나스도 점점 늘어나는 루터의 지지자 대열에 합류했다. 두 사람은 요나스가 비텐베르크 대학교의 법학도였을 때 이미 서로 알게 되었고, 루터는 1519년에 랑게에게 그때까지 에르푸르트 대학교에서 법학을 가르치고 있던 요나스에게 자기를 상기시켜 달라고 부탁했다.[11] 요나스는 계속해서 에르푸르트에 살 수도 있었지만, 1521년 초 비텐베르크 대학교 교수였던 그의 스승이 세상을 떠났다. 그의 후계자는 자동적으로 비텐베르크 성교회의 참사회 주임 신부로 임명되었는데, 요나스는 그 직책을 맡기에 이상적인 인물이었다. 그는 사회법과 교회법 박사 학위가 모두 있었고 신학도 공부하고 있었으므로, 참사회 신부들을 잘 가르치고 감독하기에 적합한 자질을 갖춘 사람이었다. 선제후 궁에서 대학교 관련 업무를 관장하는 슈팔라틴은 프리드리히 선제후를 설득하여 요나스에게 그 자리를 제안하도록 했으며, 루터가 에르푸르트에 도착했을 때도 협상이 한창 진행 중이었다. 루터가 에르푸르트를 떠나는 일요일 오후, 요나스는 루터와 함께 떠나기로 결심했다.

튀링겐주를 통과하여 아이제나흐까지 가는 동안, 루터는 함께하는 사람들을 잘 알게 되었다. 다시 여행을 시작한 날 저녁, 루터의 몸 상태가 몹시 안 좋아지는 바람에 의사가 와서 사혈瀉血을 했다. 루터는 술을 마신 후[12] 잠이 들었고, 다음 날에는 다시 여행할 만큼 회복되었다. 루터는 그 사건이 자신의 여행을 방해하려는 사탄의 시도였다고 생각해서, 지옥의 문이 버티고 서 있다 할지라도 반드시 보름스에 가겠다고 맹세했다.[13] 오펜하임 Oppenheim에 도착한 루터 일행은 나룻배를 타고 라인강을 건너, 1521년 4월 16일 화요일 아침에 보름스에 도착했다. 당시의 기록들은 그들의 입성이 그야말로 장관이었음을 이구동성으로 증언한다. 황제의 전령이 그들이 탄 마차를 앞서가고, 어릿광대가 광대 모자를 뽐내며 노래했다. "오랫동안 애타게 기다려 왔던 사람이 드디어 도착했도다. 날이 가장 어두울 때에도 우리는 그대를 학수고대했노라."[14] 헝가리 대표단이 루터를 점심 식사에 초대했는데, 군중이 워낙 안으로 들어오려고 하는 바람에 문을 단단히 잠가 놓아야 했다.[15] 그 후에는 병든 사람들을 돌보는 일에 헌신하는 성 요한 기사단 소유의 건물로 안내받았다. 침대가 모자랐던 터라 작센의 참모 두 명과 황제의 사령관도 거기서 묵었다. 제국의회가 시작되기 전인 1월, 보름스의 주민은 7천 명이었다. 그런데 의회가 시작되자 보름스의 인구는 두 배 이상 늘었다.

루터는 수감자 신분이 아니었지만, 시내를 혼자 돌아다니지는 말라고 주의를 받았다. 게오르크 슈팔라틴은 그 악명 높은 비텐베르크 사람을 만나고 싶어 하는 사람들이 루터의 숙소에 들어올 수 있도록 했다. 훗날 슈팔라틴의 고백에 의하면, 루터는 그 의회에서 가장 만나고 싶은 사람이 되는 영예를 안았으니 그것은 하나님이 루터에게 주신 선물이었다. 루터는 화려하게 치장한 귀족들보다 더 많은 방문자와 구경꾼을 끌어 모았다.[16] 그때 루터를 찾아온 사람 가운데 요한 코흘레우스 John Cochlaeus도 있었는데 그는 루터의 대적이 되어 훗날 아주 적대적인 루터 전기를 집필했다.[17] 그는 개인적으로 가톨릭 성례전에 대한 루터의 비판 때문에 격분했지만, 동시에 또 다른 차원에서 종교개혁에 반대할 수밖에 없던 사람들의 목소리를 대변하고 있었다. 루터의 오만방자한 공격으로 선조들의 종교가 더럽혀지고 명예가 실추된 것은 그야말로 뼈아픈 손실이라는 불만이 그것이었다.[18] 루터의 방문객 가운데 또 한 사람은 16세의 필립Philip 백작이었는데, 그는 전략적 요충지인 헤센Hesse 지역의 영주로 10년이 채 되기 전에 루터파 운동의 정치적·군사적 핵심 지도자가 되었다. 루터는 죽기 직전, 보름스에서 필립과 처음 만났던 때를 회상했다. 그때 필립은 웃으며 이렇게 말했다. "남편이 결혼의 의무를 이행하지 않는다면 아내가 다른 남자를 얻을 수 있다고 당신이 가르친다는 얘기를 들었소." 루터 또한 크게 웃으며 대답했다. "아닙니다, 폐하. 절대 아닙니다. 그런 말씀은 하지 마십시오." 방문을 마치고 돌아갈 때 필립은 손을 내밀면서 이렇게 말했다. "훌륭한 박사님, 당신이 옳소. 하나님께서 당신을 도우시기를."[19] 필립의 지지는 일단은 다행스러운 일이었지만, 19년 후에는 오히려 루터에게 불리한 상황이 초래되었다. 1540년 필립은 중혼죄重婚罪를 저질러 신성로마제국의 법을 어겼고, 이로 인해 언제라도 처벌을 당할 수 있는 처지가 되었다. 돌이켜 보면, 필립이 루터에게 던진 첫 번째 질문은 머잖아 닥칠 곤경의 전조였다.

1521년 4월 17일 아침, 루터는 그날 오후 4시에 카를 5세 앞에 출두해야 한다는 전갈을 받았다. 황제의 사령관이 루터를 약속 장소까지 호위했는데, 호기심 많은 구경꾼들을 피하기 위해 뒷길을 선택했다. 그 만남은 제국의회의 공식 일정은 아니었지만 황제와 그의 신하들이 머물던 주교 관저에서 열린 특별 청문회였다. 방은 작앉으나 황제, 선제후들, 그들의 참모들, 몇 사람의 대표들이 들어가기에는 충분했다.[20] 트리어에서 루터 책 소각을 지휘했던 요한 폰 데어 에켄(John Von der Ecken)이 황제의 대변인으로 루터에게 질문을 던질 것인데, 루터는 그 질문에만 대답하라는 지시를 받았다.[21] 라틴어와 독일어로 던져진 첫 번째 질문은 이것이었다. 루터는 자기 이름으로 출간된 그 책들을 직접 쓴 것이 맞는가? 루터의 법률 고문 히에로니무스 슈르프는 앞으로 뛰어나가 그 책들의 제목을 크게 읽어 달라고 요구했다. 폰 데어 에켄은 가까운 창문 아래 의자에 놓여 있던 한 무더기 책과 소책자의 제목으로 추측되는 목록을 읽어 내려갔다. 라틴어 제목이 붙은 22권 가운데 12권은 제목 아래 "마르틴 루터의 책, 독일어"라고 써 놓았고, 나머지 10권에는 "라틴어"라는 표시가 있었다.[22] 그 10권 가운데는 시편 1-13편에 대한 루터의 강의록이 있었는데, 얼마 전 바젤에서 출간된 책으로 알레안더가 프랑크푸르트 도서전에 주문해서 가져온 것이었다. 알레안더는 그 책에도 교황에게 반대하는 내용이 있는지 훑어본 후에 4월 17일 루터의 도서 목록에 첨가했다.[23] 하지만 그 목록에 있는 다른 대부분의 책들과 마찬가지로 루터의 시편 강의도 교황이 이단으로 정죄한 41가지 주장의 명백한 증거라고 보기 어려웠다. 그러므로 루터는 『일어나소서 주님』에서는 명확하게 정죄되지 않은 다량의 자료들에 대해 철회를 요구받는 상황이었다.[24]

폰 데어 에켄이 루터에게 던진 두 번째 질문은 두 가지 형태로 전해진다. 1) 그대는 여기 책들에 적힌 내용을 여전히 지지하는가? 2) 그대는 이 책들의 주장 가운데 어떤 것이라도 철회할 용의가 있는가? 어느 쪽이었든, 루터는 먼저 그 책들을 자기가 썼다는 사실을 인정한 다음, 두 번째 질문에 대한 대답을 생각할 시간을 달라고 요청했다. 황제의 승낙이 떨어지자 루터에게는 24시간이 주어졌다. 그날 밤 루터는 어떻게 대답해야 좋을지를 놓고서 슈팔라틴과 의논했다. 상황의 중대함을 감안할 때, 루터가 『독일 그리스도인 귀족들에게 고함』을 쓸 때 함께 작업했던 슈르프와 암스도르프도 그 자리에 있었을 가능성이 높다. 그다음 날인 1521년 4월 18일 목요일, 루터는 다시 한 번 주교 관저로 갔다. 이번에는 횃불을 밝힌 넓은 방에서 청문회가 열렸다. 카를 황제와 제후들이 의원 총회를 마치고 루터 문제를 다루기까지 두 시간이 걸렸다. 수도사 복장으로 그 자리에 나온 루터는 두 번째 질문에 대한 대답을 요구받자 차분하게, 먼저는 독일어로 그다음에는 라틴어로 짧게 연설했다. 요구된 규칙에 따라, 두 연설은 원고 없이 각각 10-15분 동안 이루어졌다.

루터는 자기가 쓴 내용을 어느 것 하나 철회할 수 없는 이유를 설명하면서 연설을 시작했다. 루터에 따르면, 그의 책은 세 종류로 나뉜다. 하나는 기독교의 신앙과 삶을 복음에 일치하도록 평이하게 설명한 책들이며 심지어 그의 비판자들도 이 책들의 미덕과 유용성을 인정했다. 둘째는 교황이 기독교 세계 전체를 황폐하게 만드는 것에 대한 책망을 담은 책들이다. 셋째 부류는 자신의 대적들에 대한 직접적 대응으로 이루어져 있다. 이 부류의 책들에는 수도사에게 어울리지 않는 거친 표현들이 나온다는 사실을 루터도 인정했다. 그러나 자신은 성자가 아니며, 그런 언행은 쟁점이 될 수 없다고 주장했다. 마지막으로, 루터는 요구받은 대로 자신의 저서들이 대중적 소요와 논쟁을 야기했다는 엄중한 질책을 깊이 숙고했다고 했다. 그러나 하나님의 말씀 때문에 사람들이 열의를 보이고 의견 차이가 생기는 것이라면, 자기한테는 이보다 행복한 일이 없을 것이라고 했다. 예수님도 그런 분열이 불가피하다고 말씀하셨다. "[나는] 화평이 아니요 검을 주러 왔노라"(마 10:34). 이 마지막 말이 루터의 운명을 봉인하고 말았을 것이다. 그 말이야말로 루터에게 동조하는 사람들의 뇌리에서도 늘 떠나지 않던 것, 곧 대중 봉기에 대한 두려움을 확실하게 자극하는 것이었기 때문이다. 제후, 주교, 각 도시의 사절단은 모두 자기 영토의 안정 유지에 골몰하는 권력자들이었다. 이단이 하나님의 진노를 일으키는 종교적 위협이라면, 혁명은 생명을 파괴하고 사회 질서를 무너뜨리는 무정부 상태로 이어질 수 있다. 통치자들은 사소한 이단쯤은 넘길 수 있지만, 사회적 분란은 참을 수 없다. 폰 데어 에켄은 일절 부연 설명이 없는 간결한 답변을 요구했고 루터는 마지막 발언을 했다. "성경이나 반박의 여지가 없는 주장에서 나온 증거에 의해 설득되지 않는 한, 나는 계속해서 내가 제시하는 성경 말씀에 묶여 있을 것입니다. 나의 양심이 하나님의 말씀에 붙잡혀 있는 한, 나는 아무것도 철회할 수 없고 철회하지도 않을 것이니, 이는 양심을 거스르는 일은 안전하지도 않고 옳지도 않기 때문입니다. 하나님, 나를 도우소서. 아멘."[25]

뭔가 숨은 의도가 있는 것 같은 이 대답은 아직도 논란의 대상이다. 도대체 "반박의 여지가 없는 주장"이란 무엇일까? 모든 주장은 반박의 여지가 있는데 말이다. 또한 1521년의 루터에게 양심이란 도대체 뭘 의미했을까? 특히 자신의 양심이 하나님의 말씀에 붙잡혔다는 말은 무슨 뜻일까? 하나님의 말씀이라는 개념은 단순하지 않은데 말이다. 만일 그 말씀이 "성경"이라면, 어떻게 16세기 유럽의 그리스도인이 주로 유대교 전승으로 구성된 복잡한 문서로부터 증거를 끌어낸다는 말인가? 기독교 경전("새로운" 언약, 곧 신약)의 저자들이 히브리 경전("옛" 언약, 곧 구약)에서 증거 본문을 이끌어 낸 이후로 성경 구절을 이해하기 위한 다양한 방법들이 시도되고 있었다. 루터도 한 본문에 대한 다양한 해석이 시대에 따라 유효할 수 있음을 인정한 바 있었다. 1519년, 루터는 자신의 시편 강의록 첫 번째 권을 프리드리히 선제후에게 헌정하며, 자신의 해석이 아우구스티누스나 그 밖의 자기보다 앞선 주석가들보다 반드시 정확하다고 말할 수 없음을 고백했다. 모든 해석은 그 시대의 렌즈로 성경을 보는 것이니, 루터 자신의 시편 이해도 후대의 해석자에 의해 대체될 수 있음을 인정한 것이다. 왜 이런 겸손함을 보이는가? 루터가 보기에 인간이란 언제라도 틀릴 수 있는 피조물이며 인간의 삶도 항상 변화하기 마련이기 때문이다.

우리의 삶은 시작함과 전진함으로 구성되어 있으며, 완전에 도달함은 여기 속한 것이 아니다. 성령에 가장 가까이 다가선 사람은 더 나은 해석자다. 만일 내가 달에 겨우 도달했다고 해도, 나는 내가 달을 움켜쥔 유일한 사람이라고 생각하지 않을 것이며, 다른 작은 별들을 내려다보지도 않을 것이다. 삶과 행동에는 여러 단계가 있는데, 이해라고 하여 어찌 그런 단계가 없겠는가? 사도[바울]께서도 우리가 영광에서 영광으로 변화될 것(고후 3:18)이라고 말씀하신다.[26]

다양한 성경 해석이 유효할 수 있음을 알고 있긴 했지만, 루터는 흔들리지 않았다. 그가 폰 데어 에켄에게 한 대답은 3년 전 카예탄 추기경을 향한 단도직입적인 발언을 길게 늘인 것에 불과했다. "하나님의 진리는 교황보다도 위에 있습니다. 나는 하나님의 심판을 들었기에 사람의 심판을 기다리지 않습니다."[27] 루터가 볼 때, 지금 보름스에서 다루고 있는 것은 성경을 **어떻게** 해석하느냐의 문제가 아니라 **누가** 그 성경을 해석하고 그 안에 담긴 시의적절한 진리를 분별할 수 있느냐의 문제였다. 루터가 말한 "반박의 여지가 없는 주장"은 본문이 말하는 것이 **무엇**이냐의 문제지, **누가** 해석을 하느냐의 문제가 아니었다. 다시 말해, 그가 교황이라는 이유로 그의 해석에 의존하지 않는다는 말이다. 그리고 "하나님의 말씀에 붙잡힌 양심"은 무엇이 옳고 그른지 판단하는 내적 도덕 기준을 말하는 것이 아니라, 진리를 위해 의지하는 최고 권위에 대한 충성을 의미한다. 1521년의 루터에게 그 권위는 성경 안에 나타난 복음이었다.

  루터는 표현의 자유가 보장되지 않는 기관의 신학 교수였다. 그는 로마 가톨릭교회와 자신이 가르쳐야 하는 성경에 대해 충성을 맹세했다. 처음에는 그 둘 사이에 전혀 모순이 없는 것 같았다. 그러나 면벌부 논쟁으로 인해 하나를 선택해야 하는 상황이 되자, 그는 카예탄 앞에서 교황에 대한 충성보다 성경에 대한 충성이 더 크다고 말했다. 그의 양심은 성경에 대한 교황의 해석이 아니라 성경에 붙잡혀 있다. 그 해석이 얼마나 오래된 것이든, 얼마나 신성한 영감을 받아서 된 것이라고 주장하든 상관없다. 루터는 『일어나소서 주님』이 이단으로 정죄한 41개의 조항들을 옹호하면서 동일한 입장을 취했다. 교황의 칙령은 단 하나의 조항도 논파하지 못했으며, 오히려 루터의 조항들이 "가톨릭교회의 진리"^Catholic truth에 어긋난다는 이유로, 또 교회와 신학자들이 언제나 루터와는 다른 방식으로 가르쳤다는 이유로 그 조항들을 싸잡아 거부했다. 루터는 그 이유에 동의할 수 없었으며, 자신의 생각을 설명하기 위해 한 가지 가정을 했다. "한 튀르크인이 우리 그리스도인에게 너희 믿음의 이유를 들어 보라고 했다 치자. 그의 관심은 우리가 어떤 것을 얼마나 오래 믿었는지, 얼마나 많은 훌륭한 사람들이 그걸 믿었는지가 아닐 것이다. 우리는 그런 것들은 무시하고 그 튀르크인에게 우리 믿음의 근거인 성경을 가리켜 보여 주어야 할 것이다.…나의 대적들도 이제 그와 같은 방식으로 나를 상대해야 한다."[28]

루터는 입장 철회를 최종적으로 거부한 후 퇴거 명령을 받고 물러났으나, 작센 대표단은 루터의 운명에 대한 카를 황제의 결정을 기다리느라 남아 있었다. 프리드리히 선제후는 자기 교수와 직접 대면해서 이야기하는 법이 없었기에[29] 루터가 아닌 슈팔라틴을 자신의 숙소로 불러, 루터가 말을 잘하기는 했으나 너무 대담했다고 말했다.[30] 칭찬도 비난도 아닌, 그저 황제의 결정에 대한 우려의 표현이었다. 결정은 빨리 났고 깜짝 놀랄 만한 내용은 없었다. 카를 황제는 이렇게 말했다. 그의 가문은 항상 로마 가톨릭교회에 순종했으며 루터는 자신의 오류를 털끝만큼도 인정하지 않았기 때문에, "우리는 우리 조상의 모범에서 멀어질 수 없으며 오랜 믿음을 수호하고 로마의 성좌聖座를 지원할 것이다. 그러므로 우리는 마르틴과 그 추종자들에게 파문을 선고하며, 그 세력을 근절하기 위해서라면 가능한 다른 방법들도 활용할 것이다."[31] 이러한 일방적 대응에도 불구하고, 카를 황제는 루터에게 자기 입장을 철회할 수 있는 기회를 다시 한 번 주고 싶어 하는 대표들이 있다면 그렇게 해도 좋다고 허락해 주었다. 루터의 회상에 따르면 그 위원회 의장인 트리어의 리하르트 대주교는 대단히 친절한 사람이었지만, 루터는 자신의 저술들

이 오로지 복음에 의해 판단될 것이라고 주장했다. 도저히 협상이 불가능한 상황이었다.[32]

최후의 협상 시도가 결렬되자, 프리드리히의 참모들은 루터를 찾아가서 그의 안전 통행권이 연장되었으니 즉시 보름스를 떠나라고 말했다. 루터는 선제후가 그를 보호해 줄 것이라는 말을 듣고 나서야 마지못해 동의했다. 1521년 4월 26일 오전, 루터는 히에로니무스 슈르프, 암스도르프와 함께 보름스를 빠져나갔다. 함께 보름스에 왔던 유스투스 요나스는 거기서 빠졌다.[33] 요나스는 곧장 에르푸르트로 돌아와서 비텐베르크로 이동할 준비를 했다. 그는 에르푸르트에서 사제로 있던 이복형제 베르톨트에게 자기 집과 포도밭, 그 밖의 다른 소유물을 다 팔고[34] 자신의 새로운 고향으로 향했다. 루터 일행은 그들의 공식 호위인 황제의 전령도 없이 보름스를 떠났는데, 비텐베르크 사람들이 라인강을 건너 북쪽으로 향하기 전에 오펜하임에서 그 전령이 그들을 따라잡았다.

카를 황제의 결정은 한 달이 지날 때까지 공표되지 않았다. 공식적인 보름스 칙령으로 인해 루터와 그의 지지자들은 범법자가 되었고 루터가 죽은 이후에도 그 명령의 효력이 지속되었다. 그러나 루터가 살아 있는 동안에는 그 칙령이 실질적 무기라기보다는 하나의 위협에 불과했으니, 이는 그 명령을 실행하려는 시도가 루터가 사는 지역에서는 전혀 일어나지 않았기 때문이다. 프리드리히 선제후가 카를 황제에게 그 칙령으로 자신의 통치가 방해받지 않게 해 달라고 탄원하면서 그 정도 선에서 합의가 이루어졌다. 이에 따라 황제의 칙령은 비텐베르크를 비롯하여 작센 선제후의 영토 어디에서도 인쇄되지 않았다.[35] 지금 보면 황제의 이런 제한 조치는 다소 어리둥절하다. 하지만 1521년의 상황에서 루터를 체포하거나 아예 무시하는 태도는 카를 황제에게 정치적으로 위험 부담이 있는 일이었다. 카를이 황제의 관을 쓸 수 있었던 것은 부분적으로 프리드리히 선제후가 표를 준 덕분이었고, 황제는 앞으로도 독일의 정치적·군사적 지원이 필요했다. 더욱이, 아마 알레안더를 제외하고는 보름스 의회에 참석한 사람들 가운데 그 누구도 루터의 저항이 독일 절반을 로마 가톨릭에서 떨어져 나가게 하는 거대한 운동을 불러일으킬 거라고 생각하지 않았다. 의회가 끝나고 몇 달 후에 작자 미상의 소책자 『마르틴 루터 박사의 수난』 The Passion of Doctor Martin Luther이 나왔는데, 루터가 의회에서 보낸 2주를 예수님의 마지막 나날과 포개 놓은 내용이었다. 카를 황제는 본디오 빌라도의 역할을 맡았고 독일 민족이 빌라도의 아내가 되었다. 독일 민족은 빌라도의 아내의 말을 빌려, 자기 남편인 황제에게 이렇게 말한다. "저 무고한 사람[루터]에게 아무 상관도 하지 마옵소서. 지난 밤 꿈에 내가 그 사람으로 인하여 고생했나이다. 만일 그가 화형을 당하면, 독일의 자유는 모두 그 사람 때문에 고통을 당할 것입니다."36 카를은 루터를 영웅적 순교자로 만들어서 그 죽음으로 나라 전체를 격동하게 하는 것보다는 그를 산 채로 유배시키는 편이 낫다고 생각했다.

보름스 칙령이 공표되었을 때 루터는 비밀리에 아이제나흐 위쪽에 있는 바르트부르크 요새로 이송되었다. 하지만 그가 보름스에서 바르트부르크로 가는 여정은 전혀 비밀스럽지 않았다. 루터는 프랑크푸르트에서 비텐베르크에 사는 친구인 화가 루카스 크라나흐에게 편지를 썼다. 그 편지에 의하면, 루터는 미지의 장소에서 은신하게 될 것이나 "조금 있으면 너희가 나를 보지 못하겠고 또 조금 있으면 나를 보리라"(요 16:16) 하셨던 예수님의 말씀이 자기에게도 적용되기를 바랐다.³⁷ 루터 일행이 바르트부르크에서 불과 56킬로미터 떨어진 헤어스펠트Hersfeld에 도착했을 때, 루터는 베네딕투스회 수도원에서 음식과 포도주를 대접받았다. 그는 그런 환대에 경탄하면서 슈팔라틴에게 그때 일어난 일을 전했다.

헤어스펠트 대수도원장이 우리를 얼마나 친절하게 맞아 주었는지 자네는 아마 믿기 어려울 걸세! 그는 주교구 상서국장과 재무국장을 1킬로미터쯤 미리 보내 우리를 마중하게 했지. 그런 다음 자신은 많은 기수들을 거느리고 성 앞에서 우리를 기다렸다가 함께 마을로 들어갔다네. 시 위원회는 성문 안에서 우리를 환영했지. 대수도원장은 수도원에서 우리에게 풍성한 식사를 대접했고 내가 쓸 수 있도록 자기 개인 집무실까지 내주었다네. [보름스를 떠난 지] 닷새째 되는 날 아침에는 나에게 설교까지 시키지 뭔가. 황제의 관리들이 여행 중 나의 설교를 금지했기 때문에 내 설교가 안전 통행권 위반으로 간주될 수 있고, 그러면 수도원이 중요한 특권을 잃을 수도 있다고 말했지만 소용이 없었다네. 하지만 나는 하나님의 말씀이 묶여 있는 것은 허용할 수 없다고 말했고 그것은 진실이라네.³⁸

점심 식사 후 여행이 재개되어, 루터 일행이 아이제나흐에 도착했을 때 사람들이 성 밖으로 나와 그들을 호위하고 마을로 들어갔다. 그때가 1521년 5월 2일 저녁이었다. 다음 날 아침, 그 구역 사제는 루터가 설교를 하도록 허락했다. 다만 사전에 그 설교에 반대했다는 기록을 공증 서류로 남겨 안전망을 만들어 놓았다.

히에로니무스 슈르프는 아이제나흐에서 곧장 비텐베르크를 향해 북쪽으로 갔지만, 암스도르프와 루터는 말을 타고 남쪽으로 19킬로미터를 내려와서 뫼라 Möhra에 왔다. 루터의 할아버지가 살았고 그의 아버지가 자라난 곳이었다. 다음 날 두 사람은 다시 북쪽으로 방향을 틀고 튀링겐 숲을 통과하여 비텐베르크 쪽으로 가고 있었다. 해가 떨어지기 직전, 알텐슈타인 Altenstein 성 근처에서 기병騎兵 두 사람이 루터 일행을 가로막았다. 루터의 아우구스티누스회 동료는 재빠르게 그 자리에서 도망갔지만, 루터와 암스도르프는 이미 뭔가를 예상하고 있었던지라 가만히 있었다. 그들을 붙잡은 두 사람은 프리드리히 선제후의 오른팔과도 같은 존재였으니, 한 사람은 루터가 머물게 될 바르트부르크성의 성주였고 다른 한 사람은 알텐슈타인의 영주였다. 그들은 강도가 아니라 신뢰할 만한 귀족으로서, 누구도 다치게 하지 않고 임무를 수행할 수 있을 정도로 충분한 전투 훈련을 받은 사람들이었다. 그 호위대와 루터는 말을 타고 24킬로미터의 숲길을 이동하여 거의 자정쯤에 바르트부르크에 도착했다. 꽤 오래 걸린—보름스에서 바르트부르크까지의—여행은 일반적으로 묘사되는 것처럼 비밀스럽고 대담한 질주와는 완전히 다른 것이었다. 숲속에서 이루어진 평화로운 납치는 그 긴 여행의 클라이맥스였다. 물론 성대한 개선 행렬까지는 아니었지만, 그럼에도 공적으로 위엄을 갖추어 이루어진 일이었다.

오늘날 바르트부르크는 요새의 모습을 하고 있지만, 12세기에 지어질 때는 튀링겐 백작들을 위한 궁전이었다. 증축과 보수 공사로 인해 궁이 여러 건물들 가운데 하나로 전락한 형태가 19세기 후반까지 지속되었는데, 요새 건물 대부분은 루터가 그곳에 도착한 1521

· 아이제나흐의 바르트부르크성.

년에 이미 완성되어 있었다. 그곳에 거주한 유명인사는 루터가 처음이 아니었다. 훗날 튀링겐의 성 엘리자베트로 알려진 헝가리의 엘리자베트 공주는 1200년대 초반 14살의 나이로 바르트부르크성에 와서 백작 루트비히 4세와의 결혼을 준비했다. 백작 부인이 된 후에는 물레질을 해서 가난한 사람들을 위한 옷감과 옷을 지었다. 바르트부르크성 기슭에 치료소를 세우고 정기적으로 환자들을 방문하기도 했다. 남편이 죽자, 그녀는 재혼을 하지 않겠다고 서약하고 결혼 지참금을 돌려받아 마르부르크Marburg로 이사했다. 그녀가 성인聖人으로 인정된 후 마르부르크에는 그녀를 기리는 고딕 성당이 세워졌다. 그녀가 바르트부르크를 떠난 후에도 그녀의 삶의 장면들은—실화이든 전설이든—성 안에 있는 '숙녀들의 방'에 아름답게 장식되어 있다. 1777년 시인 요한 볼프강 폰 괴테는 바르트부르크에서 5주간 머물면서 쇠락한 성의 모습을 소묘로 남겼다. 1817년에는 500명의 대학생들이 이곳에 모여 종교개혁 300주년과 독일의 재통일을 기념했다. 리하르트 바그너Richard Wagner도 한 번 이상 아이제나흐와 바르트부르크 요새를 찾았다. 여기서 오페라 〈탄호이저〉Tannhaüser(1845)를 쓰는 데 필요한 영감을 얻었는데, 이 성에서 열린 전설적인 중세의 노래 경연 대회가 그 오페라의 배경이다.

    1999년 유네스코는 바르트부르크를 세계문화유산으로 지정했다. 하지만 루터에게 그곳은 친숙한 지형물에 불과했다. 루터는 어떤 문서에서도 그곳이 특별한 장소라는 암시를 주지 않는다. 튀링겐 숲의 북서쪽 언저리 아이제나흐 위로 높이 솟은 요새는 완만한 언덕과 널찍한 계곡을 내려다보고 있으며, 그 언덕과 계곡이 감싸고 있는 마을은 루터의 외가 친척들의 고향이자 그가 10대의 학창 시절을 보낸 곳이다. 루터는 25년 전에 마음껏 뛰놀던 바로 그곳 위에서 격리된 자신의 신세를 보며 아이러니를 느꼈을 것이다. 자신이 추구하지도 않은 명성 때문에 더 자유로워지기는커녕 악명 높은 범법자가 되어 도피 생활을 하고 있었으니 말이다. 그에게는 요새 전면에 있는 기사들의 숙소 뒤쪽 좁은 통로 끝에 위치한 널찍한 방이 주어졌다. 창문으로 계곡이 내려다보였으며, 추측건대 침대와 탁자와 의자가 하나씩, 벽난로나 화로도 하나 있었을 것이다. 21세기 방문객이 보는 가구는 원래는 그곳에 없었으며, 루터가 악마에게 잉크병을 던져서 생겼다고들 하는 얼룩도 없었다. 아래에 있는 예배당으로 통하는 계단이 하나 있었고, 위험천만한 첫 주 동안에는 방으로 음식이 배달되었을 것이다. 시간이 좀 지나자 안뜰까지는 나올 수 있었지만, 요새 바깥의 낭떠러지 때문에 촌락이 있는 곳까지 가는 건 어려웠다.

이곳에서 루터를 지키는 사람은 숲에서 루터를 가로막았던 한스 폰 베를레프쉬Hans von Berlepsch 장군이었다. 그는 수도사이자 대학 교수인 마르틴 루터를 하급 귀족 기사 융커 외르크Junker Jörg로 바꾸는 임무를 맡았다.[39] 루터는 16년 만에 처음으로 수도사 복장을 벗었다. 가짜 기사는 두건 달린 수도복 대신 몸에 달라붙는 상의(더블릿)를 입고, 수도사처럼 잘라 냈던 정수리에도 새로운 모발을 채워 넣었다. 루카스 크라나흐가 그린 그림을 보면, 루터는 짙은 색 수염을 아무렇게나 길러서 루터 자신의 표현에 따르면 그 시간이 "절반은 기꺼이, 절반은 마지못해 이상한 죄수"[40]로 보내는 시간이었음을 드러냈다. 1521년 여름 내내 루터의 행방은 완전한 비밀이었으며, 그의 대적들은 루터의 은신처를 찾아내지 못했다. 루터의 로마 가톨릭 대적인 코흘레우스는 1540년대에 쓴 적대적인 루터 전기에서 루터가 알슈테트Allstedt에 있는 성에 숨어 있을 것이라고 잘못 추측했다.[41]

갇혀 지낸 지 2주 차에 루터가 보낸 편지를 보면, 그곳은 "새들의 왕국"으로 묘사되기도 하고 복음사가 요한이 계시를 받았다고 요한계시록에 기록된 그리스의 섬 이름을 따서 "나의 밧모섬"이라 불리기도 했다. 멜란히톤에게 보낸 편지의 발신지는 "가지에 앉아 아름답게 노래하고 온 힘을 다해 밤낮으로 하나님을 찬양하는 새들의 나라"였다.[42] 그 편지는 그가 변비와 외로움에 시달리고 있음을 고스란히 드러내지만, 루터는 그런 질환으로 무기력해질 사람이 아니었다. 심지어 그런 감금 상태에서도 루터는 실로 엄청난 주제와 씨름했다. 첫째, 그는 "마리아 찬가"Magnificat라 불리는 성모 마리아의 노

• 기사 게오르크 행세를 하던 루터, 1521-1522.

래를 독일어로 번역하고, 누가복음의 그 본문(1:46-55)에 대한 자신의 주석을 덧붙였다. 마리아 찬가는 마리아가 아기 예수를 낳게 될 것이라는 천사의 예고를 듣고 나서 부른 노래이므로 교회력으로는 대림절과 성탄절에 어울리는 본문이었는데, 루터는 때마침 교회력 설교집을 준비하고 있었다. 이 설교집은 교회력에 따라 매주 주일, 매번의 축일에 알맞은 본문으로 설교하기 위한 안내서였다. 루터는 경건 서적을 좋아하는 프리드리히 선제후의 요청에 따라[43] 이미 보름스로 여행을 떠나기 전부터 그 작업을 시작했던 터라, 바르트부르크에서 강제로 주어진 시간을 활용하여 교회력의 첫째, 둘째 절기인 대림절과 성탄절 부분을 완성하고자 했다. 이 설교집은 1522년 초에 출간되었는데, 루터는 그 후로도 계속 작업을 이어 가서 교회력 전체를 다룬 설교집을 완간했다. 루터의 설교집은 생동감 넘치면서도 소박한 언어로 쓰여 아주 잘 팔렸으며, 많은 독자들이 루터의 신학과 성경적 통찰에 입문할 수 있도록 해 주었다.

5월과 6월에는 좀더 심각한 신학적 주제를 다루었다. 예를 들면, 가톨릭 신학자로 벨기에 루뱅 대학교 교수였던 야코부스 라토무스Jacob Latomus에게 답변하는 글을 썼다. 1475년생으로 본명은 자크 마손Jacob Masson이며 파리에서 공부한 라토무스는 1510년 루뱅 대학교의 교수가 되어 1544년 사망할 때까지 그곳에서 활동했다. 1519년 루뱅 대학교는 루터의 저술을 정죄한 바 있는데, 1521년 5월에 라토무스는 그것의 정당성을 포괄적으로 옹호하는 내용의 글을 발표했다. 루터는 또한 고해성사의 올바른 사용에 대해 설명하고, 또 한 명의 가톨릭 신학자 암브로스 카타리누스Ambrose Catharinus에 대한 답변서 초판을 검토하느라 시간을 보냈다.[44] 라토무스와 카타리누스에게 보낸 답변서는 라틴어로 썼는데, 루터 신학의 핵심 주제에 대한 통찰을 주는 명쾌한 내용이었지만 거의 읽히지 않았다. 라토무스에 대한 답변서에서, 루터는 세례를 받은 후에도 신자에게 죄가 남아 있다는 자신의 주장을 변호했다. 루터는 죄가 무엇인지 명확하게 정의하고, 어떻게 그 죄가 세례받은 신자 안에 있는 은혜와 공존할 수 있는지를 설명해야 했다. 루터는 자신의 입장을 "성도聖徒인 동시에 죄인罪人"이라는 말로 요약했다. 이러한 입장은 그리스도인이 죄로부터 완전히 벗어나야만 하나님 보시기에 가치 있는 존재가 될 수 있다는 중세의 관점과 정면으로 충돌하는 것이었다. 루터의 지지자 가운데 일부도 하나님이 모든 죄를 용서해 주시기 때문에 그리스도인은 죄의 충동에 저항할 필요가 없다는 식으로 루터의 주장을 오해했다. 그러나 루터가 말하고 싶었던 것은 정반대였다. 그리스도인의 삶이란 죄와 맞서는 끊임없는 싸움이며, 신자는 그 죄에 맞서 저항할 수는 있지만 죄를 회피할 수는 없다.

카타리누스는 신자들이 교황의 무류성을 받아들임으로써 얻게 되는 확실성을 강조했는데, 루터는 가톨릭교회가 너무나 타락했기 때문에 확실한 신앙을 제공할 수 없다고 답변했다. 오히려 신자들은 기록된 하나님의 말씀과 성령의 도우심에 의지하여 성경을 적절하게 해석해야 한다. 루터는 성경이 모든 주제에 관해 시간을 초월한 권위를 가진다고 생각하지는 않았기 때문에 그의 기준은 적용하기가 쉽지 않았다. 하지만 그 기준에 따르면, 그리스도인은 하나님의 사랑과 자비에 대한 성경의 핵심 메시지인 복음을 제외한 다른 문제에 관해서는 얼마든지 이의를 제기할 자유를 갖게 된다. 루터는 인간적 권위가 아니라 그 복음만이 믿음의 확실하고 충분한 근거라고 생각했다.

바르트부르크에서 루터의 가장 큰 고민은 자기 자신을 어떻게 새롭게 정의할 것이냐 하는 문제였다. 루터를 비텐베르크 대학교에 임용한 프리드리히 선제후가 그를 카를 황제에게 넘겨주지는 않기로 했다지만, 이단자요 제국의 범법자인 자신이 또다시 신학 교수로 임명되는 일은 없을 거라고 생각했다. 루터의 교수 경력은 이것으로 끝났다고 봐야 할 것 같았다. 그러나 루터는 멜란히톤에게 자기가 비텐베르크로 돌아갈 수도 있다고 말했다.

나는 자네가 있는 곳으로 되돌아갈 희망을 포기하지 않았다네. 다만 하나님께서는 그분 보시기에 선한 일을 행하시겠지. 만일 교황이 지금 나와 같은 생각을 가진 모든 사람에게 맞서 공격을 한다면, 독일은 소란을 피할 수 없을 거야. 교황이 그런 시도를 서두를수록 그만큼 빨리 교황과 그 추종 세력은 망할 것이고 나는 돌아갈 수 있게 되겠지. 하나님께서는 많은 사람의 영혼, 특히 평범한 사람들의 마음을 깨워 주신다네. 이런 일을 강제로 저지할 수 있을 것처럼 보이지는 않아. 만일 교황이 이를 억누른다면, 저항은 열 배로 강해질 걸세.[45]

루터는 아직 수도사였을까? 1518년 슈타우피츠는 루터에게서 아우구스티누스 수도원장에 대한 복종 서약을 해제시켜 주었다. 지금 엄수 아우구스티누스 수도회 개혁 총회에서 그 수도원장은 루터의 친구 벤첼 링크였는데, 링크는 비텐베르크가 아닌 뉘른베르크에서 일하고 있었다. 그가 오직 루터만을 위해 개혁 총회 전체를 위기 상황 속으로 끌어들일 것인가? 이제 루터는 가난·순결·복종의 서약과 관련해서는 어떻게 대처할 것인가? 수도사로서의 지위가 모호해진 마당에 그런 서약을 계속 지켜야 하는가? 만일 그가 살아남아서 바르트부르크를 떠날 수 있게 된다면 어디로 가야 하는가? 다시 비텐베르크의 수도원으로 돌아갈 것인가? 아니면 박해를 받지 않도록 신성로마제국이 아닌 다른 곳으로 가야 하는가? 이런 생각들이 7월 내내 루터를 괴롭혔고, 급기야 원인 모를 병으로 일주일 내내 앓느라고 글도 쓰지 못하는 상황이 되자 루터는 에르푸르트로 가서 치료법을 찾을지, 아니면 거기로 아주 옮길지를 두고 고민했다.[46]

8월 중순, 베를레프쉬는 루터를 데리고 사냥에 나섰다. 아마도 그를 우울함에서 건져 내려는 시도였던 것 같다. 그러나 루터의 사기를 높이는 데는 도움이 되지 않았다.

> 지난 월요일, 나는 이틀 동안 사냥을 하면서 영웅들이 즐기는 이 달콤씁쓸한 쾌락이 과연 어떤 것인지 알게 되었다. 우리는 산토끼 두 마리와 불쌍한 자고새 몇 마리를 잡았다. 아무것도 할 일 없는 남자들에게는 정말 가치 있는 일 아니겠는가! 나는 심지어 덫과 사냥개에 대해서도 신학적으로 연구해 보았다. 그런 일이 얼마나 즐거운 것이든 간에 연민과 고통의 신비가 똑같이 큰 비중으로 뒤섞인다. 이런 (사냥하는) 이미지는 또 무엇을 의미하는가? 악마가 아니라면 누가 사냥꾼을 매복시키고 사냥개―즉 불경스러운 교사들, 주교들, 신학자들―를 동원하여 죄 없는 미물을 사냥하겠는가?[47]

루터의 마음을 무겁게 한 것이 병이었는지, 아니면 "불경스러운" 지도자들 때문에 기독교가 비참한 상태에 놓인 것이었는지 정확히 알

수는 없다. 그가 멜란히톤에게 보낸 첫 번째 편지에는 루터 자신의 육체적 고통과 교회에 대한 비관주의가 결합되어 있다.

> 여기서 온종일 앉아 교회의 상황을 생각했는데 시편 89편이 떠오르더군. "주께서 모든 사람을 어찌 그리 허무하게 창조하셨는지요?" 이 가증스러운 로마 적그리스도 왕국은 하나님의 진노를 드러내는 암울한 표식일세. 불쌍한 민족을 위해 울고 또 울어 그 눈물에 빠져 죽어 버리지 못하게 만드는 이 마음의 완고함을 저주하노라![48]

그 누구도 루터의 미래에 대한 루터 자신의 질문에 대답할 수 없었다. 프리드리히 선제후나 그의 참모들도, 루터의 절친한 친구들이나 비텐베르크의 동료 교수들조차도 마찬가지였다. 아니, 지금 비텐베르크 교수들의 생각은 다른 곳에 가 있었다. 그들은 예배와 종교적 삶의 변화에 관해, 예컨대 사제, 수도사, 수녀의 결혼을 허용할지의 문제를 두고 고심하느라 바빴다. 1521년 6월, 카를슈타트는 모든 성직자에게 요구되는 독신 서약에 대해 논쟁을 제안했다. 루터도 그 소식을 듣고 멜란히톤에게 보내는 편지에서 그 주제에 관한 생각을 피력했다. 그는 성직자의 독신은 인간이 만들어 낸 제도일 뿐이며 누구든 거기에 묶일 필요가 없다는 결론에 도달했다. 그러나 수도사와 수녀의 독신과 관련해서는 명확한 하나님 말씀을 찾지 못했다고 말했다. 그는 "무엇보다도 수도사와 수녀들을 도와"주고 싶었기 때문에 이 문제를 자세히 검토할 필요가 있다고 생각했다. 루터는 "혹시라도 순결을 잃고 불구덩이에 떨어질까 봐 노심초사하는 젊은 남녀들, 이 비참한 사람들"[49]을 정말 측은하게 여겼다. 아마도 루터는 수도원 생활을 하면서 자신을 괴롭혔던 성적 욕망의 좌절을 직접 겪어 봤기에 그들의 처지를 안타깝게 생각했던 것 같다. 11월의 첫날, 루터는 포괄적 연구에 착수하여 성경으로 확인될 수 있고 하나님을 기쁘시게 하는 서약과 그렇지 않은 서약을 구분하기 시작했다. 그 결과물이 1521년 말에 완성되어 『수도원 서약에 관한 판단』 A Judgment on Monastic Vows 이라는 제목으로 출간되었다. 다른 작업들을 병행하면서 루터가 라틴어로 120쪽에 달하는 이 책의 초판[50]을 쓰는 데 걸린 시간은 두 달이 채 걸리지 않았다.

루터는 이 책을 집필하면서 자신의 수도원 서약과 그 서약이 이루어진 상황을 회상했다. 그는 이례적으로 아주 사적인 내용이 담긴 헌정의 글을 써서 그 사건을 떠올렸다. 이 헌사는 그의 아버지에게 보내는 공적 편지의 형태로 되어 있으며 날짜가 1521년 11월 21일로 기록되어 있다.[51] 그 편지는 라틴어로 쓰였기 때문에 번역자가 없었다면 아버지는 편지를 읽지 못했을 것이다. 편지의 내용은 대부분 마르틴 루터가 지나온 나날을 결산하는 것으로, 이를 통해 루터 자신과 그의 친구들에게 지금 그의 삶이 향하고 있는 새로운 방향을 설명했다. 루터의 아우구스티누스회 수도사로서의 경력은 아버지의 실망이라는 구름 아래 시작되었다. 아들 루터가 법률가로서 성공적인 삶을 살고 행복한 결혼 생활을 하기 바랐던 아버지의 계획을 뒤엎어 버린 것에 대한 죄책감과 후회가 루터에게 남아 있었다. 루터가 에르푸르트에서 첫 미사를 집전하던 날, 아버지와 아들의 불편한 만남은 루터의 마음에 큰 상처를 남겼다. 그러나 이제 루터는 그때 아버지의 실망은 사랑하는 아들에 대한 염려의 표현에 불과했다는 사실을 알게 되었노라고 썼다. 게다가 아버지의 말이 맞았다. 아들 마르틴은 부모를 공경하고 복종하라는 제4계명을 지켰어야 했다. 루터는 또 이렇게 적었다. 다행히도 하나님이 그 껄끄러운 경험을 사용하셔서 루터에게 이전에 없던 정체성과 새로운 목표를 주셨다. 루터의 아버지는 아들을 수도원에서 끌어내지 못했지만, 하나님이 개입하셔서 그를 해방시키고 새로운 존재로 빚어내셨으니, 이제 루터는 "교황이 아니라 그리스도의" 새로운 피조물이다.[52]

결과적으로, 루터는 이제 자신이 새로운 운동의 지도자가 되어야 한다고 믿었다. 그 운동은 지금 그가 누리는 것과 동일한 자유를 다른 자녀들에게도 전달해 줄 것이다. 루터는 자기 아버지에게 이렇게 표현했다. "[그리스도께서] 한 아들을 아버지한테서 빼앗으신 것은 그분께서 저를 통하여 다른 많은 자녀들을 도와주시려는 것이기를 바랍니다. 아버지께서 이것을 기꺼이 허락하실 뿐 아니라 크게 기뻐하시리라 확신합니다." 그러나 이런 자유를 누리기 위해 루터는 새로운 권위에 속한 사람이 되어야 했으며, 그 권위는 그의 양심이 한때 속해 있었던 그의 아버지와 교황을 대신했다. 루터는 이렇게 말했다.

> 아버지께 보내 드리는 이 책을 통해, 그리스도께서 어떤 징표와 기적으로 저를 수도원 서약에서 면제해 주셨으며 그로써 저에게 얼마나 큰 자유를 허락해 주셨는지 보실 수 있을 것입니다. 그 자유가 얼마나 큰지, 그분이 저를 모든 사람의 종으로 만드셨음에도 저는 그분 외에는 누구에게도 종속되지 않습니다. 그분은 저의 가장 가까운 주교, 수도원장, 주님, 아버지, 스승이십니다. 저는 다른 사람을 받아들이지 않습니다.[53]

그때부터 루터에게 자유란 그리스도께 묶여 사는 것을 의미했고, 그 자유로 인해 루터는 단순히 면벌부에 저항하는 사람, 교황을 비판하는 사람 이상의 인물이 되었다. 이제 그는 종교에 대한 더 큰 비전을 가진 사람이 되었으며, 다른 사람을 자유롭게 만듦으로써 그 비전을 실현하는 사명을 가진 사람이 되었다. 루터 인생의 결정적 전환점은 95개 논제나 보름스 제국의회가 아니었다. 그 사건은 루터가 하나님으로부터 온 것이라고 믿었던 새로운 정체성과 새로운 목표를 갖게 된 바르트부르크에서 일어났다. 그 사건은 기독교에 대한 새로운 비전, 루터가 추구하기로 마음먹은 그 비전에 기초한 것이었다. 그러나 시간이 흐르면서, 모든 사람이 그의 비전에 동의하지는 않으며 그가 지금 누리는 것과 똑같은 자유를 원하지도 않는다는 사실을 알게 된 루터는 놀라지 않을 수 없었다.

2부

새로운 비전을 추구하며
1522-1546

9
천 가지 술책의 달인

1522-1523
바르트부르크 — 비텐베르크

"머리에 무슨 생각이 떠오르든지 명랑하게 지껄여 대는 교사들에게
화 있을지어다.…그들은 악마가 곁에서 작은 불화살, 말하자면
성경 말씀으로 치장한 가장 유혹적인 생각들을 계속 주입하고 있다는
사실을 잊어버린다. 어떤 경고와 위협도 도움이 되지 않는다.
악마는 천 가지 술책의 달인이다."[1]

루터가 바르트부르크에 있는 동안, 비텐베르크에서 하나의 개혁 운동이 발발했다. 그 개혁은 어떤 거대한 계획에 따라 움직이기 시작한 것이 아니라 조금씩 간헐적으로 일어났다. 이런저런 논쟁, 시위, 불복종 운동 등이 때로는 전진하고 때로는 후퇴했다. 비텐베르크와 다른 대부분의 지역에서 종교개혁은 그리 멋진 모습이 아니었고 그 결과도 모든 사람에게 기쁨이 되지는 못했다. 심지어 루터에게도 그랬다. 루터는 "천 가지 술책의 달인" 악마가 언제나 자신의 일을 방해하고 있다고 생각했다.

비텐베르크에서는 루터의 동료 교수인 필립 멜란히톤과 안드레아스 카를슈타트가 개혁을 이끌었다.[2] 멜란히톤은 나이가 훨씬 어렸지만, 교회를 향한 그의 열심과 빼어난 학식은 카를슈타트와 루터에게 깊은 인상을 주었다. 루터는 바르트부르크에 도착하자마자 멜란히톤에게 편지를 써서, 비텐베르크의 동료들이 서로를 위해 기도함으로 "함께 그들 앞에 놓인 짐을 지고 나갈" 것을 당부했다.[3] 카를슈타트는 멜란히톤을 "비텐베르크 교회의 최고 지도자"[4]라고 불렀지만, 그와 멜란히톤은 루터가 자신을 지지하는 비텐베르크 사람이라고 지칭한 많은 이들 가운데 두 사람에 불과했다. 루터의 지지자로는 루터와 함께 보름스로 간 니콜라우스 암스도르프와 페터 슈바베가 있었고, 과거에는 루터의 제자였다가 가까운 친구가 되어 라이프치히 논쟁 때 루터를 도왔던 요하네스 아그리콜라,[5] 법률가 요한 슈베르트페거^{John Schwertfeger}, 아우구스티누스회 수도원 동료인 야코프 프롭스트^{Jacob Propst}, 하인리히 취트펜^{Henry of Zütphen}, 콘라트 헬트^{Conrad Helt}, 화가 루카스 크라나흐, 금세공업자 크리스티안 되링^{Christian Döring}, 루터의 개인 주치의 에샤우스^{Eschaus} 박사도 있었다.[6] 주로 대학교에 집중되었으나, 비텐베르크의 저명한 인사들과 아우구스티누스회 수도사들도 뜻을 같이했다.

열거된 사람들 외에도 두 사람이 합류하여 루터의 측근 집단을 형성했다. 한 사람은 포메른 출신으로 1521년 비텐베르크 대학교에 온 요하네스 부겐하겐이었고, 또 한 사람은 같은 해에 에르푸르트에서 이사 온 유스투스 요나스였다. 얼마 전까지 요나스의 우상이었던 인문주의자 에라스무스는 요나스가 이제 루터의 팬이 되었다는 소식을 듣고 크게 실망했다. 에라스무스는 요나스에게 왜 자신은 그와 뜻을 같이할 수 없는지를 설명하는 편지를 썼다.

> 친애하는 요나스, 자네는 이미 늦어 버린 이 시점에 내가 왜 이런 긴 불평을 자네에게 늘어놓는지 묻고 싶을 걸세. 이런 이유 때문이네. 비록 마땅히 지켜져야 하는 선을 넘어 너무 멀리까지 가 버린 상황이긴 하지만, 아직 이 지독한 폭풍을 잠재우는 것이 가능하다면 우리는 경계하고 있어야 할 걸세. 지금 우리의 교황은 천성이 대단히 자비로운 사람이고, 지금 우리의 황제는 온화하고 관대한 사람이야.…세상을 다스리는 중요한 판단을 내리는 그런 사람들에게 마음에 들지 않는 점이 있다면, 내 생각에는 우리가 그것을 그들의 주님이며 주인이신 분께 맡기는 것이 마땅하네. 만일 그들의 명령이 정당하다면 거기에 복종하는 것이 합리적이고, 정당하지 않다면 그것이 최악의 경우

가 아닌 한 최대한 참아 내는 것이 선한 사람의 의무일세. 만일 우리 세대가 풍성하신 그리스도를 참아 내지 못한다면, 그럼에도 우리는 할 수 있는 한 그리스도에 관한 것을 설교해야 한다네.[7]

그럼에도 동요하지 않았던 요나스는 1521년 6월, 비텐베르크 신학을 수용하기로 선언했다. "하나님의 진리는 비텐베르크에서 울려 퍼졌으며 주님의 말씀은 작센에서 그 모습을 드러냈다."[8] 요나스는 이와 동시에 교회법 강의를 중단했다. 원래 그는 모든 성인 교회 참사회 주임 신부로서 교회법을 강의할 의무가 있는 사람이었다. 참사회는 성교회에서 예배 및 목회와 관련된 일을 수행하는 '캐넌'canon이라 불리는 신부들로 구성되어 있었다. 참사회는 슈팔라틴과 협의한 후, 다른 교수에게 교회법 강의를 맡기고 요나스는 신학과에서 강의할 수 있도록 해 주었다.[9]

루터의 동조자 가운데서 가장 먼저 종교적 변화를 시도한 사람은 카를슈타트였다. 인근에서 활동하던 사제 세 명이 독신 서약을 깨뜨리고 아내를 얻자, 카를슈타트는 그들을 옹호하면서 사제와 수도사의 서약은 모두 무효라고 주장했다. 멜란히톤도 이 주장에 동의했다. 루터도 그 논쟁에 끼어들게 되었지만 두 사람의 주장에 완전히 동의할 수는 없었다. 그러나 루터는 수도원 서약을 행한 사람들 가운데 정말 자유로운 상태로 서약했다고 볼 수 없는 소수의 경우에는 예외를 두어도 괜찮다고 생각했다. "나는 수도원에 들어온 사람들 중에서 사춘기나 그 이전에 수도원 생활을 시작한 사람은 양심의 가책 없이 그곳을 떠날 수 있다는 결론에 거의 도달했다. 하지만 이미 나이 들고 이 바닥에서 꽤 오래 머물렀던 사람에 대해서는 확실하지가 않다."¹⁰ 1521년 8월에는 이렇게 생각했다. 그러나 11월이 되자, 루터는 모든 사람이 떠날 수 있다는 생각을 굳혔다. 그는 수도원 서약에 대한 공격을 퍼부어 "젊은 사람들을 육체적 순결이라는 지옥으로부터 해방"시키려고 했으니, 그 지옥이야말로 "불구덩이와 불순함으로 인해 더욱 철저하게 더럽고 가망 없는 곳이다. 내가 이렇게 쓸 수 있는 이유는 부분적으로는 나 자신의 경험 때문이고 부분적으로는 나의 분노 때문이다."¹¹

그다음 이슈는 미사의 개혁이었다. 1520년, 루터는 미사가 예수님의 희생을 정교하게 재연한 것이라는 중세의 관념을 거부했다. 성경은 성만찬을 유언testament, 즉 그리스도가 죽기 전에 제자들에게 하신 약속으로 이해하고 있다는 것이 루터의 주장이었다. 그 약속은 죄의 용서에 관한 약속으로서, 그리스도의 몸과 피를 빵과 포도주의 형태로 받아들인 모든 사람을 위한 약속이다. 카를슈타트는 중세 후기의 미사에서 평신도에게 포도주를 주지 않는 관습은 그리스도가 원래 의도하셨던 것과 상충된다고 지적했으며, 1521년에는 더 나아가 모든 그리스도인에게 빵과 포도주를 다 분급하지 않는 것은 죄라고 선언했다. 루터는 두 가지를 다 받는 것이 필수는 아니라는 입장이었다. "성만찬은 그리스도께서 제정하신 것으로서 자유 안에서 사용되어야 한다. 성만찬은 전체적으로든 부분적으로든 가둬 놓을 수 없는 것이다."¹² 그렇지만 루터도 멜란히톤과 카를슈타트가 성만찬의 식탁에서 빵과 포도주를 다 받는 전통을 회복하기 위해 애쓰는 모습에 "대단히 기뻐"했다. 루터는 어떠한 일이 있더라도 자기가 사적 미사, 곧 함께 참여하는 사람이 없는 미사를 드리지 않겠다고 선언했다. 사적 미사는 그리스도의 의도를 무시하는 것이다. 사제에게 돈을 내고 어떤 특별한 목적을 위해 사적 미사를 집전하게 한다면 그것은 미사가 아니라 상품이다. 1521년 11월, 루터는 사적 미사 철폐를 주장하는 책을 탈고하자마자 수도원 서약에 대한 공격을 시작했다.[13]

루터와 그의 동료 교수들이 모든 현안에 일치된 견해를 가진 것은 아니었던지라, 그들 가운데 몇 사람, 혹은 단 한 사람이라도 명확한 판단을 내리지 못한다든지 그런 변화가 죄로 이어질 수 있다고 생각하는 경우에는 개혁과 관련된 결정은 언제나 큰 도전이었다. 루터는 바르트부르크에서 한 가지 해법을 제안했는데, 이것은 많이 인용되기는 하지만 자주 오해되는 말이다. 루터는 멜란히톤에게 어떤 사안에 대해 결정이 나지 않더라도 실행에 나서기를 촉구하면서 이렇게 말했다.

> 만일 자네가 은혜를 설교하는 사람이라면 가짜 은혜가 아니라 진짜 은혜를 설교하게나. 만일 은혜가 진짜라면 자네는 가짜 죄가 아니라 진짜 죄를 견뎌야 하네. 하나님이 구원하시는 사람들은 가짜 죄인이 아니라네. 죄인이 되어 담대하게 죄를 짓되, 그리스도를 더욱 담대히 믿고 그분을 기뻐하게. 그분은 죄와 죽음과 세상을 이기신 분이 아닌가. 우리의 삶은 의(義)가 거하는 곳이 아니지만, 베드로 사도가 말했듯이 우리는 의가 거하는 새 하늘과 새 땅을 바라보고 있다네(벧후 3:13). 하나님의 영광의 풍요함으로 우리가 세상 죄를 지신 어린양(요 1:29)을 알게 된다면 그것으로 충분하다네. 설령 우리가 하루에 수천 번 간음을 하고 살인을 저지른다고 해도, 죄는 우리를 어린양으로부터 떼어 놓을 수 없다네.[14]

간음과 살인을 언급하기는 했지만, 사실 루터가 멜란히톤에게 담대히 받아들이라고 말한 죄는 비도덕적 행위가 아니라 미사를 개혁함으로써 얻게 되는 불완전한 결과들을 가리켰다. 멜란히톤이 아무것도 하지 않더라도 죄를 짓는 것이요, 어떤 구체적 행동을 취해도 마찬가지로 죄를 짓는 것이리라. 그러므로 미사를 예수님이 의도하신 것에 최대한 가깝게 만드는 노력은 그 결과가 완전하지는 않더라도 옳은 일이라는 것이다. 간단히 말해, '대담하게 죄를 지으라'는 말은 온갖 욕망과 탐욕과 혐오를 마음껏 발산할 수 있도록 해 주는 허가가 아니라, 결과가 완전하지 못할지라도 적절한 실천에 나서야 한다는 격려였다. 그런 방침이 없었다면 개혁 운동은 훨씬 더 지연되었을 것이다.

멜란히톤은 루터가 의도한 의미를 정확하게 이해했다. 사제가 아니었음에도, 멜란히톤은 9월 29일 성 미하엘 축일에 학생 몇 명과 함께 성만찬을 거행하면서 빵과 포도주를 모두 분급했다. 아우구스티누스회 수도사로서 탁월한 대중 설교를 통해 제2의 루터라는 평판을 얻은 가브리엘 츠빌링Gabriel Zwilling도 루터의 의도를 잘 이해했다.[15] 10월 6일, 츠빌링은 앞으로 사적 미사를 집전하지 않겠다고 선언했으며, 학생들과 마을 사람들에게 빵과 포도주를 숭배하고 사제만 포도주를 마실 수 있게 하는 잘못된 공적 미사에 참여하지 말 것을 호소했다. 새로운 형식의 미사는 복음을 설교하고, 빵과 포도주를 모든 사람에게 분급하고, 성만찬 제정의 말씀을 독일어로 선포하는 것을 강조했다. 그러나 성교회 사제들 대부분은 새로운 형태의 미사를 좋아하지 않았다. 불화를 원치 않았던 프리드리히 선제후는 사제들의 저항이 계속되자 결국 행동에 나섰다. 첫째, 선제후는 새로운 미사에 반대하는 사제들과 변화에 찬성하는 교수들에게 의견을 통일하도록 명령했다.[16] 둘째, 위원회를 하나 꾸려서 아우구스티누스회 수도원에서 츠빌링의 영향력을 조사하도록 했다. 그 위원회는 중립적 모임이 아니었다. 위원회 회원인 멜란히톤, 카를슈타트, 요나스, 히에로니무스 슈르프, 프리드리히 선제후의 참모인 크리스티안 바이어[17]는 모두 개혁을 환영하는 사람들이었다. 위원회는 수도원에서 츠빌링의 추종자들이 대부분 네덜란드 출신의 아우구스티누스회 수도사들이며 하인리히 취트펜이 그 대변인 역할을 맡고 있음을 알게 되었다. 하인리히는 츠빌링이 예고한 변화의 정당함을 글로써 옹호했으며, 최종 결정을 내리기 전에 루터의 의견을 들어 보자고 제안했다.[18] 그런데 그런 조치가 취해지기 전, 1521년 11월 초에 아우구스티누스회 수도사 40명 가운데 13명이 츠빌링과 함께 수도원을 떠났다.[19]

1521년 12월 초, 루터는 비밀리에 비텐베르크에 가서 친구들을 만났다. 루터가 여러 가지 개혁 시도와 관련하여 기분 나빠했다는 기록은 전혀 없는데, 다만 아우구스티누스회 수도사들이 떠난 것에 대해서는 썩 유쾌해하지 않았다. 떠날 수 있는 권리에 문제를 제기하지는 않았지만, 그들이 깨끗한 양심으로 수도원을 떠난 것인지 잘 모르겠다고 말했다.[20] 루터는 시선을 피하려고 수도원 대신 암스도르프의 집에 머물렀고 멜란히톤과 화가 루카스 크라나흐가 그 집을 찾아왔다. 그러나 루터가 비텐베르크를 떠나기 전에 학생들과 마을 사람들이 반(反)성직자주의를 내세우며 폭력 시위를 일으켰다. 12월 3일, 시위대는 성교회 안으로 치고 들어가 사제들에게서 미사전서(典書)를 강제로 빼앗아 버렸으며, 그들을 제단에서 내쫓고 돌까지 던졌다. 그다음 날인 성 바르바라 축일에 폭동은 프란체스코회 수도원으로 번졌다. 한 무리의 사람들이 수도원 정문에 수도사들을 조롱하는 그림을 붙이고, 무력을 써서 교회 안으로 들어간 다음 나무 제단 장식을 산산조각 냈다. 이틀 후에는 난폭한 시민과 대학생 40명이 시내를 행진하면서 단검을 빼어 들고, 수도원을 습격하여 수도사들을 죽여 버리겠다고 위협했다. 시의회는 프리드리히 선제후에게 이런 상황이라면 개혁을 지지하고 싶지 않다는 의견을 밝혔다. 이제 막 태동한 종교개혁이 몇 달도 버티지 못할 것 같았다.

루터는 바르트부르크로 돌아가기 전 자신의 방문에 대해 긍정적인 평가를 내렸다. 슈팔라틴이 루터의 원고 세 편의 출간을 보류시킨 것을 제외하고는 "여기서 듣고 본 모든 것이 나를 아주 기쁘게 했다. 옳은 일을 하려고 애쓰는 사람들의 영혼을 주님께서 강하게 해 주시기를!"[21] 루터는 비텐베르크의 동료 교수들이 이슈로 삼고 있는 주제들, 곧 수도원 서약, 사적 미사, 빵과 포도주를 평신도에게도 분급하는 문제에 관해 동의를 표했다. 그리고 폭력에 대해서는 공적으로 경고하기로 약속했으며 그 약속을 지켰다. 12월 14일, 루터는 바르트부르크에서 슈팔라틴에게 또 한 편의 원고를 보냈으니, 그 제목은 『모든 그리스도인이 반란과 폭동에 맞서 경계할 것을 권면하는 진지한 훈계』*A Sincere Admonition to All Christians to Guard against Insurrection and Rebellion*다. 루터는 자신의 글을 올바르게 이해한 사람이라면 치안을 방해하지 않을 것이라고 주장했다. 자신은 언제나 혁명에 반대하는 사람들 편에 설 것인데, 첫 번째 이유는 새로운 질서가 결코 기대에 못 미치기 때문이며, 둘째로 폭동은 복음에 따라 이루어지는 개혁에 대해 불신을 야기하려고 악마가 일으키는 것이기 때문이다.[22] 그때부터 루터는 종교개혁을, 기회만 생기면 이를 진압하려고 애쓰는 악마의 교묘한 술책에 맞선 고단한 전투로 이해했다.

비텐베르크에서는 개혁 운동이 차츰 힘을 받으면서 악마가 잠에 빠진 것처럼 보였다. 대학교와 아우구스티누스회 수도원을 중심으로 개혁이 추진되는 와중에 마을 주민들이 가세하여, 1521년 12월 의회에서 나름의 개혁안들을 요구했다. 그들의 요구는 이러했다. 1) 하나님의 말씀을 설교하는 데 제약이 있어서는 안 된다. 2) 공적 미사 참여가 강제 조항이어서는 안 된다. 3) 성유물, 행렬 기도, 철야 기도, 평신도 형제회, 사적 미사 등을 금지한다. 4) 성만찬에서 평신도에게도 포도주를 분급해야 한다. 5) 선술집을 닫는다. 6) 매음 시설을 폐쇄한다. 이러한 요구는 프리드리히 선제후에게 너무 과한 개혁이었다. 12월 중순, 그는 시민들에게 예배와 관련하여 더 이상 변화를 요구하지 말고 사제들을 건드리지 말라고 명령했다.[23]

프리드리히의 이런 조치에도 불구하고 카를슈타트는 계속 개혁을 밀어붙이면서 다시 변화에 불을 붙였다. 그는 성탄절 직전에, 자기가 1522년 1월 1일에 "그리스도께서 제정하신 대로 복음적인 미사"를 주재하고 설교도 하겠다는 성명을 발표했다. 그는 평신도에게도 빵과 포도주를 나누어 주고, 예수님의 성만찬 제정사도 독일어로만 할 것이며,[24] 미사 전집에 있는 감사와 성별의 긴 기도문은 생략하겠다고 약속했다. 카를슈타트는 자신을 막으려는 선제후 참모들의 계획을 알고는 미사 날짜를 12월 25일로 앞당겨 성교회에서 진행했다. 그 전날인 성탄 이브에는 성교회와 시교회에서 불안이 증폭되었으나, 카를슈타트의 성탄 설교가 사태를 진정시켰다. 그는 사제복 대신 교수 가운을 입고 서서, 복음적 미사는 하나님의 용서의 약속을 믿는 모든 사람을 위한 미사라는 사실을 회중에게 설명했다. 그런 후에 성만찬을 독일어로 집전하고 면병麵餠과 성배聖杯가 모든 사람의 손을 거치게 함으로써 많은 사람들을 놀라게 했다. 그러나 오래된 미신은 쉽게 사라지지 않았다. 분급하는 과정에서 면병이 두 조각 떨어지자 카를슈타트를 제외한 모든 사람은 면병을 손으로 집을 엄두를 내지 못했으니, 이는 면병이 그리스도의 몸으로 숭배되었기에 평신도가 손을 대는 일이 거의 없었기 때문이다.[25] 그 미사에는 비텐베르크의 시장과 마을 지도급 인사들을 포함하여 천 명이 넘는 사람들이 참여했다는 기록이 있다. 천 명이라고 하면 그 당시 비텐베르크 인구의 절반에 해당되므로 숫자는 과장인 것 같지만, 어쨌거나 기록에 의하면 이듬해 1월 초 마을 교회에서 열린 독일어 미사에도 그와 비슷한 수의 사람들이 모였다고 한다.

크리스마스 다음 날, 혹은 다음다음 날에 츠비카우Zwickau에서 사람들이 찾아와서 멜란히톤과 암스도르프를 만났다. 그 가운데 한 사람은 니콜라우스 슈토르히Nicholas Storch라는 직공織工이었다. 그가 속한 직물 노동자 단체는 츠비카우의 사제로서 화통한 성격의 토마스 뮌처Thomas Müntzer가 주축이 되었다. 슈토르히는 평신도였지만 성경에 대한 영적 통찰이 뛰어났기 때문에, 뮌처는 사제들보다는 오히려 슈토르히에게 설교할 권리가 있다고 확신했다. 당연히 시의회는 이런 식의 파격을 경계했고 비밀 형제회가 조직되었을 수도 있다는 소문을 두려워하여 슈토르히를 청문회에 소환했으나, 슈토르히는 청문회를 피해 두 명의 동료와 비텐베르크로 달아났다. 그 두 사람은 토마스 드레히젤Thomas Drechsel, 그리고 일전에 비텐베르크에서 공부했던 마르쿠스 슈튀프너Marcus Stübner였다. 세 사람은 임시로 카를슈타트의 집에서 묵었다.[26] 멜란히톤과 암스도르프는—후자의 경우는 그 정도가 조금 덜했지만—특별 계시에 대한 세 사람의 주장에 깊은 감명을 받았으나, 유아 세례 거부에 대해서는 생각이 달랐다. 그들은 프리드리히 선제후에게 루터를 불러 달라고 부탁했지만 루터는 편지로 대답할 수밖에 없었다. 루터는 그 "츠비카우 예언자들"[27]을 너무 심각하게 여길 필요는 없다고 느꼈다. 아직까지 그들의 말이나 행동이 사탄에게서 온 것처럼 생각되지는 않았기 때문이다. 루터는 멜란히톤에게, 그들이 영적 고난을 겪고 있는지 아닌지를 물어보아 그들의 상태를 점검해 보라고 조언했다. 성경은 하나님과의 직접적 만남이 공포와 경악 속에서 일어난다고 기록하고 있다. 루터는 멜란히톤에게, 만일 그 "예언자들"이 십자가에 못 박힌 예수님을 보지 않고 영광스러운 그리스도만을 말한다면 그들의 말을 들어서는 안 된다고 충고했다.[28]

그러나 츠비카우에서 "예언자들"이 찾아온 사건은 단순한 해프닝이 아니었다. 그들이 카를슈타트나 뮌처와 연결되었다는 것은 비텐베르크와 그 주변에 루터가 생각하는 것과는 심각하게 다른 방식의 개혁을 추구하는 세력이 존재한다는 뜻이었다. 뮌처는 루터가 1521년 3월 6일에 바르트부르크에서 돌아오기 전부터 비텐베르크에 와 있었다. 그는 멜란히톤과 마침 비텐베르크에 온 지 얼마 안 되어 멜란히톤의 집에 머물고 있던 요하네스 부겐하겐과 더불어 개혁의 쟁점들을 놓고 토론을 벌였다.[29] 그때쯤부터 카를슈타트와 루터는 개혁의 정도와 속도에 대한 견해 차이로 공공연한 갈등을 일으키기 시작했다.

1522년, 카를슈타트와 요나스는 카를슈타트가 비텐베르크에서 시작한 변화의 범위를 확장했다. 두 사람 모두 대학 교수이자 모든 성인 교회 참사회 소속 신부였다. 카를슈타트는 금요일에 두 번 설교했고 저녁 미사는 성경 봉독으로 대치했다. 요나스는 평일 아침에 라틴어 미사를 드리는 대신 시편을 낭독하고, 참석한 사람들을 위해 독일어로 해석을 해 주었다. 암스도르프는 한 걸음 더 나아갔다. 그는 모든 성인 교회 참사회 소속이었는데도 아예 참사회원 봉급 수령을 거부했다. 그 돈은 누군가가 참사회에 기증하거나 유증한 토지 수익금으로 충당되었다. 암스도르프는 결혼 생각도 없었고 추측건대 아주 부유한 사람이었을 텐데, 프리드리히 선제후는 그를 비텐베르크 대학교에 붙잡아 두기 위해서 참사회원 봉급을 급료로 주기로 약속했던 것이다.[30] 카를슈타트는 더 중요한 한 걸음을 내디뎠다. 성교회에서 복음적 미사를 집전한 다음 날인 1521년 12월 26일, 그는 멜란히톤과 요나스를 데리고 엘베강을 건너 제그레나Seegrehna 마을로 갔다. 거기서 그는 안나 폰 모카우Anna von Mochau와 약혼했고 두 친구가 그 약혼의 증인이 되었다. 1522년 1월 19일에 두 사람은 결혼식을 올렸는데, 이로써 카를슈타트는 비텐베르크의 개혁자들 중에서 독신 서약의 구속력 무효에 대한 협의를 처음으로 실행에 옮긴 성직자가 되었다. 한 달 뒤에는 비텐베르크에 거주한 지 아직 1년이 안 된 유스투스 요나스도 카를슈타트의 모범을 따라 그 지방에 살던 카타리나 팔케Katharina Falcke와 결혼식을 올렸다. 카타리나는 20년 동안 요나스의 부인으로 살다가 세상을 떠났는데, 요나스의 동료 교수들에게 그녀는 언제나 존경과 감탄의 대상이었다. 1529년, 훗날 비텐베르크의 서기관이 된 어느 청년은 멜란히톤이 카타리나 요나스와 춤을 추는 것을 보고 깜짝 놀랐다는 기록을 남겼다.[31]

1522년 바르트부르크에서 루터는 자신의 유배 생활을 유명하게 만들 작업에 착수했으니, 바로 신약성경을 독일어로 번역하는 일이었다. 10개월간의 바르트부르크 체류 생활을 불과 3개월 남긴 12월, 루터는 요하네스 랑게에게 그 계획에 관해 알렸다. 루터에 의하면, 이 프로젝트는 루터 자신의 아이디어가 아니라 "친구들"의 제안이었다. 루터는 잠시 비텐베르크에 들렀다가 그리스어에 능통한 친구 랑게가 번역 작업을 하고 있다는 소식을 접했다.[32] 사실 랑게는 마태복음서만 번역하고 있었는데, 루터는 신약성경 27권 전체를 번역하기로 계획한 것이다. 그리고 이 계획을 1522년 3월 1일 바르트부르크를 떠나기 전까지 기적적으로 실행했다. 만일 멜란히톤이 3월 6일자 편지에서 루터가 "신약성경 전체"[33]를 독일어로 번역한 원고를 가지고 비텐베르크에 도착했다는 기록을 남기지 않았다면 그 누구도 믿을 수 없는 놀라운 속도였다. 루터의 번역은 에라스무스가 라틴어 번역과 그 외 수백 개의 주석을 덧붙여 편집한 그리스어 신약성경 제2판(1519)을 토대로 한 작업이었다. 에라스무스의 이 그리스어 신약성경을 보면, 그가 최고의 그리스어 텍스트를 선별하기 위해 사용한 방법이 현대 성서학자들의 방법과 동일하다는 것을 알 수 있다. 그는 아주 오래된 그리스어 본문들을 비교하면서 어떤 단어 혹은 구절이 가장 오래되고 신뢰할 만한 것인지 정했다.[34] 특히 갈라디아서를 자세히 읽어 보면, 루터가 번역할 때 라틴어가 아니라 대부분 그리스어 본문을 선택했음을 확연히 알 수 있다. 갈라디아서의 그리스어 본문이 라틴어 번역과 차이를 보이는 60군데 중에서 루터가 라틴어 번역을 채택한 곳은 단 여섯 군데다.[35]

루터 자신도 바르트부르크에서 신약성경 번역을 끝마치리라고는 예상하지 못했던 것 같다. 1522년 1월에 암스도르프에게 보낸 편지를 보면, 그는 부활절 전에 비텐베르크로 돌아가 다른 동료들과 함께 신약성경 번역을 계속해 나가겠다고 말한다. 그는 "자기 힘으로는 감당할 수 없는 짐을 졌다"고 시인하면서 암스도르프와 함께 머무를 수 있을지 물었다. 번역은 "공공의 일이고 공공선에 이바지해야 하는 일이라서 우리 모두가 해내야 할 위대하고도 가치 있는 사업"[36]이기 때문이다. 루터는 완성된 원고를 가지고 돌아왔지만, 출간을 위해 독일 최고의 그리스어 학자인 친구 멜란히톤에게 그 원고를 꼼꼼히 체크해 달라고 부탁했다.[37] 그리스어의 대가 멜란히톤과 현장감 넘치는 독일어의 마술사 루터, 그것은 언어적으로 최상의 조합이었다. 5월이 되어 번역 원고의 앞부분이 인쇄를 눈앞에 두었는데, 루터는 이것을 "우리의 새로운 성경의 맛보기"[38]라 불렀다. 여기서 "우리의"라는 소유대명사가 의미심장하다. 루터가 솜씨 좋은 친구들의 도움을 받아 이룩한 일이 루터 혼자의 업적으로 간주되는 경우가 너무나 많다. 물론 초역은 "그의" 번역이었지만, 1522년 9월에 마침내 출간된 독일어 신약성경은 루터와 멜란히톤, 어쩌면 또 다른 친구들 모두의 작품이라 해야 할 것이다.

그런데 루터가 돌아오기 전, 비텐베르크에서 또 하나의 소동이 일어났다. 1522년 1월 6일, 아우구스티누스회 개혁 총회가 비텐베르크 수도원에서 개최되었다. 슈타우피츠는 이미 아우구스티누스 수도회를 탈퇴한 상태였으므로, 비텐베르크 출신의 벤첼 링크가 새로운 주교 대리로서 총회를 주재하기 위해 뉘른베르크를 떠났다. 루터는 바르트부르크에 있었기 때문에 총회에 참석하지 못했지만, 루터의 오랜 친구인 요하네스 랑게는 에르푸르트를 떠나 총회에 참석했다. 총회는 루터의 바람대로 중요한 개혁 조항들을 결의했고 그 결과 형제들이 수도회를 떠나는 것이 허용되었다. 그러나 며칠 후, 가브리엘 츠빌링의 선동으로 수도회의 성물^{聖物}이 파손당하는 일이 벌어졌다. 나무 제단과 거기 고정된 기구들이 박살 나고 마당에서 불태워졌다. 성화, 성상, 깃발, 거룩한 제단 용기들도 같은 운명에 처해졌다. 츠빌링처럼 과거에 신적 능력의 성스러운 통로로 간주되던 물건들을 파괴하는 데 앞장선 적대 세력들은 종교개혁 이전의 교회가 그들에게 속임수를 쓴 것에 분개했다. 그들은 성인들이 자신들을 하나님께 가까이 이끌어 주는 능력이 없다는 확신 속에서, 성인들의 형상에서 손을 잘라내고 머리를 분질렀으며 때로는 그들의 그림을 훼손하거나 불살라 없앴다. 성상 파괴의 일환으로 전개된 이런 식의 파괴 행위는 그 범위가 비텐베르크에만 제한되지 않았다. 이것은 프로테스탄트 개혁의 일반적인 특징이었으니, 개혁이 추진된 곳이면 어디서나, 지금도 교회나 박물관 등에서 팔이 없거나 손이 떨어져 나간 성인들의 형상이 발견된다. 그런 유물은 그 당시 종교개혁을 추동했던 격렬한 감정의 소용돌이를 떠올리게 한다.

    1522년 1월 24일, 비텐베르크시는 마침내 개혁안을 받아들였고 루터는 비텐베르크에 돌아오기로 결심했다. 한편으로는 2주 전에 수도원에서 일어난 참화가 그 결심의 기폭제가 되었지만, 다른 한편으로는 비텐베르크시의 새로운 법령으로 이제 개혁이 의무가 되어 아직 준비되지 않은 사람도 개혁을 받아들이지 않으면 안 되는 상황이 되었다는 것이 루터의 결정에 큰 영향을 주었을 것이다. 프리드리히 선제후는 루터가 바르트부르크에 남아 있기를 바랐지만 루터는 순응하지 않았다. 1522년 3월 1일, 루터는 마침내 바르트부르크를 떠나기에 앞서 프리드리히에게 자신의 심중을 드러내는 편지를 썼다. 루터는 자신을 선제후의 수집품 가운데 하나인 고통스러운 유물로 묘사했다.

> 하나님께서 베푸시는 은혜와 축하가 폐하의 새로운 유물에게 있으리라! 은혜로우신 폐하, 저는 일상적이고 공손한 문안 인사 대신 위의 인사말을 골랐습니다. 폐하께서는 아주 오랫동안, 가능한 모든 나라에서 성유물을 구해 오셨습니다. 그러나 이제 하나님께서는 폐하의 기도에 응답하셔서, 폐하의 노력이나 비용 지출 없이 저를 보내 주셨습니다. 저는 못과 창과 채찍으로 가득한 십자가 전체와 같은 존재입니다. 두려워 마시고, 다만 폐하의 팔을 이 십자가를 향해 뻗으셔서 못이 깊이 박히도록 해 주소서. 감사하고 기뻐하소서.[39]

프리드리히는 그리 유쾌해하지 않았다. 자신의 "새로운 유물"이 비텐베르크를 향해 떠났다는 소식을 들은 프리드리히 선제후는 루터에게 더 가지 말라고 요청했다. 그러나 루터는 바르트부르크로 돌아가는 대신 또 한 통의 편지를 선제후에게 보내, 선제후를 향한 자신의 사랑과 관심을 표명함과 동시에 "이 극적 사건 속에서 지금 악마가 펼치고 있는 생각"에 깜짝 놀랐다고 말했다. 루터는 하늘로부터 직접 복음을 받은 목회자이자 전도자로서, 자신이 없는 사이에 악마가 해 놓은 짓을 원래대로 돌려놓아야 한다는 양심의 소리 때문에 가만히 있을 수가 없다고 말했다.[40] 바르트부르크에서 얻은 독립적인 목회와 전도의 역할을 직접 맡아 수행할 기회가 처음으로 주어진 것이다. 그는 오직 한 분이신 그리스도의 종이기 때문에 선제후에게 무조건 순종할 수는 없다. 그의 소명은 그리스도의 사람들을 악마의 책략으로부터 구해 내고 지키는 것이다. 지금 그의 양 떼에게 가장 좋은 것이 무엇인지 아는 사람은 오직 한 사람, 바로 자신이기 때문에 그들에게로 돌아가지 않을 수 없다.

루터의 편지는 그가 왜 이렇게 불리한 시점에 돌아가려 하느냐는 질문에 대한 직접적인 대답은 아니었다. 프리드리히 선제후는 제국 정부에 제출할 명확한 보고서가 필요했으므로, 루터의 친구이자 보름스 제국의회의 조언자였던 히에로니무스 슈르프에게 답을 얻어 오도록 했다. 루터는 자신이 복귀하는 것은 정부의 권위를 무시하는 것이 아님을 선언하면서 귀환의 이유를 다음 세 가지로 제시했다. 1) 그는 "긴급한 호소와 탄원이 가득 담긴 편지를 받았는데 거기서 비텐베르크에 있는 모든 회중의 부름을 들었다." 그 편지는 남아 있지 않아서 그 내용을 확인할 수 없다. 2) 사탄이 비텐베르크에 있는 자신의 양 떼를 침범했다. 그리스도께서 자신에게 맡기신 그 양들 가운데 벌써 몇 마리가 상처를 입었으므로, 글만 쓰는 것으로는 충분하지 않고 직접 가서 돌봐 주어야 한다. 3) 폭동이 일어나 하나님께서 그 폭동으로 독일을 벌하실까 봐 두렵다. 루터는 보름스 제국의회를 통해 독일의 제후와 관료들이 민란이 일어날 것을 끊임없이 걱정한다는 사실을 알게 되었다. 그러므로 황제에게 루터의 귀환이 현명한 처사였다는 확신을 주려면 민란의 위험을 과장할 필요가 있었을 것이다.

루터는 3월 6일 화요일에 비텐베르크에 도착했다. 지난 12월 초에 신분을 숨기고 방문한 것을 제외하면 11개월 만이었다. 시의회는 환영의 의미로 새로운 수도복 한 벌을 선물했다.[41] 그는 금요일이나 토요일쯤 슈르프를 만나 자신이 돌아온 이유를 밝혔다. 그리고 사순절 첫째 주일인 3월 9일, 수도복을 입고 시교회에서 설교했다. 그 설교는 '인보카비트'Invocavit(사순절 첫 주일을 일컫는 전례식 명칭)* 혹은 비텐베르크 설교로 알려진 여덟 편의 설교 가운데 첫 번째 설교였다. 이 연속 설교의 목적은 비텐베르크의 개혁 과정에서 새로운 기조를 설정하는 것이었다. 루터는 당장 시행해야 할 필수적 변화와 모든 사람이 준비되었을 때 영구적으로 적용되어야 하는 선택적 변화를 구분했다. 미사와 관련된 변화는 미룰 수 없는 성격이었다. 미사가 예수님의 희생을 재연하는 것처럼 생각하게 만드는 성별의 기도는 당장 없애야 한다. 성만찬 제정의 말씀은 신약성경에 나온 그대로를 독일어로 크고 또렷하게 낭독해야 한다. 누가 기부금을 냈다고 해도 사적 미사를 행해서는 안 된다. 성만찬 예식 때 모든 사람에게 빵과 포도주를 나눠 주는 것이 좋지만, 포도주를 받거나 면병을 손에 받는 것을 꺼리는 사람에게는 적응 기간을 주어야 한다. 빵이나 포도주를 손으로 받건 혀로 받건, 그 방식 때문에 "이것은 너희를 위해 내어 주는 나의 몸이다. 이것은 너희를 위해 흘리는 나의 피다"라고 하신 예수님의 죄 용서의 약속이 흔들리는 것은 아니다. 루터는 여덟 번의 설교 직후 다음과 같이 썼다. "모든 그리스도인은 이 말씀을 가슴에 저장하고 성체를 받을 때마다 묵상해야 한다. 이 말씀이 분급되는 물질보다 천 배나 더 중요하기 때문이다. 이 말씀이 없다면 성체는 성체가 아니라 하나님 앞에서 모조품에 불과하다."42

* 라틴어로 '그가 부르셨다'는 뜻이다.

· 비텐베르크 시교회에서 설교하는 루터의 모습.

루터는 여덟 번의 설교를 하면서, 성직자의 독신, 수도원 서약, 성상과 성화, 금식, 개인적 고해^{告解}라는 다섯 가지 전통적 관습은 선택적 변화의 대상이어야 한다고 말했다. 모든 경우에 그는 "자유에 속한 것을 의무로 만들지 말라"[43]는 기본 방향을 따랐다. 사제와 수도사도 결혼할 수 있다. 모든 수도원 서약은 철회될 수 있으며 수도사와 수녀는 자유롭게 수도회를 떠날 수 있다. 성인의 형상은 치유나 구원의 능력을 가진 것은 아니지만 굳이 파괴할 필요는 없다. 금식은 의무가 아니다. 개인적 고해는 도움은 될 수 있지만 반드시 해야 하는 것은 아니며, 기억해 낼 수 있는 모든 죄를 낱낱이 고하도록 강요받아서는 안 된다. 형상과 관련된 개혁은 엄청난 동요를 일으켰으며, 이 주제에 대한 루터의 설교는 제8판까지 인쇄되었다. 사람들은 초자연적 도움을 즉각적으로 받고 싶어 했기에 이미 오래전부터 성인 숭배를 미사보다 중요하게 여겼다. 성인의 형상이나 그림 아래의 제단에서 기도하는 것을 경건한 신앙으로 여기는 사람들에게, 그 형상은 단지 장식이며 영감을 불러일으키는 것에 불과하다는 사실을 납득시키기란 상당히 어려운 일이었다.

　루터의 설교는 루터가 없을 때 적극적으로 개혁을 추진해 나갔던 카를슈타트를 직접 언급하지 않는다. 그러나 루터의 설교는 두 가지 점에서 카를슈타트의 입장과 공공연하게 충돌했다. 카를슈타트는 성만찬을 거행할 때 반드시 빵과 포도주를 다 분급해야 한다는 입장을 고수했으며, 성상과 성화를 시교회에서 제거해야 한다고 주장했다. 하지만 카를슈타트와 루터 사이에는 더욱 근본적인 의견 대립이 있었다. 카를슈타트가 출간한 소책자에는, 교회에서 눈에 보이는 형상이라든지 구걸을 허용하는 마을이 있다면 그곳은 그리스도인 마을이 아니라는 주장이 담겨 있었다. 카를슈타트는 그 책의 표제지에 자기가 이제 다른 마을, 곧 "비텐베르크의 그리스도인 도시"에 살고 있다고 선언했다. 그리스도인에 대한 카를슈타트의 정의는 구약과 신약성경 모두에 근거한 것이었으며, 그가 보기에 구약과 신약은 동등한 권위를 지녔다. 성화와 성상을 제거해야 한다는 주장은 어떤 형상도 만들지 말 것을 명령하는 십계명에 근거한 것이며, 구걸 금지는 신명기 15장과 마태복음 25장에 근거했다. 카를슈타트의 목적은 특정 성경 구절에 근거한 규정에 의해 움직이는 그리스도인 사회를 구성하는 것처럼 보였다.

루터는 그리스도인에 대해 카를슈타트가 정의한 개념과는 근본적으로 다른 생각을 갖고 있었다. 우선, 루터는 그리스도인을 일련의 특정한 규칙이나 규정으로 정의하려는 모든 시도에 반대했다. 루터 개인적으로는 17년 동안 수도원 두 곳을 거치면서 일상의 모든 것이 규정되거나 금지되는 삶을 살았으니, 그에게는 그 정도면 충분했을 것이었다. 그가 처음으로 자신의 서명에 "자유"를 의미하는 그리스어 단어*를 추가한 1519년 이후로 그의 삶에 점점 자유의 영역이 넓어졌다. 비텐베르크로 돌아와 처음 설교할 때 수도복을 입은 것도 루터 나름의 방식으로 자유를 표출한 것이었다. "만일 교황이나 그 누구라도 나에게 오직 수도복만을 입으라고 강요한다면, 나는 그 사람도 그 명령도 거부할 것이다. 하지만 지금은 나의 자유로운 의지로 내가 원하는 만큼 이 옷을 입으려고 한다. 그러다 더 이상 입고 싶지 않으면 기꺼이 벗어 버릴 것이다."⁴⁴ 루터는 바르트부

• '엘레우테리아'(*Eleutheria*)를 가리킨다.

르크에 있으면서 자유에 대한 글을 썼을 뿐 아니라 그 자유를 직접 강렬하게 체험했다. 아버지에게 보낸 편지에서 루터는 이렇게 썼다. "제가 수도복을 입고 체발을 하든 안 하든 무슨 차이가 있습니까? 그것이 저를 수도사로 만듭니까? 제가 그 수도복에 속한 것입니까? 오히려 수도복이 저에게 속했다고 말해야 옳지 않을까요? 저의 양심은 자유로워졌으며, 그것은 우리가 가질 수 있는 가장 위대한 자유입니다."⁴⁵

둘째로, 루터가 성경을 이해하는 방식은 카를슈타트의 방식과 달랐으며 1522년에는 두 사람 다 이 사실을 알게 되었다.⁴⁶ 루터도 때로는 카를슈타트와 마찬가지로 성경의 몇몇 구절에 기초하여 자신의 의견을 개진했다. 그는 디모데전서 3장 2절과 고린도전서 14장 34절이 여성 안수를 금지한다고 생각했고 누가복음 6장 34절을 근거로 이자를 받는 것에 반대했다.⁴⁷ 그러나 루터는 이 세상이 불완전하므로 이자 받는 행위를 근절하기란 불가능함을 깨달았다. "이자를 받고 돈을 빌려주는 오랜 습속은 비非기독교적이다. 하지만 이런 행위를 억제하거나 비교적 관대한 체계로 바꾸는 일은 아마도 불가능할 것 같다. 온 세상이 탐욕스럽고 항상 자기 이익만을 추구하기 때문이다."⁴⁸ 그러므로 루터가 생각하기에 어떤 규정을 엄격하게 지킨다고 해서 그리스도인이 되는 것은 아니었다. 성경은 그리스도인의 행동을 규정하는 법조문이 아니기 때문이다. 성경은 루터가 복음이라고 부르는 것에 기초한 자유의 선언이다. 루터는 그 복음이 "성경 안에서 우리를 안내하고 가르친다"⁴⁹고 말했다. 그것은 하나님이 인간의 죄를 용서해 주시고 타락한 세상을 구원하신다는 약속의 좋은 소식이다. 1520년, 루터가 교황 레오 10세에게 보낸 소책자

『그리스도인의 자유』는 어떻게 그리스도인이 그 복음으로 살 수 있는지를 잘 설명해 준다. "그리스도인의 진정한 삶은 믿음이 사랑을 통해서 참되게 역사하는 것, 다시 말해 믿음이 가장 자유로운 봉사의 사역으로 나타나고, 우리가 어떤 보상도 바라지 않고 그것으로 기꺼이 서로를 섬기되 기쁘고 사랑스러운 마음으로 실천하게 되는 것이다."[50] 루터는 1522년에 출간한 소책자 『두 가지를 모두 받음』 Receiving Both Kinds에서 그 주제를 더욱 명확히 부각했다.

> 나는 지금까지 나의 가르침을 통해 다른 무엇보다도 먼저 그리스도를 아는 지식, 곧 순수하고 적절한 믿음과 진실한 사랑에 이르도록 인도하는 방식으로 가르쳐 왔다. 그러므로 나의 가르침은 외적 행동과 관계된 모든 문제, 예컨대 먹고 마시고 입고 기도하고 금식하는 것, 수도원과 성례전, 그 밖의 어떤 것에서도 자유에 이르도록 인도하는 것이기도 하다. 그런 자유는 믿음과 사랑을 가진 사람, 다시 말해 참된 그리스도인만이 유익하게 사용할 수 있다. 우리는 이런 사람의 양심을 결박하는ㅡ누군가가 그렇게 하도록 허용하지도 않으며ㅡ그 어떤 인간의 법을 부과할 수도 없고 해서도 안 된다.[51]

루터는 복음적 자유를 성만찬에 적용했다. "우리는 우리의 손으로 빵과 포도주를 붙잡을 수 있기 때문에 그리스도인인 것이 아니라 믿음과 사랑을 가지고 있기 때문에 그리스도인이다."[52]

루터가 비텐베르크로 복귀한 것은 복음적 개혁 운동에서 카를슈타트의 주도적 역할이 끝났음을 의미했다. 이것은 루터의 영향이라기보다는 프리드리히 선제후 때문이었다. 프리드리히는 더 이상의 종교적 쇄신을 그만두라는 명령을 내렸고 이를 양보할 생각이 전혀 없었다. 루터의 설교는 개혁 속도를 늦추었고 카를슈타트는 부당하게도 설교 및 출판 금지 명령을 받았다. 그는 루터를 비난했다. 카를슈타트는 뉘른베르크에 있는 친구에게 편지를 써서, "착한 아버지" 루터가 변화를 받아들이지 못하는 사람들까지 얼마나 사랑으로 감싸 안으려고 하는지, 루터의 그런 부드러운 방식이 카를슈타트 자신의 엄격한 기준보다 얼마나 잘 먹히는지를 전했다. 카를슈타트의 표현을 빌자면 "꼬장꼬장한 족쇄보다 감미로운 그물이 훨씬 효과적이다."[53] 루터가 비텐베르크로 돌아오자마자 동료들 대부분은 공식적으로 그를 개혁 운동의 리더로 인정했다. 루터의 가장 오래된 동료 가운데 하나이며 루터를 가장 먼저 지지했던 사람 카를슈타트는 이제 벤치에서 경기를 지켜보는 신세가 되었다. 그는 개혁을 제한하고 지연시키려 했던 선제후 때문에 피해를 본 사람이었다. 그러나 그런 이유로 루터와의 관계가 끝나지는 않았다.

비록 유배의 몸이기는 했지만 바르트부르크성에서 기사 게오르크 행세를 하다가 비텐베르크로 돌아와 수도원의 작은 방에서 생활하게 된 루터는 좀 실망했을 것이다. 수도원은 완전히 비어 있지는 않았지만, 그가 보름스로 떠나기 전에는 잘 유지되던 공동생활이 심각하게 망가져 있었다. 1522년 11월 중순까지 그곳에 남아 있던 사람은 루터와 직전 수도원장인 에버하르트 브리스거Eberhard Brisger 뿐이었다.[54] 브리스거는 떠나고 싶어 했고, 결국 그렇게 되자 루터도 더 남아 있을 명분을 찾지 못해서 "하나님이 나를 위해 예비하신 곳이 어딘지 알아내야 하는" 상황이었다. 그렇지만 루터에게는 나름의 계획이 있었다. 그는 프리드리히 선제후에게 수도원에 속한 근방의 땅을 자신과 브리스거에게 달라고 요청했다. 공적으로 양도하게 되면 시의회가 가만히 있지 않을 테니, "다른 수를 쓰셔서" 그 땅에 대한 사적 양도 절차를 밟아 달라고 부탁했다. 브리스거가 받은 유산으로 세금은 감당할 수 있었다. 하지만 그럴 필요가 없게 되었다. 두 사람이 수도원에 계속 남아 있을 수 있도록 허가가 났기 때문이다.[55] 그렇게 3년을 지내고 1525년이 되자, 수도원은 마르틴 루터와 카타리나 폰 보라에게 결혼 선물로 주어졌다.

루터는 바르트부르크를 떠나기 전, 비텐베르크에서 다시 가르칠 수 있게 되더라도 시편 강의는 계속하지 않기로 결심했다. 그래서 1523년 2월까지는 강의를 하지 않았다. 루터가 신명기 강의를 시작하자 금세 학생과 청강생이 몰려들었다. 루터는 1523년 5월 24일 프리드리히 선제후에게 보낸 편지에서, 100명이 넘는 학생과 시민들이 루터의 입술을 통해 나오는 "복음을 듣기" 위해 라이프치히에서 몰려왔다고 전했다.[56] 루터는 강의 외에도 번역, 집필, 편지 작성, 설교 등 해야 할 일이 많았다. 비텐베르크 외부로 짧은 여행을 다녀올 때도 있었는데 그런 경우에는 루터가 온다는 소문이 미리 돌았던 것 같다. 루터는 이미 유명 인사였지만 여전히 스스로를 비텐베르크 그리스도인들의 목회자로 여겼다. 그는 이렇게 썼다. "사탄이 나의 양 떼에게 막대한 피해를 입히려 온갖 시도를 하고 있기 때문에 거기 맞서 싸우려면 역시 큰 소동을 일으킬 수밖에 없다."[57] 그러나 그의 지역 목회 활동은 주로 상징적인 것이었다. 그는 시교회에서 자주 설교를 했지만 교구 담당 목회자는 아니었다. 1523년에 시의회는 요하네스 부겐하겐을 비텐베르크 교구 목회자로 임명했다. 부겐하겐은 2년 전 비텐베르크에 와서 신학을 공부하면서 개인적으로 성경

• 비텐베르크의 아우구스티누스 수도원이자 루터가 살았던 집.

을 가르치고 대학에서는 부교수로서 가르쳤다. 루터는 슈팔라틴에게, 다른 교수들에게 들어갈 돈을 끌어와서라도 부겐하겐을 정교수로 임명해 달라고 부탁했으니, 부겐하겐이야말로 비텐베르크에서 멜란히톤 다음가는 최고의 교수였기 때문이다.[58] 그렇지만 부겐하겐은 성교회 사제들의 반대에도 불구하고[59] 시교회의 목회자가 되었을 뿐이고, 1533년까지는 비텐베르크 대학교 교수가 아니었다.

루터는 편지를 읽고 쓰느라 상당한 시간을 썼다. 비텐베르크 지역의 문제와 관련된 청원이나 먼 곳에서 오는 문의들이 쇄도했다. 한번은 어떤 어부가 선제후만 들어갈 수 있는 영역을 침범해서 은화 600개를 벌금으로 내게 된 사건을 중재하기도 했다. 루터는 처벌의 목적은 한 사람을 파산시키는 것이 아니라 교훈을 주는 것이어야 한다고 주장했다. 그 불쌍한 사람의 경우는 8일 동안 빵과 물만 먹도록 하는 벌이면 충분하지만, 부자는 "자기 지갑을 열어야 할" 것이다.[60] 루터는 비텐베르크에 오자마자 이곳에서 일어난 대중 소요 사태의 탓을 사탄에게만 돌릴 것이 아니라 카를슈타트와 츠빌링에게까지 책임을 물어야 하는 이유를 벤첼 링크에게 설명했다. 하지만 루터는 츠빌링이 제정신을 차리고 "전혀 다른 사람"이 되었다고 보고했다. 그때 이후로 츠빌링의 경력이 놀라울 정도로 안정된 것으로 보아 루터의 말은 진실인 것 같다. 츠빌링은 남은 생애 대부분을 토르가우의 목회자로서 탁월한 실력을 보여 주었다. 토르가우는 프리드리히 선제후의 형제인 요한 공작의 주거지였다. 또한 루터는 링크에게 자신이 허락 없이 바르트부르크를 떠난 이유도 설명했다. 카를슈타트와 츠빌링이 사람들을 잘못 인도하여 비텐베르크를 "사탄의 공연장"으로 만들어 버린 탓에 개혁의 대의명분이 손상되었고,

그래서 사탄의 일을 쳐부수기 위해 "어쩔 수 없이" 돌아와야 했다고 말했다.[61] 이런 말들 이면에는 하나님이 기독교를 개혁하는 중대한 임무를 카를슈타트나 츠빌링이 아니라 루터 자신에게 주셨다는 확신, 그리고 자신은 다른 어떤 권위에도 종속되어 있지 않다는 확신이 담겨 있었다.

1522년 6월, 루터는 보름스 제국의회 이후 처음으로 슈타우피츠에게 연락을 취했다. 슈타우피츠가 잘츠부르크에 있는 베네딕투스 수도회의 성 베드로 대수도원장이 되었다는 소식을 듣고 난 뒤로, 루터는 반대 의사를 표하면서 그것이 하나님이 뜻이라고 믿을 수 없다고 적었다. 그러나 전체적으로, 루터는 슈타우피츠의 글이 엄청난 위법 행위를 부추기고 있으며 그의 글에 찬사를 보내는 사람은 매음굴의 뒤를 봐주는 사람뿐이라는 뜬소문에 맞서 슈타우피츠를 옹호해 주었다. 슈타우피츠는 하나님의 진실한 말씀을 전파하고 있는데 다만 그것을 악용하는 사람들을 통제하지 못하고 있을 뿐이라고 말이다. 혼란스럽고 기괴한 일들이 일어나고 있지만, 슈타우피츠에게 하나님의 조언과 강한 손을 믿어야 한다고 격려했다. 루터는 슈타우피츠를 "나의 아버지"라고 부르면서 또 이렇게 적었다.

지금은 나날이 강력해지고 있는 저의 대의명분이 처음에 이 세상의 눈에는 너무나 끔찍하고 견딜 수 없는 것처럼 보였다는 사실을 기억하십니까? 조금만 기다리십시오. 선생님께서 내면 깊이 두려워하시는 것이 곧 무마될 것입니다. 사탄은 자기가 입은 상처를 느끼고 있습니다. 그래서 저렇게 날뛰면서 온갖 것을 엉망진창으로 만들어 놓는 겁니다. 그러나 이 일을 시작하신 그리스도께서 저 사탄을 발로 밟으실 것이며, 지옥의 문은 더 이상 그분께 저항하지 못할 것입니다."[62]

루터로 하여금 개혁의 길을 걷게 만든 것은 슈타우피츠였다. 그러나 루터는 그가 실망하거나, 루터 자신이 한 일 때문에 책임감을 느끼지 않기를 바랐다. 루터의 대의명분은 감히 그 누구도 상상하지 못했던 방식으로 결정적인 사건이 되었다. 이것은 그리스도와 악마의 우주적 대결이며, 최후의 날에 끝날 것이다. 슈타우피츠는 그 전투에서 빠져나오기로 선택했지만, 루터는 계속 전진하기로 했다. "나는 사탄의 군대와 매일 부딪칩니다. 점점 더 거세게 싸워서, 그리스도께서 마침내 적그리스도를 물리치시는 그날을 앞당기려 합니다."[63]

슈타우피츠는 거의 2년이 지난 후에야 답신을 보내 왔다. 그리스도와 복음에 대한 그의 믿음은 꾸준하며 루터를 향한 사랑도 변하지 않았다고 했다. 하지만 악마와의 전투나 적그리스도, 최후의 날에 대한 언급은 없었다. 루터를 비난하는 말도 없었으며, 그저 자기의 경험으로는 진실한 신앙에 해가 되거나 양심에 저촉되지도 않는 많은 외적 문제에 대해서 루터가 왜 그렇게 공격을 퍼붓는지 이해할 수 없는 것을 양해해 달라고 했다. 슈타우피츠는 그럼에도 불구하고 루터가 우리를 돼지우리의 찌꺼기들에서 끄집어내서 구원의 말씀과 생명이 있는 푸른 초장으로 인도한 것에 대해 감사해야 한다고 썼다. 그러나 글을 쓰는 데는 이제 지쳐 버린 그는 이렇게 편지를 마무리했다. "단 한 시간만이라도 우리가 마주 앉아 서로의 흉금을 털어놓을 수 있다면 얼마나 좋겠는가!"[64]

10
나 같은 유명한 애인

1523-1524
비텐베르크

"나 같은 유명한 애인이 결혼하지 않는다고 이상하게 생각하지 말게나. 틈만 나면 부부 생활에 관한 글을 쓰고 여성들과도 잘 어울리는 내가 결혼은커녕 아직 한 여자와 제대로 관계도 맺지 않았다는 사실이 이상하긴 하지…그러나 자네[슈팔라틴]처럼 한 여자하고도 결혼할 엄두를 내지 못하는 사람은 게으른 애인이라네."[1]

바르트부르크에 있는 동안 루터의 관심은 자신의 95개조 논제를 로마에 보낸 마인츠의 대주교 알브레히트에게 쏠려 있었다. 알브레히트는 마그데부르크의 대주교이기도 했는데, 비텐베르크에서 남서쪽으로 73킬로미터 떨어진 할레Halle도 그 지역에 속했다. 알브레히트가 할레에 갈 때면 성채城砦 모양의 관저 모리츠부르크Moritzburg에 머물곤 했는데, 대주교를 위해 건축된 그 관저 안에는 작은 예배당도 하나 있었다. 1519년, 알브레히트는 자신의 지위에 어울리는 더 큰 예배당을 갖고 싶어 했다. 교황 레오 10세는 알브레히트가 비텐베르크의 모든 성인 교회 참사회를 본뜬 새로운 참사회를 구성하고 50명 넘는 성직자가 거주할 수 있는 건물을 짓도록 허락했다. 알브레히트에게는 자기가 수집한 성유물을 전시할 공간도 필요했는데, 그 수는 프리드리히 선제후가 소장한 유물 9천 점보다 두 배 이상이나 많았다.[2] 모리츠부르크 바로 옆에 있는 도미니쿠스회 수도원과 거기 속한 교회는 그런 계획에 딱 알맞은 자리였다. 도미니쿠스회 수도사들은 다른 곳으로 이사를 갔고, 원래의 교회는 새롭게 수리되고 호화찬란하게 치장되어 알브레히트와 '새로운 참사회'(비공식 명칭) 신부들을 위한 대성당으로 탈바꿈했다. 그런데 할레와 비텐베르크 사이에는 또 다른 연결 고리가 있었다. 할레 대성당의 제단 성화 대부분이 루카스 크라나흐의 비텐베르크 작업실에서 완성되었던 것이다.[3]

1521년 초가을, 루터는 알브레히트가 할레에 있는 자신의 수집 유물을 관람한 사람들에게 면벌부를 나눠 준다는 소식을 들었다. 비록 이 조치가 정확하게 루터를 겨냥한 것은 아니었다 할지라도, 4년 전 루터가 그 문제로 거세게 비난했던 장본인인 바로 그 대주교가 면벌부 판매를 재개했다는 사실은 루터에게 너무나 모욕적인 일이었다. 루터는 즉시 할레의 "우상"과 대주교의 "매음굴"을 비판하는 글의 초안을 작성했다. "매음굴"이라는 표현은 알브레히트가 첩을 거느리고 있다는 소문을 염두에 둔 것이었다. 프리드리히 선제후도 알브레히트 대주교도 공적 논쟁을 원하지는 않았다. 그래서 알브레히트는 우호적인 대표단을 비텐베르크로 보내어 프리드리히의 참모들과 협의하도록 했다. 그 결과 대립 진영에 속한 개혁 성향의 대변인들이 루터가 입을 다물고 있게 하려는 공통 관심사로 한자리에 모인, 그야말로 기묘하기 짝이 없는 만남이 성사되었다. 알브레히트의 대표단 수장은 볼프강 카피토라는 에라스무스의 친구였는데, 그는 알브레히트와 비텐베르크 사람들이 화해하기를 바라고 있었다. 프리드리히의 참모들도 루터가 또다시 어떤 논쟁에 연루되면 선제후가 루터를 아직 넘겨주지 않았다는 사실을 카를 황제가 떠올리게 되므로, 어떻게 해서든지 그 일을 막으려는 입장이었다. 제국의 상황을 전체적으로 보면 종교와 정치는 항상 뒤섞여 있었다. 알브레히트는 대주교이자 추기경이었을 뿐 아니라, 독일의 제1재상으로서 카를 황제 다음으로 높은 정치적 위상을 가진 사람이었다.

루터는 그런 정치적 구도에는 전혀 관심이 없었고 조용히 있기를 단호하게 거부했다. 그는 원고를 마무리하고 '할레의 우상에 맞서'Against the Idol at Halle라는 도발적인 제목을 붙인 후, 바르트부르크에서 슈팔라틴에게 보냈다. 슈팔라틴은 선제후에게 그것을 보여 주었다. 프리드리히가 그 원고의 출판을 금지하자, 루터는 그 금지 명령을 받아들이지 않겠다는 의지를 슈팔라틴에게 써 보내면서 단순히 허세라고만은 볼 수 없는 말을 덧붙였다. "[내가 침묵하느니] 차라리 자네도 버리고 선제후도 버리고 온 세상을 버리겠네. 내가 교황하고도 맞서 싸웠는데, 무엇 때문에 그 교황의 피조물[알브레히트]에게 양보해야 한다는 말인가? 공공의 평화가 깨질 수도 있다는 자네의 염려는 참 그럴듯하네. 하지만 저 지옥의 자식이 벌이는 사악하고 모욕적인 행동이 하나님의 영원한 평화를 깨뜨리도록 내버려 둘 셈인가?"[4] 루터의 격분에도 프리드리히 선제후는 요동하지 않았고, 소책자 『할레의 우상에 맞서』는 결국 인쇄되지 못했다. 적어도 그 제목을 달고는 나오지 못했다.

1522년 7월, 루터가 비텐베르크로 돌아오자 그 소책자의 내용이 출간되었다. 하지만 알브레히트에 대한 언급 없이, 『교황과 주교가 영적 계급이라는 잘못된 명칭에 반대하면서』*Against the Falsely Named Spiritual Estate of the Pope and Bishops*[5]라는 새로운 제목이 붙었다. "영적 계급"은 중세 시대에 사회적·정치적으로 특혜를 누리는 계급을 가리키는 명칭으로, 성직자들은 모두 이 계급에 속했다. 그러나 루터가 보기에 그것은 "잘못된 명칭"이었다. 2년 전, 루터는 『그리스도인 귀족들에게 보내는 글』에서 성직자와 평신도는 똑같이 영적 존재라고 주장한 바 있었다. "모든 그리스도인이 참으로 영적 계급이다.…오직 세례와 복음과 믿음이 우리를 영적인 사람, 그리스도인으로 만든다."[6] 루터는 그 소책자에서 자신이 하나님의 은혜로 "성직자"*ecclesiastic*[7]가 된 사람이라며, "교황의 주교들"을 비꼬면서 심한 비난을 퍼부었다. 알브레히트는 루터의 공격에 반응하지 않았으나 다른 적들은 즉각 관심을 두었다. 라이프치히에서는 히에로니무스 엠저가 『실제로는 최고의 이단자 루터와 그가 성직자라는 잘못된 명칭에 반대하면서』Against the Falsely Named Ecclesiastic and True Archheretic Martin Luther라는 반박문을 발간했다.[8] 엠저는 자신의 소책자를 황제 카를 5세에게 헌정했고 루터에 대한 추가 조치를 취해 달라고 간청했다. 루터가 스스로 자신이 로마 가톨릭의 주교들보다 더 성직자와 설교자라는 명칭에 합당하다고 주장한 것에 격분한 사람은 엠저만이 아니었다. 가톨릭의 입장에서 루터 전기를 쓴 코흘레우스도 같은 반응을 보였다.[9] 엠저의 책자는 루터가 참된 설교자 혹은 예언자라고 할 수 없는 20가지 이유를 제시하고 그 근거가 되는 성경 구절을 각각 덧붙였다.[10]

루터가 맹비난을 퍼부은 주교들의 이름과 지위는 그들의 권력과 중요성에 맞게 소개되었다. 마인츠의 알브레히트 같은 대주교는 "영적 제후"spiritual princes였다. 세속의 제후들과는 달리 교회에 속한 땅을 통치했기 때문이다. 만일 영적 제후가 자신의 진영을 바꿔 루터를 지지하게 된다면, 헤센의 필립 백작이나 프리드리히 선제후와 같은 세속의 제후들보다 빼앗길 것이 훨씬 많다. 세속의 제후들은 자기 영토가 루터파가 되더라도 영토의 소유권을 유지하고 상속자에게 넘겨줄 수 있었다. 그러나 대주교는 결혼을 하지 못하므로 직접적인 상속자로 인정될 수 있는 사람이 없다. 만일 대주교가 자신을 선출해 준 성직 계급의 바람을 저버리고 루터파가 된다면 교황과 교회는 그를 제명시킬 수 있다. 1555년까지는 쾰른의 대주교인 헤르만 폰 비트Hermann von Wied만이 공식적으로 종교개혁 진영에 가담하여 쾰른 대교구를 개신교 영역으로 만들었는데, 그러면서도 어떻게든 로마 가톨릭을 떠나지 않으려 했으나 그러한 노력은 수포로 돌아갔다. 헤르만 대주교는 10년 동안 불확실한 상황에서 온갖 노력을 했지만, 결국 교황에 의해 파문당하고 카를 5세에 의해 대주교직과 토지를 박탈당했다.[11]

신성로마제국의 북동쪽 경계를 살짝 넘으면 튜턴 기사단의 단장으로 똑같이 알브레히트라는 이름을 가진 영적 제후가 있었는데,[12] 그 알브레히트는 헤르만의 실패를 넘어섰다. 알브레히트는 대주교는 아니었지만, 튜턴 기사단의 수장으로 선발된 사람으로 독신 서약까지 했기 때문에 대주교에 상응하는 인물이었다. 그는 신성로마제국이나 로마 가톨릭교회가 아니라 오로지 기사들에게 속한 드넓은 영토를 다스렸다. 남독일의 귀족인 알브레히트가 단장으로 뽑힌 이유는 그의 어머니가 폴란드 왕의 누이였기 때문인데, 기사들은 알브레히트가 단장이 되면 기사단이 신성로마제국 및 폴란드와 맺은 유대가 강화될 거라고 생각했다. 1522년, 알브레히트는 지원을 구하고자 독일에 들렀다가 루터의 글을 접하게 되었고, 1년 후에는 비텐베르크로 루터를 찾아왔다. 알브레히트가 튜턴 기사단의 개혁과 관련하여 루터에게 조언을 구하자, 루터는 그에게 결혼을 하고 기사단이 소유한 토지를 알브레히트 자신과 상속인 소유의 세속 영토로 전환시키라고 조언했다. 알브레히트는 루터의 권고에 미소를 지었으며, 루터는 알브레히트의 성직 관련 문제에 대한 자신의 조언을 공개서한의 형식으로 출간했다.[13] 루터는 두 명의 설교자 요한 브리스만John Briessmann과 파울 슈페라투스Paul Speratus를 그 지역으로 보내 전향을 준비시켰다. 그 지역의 주교 두 명도 그 노력에 동참했으며, 1524년 말에는 프로이센을 루터파로 전향시키는 데 필요한 조건이 충분히 갖춰졌다. 알브레히트는 폴란드 왕을 달래기 위해 튜턴 기사단장 직을 넘겨준 다음, 1525년에 스스로를 프로이센의 공작으로 지명하고 자신의 영토가 루터파임을 선언했다. 이듬해, 그는 루터의 남은 충고 하나까지 따라서 덴마크 공주 도로테아와 결혼함으로써 프로이센 영지가 세습될 수 있게 했다.[14]

최초의 루터파 영토가 생겨나는 데는 3년(1522-1525)이 걸렸는데, 비텐베르크에서는 오히려 진행이 더뎠다. 1522년 3월, 루터가 돌아와서 변화의 속도를 떨어뜨린 후로 비텐베르크 사람들은 문제가 생길 때마다 실질적 차원의 개혁을 시행하는 정도였다. 미사 개혁만 하더라도 언제까지 기다려야 하는지 모르는 상황이었다. 1522년 부활절 미사는 예전과 동일하게 거행되었다. 미사는 라틴어로 진행되었고 사제들도 전통적 의복을 입었으며, 포도주는 원하는 사람에게만 분급되었다. 1523년 12월, 루터의 인내심은 한계에 도달했다. 최소한의 변화만을 원하는 사람들을 더 이상 참을 수 없었다. "우리는 믿음이 연약한 사람들의 비위를 맞추려고 이미 충분히 참았다." 그래서 마침내 새로운 형식의 미사가 도입되었다.[15] 루터는 그 형식이 모든 교회에 구속력을 지니지는 않는다고 주장했으나, 비텐베르크에서는 몇 가지 변화를 의무로 밀어붙였다. 빵과 포도주는 모든 사람에게 분급되어야 하며, 둘 중 하나를 거부하는 사람은 아무것도 받지 못한다. "자기가 신앙을 가지는 이유를 제시할 수 없는" 사람, 성만찬에 대한 질문에 대답할 수 없는 사람이 있다면, 사제는 그런 사람에게 성만찬을 베풀어서는 안 된다.[16] 루터는 모든 주민에게 차별 없이 성만찬을 베푸는 것에 대해 유보적이었는데, 부활절에만 교회에 와서 1년에 한 번 미사에 참석하는 것으로 자신의 의무를 다했다고 생각하는 사람들을 의식했기 때문이었다.

학식과 열정이 있는 신자들에게 가이드라인을 제시하되 가능한 한 많은 자유를 허용하는 조심스러운 과제가 시작되었다. 루터의 첫 번째 목표는, 루터가 생각하기에 확신이 전혀 필요하지 않은 의무적 종교 예식을 폐지함으로써 양심을 자유롭게 해 주는 것이었다. 그는 사람들이 자신의 종교적 행위의 의미와 유익을 깨달아 알도록 함으로써 생각 없는 신앙에 대항하고자 했다. 그래서 십계명, 주기도, 기도 일반, 고해, 세례, 성만찬, 기독교 교리, 성인, 천사, 예배, 성경에 대해 설교하고 글을 썼다. 이것은 루터의 남은 생애 내내 지속된 대대적인 재(再)교육 캠페인이었다. 루터와 그의 동료들은 남녀노소를 막론하고 모든 독일 신자들에게 선조들이 걸어온 관습적 기독교 신앙의 길을 버리고 익숙하지 않은 방식으로 신앙을 표현하는 법을 받아들이라고 호소했다. 이제 종교의 목적은 하나님을 기쁘시게 해서 보상을 받는 것이 아니라 하나님이 우리의 마음을 바꾸시도록 맡기는 것이다. 마음이 바뀐다는 것은 믿음의 선물을 받아들임이며, 그 믿음은 중세의 경건에서 지배적 역할을 했던 공로(功勞)를 대체했다. "나는 사람들에게 예수 그리스도 외에는 아무것도 신뢰하지 말라고 가르친다. 자신의 기도, 공로, 공적, 그 어떤 것도."[17]

1522년, 루터는 신앙인을 재교육하려는 목적으로 책 한 권을 출간했는데, 이 『개인 기도서』Personal Prayer Book[18]는 그의 저서 중에서 가장 잘 팔린 책 가운데 하나가 되었다. 중세 시대의 기도 매뉴얼, 예컨대 묵주 기도를 비롯하여 무조건 외워서 드리는 기도 방식으로 인해 생긴 폐해를 극복하려는 것이 그가 이 책을 쓴 목적이었다. 루터의 서문은 거침이 없다.

그리스도인을 속이고 잘못된 길로 인도하며, 이루 헤아릴 수 없이 많은 거짓 믿음을 불러일으키는 유해한 책들과 교리들 가운데 이른바 개인 기도서들도 결코 무해하다고 할 수 없다. 그 기도서들은 단순한 사람들의 마음에 그야말로 비열한 것을 주입하여 자신의 죄를 하나하나 헤아리고, 고해 신부를 찾아가고, 하나님과 성인에게 드리는 기도에 관한 것이랍시고 기독교와 전혀 상관없는 허접쓰레기를 늘어놓게 한다. 게다가 그런 책들은 면벌부의 약속을 잔뜩 부풀리고 붉은 잉크와 예쁜 제목으로 치장하고 나온다. 어떤 것은 제목이 『영혼의 정원』이고, 어떤 것은 『영혼의 낙원』 같은 식이다. 이런 책들은 완전히 없애 버리든지 아니면 근본적이고 철저하게 개혁해야 한다.[19]

그래서 루터는 직접 기도 안내서를 집필했다. 거기서 루터는 어떤 경우라도 주기도 하나면 충분하며, 끈질기고 진심 어린 마음으로 하나님을 의지하는 것이 많은 말보다 훨씬 중요하다고 강조했다. 2년 후, 오스트리아의 어느 귀족이 죽은 아내를 위해 어떻게 기도해야 하는지 물었을 때 루터가 준 조언은 아주 특별하고 놀라웠다. 루터는 그가 사제들에게 돈을 주어 아내를 위한 철야 기도와 미사를 드리게 하는 일을 즉시 멈춰야 한다고 말했다. 그런 행위는 "믿음 없는" 것이다. 그 대신 이렇게 해야 한다.

경께서 한 번이나 두 번 그녀를 위해 진심으로 기도한다면 그걸로 충분합니다. 하나님께서는 무엇을 구하든지 그대로 받을 줄 믿으라고, 그리하면 확실히 그것을 받으리라고 약속하셨습니다(눅 11:9-10). 그런데 그와는 반대로 우리가 같은 일로 계속 기도만 한다면 그것은 우리가 하나님을 믿지 못한다는 표시이며, 우리의 믿음 없는 기도 때문에 그분의 진노는 더욱 커질 것입니다. 우리가 규칙적으로 기도해야 하는 것은 맞습니다. 하지만 언제나 믿음 안에서, 하나님께서 우리의 기도를 들으신다는 사실을 확신하며 기도해야 합니다. 그렇지 않으면 기도는 헛된 것입니다.[20]

자기가 무슨 일을 하고 있는지를 주의 깊게 성찰하는 법을 배워야 더 많은 자유를 누릴 수 있게 되는데, 기도도 결국 그런 일 가운데 하나다. 그러한 또 다른 사례는 결혼으로, 성직자의 결혼이든 일반적인 결혼이든 마찬가지다. 루터는 결혼할 수 있는 사람에 관한 규정을 완화시키는 한편, 결혼을 신성한 제도로 여김으로써 결혼에 대한 새로운 관점을 제시했다. 그는 교구 성직자들 외에 수도사, 수녀, 주교들에게도 독신 서약을 포기하고 결혼할 것을 장려했다. 성직자의 결혼 금지는 하나님의 계명이 아니라 사탄의 명령이다. 오히려 그런 금지령 때문에 성직자들이 자꾸만 불법 성행위에 빠져들기 때문이다.[21] 바르트부르크에 있을 때 루터는 마인츠의 대주교 알브레히트가 결혼한 사제 두 명을 체포했다는 소식을 접했다. 그런 알브레히트 자신도 여러 명의 여인을 거느리고 있었는데 말이다. 루터는 알브레히트에게 경고했다. 만일 주교들이 결혼한 사제들에 대한 탄압을 그만두지 않는다면, 사람들이 들고일어나서 신실한 부인과 성직자 남편을 갈라놓지 말고 당신네 주교들이나 먼저 매춘부를 쫓아내라고 요구할 것이라고 말이다.[22]

1522년 말쯤에는 비텐베르크에서 성직자의 결혼이 더 이상 이슈가 되지 않았다.[23] 루터가 결혼에 대한 복음적 인식을 책으로 출판했을 때 카를슈타트, 유스투스 요나스, 부겐하겐은 이미 결혼한 상태였다. 이 책의 영어판 제목은 『결혼의 신분』The Estate of Marriage이었는데, 더 나은 번역은 '결혼 생활'Married Life이다.[24] 제1부는 중세 교회가 결혼과 관련하여 설정한 장애 조항 대부분을 거부하는 내용이다. 예컨대 믿지 않는 자와의 혼인을 제한한다는 조항은 그리스도인이 무슬림이나 유대인이나 이교도와 결혼하는 것을 금지했다. 이런 제한 규정에 대한 루터의 반대는 철저하다.

> 결혼은 다른 세상적인 일과 마찬가지로 외부적이고 육체적인 일이다. 내가 이교도, 유대인, 튀르크인, 이단자와 먹고 마시고 잠자고 걷고 말 타고 물건을 사고 이야기도 나누고 거래도 하는 것처럼 그들과 결혼도 할 수 있다. 그걸 금지하는 멍청이들의 가르침에 신경 쓰지 말라. 겉으로는 그리스도인이지만 속으로는 유대인, 이교도, 튀르크인, 이단자보다도 훨씬 나쁜 불신앙의 상태에 있는 사람들이 많다. 아니, 실제로는 그런 그리스도인이 더 많다. 게으르고 교활한 그리스도인은 말할 것도 없고, 이교도도 성 베드로나 성 바울이나 성 루치아와 마찬가지로 한 인간─하나님의 선한 피조물─이다.[25]

루터는 결혼을 세상적인 일이라고 말했지만, 그렇다고 결혼을 하나님이나 종교로부터 이혼시키지는 않았다. 비록 결혼이 더 이상 성례전이 될 수는 없지만, 하나님이 인간을 남자와 여자로 창조하시고 그들에게 생육하고 번성하라고 말씀하신 창세기 1장 26-28절에 기초한 성스러운 의식임은 분명하다. 결혼 제도는 모든 사람에게 해당되며, 예외가 있다면 하나님이 의도하신 세 가지 범주의 사람들이

10. 나 같은 유명한 애인 **295**

다. 첫째는 성적 능력을 갖추지 못한 사람이요, 둘째는 거세된 남자, 셋째는 성적 욕구를 억누를 수 있어서 성관계를 갖지 않을 수 있는 사람이다. 세 번째 범주의 사람들은 "아주 드물어서 천 명에 한 명 있을까 말까 한데, 그런 사람은 하나님의 특별한 기적이기 때문이다."[26] 루터는 그 밖의 다른 모든 경우에는 남자든 여자든 결혼해서 하나님의 창조 목적을 성취해야 한다고 주장했다.

1523년 4월, 루터와 열 명의 비텐베르크 사람들(루카스 크라나흐와 같이 저명한 시민들과 교수들)은 성직자의 결혼을 공식적으로 지지하는 획기적인 퍼레이드를 감행했다. 강의가 취소되고, 몇 쌍의 부부가 포함된 무리가 비텐베르크 남쪽 알텐부르크[Altenburg]로 이틀 동안 여행을 다녀왔다. 그들의 원래 목표는 벤첼 링크의 결혼식에 증인으로 참여하는 것이었다. 링크는 엄수 아우구스티누스 수도회의 주교 대리이자 전 비텐베르크 수도원장이었던 슈타우피츠의 후계자였다. 그런데 그 당시 링크는 그 자리를 사임하고 수도회를 떠나 알텐부르크의 개신교 목사가 된 지 1년이 채 안 된 상황이었다. 그는 곧 그 지역 변호사의 딸 마르가레테 수이처(혹은 슈바이처)[Margaret Suicer/Schweizer]를 만났고, 1523년 4월 14-15일에 혼례를 올리게 되었다. 루터는 두 사람이 결혼 서약을 주고받는 순서와 은잔으로 그 커플을 영예롭게 하는 순서를 맡기로 했다. 그는 집으로 돌아오는 길에 "벤첼의 경이로운 결혼"[27]을 칭찬했다. 링크의 결혼은 비텐베르크 사람들에게 일종의 결혼 장려 프로젝트와도 같았지만, 그 사건 이후 연이어 일어난 일이 결혼만은 아니었다. 이제 많은 수도사와 수녀들이 수도원을 탈출하기 시작했다. 루터가 링크의 결혼식에 참여하려고 도시를 떠나기 일주일 전만 해도, 9명의 시토회 수녀들이 라이프치

• 카타리나 폰 보라, 1528.

히 근처의 수녀원을 탈출하여 비텐베르크에 도착해서 루터에게 안내되었다. 그 가운데 한 명이었던 카타리나 폰 보라[Katharina von Bora]는 루터의 아내가 되었다.

카타리나는 1499년 1월 29일, 한스 폰 보라[Hans von Bora]와 카타리나 하우크비츠(혹은 하우비츠)[Katharina Haubitz/Haugwitz]의 딸로 태어났다. 한스는 흩어진 하급 귀족 계통에 속해 있었고 라이프치히 남쪽의 마을 리펜도르프[Lippendorf]에 작은 토지를 소유하고 있었다. 카타리나가 태어난 곳도 그 근처였다. 그녀에게는 최소한 세 명의 형제와 한 명의 자매가 있었다. 카타리나가 6살이 되기 전에 어머니가 돌아가셨고 아버지는 카타리나를 베네딕투스 수도회 수녀원에 맡기고 나서 재혼했다. 어린 카타리나는 거기서 양육과 교육을 받았다. 그녀는 1508

10. 나 같은 유명한 애인   297

년이나 1509년에 라이프치히와 리펜도르프에서 겨우 32킬로미터 떨어진 그림마의 변두리 님프쉔Nimbschen에 위치한 시토회 수녀원으로 옮겼다. 카타리나는 고향 가까이에 있었을 뿐 아니라 친척들과도 긴밀한 유대 관계를 맺고 있었다. 마리엔트론Marienthron의 대수녀원장이 이모였던 것 같고, 그곳에서 이미 수녀로 살고 있던 마그달레나 폰 보라Magdalena von Bora는 고모였다.

43명의 수녀 대부분은 작센 귀족에게 속한 신분이었다. 그들은 노래하고 기도하고 교회를 위해 아름다운 실내 장식품을 제작하면서 시간을 보냈다. 수녀원은 돈이 많았기 때문에, 수녀원 외부의 동물과 작물을 관리하고 안에서는 요리하고 청소하고 수녀원장을 돕도록 40명이 넘는 일꾼을 고용했다. 수녀원 예배당은 367점의 성유물이 소장된 12개의 제단을 자랑했다. 수녀원의 소장품 가운데 순례자들의 관심을 끌었던 보물은 예수님의 말구유에서 나온 지푸라기, 예수님의 가시 면류관에서 나온 가시 하나, 성모 마리아가 쓰던 베일 조각이었다. 16살이 된 카타리나는 관례에 따라 청빈·순결·순종 서약을 했고, 그리스도의 신부라는 새 신분을 상징하는 반지와 베일을 받았다. 한스 폰 보라는 자기의 딸이 수녀로 성별된 것을 기념하여 약간의 돈을 수녀원에 기부했다.[28] 그는 카타리나가 안전한 상태에서 좋은 교육을 받고 더 나은 미래를 향유하기 위해서는 자기가 키우는 것보다 수녀원에 있는 것이 낫다고 확신했다.

카타리나와 11명의 수녀들은 7년 후 자신들이 어떤 행동을 하게 될는지 꿈에도 상상하지 못했을 것이다. 1523년 부활주일 새벽이 밝기 전, 그들은 미리 계획한 대로 식료품 도매상의 마차를 타고 마리엔트론을 탈출했다. 그날 직접 마차를 끌었던 마차 주인 레온하르트 코페Leonhard Koppe는 엘베강 변에 위치한 토르가우의 부유한 농부이자 시의원이었다. 마차는 북동쪽으로 40킬로미터가량 올라갔다. 코페는 그 수녀원에 정기적으로 식량을 배달해 주었는데, 그 부활주일 이전 사순절에는 평소보다 많은 수의 생선통을 가져왔다. 그날의 탈출은 전설이 되어, 심지어 그 수녀들이 빈 생선통에 숨어서 수녀원을 빠져나왔다는 말까지 돌았다. 그 가운데 세 명은 토르가우에서 곧바로 자기 집으로 달려갔고 남은 아홉 명은 비텐베르크로 갔는데, 과거 열성적인 아우구스티누스회 수도사였다가 지금은 토르가우의 목사가 된 가브리엘 츠빌링과 코페가 그 수녀들을 호위했다.

비텐베르크에 도착한 수녀들은 따뜻한 환대를 받고 루터와 루카스 크라나흐, 바르바라 크라나흐에게 안내되었다. 크라나흐 부부는 그 마을에서 가장 큰 집을 소유하고 있었다. 즉시, 혹은 조금 나중에 크라나흐 부부는 카타리나, 그리고 마르가레트와 아베 쉰펠트 Margaret and Ave Schönfeld 자매를 받아들였다. 머지않아 마르가레트는 어느 귀족과 결혼했고, 아베도 크라나흐 소유의 약방에서 일하던 남자와 결혼했다. 루터는 13년 혹은 14년 후, 그러니까 카타리나와 결혼하고 한참이 지난 후, 만일 자기가 1523년에 결혼 생각이 있었다면 아베 폰 쇤펠트를 선택했을 거라고 말했다.[29] 아베는 루터가 슈팔라틴에게 보낸 편지에서 농담조로 언급한 "세 명의 아내" 가운데 하나였을 것이다.[30] 그 수녀들이 비텐베르크에 도착한 지 2년 후인 1525년에는 루터의 초기 동료들 중에서 암스도르프와 슈팔라틴을 제외한 모든 사람이 결혼한 상태였다. 슈팔라틴은 루터가 자꾸만 자신을 들볶으니까 화살을 루터에게 돌려 그러는 그는 왜 아직도 독신인지를 밝히라고 했던 것 같다. 루터는 이렇게 답했다.

> 나 같은 유명한 애인이 결혼하지 않는다고 이상하게 생각하지 말게나. 틈만 나면 부부 생활에 관한 글을 쓰고 여성들과도 잘 어울리는 내가 결혼은커녕, 아직 한 여자와 제대로 관계도 맺지 않았다는 사실이 이상하긴 하지. 그러나 만일 자네가 나를 모범으로 생각한다면…나는 동시에 세 명의 아내를 거느리고 그들을 너무나 사랑했던 사람이라네. 너무 사랑한 나머지 두 명을 다른 남편들한테 곧 빼앗길 것 같네. 세 번째 여자는 내가 간신히 왼팔로 붙잡고 있는데, 그마저도 누가 곧 낚아채 갈 수 있네. 그러나 자네처럼 한 여자하고도 결혼할 엄두를 내지 못하는 사람은 게으른 애인이라네.[31]

처음의 두 아내는 아마도 쉰펠트 자매를 뜻하는 것 같고, (첩처럼) 왼팔로 간신히 붙잡고 있는 세 번째 아내는 카타리나였을 것이다. 루터는 그렇게 슈팔라틴을 놀리고 나서 두 달 후에 카타리나와 결혼했다. 마리엔트론에서 탈출해서 비텐베르크에 도착한 수녀들 가운데서 제일 연장자는 마그달레나 슈타우피츠였다. 그녀는 수도원에서 음악을 담당하는 수녀였고 요한 슈타우피츠의 여동생이었다. 암스도르프는 마그달레나와 슈팔라틴이 잘 어울릴 거라고 생각했지만 그 둘의 결혼은 성사되지 못했고, 마그달레나 슈타우피츠는 그림마로 돌아가 소녀들을 위해 건립된 학교의 교장이 되었다.

수녀들이 비텐베르크에 도착하자마자 루터는 지체 없이 이 사건을 공개했다. 루터는 코페에게 보내는 공개서한 형식으로, 그 수녀들이 수도원을 떠난 것은 하나님의 도우심이었다고 주장하면서 그 이유를 설명했다.[32] 루터는 그 탈출의 책임이 부분적으로 자기에게 있음을 암시하면서, 그것은 결코 부끄러운 일이 아니므로 다른 가족들도 자기네 딸들을 수녀원에서 데려오기를 주저하지 말라고 격려했다. 그것은 아무 문제 없는, 오히려 신성한 행동이다. 루터의 주장에 의하면, 수녀들은 강탈당하거나 성적으로 희롱당하지 않았기 때문에 그들의 명예와 순결에는 아무런 문제가 없다. 수도원 서약을 깨뜨려서는 안 된다고 주장하는 비판적 독자들을 겨냥하여, 루터는 순결이 하나님의 선물이며 인간의 서약이 그 선물을 받는 것을 보장하지는 않는다고 대답했다.[33] 게다가 금욕은 꼭 필요한 것도 아니요 바람직한 것도 아니니, 이는 하나님이 인간의 성적 본능을 만족시켜 주시기 위해 결혼 제도를 마련하셨기 때문이다.

루터는 수녀들의 수녀원 탈출을 부추기는 행위가 사형에 해당하는 중죄라는 사실을 독자들에게 상기시켜 주지는 못했다. 작센 선제후의 영토에서는 루터도 코페도 체포될 위험이 없었으나, 다른 작센 지역은 로마 가톨릭에 충성하는 게오르크 공이 다스렸기 때문에 카타리나가 마리엔트론에서 탈출한 지 1년 뒤에는 바로 그 죄목으로 한 명이 참수형에 처해졌다. 그러나 처벌이 수녀들의 탈출을 막지는 못했다. 카타리나가 탈출하고 한참이 지난 후에 카타리나의 고모 마그달레나도 다른 수녀 두 명과 함께 마리엔트론을 빠져나갔다. 어떤 수녀들은 집으로 돌아오는 것을 가족들이 원하지 않아서 그냥 수녀원에 남아 있기도 했다. 딸이 집으로 돌아오면 그 가족은 상당한 금액의 손해를 보게 되었다. 딸이 수녀가 될 때 수녀원에 낸 돈은 결혼 안 한 딸이 집에서 생활하는 데 드는 비용이었는데 다시 돌아오면 그 돈을 날리는 셈이고, 더욱이 수녀원에서 돌아온 딸이 결혼을 하게 될 경우 또 지참금이 드는 것이다. 카타리나 폰 보라가 마리엔트론을 떠나온 것은 아주 위험스러운 시도로서 그 결과를 예측할 수 없는 일이었다. 그것은 이상적인 신랑감의 팔에 안기기 위한 경솔한 도피가 결코 아니었다.

카타리나는 비텐베르크에서 2년 정도 생활하다가 마르틴과 결혼했다. 그전에는 과거 비텐베르크의 학생이었다가 잠깐 필립 멜란히톤을 방문한 히에로니무스 바움가르트너Jerome Baumgartner와 사랑에 빠지기도 했다. 뉘른베르크의 저명한 집안 자제였던 바움가르트너는 카타리나보다 1살 위였는데, 잠깐 비텐베르크에 머물다가 다시 집으로 돌아갔다. 카타리나는 청혼을 기다렸지만 아무런 소식도 오지 않았다. 어쩌면 그것은 멜란히톤이 자기가 고통스럽게 감당하고 있는 결혼의 짐에 대해 신중하게 생각해 보라고 히에로니무스에게 조언한 탓일 것이다.³⁴ 카타리나가 1년 넘게 기다리는 것을 본 루터는 바움가르트너에게 카타리나가 여전히 그를 사랑하고 있으니 얼른 행동을 취하라고 했다. 그렇지 않으면 그녀를 다른 구혼자에게 빼앗길 것이라고 말이다.³⁵ 그 다른 남자는 카타리나보다 나이가 한참 많았던 카스파르 글라츠Caspar Glatz라는 목사였다. 카타리나는 루터의 최종 제안에도 바움가르트너로부터 아무런 연락을 받지 못했지만 글라츠 목사와 결혼하는 것은 거부했다. 추측건대 바움가르트너의 부모는 땡전 한 푼 없이 수녀원에서 도망쳐 나온 여자를 며느리로 맞고 싶어 하지 않았던 것 같다. 1526년 초, 그 당시까지는 뉘른베르크에서 아주 영향력 있는 시의원이자 종교개혁의 후원자였던 바움가르트너는 더 좋은 조건을 지닌 15살의 신부와 결혼했다.³⁶

1523년에서 1525년까지 개신교 운동evangelical movement은 비텐베르크 너머로 급속도로 번졌다. 루터는 개혁에 반대하는 사제를 대신할 개신교 설교자를 추천하는 등 개혁 운동을 지원하고 이런저런 조언을 하느라 바빴다. 중세의 후원자 임명권 제도 때문에 이런 작업은 결코 간단한 변화가 아니었다. 설교자와 목회자를 선발하는 권한은 교구 신자들이 아니라 그 빈자리를 메꿀 수 있는 법적 권리를 가진 후원자에게 있었다. 비텐베르크의 주교, 지주, 대학, 수도원, 혹은 모든 성인 교회 참사회가 그런 후원자가 될 자격이 있었다. 후원자들은 그 교구에서 현금이나 현물로 납부금을 모아 둠으로써 임명권을 확보했다. 예컨대 비텐베르크에서 남쪽으로 96킬로미터 떨어진 곳에 위치한 시토회 소속 부흐Buch 수도원은 그 근처에 있는 라이스니히Leisnig 교구의 후원자였다. 한 마을에 사는 주민은 겨우 1,500명 정도였는데, 라이스니히 교구에는 열 개 이상의 마을이 포함되었다. 그 마을들은 작센 선제후에게 수십 년 동안 맥주, 버터, 치즈, 닭고기, 거위 고기, 계란, 베이컨을 제공했다. 나아가 부흐 수도원에도 식료품을 제공했으며, 그 수도원의 원장이 교구의 사제를 임명했다.[37]

1522년, 현직 사제가 루터에 대한 지지를 표명하자 수도원장은 그를 해임했다. 그런데 교구 신자들은 그 사람이 목회자로 남아 있기를 요구했고 수도원장이 임명한 새로운 사제를 거부했다. 교구의 원로들은 신자들의 돌발 행동을 저지하고 추가적으로 인도를 받기 위해서 루터를 라이스니히로 초청했다. 루터는 1522년 9월 25일에 거기 도착해서 며칠 동안 머물렀다. 루터는 재빨리 사태를 파악했고, 라이스니히를 개신교 교구로 전환할 수 있는 방법을 설명했다. 만일 교구 신자들이 자기네가 원하는 목회자를 세우고 싶다면 그 목회자에게 직접 사례금을 제공해야 한다. 이제 수도원은 더 이상의 지원을 하지 않을 것이기 때문이다. 원로들은 새로운 수입원을 찾아내야 했기에 곧바로 계획을 세우기 시작했다. 1523년 초, 두 명의 유력한 라이스니히 시민이 비텐베르크에 도착해서 루터에게 자신들의 의도에 대한 서면 지지를 요청했다.[38] 나흘 뒤, 루터는 그 요청을 적극 받아들인다는 편지를 써서, 앞으로도 개신교의 찬양과 기도와 독서 방식에 대한 질문에 조언을 주기로 약속했다.[39]

두 달 후, 루터는 편지의 차원을 넘어서 약속한 내용을 담은 글 하나를 발표했다. 라이스니히에 있는 개신교 교회의 구조와 재정 조직을 위한 교구 계획안[40]을 출간한 것이다. 루터는 서문에서, 성경은 교구 신자들이 제대로 가르침을 받았는지 결정하고 이를 근거로 자기네 목회자를 "청빙, 임명, 해임"할 자격을 부여한다고 주장했다. "그리스도께서는 주교와 학자와 의회로부터 어떤 가르침을 판단할 수 있는 권리를 빼앗아, 그 권리를 모든 그리스도인에게 평등하게 부여하신다."[41] 루터는 『그리스도인 귀족들에게 고함』에서도 이런 입장을 취한 바 있었으나, 1520년에는 아직 가설 수준의 시나리오였다. 그러나 1523년에 변화를 갈망하는 한 교구가 직접 자신들의 지도자를 청빙하고 재정을 관리할 권리를 요구함으로써 그 이론을 시험할 수 있게 되었다. 라이스니히 교회 규정이 만들어지자,[42] 루터는 그것이 다른 개신교 마을에도 모델이 되기를 원했다. 그 책은 종교 개혁을 받아들인 모든 마을과 지역에서 교회가 어떻게 재조직되어야 하는지 가르쳐 주는 유용한 실례로 남아 있다.

라이스니히 규정은 교구가 떠맡게 될 의무를 다음과 같이 지정했다. 1) 교회의 인적 자원(목사, 교사, 관리인)을 구하고 그들에게 사례를 지불하며 교회 재산을 관리한다. 2) 가난하고 궁핍한 사람들을 돌보는 "특별히 영적인 사업"을 추진한다.⁴³ 3) 이러한 의무를 감당할 자금을 확보하고 지출하는 절차를 마련한다. 마지막 의무가 가장 시급한 것으로, 공동 기금을 조성해서 모든 수입이 그리로 들어가고 모든 지출이 거기서 나오는 체제가 구축되어야 했다. 그 기금은 물론 은행 구좌 같은 것은 아니었지만 "이자 수입, 부동산, 수익권, 현금, 여기저기서 모으고 수집되고 기증받고 영구적으로 양도받은 모든 물품"⁴⁴을 포함하는 사실상의 몸통이었다. 원래는 예배당의 4면 제단에서 드려지는 사적 미사를 위한 것이던 기부금 수입이 이제는 공동 금고common chest로 들어갔다. 로마 가톨릭 사제들은 죽을 때까지 연금을 받되 어떤 명목으로도 사적 미사는 더 이상 집례하지 않았다. 세 개의 형제회가 이런 조치에 영향을 받았다. 이들은 평신도와 성직자로 구성된 어느 정도 사적인 성격의 모임으로서, 어떤 축일이나 특별 미사, 자선, 연금 등에 돈을 쓰고 있었다. 종교개혁자들은 이들의 소유 자산을 모두 공동 기금에 넘기도록 한 후에 모임을 해산시켰다. 이전에 교회에 기증된 다른 돈들도 예비 기금으로 합쳐졌다. 이렇게 해도 비용이 충당되지 않는다면 "그 교구에 속한 모든 귀족, 시민, 농민"이 가족 단위로 능력에 따라 세금을 납부하도록 했다.⁴⁵

공동 기금은 열 명의 임원trustee 혹은 감독director이 관리했는데, 귀족 두 명, 현재 시의원 두 명, 시민 대표 세 명, 농민 대표 세 명이었다. 이들은 매년 1월에 열리는 총회에서 교구민들에 의해 선발되었다. 금고는 교회에서 가장 안전한 곳에 두었다. 한 사람의 임원이 금고에 손대는 것을 막기 위해 자물쇠를 네 개 달았는데, 자물쇠마다 맞는 열쇠가 달랐다. 네 개의 열쇠는 각각의 임원 그룹 대표가 나눠 가져서, 하나는 귀족, 하나는 시의원, 하나는 시민, 하나는 농민이 갖고 있었다. 금고의 문을 열 때는 네 명이 모두 그 자리에 있어야 했다. 열 명의 임원은 매주 일요일 11시에 만나서 각자의 사무를 점검했다. 모든 결정은 의사록에 기록되었으며 모든 영수증과 지출은 매주 회계 대장에 기입되었다. 임원들은 두 명의 건물 감독관(building supervisor)을 임명하여 기금 마련을 위해 구호품을 모으는 일을 맡겼다. 감독관의 재량에 따라 금방 썩을 수도 있는 구호품은 당일에 가난한 사람들에게 나누어 주고 썩지 않는 물건은 교회 창고에 보관했다가 필요할 때 사용했다. 구걸은 허용되지 않았다. 수도사든 학생이든, 남자든 여자든, 일할 수 있는 사람은 누구라도 구걸을 해서는 안 되었다. 이 규정은 세 가지 직위, 즉 목회자, 설교자, 교회 관리인 한 사람씩에게 지급할 봉급을 정식으로 인가해 주었다. 추가적으로 관사(館舍)나, 야채 따위를 기를 수 있는 땅뙈기 같은 불특정 자산을 사용할 권리도 그들에게 부여되었다.

이 규정집에는 임원들이 남자아이들을 위한 교사 한 명, 그리고 12살 이하의 여자아이들을 "참된 그리스도인의 규율과 명예와 덕성으로" 교훈할 수 있는 "고결하고 숙련되고 나무랄 데 없는 여성" 한 명을 고용하고 그들에게 봉급을 주어야 한다고 적혀 있다. 공동 기금은 가난한 집 아이들과 고아들의 기본적 필요도 채워 주어야 한다. 남자아이들에게는 학교 교육과 직업 훈련에 필요한 돈을 지불해 주고, 여자아이들에게는 적절한 금액의 결혼 지참금을 보장해 주어야 한다. 루터는 이 규정을 직접 쓰지는 않았지만, 학교 교육에 관한 것을 포함하여 거기 적힌 내용에 전적으로 지지를 표명했다. 3년 전에 출간된 『그리스도인 귀족들에게 고함』은 대학교를 개혁해야 한다는—그래서 실제로 비텐베르크 대학교에서는 그 개혁이 성취되었다—호소에 그치지 않고 남자아이들과 여자아이들을 위한 학교 건립을 주장했다.[46] 라이스니히 규정이 출간된 이후에도 루터는 그 목표를 시야에서 놓치지 않았다. 그러나 그는 사람들이 공교육을 위한 기금 마련에 주저하고 있다는 사실을 알고 있었다. 1524년, 루터는 시편 127편을 인용하면서 발트해의 리가[Riga] 사람들에게 학교에 투자할 것을 강력하게 권고했다. 그의 주장에 따르면, 매년 수많은 시의회와 시민들이 개인의 사치와 어리석은 종교 의식을 위해 "수천 굴덴을 하수구로" 내던지듯 허비하면서, 꼭 필요한 좋은 설교자와 교사를 채용하여 봉급을 주자고 하니까 그러다가 굶어 죽을지도 모른다며 불평을 해 댄다.[47]

1524년 루터의 시선은 훨씬 더 높은 곳을 바라보았다. 그는 독일의 모든 시의회에 "그리스도인 학교의 설립과 유지"[48]를 호소했다. 어디를 보더라도 학교가 "그냥 방치되어 파멸로 치닫고 있다"는 것이 루터의 진단이었다. 교육의 몰락은 악마가 복음을 무너뜨리고 세상을 지배하기 위한 전략이다. 그런 악마의 공세를 막아 내는 일은 "하나님을 아는 지식 안에서 성숙해져서 하나님의 말씀을 전파하는 젊은이들"만이 할 수 있으며, 그러기 위해서는 그리스도인들의 결단과 투자가 필요하다. 루터는 그런 의지와 돈을 마련할 수 있다고 확신했다. "만일 우리가 도시의 평화와 번영을 지킨다는 명목으로 총, 길, 다리, 댐에 매년 엄청난 돈을 쓴다면, 가난하고 무시당하는 청소년을 위해서는 훨씬 더 많은 금액을 써야 하지 않을까? 유능한 교사를 최소한 한 명 내지 두 명은 채용하여 학교에서 가르치게 해야 하지 않을까?"[49]

루터는 이 문제가 아주 시급하다고 생각했기 때문에 주장을 강하게 밀어붙였다. 시간이 촉박하다. 인문주의 학자들이 재발견한 성경 언어와 기초 교양 과정liberal arts은 지체 없이 활용되어야 한다. 하나님의 말씀과 은혜는 이제 독일 민족에게 역사상 가장 박식한 교사들을 허락하셨으니, 모든 마을은 그리스도인 학교를 세워 학생들이 그런 교사들로부터 마음껏 배울 수 있도록 해야 한다. 만일 독일이 이런 기회를 놓친다면, 이전보다 더 깊은 어둠과 비참함 속으로 빠져들 것이다. 왜냐하면, 루터의 역사 신학에 따르면 하나님 말씀과 그 유례를 찾아보기 힘든 학식이라는 선물은 제대로 사용하지 않을 경우 금세 사라져 버리기 때문이다.

하나님의 말씀과 은혜는 마치 지나가는 소낙비와 같아서 한번 가면 되돌아오지 않는다. 그것이 유대인들에게 머물렀던 때가 있었다. 하지만 그 말씀과 은총이 그들을 떠나자 영영 돌아오지 않았으며, 이제 그들에게는 아무것도 없다. 바울은 그것을 헬라인들에게 가져다 주었다. 그러나 그것이 헬라인을 영영 떠났고, 이제 그들이 가진 것이라곤 튀르크인들뿐이다. 로마와 라틴어를 쓰는 사람들이 그것을 가졌던 때가 있었으나, 한번 떠나자 영영 떠나 버렸다. 이제 로마와 서방 세계가 가진 것은 교황이다. 그러니 너희 독일인이여, 너희가 하나님의 말씀과 은혜를 영원히 가질 거라고 생각해서는 안 된다. 감사할 줄 모르는 마음, 경멸하는 태도는 그 말씀과 은혜를 밀어내고 말 것이다. 하나님의 말씀과 은혜가 여기 있을 때 꽉 붙잡아라. 얼른 잡아라. 게으른 일손의 결과는 흉년이다.[50]

독일의 시의회들을 향한 루터의 연설은 거기서 그치지 않았다. 공직자를 훈련시키고 성직자에게 성경의 언어를 가르치기 위해서는 학교가 필요하다. 루터는 "단순히 믿음만을 설교하는 사람과 성경을 제대로 해석할 수 있는 사람 사이에는 광대한 격차"가 있다고 지적했다. 단순한 설교자는 독일어만 가지고 근근이 버티지만, 모호한 성경 구절을 해독하고 불완전한 해석과 싸우기 위해서는 그리스어와 히브리어가 필수적이다.⁵¹ 루터는 시의원에게 좋은 도서관과 책을 갖추도록 종용했으며, 기본 커리큘럼을 제안하기도 했다.

바르트부르크에서 돌아온 후에 루터가 직면한 가장 중요한 도전은 여태껏 로마 가톨릭 주교가 감독하던 교구를 개신교 교구로 전환하는 일이었다. 그러기 위해서는 주교 없이 주교의 일을 해야 했다. 교구 방문, 설교, 목회자 추천, 재정 관리, 빈민 구호, 예배 자료 수집, 그리고 점점 늘어나는 편지에 답장하기 등, 이 모든 일은 숙달된 사람이 하루 종일 매달려도 벅찬 일이었고 루터는 이런 일을 어떻게 해야 하는지 배운 적이 없었다. 아우구스티누스 수도회 지방 대표로 일하면서 조금 경험해 본 것을 제외한다면 말이다. 그럼에도 불구하고 루터는 자신에게 더욱 친숙한 일, 곧 성경을 번역하는 일과 적대자들에게 응수하는 일에도 시간을 쏟았다. 1522년까지 그의 주된 적들은 로마 가톨릭 신학자들이었다. 그런데 반대의 목소리가 점점 가까운 곳에서 들려오기 시작했다. 루터의 리더십에서 튕겨져 나온 두 사람, 안드레아스 카를슈타트와 토마스 뮌처는 끈질긴 적대자로 남았다. 뮌처와의 갈등은 짧지만 격렬했다. 카를슈타트와의 갈등은 7년 이상 질질 끌다가 우여곡절 끝에 종지부를 찍었다.

카를슈타트는 비록 비텐베르크 종교개혁 진영의 지도자 자리는 내려놓았지만 1523년까지 신학과 학장으로 일했다.[52] 책은 출간할 수 없었지만 강의는 할 수 있었다. 2년이 지난 후에야 개혁의 지연에 반대하는 그의 소책자가 인쇄되어 나올 수 있었다.[53] 그러나 그때 카를슈타트는 더 이상 비텐베르크 사람이 아니었다. 1523년 6월, 프리드리히 선제후는 비텐베르크에서 남서쪽으로 약 160킬로미터 떨어져 있는 튀링겐의 오를라뮌데Orlamünde에서 카를슈타트가 임시 목사로 일할 수 있게 해 주었다. 카를슈타트가 오를라뮌데를 선택한 것은 그곳 교구에서 나오는 수입으로 대학교 강의 수당과 성교회의 부제副祭 수당을 받을 수 있어서였다. 그는 이 수입으로 자기 가족을 부양하고, 오를라뮌데에서 자기를 대신하는 부사제의 급료도 주어야 했다. 카를슈타트가 그 교구를 직접 맡는다면 돈을 좀더 절약할 수 있었다. 게다가 지금 비텐베르크에서는 제동이 걸려 있는 개혁을 그곳에서 추진해 나갈 수 있었다. 예배당에 있는 성상을 치워 버리고, 사적 고해성사와 단식을 그만두게 하고, 구걸 대신 빈민 구호 대책을 세우고, 성만찬을 할 때는 예복을 입지 않은 채 독일어로 집례하고, 유아 세례를 대폭 줄이는 등의 일을 할 수 있었다.[54] 오를라뮌데 교구는 그런 변화를 지지했고 카를슈타트를 정식 목사로 청빙하기로 결의했다. 카를슈타트는 그 지역에서 점점 강력한 지지 세력을 형성하고 있었다. 그러나 1524년 5월, 프리드리히 선제후는 교구의 요청을 거부하고 카를슈타트에게 비텐베르크로 돌아오라는 명령을 내렸다. 카를슈타트는 교수직으로 복귀하지 않고, 오히려 대학교에서 사임하고 성교회의 부제직도 내려놓았다. 그는 사직서를 써서 인편으로 보내려 했지만, 홍수 때문에 북쪽으로 가는 길이 막히는 바람에 속달로 부쳐야 했다.[55]

루터와 작센 궁정은 카를슈타트를 과거 비텐베르크의 학생이었으며 지금은 골칫덩어리 성직자가 된 토마스 뮌처와 연결 지어 생각했다.[56] 1521년, 뮌처는 동료들을 신랄하게 비판하고 폭동을 선동했다는 소문이 퍼져 자신의 교구와 츠비카우 지역을 떠나야 했다. 그래서 그는 6개월 동안 프라하에 머물면서 초기 기독교와 중세 신비주의를 공부했고, 그 후로는 이곳저곳을 떠돌아다니다가 1523년 3월 튀링겐 알슈테트의 성 요한 교구 목사로 선발되었다. 뮌처는 그곳에서 수녀 출신인 오틸리에 폰 게르손(Ottilie von Gerson)과 결혼했으며, 루터보다 3년 먼저 독일어 예배서를 출간했다. 그때의 뮌처는 더 이상 과거의 뮌처가 아니었다. 그는 프라하에서 급진적 사상을 습득했고 이를 스스로 재구성하여 웅대한 미션을 만들어 냈다. 기독교는 본래 티 없이 정결하게 시작했지만 지금은 그 근원에서 너무나 멀리 떨어졌으며 머잖아 세상의 종말이 닥쳐올 텐데, 하나님이 그 전에 뮌처 자신을 통해서 그 옛날 사도들의 순결함을 회복하려 하신다는 것이 뮌처의 결론이었다. 지체 없이 실천해야 할 것 하나는 하나님이 그리스도의 순결한 왕국에 살게 하려고 선택하신 사람들을 불러 모으는 것이며, 다른 하나는 기독교를 타락시킨 나머지 사악한 세력들을 없애 버리는 것이다.

뮌처는 알슈테트에서 자신을 따르는 사람들이 곧 선택된 사람들이며, 그들은 형편없이 타락하고 부패한 기독교의 정화淨化를 앞당기는 데 헌신하는 연맹에 속한다고 선포했다. 그 부패에는 교황뿐 아니라 루터도 포함된다. 루터가 추진하는 비텐베르크의 개혁은 뮌처가 개혁의 필수 조건이라 생각한 숙청을 제대로 수행하지 못하고 있기 때문이다. 1524년, 루터는 프리드리히 선제후의 동생인 작센의 요한 프리드리히 공에게 뮌처를 비텐베르크로 소환하여 청문회를 열어 달라고 청했다. 뮌처는 청문회 출석은 거부했지만 다른 곳에서 요한 프리드리히 공과 만나겠다는 뜻을 전했다. 그 만남은 7월 중순 알슈테트성에서 이루어졌다. 요한 프리드리히 공이 그의 아버지 요한 공과 함께 와서 뮌처가 자신의 사명을 정당화하는 설교를 직접 들었다. 뮌처는 기독교의 타락은 구태의연하고 부정한 성직자들과 그들의 나쁜 설교 때문이라고 말했다. 오직 선택받은 사람들만이 자기 안에서 하나님의 참된 말씀을 소유한다. 제후들은 그 선택받은 사람들 편에 서서 불경한 적들을 향해 칼을 빼야 한다.

1524년 7월 17일, 뮌처는 알슈테트에서 남쪽으로 85킬로미터 떨어진 오를라뮌데에 아직 머물러 있던 카를슈타트에게 연락을 취하여, 선택받은 사람들의 동맹에 합류하자고 권했다. 그리고 그에게 15개의 다른 마을을 비슷한 동맹으로 결합시켜 달라고 요청했다. 카를슈타트에게는 뮌처가 작센 제후들에게 맞서 민중 봉기를 일으키기 위해 같은 편을 찾고 있는 것처럼 보였다. 카를슈타트는 몹시 불쾌해서 그 편지를 찢어 버렸다. 그러나 다시 한 번 생각해 본 뒤, 편지 조각을 주워 들고 급히 말을 달려 근처에 있는 한 동료를 찾아갔다. 그들은 그 편지 조각을 맞춰 함께 읽으면서, 뮌처가 요구하고 있는 것이 무엇인지를 재확인했다.[57] 이틀 후, 카를슈타트는 자신의 우정이 변함없음을 확언하면서도 뮌처의 제안에 단호한 거절 의사를 밝혔다. 이런 동맹은 하나님의 뜻에 어긋나는 것이며, 인간의 능력에 대한 잘못된 신뢰에 기초한 것이다. 뮌처는 이런 편지를 쓰거나 동맹을 구축하는 일을 그만두어야 한다. 우리 오를라뮌데 사람들이 그런 일 때문에 폭도나 범죄자로 몰려 벌을 받을 걸 생각하니

섬뜩하다.[58] 카를슈타트의 말은 진심이었다. 그가 출간한 90여 권의 소책자 중에서 고작해야 한두 문장만이 폭력 사용을 지지하는 의미로 해석될 수 있다.[59]

그러나 작센의 통치자들과 루터의 입장에서는, 카를슈타트나 뮌처나 똑같이 잠재적 혁명 분자였다. 그들은 루터가 개혁을 빠르고 철저하게 밀어붙이지 않는다면서 공적으로 비난을 퍼부었다. 드디어 1524년 말, 카를슈타트는 개혁이란 것이 과연 천천히 진행될 수 있는지 문제를 제기하는 논문을 출간했다. 그의 결론은 '그럴 수 없다'였으며, 그 이유는 예수님의 말씀 때문이다. "누구든지 손에 쟁기를 잡고 뒤를 돌아보는 자는 하나님의 나라에 합당하지 아니하니라"(눅 9:62). 그리스도인 관료들이 자신의 의무를 다하지 않고 있다면, 평범한 민중이라도 이 말씀을 근거로 행동에 나설 권리가 있다. "그리스도인이 주도권을 쥐고 있는 곳에서는 권력자들의 눈치를 보지 말고 직접 실천해야 하며, 설교로 선포되지 않더라도 하나님께 대적하는 것이라면 그 어떤 것도 뒤엎어 버려야 한다."[60] 거의 동시에 뮌처도 루터를 공격하는 글을 출간했다. 제목부터가 전혀 신사답지 못했다. 『비텐베르크에서 영혼 없이 고분고분 살고 있는 육체들에 대한 의무적 방어와 답변』*An Obligatory Defense and Reply to the Spiritless Soft-living Flesh at Wattenberg*[61]이었으니 말이다. 더욱이 카를슈타트와 뮌처에게는 확고부동한 추종자들이 있었고 지지자도 점점 늘어나고 있었다. 뮌처 같은 경우는 그의 추종자들이 유명한 순례지에 있던 예배당을 불태워 버렸는데도 그러했다. 두 사람은 성경 외에도 신비주의 신학의 영향을 받았고 성령의 직접 감화에도 열려 있었다. 그런 이유에서 루터는 그들을 싸잡아서 '슈베르머'*Schwärmer*라 불렀는데, 이것은 열광주의자, 낭만주의자, 종교적 광신도를 일컫는 경멸적 용어였다.

카를슈타트가 뮌처에게 거절의 뜻을 밝히고 얼마 안 되어, 루터와 두 명의 동료 교수들은 오를라뮌데 근처의 예나^{Jena}로 가서 급진적 성향을 보이는 설교자들에 대해 조사했다. 예나에 있는 한 목회자의 기록에 의하면,[62] 1524년 8월 22일 아침 7시에 루터가 설교를 하는데 카를슈타트가 슬쩍 들어왔다고 한다. 그날 이후, 루터는 카를슈타트로부터 따로 한번 만났으면 좋겠다는 서면 제안을 받았다. 루터는 그를 '검은 곰 여관'으로 불렀다. 12년 동안 서로 알고 지냈던 두 사람은 마음이 멀어진 연인처럼 가시 돋친 말을 주고받았다. 지지자들과 구경꾼들이 지켜보는 가운데, 카를슈타트는 루터의 설교가 자신을 뮌처와 한통속으로 보는 것에 불만을 토로하면서 자신은 뮌처가 함께 일하자고 했을 때 단호하게 거부했노라고 쏘아붙였다. 루터는 자신이 설교에서 카를슈타트의 이름을 언급하지 않았다고 주장하면서 그가 폭력을 옹호하는 사람이 아님을 인정했다. 대화는 그쯤에서 끝날 수도 있었다. 하지만 카를슈타트는 루터가 복음을 올바르게 설교하지 않았음을 입증하겠다며 논쟁을 제안했다. 루터는 차라리 반박의 글을 공식적으로 발표하라고 권하면서, 그 말이 진심임을 드러내는 의미로 카를슈타트에게 금화 한 닢을 건넸다. 카를슈타트는 그 금화를 주변 사람들에게 보여 주면서 이것이 바로 루터의 도전장이라고 말한 후에 돈주머니에 집어넣었다. 그리고 루터에게 손을 내밀어 악수를 청한 후, 약속의 의미로 함께 건배했다.[63] 그러나 그 후에 루터는 슈팔라틴에게 보낸 보고서에서, 카를슈타트가 여전히 뮌처의 살인적인 생각을 고집하고 있어서 기회만 생기면 언제든 문제를 일으킬 수 있다고 썼다.[64] 그 보고서는 루터가 예나에서 카를슈타트에게 했던 말과 상충되는 것이었으며 결국 카를슈타트는 작센주에서 추방당하고 말았다.

카를슈타트는 약속한 대로 루터에게 반박하는 글을 썼다. 뮌처는 그런 약속도 하지 않았는데 똑같은 행동을 취했다. 하지만 루터는 『반역적인 영에 관하여 작센의 제후들에게 보내는 편지』Letter to the Princes of Saxony Concerning the Rebellious Spirit[65]에서 일제 사격을 개시했다. 이 편지는 오직 뮌처를 겨냥한 것으로서, 루터의 대열에서 이탈한 사람을 향한 첫 번째 공개 도전장이었다. 루터는 뮌처가 작센의 영주들에게 맞서 반란을 획책하고 있다고 주장했다. 그는 즉시 이 사실을 프리드리히 선제후와 그의 동생 요한 공에게 알리면서 주장하기를, 하나님이 통치자들에게 칼을 맡기셨으니 더 이상 관용을 베풀어서는 안 된다고 했다. 만일 작센의 영주들이 행동에 나서지 않는다면 하나님이 그 책임을 물으실 것이다. 루터는 작센의 영주들이 자기가 성령의 직접적인 인도하심을 받고 있다는 뮌처의 주장에 넘어갈까 봐 걱정했다. 뮌처의 주장을 무너뜨리기 위해, 루터는 뮌처가 공정한 재판관들에게 자신의 견해를 밝힐 기회를 거부했음을 언급하고 뮌처의 추종자들이 예배당을 불태웠다는 사실을 영주들에게 상기시켰다. 더욱이 루터는 뮌처가 허장성세로 가득해서 자신의 영적 은사를 뽐내고 자신이 불경한 자들을 척결할 사명을 받은 것처럼 떠들고 다닌다고 주장했다. 반면 루터 자신은 교황을 공격할 때도 겸손하게 시작했으며 두려움에 떨었다. 그러나 자기의 입장을 공식적 논쟁으로 변호하는 것은 두려워하지 않았으니, 라이프치히에서도 그랬고 보름스에서는 황제 앞에서도 분명히 주장했다.[66] 루터는 자기가 이 견해를 지키느라 결국 파문까지 당했고 지금도 도망자 신세라고 말했다.

루터는 이어서, 그런데 뮌처와 그의 제자들은 전혀 고난을 받지 않았고 거의 아무것도 희생하지 않았다고 주장했다. 설상가상으로 그들은 루터가 위험을 감수하고 이뤄 낸 것을 제멋대로 이용하고 있다. "그들은 우리의 승리를 이용하고 즐기며, 아내를 취하고 교황의 법을 무시합니다. 그러나 그들은 그중 어떤 것을 위해서도 싸우거나 목숨을 걸지 않았습니다. 저는 온몸과 생명을 내놓아야 했는데 말입니다. 이제 저는 바울 사도가 그랬던 것처럼 저의 고난을 자랑하려고 합니다. 이것은 어리석은 일이나, 만일 제가 저 거짓말하는 영혼들을 다른 방식으로 꾸짖을 수만 있다면 이런 말은 하지 않을 것입니다."[67] 그러나 루터는 주저 없이 자기가 받은 시련의 긍정적인 결과를 하나하나 열거했다. 비록 자신과 자신을 따르는 이들이 오직 "성령의 첫 번째 열매들"만 가지고 있지만, "우리는 적어도 믿음과 사랑과 십자가가 무엇인지 알고 있으며, 믿음과 사랑을 아는 것보다 더 중요한 것은 이 세상에 없습니다. 이 기초 위에서 우리는 어떤 가르침이 옳은지 그른지, 어떤 것이 믿음과 부합하는지 아닌지를 인식하고 결정할 수 있습니다. 같은 방식으로 우리는 거짓말하는 영도 인식하고 판단할 수 있습니다."[68] 뮌처는 영주들에게만이 아니라 루터 자신과 그의 비전에도 위협이 되었다. 뮌처는 기독교의 참모습에 대한 나름의 비전을 가지고 있는데, 그 비전은 하나님의 선택하심을 받았다는 그리스도인들이 다른 모든 사람을 파멸시켜야만 실현될 수 있다. 루터는 어떤 그리스도인이 다른 사람들보다 더 진지하고 헌신적일 수는 있지만, 그렇다고 나머지가 이단이나 이교도로 취급되어서는 안 되며, 어떤 식으로든 처형된다는 것은 있을 수 없는 일이라고 보았다.

1524년 말, 루터는 더 이상 수도사 복장을 하지 않기로 했다. 이제 그는 수도사가 아니라 교사요 개혁자였다. 그는 대학교에서 구약성경을 강의하면서 별도의 팀을 꾸려 구약성경 39권 전체를 히브리어에서 독일어로 번역하는 일을 맡고 있었고, 대부분의 시간을 그 일에 매달렸다. 그 일로 따로 봉급을 받는 것도 아니었다. 루터의 강의는 프리드리히 선제후가 루터의 현재 거주지인 아우구스티누스회 수도원 건물을 지어 준 데 대한 보답으로 간주되었다. 그에 비해, 동료 교수 멜란히톤은 성직자도 아니고 수도사도 아니었는데 매년 100굴덴의 연봉을 받았다. 멜란히톤이 자기가 신학으로 이익을 보려는 것이 아니라면서 계속 사양을 했는데도 말이다.[69] 루터는 그렇게 협상할 봉급도 없었기에, 강의 부담을 줄여 달라고 부탁하고 번역 작업에 전적으로 뛰어들었다. 그는 프리드리히 선제후에게 멜란히톤이 그리스어 대신 성경 강의를 하게 해 달라고 요청했다. 그리스어만 가르치는 것은 멜란히톤에게는 시간 낭비이니 그걸 젊은 사람에게 넘겨야 한다는 주장이었다. 사실 멜란히톤의 나이도 27살밖에 되지 않았지만, 프리드리히 선제후는 루터의 청을 받아들였다.[70]

학자로서 루터가 감당하는 일과는 다르게, 종교개혁자로서 루터가 해낸 비공식적이고 보수가 없는 작업은 깔끔하게 규정되지가 않았다. 특히 루터 자신이 가장 그러해서, 그는 스스로를 개혁자라고 부른 적도 없었다. 어느 편지에서 루터는 그 단어를 단 한 번 사용했는데, 그 경우에도 "개혁자"는 튀르크인, 곧 비엔나를 위협하고 있는 오스만 튀르크족을 뜻하는 말이었다.[71] 1517년부터 1522년까지 루터의 주된 개혁 작업은 가톨릭의 관습을 비판하고 기회가 있을 때마다 가톨릭 신학자들의 공격에 반응하는 것이었다. 그 과제는 그의 생애가 끝날 때까지 지속되었다. 1523년, 신성로마제국 정부는 루터에게 더 이상 새로운 책을 출간하지 말라고 명령했으며, 프리드리히 선제후에게도 이 명령을 관철시키라고 압박했다. 루터에게 그 사실이 전해지자 루터는 프리드리히에게 편지로 자신의 개혁 작업을 요약해 주었는데, 그에 따르면 이 개혁은 아주 일반적이고 온화한 작업이었다.

처음부터 끝까지 나의 유일한 목적은 글 쓰고 가르치고 설교하고 일하는 것이며, 하나님의 말씀과 영광을 위해 봉사하고 그것을 더욱 강하게 만드는 일, 나아가 참되고 거룩한 믿음과 이웃 사랑을 촉진하는 일을 지원하는 것뿐입니다. 이 모든 것은 기독교의 안녕을 위함입니다.[72]

그러나 그는 결코 거기서 멈추지 않았다. 그는 자신이 가능한 한 격렬한 논쟁에서 물러나고 싶지만 그럴 수 없는 이유를 언급했다. 그의 대적들이 라틴어와 독일어로 끊임없이 그 자신과 하나님과 복음을 중상모략하고 있기 때문이다. 그런 비방 때문에 자신은 반박문을 쓰지 않을 수 없다. 이것은 자신의 결백을 주장하기 위함이 아니라 복음의 진리를 수호하기 위함이다.[73]

사실, 루터는 자기가 직접 공격을 당하지 않은 상태에서도 가톨릭의 관습을 자유롭게 비판했다. 1524년, 중세의 성인인 마이센의 벤노 주교를 기념하는 의식이 그의 분노를 자극했다. 마이센을 포함하여 작센의 가톨릭교회는 게오르크 공의 열성적인 로비 덕분에

1523년 벤노 주교를 성인의 반열에 올리는 데 성공했다. 1524년 6월 16일, 벤노의 유골을 원래의 무덤에서 꺼내어 금그릇과 은그릇에 담아 마이센 대성당의 화려한 대리석 무덤으로 옮기는 의식이 거행되었다. 프리드리히 선제후를 비롯한 마이센 주변의 귀족들이 그 의식에 초대받았다. 루터는 격분해서 『마이센에서 높임을 받게 된 새 우상과 옛 악마에게 반대함』 Against the New Idol and the Old Devil about To Be Elevated at Meissen 이라는 소책자를 써냈다. 이 글은 비텐베르크에서 출간되었고 최소 8쇄까지 찍었다. 라이프치히 논쟁의 맞수 히에로니무스 엠저는 그 의식이 거행되기 전에 루터의 글을 입수하여 가톨릭교회의 입장에서 이를 비판했다. 늘 그렇듯이, 이번에도 루터는 말을 조심스럽게 가려서 쓰지 않았다. 그는 유골 운반과 같은 떠들썩한 축제 뒤에 악마가 도사리고 있다고 꼬집었다. 만일 벤노 주교가 진정한 성인이라면 이런 식으로 떠받들어지는 것을 결코 원하지 않을 것이다. 오히려 벤노는 교황이 만들어 준 성인에 불과하며, 참으로 거룩한 그리스도인[聖]이 아니다. 이런 식으로 벤노를 성인 취급하니, 사람들이 그리스도에 대한 믿음에서 돌아서서 성인의 공덕이나 유물이나 기도에 의존하게 된다.[74] 루터는 우리가 진정한 성인을 존경할 수는 있으나 그에게 의존해서는 안 된다고 썼다. "나는 마르부르크의 성 엘리자베트가 거룩하다고 믿는다. 성 아우구스티누스, 히에로니무스, 암브로시우스, 베르나르, 프란체스코 모두 거룩하다고 믿는다. 그러나 그들에게 내 삶을 걸지는 않을 것이다. 나는 나의 믿음이 확실하고, 성경 안에서 견고한 근거를 가지기를 원한다."[75]

그러나 전체적으로 보면, 루터는 논쟁보다는 개혁의 확산을 격려하고 감독하는 데 더 많은 시간을 들였다. 이를 위해 루터는 비텐베르크에서 멀리 떨어진 곳이라 하더라도 개신교 교회를 세워 나가고 있는 설교자들과 긴밀한 관계를 맺어야 했다. 1524년 9월 1일, 브레멘Bremen에 있는 개신교 목사인 하인리히 취트펜에게 "마침내 내 손으로 직접 당신에게 인사를 건네려는 이유만으로"[76] 편지를 썼다. 하인리히는 1520년부터 1522년까지 비텐베르크에서 공부를 했고, 루터와 함께 수도원에서 살다가 나중에 안트베르펜에 있는 아우구스티누스회 수도원장으로 임명되어 비텐베르크를 떠났다. 루터의 사상은 저지대(벨기에와 네덜란드)에도 스며들었지만, 그 나라들은 합스부르크 왕가에 속했고 황제인 카를 5세는 루터에게 동조하는 사람들을 억압했다. 하인리히는 1522년 체포되었으나 친구들의 도움으로 탈출에 성공했다. 그는 비텐베르크로 돌아오는 길에 브레멘을 지났는데, 그곳 사람들이 그에게 자기 지역 예배당의 설교자가 되어 달라고 사정했다. 루터의 편지는 1524년 가을에 그곳에 도착했고, 반가운 소식 몇 가지를 담고 있었다. 니콜라우스 폰 암스도르프와 다른 네 명이 마그데부르크의 설교자가 될 예정이었고, 요하네스 부겐하겐은 함부르크에 있는 교회에 목회자로 청빙을 받아 가게 되었다. 72개 마을 대표자들이 슈파이어Speyer에서 모여, 어떤 희생을 치르더라도 하나님의 말씀을 떠나지 않겠다고 결의했다.[77]

헤센주의 필립 백작은 모든 교구에서 "순수한" 복음을 가르치고 배워야 한다고 선언했다. 물론 필립이 보름스에서 루터와 얘기를 나누었던 것은 사실이지만, 그가 지지를 약속한 것은 1524년 4월 프랑크푸르트 근처에서 필립 멜란히톤과 만난 다음의 일이었다. 멜란히톤은 독일 남서부에 있는 모친을 방문했다가—그 여행에 동행했던 친구 카메라리우스Camerarius의 기록에 의하면[78]—다시 북쪽으로 돌아오는 길에, 마침 하이델베르크에 가려고 남쪽으로 내려오던 필립과 그 수행원들을 만났다. 필립이 멜란히톤에게 두려워할 필요가 없다고 안심시키자, 멜란히톤은 자기가 그리 중요한 사람이 아니기 때문에 걱정하지 않는다고 대답했다. 필립 백작은 멜란히톤을 교황의 독일 특사로 바꿔 줄 수도 있다고 농담하면서, 비텐베르크에서 루터가 무엇을 가르치며 어떤 개혁을 추진하는지 물었다. 멜란히톤은 그 물음에 대답한 후에, 좀더 자세한 내용은 글로 써서 보내겠노라고 약속했다.[79] 1524년 9월, 멜란히톤은 약속대로 비텐베르크에서 가르치고 있는 개신교 신학을 간략하게 요약한 소책자를 필립에게 보냈다.[80] 2년 후 필립 백작은 헤센주를 개신교 영토로 만들었고, 2년 전 작센의 선제후 영토에서 그랬던 것처럼 새로운 교회 생활 규칙에 따라 이루어지는 개혁을 승인해 주었다.

개혁은 취리히Zurich에서도 한창 진행 중이었다. 1523년 1월, 루터는 취리히의 유명한 설교자 울리히 츠빙글리와 콘스탄츠 주교의 대표자 사이에서 이루어진 논쟁 이야기를 들었다. 그것은 스위스에서도 종교개혁이 시작된 것을 알리는 첫 번째 공적 징후였으나, 루터는 무슨 일이 일어나는지 좀더 지켜보자고 충고했다.[81] 그때까지만 해도 루터는 츠빙글리가 개신교 진영에서 자신의 최대 적수가 될 거라고, 혹은 성만찬에 대한 그들의 의견 대립이 프로테스탄트 운동에 심각한 방해가 될 거라고는 상상하지도 못했다. 스트라스부르에서는 좀더 밝은 소식이 도착했다. 루터는 개신교 설교자 마테우스 첼Matthew Zell과 그 아내 카타리나 쉬츠 첼Katharina Schütz Zell의 결혼을 축하하며 두 사람이 개혁을 위해 쏟은 노력을 치하했다.[82] 비텐베르크 근방에서는 슈팔라틴이 선제후 프리드리히의 궁정을 떠나고 싶다는 마음을 알려 왔다. 사람들이 점점 자신의 충고를 듣지 않으며, 자기도 이제는 결혼을 하고 싶다고 했다. 그러나 루터는 슈팔라틴의 경험이 너무나도 소중한 것인데다가, 선제후가 말년에 병들어 있는 상황에서 궁을 떠난다면 남은 생애 내내 그 일을 후회할 수도 있다고 말했다.[83] 결국 슈팔라틴은 루터의 말을 들었던 것 같다. 프리드리히 선제후가 세상을 떠나고 3개월 후에 슈팔라틴은 비텐베르크를 떠났고, 그 후 3개월 안에 루터가 "게으른 애인"이라고 놀렸던 친구가 마침내 결혼에 골인했다.

11

폭동은 용납할 수 없다

1525
비텐베르크 — 튀링겐

"만일 누군가가 이것이 너무 가혹하다고 생각한다면,
폭동은 용납할 수 없다는 사실을 기억하십시오.
또한 이 세상의 파멸은 언제라도 올 수 있음을 기억하십시오."[1]

비텐베르크의 종교개혁은 루터 혼자서 한 일도 아니요 루터와 그의 동료들이 한 일도 아니고, 루터와 그의 동료들과 비텐베르크 시의회와 프리드리히 선제후의 궁정, 또 그 후계자인 요한 선제후가 모두 함께 이뤄 낸 일이었다. 작센 선제후의 궁정과 비텐베르크 대학교 신학과의 관계가 긴밀했던 것은 프리드리히의 참모들 대부분이 공개적으로 종교적 삶을 변화시킨 개혁을 지지했기 때문이다. 그들 가운데 상당수는 귀족 가문이었다. 프리드리히 폰 툰Friedrich von Thun, 한스 폰 돌비히Hans von Dolzig, 필립과 파비안 폰 파일리치Philip and Favian von Feilitzsh, 그레고르 폰 브뤼크, 후고 폰 아인지델Hugo von Einsiedel, 요하네스 폰 타우벤하임John von Taubenheim, 한스 폰 데어 플라니츠Hans von der Planitz가 있었고, 대대로 궁정 고관직을 상속받은 한스 폰 뢰저Hans von Löser도 있었다.[2] 1524년이 저물어 가던 때, 루터는 비텐베르크에서 남동쪽으로 32킬로미터 떨어진 엘베강 가의 프레치Pretzsch에서 뢰저의 결혼식 주례를 맡았다. 뢰저는 루터의 친구였으며, 훗날 마르틴과 카타리나의 셋째 아들 파울 루터가 태어났을 때 그의 대부代父가 되어 주었다.[3] 1523년 루터는 고린도전서 7장 주석을 뢰저에게 헌정했다. 거기서 루터는 독신을 성직자의 필수 조건으로 내세우는 전통을 거부하고 결혼은 소수를 제외한 모든 사람을 위한 것이라고 주장했다.[4] 그 논문은 원래 결혼 선물로 계획된 것이었는데 최소한 1년이나 빨리 나와 버렸다. 뢰저의 결혼식에는 루터뿐 아니라 신학과의 대표 자격으

• 작센의 선제후들. 왼쪽부터 순서대로 프리드리히, 요한, 요한 프리드리히, 1532.

로 필립 멜란히톤, 니콜라우스 암스도르프, 유스투스 요나스도 참여했다.

그 결혼식은 루터와 비텐베르크의 종교개혁에 대한 일련의 전환점을 보여 주는 성대한 행사였다. 1525년까지만 해도 종교개혁은 작지만 점점 팽창해 나가는 개신교 운동으로서, 중세의 신앙을 수정하고 교황과 주교들의 권위에 도전하기 위해 성경과 아우구스티누스의 저작을 전거로 삼는 운동이었다. 개혁을 향한 열망은 특정한 관습의 폐지를 이끌었다. 선제후가 다스리는 작센에서는 면벌부 판매가 중단되었고, 취리히에서는 사순절 기간에 의무적 금식이 사라졌으며, 스트라스부르에서는 성직자가 되기 위한 필수 조건이던 독신이 폐지되었다. 다른 곳에서 활동하는 개혁자들도 금세 그런 관습들을 폐지하고 그 밖의 다른 것들도 끊어 내기 시작했다. 사적 미사를 드리지 않게 되고, 평신도에게 포도주를 주지 않던 규칙도 바뀌고, 성인에게 기도하는 관습은 사라지고, 성인의 유물을 숭배하거나 그들의 무덤을 순례하는 일도 없어지고, 수도원 서약도 달라졌다. 그러나 1525년 이전에도 개혁 진영 안에서 불협화음이 나기 시작했다. 카를슈타트와 뮌처는 루터의 개혁이 충분히 급진적이지 않다는 이유로 루터에게서 멀어졌다. 취리히에서는 울리히 츠빙글리가 시의회와 협상하고 있는 내용보다 더 근본적이고 더 신속한 변화를 요구하는 극단주의자들이 있었다. 그럼에도 취리히나 독일의 꽤 많은 지역들에서도 개신교 운동은 크게 위축되지는 않았다.

그러나 1525년에 일어난 사회적 격변과 신학적 논쟁으로 인해 그 운동은 큰 타격을 받게 되었다. 그 두 가지 요소는 참된 기독교적 독일을 향한 루터의 꿈을 뒤흔들었고 루터의 평판을 훼손했다.

사회적 격변의 원인은 농민 전쟁이었다. 처음 시작은 독일 남서부의 농민들이 일으킨 작은 소동이었다. 자기가 일하는 토지에 매여 있던 농민들이 지주에게 맞서기 시작한 것이다. 이곳저곳에서 산발적으로 일어나던 저항이 합쳐져 하나의 거대한 봉기가 되어 여러 마을로 퍼져 나갔다. 농민 지도자들은 농민들의 탄원을 모으고, 지역 군대를 세우고, 평등 사회를 위한 규정을 만들었다. "평범한 사람" common man, 곧 제후나 공작, 백작, 기사, 주교, 수도원장, 특권 계급에 속하지 않은 사람들이 중세의 사회 질서를 공격하기 시작했다. 소수의 무장 귀족들도 이 봉기에 가담하여 지휘관이 되었으나, 저항 세력들은 대접전 끝에 대부분 쓰라린 패배를 맛보았다.

하지만 유격대 형태로 기습 작전을 펼쳤을 때는 승리를 맛보기도 했다. 예컨대 1525년 부활주일, 농민들은 프랑크푸르트에서 남동쪽으로 150킬로미터 떨어진 바인스베르크 Weinsberg 위쪽 주둔지 바깥에서 헬펜슈타인 Helfenstein 백작과 그의 군사들을 붙잡았다. 백작이 농민들과 협상을 하려고 했지만, 그들은 백작을 찔러 죽이고 24명의 귀족과 그 하인들까지 심하게 때려죽인 뒤 벌거벗은 시체들을 벌판에 버려두었다.[5] 이런 잔학한 행위가 널리 알려지면서 경계심이 고조되었지만, 그 전쟁은 그리 오래가지 못했다. 바인스베르크 사건이 일어나고 한 달 뒤, 토마스 뮌처는 제대로 무장도 갖추지 못한 6천 명의 무리를 데리고 그 수가 최소 두 배 이상인 정예 부대와 맞서게 되었다. 상대편 지휘관은 작센의 충실한 가톨릭 통치자인 게오르크 공작, 그리고 그의 사촌인 개신교 통치자 헤센의 필립 백작이었다. 결과는 누구라도 예측할 수 있는 것이었다. 1525년 5월 15일, 튀링겐주의 프랑켄하우젠 Frankenhausen 외곽에서 5천 명의 농민이 몰살당했다. 이것이 대략 8만 명의 생명을 앗아 간 농민 전쟁의 마지막 전투였으니, 이 전쟁의 사망자 수는 미국의 독립 전쟁(1775-1783)으로 인한 사망자 수의 거의 두 배에 달한다.

전쟁이 끝나고 얼마 되지 않아, 전쟁을 가까이서 목격했던 한 사람이 그 비극에 대한 간략한 묘사를 루터의 초기 저작 『평화를 권면함』 Admonition to Peace 의 속표지에 적어 놓았다.

1525년 곳곳에서 일어난 농민 전쟁으로 끔찍스러울 만큼 피가 흐르고 또 흘렀다. 독일의 거의 대부분이 권력자들에게 저항한 결과 거의 20만 명의 농민들이 비참하게 살해당했다. 반란은 알자스, 프랑켄, 라인란트, 슈바르츠발트, 뇌르틀링겐 분화구,[6] 튀링겐, 마이센, 슈바벤 등까지 번져 나갔다. 반란이 일어난 마을과 시골에서는 30만 명 넘는 사람들이 칼과 온갖 무기들에 죽었다. 오 하나님, 우리를 용서하소서. 우리에게 자비를 베푸소서![7]

이 사람이 추산한 사상자 수는 너무 크고, 실제로 반란이 일어난 지역은 여기 기술된 것보다 많다. 하지만 그의 비통함은 이 혁명의 야만성과 허무함을 잘 포착하고 있다. 선제후가 통치하는 작센 근처의 프랑켄하우젠에서도 다른 곳과 마찬가지로 이런 야만성이 여과 없이 드러났다. 요한 선제후는 전투에 군사력을 쏟아붓는 대신, 뮌처를 지지했던 튀링겐 일부 지역을 돌아다니며 보복 공격을 개시했다. 그 마을들은 무거운 처벌을 받았고, 농민 전쟁의 마지막 전투 가운데 하나에서 요한 선제후의 병사들은 반란군으로부터 헨네베르크 Henneberg 백작을 방어하기도 했다.[8]

루터는 프랑켄하우젠 전투가 일어나기 전에 집필한 『평화를 권면함』에서, 아랫사람들을 억압하는 귀족들을 비판함과 동시에 농민들에게는 주군의 명령과 지시에 기꺼이 따르기를 권면했다. 하지만 폭동은 용서받을 수 없는 일이라는 것이 루터의 결론이었다. 폭동은 독일을 완전히 파멸시킬 수 있기 때문이다.[9] 루터는 이 주제와 관련하여 소책자를 또 한 편 써서, 반란을 일으켜 "많은 선량한 사람들"을 억지로 끌어들인 농민들에 대해 적대적인 자세를 취했다. 루터는 어쩔 수 없이 폭도들과 함께 싸웠던 농민들에게 통치자들이 자비를 베풀어야 한다고 권면하면서도, 폭도들을 죽이는 것은 눈감아 주었다.

> 존경하는 영주들이여, 그러므로 이곳은 여러분께서 석방, 구조, 조력을 해 주실 수 있는 곳입니다. 이 가련한 [억지로 징집된] 사람들에게 자비를 베푸십시오. 문제가 있는 자는 얼마든지 찌르고 때리고 죽이십시오. 여러분께서 그런 일을 하다가 죽는다면 그것은 좋은 일입니다. 그보다 더 축복받은 죽음은 없을 것입니다. 왜냐하면 여러분께서는 로마서 13장[1-2절]의 신성한 명령에 순종하다가 죽는 것이며, 지옥과 악마의 사슬에 매여 있는 이웃들을 구해 냄으로써 이웃 사랑을 실천하다 죽는 것이기 때문입니다.…만일 누군가가 이것이 너무 가혹하다고 생각한다면, 폭동은 용납할 수 없다는 사실을 기억하십시오. 또한 이 세상의 파멸은 언제라도 올 수 있음을 기억하십시오.[10]

지배자들이 대학살을 정당화하기 위해 루터의 허락이 필요했던 것은 물론 아니었다. 그러나 루터가 내뱉은 말은 루터의 평판에 돌이킬 수 없는 손상을 입히고 말았다. 토마스 뮌처와 그 부관의 잘린 머리가 살아남은 그 지지자들을 향한 경고로 전시된 후로는 더더욱 그러했다. 루터의 이 말은 지금도 문맥과는 무관하게 인용되어, 마치 루터가 무비판적으로 모든 권력자들과 한패가 되고 그들의 치명적인 폭력을 모두 눈감아 준 것처럼 왜곡되기도 한다. 루터는 즉시 제후의 아첨꾼이라 불리게 되었으며, 1525년에는 루터의 적대자들뿐 아니라 지지자들까지도 루터에게 그 말을 철회하든지 아니면 최소한 해명이라도 해 달라고 촉구했다.

루터는 마침내 또 하나의 소책자 『농민들에게 반대한 가혹한 책에 대한 공개서한』An Open Letter on the Harsh Book against the Peasants을 펴냈지만, 그의 입장에는 거의 변화가 없었다. 그의 주장에 의하면, 하나님의 말씀은 그분의 분노와 그분의 자비 모두를 선포하신다. 농민들이 일어나 사납게 날뛰고 약탈하고 강탈하고 방화할 때는 그 누구도 자비에 신경 쓰지 않았다. 그런데 그들이 패하고 나니 모든 사람이 갑자기 자비를 말한다. 루터는 자신이 천 년 동안 누구보다 자비에 관해 많은 글을 썼다고 단언하면서도,[11] 그렇지만 독일에 온갖 쓰레기를 쌓아 놓으려는 악마의 계획을 수포로 돌리기 위해서는 가혹한 표현이 필요했다고 주장했다.[12] 폭동을 선동하는 일은 사탄이 복음을 짓밟아 버릴 수도 있게 만드는 가장 좋은 방법이니, 이는 폭동이 절도나 살인보다 파괴적인 결과를 가져오기 때문이다. 절도나 살인은 기껏해야 개인이나 작은 집단에 상처를 안기지만, 반란은 사회 전체를 파괴하고 독일 전체를 마비시킬 수 있다. 그러므로 그 전투는 하나님과 악마의 우주적 전투이며, 폭동은 무정부상태와 파괴로 이어짐으로써 복음의 힘을 질식시키고, 복음이 새로운 그리스도인 사회

를 이룰 것이라는 희망마저 질식시켰다.[13]

토마스 뮌처도 하나님과 사탄 사이에 벌어지는 우주적 싸움을 믿었다. 하지만 루터와는 달리 뮌처는 성경으로부터 하나의 시나리오를 짜내고, 그에 따라 정화된 기독교를 설교할 뿐 아니라 교회를 망치는 불경스럽고 거짓된 그리스도인을 제거함으로써 기독교를 정화시키려고 했다. 뮌처는 그렇게 정화된 기독교를 "새로운 사도적 교회"new apostolic church라고 불렀으나, 그것은 단순한 종교 기관의 수준을 뛰어넘은 것이었다. 그것은 요한계시록 20장에 예언된 그리스도의 천년 왕국이었고, 농민 봉기의 핵심 이슈였다. 뮌처를 추종한 농민들은 "하나님의 선택된 백성"으로서, 제후들로부터 칼을 빼앗아 저 타락한 자들을 쳐 죽이고, 선택된 백성이 다스리는 평등한 사회를 이룩하고자 했다. 뮌처는 그 시나리오와 자신의 사명을 전혀 의심하지 않고서, 변변치 않은 무기로 훈련도 제대로 받지 못한 "참된 그리스도인들"과 함께 싸움터로 나갔다가 프랑켄하우젠에서 죽임을 당했다.[14]

역사적 자료를 조작하면 이 이야기에서 뮌처는 영웅, 루터는 악당으로 만드는 일이 얼마든지 가능하다. 러시아와 동독의 사회주의 역사학자들은 뮌처의 행동 배후에 있는 종교적 동기나 불경한 자들을 제거하려 했던 소명은 무시한 채, 뮌처를 프롤레타리아 혁명의 표지 모델로 변모시켰다. 그러면서 사회 질서를 옹호하고 하나님이 잔인한 반란을 사용해서 복음의 대의를 이루실 수도 있음을 믿지 못했다면서 루터를 비난했다. 루터의 글을 비판할 수는 있다. 그러나 그는 자신의 적대자, 혹은 자기가 판단하기에 진지한 그리스도인이 아닌 사람을 죽여야 한다고 말한 적은 없다.

신학적 논쟁은 전쟁만큼 치명적인 것은 아니었지만, 개신교 운동 진영을 심각하게 분열시킬 만큼은 강력했다. 불화의 원인이 된 핵심 쟁점은 성만찬 자리에 그리스도가 현존하시는 방식에 관한 논쟁이었다. 1524년 전에는 루터도 성만찬 예식의 빵과 포도주 안에 그리스도의 몸과 피가 현존한다는 주장에 동의하는 정도였다. 다만 현존이 일어나는 방식에 대한 중세 철학의 설명은 받아들이지 않았다. 루터의 견해에 대한 첫 번째 심각한 도전은 카를슈타트의 논문 『예수 그리스도의 더없이 고결한 성례전 대부분이 참담한 형태로, 또는 우상 숭배적으로 오용되는 것에 대한 대화』*A Dialogue or Conversation concerning the Abominable and Idolatrous Misuse of the Most Honorable Sacrament of Jesus Christ*[15]였다. 이 논문은 1524년 11월 초에 출간되었다. 그때 카를슈타트는 작센을 떠나 스트라스부르에 도착해 있었다. 그는 그곳 개혁 지도자들에게 성만찬 때 그리스도가 현존하신다는 주장을 거부하도록 유도했다. 스트라스부르의 개혁자들은 이미 카를슈타트의 생각과 거의 비슷한 츠빙글리의 가르침과 루터의 신학 사이에서 오락가락하고 있었다. 스트라스부르 개혁자들은 올바른 결정을 내리기 위해서 루터에게 성만찬에 대한 견해를 밝혀 달라고 요청했다. 스트라스부르의 요청과 카를슈타트의 소책자는 1524년 12월 중순에 비텐베르크에 도착했고, 루터는 두 사안에 어떻게 답변할지를 고민했다.[16] 스트라스부르의 요청을 존중하는 것이 좀더 쉬운 과제였기에, 루터는 『광신자의 영에 반대하며 스트라스부르의 그리스도인들에게 보내는 편지』*A Letter to the Christians at Strasbourg in Opposition to the Fanatic Spirit*를 먼저 완성했다. 여기서 광신자의 영이란 카를슈타트를 말하는 것이었다. 루터는 그가 그 도시의 불안함을 더욱 심하게 만든

다고 비난했다.[17]

루터는 성만찬의 자리에 그리스도가 친히 현존하신다는 입장을 설명하면서, 종교개혁자들이 의견 통일을 이루지 못하는 이유를 언급했다. 첫째, 루터 자신도 그리스도의 몸과 피가 성만찬의 자리에 계시다는 사실을 부인할 뻔했다고 고백했다. 그러나 최후의 만찬에 대한 성경의 기록에 굴복하지 않을 수 없었다. 거기서 예수님은 이 빵은 그분의 몸이요 이 포도주 잔은 그분의 피로 맺어진 새 언약이라고 말씀하셨다. 루터에 의하면, 그 본문은 "너무나 강력하게 현존하여, 단순한 말잔치로 그 본문 자체와 본문의 의미를 갈라놓을 수 없다."[18] 둘째, 루터는 의견이 일치되지 않는 원인으로 악마를 지목했다. 악마는 종교개혁자들이 서로 갑론을박하게 만들어서 개혁의 초점을 흐려 놓으려고 한다. 그러므로 개혁자들은 그 덫에 빠져들어서는 안 되며, 우리끼리의 의견 일치가 필수불가결한 요소가 아니라는 사실을 알아야 한다. 루터는 이렇게 말한다. 카를슈타트가 원하는 대로 당신들이 성상을 파괴한다고 해도 죄를 범한 것은 아니다. 성찬을 받지 않는다고 해도 하나님 말씀과 믿음으로 구원을 받을 수 있다. 이 위험천만한 밤에, 악마의 주요 목표는 우리를 참된 등불[그리스도]에게서 떼어 내어 "악마 자신의 불꽃이 소나기처럼 떨어지는 암흑 속으로 우리를 끌고 들어가는 것"이다.[19] 사람들은 루터의 조언에 귀를 닫았다. 루터도 귀를 닫았다. 성만찬 논쟁은 점점 격렬해졌고 문제를 해결하려는 시도는 모두 거부되었다. 결국 프로테스탄트 진영의 일치는 깨지고 말았다.

논쟁이 달아오르자, 루터는 2부로 구성된 비교적 긴 소책자로 카를슈타트에게 직접 대응했다.[20] 핵심 이슈는, 그리스도가 십자가의 죽음으로 인류를 위해 얻어 내신 용서가 어떻게 죄인에게, 그가 아직 살아 있는 동안에 도달할 수 있느냐는 것이었다. 중세 교리에 따르면 용서는 성례전을 통해 전달된다. 성만찬의 경우, 사제가 빵의 본질을 그리스도의 몸으로 변화시키고 포도주를 그리스도의 피로 변화시킬 때 성변화聖變化, transubstantiation의 기적을 통해 일어난다. 루터는 이런 설명은 배척했으나 그리스도의 현존을 부인할 수도 없었다. 그 자신이 예수님이 성만찬을 제정하신 말씀을 문자 그대로 믿어야 한다고 주장했기 때문이다.

카를슈타트는 예수님의 말씀을 다른 방식으로 설명했다. 만일 그 말씀을 글자 그대로 받아들인다면, 그 말씀이 약속하는 용서는 성례전을 통해 일어난다. 카를슈타트는 그럴 경우 그리스도의 십자가 죽음이 꼭 필요하지는 않았다고 볼 수밖에 없다고 주장했다. 그리스도는 죽으실 필요가 없었고, 성례전을 제정하는 것만으로도 충분했을 것이다. 그러나 만일 그리스도의 말씀을 비유적인 것으로 받아들인다면, '이것은 나의 몸'이라는 말씀은 최후의 만찬 때의 빵을 가리키는 것이 아니라 십자가에서 죽으신 그리스도의 육체를 뜻한다. 또한 '이 잔은 나의 피로 세운 새 언약'이라는 말씀도 성만찬의 포도주를 가리키는 것이 아니라 그리스도가 십자가 위에서 흘리신 바로 그 피를 뜻한다.[21] 그리스도는 이 성례전을 기억하여 먹고 마시라고 말씀하시지 않고, 그분을 기억하여 그리하라고 하셨다. 즉 십자가 위에서 일어난 그분의 죽음을 기억하며 먹고 마시라는 뜻이다. 그러므로 죄의 용서는 그 십자가를 묵상하고, 그 묵상이 성례전의 목적임을 일깨울 때 찾아온다.

그러나 루터에게 성만찬의 목적은 다른 것이었다. 성만찬은 용서가 전달되는 수단이다. 성만찬은 그 예식에 참여한 사람들에게 위로를 주며, 십자가에 달리신 그리스도가 얻어 내신 용서가 구체적으로 그들을 위한 것임을 확실히 알게 한다. 그 위로와 확신은 그들을 향하신 말씀을 통해 각 사람에게 다가온다. 빵과 포도주 안에 있는 예수님의 몸과 피는 "죄 사함을 얻게 하려고 당신을 위해 주신 것"이다. 1524년 이전에도 루터는 성만찬 제정의 말씀이 성만찬의 요소(빵과 포도주)보다 중요하다는 주장을 한 바 있다. 왜냐하면 그 말씀이 성례전의 목적을 알리고 거기서 일어나는 일의 실재를 선언하고 있기 때문이다. 그러나 문자 그대로 받아들인다면, 그 빵이 그리스도의 몸이요 포도주 잔이 그리스도의 피를 담고 있다는 말도 예수님의 말씀이다. 루터에게는 그 말씀도 죄의 용서를 확증해 주시는 말씀 못지않게 참된 말씀이다. 예수님의 모든 말씀이 진실이 아니라면, 어떤 말씀도 신뢰할 수 없다. 물론 루터의 관심은 성경 문자주의가 아니라 예수님의 말씀이 일으키는 영향력이었다. 성례전에 참여한 모든 사람은 용서의 확신을 얻을 수 있다.

> 그리스도께서 수천 번 우리를 위해 자신을 내어 주시고 십자가 처형을 당하셨다 하더라도, 만일 하나님의 말씀이 없다면, 그리고 그 말씀이 '이것은 너를 위한 것이니 네게 속한 이것을 받으라'는 명령과 함께 나에게 분배되지 않는다면, 모두 허사가 될 뿐이다.[22]

성례전이 즉시 개인적 유익을 준다는 루터의 주장은 이해할 만하다. 그러나 16세기의 평범한 신자들이 그런 신학적 해석을 얼마나 중요하게 생각했는지는 알 수 없다. 아마 그들은 성례전에 참여하면서 저마다의 의미를 거기 부여했을 텐데, 그 의미는 지적인 것이기보다는 체험적인 것이었으리라. 그러나 어느 역사가의 표현처럼 "성만찬에 대한 기묘한 교리"[23]를 내세운 루터에게 동조하는 신학자들과, 카를슈타트나 츠빙글리의 의견에 동조하는 다른 신학자들에게 이것은 프로테스탄트 운동을 근본적으로 분열시킬 수 있는 중대한 문제였다. 카를슈타트와 츠빙글리의 입장에서는, 그리스도의 몸과 피가 성만찬 자리에 물리적으로 혹은 실재로 현존한다는 믿음은 그들이 단호하게 기독교에서 폐지하려고 하는 마술과 미신의 분위기를 자아낼 수밖에 없다. 하지만 루터와 그의 동조자들의 입장에서는, 성만찬이 단순한 기억 행위가 아니라 실제로 용서를 가져온다는 주장은 결코 마술이나 미신이 아니라 신적 보증이었다. 1524년 말의 논쟁은 성만찬 논쟁의 출발점에 불과했다. 그 논쟁은 루터의 생애 마지막까지 계속되었다. 프로테스탄트 진영을 단일화하면 정치적으로 많은 이득이 있었지만, 루터는 그 어떤 타협도 거부했다.

루터는 카를슈타트와의 논쟁 및 성만찬 관련 논쟁에 몰두하느라 1524년 말에 출간된 또 다른 책의 도전에 아직 답을 못하고 있었다. 네덜란드의 인문주의자 에라스무스가 라틴어로 출간한 의지의 자유, 좀더 정확히 말하면 자유로운 선택에 관한 논문이었다. 에라스무스와 루터는 단 한 번도 만나지 못했으나 1524년까지 편지를 주고받았으며, 서로에 대한 비판을 제삼자들에게도 숨기지 않았다. 두 학자는 약간의 거리를 두고 서로를 신중하게 관찰하고 있었는데, 결국 에라스무스가 답답함을 참지 못하고 루터를 직접 공격한 후로 두 사람은 저술로써 대결하는 맞수가 되었다. 1524년 11월 17일, 루터는 친구 니콜라우스 하우스만Nicholas Hausmann에게 쓴 편지에서 이제는 에라스무스에게 답을 해야겠다고 알렸다. 그러나 루터가 느끼기에는 에라스무스의 자유 선택 문제에 대응하는 것보다는 아직 카를슈타트의 도전이 더 긴급한 일처럼 보였다.[24] 1525년 1월 11일, 루터는 시간이 된다면 에라스무스에게 답장을 하겠다고 했고, 1월 23일에는 암스도르프에게 보낸 편지에서 2월 2일에 출간되는 『하늘의 예언자들에게 반박함』Against the Heavenly Prophets[25]을 끝마치는 대로 답장을 쓰기 시작할 거라고 말했다. 그러나 루터는 다시 7개월이 지난 후에야 비로소 작업에 착수할 수 있었다. 그 결과물이 루터의 저서 『의지의 속박』Bondage of the Will[26]인데, 제목을 영어로 이렇게 번역하는 것이 일반적이긴 하지만 부정확하다. '속박된 선택'Bound Choice[27]이 더 나은 번역이다. 이 책은 1525년 말에 가서야 출간되었으니, 에라스무스의 책이 나오고 16개월이나 걸린 셈이다.

왜 이렇게 오래 걸렸는가? 루터답지 않게 답신이 늦어진 것에 대해서는 충분히 납득할 만한 구실이 많았다. 1525년 초에는 구약의 소예언서 정규 강의를 열어야 했다. 2월 1일에 오바댜서를 마무리하고, 3월과 4월에는 요나서와 미가서를 강의했다. 그 와중에 신명기 한 절 한 절에 대한 주석도 쓰고 있었다. 그 주석서는 1523년 초 비텐베르크 팀이 신명기를 히브리어에서 독일어로 번역한 뒤에 시작된 강의를 기초로 했다. 아우구스티누스회 수도원에서 진행된 루터의 신명기 강의는 비교적 소수의 청중이 참여했는데, 그 가운데 한 명인 게오르크 뢰러는 루터의 강의와 설교를 충실하게 필기해 놓았으며, 요하네스 부겐하겐도 그 강의를 들었다.[28]

1525년 2월, 루터는 자신이 신명기 주석을 끝마치는 데 전념하고 있으며, 1521년 바르트부르크성에서 시작한 설교집도 마무리하려 한다고 썼다.²⁹ 프리드리히 선제후에 대한 의무감도 이런 노력의 원인이었을 것이다. 1522년에 출간된 루터 설교집 제1부³⁰를 제안한 사람이 선제후였기 때문이다. 이 설교집은 곧바로 설교에 활용할 수 있도록 집필된 것이 아니라, 교회력에 따라 예배하는 데 적합한 바울 서신 및 복음서 본문에 대한 안내서로 쓰였다. 대림절과 성탄절을 다룬 제1부는 인기가 좋아서 금세 다 팔렸다. 2년 후, 루터는 성탄절 다음에 오는 주현절 설교집 작업에 착수했다. 1524년 3월 중순³¹에는 주현절 후 다섯 번째 주일 예배 자료까지 완성했고, 그 원고를 크라나흐의 약방 뒤에 있는 인쇄소에 보냈다. 그러나 활자를 앉히기도 전에 원고는 도둑을 맞았고 다른 곳에서 인쇄되었다.³² 그런 낭패에 굴하지 않고 루터는 계속해서 작업에 매진했다. 도둑맞은 부분을 다시 쓰고 주석은 더 짧게 했으며, 다루었던 적 있는 성경 구절은 과거 자신의 설교를 참고했다. 이렇게 완성된 설교집은 '사순절 설교'로 알려져 있으며, 부활절 이전 주일에 마무리되었다. 설교집은 1525년 11월에 출간되었고, 구매한 사람의 기록에 따르면 한 권당 6그로셴groschen에 팔렸다고 한다.³³

1525년 4월 4일, 필립 멜란히톤은 루터가 드디어 『속박된 선택』을 쓰기 시작했다고 전했다.³⁴ 하지만 루터의 주의를 산만하게 만드는 일들이 꼬리에 꼬리를 물었다. 부활주일, 루터는 고향 아이슬레벤의 한 학교 봉헌식에 참석하기 위해 여행을 떠났다.³⁵ 아이슬레벤은 튀링겐 남쪽 끝에 위치해 있었기에 점점 북상하고 있는 농민 반란군의 공격을 받을 가능성이 있었다. 루터는 남쪽에 있는 농민군 지도자들로부터 불만 사항에 대해 들은 바 있었는데, 그 응답으로 아이슬레벤에 머무는 동안 『평화를 권면함』을 쓰기 시작했다.³⁶ 아이슬레벤에서는 마차를 타고 서쪽으로 여행하여 그림처럼 아름다운 마을 슈톨베르크Stolberg에 이르렀는데, 그곳은 동전 주조로 유명한 곳이자 토마스 뮌처가 태어난 곳이기도 했다. 뮌처는 튀링겐 어딘가에서 평범한 사람들을 선동하며 혁명 부대를 모집하고 있었다. 루터가 슈톨베르크에 온 것은 뮌처 때문이 아니라 비텐베르크 사람들의 유명한 친구 한 사람을 방문하기 위해서였다. 그 지방의 뮌처 지지자들이 루터의 방문에 항의를 했을 수도 있지만, 무슨 문제가 있었다는 기록은 없다. 오히려 마을 의회는 그의 방문을 환영하며 포도주와 아인베크Einbeck 맥주를 선물로 주었다.37

그러나 여행이 계속되는 동안 루터는 자신이 지금 그리 우호적이지 않은 지역에 들어와 있음을 깨닫게 되었다. 그가 노르트하우젠Nordhausen에서 설교하고 있을 때 교구민 몇 사람이 작은 종을 치면서 방해했다. 루터는 그들에게 십자가에 달리신 그리스도의 인내를 본받아야 한다고 말했지만,38 그들은 지금 근처에 주둔하고 있는 농민군이 이 마을을 접수해서 뮌처가 구상하는 그리스도인 공동체로 만들어 줄 것을 열렬히 기대하는 사람들이었다.39 루터는 그런 방해에 흔들리는 것처럼 보이지 않았지만, 훗날 자신이 그곳에 있었던 것 자체가 생명의 위험을 무릅쓴 행동이었다고 말했다.40 이 말은 아마 사실이었을 것이다. 여행 후반부에 루터 일행이 이동한 길이 농민군 부대가 약탈하며 지나간 곳으로 기록된 지역과 겹쳤다면, 루터는 끔찍한 파괴의 흔적을 직접 목격했을 것이고 자신의 생명을 걱정했을 뿐 아니라 사회 질서의 붕괴를 보면서 두려워했을 것이다.41 그런데도 루터의 태도는 전반적으로 도발적이었다. 그는 비텐베르크로 돌아오는 길에 만스펠트 궁정의 참모로 일하고 있던 친척

요한 뤼엘John Rühel에게 편지를 써서, 뮌처와 농민 폭도들 뒤에는 악마가 도사리고 있는 것이 분명하다고 말했다. 만일 이 소요 사태가 계속되고 루터 자신이 죽기 전에 이 일을 어떻게든 처리할 수 있다면, 케테(카타리나)와 결혼을 해서 악마를 더욱 괴롭히겠다고 약속했다.[42] 루터의 천연덕스러운 허세는 요하네스 에크가 보인 두려움과는 너무나 대조적이었다. 과거 라이프치히 논쟁 때 루터의 끈질긴 적수였던 에크는 대부분의 전투가 끝난 1525년에도 농민들에게 붙잡힐까 두려워 바이에른의 잉골슈타트에서 꼼짝도 하지 않았다.[43]

루터는 1525년 5월 6일 비텐베르크에 도착했으니, 뮌처와 농민들이 프랑켄하우젠에서 완패한 날을 겨우 9일 앞둔 때였다. 5월 3일, 루터는 바이마르Weimar에 들러 프리드리히 선제후의 동생 요한 공작과 대화를 나누었다. 제후들이 빠르게 조치해서 너무 늦기 전에 농민군을 저지해야 한다는 루터의 말은 요한에게 깊은 인상을 주었다. 요한 공작은 귀족들과 시민들을 바이마르로 소집하여 무장시키고 전투를 준비하겠다고 확언했다. 루터와 요한 공작은 프리드리히 선제후가 죽을 날이 가까웠으며, 요한 공작이 곧 그의 뒤를 이을 것임을 알고 있었다. 프리드리히는 이틀 뒤인 1525년 5월 5일 세상을 떠났고 루터는 곧장 비텐베르크로 향했다.

비텐베르크에 도착하자마자 루터와 멜란히톤은 슈팔라틴의 부탁으로 선제후의 장례식과 관련된 전통 의례를 검토했다. 두 사람은 거의 모든 의식을 승인했지만 미사는 따로 드리지 않고, 검은 예복도 입지 않고, 제대포도 덮지 않고, 제단까지 행진할 때 제물도 바치지 않기로 했다. 루터는 슈팔라틴에게 소견서를 보내면서 이런 코멘트를 달았다. "죽음은 너무나 비통한 것, 죽어 가는 자보다는 그

죽은 자가 뒤에 남긴 산 자들에게 더욱 그러하도다."⁴⁴

프리드리히는 비텐베르크에서 남쪽으로 80킬로미터 떨어진 로하우 Lochau의 사냥용 별장에서 숨을 거두었다. 그의 시신이 관에 실려 종소리와 함께 도시와 마을들을 지날 때, 사람들이 모여들어 예의를 표했다. 장례 행렬이 비텐베르크 가까이 오자 교회의 종들이 일제히 울렸다. 여덟 명의 귀족이 열을 지어 관을 운반하고, 다른 고위 관리들과 주민들이 행렬을 호위하며 비텐베르크성 안으로 들어왔다. 성교회 입구에서는 루카스 크라나흐와 크리스티안 골트슈미트 Christian Goldschmidt가 가난한 사람들에게 동전을 나누어 주었다. 스무 명의 남자들이 횃불과 문장紋章을 들고 상여를 따랐고, 마침내 선제후의 관은 교회의 회중석 한가운데 놓였다. 모든 성인 교회 참사회의 성직자들과 학생들이 찬송가를 부르고 시편을 노래한 후에, 필립 멜란히톤이 라틴어로 연설하고 마르틴 루터가 독일어로 설교했다. 선제후의 시신은 예배당 안에서 하룻밤을 보냈는데, 경비병이 지키기는 했지만 찬송가나 성가를 부르는 예식은 없었다.

이튿날인 1525년 5월 11일, 해 뜨기 전에 제단 옆으로 무덤을 팠다. 6-7시 아침 기도 시간에 노랫소리와 종소리가 울려 퍼져 사람들을 불러 모았다. 루터가 두 번째 설교를 마친 후, 성가대가 니케아 신조와 욥기 2장 10절("우리가 하나님께 선한 것을 받았은즉 나쁜 것도 받지 아니하겠느냐?")을 기초로 만들어진 성가를 노래하는 동안⁴⁵ 시신이 안치되었다. 루터를 살려 주고 초기 종교개혁의 불씨를 살려 냈지만 자기가 보호해 준 지도자 루터를 직접 만난 적 없었던 선제후는, 이제 그 루터와 멜란히톤이 지켜보는 가운데 무덤으로 들어갔다.⁴⁶ 훗날의 기록에 의하면, 추운 날씨 때문에 장례식과 그 후의 며칠이 아주 황량하게 느껴졌다고 한다. 독일의 봄날은 쾌적한 편이지만, 5월 중순에 갑자기 서리가 내리는 일이 자주 있어서 사람들은 그 시기에 기념하는 성인들을 빗대어 그때를 "얼음 성인"Eisheiligen이라 불렀다. 1525년에는 그 "얼음 성인"이 제대로 이름값을 했으니, 극심한 서리 때문에 포도 농사가 큰 타격을 입었고 나무에 달린 호두가 다 얼어 버렸다.[47] 시신을 비텐베르크로 옮기고 성교회에 안장한 일, 그리고 몹시 추운 날씨는 훗날 마르틴 루터의 장례식과 너무나 닮아 있다. 1546년 2월 말, 루터도 바로 그 교회에 묻힌다.

루터는 요한 뤼엘에게 만일 농민 반란이 계속된다면 카타리나와 결혼할 것이라고 약속했지만, 한 달이 지난 후에야 다시 결혼에 대한 얘기를 꺼냈다. 카타리나의 이름을 언급하지도 않았다.[48] 그러나 늦어도 6월 10일에는 두 사람 모두 결혼식을 곧 올리자고 동의한 것이 확실하다. 루터는 그날 슈팔라틴에게 쓴 편지에서, 자신의 결혼 계획에 대해서는 일언반구 없이, 결혼을 결코 뒤로 미루어서는 안 된다는 주장을 성경 말씀과 인간의 경험에 의거하여 열정적으로 강조했다. 그의 주장에 의하면 이는 많은 결혼이 파탄에 이르는 유일한 이유다.[49] 그런 경고는 다른 사람을 겨냥한 말일 수도 있었겠지만 무엇보다 루터 자신을 염두에 둔 것이었다. 사흘 뒤인 1525년 6월 13일 저녁, 마르틴과 카타리나는 마르틴이 살던 아우구스티누스회 수도원에서 결혼식을 올렸다. 마르틴과 카타리나는 2년 전부터 알고 있던 사이였으나, 비텐베르크 사람 대부분은 그 결혼식이 너무나 조용하게 거행되는 바람에 적잖이 놀랐다. 그 자리에는 목사 부겐하겐 외에 네 명의 하객만 참여했다. 유스투스 요나스(그는 쉬지 않고 눈물을 흘렸다), 대학교 총장이자 법학 교수인 요한 아펠John Apel(그는 한 수녀의 탈출을 부추기고 그녀와 결혼한 죄로 석 달 동안 구금되어 있었다), 루카스 크라나흐와 바르바라 크라나흐 부부가 전부였다.[50]

모두가 그 결혼을 기뻐한 것은 아니었다. 프랑켄하우젠의 끔찍한 학살이 일어나고 한 달밖에 안 되었는데 결혼식을 거행한 것이 씁쓸한 뒷맛을 남겼던 것 같다. 보름스에서 루터를 옹호했던 법학 교수 히에로니무스 슈르프는 전직 수도사와 전직 수녀의 결혼식에 눈살을 찌푸렸다. 그는 온 세상과 악마가 개혁자를 조롱하고 지금까지 그가 성취한 전부를 무너뜨릴 것이라고 예측했다.[51] 바젤에 있던 에라스무스는 한 친구에게, 루터가 26살의 예쁘지만 지참금 한 푼 없는 수녀와 결혼을 했다고 알려 주었다. 여기서 에라스무스가 카타리나의 나이를 언급한 것은 아주 의아한 일이다. 그의 기록이 정확하다고 전제할 때, 만일 이 기록이 없었다면 우리가 카타리나의 출생 연도를 알 수 있는 길이 없었을 것이다. 또 에라스무스는 카타리나가 결혼식을 치르고 며칠 안 되어 아기를 낳았다고 썼는데, 1526년에 그것이 헛소문임을 알고는 자신의 주장을 취소했다.[52]

멜란히톤은 자기가 루터의 결혼을 미리 통보받지도 못했을 뿐 아니라 결혼식에 초대받지도 못한 것 때문에 섭섭해했다. 하지만 자신의 당황스러움을 조심스럽게, 그리스어로 친구 카메라리우스에게만 표현했다.

자네도 이런 유감스러운 일에 적잖이 놀랐을 거라 생각하네. 이곳저곳에서 선량하고 훌륭한 사람들이 고통스러워하고 있는 것은, 루터가 그 사람들과 공감하지 못할 뿐 아니라 현재 보이는 대로라면 오히려 감각의 욕망을 좇아 자신의 평판을 망가뜨리고 있다는 사실이지.

하필이면 독일이 그의 판단과 권위를 특별히 필요로 하고 있는 지금 말일세. 어차피 일어난 일은 일어난 것이고, 내 생각은 이렇다네. 그 사람은 확실히 유연한 사람이라서, 수녀들은 그를 대할 때 그런 성격을 아주 잘 활용했지. 수녀들과의 만남은 그 고귀하고 고상한 정신의 소유자를 부드럽게 할 때도 있었고 활활 타오르게 할 때도 있었지. 아마도 그는 이런 방식으로 예기치 못했던 인생의 변화에 빠져든 것 같아. 하지만 그가 카타리나를 예전에 범했다는 소문은 확실한 거짓이야. 기왕 일이 이렇게 된 이상, 그걸 너무 힘들게 생각하거나 그를 비난해서는 안 될 거야. 나는 그가 자신의 본성에 따라 결혼하게 되었다고 생각하니까 말일세. 이런 삶의 방식은 실제로 비천한 것이긴 하지만 그럼에도 거룩한 것이요, 독신으로 사는 것보다는 하나님을 더 기쁘시게 하는 것이라네.[53]

멜란히톤의 글은 두 사람 사이에 가벼운 긴장 관계가 있음을 암시하는 것 같다. 이것이 사실이든 아니든, 루터에 대한 멜란히톤의 솔직한 진술은 대단히 소중하며, 다른 무엇보다 그를 가장 가까이에서 지켜보고 있는 사람이 얼마나 온순한 사람이었는지를 잘 보여준다. 편지는 이렇게 이어진다.

나는 루터의 독실한 신앙을 누구보다 잘 알고 있기에 그 사람을 비난할 수가 없다네. 나는 그가 높아지기보다는 낮아지게 해 달라고 기도하네. 비록 그것이 성직자만이 아니라 모든 사람에게 위험한 일이긴 하지만 말이지.…이런 삶의 상황[결혼]이 그의 마음을 차분하게 가라앉혀, 우리가 자주 비난했던 저급한 장난을 그가 그만두기를 바

라네. "삶의 상황이 새로워지면 삶의 방식도 새로워진다"는 속담처럼 말일세.[54]

결혼 서약을 주고받고 2주 후에 전통적인 결혼 잔치가 열리기 전, 루터는 아직 결혼하지 않은 암스도르프에게 자기가 마침내 굴복하게 된 까닭을 이렇게 털어놓았다.

내가 갑자기 카타리나와 결혼한 이유가 내 주변을 맴돌던 무절제한 험담을 잠재우려는 목적이라는 소문은 사실이라네.…또 후손을 바라시는 아버지의 소원을 이뤄 드릴 수 있는 절호의 기회를 놓치고 싶지 않았다네. 그와 동시에, 내가 늘 말로만 가르쳤던 것을 직접 실천함으로써 나의 가르침을 확고히 하고 싶었다네. 복음이 우리에게 이렇게 큰 빛을 비춰 주고 있는데도 여전히 용기 없는 사람들이 많은 것 같아. 하나님께서는 이 일을 원하셨고 일어나게 하셨지. 나는 배우자에게 열정적인 사랑이라든지 뜨거움 같은 것을 느끼지는 않지만, 그래도 그녀를 소중히 여긴다네.[55]

루터의 결혼 잔치는 친척들, 친구들, 예전의 동료들이 모두 한자리에 모이는 시간이었다. 루터의 부모도 참석했고, 만스펠트에서 온 친구들과 요한 뤼엘도 함께였다. 지금은 비텐베르크에 살지 않는 암스도르프와 벤첼 링크도 초대되었다. 3년 전 알텐부르크에서 열린 링크의 결혼식 때도 그랬지만, 이번에도 비텐베르크 외부의 신학자들까지 참여했다. 1523년 카타리나와 다른 수녀들의 탈출을 도왔던 레온하르트 코페도 초대받았다. 루터 덕분에 유명해진 비텐베르크 대학교는 루터 부부에게 양각으로 무늬를 넣은 은잔을 선물했고, 비텐베르크시는 맥주와 포도주를 제공했다. 선제후 궁은 루터가 부탁한 사슴 고기를 하사하겠다고 약속했다.[56] 프리드리히를 이어 선제후가 된 요한은 루터 부부에게 100플로린을 선물했고, 그들이 수도원 건물에서 살 수 있도록 허락해 주었다. 만일 카타리나가 크라나흐 부부의 멋진 집에서 살고 있었다면, 남자 혼자 살던 지저분하게 어질러진 숙소로 이사했을 때 큰 충격에 빠졌을 것이다. 1519년부터 볼프강 지베르거Wolfgang Sieberger라는 남자가 루터의 수행원 역할을 했다. 1525년에는 주로 루터와 그의 동료 브리스거의 살림을 맡았는데, 브리스거는 곧 결혼을 해서 수도원을 떠나게 되었다. 지베르거는 루터가 죽는 날까지 루터 부부와 함께 지냈는데, 충성심은 대단했으나 천성이 게으른 사람인지라 청결이라든지 정리정돈과는 거리가 멀었다.[57]

신혼부부가 수도원 살림집으로 가지고 들어온 것이라고는 요한 선제후가 선물한 100플로린, 그리고 마인츠 대주교 알브레히트가 보낸 전혀 예상치 못했던 20플로린[58]이 거의 전부였다. 카타리나는 지참금이 없었고, 루터는 벌이가 전혀 없다고는 할 수 없었지만 수입이 보잘것없었다. 농민 전쟁의 소용돌이 속에서 비텐베르크 대학교는 재정난에 시달렸고 입학생 수도 4년 전에 비해 4분의 1로 줄었다. 루터와 멜란히톤은 슈팔라틴과 요한 선제후에게 궁정 금고를 열어서 문제를 해결해 달라고 간청했다. 그래서 1525년 말에는 급료가 인상되었고, 루터와 멜란히톤은 200굴덴의 연봉을 받게 되었다. 법학 교수와 의학 교수는 급료가 적었지만, 대학교 바깥에서 받는 자문료로 부족분을 보충할 수 있었다. 1539년에는 인쇄업자들이 루터에게 모든 저작에 대한 인세로 연간 400플로린을 제안했으나, 당사자인 루터가 그걸 거절했다. 왜냐하면 하나님과 작센 선제후가 그에게 필요한 모든 것을 주었으므로, 스스로 자기 책에 대한 저작권을 요구하거나 학생들에게 자기 강의를 반드시 들으라고 요구하지 않을 것이라는 이유에서였다.⁵⁹

카타리나는 남편보다 현실적인 사람이었다. 그녀는 거대한 집안 살림을 하는 데 필요한 재정에 신경을 썼다. 수입과 지출을 맞추고, 수도원 건물을 수리하고, 낡아 빠진 실내에는 회반죽을 덧바르고 페인트칠도 새로 했다. 분수대를 설치하고 정원도 되살려 냈다. 루터는 아내의 지시에 따라 뉘른베르크의 벤첼 링크와 에르푸르트의 요하네스 랑게에게 채소 씨앗을 보내 달라고 부탁했다. 새로워진 집에는 시계도 두 대나 생겼으니, 하나는 링크가 보내 준 것이고 다른 하나는 과거 베네딕투스회 수도원장이었던 프리드리히 피스토리우스Frederick Pistorius가 준 것이었다. 43년 동안 교회 종소리와 태양으로만 시간을 가늠했던 루터가 처음으로 시계를 가지게 되었으니, 시계의 작동 원리를 가르쳐 줄 수학자라도 있어야 할 판국이었다.⁶⁰

마르틴과 카타리나가 수도원에 살게 되자마자 생각지도 않았던 손님이 도착했으니, 바로 안드레아스 카를슈타트였다. 카를슈타트의 가족은 농민 전쟁의 소용돌이에 휘말려 프랑크푸르트에 억류되어 있었다. 결혼 잔치가 끝나고 얼마 되지 않아, 루터는 카를슈타트로부터 그와 가족이 작센으로 돌아올 수 있도록 요한 선제후에게 탄원해 달라고 간청하는 편지를 받았다.⁶¹ 루터는 그의 부탁을 호의적으로 받아들이면서도, 카를슈타트가 뮌처를 지지한 적이 없으며 그 밖의 어떤 형태로도 반란을 지지한 적이 없음을 글로써 분명하게 밝혀야 한다고 요구했다. 카를슈타트가 이에 따르자, 루터는 카를슈타트와 그의 가족을 곤경에서 구해 주기로 결심했다는 내용의 글을 발표했다.[62] 카를슈타트의 아내와 아이는 6월 말에 작센으로 되돌아와, 엘베강을 사이에 두고 비텐베르크 맞은편에 있는 제그레나의 친정에 머물렀다. 그의 아내가 돌아오고 얼마 안 되어 카를슈타트도 비밀리에 작센으로 들어와 루터의 집에 숨어 지냈다. 그는 8주 동안 루터 부부와 지내면서 그들의 보호를 받았다. 9월 중순에 요한 선제후는 비텐베르크 반경 4킬로미터 이내에 거주한다는 조건하에 카를슈타트가 작센에 머무는 것을 허락했다.[63] 이로써 카를슈타트는 제그레나에 있는 가족과 상봉할 수 있게 되었다. 1526년 2월, 카를슈타트의 아들 안드레아스가 세례를 받을 때 루터 부부와 요나스, 멜란히톤도 함께했으며, 카타리나는 그 아이의 대모가 되어 주었다. 루터가 암스도르프에게 쓴 편지에 나오는 말처럼, 1년 전에는 아무도 상상하지 못했던 놀라운 반전이 일어난 것이다.

농민 전쟁과 결혼 때문에 일에 집중하기 어려운 상황에서도 루터는 정규 강의를 계속했다. 그러나 1525년 여름이 끝날 즈음, 루터는 강의를 그만두었고 연말까지는 재개하지 않았다. 석 달간의 짧은 여유 덕분에 루터는 마침내 에라스무스의 자유 의지론에 답변할 수 있는 시간을 얻었다. 1년 동안이나 미뤄 두었던 일이었다. 루터는 1525년 9월 18일 슈팔라틴에게 보낸 편지에서, 자기가 에라스무스와 자유 선택 문제와 대대적으로 씨름하고 있노라고 말했다. "에라스무스의 말은 실제로는 어떤 것도 올바르지 않으므로, 결국 그의 말은 다 틀렸다는 것을 보여 주기 위해 최선을 다할 것이다."[64] 그러나 루터는 에라스무스 덕분에 부자유한 의지를 주제로 삼을 수 있게 되었다면서 그를 칭찬했다. "자네도 알게 되겠지만, 사실 이것이야말로 우리 사이에서 가장 핵심적인 주제라네. 이 논란의 모든 것이 결국에는 이 주제로 수렴되더군."[65] 사실상 자유 의지, 혹은 부자유한 의지는 에라스무스 혼자 고민한 문제는 아니었다. 그에게 이 주제를 직간접적으로 제안한 사람은 잉글랜드 왕 헨리 8세였다. 1523년, 충실한 가톨릭 신자인 작센의 게오르크 공작은 헨리 8세에게 편지를 써서, 예정론과 부자유한 의지에 대한 이론이야말로 루터의 모든 실수의 원인이라고 말했다.[66] 에라스무스는 1524년 『의지의 자유』 혹은 『자유로운 선택』이 출간되자마자 게오르크 공작에게 한 권을 보내면서 그 편지를 언급했다.

자유로운 선택에 관한 저의 책 한 권을 보내 드립니다. 이 주제는 제가 경의 학식 넘치는 서한에서 읽었던 내용을 다루고 있습니다. 가장 고귀하신 잉글랜드 왕과 교황 클레멘스 7세께서는 각각 서한으로 저에게 박차를 가하셨습니다. 그러나 제가 훨씬 격렬하게 자극을 받은 것은 헛소리를 내뱉는 저 미치광이들[프로테스탄트 개혁자들]의 기만적 태도 때문입니다. 그냥 놔둔다면 훌륭한 학문과 복음을 쓰러뜨릴 사람들입니다. 저는 저 바리새인들[가톨릭 권력자들]의 독재가 다른 사람들로 대체될 뿐 아니라 아예 철폐되기를 바랐던 사람입니다. 그러나 만일 우리가 어차피 독재자 아래서 살아야 한다면, 저는 다른 누구보다 가장 용납하기 힘든 저 야비한 억압자보다는 차라리 교황과 주교들을 선호합니다.[67]

프로테스탄트 개혁자들이 훌륭한 학문을 파괴할지도 모른다는 에라스무스의 걱정은 사실상 할 필요가 없는 것이었다. 종교개혁의 지도자들은 모두가 고전古典으로 훈련받았고 대부분 상당히 높은 수준의 학식을 갖춘 사람들이었다. 그들은 그리스어, 히브리어, 라틴어 연구를 폐지할 생각이 전혀 없었다. 애초에 그런 언어에 대한 지식이 없었다면 종교개혁은 불가능했을 것이다. 1523년, 루터는 친분이 두터운 어느 지지자에게 보낸 편지에서 이 점을 특히 강조했다.

우리 독일인들이 그 어느 때보다 야만적인 사람들이 되었다거나, 우리의 신학이 학문의 몰락을 가져왔다고 걱정하지 마십시오. 어떤 사람들은 두려워할 것이 전혀 없는데도 두려워하곤 합니다. 저는 인문주의 학문이 없다면 온전한 신학도 존재할 수 없다고 확신하며, 이 확신은 진실로 입증되었습니다. 만일 인문주의 학문이 쇠락하여 피폐해졌다면, 신학도 외면당하고 폐허 위에 놓였을 겁니다. 하나님께서 언어와 학문의 융성과 번영을 통해 미리 길을 예비해 두지 않으셨다면 하나님 말씀의 위대한 계시도 일어나지 않았습니다. 세례 요한이 그리스도가 오실 길을 예비했듯이, 언어와 학문은 신학의 길을 닦아 놓았습니다.[68]

에라스무스도 종교개혁자들이 이룬 많은 변화들에 이론적으로는 동의했으며, 멜란히톤과 루터에게 힘을 실어 줄 수도 있는 사람이었다. 루터는 1520년 말에 쓴 어느 편지에서, 하나님이 원하신다면 자신과 에라스무스가 하나가 될 수 있다고 말했다.[69] 그러나 에라스무스는 자신이 루터의 편이 아님을 증명해야만 한다는 압박을 강하게 받고 있었는데, 1524년과 1525년에 일어난 자유 의지(선택)

논쟁은 둘의 간격을 더 벌려 놓았다. 그 주제는 에라스무스보다는 루터에게 더 중요한 문제였다. 에라스무스는 그리스도인이 자유로운 선택에 관한 의견을 반드시 내세울 필요는 없다고 선언했으나, 루터는 그 문제에 관한 올바른 의견이 필수적이라고 주장했다. 루터를 파문시키는 근거가 되었던 41개의 명제 가운데 하나가 자유 의지의 거부였는데, 루터는 그 문제를 이렇게 설명했다. "인간의 의지가 본성적으로 자유로우며, 그래서 은혜 없이도 성령을 찾고 은혜를 구하고 갈망할 수 있다고 가르치는 것은 심각하고 어리석은 오류다."[70]

이 명제는 스콜라 신학의 교리와 정면으로 충돌하는 것이었다. 스콜라 신학은 인간의 의지가 비록 죄 안에 있다 할지라도 하나님의 은혜를 추구할 만한 충분한 자연적 능력을 가지고 있다고 보았다. 이것은 "하나님은 스스로 돕는 자를 돕는다" 혹은 "모든 사람은 하나님을 선택할 자유도 있고 하나님을 배반할 자유도 있다"는 생각의 중세 버전이었다. 루터가 보기에 그런 주장이 틀렸다는 것을 증명해 주는 엄연한 현실이 바로 죄의 힘이다. 죄는 인간의 의지에게 자유의 여지를 조금도 주지 않고, 오히려 속박하여 하나님의 은혜를 추구하지 못하게 만든다. 하나님의 은혜가 그 의지를 죄의 사슬에서 풀어 주기 전까지는 그렇다. 의지가 죄의 권세로부터 풀려나면 비로소 하나님의 은혜에 믿음과 감사로써 반응할 수 있게 된다. 그러나 구원은 오로지 하나님의 일이다. 만일 자유 의지가 스스로 하나님을 선택할 수 있다면 구원은 하나님이 하시는 일이 아니다. 오히려 인간과 하나님의 공동 작업이 되어, 신자가 부분적이나마 자신의 업적을 내세울 수 있게 된다.

에라스무스는 『자유로운 선택』에서 하나님과 인간의 공동 작업을 뒷받침하는 것처럼 보이는 성경 본문을 골라냈다. 그는 성경의 어떤 구절은 모호하다고 주장하기도 했고, 아주 명백한 구절 중에서도 어떤 것은 모두에게 가르칠 만한 것이 아니라고도 했다. 더 나아가, 루터처럼 자유 의지를 부정한다면 그것은 모든 일이 필연성과 무관하게 발생한다는 생각을 옹호하는 것이라고 주장했다. 에라스무스의 입장에서는, 그런 식의 결정론은 인간이 선한 일을 하려고 아무리 노력한다 할지라도 미리 결정된(예정된) 결과를 바꿀 수 없다는 생각을 유포시켜 온갖 악행과 현실 안주를 조장한다. 루터의 답장은 에라스무스가 지적한 바로 그 지점에 대한 반론이었다. 루터는 성경이 결코 모호하지 않으며, 특히 죄의 권세와 의지의 속박과 하나님 은혜의 주도성에 관해서는 절대적으로 분명하다고 주장했다. 루터 역시 모든 일에는 필연성이 존재한다는 입장을 고수했다. 그의 주장에 의하면, 하나님이 선이든 악이든 모든 것을 주관하심을 아는 것만큼 위로가 되는 것은 없다. 고난을 당하고 있는 사람의 경우에는 더더욱 그렇다. 하나님은 사람들이 자기 의지에 반하는 행동을 하도록 강요하는 분이 아니시며, 그들이 성령과 하나님의 은혜를 받은 사람들이라면 그건 더욱 확실한 사실이다.

하나님께서 우리 안에 역사하시면 인간의 의지가 변화한다. 하나님의 영이 그 위로 부드럽게 불어올 때, 그 의지는 순수한 자발성과 자체적 성향으로 희망하며 행동하게 될 것이다. 그 행동은 억지로 하는 행동이 아니며, 그래서⋯제아무리 지옥의 문이 버티고 서 있다 할지라도 압도당하거나 굴복당할 수 없다. 오히려 그 의지는 계속해서 선을 원하고 기뻐하고 사랑한다. 과거에 악을 원하고 기뻐하고 사랑했던 것처럼 말이다.…성령과 하나님의 은혜가 우리 안에 머물러 있는 한, 우리를 다른 방향으로 돌려놓거나 어떤 다른 것을 원하게 만드는 자유로운 선택 혹은 자유는 존재하지 않는다.[71]

루터가 이 지점에서 멈췄더라면 참으로 지혜로운 처신이 되었을 것이다. 그러나 루터는 우리가 항상 포로 상태, 즉 어딘가에 붙잡힌 상태라는 주장을 펼쳤다. 우리는 이 세상의 신, 곧 사탄과 죄의 권세에 붙잡혀 있든지, 아니면 그 사탄을 이기시고 죄의 권세를 깨뜨리시는 "참된" 하나님께 붙잡혀 있든지 둘 중 하나라는 것이다. 루터는 참되신 하나님의 포로가 되는 것이야말로 "최고의 자유"royal freedom이며, 우리가 그 자유를 소유한다면 하나님이 원하시는 것을 우리도 원하고 실행할 수 있게 된다고 생각했다. 루터는 이 두 가지 포로 상태를 설명하기 위해서 과거의 신학자들이 사용했던 비유를 동원했다.

인간의 의지는 짐 나르는 동물과 같은 모습으로 하나님과 사탄 사이에 있다. 하나님께서 그 위에 타시면 하나님이 원하시는 방향을 원하며 그대로 간다.…사탄이 그 위에 타면 사탄이 원하는 방향을 원하며 그대로 간다.…그 동물은 다른 기수騎手를 선택하거나 찾아낼 수 없지만, 기수들은 그 동물을 차지하고 다스리기 위해 싸운다.[72]

이것은 인간의 의지가 자유롭게 하나님의 은혜를 선택할 수는 없다는 말이다. 그런데 여기서 도출할 수 있는 또 다른 메시지가 있다. 이 비유가 말해 주듯이, 인간의 의지가 그 은혜로부터 자유롭게 벗어날 수도 없다는 사실이다. 에라스무스는 루터에게 보낸 답장(1526년 출간)에서, 우리가 은혜받는 것을 선택할 수 없다는 주장에는 동의하지만 우리에게 한번 주어진 은혜로부터 자유롭게 돌아설 수는 없다는 주장에는 동의할 수 없다고 말했다. 그런 주장이 햇빛을 맞으며 서 있는 사람은 눈을 감을 수 없다고 말하는 것과 뭐가 다르냐는 것이다.[73]

『속박된 선택』은 1525년 12월 31일 당일, 혹은 그 직전에 출판되었다. 루터는 이 책을 급히 쓴 에라스무스 논박이라고 불렀다.[74] 이 책은 베스트셀러가 되지 못했고 그럴 수도 없었을 것이다. 그의 『자유로운 선택』과 마찬가지로 이 책도 학자들을 위해 라틴어로 집필한 학술서였기 때문이다. 그럼에도 불구하고 두 책 모두 독일어로 번역되었다. 에라스무스는 루터의 책에 나오는 비난의 말에 감정이 상해서 이런 말로 응수했다. "온 세상이 당신의 성격을 잘 알고 있소. 실제로 당신은 지금껏 그 어떤 사람을 대할 때보다 더 신속하게, 그리고—이거야말로 가증스러운 일인데—더 악의적으로 나에 대해 펜을 놀렸음이 분명하오.…나는 당신의 기질이 좀 나아지기를 바라오만, 당신은 지금 당신의 기질에 놀라울 정도로 만족스러워하는 것 같소."[75] 어느 기록에 따르면, 1533년에 루터는 에라스무스가 한 번도 들어 보지 못한 경멸스러운 표현을 입에 올렸다. "만일 내가 에라스무스의 심장을 절개해서 들여다본다면, 삼위일체와 성례전 등에 대한 조롱 외에는 아무것도 발견하지 못할 것이다. 그 사람한테는 모든 것이 그저 조롱거리일 뿐이다."[76]

루터-에라스무스 논쟁의 주제는 두 사람 모두에게 신학적으로 중요했으나, 논쟁 자체는 두 사람의 삶이나 종교개혁의 흐름에 아무런 영향도 끼치지 못했다. 그러기에는 너무 약했고 너무 늦었다. 루터의 경우는 『속박된 선택』을 통해 자신의 지도력을 더욱 확고히 하거나 요한 선제후에게 종교개혁에 대한 지원을 강화해 달라고 설득할 필요도 없었다. 에라스무스의 경우는 『자유로운 선택』이 너무 늦게 출간되었기 때문에, 자기가 루터와 한통속이라는 의혹을 떨쳐내는 데 실패했다. 『자유로운 선택』은 종교개혁에 반대하는 게오르크 공작의 입장을 확고히 해 주었고 잉글랜드 왕 헨리의 마음을 흡족하게는 해 주었지만, 10년 후 헨리는 잉글랜드 교회를 로마 가톨릭에서 분리시키고 에라스무스의 친구들을 처형했다. 교황 파울루스 4세는 『자유로운 선택』에도 불구하고 로마 가톨릭의 첫 번째 『금서 목록』 *Index of Prohibited Books* (1559)에 루터의 저작과 나란히 에라스무스의 저작을 올렸다. 최소한 그 책에서는 두 사람도 하나가 될 수 있었다.

12

상스럽고 난폭한 민족

1526-1527

비텐베르크 — 토르가우

"우리 독일인들은 거칠고 상스럽고 난폭한 민족이다.
급박한 상황이 그들을 몰아대지 않으면
새로운 일을 시작하기가 어렵다."[1]

1525년부터 독일 종교개혁의 윤곽이 변하기 시작했다. 역사가들에 의하면, 1525년까지는 개혁 운동의 추진력이 아래로부터 올라왔다. 말하자면, 루터와 그 밖의 인물들이 써 내려간 강력한 소책자들을 읽은 평신도와 성직자들이 운동을 밀고 나갔다. 그러나 1525년 이후로는 그 추진력이 위로부터 내려와서, 제후와 관리들이 자신의 영토와 관할 지역에서 개혁을 체계화했다. 초기 개신교 운동은 대중적 열망의 표출, 아무도 제어할 수 없는 들불이었다. 그러나 1526년부터는 세속 권력자들이 그 불을 통제하기 시작했다. 개신교 운동이 적대자들, 곧 가톨릭에 충성하는 황제와 독일 제후들과 스위스의 가톨릭 주州의 공격에 맞서 살아남기 위해서는 세속 권력의 지지가 필요했다. 더욱이 종교개혁 이전의 유럽에는 교회와 정부가 분리되어 있지 않았고, 합법적인 자유 교회의 전통도 없었다. 세속 통치자와 로마의 주교 사이에 갈등이 없지는 않았지만, 가톨릭 교구와 수도원은 양쪽 권세에 복속되어 있었다. 그러나 개신교의 메시지를 받아들인 제후들과 시의회는 주교를 무시하고 황제에게 도전했다. 그들은 프로테스탄트 개혁자들이 제시한 종교 정책의 변화를 받아들일지 거부할지를 스스로 결정했다.

일반적으로 역사가들은 종교개혁이 대중 운동에서 정부 주도 개혁으로 전환한 것을 안타까워하지만, 정작 루터 자신은 완전히 다르게 생각했다. 형 프리드리히가 세상을 떠난 뒤 선제후 자리에 오른 요한은 전임자보다 훨씬 강력하게 종교개혁을 지지해 주었다. 프리드리히는 마지못해 몇 가지 개혁안을 허락해 준 정도였지만 요한 선제후는 루터와 동료들의 계획을 적극적으로 밀어주었다. 1526년부터 비텐베르크의 종교적 분위기는 눈에 띄게 변화했다. 이제 프란체스코회 수도원에는 단 한 명의 수도사도 남아 있지 않았다. 아우구스티누스회 수도원에는 마르틴과 카타리나, 관리인 한 명이 살고 있었다. 모든 성인 교회 참사회는 거의 결원 상태였다. 길거리에서 사제나 수도사도 눈에 띄지 않았다. 광장 근처의 시교회 예배는 독일어로 진행되었다. 라틴어는 성교회의 주일 미사 때만 사용되었는데, 그나마도 성만찬 시간이 되면 독일어로 된 성만찬 제정사가 라틴어로 된 성별의 기도를 대체했다. 빵과 포도주는 모든 사람에게 분급되었다. 요한 선제후가 비텐베르크에 머무를 때는 성교회 예배에 참석했다. 대학교 예배당은 유지되었고, 학술 행사나 논쟁이나 장례식이 있을 때 사용되었다. 훗날 루터와 멜란히톤도 여기 묻혔다.

독일어 예배 규정집은 주일 예배의 표준이 되었고 시교회는 1525년 성탄절 이후부터 곧장 이대로 예배를 드렸다. 루터가 오래전 약속하고 마침내 완성한 『독일어 미사』 German Mass 는 빠른 시간에 널리 퍼졌다. 독일어로 쓰였기 때문만은 아니었고, 루터가 이것을 융통성 있게 적용해도 된다고 주장했기 때문이었다. "이것을 완고한 법으로 만들어서 사람의 양심을 묶어 두거나 얽어매서는 안 된다. 그리스도인의 자유 안에서 최대한, 언제든 어디서든 어떻게든 실제적이고 유용하게 사용해야 한다."² 루터에 의하면, 이 『독일어 미사』는 이미 여기저기서 진행 중인 독일어 예배로 인한 혼란을 막기 위해 꼭 필요했다. 농민 전쟁이 일어나기 전, 토마스 뮌처는 알슈테트 교구를 위해 독일어 전례문을 만들었으며, 뉘른베르크나 스트라스부르 같은 도시도 자체적으로 독일어 전례문을 채택했다. 그러나 루터가 보기에 그 예문들은 충분히 독일적이지 않았다. 루터의 친구로서 츠비카우 지역에서 목회자로 활동하던 니콜라우스 하우스만은 루터에게 독일어 예배서 하나를 보내 주었다. 루터는 그 예문을 읽고 되돌려 주면서 이런 코멘트를 달았다. "이런 방식으로 미사를 드리는 것에는 반대하지 않네. 하지만 독일어 위에 있는 라틴어 악보를 보는 게 불쾌하네. 나는 인쇄업자에게 독일어로 노래하는 방식에 대해 이야기했는데, 그것이 내가 여기서 원하는 거라네."³

루터가 자신이 원하는 양식과 리듬을 찾기 위해 도움을 요청하자, 요한 선제후는 토르가우 궁에서 두 명의 악사를 보내 주었다. 성가대 지휘자인 콘라트 루프쉬Conrad Rupsch와, 1년 전 루터파 찬송가를 처음으로 편찬한 요한 발터John Walter였다.⁴ 1525년 11월, 그들은 루터와 함께 독일어 예배 찬양에 적합한 음조音調를 찾아내는 작업에 몰두했다. 발터의 기록에 의하면, 루터도 성만찬 제정의 말씀과 전통적 성경 본문 낭송(복음서와 서신서)을 위한 성가를 작곡했다고 한다.⁵ 공식 예배를 위해 다른 노래들을 작곡하는 일은 전문 음악가들이 맡았다.

『독일어 미사』 서문에는 그 당시 루터가 느꼈던 실망감이 드물게 언급되어 있다. 이는 비텐베르크를 위한 예배의 세 가지 형태를 구별하는 대목에서 나타난다. 첫 번째 형태는 루터의 성만찬 신학에 맞게 조정된 라틴어 예배다. 두 번째는 주로 지역 예배자를 위한 독일어 예배다. 루터는 이 사람들 중 많은 이들이 제대로 믿지도 않고 아직 그리스도인이라 할 수도 없는 상태라고 탄식한다. 그들 대부분

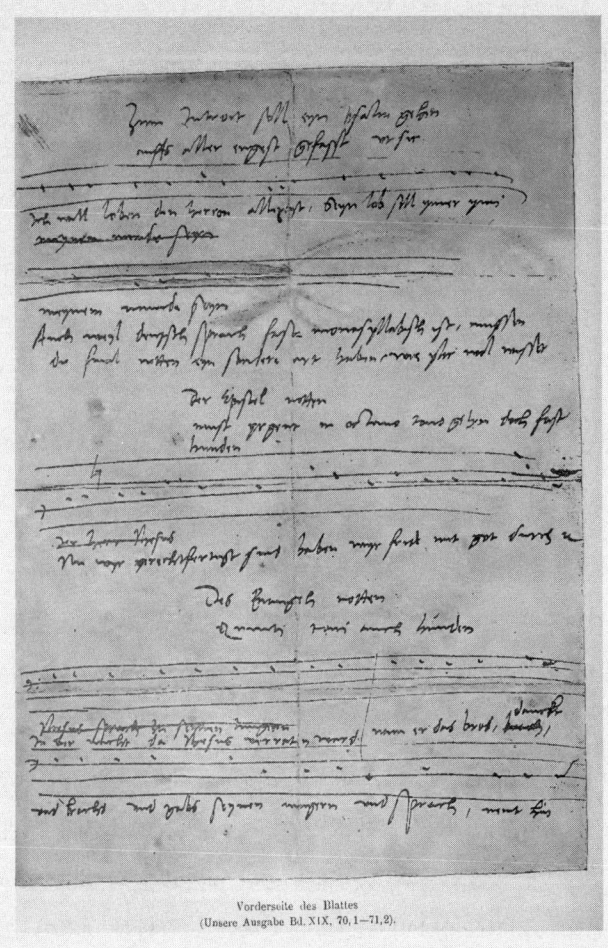

루터의 독일어 미사 친필 원고, 1526.

은 호기심으로 교회에 나와서 "무언가 새로운 것을 찾는 식으로 두리번거리고 있어서, 마치 광장이나 들판에서 튀르크인들이나 이교도들 틈에 끼어 예배를 인도하는 느낌을 받기도 한다."[6] 세 번째, 가장 바람직한 형태의 예배는 진심으로 그리스도인이 되려는 마음을 가지고 "손과 입으로 복음을 고백하는" 사람들을 위한 비형식적 예배다. 그들은 집에서 모여 기도하고 말씀을 읽고 세례를 베풀고 성만찬을 나누며 "그 밖의 기독교적 활동"을 한다.[7] 정교한 노래가 반드시 필요하지는 않으며, 세례와 성만찬을 시행하는 데 필요한 몇 가지 지침만 있으면 충분하다. 예배는 "하나님의 말씀과 기도와 사랑에 집중"할 것이다.[8] 루터는 안타깝게도 아직 이것이 가능하지 않다고 판단했다.

진정으로 그리스도인이 되려고 하는 사람들이 있다면 규칙과 규정을 만드는 데는 오래 걸리지 않는다. 그러나 지금까지는 그런 모임을 시작하거나 그 모임을 위한 규칙을 만들 수도 없고 그럴 마음도 없다. 나는 아직 그런 사람들을 만나지 못했고, 그걸 원하는 사람도 많지 않은 것 같다. 하지만 내가 그런 요청을 받아서 선한 양심으로 거절하지 못한다면, 내 몫을 기쁘게 감당하고 최선을 다해 도와야 한다.…그러나 만일 내가 그런 모임을 원하기 때문에 그것을 조직하려고 한다면, 그 모임은 아마 하나의 종파가 되고 말 것이다.…우리 독일인들은 거칠고 상스럽고 난폭한 민족이다. 급박한 상황이 그들을 몰아대지 않으면 새로운 일을 시작하기가 어렵다.[9]

왜 이런 실망감을 느꼈을까? 대부분의 개혁자들과 마찬가지로 루터도 이상주의자였다. 그가 꿈꾸었던 개혁된 기독교는 단순히 기독교의 전통적 구조를 조금 개조하는 정도를 훨씬 뛰어넘었다. 사제 계급이 승인하고 전례典禮에 맞게 지정된 예문에 따라 성스러운 건물 안에서 드리는 정해진 형식의 예배 같은 것 말이다. 루터가 상상한 개신교 혹은 루터파 예배는 비형식적이고 자발적인 예배였을 것이다. 어떤 가이드라인이 필요한지는 위에서 일방적으로 정해 주는 것이 아니라, 예배 공동체의 경험에 비추어 결정되어야 한다. 사랑과 기도와 하나님 말씀이 개신교 예배를 인도한다. 종교는 단순히 예배 참석에 국한되지 않고 일상의 삶 속으로 넘쳐흐를 것이다. 세속적인 것과 종교적인 것을 구분하는 일이 오히려 어려울 것이다. 루터는 독신 사제, 수녀, 수도사를 "종교인"이라고 부르는 전통을 비판하면서, 오히려 결혼이야말로 그 무엇보다 종교적인 상태라고 주장했다. "성령께서 다스리시는 마음속에서 존재하는 그런 믿음의 내적인 삶이 아닌 다른 어떤 것도 종교적이라고 불러서는 안 된다"[10]는 이유에서였다. 게다가 그리스도인의 선한 행위는 칭찬받을 만한 어떤 업적이 아니며, 종교적 활동에만 국한된 것도 아니다. 매일의 삶 속에서 정의를 추구하고 사랑을 나타내는 것은 기도, 성경 읽기, 설교를 전하거나 듣는 일, 성만찬을 받는 일과 똑같이 종교적인 일이다. 이 모든 일이 공동 기도와 노동을 축으로 하는 수도원 생활의 이상과 닮은 것은—거기서 독신주의와 완벽주의의 허울을 벗겨 내고 수도원 바깥의 모든 "진심 어린 그리스도인"에게 적용할 수 있다면—전혀 우연이 아니다. 루터는 수도원의 이상을 한 번도 완전히 포기한 적이 없었다. 그는 수도원을 떠났지만, 수도원은 여전히 그를 떠나지 않았던 것이다.

다른 개혁자들과 마찬가지로 루터도 자신이 그리던 것을 다 이룰 수는 없었다. 그가 말한 비공식 예배를 위한 지원이 부족했기 때문에 그는 기존의 종교적 구조, 즉 교구라는 네트워크 안에서 일을 해 나가야 했다. 각 교구는 성스러운 건물과, 전통적 패턴에 고착된 공식 예배를 주재하는 성직자와 연계되어 있었다. 결국 루터는 교구 체제를 개선하고 두 가지 본질적 자료를 제시하는 데 집중하기로 했다. 하나는 독일어 미사, 다른 하나는 교리문답서였다. 루터는 요한 선제후에게 두 자료를 받아들여야 한다고 강조함으로써 새로운 교구 체제의 수용을 처음 공식적으로 요구했다. 1526년 이전에 그는 그저 가톨릭 주교의 권위에 맞서 반응하고, 점진적 변화를 권하는 정도였다. 95개 논제(1517)도 대부분 저항의 성격을 지녔고, 비텐베르크에서 처음 시작한 개혁도 프리드리히 선제후가 1525년 죽기 전까지 정식으로 인가받지 못했다. 그러나 1526년이 되자, 요한 선제후는 1525년 10월 31일에 받은 제안서를 수용할 준비가 된 것처럼 보였다. 루터가 마인츠 대주교 알브레히트에게 95개 논제를 보낸 날로부터 정확하게 8년 후였다. 면벌부에 대한 반대가 진정한 종교개혁이 되기까지 이렇게 오랜 시간이 걸렸다.

루터의 제안서는 하나의 정책이었지만 몇 가지 항목으로 구성되어 있었다. 그 가운데 첫째는 대학교의 미래를 보장하는 것이었다. 재정 문제가 우선적 안건이었는데, 게오르크 슈팔라틴은 모든 성인 교회 참사회에 기부된 기금을 몰수해서 대학교 예산에 편성하려고 계획했다. 이미 사적 미사가 없어졌기 때문에 그 수입으로 유지되던 참사회는 더 이상 존립 이유가 없었다. 루터는 이미 프리드리히 선제후가 살아 있을 때부터 참사회 해체를 원했지만, 프리드리히 선제후는 참사회 성직자들이 관리하던 성유물을 너무도 소중히 여겼다. 그러나 요한 선제후는 슈팔라틴의 제안을 받아들여서, 즉각 두 명의 참모를 비텐베르크로 보내 기금 이전 문제를 해결하도록 했다. 기금의 3분의 2는 대학교 기금으로 사용되었고 3분의 1은 성교회를 위해 따로 떼어 두었다. 하지만 종교개혁 예배의 중심지는 부겐하겐이 목회하면서 독일어로 예배를 인도하는 시교회였다.[11] 프리드리히가 수집한 유물은 토르가우에 있는 요한 선제후의 관저로 비밀리에 이송되었다. 금세공인은 그 거룩한 유물에서 값나가는 부분을 벗겨서 금, 은, 보석, 진주로 나누었다. 금과 보석은 장신구와 식기를 만드는 데 사용되었다. 은은 뉘른베르크에 내다 팔았는데 2만 5천 굴덴이 나왔고 그 현금으로 토르가우 궁정 경비를 충당했다.[12]

요한 선제후에게 제출된 문건의 둘째 항목은 새로운 독일어 예배와 관련된 것이었다. 시교회에서는 전례문을 낭송하는 부목사 게오르크 뢰러가 이를 이미 시행하고 있었다.[13] 그러나 세 번째 항목은 선제후의 개입이 필요했다.

지금 모든 곳의 교구가 아주 끔찍한 상황입니다. 사람들이 헌금이나 기부를 전혀 안 합니다. 사적 미사가 수입이 되는 때도 아닙니다. 사람들이 목사를 너무나 존중하지 않으니, 얼마 안 있으면 목사관이건 학교이건 설교단이건 제대로 기능하지 못할 것입니다. 만일 폐하께서 엄한 법을 통과시키고 교구와 설교단 유지를 위한 규정을 세심하게 적용시키지 않으신다면 하나님의 말씀과 예배는 자취를 감출 것입니다.[14]

- 비텐베르크 시교회 전경.
- ∙ 비텐베르크 시교회 내부.

얼마나 많은 규정이 필요한지 측정하는 것이 첫 번째 도전 과제였고, 루터는 요한 선제후에게 각 교구의 상황을 파악하기 위해 조사 허가를 내 달라고 부탁했다. 선제후의 아들인 요한 프리드리히 덕분에 그 일이 추진력을 얻었다. 그는 루터에게, 사도 바울처럼 이 마을 저 마을을 방문하면서 토마스 뮌처 같은 광신자에게 동조하는 사제들을 그 자리에서 쫓아내 달라고 했다. 이 감찰 방문은 가톨릭 주교가 1년에 한 번 자기 주교구diocese에 있는 교구들을 방문하는 참관visitation과 비슷한 것이었다. 1525년에 요한 선제후가 다스리던 지역은 몇 개의 주교구로 나뉘어져 있었으나, 주교 가운데 아무도 종교개혁을 지지하지 않았다. 루터의 생각으로는 만일 주교가 없다면 선제후가 참관을 주도하는 것이 자연스러웠다.

그러나 이 부분에서는 요한 선제후가 약간 머뭇거리는 모습을 보였는데, 그럴 만한 이유가 있었다. 1521년 보름스 칙령에 의하면, 루터뿐 아니라 요한 자신, 그리고 종교개혁을 지지하는 모든 사람은 제국의 입장에서 범법자다. 1526년 6월에 열릴 슈파이어 제국의회에서는 그 칙령의 준수를 강행할 태세였다. 그런데 이번 제국의회의 두 번째 목적 역시도 아주 긴박했으니, 바로 오스만 튀르크의 공격으로부터 헝가리와 오스트리아를 방어할 자금과 군대를 모집하는 일이었다. 루터파에게는 천만다행으로, 그 두 가지 목표는 양립할 수 없는 성격이었으며 그들이 뜻밖의 영향력을 행사할 기회가 되었다. 만일 황제가 그들로부터 군대와 자금을 얻고 싶다면 그들의 종교적 개혁을 수용해야 한다. 황제의 동생으로 슈파이어 의회를 주재했던 페르디난트 대공도 그 사실을 눈치챘다. 물론 페르디난트에게는 종교적 일치보다 돈과 군대가 훨씬 중요했다. 그래서 당분간 루터파 도시와 영토는 보름스 칙령에도 불구하고 보복에 대한 두려움 없이 자신들의 종교적 지위를 유지할 수 있게 되었다. 1526년 여름의 이 결정 덕분에 요한 선제후도 자신이 다스리는 작센 지역 참관을 허용했다.

그해 여름에는 루터의 집안에도 큰 변화가 생겼다. 한때 수도사였던 마르틴이 아버지가 되고 한때 수녀였던 카타리나가 어머니가 된 것이다. 1526년 6월 7일, 두 사람의 첫아기가 비텐베르크에서 태어났다. 부모는 그 사내아이의 이름을 대부인 요하네스 부겐하겐의 이름을 따라 요하네스로 정했고, 어린 요한은 자기 할아버지처럼 한스 혹은 헨스헨(꼬마 한스)Hänschen이라고 불리게 되었다. 아기가 태어나고 두 시간 후, 시교회의 부목사 게오르크 뢰러가 아기에게 세례를 주었다. 그 자리에는 부겐하겐, 유스투스 요나스, 루카스 크라나흐도 있었다. 그다음 날, 루터는 아이슬레벤에 있는 친척 요한 뤼엘에게 이 소식을 알리면서, 그 마을의 라틴어 학교 교장인 요하네스 아그리콜라에게도 소식을 전해 달라고 부탁했다. 루터가 좋아하는 학생이자 동료였던 아그리콜라는 아내 엘자와 함께 비텐베르크를 떠나 있었다. 루터는 그를 "아이슬레벤의 대가大家"라고 불렀다.

> 나 대신 아이슬레벤의 대가에게 내 소식을 전해 주게. 어제 오후 2시 내 아내 케테가 하나님의 크신 은혜로 꼬마 한스 루터를 낳았다고 말일세. 내가 이런 소식을 알린다 하여 아이슬레벤의 대가께서 너무 놀라지는 마시라고 말해 주게. 그도 이런 계절에 태양[즉 아들]을 얻었다는 것이 뭘 의미하는지를 유념하고 있을 테니까.[15] 자네에게 태양을 낳아 준 이[아내]와 아이슬레벤의 엘자에게도 안부 전해 주게

나. 나는 이렇게 자네를 하나님께 맡김세. 아멘. 내가 이 부분을 쓰고 있는데, 몸이 많이 약해진 나의 아내가 나를 찾는다네.[16]

루터가 부모에게 손주의 탄생을 알린 문건은 남아 있지 않다. 그러나 루터는 하우스만과 링크에게 개인적으로 그 사실을 알렸고, 누군가가 슈팔라틴에게도 연락을 취했는지 일주일도 되기 전에 슈팔라틴의 축하 편지가 도착했다. 루터는 슈팔라틴에게 보낸 답례 편지에서 자신을 행복한 아빠라고 부르면서, 자기가 심은 정원과 자기가 만든 우물 이야기를 했다. 그러면서 손짓하듯 이렇게 적었다. "우리 집에 한번 오게나. 그러면 백합과 장미로 만든 관을 씌워 주겠네."[17] 루터는 아들이 태어나고 얼마 안 되었을 때 성교회에서 설교를 했는데, 그 자리에는 요한 선제후와 그의 아들 요한 프리드리히, 그리고 뤼네부르크Lüneburg의 프란츠 공작이 있었다. 뤼네부르크는 막 종교개혁을 받아들이려 하는 거대한 영토였다.[18] 2주 후, 요한 선제후는 루터 가족에게 사슴 뒷다리고기를 보냈다.[19]

슈팔라틴의 축하 편지와 루터의 답례 및 초대의 편지는 슈팔라틴이 알텐부르크로 이사한 후에도 두 사람이 따뜻한 관계를 유지하고 있었음을 증명해 준다. 슈팔라틴은 그 지역의 여인과 만나 결혼했는데, 그녀의 이름도 카타리나였다. 그는 결혼식에 루터와 멜란히톤도 초대했다. 3년 전에 같은 마을에서 벤첼 링크의 결혼식이 있을 때는 모두 함께 가서 축하해 주었는데, 이번에는 옛 친구들이 한 명도 가지 못했다. 멜란히톤은 5개월이나 있다가 축하 편지를 보냈고, 루터는 아쉽게도 결혼식에 못 간다는 전갈을 결혼식 시작 직전에야 보내야 했다. 카타리나가 울면서 가지 말라고 그를 말렸고, 게다가

11월 중순에 단 한 사람만 동행해서 여행을 떠난다는 것은 범법자 신분의 이단자에게는 위험천만한 일이었다. 그러나 결혼식이 있고 3주 후, 루터는 슈팔라틴에게 보낸 두 번째 편지에서 자기가 아주 색다른 방식으로 그와 함께 있겠다고 약속했다.

> 자네가 침대에서 달콤한 키스와 함께 자네의 카타리나를 껴안을 때, 또한 이걸 생각하게. "나의 주님께서 나에게 이 사람, 하나님의 최고의 작품을 나에게 주셨구나. 그분께 찬송과 영광이 있기를!" 나는 자네가 이 편지 받는 날을 꼽아 보겠네. 그리고 그날 밤 자네를 기억하면서 나의 카타리나를 같은 방식으로 사랑해 주겠네.[20]

1526년 8월 말, 루터는 이제 뉘른베르크의 루터파 목사가 된 벤첼 링크에게 비텐베르크의 최근 소식을 전했다.[21] 이 편지는 슈파이어 제국의회에서 각 도시와 영토가 국가 총회 개최 이전까지는 현재의 종교적 상황을 유지하도록 한다는 결의안을 통과시킨 다음 날에 쓰였다. 루터는 현재 의회가 열리고 있는 것은 알았지만 아직 좋은 소식은 듣지 못했다. 그래서 링크에게, 그 의회에서 하는 일이 여느 때처럼 술이나 마시고 떠들썩한 잔치나 벌이는 것 말고 뭐가 있겠냐고 말하면서 헛다리를 짚었다. 루터가 전한 다른 소식은, 제국의회 전에 보름스 칙령이 강제 집행되어 비텐베르크가 공격을 당할 경우를 대비하여 선제후가 방어 태세를 갖추라는 명령을 내렸다는 것이었다. 그래서 비텐베르크가 얼마나 방비를 강화한 상태인지, 링크는 보고도 믿지 못할 것이라고 했다. 또 전도서 강의를 어쩔 수 없이 하고 있는데 히브리어가 너무 어렵다고 털어놓기도 했다. 강의는 끝까지 가지 못하고 9월에 끝났다. 그런데 루터가 그랬는지, 아니면 필기를 했던 게오르크 뢰러가 그랬는지, 아니면 다른 누가 그랬는지는 확실하지 않지만, 여하튼 이 강의는 자료를 보충하여 1532년에 책으로 출간되었다. 루터는 전도서의 비관주의를 반대했지만, 자신의 비관주의를 감추지는 못했다.

지금까지 이 세상의 상태가 어떠했는지는 잘 모르겠으나, 언제나 참을 수 없는 지경이었던 것 같다.…이 세상은 현재로는 만족할 수 없다. 언제나 미래에 의해 고통을 당한다. 그래서 독일은 항상 뭔가 새로운 것을 찾고 있다. 복음이 시작되자 모든 사람이 복음을 향해 열렬히 달려들었다. 하지만 그 복음이 전파되자 우리는 지루해하면서 복음의 놀라운 축복을 잊어버린다.[22]

루터는 전도서 강의에서 "성례전주의자"sacramentarian* 들을 언급한다. 이것은 안드레아스 카를슈타트처럼 성만찬의 자리에 그리스도가 실제로 현존하지는 않으신다고 주장하는 사람들에게 루터가 붙인 표현이다. 1526년, 울리히 츠빙글리는 성만찬에 대한 루터의 견해, 곧 그리스도가 실제로 현존하신다는 주장을 가장 먼저 비판하고 나섰다. 그래서 루터는 "성례전주의자"라는 표현을 츠빙글리와 그의 지지자들에게 붙였다. '사크라멘트'(성례전)sacrament란 원래 기호나 상징을 의미하는 말이었다. 루터가 츠빙글리를 성례전주의자라고 부른 까닭은, 그가 성만찬을 실제로 일어난 기적이 아니라 한갓

* 또는 '성례 상징설 주장자'라고도 옮길 수 있다.

상징으로 이해했기 때문이다. 그러나 츠빙글리와 루터는 성례전 오용의 근원이 되는 가톨릭 미사를 한목소리로 비난하면서 그 오용을 근절하고자 노력했다. 가톨릭 미사의 핵심은 성만찬이었다. 1522년에 루터가 지적했듯이, 빵과 포도주를 그리스도의 몸과 피로 바꾸는 성직자의 절대적 능력은 성직자주의를 조장했고 바로 이 기초 위에 로마의 부와 권위가 세워졌다.

> 우리가 미사를 없앤다면 모든 것을 빼앗기는 셈이다. 미사는 교황 제도와 모든 성직 제도의 핵심이자 근본이다. 그들은 그 터전 위에 기부금으로 기관, 수도원, 교회를 세웠으며, 자신들의 배와 몸과 삶과 지위를 유지했다. 부와 명예와 허식은 더 말할 것도 없다. 우리가 공격하지 않는다 할지라도 모두 무너져 버릴 것이다.[23]

새로운 형식의 성만찬이 미사를 대체해야 한다는 점에서는 이견이 없었다. 그러나 루터와 츠빙글리가 의견의 일치를 보지 못한 부분은 성만찬 자리에서 어떤 일이 일어나는지, 혹은 어떻게 성만찬을 거행해야 하는지와 관련된 부분이었다. 루터는 비슷한 적대자들을 하나로 싸잡아서 모욕하는 버릇을 가지고 있었다. 츠빙글리 지지자들만 성례전주의자라 불린 것은 아니다. 루터는 어느 편지에서 다섯 혹은 여섯 개의 그런 집단을 언급하고 지도자 격 되는 사람들을 거명했다.[24] 그들 가운데 한 사람이 슐레지엔Silesia의 귀족 카스파르 폰 슈벵크펠트Caspar von Schwenckfeld였다. 슐레지엔은 폴란드 남서쪽에 위치한 지역인데 1500년대에는 주로 독일 땅이었다. 슈벵크펠트는 독일에서 공부를 마친 후 리그니츠Liegnitz(지금의 레그니차Legnica)의 프리드리히 공작의 수석 참모가 되었다. 그는 루터의 글과 성경을 어찌나 열심히 읽었던지, 루터가 파문당하고 범죄자로 낙인찍힌 해인 1521년에 이미 프리드리히 공작에게 종교개혁의 필요성을 납득시키는 데 성공한 사람이었다. 1523년, 슈벵크펠트는 청력 손상 때문에 공직에서 물러나 리그니츠 가까이에서 살고 있었다. 그는 끊임없는 공부와 어떤 영적 계시를 통해, 성만찬의 자리에 그리스도가 실제로 현존한다는 이론을 배격하게 되었다. 슈벵크펠트는 교사로 일하고 있는 친구 발렌틴 크라우트발트 Valentin Crautwald 와 함께 성만찬 제정의 말씀을 다시 배열하는 작업을 했고, 루터의 주장처럼 성만찬 빵은 그리스도의 실제 몸인 것이 아니라 그저 영적 음식에 불과하다고 결론을 내렸다.

슈벵크펠트와 크라우트발트는 루터에게 제안서를 보냈는데도 아무런 답변을 받지 못하자 직접 루터를 방문하기로 결심했다. 1525년 11월의 날씨가 좋았다면 말과 마차를 타고 사흘이 걸리는 여행이었다. 그들은 12월 1일 비텐베르크에 도착해 루터, 부겐하겐, 유스투스 요나스를 만났다. 슈벵크펠트가 남긴 기록 가운데 현존하는 유일한 기록에 의하면, 루터가 고집스럽게 자기 생각만 내세울 것이라는 크라우트발트의 예상과는 달리 대화 분위기는 화기애애했다.[25] 슈벵크펠트는 비텐베르크의 교회 생활을 관찰한 후에, 솔직히 비텐베르크에 더 경건하고 덕스러운 신자들이 많을 거라고 기대했는데 실망했다면서, 행실이 나쁘고 미적지근한 마음으로 교회나 왔다 갔다 하는 사람들에게는 성만찬을 금지하라고 루터에게 요구했다. 루터는 비텐베르크 사람들의 열정이 부족해서 자기도 실망스럽다는 사실을 인정하면서, 그래서 충실하게 그리스도인의 삶을 살아가는 소수의 사람을 위한 특별한 예배 의식을 계획하고 있노라고 말했다. 그러나 아직까지는 한 사람의 진실한 그리스도인도 찾지 못했다고 했다.[26] 슈벵크펠트의 말에 대한 루터의 대답은 한 달 후 『독일어 미사』에서 반복되었다. 거기서 루터는 진정한 그리스도인을 아직 한 사람도 보지 못한 상태였음에도 그들을 위한 예배 형식을 서술해 놓았다. 성만찬 제정의 말씀과 관련해서는 슈벵크펠트와 크라우트발트가 비텐베르크까지 찾아왔음에도 의견 일치에 도달하지 못했다. 너무나 실망한 요나스는 누구든지 이 문제를 푸는 사람이 있으면 자기가 금화 100개를 주겠노라고 맹세할 정도였다.[27] 1529년 슈벵크펠트는 슐레지엔에서 추방되었지만, 그의 추종자들은 그곳에 남았다. 그들 가운데 500명이 1734년에 펜실베이니아로 이주했고 거기서 슈벵크펠트 교회를 세웠다. 슈벵크펠트 자신은 남은 생애 대부분을 남부 독일의 울름 근처에서 살다가 생을 마감했다.

루터에게 1527년은 시작이 좋지 않았다. 1월 1일, 루터는 뉘른베르크에 있는 벤첼 링크에게 자신의 절망감을 토로했다.

덴마크 왕이 설득해서 잉글랜드의 왕[헨리 3세]에게 겸손한 간청의 편지를 써 보냈다네. 나는 큰 희망을 가지고, 순진하고 정직한 마음으로 편지를 썼지. 그런데 그의 답장은 너무나 적대적이다 못해 그의 어조는…복수의 기회를 기뻐하고 있는 것 같지 뭔가. 이런 독재자들은 아주 허약하고 남자답지 못하고 철저하게 야비한 성품 때문에 오합지졸 군중을 따르는 것 말고는 다른 일을 할 만한 가치가 없는 자들이라네.…그들과 그들의 신인 사탄을 경멸하지 않을 수 없다네.[28]

루터가 자신의 논적을 사탄과 연결시킨 것이 처음은 아니었으나, 잉글랜드의 왕은 그저 보통의 신학자가 아니었다. 헨리왕과 루터의 논쟁이 불붙은 것은 1520년이었는데, 루터가 『교회의 바빌론 포로상태』를 출간한 후였다. 루터는 그 책에서 가톨릭의 성례전을 새롭게 정의하고 그 수를 일곱 개에서 두 개로 축소했다. 1년 후, 헨리는 일곱 개의 성례전을 그대로 유지해야 한다는 글로 대응했다. 1521년 5월 12일, 런던의 성 바울 대성당 앞에서 루터의 책이 소각될 때, 잉글랜드의 상원 의장이자 추기경 울시^{Wolsey}는 헨리왕의 책을 손에 들고 있었다. 교황 레오 10세는 잉글랜드의 왕에게 "신앙의 수호자"라는 명예로운 호칭을 수여하고 그의 책을 읽는 사람들에게 면벌부를 하사했다. 그랬던 헨리가 나중에는 종교개혁을 받아들이자 잉글랜드의 어느 수도원장은 이런 말을 남겼다. "신앙의 수호자"께서는 이제 "신앙의 파괴자"가 되었다는 말을 들어야 할 것이라고.[29]

상대방에 대한 욕설은 헨리왕부터 시작했다. 그는 루터를 독 오른 뱀이요 지옥의 늑대라고 불렀다. 루터는 헨리의 라틴어 텍스트가 독일어로 번역되어 1522년 출간될 때까지 반응을 하지 않고 있었다. 마침내 루터의 반격, 『잉글랜드 왕 헨리에 대한 반박문』^{Against Henry the King of England}은 헨리의 책이 거짓말로 가득하며 헨리 자신도 거짓말쟁이들의 왕이라고 비난했다. 왕이 노발대발 날뛰면서 폭언을 쏟아부으시니, 잔뜩 골이 난 거리의 매춘부보다 더하다고 비아냥거렸다.[30] 이렇게 물고 뜯는 편지를 주고받은 것으로 그들의 관계가 끝날 수도 있었는데, 갑자기 덴마크 왕 크리스티안 2세가 개입했다. 크리스티안은 루터가 3년 전 헨리왕을 모욕한 것을 사과한다면 헨리 8세가 잉글랜드를 프로테스탄트 국가로 만들 준비가 되어 있다고 알려 주었다. 크리스티안의 말대로라면, 독일의 루터파는 작센의 게오르크 공작이 주도하는 가톨릭 연대에 맞서는 데 필요한 지원을 잉글랜드로부터 받을 수 있게 된다. 가톨릭 연맹은 "저주받은 루터 종파"를 완전히 쓸어버리기로 다짐한 네 명의 강력한 가톨릭 통치자를 확보한 상황이었다.[31] 1525년 9월 1일, 루터는 헨리왕에게 사과의 편지를 보내면서 자기가 내뱉은 모욕적 언사를 철회하겠다고 밝혔다. 『바빌론 포로상태』에 관한 언급은 없었다.

루터의 편지는 전혀 루터답지 않았고 논점도 모호했다. 1525년이면 헨리 8세도 루터를 지지할 의도가 전혀 없을 때였다. 잉글랜드의 교회는 로마와 결별한 지 9년이나 되었다. 독일 상인들이 루터의 소책자를 런던으로 몰래 밀반입했고 런던 시민 중에 루터의 글을 탐독하는 사람들도 있었으나, 울시 의원의 하수인들이 끊임없이 그들을 추적했다. 잉글랜드 종교개혁의 건설자 토머스 크롬웰Thomas Cromwell은 아직 젊은 변호사에 불과했다. 어쨌거나 헨리왕은 루터의 편지를 주의 깊게 읽었고 그의 순진하고 비굴한 모습에 쓴웃음을 지었을 것이다. 헨리는 루터에게 즉각 응답했으나, 그것은 개인적 차원의 답장이 아니었다. 라틴어로 인쇄된 그 답장은 하필이면 게오르크 공작을 통해 루터에게 전달되었다. 말할 것도 없이 게오르크는 쾌재를 불렀을 것이다. 헨리는 농민 전쟁 기간에 7만 명이 죽은 것은 모두 루터 때문이며, 루터가 카타리나와 결혼하여 수녀를 더럽혔다며 맹비난을 퍼부었다. 이번에도 루터는 곧바로 반응하지 않았다. 그러나 헨리의 편지가 독일어로 번역되고 거기서 마치 루터가 자기의 모든 가르침을 철회한 것처럼 나와 있는 것을 보자 『잉글랜드 왕의 신성모독적인 책에 대한 반박문』Against the Blasphemous Book of the King of England 을

로 응수했다. 이 텍스트는 통렬하다 싶을 정도로 반성의 기미가 없다. 다만 크리스티안왕의 말을 믿었다는 사실 때문에 짜증을 내기는 했다. 그렇지만 루터는 자기가 헨리에게 책을 보낸 것에 대해서는 후회가 없었다. 그것은 복음을 위한 일이었고, 그런 이유로 행한 일은 중상과 경멸의 대상이 되곤 하는 까닭이다. 루터는 주춤거리는 대신 시편 138편 7절을 이렇게 바꿔 말했다. "내 원수들의 분노는 나의 기쁨이요 즐거움이라."[32]

1527년 4월 22일, 부활절 후 첫 번째 월요일에 설교를 하던 루터는 갑자기 현기증이 일어나 설교를 마무리하지 못하고 내려왔다.[33] 이것은 나중에 일어날 일에 대한 암시와도 같은 사건이었다. 4월 16일, 그의 삼촌 하인츠 루더 Heinz Luder가 찾아왔을 때는 다시 괜찮아 보였다. 하인츠가 간 뒤에는 아이슬레벤에 사는 요하네스 아그리콜라의 병약한 아내 엘자가 방문했다. 카타리나는 임신 중이고 입덧이 심했지만, 루터는 엘자를 불러 비텐베르크에서 요양하도록 했다. 루터는 몸도 몸이지만 영혼이 더 아픈 것 같다면서, 약방에서 조제한 약을 먹거나 전통 찜질 약을 바르는 것보다는 말씀에서 위안을 찾기를 권했다.[34] 그런데 7월 6일에는 루터 자신이 갑작스럽게 실신하여 상태가 심각해지는 바람에, 이렇게 아내와 친구들 보는 앞에서 죽는 줄로만 알았다.[35] 루터는 이 사건을 슈팔라틴에게 알렸다. 마침 슈팔라틴도 몸이 안 좋았기 때문에, 혹시 비텐베르크에 역병이 돌고 있는 것 아니냐며 루터에게 조심할 것을 당부했다. 루터는 그건 완전히 헛소문이라고 답장했지만, 한 달 후 그것이 사실로 드러났다. 루터는 그때 비텐베르크 밖에 있던 멜란히톤에게 조심하라고 얘기하면서, 제발 역병이 가볍기 지나가기만을 모든 사람이 바라고 있다고 알렸다. 그러나 인쇄공 한스 루프트Hans Lufft가 벌써 9일째 병상에 누워 있다가 급기야는 섬망譫妄 상태에 빠졌다고 말했다.³⁶

그해 7월 루터는 왜 아팠던 것일까? 갑자기 어지럼증을 느끼고 실신한 것은 혈액 순환 문제였을 수도 있고, 속귀內耳의 균형감각 상실로 현기증, 환청, 난청 증세가 나타나는 메니에르 병 때문이었을 수도 있다. 유스투스 요나스의 7월 6일 사건 기록을 보면 아무래도 메니에르 병이 원인이었던 것 같다. 그때 요나스와 그의 부인은 루터의 집에 초대받아 저녁 식사를 하고 있었는데, 루터는 왼쪽 귀에서 미칠 것같이 큰 소리가 난다고 투덜거리며 자리에 누웠다. 요나스가 뒤따라가자 금방이라도 기절할 것처럼 보이는 루터가 이렇게 말했다고 한다. "요나스 박사, 속이 너무 메스꺼우니 물 좀 갖다 줘요. 안 그러면 토할 것 같아." 요나스는 너무 놀라 몸을 떨면서 루터의 얼굴과 등에 물을 부었다. 의사를 불러 놓고 카타리나가 방으로 들어와 보니 루터는 정신없이 기도를 드리고 있었다. 루터는 자기의 죽음을 확신한 것처럼 1살 된 아들 헨스헨을 데려오라고 하고, 카타리나와 아들을 하나님께 부탁드린다고 중얼거렸다.

물론 루터는 죽지 않았다. 그다음 날 루터는 요나스에게, 영적인 공격이 육체의 고통보다 두 배는 더 괴롭다고 털어놓았다.³⁷ 루터는 이런 영적인 공격을 독일어로 '안페히퉁'Anfechtung이라 불렀는데, 흔히 "시험"temptation으로 번역되는 말이지만 의심과 절망의 습격으로 이해하면 더 좋을 것이다. 루터는 이것이 악마의 수작이라고 생각했다. 오늘날은 이런 우울감의 발병을 우울증으로 진단하고 약으로 다스린다. 우울증과 마찬가지로 이 '안페히퉁'도 이따금 루터가 일을 하지 못하게 만드는 요인이었다. 하지만 그가 써낸 엄청난 분량의 책들, 활기 넘치는 『탁상담화』, 2천 통 넘는 편지들, 정기적 강의, 빈번한 여행은 그 우울함이 그를 넘어뜨리지 못했음을 보여 준다. 부겐하겐의 기록에 의하면, 루터가 1527년에 그렇게 아팠는데도 강의를 거르거나 주일 설교를 못한 적은 거의 없었다.[38]

1527년 8월 10일, 요한 선제후는 루터와 그의 가족에게 대학교를 따라 예나로 옮겨 와서 전염병을 피하라고 청했다.[39] 루터는 그 부탁을 받아들이지 않았다. 닷새 후, 부겐하겐과 그의 가족이 수도원으로 이사해 왔고, 전염병의 첫 번째 피해자가 숨을 거두었다. 루터의 품 안에서 죽은 거나 다름없었다.[40] 8월 20일, 게오르크 뢰러는 비텐베르크에 전염병이 빠르게 퍼지고 있다는 소문을 가라앉히려고 했다. 그는 고작 7-8명만 전염이 되었으며, 최근 열흘 동안에는 아무도 병에 걸리지 않았다고 주장했다.[41] 잠시 주춤했을 뿐인데 거기 현혹되었던 것이다. 9월과 10월에는 희생자 수가 급격히 늘었고, 루터 가족은 두 명의 환자를 더 받았다. 한 명은 그 지역 의사의 아내였고 또 한 명은 카를슈타트의 처제였다. 루터는 병에 걸린 아들과 카타리나를 걱정했다. 부겐하겐의 여동생이자 게오르크 뢰러의 부인으로 임신 중이던 한나 뢰러가 죽은 후로는 카타리나도 훨씬 위험스러워 보였다.[42] 부겐하겐도 병에 걸렸으나 루터와 함께 마을에 남았다. 부목사 뢰러와 요한 만텔John Mantel도 남아서 예배를 지키고 목사로서 사람들을 돌보았다.

루터는 다른 성직자들에게도 이와 같이 하라는 충고가 담긴 소책자를 펴냈다. 브레슬라우Breslau(지금은 폴란드 브로츨라프Wroclaw)의 루터파 목사들이 던진 질문에 대한 응답이었다. 그들은 전염병이 돌 때 자기들이 속한 구역에서 도망쳐 나와야 하는지 그렇지 않은지

12. 상스럽고 난폭한 민족 379

알고 싶어 했다. 루터의 답변은 이러했다. 계속 남아 있어야 하는 의무는 관리, 목사, 의사, 간호사, 관리인에게 해당된다. 다른 시민들은 마음대로 움직일 수 있다. 그러나 남아 있는 사람들은 의약품과 치료를 제공받을 수 있어야 한다.[43] 사실상 루터가 사람들의 피신을 허용해 준 셈이었는데, 정작 루터는 그렇게 많은 사람들이 고향을 떠날 줄 예상하지 못했다.

사람들이 공포에 떨면서 급히 도망가는 모습은 놀랍기만 하다네. 나는 저 사탄, 저 악마 놈이 사람들을 저렇게까지 두려워 떨게 만들 거라고는 미처 생각하지 못했어. 더욱 참기 어려운 것은, 사탄이 사람들 마음에 그런 두려움을 주입함으로써 우리의 훌륭한 대학교를 쫓아내고 모욕하는 걸 기뻐하고 있다는 사실이야. 사탄은 무엇보다도 우리 학교를 혐오하고 있는데, 그 미움이 허사는 아닌 것 같군.[44]

무슨 종류의 전염병이었을까? 아마 1350년경 서구 유럽을 초토화시킨 페스트, 그러니까 흑사병이라고 알려진 선페스트 bubonic plague 의 동류同類로서 그나마 약간 가벼운 편에 속하는 전염성 질환이었을 것으로 추측된다. 선페스트는 페스트균 Y. pestis 이 일으키는 세 종류의 페스트 가운데 하나였다. 페스트균은 그 이후에도 주기적인, 그러나 비교적 작은 유행병을 야기했다. 그 당시 비텐베르크를 휩쓴 페스트균은 옛날의 흑사병이나, 1500년대 아메리카 대륙에서 수백만 명의 생명을 앗아 간 천연두에 비하면 그래도 훨씬 덜 위험한 것이었다.[45] 여러 정황상 루터는 그 페스트균에 감염되지는 않았지만, 1527년 말까지도 기력이 회복되지 않았다.

루터는 그렇게 아픈 상태에서도 설교와 강의를 계속했다. 더욱이 루터와 부겐하겐은 얼마 뒤면 본격적으로 시행될 교구 감찰을 위한 가이드라인을 검토하는 임무를 맡았다. 이 검토는 그냥 집에서 읽으면 되는 수준이 아니었고, 초안을 작성하고 있는 슈팔라틴과 멜란히톤을 만나 논의하기 위해 토르가우까지 갔다 와야 했다. 그 모임은 9월 말, 11월 말에 있었다. 두 번째 모임에는 요하네스 아그리콜라도 참여했는데, 그는 한 가지 지점에서 멜란히톤과 루터의 의견에 강력하게 반대했다. 루터도 멜란히톤도 아그리콜라와의 공적 논쟁을 원하지 않았다. 두 사람 다 적어도 그 자리에서는 마음을 가라앉혔으니, 루터의 말에 의하면 그런 갈등이 "아무것도 아니었기"[46] 때문이었다. 나중에는 그렇지 않았음이 드러났지만, 적어도 토르가우에서는 루터나 멜란히톤이나 다른 일은 안중에 없었다.

1527년 11월 25일, 멜란히톤이 막 토르가우에 도착했을 때, 그의 아내 카타리나가 셋째 아이를 낳았다. 그 사내아이의 이름은 게오르크였다. 그 당시 멜란히톤의 가족은 전염병이 잠잠해질 때까지 대학교가 임시로 머무르던 예나에 있었는데, 그는 예나로 돌아가서야 셋째 탄생 소식을 알게 되었다. 그는 슈팔라틴에게 이 소식을 알리면서 이런 말을 남겼다. "하나님의 인자하심으로 우리의 집안일이 이렇게 잘 풀리는데, 우리의 바깥일도 이렇게 평온하면 얼마나 좋겠는가!"[47] 비텐베르크에서는 같은 해 12월 10일, 루터의 아내 카타리나도 딸을 낳아 이름을 엘리자베트라고 지었다. 마침 비텐베르크에 있었던 루터는 강의를 마치고 돌아오는 길에 그 소식을 들었다. 얼마 후, 루터는 요나스에게 소식을 전하면서 돼지만 빼고는 다들 좋아지고 있다고 말했다.

12. 상스럽고 난폭한 민족

산모는 잘 지내지만 아직 쇠약한 상태라네. 우리의 꼬마 아드님 한스도 잘 지내고 다시 명랑해졌지. 아우구스티누스 박사의 아내도 잘 지내고, 모두가 걱정하던 마르가레트 폰 모카우 Margaret von Mochau(카를슈타트의 처제)는 용케 죽음의 고비를 넘겼다네. 사람은 하나도 잃지 않은 대신 돼지 다섯 마리를 잃었지. 우리의 위로가 되시는 그리스도께서 이 공물을 받고 전염병이 그치도록 해 주시기를 바란다네. 나의 상황은 전에도 그랬지만, "죽은 자 같으나, 보라 살았도다!"라고 하셨던 사도[바울]의 말씀과 같다네.[48]

교구 참관 가이드라인은 토르가우에서 편집되고 승인을 받아 『선제후의 작센에 있는 교구 목사를 위한 참관자의 가르침』Instruction of the Visitors for the Parish Pastors in Electoral Saxony 으로 출간되었다. 멜란히톤과 루터가 최종본의 주요 저자로 알려져 있으나, 초안이 여러 사람의 손을 거치면서 완성되었기 때문에 공동의 프로젝트로 보는 것이 더 정확하다.[49] 루터가 95개 논제를 발표하고 10년이라는 세월이 지나는 동안, 로마 가톨릭과의 갈등을 헤치고 루터파 개혁 운동이 서서히 자리를 잡아 가는 가운데, 마침내 작센에서 최초로 공식 승인을 받아 조직된 루터파 교회가 생겨난 것이었다. 이 책『가르침』은 일반적으로는 교회 규정church order이라고 불리는데, 오늘날의 교회법과도 상당히 비슷하다. 여기에는 이론 부분과 실제 부분이 있다. 이론 부분은 루터파 교회의 기초가 되는 이론적 원칙과 교리를 언급하고 있다. 루터파 목사는 이 원칙을 준수하고 교인들에게 가르쳐야 한다. 신학 이론 부분도 간략하게 들어가 있는데, 그 당시 이미 사용되고 있던 아동 및 평신도 교리문답서와 구조가 비슷하다. 실천 부분은 교구 조직, 예배 순서, 다양한 이슈에 대한 설교, 교구 학교에 관한 내용을 다루고 있다. 그리스도인의 자유에 대한 잘못된 이해를 바로잡는 대목도 있다. 가령, 그리스도인의 자유는 정부가 필요 없다는 의미도 아니고 납세의 의무에서 면제되었다는 의미도 아니다. 세속 정부가 튀르크인에게 맞서서 무기를 들라고 요구할 때 그 의무를 피할 수 있다는 의미도 아니다. 그리스도인의 자유는 남편이나 아내가 결혼을 그저 인간 사이의 계약으로 여기고 이혼이나 유기로 아무렇지도 않게 취소할 있다는 뜻도 아니다. 이런 오해의 뿌리에는 자유 의지에 대한 잘못된 인식이 있다. 『가르침』에 의하면, 인간의 마음과 행위는 의지력만으로는 변화될 수 없다. 참된 믿음과 진실한 사랑, 절제, 인내, 용서, 관용을 얻기 위해서는 하나님의 도우심이 필수적이다.

개혁과 새로운 교회 규정에 대한 공식 승인이 떨어질 때까지 10년을 기다리고, 5년, 하다못해 3년이라도 기다리는 것이야말로 카를슈타트, 뮌처, 그리고 츠빙글리의 급진적 추종자들이 가장 하고 싶지 않은 일이었다. 루터는 토르가우에서 쓴 편지에서 카를슈타트가 아직도 성만찬에 대한 자신의 낡은 해석을 고집하고 있다고 말했다.[50] 이것을 어떻게 알게 되었는지는 밝히지 않았지만, 8개월 후 루터는 카를슈타트를 "우리의 품에서 자라난 독사"*라고 부르면서, 차라리 그가 스트라스부르에 있는 급진주의자들과 결합하는 게 나을 것 같다고 말했다.[51] 그래도 카를슈타트는 한 사람에게 세례를 두 번 주는 일은 없었다. 그런데 두 번 세례를 주는 반대파[dissenters]가

* '은혜를 원수로 갚는 사람'이라는 뜻이다.

생겨났고, 1527년에는 루터도 그것을 알게 되었다. 7월 6일의 기절 사건 이후, 루터는 부겐하겐과 요나스가 있는 자리에서 자기가 사실 그 일이 있기 전에 "츠빙글리, 그리고 성례전을 타락시키는 자들에게 반대하여 그리스도의 거룩한 세례"에 관한 글을 계획했노라고 말했다.[52]

여기서 성례전을 타락시키는 자들corrupters이란 1525년 츠빙글리와 결별한 취리히의 초기 재세례파를 의미했다. 취리히 시의회가 종교 개혁을 받아들이기로 결정했을 때, 츠빙글리의 추종자 가운데 일부가 그 정도로는 충분하지 않다며 반대의 목소리를 냈다. 그들은 일상적으로 거행되던 유아 세례를 집중적으로 비판했다. 왜냐하면 유아 세례가 모든 사람을 교회의 일원으로 만들어, 자연스럽게 종교적 권위를 행정 관리들에게 넘겨주는 꼴이 되기 때문이다. 그 반대파는 신약성경에도 유아 세례에 대한 언급이 나오지 않는다며, 성인 세례 혹은 신자의 세례를 통해서 사람들이 자신의 신앙을 진지하게 생각할 수 있도록 해야 한다고 주장했다. 그들은 공적으로 자신의 신앙을 고백하는 성숙한 신앙인만이 세례를 받아야 한다는 확신을 츠빙글리와 행정 관리들에게 납득시키려고 했다. 그때까지만 해도 그들은 별도의 교회를 형성하려는 의도가 전혀 없었고 오히려 취리히의 교인들이 더욱 진실한 그리스도인이 되기를 바랐다. 그 가운데 츠빙글리를 열렬하게 지지했던 콘라트 그레벨Conrad Grebel은 갓 태어난 자신의 딸이 세례를 받는 것을 거부했고, 일부 성직자들도 자신의 교구에서 갓난아이에게 세례 주는 일을 그만두었다.

1525년 1월 초, 반대파는 시의회의 결정을 더 이상 기다릴 수 없다고 판단하고 자기들끼리 신자의 세례식believer's baptism을 거행했다. 1월

21일, 그들은 츠빙글리 밑에서 수학한 사제 펠릭스 만츠Felix Mantz의 어머니 집에 모였다. 외르크 블라우로크George Blaurock라는 사람이 콘라트 그레벨에게 세례를 받았고, 블라우로크는 만츠와 다른 참석자들에게 세례를 주었다. 그들 대부분은 종교개혁 시기 이전에 유아 세례를 받았던 사람들이라서, 츠빙글리와 여타의 사람들은 그 반대파를 재세례파rebaptizer, 혹은 그리스어 접두사를 붙인 동의어로 '아나뱁티스트'Anabaptist라 불렀다. 그들 스스로는 형제자매라고 불렀는데, 그 운동이 북쪽으로 퍼져 나가면서 여러 가지 이름들이 생겨났다. 네덜란드와 북부 독일에서는 메노나이트파, 모라비아Moravia에서는 후터파가 생겨났다. 한 세기 후에는 잉글랜드에서도 비슷한 모임이 나타났는데 그들은 그냥 뱁티스트라 불렀다. 원래 비하의 의미로 붙여졌던 아나뱁티스트라는 용어는 요즘도 역사가들이 처음으로 신자의 세례를 주장했던 사람들을 일컬을 때 사용한다. 그러나 그들은 정부와의 공조를 반대하고 자유로운 교회를 주장했던 유럽 개혁자들의 큰 흐름 가운데 하나였다.

1526년, 취리히에서는 두 번 세례를 행하는 것이 사형에 해당하는 죄로 규정되었다. 펠릭스 만츠는 최초로 처형당한 재세례파였다. 그 전에 그는 두 번이나 탈옥을 시도했다. 두 번째 시도 때는 그레벨, 블라우로크와 함께 창문을 열고 밧줄에 매달려 감옥을 빠져나왔다. 그레벨은 스위스의 시골로 숨어들었지만 병에 걸려 1526년 세상을 떠났다. 블라우로크는 붙잡혀서 추방당했는데, 그 전에 만츠가 물에 빠뜨려져 죽는 것을 강제로 목도해야 했다. 1529년 블라우로크는 오스트리아의 티롤Tyrol 지역에서 체포되어 화형당했다. 1525년 부활절에는 남부 독일 발츠후트Waldshut의 유명한 목사 발타자르

후브마이어Balthasar Hubmaier가 두 번째 세례를 받고 자신이 맡고 있던 발츠후트 교구 사람들 300명에게 "재再세례"를 베풀었다. 인근에 있는 농민들이 반란을 일으켰을 때, 후브마이어는 농민군 진압을 위해 투입된 오스트리아 군대에 맞서는 저항 조직을 결성했다. 얼마 후 발츠후트에서 도주하여 모라비아 지역에 도착한 그는 소논문을 출간하며 또 다른 재세례파 사도인 한스 후트Hans Hut와 논쟁을 벌였다. 한스 후트는 토마스 뮌처의 급진적인 사상을 설교했다. 그의 책이 오스트리아 권력자들에게 알려진 뒤, 후브마이어는 1528년 3월에 화형당했다.

1527년 마르틴 루터는 취리히의 분리주의자들에 대해 알게 되었고 후브마이어라는 이름도 들어서 알고는 있었다. 그러나 그 외에는 재세례파에 대해 아는 바가 별로 없었다.[53] 스트라스부르에 그런 사람들이 있다는 것은 알았지만,[54] 비밀리에 가톨릭파, 츠빙글리파, 루터파와 함께 지내고 있는 아우크스부르크의 재세례파까지 파악해서 알려 주는 사람은 없었다. 1527년 3월, 루터는 아우크스부르크가 여섯 개의 종파로 나뉘었다고 말했지만 재세례파는 언급하지 않았다.[55] 그러나 그전에 네 명의 재세례파 (사도라고 불리는) 순회 지도자들이 잠시 동안 비텐베르크에 머문 적이 있었다. 그 가운데 한 사람이 후브마이어였는데, 들리는 말에 의하면 그는 다른 사도인 한스 뎅크Hans Denck에게 세례를 주었고, 뎅크는 또 다른 사도 한스 후트에게 세례를 주었다. 그해 가을, 루터는 슐레지엔과 튀링겐 지역의 재세례파에 관한 소식을 들었다. 가톨릭이 위세를 떨치고 있는 바이에른에서도 유사한 그룹이 생겨났는데 당국에 붙잡히지 않으려 애쓰고 있다는 이야기도 전해 들었다. "그들은 불이나 칼로 가두거나 억누를 수 있는 사람들이 아니다. 그들은 배우자, 자녀, 가족 등 자기가 가진 모든 것을 버린다."⁵⁶ 재세례파 사람들이 여러 가지 다른 경멸적 이름으로 불린 이후로는, 루터나 그의 상대편이 편지에서 도대체 어떤 집단을 염두에 두고 있는지 정확하게 짚어 내기가 불가능해졌다. 루터는 "재세례파"가 누구이며 그들이 어떻게 살아가고 무엇을 가르치는지 정확하게 이해하는 것보다는 유아 세례를 옹호하는 것에 더 관심이 많았다. 그러나 예나에서 더 많은 사실을 알고 있었던 멜란히톤에게는 재세례파의 존재가 엄청난 위협으로 다가왔다. 1527년 11월, 그는 교리문답 작업을 잠시 미루고 그들에게 반박하는 글을 썼다.⁵⁷

루터는 그해 12월 말까지 재세례파에 도전하는 글을 쓸 생각이 없었다. 다만 게오르크 공작이 다스리는 작센 지역에서 두 명의 목회자로부터 온 연락에 답장을 썼을 뿐이었다. 그 편지는 소책자의 형태로 1528년 2월에 인쇄되었으니, 『참관자의 가르침』이 나오기 직전이었다. 소책자의 제목은 『두 목회자에게 재세례에 관하여』Concerning Rebaptism to Two Pastors 라고 되어 있는데, 일부러 사무적인 티를 낸 것 같다. 왜냐하면 본문 자체는 이례적으로 포용적 입장을 드러내면서, 여전히 대중의 신앙과는 충돌을 일으킬 만한 놀라운 진술들을 담고 있기 때문이다.

첫째, 루터는 유아 세례 및 아동 세례에 대한 자기의 강력한 지지가 역사적인 것임을 깨달았다. 아동 세례는 신약성경에 명확하게 언급되어 있지는 않지만, 기독교의 초기부터 로마 가톨릭교회와 동방 정교회에 의해 실행되어 왔다. 그 사실에 근거하여 루터는 아주 놀라운 선언을 추가했다. 누가 뭐래도 기독교적이며 또한 선하다고 할 수 있는 많은 것들이 "교황 제도하에서"도 훌륭하게 살아남았으니, 참된 성경과 참된 세례도 거기 속한다. 만일 루터파와 재세례파가 그 보물을 나란히 물려받았다면, 왜 개혁이 필요한가? 루터의 주장은 이것이다. 악마에게 영향을 받은 교황들이 그 보물을 탐욕과 미신으로 부식시켜 버렸다. 하나님이 그 보물을 지켜 주긴 하셨지만, 개혁자들은 부식된 부분을 잘 털어 내야 한다. 그런데 루터는 재세례파들이 그 보물을 깨끗이 씻는 데 그치지 않고 아예 그것을 파괴하고 있다고 주장했다. 유아와 아동 세례를 거부하는 것은 좋은 전통의 거룩한 물과 함께 아기도 내던져 버리는 꼴이다.[58]

둘째, 루터는 다음의 두 가지 생각에 반대했다. 1) 믿음의 확신은 세례 전에 얻는 것이다. 2) 더 많은 믿음이 더 좋은 믿음이다. 루터는 젊은 시절의 수도원 경험을 통해, 인간이 아무리 노력을 한다 해도 자신의 모든 죄를 고백했다고 확신할 수 없음을 잘 알고 있었다. 그는 그때를 회상하면서, 자기도 그렇고 다른 수도사들도 그렇고 한 번 사죄를 하고 나서 또다시 사죄하고, 사제를 찾아가 고해를 하고 나서 또 다른 사제를 찾아가야 했다고 말했다. 왜냐하면 "우리는 우리 자신의 고해에 의지하려고 했기 때문이다. 지금 다시 세례를 받는 저들은 자신의 믿음에 의지하려고 한다." 그러면 "세례를 주고 또 주고…. 끝없이 계속된다. 세례를 주는 사람도 세례를 받는 사람도 그 세례를 확실한 믿음 위에 둘 수 없다." 왜 그런가?

이런 믿음의 문제에서는 자기가 믿노라 하는 사람들이 오히려 믿음이 없고, 자기는 믿음도 없이 절망 속에 있노라 하는 사람이 오히려 가장 큰 믿음의 사람인 경우가 있기 때문이다.…나는 비록 나의 믿음을 결코 확신할 수 없지만, 하나님께서 세례를 주라고 명령하신 그 신성한 명령은 확신한다.…여기서는 내가 실수를 범할 수 없다. 왜냐하면 하나님의 명령은 속임이 없으시기 때문이다.⁵⁹

루터가 이렇듯 유아 세례를 강력하게 지지했다고 해서 재세례파가 동요한 것은 아니었다. 그러나 루터의 주장은 루터의 신학과 일맥상통한다. 믿음 자체가 아니라 그 믿음이 의지하고 있는 하나님의 명령과 약속이 훨씬 강력하고 신뢰할 만하다는 것이다. 우리의 구원을 믿음의 질과 양에 의존하게 만드는 것은 구원의 기초를 하나님이 아니라 인간의 노력과 변덕스러움에 두는 것이다.

1527년의 남은 시간은 바쁘고 힘들었다. 루터는 대학교가 예나로 이동한 8월 중순에 강의를 재개했다. 당연히 수강생은 비텐베르크에 남아 있는 학생들뿐이었다. 루터는 몸이 아프고 전염병이 아직 수그러들지 않은 상태에서도 강의를 지속했다. 두 달 동안은 다섯 장짜리 요한1서를 강의했고, 11월 중순에서 12월 중순까지는 디도서와 빌레몬서를 가르쳤다. 크리스마스 이브에는 인근의 체르프스트Zerbst 시의원들에게 요하네스 페핑거John Pfeffinger를 목사로 보내겠다고 약속하면서, 요즘은 좋은 목회자가 희소하니 사례비를 잘 챙겨 줘야 한다고 상기시켰다. 시의회는 얼마 전까지 복음을 설교하지 않는 사제에게도 300-400굴덴을 사례비로 주었는데, 지금과 같은 "복음의 시대"를 맞아 왜 100굴덴을 내는 데도 이렇게 쪼들리는지 자문해야 한다.⁶⁰ 새로운 루터파 설교자가 넉넉한 사례비를 받을 수 있게 하는 것이 루터의 우선적 관심사였다. 그러나 그가 최종 결정을 내리지는 않았다. 그저 목사 후보를 추천하고 사례를 잘 받게 해 달라고 권할 뿐이었다. 결국 페펭거는 원래 일하던 곳에 남기로 결정했다.

루터는 엘리자베트가 무난히 태어나고, 카타리나가 기력을 회복하고, 꼬마 한스도 건강해져서 그나마 힘을 얻었다. 훗날 루터는 이렇게 회상했다. "전염병이 돌던 시기에 살아남은 것은 얼마나 소중한 일인가!"[61] 부겐하겐의 가정은 여전히 루터의 집에 머물렀다. 그들도 그해 말에 태어난 아들 요한John Jr.으로 인해 크게 기뻐했다. 그러나 친구들과 친한 동료들이 없었기에 루터는 그들을 몹시 그리워했다. 그는 12월 28일부터 31일 사이에 알텐부르크에 있는 슈팔라틴에게, 뉘른베르크에 있는 링크에게, 마그데부르크에 있는 암스도르프에게, 츠비카우에 있는 하우스만에게, 브레멘에 있는 야코프 프롭스트에게 편지를 보냈다. 아직 노르트하우젠에 있던 유스투스 요나스도 두 통의 편지를 받았다. 12월 29일, 루터는 전염병이 "죽어 매장되었는데" 요나스가 왜 비텐베르크로 돌아오지 않는지 궁금해했다. 전염병을 피해 다른 곳으로 갔던 주민들은 대부분 돌아왔고, 예나에 있던 멜란히톤은 이제 곧 대학교도 그렇게 될 거라고 알려 주었다. 루터는 자신의 상태에 관하여, 그리스도가 사탄에게 맞서 도와주시는 만큼은 몸도 마음도 건강하다고 말했다.[62] 그러나 그다음 날, 루터의 어조는 다시 간절해졌다.

그대들 모두 다시 여기로 올 수만 있다면! 우리는 주님께 전염병을 멈춰 주시기를 간절히 기도했고 그 기도가 응답된 것 같네. 이제는 어디서도, 심지어 어부들이 사는 곳에서도 전염병의 징조를 볼 수 없다네. 게다가 공기는 맑고 건강하지. 사탄과 그의 군대는 우리가 서로 멀리 떨어져 있는 걸 보고 좋아하고 있어. 모든 친구들에게 인사를 전해 주게, 특히 자네의 카타리나에게도! 포메른 사람[부겐하겐]과 나의 아내 카타리나도 안부를 전하는군.[63]

13
새로운 노래

1528-1529
비텐베르크 — 토르가우 — 마르부르크

"우리는 하나님께서 행하신 일을 보며 그분의 이름을 찬양하고
영광을 돌리는 새로운 노래 한 곡을 올려 드립니다.
하나님께서는 네덜란드의 브뤼셀에서 두 명의 젊은이를 통해
당신의 기적을 알리셨나이다.
그분은 두 사람을 신성한 선물로 꾸며 주셨으니…
그들은 주님의 말씀을 위해 죽은 순교자가 되었습니다."[1]

1521년 바르트부르크에 머물던 루터는 비텐베르크에 있는 동료 교수들에게, 자기가 돌아올 때까지 기다리지 말고 면벌부 거부 운동에서 시작된 개혁 운동을 확장시켜 나가라고 촉구했다. 그는 멜란히톤과 동료들에게 시작하기를 촉구하면서, 그들을 마치 초기 기독교 선교사들처럼 불렀다.

> 자네도 강의하고, 암스도르프도 강의하고, 요나스도 강의할 테지. 도대체 자네들은 그 마을에서만 하나님 나라가 선포되기를 바라는 건가? 다른 사람들에게는 복음이 필요 없다는 건가? 그대들의 안디옥은 성령의 다른 사역을 위해서 실라든 바울이든 바나바든 누군가를 보내야 하는 거 아닌가?[2]

루터의 간청은 서서히 성취되었다. 1528년 초가 되자, 수도원 또는 대학교의 초창기 동료들 가운데 비텐베르크에 남아 있는 사람이 거의 없었다. 멜란히톤 외에는 1521년에 비텐베르크로 이사 온 부겐하겐과 요나스 정도만 남았다. 니콜라우스 암스도르프는 마그데부르크에 있었고, 아우구스티누스회 수도원에 마지막까지 남아 있었던 슈팔라틴과 에버하르트 브리스거는 알텐부르크에 있었다. 벤첼 링크는 알텐부르크에 있다가 뉘른베르크로 이사했다. 요하네스 랑게는 에르푸르트의 아우구스티누스 수도회로 되돌아갔다가 결혼을 하고, 그 도시를 개신교 구역으로 만들기 위해서 악전고투하고 있었다. 요하네스 아그리콜라는 아이슬레벤, 야코프 프롭스트는 브레멘에 있었다. 요한 브리스만과 파울 슈페라투스는 비텐베르크에 아주 잠시 있다가, 프로이센의 알브레히트 공작이 개혁을 받아들인 후에는 프로이센으로 파송되었다. 1528년, 루터의 오랜 친구 니콜라우스 하우스만은 지속되는 갈등에도 불구하고 여전히 츠비카우에 있었다. 멜란히톤, 루터와 함께 공부했던 카스파르 크루치거는 비텐베르크로 되돌아와 과거 자신의 스승이었던 이들의 동료 교수가 될 예정이었다.[3]

7년(1521-1528)을 돌아보면, 자신의 메시지를 독일 전역에 전파하고자 했던 루터의 목표는 절반은 성공한 것 같았다. 독일 곳곳에서 퍼져 나가고 있는 개신교 운동은 모두 루터파 개혁자들이 시작한 것이지만, 그들 가운데 실제로 비텐베르크에서 살고 공부한 사람은 단 한 사람, 아우크스부르크의 개혁자 요하네스 프로쉬밖에 없었다. 츠빙글리와 루터 사이에서 오락가락하고 있던 마르틴 부처와 볼프강 카피토는 스트라스부르에서 개혁의 지도자가 되었다. 필립 백작이 다스리는 헤센 지역에서는 아담 크라프트 Adam Krafft가 제일 중요한 인물이었는데, 그는 1519년 라이프치히 논쟁 때 루터와 멜란히톤을 만났다. 성 로렌츠 교회의 설교자인 안드레아스 오지안더 Andrew Osiander는 신성로마제국의 자유도시 뉘른베르크를 루터파의 요새로 만들었다. 프로쉬, 슈테판 아그리콜라 Stephen Agricola, 우르바누스 레기우스 Urban Rhegius는 아우크스부르크의 중심지에서 개신교 개혁을 위해 분투했다. 요하네스 브렌츠 John Brenz는 남부의 또 다른 자유도시 슈베비쉬 할 Schwäbisch Hall에 있었다. 루터를 직접 만난 사람은 아주 소수였다. 부처와 브렌츠는 1518년 하이델베르크 논쟁에 참석했으나, 오지안더와 레기우스는 루터를 만난 적이 없었다.

루터는 여전히 가톨릭 통치자들 및 신학자들의 강력한 반대에 직면해 있었다. 하지만 개혁을 멈춘다거나 종교적으로 협상하는 것은 생각도 할 수 없는 일이었다. 1528년까지 루터의 제자 몇 사람이 처형당했고 루터는 그들을 순교자로 칭송했다. 수 세기 동안 신자들은 순교를 통해 자신의 믿음이 의롭고 진실한 것임을 확신해 왔고, 16세기도 사정이 크게 다르지 않았다. 유럽의 종교적 갈등으로 어림잡아 5천 명가량의 희생자가 생겨났는데, 그들은 자신의 믿음으로 인해 공식적으로 처형당했고 동시대인들에게 순교자로 인정받았다.[4] 모든 처형이 기록에 남은 것은 아니었다. 1523년, 헝가리 의회는 반(反)루터파 칙령을 제안하기로 결의했고 과거 루터를 심문했던 카예탄 추기경이 이를 승인했다. 그 칙령에는 다음과 같은 언급이 있다. "모든 루터파, 그리고 그들을 지지하는 사람들의 재산은 압류할 것이다. 또한 이단자이며 가장 거룩하신 성모 마리아의 철천지원수로서 그들에게 죄를 물을 것이다."[5] 헝가리 칙령으로 순교자가 된 사람은 한 명도 없었다. 그러나 루터의 입장에서 로마와의 타협은 루터파 순교자들의 죽음을 헛되게 하는 것이었다.

루터의 반대자들 쪽에서도 순교자가 생겼다. 종교 집단의 규모가 작을수록 순교가 그 구성원에게 지니는 의미가 커진다.[6] 가장 작은 집단(재세례파)의 순교자 비율이 가장 높았고, 가장 큰 집단(로마 가톨릭)은 가장 순교자가 적었다. 개신교-루터파, 개신교-개혁파(츠빙글리와 이후 장 칼뱅의 제자들), 잉글랜드 프로테스탄트들의 순교자 비율은 중간 정도다. 순교자들 가운데 일부는 저명 인사였다. 1531년 울리히 츠빙글리는 스위스 프로테스탄트들이 가톨릭 주 연합군에게 처참하게 패배당한 그 전투에서 전사했다. 그다음 날, 그의 적들은 츠빙글리의 시신을 두고 모의재판을 열어서 시체를 4등분하여 각 조각을 불태워 버렸다.[7] 잉글랜드의 경우, 헨리 8세 치하에서는 가톨릭 지지자 토머스 모어Thomas More와 존 피셔John Fisher가 사형당했고, 헨리의 딸로서 다시 가톨릭 신봉자가 된 '피의 메리'Bloody Mary 치하에서는 프로테스탄트 토머스 크랜머Thomas Cranmer가 처형되었다. 그러나 대부분의 순교자들은 평범한 사람들이었고 그들의 순교는 글과 음악으로 기억되었다. 가톨릭과 프로테스탄트 양쪽 모두에서 박해받은 재세례파는 가장 많은 노래와 이야기를 남겼고, 이를 모아 책으로 낸 것이 『주님의 희생』The Sacrifice of the Lord과 『순교자의 거울』Martyrs' Mirror이다. 재세례파가 수집한 순교자 이야기 가운데 여성 순교자의 수가 많은 것이 눈에 띈다(20-30퍼센트). 최초의 여성 순교자는 1527년 11월 20일 헤이그에서 화형당한 베인켄 클레스Weynken Claes였다.[8]

1521년 보름스 제국의회 이후에 독일로 파견된 교황의 특사 히에로니무스 알레안더는 루터 지지자를 줄일 수 있는 완벽한 방안을 제시했다. 그것은 루터 지지자 여섯 명을 화형에 처하고 그들의 소유를 몰수하는 것이었다.[9] 루터 자신은 그 박해를 피할 수 있었지만, 1528년까지 몇몇 사람들이 개신교 신앙 때문에 목숨을 잃었다. 1523년 이후로 여섯 명의 루터 지지자가 재판받고 처형당했고, 그들의 마지막 모습이 19개의 소책자를 통해 대중에게 알려졌다.[10] 루터가 직접 쓴 소책자도 세 권이나 되며, 그중 한 권이 『하인리히 형제의 화형』The Burning of Brother Henry이다. 여기서 루터는 브레멘에서 북쪽으로 32킬로미터 떨어진 곳에서 순교한 하인리히 취트펜을 기념했다.

하인리히는 벨기에의 무역 중심지이자 가톨릭 신앙의 보루인 안트베르펜 출신의 아우구스티누스회 수도사였다. 그는 비텐베르크에서 공부를 마친 후 안트베르펜으로 돌아가서, 비텐베르크에서 공부한 또 다른 아우구스티누스회 수도사인 야코프 프롭스트와 함께 안트베르펜의 수도사들에게 루터의 책들을 소개했다. 수도원 형제들은 루터의 사상을 책으로 출간하여 수도원 바깥에 알렸고 그 즉시 체포되었다. 사형을 선고받자, 그들 가운데 세 명을 제외하고 모두가 자신의 입장을 철회했다. 1523년 7월 1일, 입장을 철회하지 않은 두 명의 수도사 헨드릭 푸스Hendrik Voes와 얀 판 데어 에스헨Jan van der Esschen이 브뤼셀에서 화형당했다. 루터는 그 소식을 듣자마자 그들을 기리기 위해 찬송집을 출간했다. 루터의 가사는 초기 그리스도인 순교자들의 기록처럼 죽음이 다가와도 변함없이 믿음을 지켰던 두 사람을 칭송하는 승리의 이야기였다. 중세 민요에서 멜로디를 따와서 노랫말과 함께 큰 종이에 인쇄했으며 그 앞에 제목을 『새로운 노래』 A New Song라 했으니 이것이 최초의 비텐베르크 찬양집이었다. 거기 실린 노래 가운데 제일 앞에 나오는 36편의 찬송을 루터가 썼다고 알려져 있다.

하인리히 취트펜과 야코프 프롭스트는 벨기에를 탈출해서 북부 독일로 넘어왔고, 브레멘에서 개신교 설교자가 되었다. 프롭스트는 그곳에 계속 남아 있다가 1562년 세상을 떠났는데, 하인리히는 얼마 되지 않아 도시 밖으로 유인되었다가 낯선 무리에게 포위되어 구타당한 후 불태워졌다. 루터는 프롭스트를 통해 하인리히의 소식을 들었다. 프롭스트는 루터와 마찬가지로 순교에 관한 기록을 남겼다.[11] 한동안 루터의 마음속에서는 프롭스트와 순교가 하나로 연결되어 있는 것 같았다. 루터는 1527년 말 프롭스트에게 보낸 편지에서, 교세가 점점 확장되고 있는 재세례파의 초기 순교자들에 관해 언급했다. 그때까지 루터는 2-3명의 재세례파만이 처형당했다고 알고 있었다. 그러나 그것만으로도 충분했다. 루터는 그들이 "불과 물속에서"[12] 죽어 가기 전에 보여 준 용기를 이야기했다.

프롭스트와 루터를 이어 주는 고리는 순교만이 아니었다. 두 사람의 우정은 1521년 초, 프롭스트가 아직 비텐베르크에서 공부하면서 루터와 수도원에서 함께 살 때 시작되었다. 그 시기의 자료를 보면 프롭스트도 루터 못지않게 직설적인 사람이었던 것 같다. 어느 종려주일, 수도원에서 식사를 하던 루터가 말을 꺼냈다. "수많은 가톨릭교도들"이 루터가 금식이 필수적이라는 데 반대하는 설교를 하면서도 정작 그 자신은 계속 금식을 한다면서 루터를 비난한다는 것이었다. 만일 루터가 진심으로 금식을 거부한다면 사순절 기간에도 금식할 것이 아니라 고기를 먹어야 한다는 것이 그들의 주장이었다. 마침 야코프 프롭스트도 그 자리에 앉아 있었는데, 루터 앞에 냉큼 닭고기를 가져다 놓으면서 이렇게 말했다고 한다. "자, 고기가 허용되었다는 것이 우리의 가르침이라면, 당장 먹읍시다!"[13] 요나스와 마찬가지로, 프롭스트도 루터와 좋은 일과 나쁜 일을 모두 겪은 친구였다. 1534년에 루터는 프롭스트에게 막내딸 마르가레트의 대부가 되어 달라고 부탁했다. 아주 행복한 한때였다. 하지만 6년 전인 1528년, 루터는 그 당시에 돌았던 무시무시한 전염병과 자신의 육체적·영적 연약함 때문에 얼마나 괴로운지를 프롭스트에게 털어놓았다. 루터의 글에 의하면, 자신의 가족과 부겐하겐의 가족이 전염병이 지나갈 때까지 무사히 살아남았고 두 가족 모두 새로운 생명을 선물로 받은 것은 사실이다. 루터는 딸을, 부겐하겐은 아들을 얻었다. 하지만 더없이 소중한 그런 선물조차도 그 종교개혁자의 비탄을 다 달래 주지는 못했다.

루터가 적대자들과의 협상을 거부한 이유가 오로지 순교만은 아니었다. 1528년의 절충안으로 인해, 2년 전 슈파이어 제국의회가 길을 터 준 덕분에 본격적으로 시작된 루터파 교회의 체계가 서서히 허물어지기 시작했다. 선제후가 통치하는 작센 지역에 대한 교구 조사, 곧 참관은 3월 말 『참관자의 가르침』이 출간되자마자 진행될 예정이었다. 루터는 『가르침』의 서문을 쓰고 있었고 참관단에도 합류하여 상황을 확인하려고 했다. 루터는 기존에 가톨릭 주교들이 워낙 의무를 게을리했기 때문에 교구의 상황이 형편없을 것이라고 예상했다.[14] 루터는 "모든 경건하고 온화한 목사들"이 사랑의 정신으로 작센의 참관에 복종하고 "성령께서 더 좋은 것을 일으키실"[15] 때까지는 참관자를 기꺼이 받아들이기를 바랐다. 마치 이『가르침』이 잠정적인 것이라는 인상을 주는 말이지만, 루터 자신도 요한 선제후도 가톨릭 주교와 가톨릭 교구의 옛 질서, 독신 성직자, 중세식의 미사로 회귀하는 경향이 생길 것을 전혀 예견하지 못했다. 물론 타협은 결코 고려의 대상이 아니었다.

선제후 작센 지역에서 참관이 시작되었을 때, 요하네스 부겐하겐은 브라운슈바이크Braunschweig와 함부르크시의 초대를 받아 갔다. 두 도시가 공식적으로 종교개혁을 받아들이는 것을 도와주기 위해서였다. 부겐하겐이 자리를 떠나자 루터가 일을 더 맡을 수밖에 없었다. 루터는 시교회에서 설교를 했는데, 1528년 한 해에만 180편의 설교를 했다. 부겐하겐이 돌아오기 전, 카타리나와 마르틴에게 뜻밖의 슬픔이 찾아왔다. 아직 8개월밖에 안 된 막내 엘리자베트 루터가 1528년 8월 3일 월요일에 죽은 것이다. 루터는 하우스만에게 보낸 편지에서 자신의 비통함을 이렇게 써 내려갔다. "나의 귀여운 딸내미 엘리자베트가 숨을 거두었다네. 마음이 이렇게 아플 줄 몰랐지.…부모들이 자식을 이렇게 사랑하는 줄을 예전에는 상상하지도 못했다네."¹⁶ 1529년 5월 4일, 또 딸이 태어나면서 슬픔은 약간 가라앉았다. 루터는 암스도르프에게 그 아이의 대부가 되어 달라고 부탁하고 이 "가엾은 이방인"에게 세례를 베풀어 기독교 세계로 인도해 달라고 말했다.¹⁷ 그 아기는 카타리나의 고모 마그달레나 폰 보라의 이름을 따서 마그달레나라는 이름을 받았다. 마그달레나 폰 보라는 그 당시 루터의 가족과 함께 살고 있었는데 아이들 사이에서 "무메 레네"Muhme Lene라는 애칭으로 불렸다. 1520년 2월, 루터는 병든 아버지에게 편지를 쓰면서, 케테(카타리나), 헨스헨(요한), 렌헨(마그달레나), 무메 레네, 그리고 "온 집"이 아버지를 위해 기도하겠다고 약속하며 글을 마무리했다.¹⁸

루터가 참관에 적극적으로 참여할 수 있었던 것은 1528년 말과 1529년 1월의 짧은 여행뿐이었다. 2월에는 지속되는 병세 때문에 루터는 더 이상 여행할 수 없는 상태가 되었고, 3월에는 비텐베르크의 토지 관리인 한스 메치Hans Metzsch와 더불어 참관 의무에서 면제되었다. 메치는 루터가 비텐베르크에 남아 있을 수밖에 없는 또 다른 이유를 짚어 주었다. 참관이 시작되고 루터와 멜란히톤이 비텐베르크를 떠나자 100명이 넘는 학생들이 대학교를 떠났던 것이다.¹⁹

여행이 끝나자 루터는 교리문답을 작업할 시간을 확보할 수 있었다. 그것이 책으로 엮여 나오기 전까지는, 교리문답이든 기독교 신앙의 기초든 주로 설교로 가르치는 수밖에 없었다. 루터는 『독일어 미사』(1526)의 서문에서, 교리문답에 대한 독일어 수업이나 설교는 월요일이나 화요일 아침 시간에 할 것을 제안했다. 그는 십계명, 사도신경, 주기도, 세례, 성만찬의 이 다섯 가지 주제를 언급했다.[20] 『참관자의 가르침』에서는, 하인과 젊은이들이 예배를 드리는 주일 오후에는 십계명과 사도신경과 성만찬의 말씀에 대해 설교하도록 권했다.[21] 다섯 가지 주제에 대한 루터의 짧은 설명은 일단 큰 도표 charts 형태로 인쇄되어 나왔다. 1529년 1월 20일, 비텐베르크에 있던 게오르크 뢰러 목사의 편지를 보면, 그가 사용하는 "난방 되는 방" heated room 의 한쪽 벽에 붙여 놓은 현수막은 루터가 쓴 교리문답의 가장 짧은 형태였다. 또한 뢰러는 이렇게 썼다. "제가 곧바로 하나를 더 보낼 테니, 이 편지를 전해 주는 사람이 그 도표도 전달해 줄 것입니다."[22]

루터는 동시에 두 개의 교리문답을 쓰고 있었다. 하나는 "단순한 민중과 목사들"을 위한 『소교리문답』 Small Catechism 이었고, 다른 하나는 독일 교리문답 혹은 『대교리문답』 Large Catechism 으로 주로 성직자를 위한 것이긴 했지만 대상을 꼭 한정한 것은 아니었다. 원래 요하네스 아그리콜라가 이 프로젝트를 맡기로 했었지만 그가 아이슬레벤으로 이사를 가는 바람에 루터가 맡게 되었다. 1529년 여름, 루터의 교리문답이 인쇄되어 나왔다. 하지만 그 두 권이 비텐베르크에서 나온 최초의 교육용 소책자는 아니었다. 1522년과 1529년 사이에 그런 종류의 책 13권이 62쇄나 출간되어 있었다.[23] 그러나 루터는 그 소책자들에 의지하지 않고, 1522년 처음 출간된 자신의 『작은 기도서』 Little Prayer Book 의 내용을 확장시키는 편을 택했다. 루터의 교리문답은 그가 1528년에 설교한 내용, 그리고 아그리콜라와 멜란히톤 사이에 벌어졌던 논쟁의 영향도 받았다. 논쟁의 주제는 개신교 신자가 언제, 얼마나 자주 죄를 회개해야 하는지에 대해서였다. 아그리콜라는 "너무 자주는 안 된다!"고 답하며, 모든 죄를 고백하고 회개하려는 것은 루터가 폐지한 중세 종교의 대들보라고 했다. 너무 많이 회개하면 용서의 확신이 줄어들고 십계명을 두려워하게 되는데, 이는 십계명이 죄를 생각나게 하는 데 이용되기 때문이다. 아그리콜라는 기독교의 가르침 속에서 죄 고백, 회개, 십계명의 역할을 최소화하는 것이야말로 루터의 사상에 충실한 것이라고 생각했다. 개신교 신자는 스스로 죄를 회개하고 삶을 변화시키려고 노력하기 전에 하나님의 무조건적인 용서의 복음을 먼저 받아들여야 한다.

멜란히톤은 회개 전부터 너무 용서를 강조하다 보면 자신의 죄를 진심으로 뉘우치고 삶을 고쳐 나가려는 의지가 약해질 것을 염려했다. 만일 모든 죄를 무조건 용서받는다면 도대체 무엇 때문에 회개를 하며, 무엇 때문에 죄를 멀리하려 애쓰겠는가? 멜란히톤은 그런 식의 생각이 "지금까지 만연했던 모든 오류보다 큰 죄가 될 것"이라고 주장했다.[24] 1527년 11월, 아그리콜라와 멜란히톤이 토르가우에서 만났을 때 루터는 두 사람의 개인적 논쟁을 중재했고, 자신의 교리문답서에서도 어느 한쪽에 치우치지 않는 중도를 선택했다. 그의 교리문답에 의하면, 십계명은 죄의 행동을 막아 주는 것이면서 동시에 죄와 반대되는 행동을 적극 장려하는 것이다. 곧 십계명은 하나님을 경외하고 다른 사람을 대하는 올바른 길을 가르친다. 『소교리문답』은 각 계명을 "우리는 하나님을 두려워하고 사랑해야 한다"는 말로 시작해서, 금지 명령과 적극적인 가르침을 하나씩 덧붙인다. 예컨대 "도둑질하지 말라"라는 제7계명*에 대한 설명은 다음과 같다. "우리는 하나님을 두려워하고 사랑해야 한다. 그러므로 이웃의 돈이나 재산을 가져서는 안 되고, 가짜 물건을 팔거나 부정한 거래를 해서도 안 된다. 그 대신 이웃이 자신의 재산과 수입을 잘 지키고 키워 나갈 수 있도록 도와야 한다."²⁵ 루터의 서문에 의하면, 목사와 평신도에게 이런 올곧은 가르침이 필요하며 그것도 즉시 필요하다는 사실이 참관을 통해 분명해졌다.

사랑의 하나님, 지금 제가 보고 있는 것은 얼마나 처참합니까. 평범한 사람, 특히 시골에 있는 사람들은 기독교 신앙에 대해 절대적으로 무지합니다. 불행히도 수많은 목사들은 완전히 서투른데다가 무능력한 교사들입니다. 그들은 모두 그리스도인이라는 이름은 달고 있고 세례를 받았으며 성만찬을 받습니다만, 주기도문도 모르고 사도신경도 모르고 십계명도 모릅니다. 그러니 그들의 삶은 멍청한 소나 분별 없는 돼지와 같습니다. 복음을 돌려받았는데도 그들은 자유를 남용하는 기술만 발전시켰습니다.²⁶

『소교리문답』은 순식간에 시장을 점유했다. 그러나 루터는 개신교 신앙을 사람들의 마음과 정신에 새길 수 있는 더 좋은 방법을 알고 있었다. 그것은 바로 음악이었다. 루터는 브뤼셀의 순교자를 기리는 노래(1523)를 만든 후에도 1530년까지 27곡을 더 썼는데, 그 가운데 대부분은 1523년과 1524년 사이에 나왔고, 그 후에도 죽

* 한국 개신교에서는 제8계명이다.

기 전까지 여덟 곡을 추가했다. 가장 오래된 비텐베르크 찬송집인 『여덟 곡 노래의 책』Book of Eight Hymns에는 루터의 노래 네 곡이 들어 있고, 파울 슈페라투스의 노래도 세 곡이 있다. 일찌감치 개신교 신앙으로 전향한 슈페라투스는 뷔르츠부르크 대성당의 설교자로 일하면서 독신 서약을 깨고 안나 푹스Anna Fuchs라는 여인과 결혼했다. 슈페라투스와 그의 부인은 독일과 오스트리아에서 추방되었고 모라비아 지역에서는 잠시 구금되기도 했지만, 마침내 비텐베르크에 피신할 수 있게 되었다. 그들이 도착한 때가 1523년이었는데, 슈페라투스의 찬송 가운데 제일 유명한 곡 "구원이 우리에게 오셨네"Salvation unto Us Has Come가 때마침 『여덟 곡 노래의 책』에 수록되었다. 원래의 합창곡은 초기 루터파의 신학을 14개의 절節로 요약했는데,[27] 루터파 찬양집에서는 원래의 합창곡을 번역해서 수록하되 지혜롭게도 절 수를 줄였다. 슈페라투스는 루터의 책 세 권을 라틴어에서 독일어로 옮겼으며, 나중에는 알브레히트 공작의 초청으로 프로이센의 종교개혁을 지원하기 위해 그곳으로 떠났다.

1524년 여름에 출간된 요한 발터의 『신앙적인 찬송가 책자』Spiritual Songbooklet는 루터파 찬송가 합창곡의 초석을 놓았다. 그 책에는 루터가 만든 합창곡 24편도 실려 있지만, 발터가 편곡한 노래 몇 편은 그야말로 획기적인 작품이었다. 그런데 이 『찬송가 책자』에는 루터의 찬송가 중에 가장 잘 알려져서 루터파의 대표곡이 된 "내 주는 강한 성이요"A Mighty Fortress Is Our God가 수록되어 있지 않다. 이 노래는 1527년에서 1529년 사이에 작곡되었을 가능성이 높은데, 두 개의 찬양집에 수록되었으나 먼저 나온 첫 번째 찬양집은 현존하지 않는다. 그러나 루터가 직접 편집하고 비텐베르크에서 인쇄되어 나온

1533년 찬양집에는 수록되어 있다. 이 찬송은 악마가 최악의 만행을 저지르더라도 믿는 이들은 언제라도 하나님의 능력을 의지할 수 있음을 감동적으로 고백한다. 그 내용을 보면, 당시에 악마들이 합심하여 이 종교개혁자 루터를 얼마나 괴롭히고 있었는지 느끼게 해준다. 몸도 아픈데 영적 공격도 있었다. 전염병이 돌았다. 딸 엘리자베트가 죽었다. 비텐베르크성의 수비가 강화되었다. 튀르크족이 다시 일어나 1529년에는 비엔나성을 포위했다. 가톨릭 및 츠빙글리 추종자들과의 갈등이 계속되었다. 1529년 슈파이어에서 두 번째로 열린 제국의회는 루터파의 개혁을 허용했던 1526년의 결정을 뒤집었다. "내 주는 강한 성이요"라는 이 찬송가는 루터가 『대교리문답』에서 주기도의 여섯 번째 탄원을 설명하는 부분과 상응한다.

"우리를 시험에 들게 하지 마시며"라는 기도의 의미는 다음과 같다. 하나님께서는 공격이 사라지거나 그치지 않은 상황에서도 우리에게 맞서 싸울 힘과 능력을 허락하신다. 우리가 육체 안에서 살아가고, 우리 주변에 악마가 배회하는 한, 단 한 사람도 유혹과 꾐에서 벗어날 수 없기 때문이다. 우리는 그 공격에 맞아 고통을 당하는 것 말고는 할 수 있는 게 없으며, 심지어 그 공격에서 벗어나지 못할 수도 있다. 그러나 우리는 여기서 그 공격에 빠져서 죽지 않기를 기도한다.[28]

루터는 하나님이 베푸신 가장 소중한 선물의 순위를 매겼는데, 최고의 자리가 신학이고 바로 그다음이 음악이었다. 신앙에 관한 것을 분석하고 논쟁하는 것은 주로 신학자의 몫이지만, 보통의 신자들에게는 음악이야말로 복음을 전달하는 가장 효과적 수단이었다. 1620년, 어느 예수회 비평가는 루터의 설교나 글보다도 그의 찬송가가 더 많은 영혼을 몰살시켰다고 주장했는데,[29] 이 말은 역설적으로 루터 찬송가의 영향력에 적대자들도 경탄하고 있었음을 보여준다. 루터가 죽었을 때 수많은 평신도들이 와서 루터의 찬송가들을 불렀는데, 그 수는 루터의 설교를 듣거나 루터의 책을 읽은 사람들의 수보다 훨씬 많았다. 개신교 찬송가는 북부 독일의 경우 1523년에 이미 그 지역 방언으로 번역되어 출간되었다. 루터가 개신교의 초기 순교자를 기념하며 비텐베르크에서 찬송집을 펴냈던 바로 그해다. 그해가 저물 무렵에는 순회 장인匠人과 행상들이 큰 종이에 인쇄된 루터의 초기 찬송가를 유통시켰다. 마그데부르크에서는 어느 적극적인 옷장수가 황제 오토 1세의 동상 아래 서서, 큰 목소리로 루터의 초기 찬송 두 곡을 부르면서 거기 모여든 군중에게 찬양집을 팔았다. 이 옷장수는 공공장소에서 불쾌감을 일으키는 행동을 했다는 이유로, 혹은 허가도 없이 상행위를 했다는 이유로 체포되어 구금되었지만, 200명의 시민들이 진정서를 제출해 준 덕분에 풀려날 수 있었다. 1524년 5월 22일, 마을 사람들은 행정 당국에 개신교 설교를 허가해 달라는 내용의 탄원서를 제출했고, 6월 중순에는 1506년 이후 처음으로 루터가 마그데부르크를 방문했다. 루터가 왔다 간 후, 시의회는 개신교 설교와 찬송만이 아니라 성만찬에서 모든 사람에게 빵과 포도주를 분급하는 일도 허용했다. 그해 9월 말, 루터는 니콜라우스 암스도르프를 마그데부르크에 보내서 개혁에 필요한 조언을 해 주도록 했다. 이로써 마그데부르크는 북부 독일 최초로 공식적인 개신교 루터파 도시가 되었다.[30]

찬송가는 종교개혁의 성장에 지대한 영향을 끼쳤다. 신중한 연구자들도 16세기에 출간된 찬송가, 악보, 찬송 관련 자료가 200만 장에 달한다고 추산한다.[31] 음악의 힘을 이해하고 음악을 만들었던 초기 개혁자는 루터와 슈페라투스만이 아니었다. 1524년 비텐베르크에서 (훗날 종교개혁자로 활동하게 될) 카스파르 크루치거와 결혼한 엘리자베트 폰 메제리츠Elisabeth von Meseritz는 바로 그해에 성탄절 찬송 "하나님의 유일하신 아들"The Only Son from Heaven을 작사했다. 30년 후, 프로이센의 루터파 알브레히트 공작은 64살의 나이에 대중적인 위로의 찬송 한 곡을 지었으니, 그 제목은 "내 하나님의 뜻이 언제나 이뤄지소서"Let My God's Will Prevail Always[32]였다. 필립 멜란히톤도 루터만큼이나 음악의 가치를 높이 평가했다.[33] 교회력과 관련된 노래 3곡 외에도 멜란히톤이 지은 600편 이상의 라틴어 시 가운데 10편이 노래로 만들어졌다. 그러나 그보다 더 많이 알려진 것은, 1524년 비텐베르크에서 게오르크 라우George Rhau가 개업한 인쇄소에서 나온 낱장 악보에 멜란히톤이 쓴 서문이다. 여기서 멜란히톤은 음악이 인간의 정서에 특별한 영향을 끼친다는 사실을 강조했다. 시詩는 노래로 표현될 때 우리의 귀에 더 빨리 스며들고, 우리의 머리에 더 강력하게 파고들기 때문이다. 또한 음악은 "하나님의 자비의 달콤한 멜로디"로 다가오기 때문에 인간의 고통을 완화시켜 준다. 멜란히톤도 개인적으로 우울증과 싸우면서 음악의 효과를 직접 경험한 바 있다. 멜란히톤의 가라앉은 기분을 띄워 주려고 학생들이 한밤중에 그의 집 앞에 모여 현악기에 맞춰 세레나데를 부르기도 했다. 멜란히톤은 세상을 떠나기 6일 전 꿈을 하나 꿨는데, 거기서 어느 소년 성가대원이 나와서 마지막 만찬 때 예수님이 하신 말씀("내가 고난을 받기 전에 너희와 함께 이 유월절 먹기를 원하고 원하였노라")[34]을 노래했다고 한다.

그러나 교리문답, 찬송가, 참관 그 자체로는 새로운 교회 생활이 안정적으로 재조직될 것을 보장할 수 없었다. 법률 혹은 교회의 규정이 종교개혁자들의 계획과 평신도들의 소망을 토대로 가이드라인을 만들어 내고, 또 이것이 각계각층의 인사들, 시민들, 지방 행정관들, 제후들에 의해 수용되어야 했다. 선제후가 다스리는 작센 지방과 요하네스 부겐하겐이 돕고 있는 여러 지역과 도시들은 루터파의 교회 규정을 필요로 했다. 1528년 5월 16일, 부겐하겐은 브라운슈바이크 시의회의 요청에 응답하여 그곳으로 향했다. 시의회는 "교회의 성격과 구조 전체를 변혁하는 엄청난 사업을 감당할 수 있는 품격과 권위와 카리스마를 지닌" 인물을 요청했다.[35] 이것은 루터주의가 처음으로 다른 곳에 설치되는 순간이었고, 부겐하겐에 의해 처음으로 수행된 이 미션은 곧이어 함부르크, 슐레스비히-홀스타인 Schleswig-Holstein, 뤼베크 Lübeck에서도 이어졌다. 부겐하겐은 자기 고향인 포메른과 덴마크에도 장기 방문하여 루터파 교회 규정을 제정했고, 1537년에는 덴마크 왕 크리스티안 3세와 왕비 도로테아에게 왕관을 씌워 주는 영예를 누리기도 했다. 그래서 부겐하겐은 죽을 때까지 비텐베르크에 살았던 루터의 동료들 가운데서는 가장 오랫동안 그곳을 떠나 있었던 셈이다. 그는 대부분의 여행에 아내 발부르가 Walburga와 자녀들과 함께했다. 그러나 1528년 5월, 그의 가족이 브라운슈바이크로 떠날 때 마차에 함께 탄 아이는 딸 사라뿐이었다. 함께 있어야 할 두 아들은 한 달 전 세상을 떠났다. 큰아들 미하엘은 1528년 4월 26일, 둘째 요한은 그보다 앞서 4월 초에 숨을 거두었다. 요한은 루터의 집에서 태어난 지 3개월 만에 죽었다.[36]

부겐하겐의 가족이 브라운슈바이크에 도착했을 때 개혁은 이미 진행 중이었다. 물론 갈등이 없지는 않았다. 누구도 그 갈등을 풀 수 없을 것만 같았다. 그러나 외부의 탁월한 중재자 부겐하겐은 브라운슈바이크 사람들의 존경을 받으면서 다른 의견들을 잘 조화시켜 시의회의 대다수가 개신교-루터파 교회 규정을 받아들이도록 해 주었다. 부겐하겐은 자신의 토박이말인 북부 독일어 사투리를 구사하면서 4개월 만에 이 위업을 달성했다. 어린 시절 포메른에서 배운 사투리는 브라운슈바이크, 함부르크, 뤼베크, 북부 독일의 해안가 평원에서도 잘 먹혔다. 신학적으로 부겐하겐은 루터의 생각을 충실하게 이해했지만, 인간적으로는 전혀 다른 스타일이었다. 온화한 성격이며 구체적 세부 사항에 강하고, 비텐베르크 목회에서 경험한 것을 전혀 새로운 상황에 적용하는 능력이 탁월했다. 평신도에게 새로운 질서는 예배의 변화, 학교의 변화, 마을 재정 구조의 변화를 의미했다. 브라운슈바이크 시의회는 시민들이 자신들의 생각을 털어놓을 수 있는 기회를 줌으로써 변화가 가져오는 충격을 완화시킬 수 있었다. 예컨대 제빵업자 길드는 가난한 집안의 아이들이 부잣집 아이들과 똑같은 교육을 받을 수 있게 해 달라고 요구했다.[37] 부겐하겐이 얼마나 많은 요구를 받아들였는지는 알려지지 않았지만, 어쨌든 1528년 초가을에 새로운 규약이 통과되었다.

그런 다음, 10월이 되자 부겐하겐 가족은 함부르크로 향했다. 요한 선제후는 출장 기간을 연장해 주었다. 그러나 그 기간이 두 번이나 연장된 후에야 1529년 5월 15일 함부르크를 위한 새로운 교회 규정이 승인되었으며, 함부르크의 모든 교회가 이 규정을 엄숙하게 지키기로 선언하는 의식을 치렀다.[38] 이 프로젝트는 당초 부겐하겐이 생각했던 것보다 훨씬 힘든 작업이었다. 루터와 함부르크의 관리들은 부겐하겐이 브라운슈바이크의 규정을 모델로 삼아 그대로 함부르크에 적용할 것이라고 생각했지만, 그렇게 간단한 일은 아니었다. 작업을 잘 마치고 나서 부겐하겐은 루터와 요나스와 멜란히톤에게 이렇게 편지했다. 그 일은 "정말 많은 땀을 흘리게 만드는 일이었으나, 하나님의 도우심으로 헛되지 않은 일이었다."[39] 부겐하겐은 5개월 동안이나 책상에 앉을 수 없었다. 거의 한 달은 비텐베르크 바깥에서 성만찬과 관련하여 과거 비텐베르크의 동료였던 안드레아스 카를슈타트가 참여한 논쟁을 주재했다. 함부르크 시내에 머무를 때는 로마서를 강의하고, 시 외곽을 돌면서는 여기저기서 설교를 했다. 그의 설교는 비텐베르크보다는 함부르크에서 더 호응이 좋았던 것 같다. 루터와 다른 친구들은 부겐하겐의 설교가 장황하고 지루하다며 놀려 댔다. 루터는 비텐베르크에 사는 어느 가정주부 이야기를 들려주었다. 그녀는 주일이면 언제나 남편이 교회에서 돌아오는 시간을 딱 맞춰서 저녁 식사를 준비해 놓는다. 그런데 어느 주일, 남편이 집에 왔는데 아내가 이제야 식사 준비를 시작하는 게 아닌가? 아내는 식사 준비가 늦은 이유를 이렇게 설명했다. 오늘은 부겐하겐 목사님이 아침 설교를 하시는 줄 알았다고…[40] 부겐하겐은 함부르크에서 교회 인테리어를 루터파 예배 의식에 맞게 바꾸는 방법도 조언해 주었다. 결혼에 대한 확신이 없는 커플에게, 루터파는 결혼을 성례전聖事으로 여기지 않는다며 안심시키기도 했다.

부겐하겐이 없는 동안 비텐베르크의 임시 목사 역할을 했던 루터는 두 가지 까다로운 문제를 해결해야 했다. 하나는 부정한 부인과 귀족 망명자 때문에 생긴 문제였고, 두 번째 문제의 중심은 변절한 수녀였다. 우리는 이 두 가지 문제를 통해 종교와 정치가 뒤섞인 상황이 루터의 판단에 어떤 영향을 끼쳤는지를 알 수 있다. 첫 번째 사건은 1525년 브란덴부르크의 가톨릭 선제후 요아힘 1세의 궁에서 일어난 스캔들이었다. 브란덴부르크는 선제후가 다스리는 작센과 인접한 곳에 있었다. 베를린의 뼈대 있는 가문의 딸 카타리나 블랑켄펠트Katharina Blankenfeld는 볼프 호르눙Wolf Hornung이라는 남자와 결혼한 상태였는데, 요아힘 선제후를 만나 그의 연인이 되기로 했다. 호르눙은 아내의 부정한 행실에 화가 나서 카타리나를 칼로 찔러 부상을 입혔다. 요아힘 선제후는 이에 대한 앙갚음으로 호르눙에게 부인에 대한 모든 권리를 포기하고 브란덴부르크를 떠나라고 명령했다. 2년 후, 카타리나는 그 당시 작센에 살고 있던 호르눙과 화해하기 위해서 간접적으로 루터에게 연락을 취해서, 호르눙과 자신 사이를 중재해 달라고 부탁했다. 루터는 호르눙에게 비텐베르크로 와서 대화를 하자고 초대했으나, 이미 감정이 상할 대로 상한 호르눙은 관계의 회복을 전혀 원하지 않았다. 루터는 그때 느꼈던 절망감을 요아힘 선제후에게 퍼부었는데, 이것은 단순히 목회적 이유만이 아니라 정치적 이유가 있어서였다.

1535년 세상을 떠날 때까지, 요아힘 선제후는 로마 가톨릭을 적극 옹호하는 일에서는 그의 형제인 마인츠의 대주교보다도 더 확고부동한 사람이었다. 요아힘은 주변 영토의 통치자들이 모두 종교개혁을 수용한 이후에도 개신교 설교자가 브란덴부르크에 들어오는 것을 허용하지 않았다. 그는 아내인 엘리자베트가 몰래 잠입한 개신교 설교자에게서 빵과 포도주를 모두 분급받았다는 사실을 알아내고는 아내를 처형하겠다고 위협하기까지 했다. 1528년, 엘리자베트는 브란덴부르크에서 도망쳐 요한 선제후가 다스리는 작센으로 망명했다. 이 일은 요아힘 선제후에 대한 루터의 분노에 불을 붙였다. 루터는 그 후로 2년 넘게, 요아힘이 카타리나를 비롯해서 다른 애인들과 가진 부적절한 연애 관계를 폭로했다. 루터는 요아힘에게 편지를 써서 그를 질책하고 조롱했는데, 이 편지는 대중에게도 공개되었다. 루터는 자기가 바로 호르눙의 변호인이자 조언자라고 공언하면서 카타리나 블랑켄펠트에게도 최후통첩을 했다. 만일 8주 안에 하나님이 그녀에게 회개와 회복의 마음을 주시지 않는다면, 루터는 공공연히 간음을 저지른 그녀와 호르눙의 이혼을 선언할 것이라고 밝혔다. 카타리나는 자기가 직접 이혼을 선언하고 자기의 결혼 전 성姓을 되찾겠노라고 답변했다. 이 사건은 모든 사람에게 유감스러운 일이었지만, 특히 상담자였던 루터에게는 더욱 그러했다. 루터는 카타리나의 선언에 루터 자신의 심술궂은 논평을 추가하여 공개적으로 출판했다.[41]

두 번째 사건은 간음, 살해 위협, 이혼이 아니라 이탈의 문제였다. 배우자로부터의 이탈이 아니라 수도회에서의 이탈이었다. 1528년 작센의 어느 귀족 여성이 수도원을 탈출했다. 그녀는 고아가 된 상태에서 그 수도원에 맡겨졌다. 대략 1500년 즈음, 그녀의 나이 5-10살이 되었을 때 이미 그녀가 뮌스터베르크Münsterberg의 우르술라 공작이었음이 밝혀졌다. 우르술라는 이런 높은 신분에도 불구하고 마그달렌 여성 수도회에서 28년 동안이나 힘들고 가난한 생활을 해야 했다. 그 수도회는 비텐베르크에서 남동쪽으로 130킬로미터 정도 떨어진 곳, 그러니까 선제후의 작센이 아니라 게오르크 공작이 다스리는 가톨릭 영역에 있었다. 1528년 10월 6일 밤, 우르술라와 두 명의 수녀들은 수도원 정원 문으로 빠져나와, 미리 보아 두었음이

13. 새로운 노래   413

틀림없는 길을 걸어서 근처 라이스니히에 도달했다. 루터가 이 탈출 사건에 개입된 증거는 없지만, 그 수도원의 한 수녀가 루터에게 연락해서 선제후 관할 작센에서 보호받을 수만 있다면 수도원을 떠나고 싶다는 의사를 밝힌 적은 있었다.[42] 우르술라와 두 명의 동료 도로테아, 마르가레트는 라이스니히에서 출발하여 계속해서 비텐베르크를 향해 걸었고, 1528년 10월 16일 마르틴과 카타리나의 영접을 받았다. 나흘 후, 루터는 슈팔라틴에게 그 수녀들이 도착했다는 소식과 함께 그들의 상황이 얼마나 열악한지도 알렸다. 우르술라는 가진 것이 단 한 푼도 없었다.[43] 그 수녀들을 잘 돌보는 일은 카타리나에게 떨어졌다. 일주일 후 루터가 비텐베르크 근처의 교구 참관에 동행해야 했기 때문이다.

1528년에 많은 수도사와 수녀들이 수도원을 떠났고, 우르술라와 동료들이 지금 숙박하고 있는 곳처럼 비어 있는 수도원 건물도 있었다. 그들의 탈출은 1524년 시토회 수녀 플로렌티나 폰 오버바이마르Florentina von Oberweimar가 아이슬레벤에 있는 수녀원을 탈출한 것보다는 덜 눈에 띄었다. 플로렌티나는 자신이 그럴 수밖에 없었던 이유를 밝힌 소책자를 냈는데, 거기서 자신이 수녀로서 겪어야 했던 온갖 혹사 때문에 지옥으로 직행할 뻔했다고 적었다. 그녀의 글은 비텐베르크에서 출간되었으며, 루터가 만스펠트의 백작들에게 보내는 공개서한이 첨부되었다. 루터는 수도사와 수녀들이 수도원을 떠날 수 있도록 허용하고, 새로운 수도사와 수녀 모집을 멈춰 달라고 그들에게 요청했다. 루터는 플로렌티나의 탈출을 "하나님께서 보내신 기적적인 징표"라고 말했다.[44]

그러나 이 사건은 기적적인 일이 아니라 불명예스러운 일이었다.

일단은 그녀가 귀족이었기 때문이고, 또 한 가지 이유는 루터의 끈 질긴 원수인 게오르크 공작이 극렬하게 반대를 표했기 때문이었다. 게오르크 공작은 1523년에 루터와 레온하르트 코페가 결탁하여 공작 저택이 있는 라이프치히에서 불과 32킬로미터 떨어진 수녀원에서 카타리나 폰 보라와 동료 수녀들을 탈출시킨 사건으로 엄청난 굴욕감을 느끼고 있었다. 우르술라가 있던 프라이베르크^{Freiberg}의 수녀원^{45}은 라이프치히에서 80킬로미터나 떨어져 있었음에도, 게오르크 공작은 화가 나서 요한 선제후에게 우르술라와 도로테아와 마르가레트를 프라이베르크로 되돌려 보내라고 요구했다. 그러나 그 요구는 관철되지 않았다. 게오르크 공작은 우르술라가 쓰고 루터가 후기를 덧붙인 소책자가 비텐베르크에서 간행되는 것을 막기 위한 수단도 강구했다. 플로렌티나의 글과 마찬가지로 루터의 글도 수도원주의에 대한 반박이었는데, 1528년 하반기면 사실상 그런 글이 필요한 상황이 아니었다. 수도원 탈출의 파도가 최고조에 달하고 난 다음이었기 때문이다. 1532년, 루터는 수도사와 수녀가 "태양빛에 눈 녹듯" 사라지고 있다고 말했다.[46] 게다가 그것을 자기가 이뤄 낸 성과로 생각했다. "내가 수도원주의를 무너뜨린 것에 대해 하나님께서 상을 주고 계신다. 수녀와 수도사들이 나에게 달려오고 나는 그들에게 먹을 것을 준다."[47] 루터는 자신의 영향력을 과대평가했다. 수도원에 수도사와 수녀가 필요했던 것은 사실이다. 그러나 그들에게도 수입이 필요했다. 중세 후기 수도원은 토지 임대, 기부, 기증으로 이익을 얻었는데, 개신교 지역은 그것을 몰수하여 지역 금고에 넣어 두었다. 뮌스터베르크의 우르술라는 두 달 동안 루터의 가족과 함께 지내다가, 이후에는 주로 프로이센과 슐레지엔의 루터파 공작들로부터 보호와 지원을 받았다. 그녀가 남긴 마지막 흔적은 1534년 2월 2일 자 편지인데, 거기서 우르술라는 자기에게 귀속된 모든 것을 함께 도망친 전직 수녀 도로테아에게 남겼다.[48]

1529년 5월 중순이 되자 부겐하겐이 비텐베르크를 비운 지 꼭 1년이 되었고, 루터는 과로에 시달리고 있다는 느낌을 떨칠 수 없었다. 루터는 다른 건 몰라도 편지에 답장하는 것만큼은 유난히도 잘하는 사람이었는데, 이제는 서신 교환도 원활하게 처리하지 못했다. 6월 20일, 루터는 뉘른베르크에 있는 링크에게 답신을 보내면서 그의 질문에 더 빨리 대답하지 못한 이유를 불평처럼 털어놓았다.

> 탁자, 의자, 걸상, 창틀, 책상, 상자 위에 수북이 쌓인 편지를 보면서 나는 매일 주눅 들 수밖에 없다네. 조금이라도 빈 공간이 있으면 편지, 질문, 소송, 논쟁, 탄원들이 채워진다네. 교회 일과 주 정부의 일이 죄다 나한테 쏟아졌지. 뉘른베르크 정부는 자네가 게으름과 안락함을 즐기는 동안에도 일을 아주 효율적으로 처리하기 때문에 자네는 휴식도 취할 수 있고, 낙원과도 같은 곳에서 쉬엄쉬엄 일할 수 있지 않나. 그런데 우리는 궁정의 일 때문에 너무 바빠서 교회 일을 처리할 시간이 없다네.[49]

엎친 데 덮친 격으로, 6월 4일에는 우르술라가 있던 수녀원에서 세 명의 수녀가 더 탈출하여 루터의 집 문을 두들겼다. 그들은 부모의 도움으로 수녀원을 빠져나왔는데, 루터의 기록에 의하면 게오르크 공작은 이번에도 격분한 상태였다.[50] 루터는 요한 선제후가 부겐하겐에게 비텐베르크로 돌아오라는 명령을 보냈다는 소식을 듣고 안심

• 비텐베르크 루터의 집에 있던 서재.

했다.⁵¹ 그는 부겐하겐이 돌아올 날을 손꼽아 기다렸다. 6월 5일에는 교구 참관 때문에 비텐베르크 바깥에 있던 요나스에게 부겐하겐이 집으로 돌아오게 되었다고 말했다.⁵² 일주일 후 부겐하겐은 자기가 곧 도착할 거라는 편지를 보냈고, 루터는 그 소식을 요나스에게도 전했다. 마침내 부겐하겐이 돌아와 목사로서 업무를 재개하면 루터는 시간을 내어 요나스의 참관을 도와야겠다고 생각했다.⁵³

그러나 루터의 소망은 이뤄지지 않았다. 1529년 6월 23일, 부겐하겐의 가족은 드디어 집에 도착했다. 그리고 바로 그날, 루터는 강한 의혹을 품으면서도 헤센의 필립 백작이 보낸 초대를 잠정적으로 수락했다. 그해 초가을에 마르부르크에 위치한 필립 백작의 성에서 츠빙글리와 함께 회담에 참석해 달라는 초대였다.⁵⁴ 필립 백작이 이렇게 서두르게 된 이유는 지난 4월에 끝난 제2차 슈파이어 제국의회 결정 때문이었다. 1521년 보름스 제국의회 이후로 계속 그랬던 것처럼, 이번 슈파이어 의회도 황제 카를 5세가 없는 가운데 개최되었고 황제 대신 페르디난트 대공이 회의를 주재했다. 1529년에 들어서면서 페르디난트는 더 이상 화해 분위기에 편승하지 않았다. 그는 헝가리에서 튀르크군이 승리를 거두고, 자기의 처남 러요시 2세가 전사하고, 술레이만이 비엔나를 위협하게 된 것은 모두 개신교 제후들 탓이라고 비난을 퍼부었다. 1526년에 개혁 추진 허가를 받았던 개신교 영토들이, 이제는 보름스 칙령을 어기고 루터와 그의 지지자들을 보호하고 있다며 고소를 당한 것이다. 이제 더 이상 "혁신"은 허용되지 않았고, 프로테스탄트들도 종교개혁 이전의 가톨릭 미사를 받아들이라는 명령이 떨어졌다. 개신교 진영은 서면으로 항의했으나 그 항의는 기각되었다. 타협 시도도 실패하고 의회는 교착

상태로 종료되었다.⁵⁵

1529년의 저항으로 인해 '프로테스탄트'라는 말이 생겨났지만, 그 프로테스탄트 진영은 하나가 되지 못했다. 독일 남서부의 주요 도시들은 루터보다는 츠빙글리에게 더 동조했다. 제일 중요한 도시가 스트라스부르였는데, 그곳 대표로 슈파이어 의회에 참석한 야코프 슈투름 Jacob Sturm은 작센의 요한 선제후, 헤센의 필립 백작, 뉘른베르크와 울름의 루터파 도시 간의 상호 방어 조약에 사인을 했다. 그런데 이 행동으로 인해 독일 프로테스탄트는 개신교-루터파 도시와, 개신교-개혁파 혹은 츠빙글리파 도시로 나뉘어졌고 결과적으로는 그들 모두가 약해지고 말았다.⁵⁶ 헤센의 필립 백작은 이로써 프로테스탄트 진영이 카를 황제와 가톨릭 제후들의 무력 공격에 취약한 상황이 되었다는 사실을 즉각 알아차렸다. 그는 슈파이어를 떠나기 전, 성만찬 문제와 관련하여 루터파와 츠빙글리파의 합의를 이끌어 낼 수 있는 모임을 성사시키기 위해 로비를 벌였다. 그 모임을 통해 의견 일치를 본다면 더욱 강력하게 연합된 프로테스탄트 전선을 구축할 수 있을 것으로 기대되었다. 필립은 그 모임을 자신의 관저가 있는 마르부르크성에서 개최하자고 제안했다. 이렇게 해서 1529년 10월 1-4일까지 '마르부르크 회담'Marburg Colloquy이라고 알려진 대담이 성사되었다. 제2차 슈파이어 의회가 끝나고 불과 5개월 만이었다.

처음에는 츠빙글리나 루터 모두 필립 백작의 초대를 거절했다. 츠빙글리가 취리히에서 마르부르크까지 가는 여행이 너무 멀고(440킬로미터) 위험해서 안 된다고 이유를 대자, 필립은 지도 하나를 보내면서 츠빙글리 일행이 일단 헤센 경계 안으로 들어오기만 하면 안전한 통행을 보장하겠다고 약속했다. 그리하여 츠빙글리와 세 명의 일

13. 새로운 노래 419

행은 취리히에서 바젤까지는 육로로 이동하고, 바젤에서는 신학자 요하네스 외콜람파디우스John Oecolampadius와 함께 배를 타고 라인강을 따라서 스트라스부르까지 13시간을 여행했다. 1529년 9월 18일, 스위스 파견단과 스트라스부르 대표단―야코프 슈투름, 마르틴 부처, 카스파르 헤디오Caspar Hedio로 구성된―은 마르부르크를 향해 출발했다. 그들은 열흘 뒤 필립의 관저에 도착했고, 필립은 직접 마중 나와 그들을 환영하고 성 안의 숙소까지 호위병을 대동하여 안내했다.

루터파는 아직 도착하지 않았다. 루터는 선제후의 영토를 떠날 수 없었기에 슈파이어 의회에도 출석하지 않았지만, 헤센주는 작센과 인접해 있었고 필립 백작도 루터의 편이었기 때문에 마르부르크까지는 안전하게 여행할 수 있었다. 그러나 루터도 멜란히톤도 그곳에 가고 싶어 하지 않았다. 루터의 말에 의하면, 멜란히톤은 원대한 프로테스탄트 동맹에 대해 걱정하느라 병이 날 지경이었으며, 스위스 개혁파와 부분적으로라도 협약을 하게 될 경우 독일 내에서 가톨릭 신학자들과 협상할 수 있는 기회가 아예 사라질까 봐 두려워하고 있었다.[57] 루터는 외콜람파디우스나 츠빙글리와의 대화를 통해서는 아무것도 얻을 게 없다고 아예 단정 지은 상태였다. 양쪽 모두 자신의 생각을 글로 다 써 놓았으며 전혀 양보의 기미가 없었기 때문이다. 그럼에도 요한 선제후는 루터에게 필립 백작의 초대를 받아들이라고 권했다. 결국 승낙은 했지만, 루터는 필립에게 솔직한 편지를 보냈다. "저는 한 치도 물러설 수 없다는 것을 알고 있습니다. 그들의 글을 읽고 나서도 여전히 그들이 틀렸다고 확신합니다."[58]

1529년 7월 8일, 멜란히톤과 루터는 그 초대에 응할 것을 공식적으로 발표했다. 요한 선제후는 루터에게 슈파이어 의회의 결과로 형성된 루터파 동맹을 위한 신학적 합의문의 초안을 작성하도록 요청했다. 『슈바바흐 조항』Schwabach Articles이라 불리게 된 그 문서의 제10항목은 성만찬의 "빵과 포도주"에 "그리스도의 참된 몸과 피"가 실재한다고 선언하고 있다.[59] 이 명제는 츠빙글리와 외콜람파디우스의 주장과는 정면으로 충돌하는 것이었지만, 루터파 신학자들은 공식적으로 지지를 얻게 된 것에 기뻐했다. 그러므로 마르부르크 회담의 전망은 어둡기만 했다. 비텐베르크 사람들은 신학적 타협에도 반대했고 황제 카를 5세에 대한 군사적 저항에도 반대했다. 하지만 연합된 프로테스탄트군을 구축하여 저항할 힘을 기르는 것이야말로 필립 백작이 이 회담을 주재하는 제일 중요한 이유였다.[60]

9월 15일, 혹은 16일에 대규모 여행단이 비텐베르크를 출발했다. 루터, 멜란히톤, 유스투스 요나스, 젊은 교수 카스파르 크루치거, 게오르크 뢰러가 있었고, 루터의 조교였던 파이트 디트리히Veit Dietrich도 아마 동행했을 것이다. 마르부르크까지 가는 데는 2주가 걸렸다. 루터에게는 아주 익숙한 길이었다. 헤센 지역에 이르기 전까지의 여행 경로는 루터의 인생 전체의 여정과 닮아 있었다. 비텐베르크 대표단은 일단 토르가우에서 멈춰 요한 선제후와 이야기를 나누었다. 다음으로, 만스펠트와 아이슬레벤은 제외하고 루터가 살고 공부하고 학위를 수여받았던 에르푸르트, 예나, 바이마르, 그림마를 그대로 거쳐 갔다. 알텐부르크에서는 슈팔라틴이 나와서 그들을 맞았고, 고타와 아이제나흐의 루터파 목사 뮈코니우스와 유스투스 메니우스Justus Menius도 여행단에 합류했다. 아이제나흐에서는 요한 선제후의 명령을 받은 바르트부르크의 성주가 말을 타고 마차 곁에서 함께 이동했다.[61]

13. 새로운 노래

9월 30일 아침, 루터파가 탄 큰 마차들은 헤센의 기수 40명에게 호위받으며 란Lahn강을 건너 마르부르크에 도착했다. 그 도시는 강으로부터 거의 수직으로 솟아오른 지형이라서, 꼭대기에 있는 필립 백작의 웅장한 성까지 가려면 좁은 길을 기어오르거나 지그재그로 돌아가야 했다. 그래서 마차는 우회로를 택했는데, 그 길은 마을 구석을 힘겹게 올라 성의 안뜰에 이르는 길이었다. 필립 백작은 그곳에 도착한 루터파를 따뜻하게 영접하고 정중하게 대접했다. 1529년 10월 2일에는 남부 독일의 루터파 신학자들이 도착했다. 뉘른베르크에서는 안드레아스 오지안더, 슈베비쉬 할에서는 요하네스 브렌츠, 아우크스부르크에서는 슈테판 아그리콜라가 왔다. 최소한 다섯 명의 헤센 신학자들도 회담에 참여했는데, 그 가운데 한 명은 망명자 신분으로 성에 머물고 있던 뷔르템베르크Württemberg의 울리히 공작이었다. 보름스 제국의회가 루터와 그의 지지자들에게 유죄 판결을 내린 후 8년이 채 안 되었는데, 마르부르크는 여태껏 모인 것 중에서 가장 크고 가장 다양한 프로테스탄트 신학자 모임을 개최하게 된 것이었다.

회담 자체는 겨우 사흘 동안만 지속되었다. 1529년 10월 1일 금요일에는 사전 토론의 형태로 루터와 외콜람파디우스, 멜란히톤과 츠빙글리의 토론이 있었다. 전체 대담에 대한 일곱 개의 기록을 보면, 이 네 명의 신학자가 처음부터 끝까지 대화를 주도했음을 알 수 있다. 그러나 무언가 새로운 주장이 나온 것은 아니었다. 츠빙글리와 외콜람파디우스는 성만찬에서 그리스도의 "몸을 먹는 것"이라는 주장은 그야말로 무익하다고 생각했으며, "이것은 나의 몸"이라는 예수님의 말씀은 믿음을 통해 영적 양식을 공급하심을 의미한다고 설명했다. 츠빙글리의 주장에 의하면 그 말씀은 설명이 필요하다. 왜냐하면 "도무지 이해할 수 없는 그 많은 문제를 하나님께서 우리 앞에 가져다 놓으신다는 것은 진실이 아니기" 때문이다.[62] 나아가, 하나의 몸은 유한한 것이라서 한 장소에만 머무를 수 있다. 부활하신 그리스도의 몸은 하늘에 계시며, 성만찬의 빵은 그 몸을 상징할 뿐 실제로 담고 있지는 않다. 루터는 예수님의 말씀이 "분명하고 강력한 본문"[63]이라는 주장을 반복하면서, 이를 강조하기 위해서 쇼맨십까지 동원했다. 토요일 아침, 그는 탁자에 분필로 "이것은 나의 몸이다!"라고 쓴 다음 벨벳 천을 덮었다.[64] 츠빙글리가 성만찬의 빵에 예수님이 임재하신다는 증거를 대라고 요구하자, 루터는 천을 치우고 그 글씨를 가리켰다. 사실 루터는 최근에 펴낸 책에서 이 주제를 이미 상세하게 다뤘다. 그리스도는 하나님이신 동시에 사람이시라서 그분의 부활의 몸은 하나님과 연결되어 있으며, 하나님이 계신 곳이라면 어디나 있을 수 있다. 그런데 하나님은 계시지 않는 곳이 없다. 어떤 물리적 공간도 하나님을 배제할 수 없다.

아무리 작은 것도 하나님보다 작지 않다. 아무리 큰 것도 하나님보다 크지 않다. 아무리 짧은 것도 하나님보다 짧지 않다. 아무리 긴 것도 하나님보다 길지 않다. 아무리 넓은 것도 하나님보다 넓지 않다. 아무리 좁은 것도 하나님보다 좁지 않다. 하나님은 말로 표현하거나 머리로 생각할 수 있는 모든 것 위, 모든 것 너머에 계신 분, 말로 표현할 수 없는 분이시다.[65]

하나님이 이런 분이시라면, 그리스도의 부활의 몸도 성만찬의 빵과 포도주같이 작은 물건에도 계신다는 것이다.

그 자체로는 터무니없어 보이는 예수님의 말씀을 이해하기 위해 논리학을 사용하고 성경 본문을 비교하는 외콜람파디우스와 츠빙글리가 언뜻 보면 근대적 신학자인 것처럼 보일 수 있다. 그에 비해 하나님이 어디에나 계시다고 주장하며 예수님의 말씀을 문자 그대로 받아들이는 루터와 멜란히톤은 덜 세련된 사상가처럼 다가올 수 있다. 그러나 우주관은 변화한다. 하늘을 어떤 별개의 공간으로 상정하고 그리스도의 몸이 그 공간에 국한된 것처럼 생각하는 츠빙글리의 고정된 우주관이 루터의 우주관보다 신빙성 있다고 보기는 어렵다. 루터는 그리스도의 부활의 몸이—성경의 부활 이야기에 의하면 닫힌 문도 통과하고 어디서인지 모르게 갑자기 나타나는 몸으로서—춤추듯 약동하는 분자와 다양한 은하계로 구성된 역동적 우주 곳곳에 널리 퍼져 있다고 확신했다. 그러나 그들이 활동했던 16세기에는 신학의 목표가 요즘보다 훨씬 소박했다. 그들의 목표는 예수님이 성만찬의 자리에 자신의 몸과 피가 실재한다고 하신 말씀의 의미를 정확하게 파악하는 동시에 미사의 마술적 오용誤用을 피할 수 있는 가장 좋은 방법을 결정하는 것이었다. 마르부르크 회담의 불행은 신학자들이 합의를 보지 못했다는 점이 아니라, 비록 합의점을 찾지 못하더라도 그들이 동일한 개신교 기반 위에 있다는 사실에 합의하지 못한 것이다.

마르부르크 회담이 끝나기 전, 루터는 그곳에 있는 대표적 신학자 열 명에게 서명을 받을 수 있는 문건을 작성하라는 요청을 받았다.[66] 그 문건은 15개의 항목으로 되어 있으며, 이 전체를 "마르부르크 조항"Marburg Articles이라 부른다. 그 가운데 제15항목만 성만찬을 다루었고, 그 항목도 모두의 동의를 이끌어 냈으나 단 한 가지 핵심적인 부분, 곧 '그리스도의 참된 몸과 피가 빵과 포도주 안에 구체적으로 실재하는가'의 문제는 그러지 못했다. 그럼에도 불구하고, 이 조항에는 다음과 같은 언급이 더해졌다. "각 입장은 최대한 양심적으로 상대에 대한 그리스도인의 사랑을 보여야 한다. 또한 양쪽은 전능하신 하나님께서 성령을 통해서 올바른 이해로 우리를 굳게 하시도록 부지런히 기도해야 할 것이다."[67] 이런 표현은 츠빙글리보다는 루터가 동의하기 힘들어했을 것이다. 서로가 서로에게 과격한 말을 했던 것을 사과하는 자리에서, 츠빙글리는 자신이 루터의 우정을 마음 깊이 소망한다고 밝혔다. 그리고 "거의 울다시피 하면서" 자기가 프랑스와 독일을 통틀어 가장 만나고 싶어 했던 사람이 바로 루터라고 덧붙였다. 루터는 냉랭하게 대꾸했다. "이 문제에 대한 올바른 이해에 도달할 수 있게 해 달라고 하나님께 기도하시오." 외콜람파디우스는 즉시 루터를 향해 당신도 똑같은 기도를 드리는 게 좋을 거라며 나무랐다.[68] 마르틴 부처가 루터에게 스위스 신학자들의 입장이 뭐 그리 맘에 안 드느냐고 묻자, 루터는 이렇게 답했다.

> 우리의 영은 당신네 영과 다르오. 우리가 같은 영을 소유하지 않은 것이 분명하오. 한 곳에서는 그리스도의 말씀을 그냥 믿는데, 다른 곳에서는 그 말씀을 불신임하고 저항하고 잘못된 것으로 간주하고, 온갖 사악하고 불경한 말로 공격을 하니 어찌 같은 영이라 할 수 있겠소. 그러므로 내가 이전에 말했듯이, 우리는 당신들을 하나님의 판단에 맡길 뿐이오.[69]

사실 루터는 전부터 그렇게 말했는데, 츠빙글리는 이제 와서야 눈물을 흘렸다.

회담을 내내 지켜보면서 일주일은 지속될 것이라고 생각했던 헤센의 필립 백작이 갑자기 중단을 선언했는데, 이것은 '잉글랜드 속립열'English sweating sickness이라 불리는 유행성 질환이 발발했기 때문이었다. 흑사병은 아니고, 아마 1485년부터 1551년 사이에 잉글랜드에서 5번 발생한 바이러스성 폐병이었을 것이다.[70] 1529년에는 그 병이 함부르크로 번졌고 계속해서 독일 남쪽으로 내려왔다. 필립 백작은 10월 5일 아침에 마르부르크를 떠났고, 루터파 신학자들은 오후에 떠났다. 취리히, 바젤, 스트라스부르에서 온 대표단도 그날 혹은 다음 날 고향으로 향했다. 필립은 마르부르크 회담이 성공적이었다고 생각하며 만족스러워했다. 루터와 츠빙글리의 생각과는 달리, 그는 마르부르크 조항이 충분한 합의를 보여 주었으며 이를 토대로 드넓은 프로테스탄트 연맹을 구축할 수 있을 거라고 생각했다.

비텐베르크 사람들은 마르부르크를 떠나 돌아오는 길에 충격적인 소식을 듣게 되었다. 튀르크군이 비엔나를 "온 힘을 다 쏟아부어" 공격하고 있다는 소식이었다.[71] 지금 비엔나를 포위한 7만 5천 명의 튀르크군은 1526년 헝가리를 무너뜨린 병력보다 많았다. 이번에도 그 군대를 이끌고 있는 사람은 술레이만 대제였으니, 그는 이슬람의 통치를 라인강까지 확장하려는 야심을 위협적으로 밀어붙이고 있었다. 페르디난트 대공은 그 위협을 심각하게 받아들였고, 1529년 9월 튀르크군이 비엔나로 향하기 전에 미친 듯이 군대를 모집했다. 그의 형제인 황제로부터의 지원은 아직 보이지 않았으나, 제2차 슈파이어 의회가 그에게 약속한 1만 6천 병력의 3분의 1은 받을 수 있었다. 헤센의 필립 백작이 프로테스탄트 동맹 구축을 위한 마르부르크 회담을 연 계기가 되었던 그 의회 말이다. 루터 일행이 마르부르크에 도착하기 이틀 전인 9월 28일, 튀르크군은 폭우 속에서 비엔나 성벽 앞에 도착했다. 페르디난트는 2만 명도 안 되는 병력으로 비엔나를 사수해야 했다. 기껏해야 며칠 동안의 포격으로도 비엔나는 함락되었을 것이다. 그러나 튀르크 군대는 헝가리에서도 엄청난 비 때문에 고전했고, 진흙 때문에 무거운 대포를 포기해야 했다. 비교적 가벼운 캐넌포에서 쏘아 대는 탄환들은 성벽에 부딪히면 테니스공처럼 튀어 나왔다. 땅을 파기 위한 지뢰와 성벽 아래 참호는 비와 진흙 때문에 쓸모없게 되어 버렸다. 10월 중순에 이루어진 4차 공격이 수포로 돌아가자 튀르크 군대는 모두 철수했다.[72] 비엔나가 포위되었다는 소식이 비텐베르크 사람들에게 도달했을 때는 전쟁이 이미 끝난 후였다. 그러나 1530년 봄, 튀르크의 위협과 프로테스탄트의 저항은 카를 황제의 경계심을 자극하기에 충분했다. 마침내 그는 1521년 이후 처음으로 독일 땅에 다시 발을 디뎠다.

14

세상에 대하여 죽은

1530
비텐베르크 — 코부르크

"만일 제후가 제후로서 황제에게 저항한다면 그것은 그들의 판단과 양심의 문제일세. 세상에 대하여 죽은 그리스도인에게는 확실히 그런 저항이 허용되지 않는다네."[1]

1529년 봄, 한스 루더가 비텐베르크에 있는 아들 마르틴, 며느리 카타리나, 손자 헨스헨을 찾아왔다. 마르틴의 형제 야코프 루더와 그의 아내, 야코프의 처남 게오르크 카우프만도 동행했다. 그로부터 10개월 후, 야코프는 만스펠트에 계신 아버지의 병세가 심각하다는 내용의 편지를 보냈다. 1530년 2월 15일, 마르틴은 병상에 누워 계신 아버지에게 위로의 편지를 썼다. 그 편지를 만스펠트까지 전해 준 사람은 카우프만의 아들 퀴리아크^{Cyriac}였다.[2] 루터는 그에게 부모님의 건강 상태를 잘 살펴보아 두 분이 비텐베르크로 오실 수 있는지 알려 달라고 부탁했다. 카타리나는 비텐베르크에서 시부모를 돌봐 드리기를 원했다.[3] 루터의 편지는 아버지뿐만 아니라 자기 자신을 위로하는 편지였다. 그는 땅 위의 "저주받은 삶"이란 눈물 골짜기일 뿐이라고 썼다. 오래 살면 살수록 더 많은 원한, 두려움, 불행을 겪어야 한다. 삽으로 퍼낸 흙이 우리 몸 위로 떨어질 때까지 탈출구는 없다. 위로는 하나님의 약속을 믿는 믿음에서 오며, 루터가 생각하기에 그 약속 가운데 하나는 사랑하는 사람들과 저 하늘에서 얼른 재회하는 것이었다. 만일 아버지가 회복되지 않는다 해도 "우리의 믿음은 확실하고 우리가 그리스도와 더불어 금방 다시 만날 것을 의심하지 않습니다." 이 세상의 삶에서 벗어나는 길은 만스펠트에서 비텐베르크로 여행할 때 걸리는 시간보다 훨씬 짧다. "아주 잠깐만 지나면 모든 것이 달라질 것입니다."[4] 퀴리아크 카우프만은 한스 루더가 움직일 수 없을 거라는 소식을 가지고 돌아왔다. 한스는 아들을 다시 보지 못하고 그해 6월에 세상을 떠났다.

한스 루더의 건강 악화와 황제 카를 5세의 점진적 귀환은 그 시기가 거의 일치한다. 카를 5세는 한스의 큰아들이 일으킨 종교 분열을 종식시키기 위해 독일로 돌아오고 있었다. 다음 의회는 1530년 4월 8일에 아우크스부르크에서 시작될 예정이었다. 카를 황제는 이탈리아에서 교황 클레멘스 7세가 씌워 준 왕관을 쓰고 북쪽으로 오고 있었다. 대관식은 원래 로마에서 열릴 예정이었지만, 로마 시민들은 2년 전 카를의 군인들이 자행한 약탈 행각을 잊지 않고 있었다. 그래서 대관식은 볼로냐에서 개최되었다. 볼로냐 사람들은 처음에는 그 일을 자랑스럽게 여겼지만, 로마를 본뜬답시고 도시의 외관이 볼썽사납게 손상되고 대관식이 3개월이나 지연되자 카를이 도착했음에도 환호가 시들했다. 1530년 2월 22일, 드디어 휘황찬란한 의식이 시작되었다. 카를은 로마 교회의 충실한 용사가 될 것을 복음의 말씀에 손을 얹고 맹세했으며, 교황 클레멘스는 황제의 관을 그의 머리에 씌워 주었다. 카를 5세는 그 왕관을 씀으로써 29살의 나이에 신성로마제국의 제20대 군주가 되었다. 그는 만일 자기가 튀르크의 침공과 프로테스탄트 분립으로 인한 제국의 분열을 막지 못한다면 마지막 황제가 될 수도 있음을 두려워했다.

의회가 4월에 열리기로 결정되자, 작센 선제후와 그의 수석 정책 참모인 그레고르 브뤼크는 1530년 3월부터 준비를 시작했다. 토르가우에서 제국의회 개최에 대한 공식 안내와 예상 여행 일정을 비텐베르크 신학자들에게 전달해 주었다. 목회 의무는 남아 있는 부겐하겐에게 맡기고, 요나스, 멜란히톤, 루터는 토르가우에서 선제후 일행과 함께 여행하기로 했다. 튀링겐에서 슈팔라틴과 아그리콜라가 합류하여 코부르크까지 함께 갈 예정이었다. 작센 일행이 거기서 일주일간 머물다가 241킬로미터를 더 가면 아우크스부르크였다. 그들은 이탈리아에서 독일로 돌아오는 카를 황제의 느린 행보를 감안하며 움직이기로 했다. 머물면서 쉴 시간은 충분했다. 1920년 이후로는 코부르크가 바이에른주에 속하게 되었지만, 1530년에는 선제후가 통치하는 작센 지역의 최남단이었다.

의회 안내문에는 프로테스탄트와 가톨릭이 동등하게 대우받을 것이라고 암시되었지만, 루터가 직접 참석하기에 아직은 너무 위험한 상황이었다. 최고의 은신처는 코부르크와 아우크스부르크 중간 지점에 있는 루터파 도시 뉘른베르크였다. 하지만 뉘른베르크의 독립과 상업적 번영이 황제에게 달려 있는데, 카를 황제가 그렇게 가까이 있는 상황에서 제국의 범법자에게 피난처를 제공하기란 부담스러운 일이었다. 차선책은 코부르크였다. 그래서 4월 24일이 되자 루터는 계획대로 코부르크에 남고, 요한 선제후와 그의 수행원들만 아우크스부르크로 가기로 했다. 날이 밝기 전, 루터와 그의 조교 파이트 디트리히는 코부르크성으로 들어갔다.

그날 오후 루터는 멜란히톤에게 보낸 편지에서 새로운 환경을 묘사한다. 그는 성채 안에 있는 건물에 머물게 되었고, 그곳에 있는 모든 방 열쇠를 받았다. 30명이 성 안에서 일하고 있는데, 그 가운데 12명은 야간 경비이고 2명의 파수꾼은 나팔을 들고 성을 지킨다. 왜 이렇게 자세히 적고 있는가? 루터의 고백에 의하면, 쓰는 것 외에는 할 게 아무것도 없기 때문이다. 친구 필립이 없으니 그 성에서 보내는 시간이 슬프기 그지없다.[5] 분명 슬프긴 했을 것이다. 하지만 유머 감각을 잃어버릴 정도로 슬프진 않았다. 그는 성 주위를 빙빙 돌며 날아다니는 작은 까마귀들에게 영감을 얻어서, "새들의 왕국"에서 이 글을 보낸다는 말로 편지를 마무리했다. 이어서 슈팔라틴에게 쓴 편지에서는, 그 깍깍대는 새 떼를 보며 제국의회를 떠올렸다.

> 여기서 자네는 이 왕국의 관대하신 임금님, 공작님, 그 밖의 다른 귀족 나리들께서 자기의 소유물과 자기 새끼들을 얼마나 열성적으로 챙기시는지 보게 될 걸세. 지칠 줄 모르는 목소리로 자신의 결정과 교리를 공중으로 쏟아 내는 저 모습이란…. 이건 농담으로 하는 말이지만, 지금 나를 사로잡고 있는 생각을 쫓아 버리기 위해 꼭 필요한 진지한 농담이라네.[6]

루터는 "종이들"이 아직 도착하지 않았다고 했다. 도대체 이런 불안한 여행 중에 무슨 종이들을 붙잡고 있으려 했던 걸까? 앞으로 있을 수업 준비 자료였을까? 그럴 수도 있다. 비텐베르크를 떠나기 전에 루터는 아가서 강의를 하고 있었다. 게오르크 뢰러는 그 수업을 필기로 남겼고, 파이트 디트리히는 훗날 그 필기 노트를 편집하여 책으로 펴냈다.[7] 1530년 4월, 루터는 6개월이 지나고 11월이나 되어야 다시 강의를 할 수 있을 거라고 생각했다. 만일 수업 자료가 아니라면, 혹시 설교에 필요한 아이디어나 메모가 담긴 종이들을 가져왔던 것일까? 아마도 아닐 것이다. 비텐베르크를 떠나기 전까지만 해도 루터는 자기가 다시는 공식적으로 설교하지 않을 거라고 선언했다.[8] 그러나 그의 결심은 오래가지 못해서, 비텐베르크를 떠나 있는 동안에도 열 번이나 설교를 했다.[9] 첫 번째 설교는 루터 일행이 코부르크에 도착한 다음 날인 4월 16일에 하게 되었다. 그날은 부활절 바로 전날, 곧 성금요일 다음 날이었다. 그래서 루터는 고난과 십자가에 관한 설교를 했다. 그러나 예수님의 고난에 대한 것이 아니라 모든 신자가 지고 가야 하는 십자가에 대한 설교였다. 루터는 이를 강조하기 위해 성 크리스토포루스 St. Christopher 의 전설을 인용했다. 그는 한 아기를 안고 무섭도록 세차게 흐르는 시냇물을 건너고 있었다. 그런데 아기의 무게가 점점 더 무거워져 갔다. 마침내 그는 그 아기가 온 세상의 창조주요 구속자이신 분이었음을 깨닫게 되었다. 루터의 요점은 이것이었다. 개신교의 메시지는 처음에는 유쾌하고 순진한 가르침처럼 보여서 모든 사람이 그걸 원한다. "그런 때 사람들은 오븐보다도 더 뜨겁다." 새롭게 회심한 사람은 아이를 안고 가는 크리스토포루스와 마찬가지로, 처음에는 복음의 무게를 눈치채지 못하다가 깊은 곳에 이르러서야 그걸 깨닫는다. 다시 말해 "물결이 크게 일어나고 교황, 주교, 제후, 정신 나간 오합지졸들이 달려들면" 그제야 그 무게를 알게 된다는 것이다. 루터는 아우크스부르크에 도착한 작센 사람들도 이와 같이 미지의 십자가와 고난을 겪게 될 것이라고 말했다. 그러나 십자가를 지는 일은 믿음의 필수요소이며, 그들이 안고 가는 "소중한 아이", 곧 복음을 건너편 개울가로 안전하게 데려가야 한다. 그렇지 않으면 같이 익사하고 만다.[10]

동료들이 코부르크를 떠나기 전날, 루터는 뉘른베르크에 있는 한 친구에게 4통의 살아 있고 말도 잘하는 "편지들"—요나스, 멜란히톤, 슈팔라틴, 아그리콜라—이 출발했다고 전갈을 보내며, 자신도 기꺼이 다섯 번째 편지가 되고 싶었다고 썼다. 닷새 후, 루터는 코부르크에서 제국의회에 참석한 모든 성직자들에게 보내는 충고의 말을 부지런히 쓰고 있었다. 루터가 집필한 그 소책자는 주교들을 겨냥한 것이었는데, 루터는 그들이야말로 교회를 타락시키고 개신교 운동을 받아들이지 못하게 만드는 장본인이라고 공격했다. 루터는 주교의 권한에서 벗어나 있는 수도원과 주교들 간의 오랜 대립을 활용하고자 했다. "내가 수도원을 공격하고 수도사의 수가 줄었을 때 주교나 교구 사제 쪽에서 슬퍼하는 소리를 들어 본 적이 없다. 주교나 사제들의 입장에서는 그렇게 수도사들이 사라져 버린 것보다 위대한 공헌은 없었을 것이다." 또 그는 이렇게 덧붙였다. "오랜 뼈들"이 빠져나왔으니 "만일 우리의 복음이 없었더라면" 상황이 어땠을지는 성직자들도 잘 알 것이다.[11] 첫 번째 낡은 뼈는 면벌부 사기였고, 이어서 개혁자들은 중세의 구습과 제의들을 하나하나 치워 버렸다. 루터는 마지막으로 중대한 이슈를 건드렸다.

너희는 교회의 동의가 없이는 아무것도 변하거나 새롭게 만들 수 없다고 주장한다. 누가 교회인가? 너희가 교회인가? 만일 그렇다면 진정한 증거와 자격증을 보여라. 그게 아니면 행동과 열매와 같이 다른 방식으로 그걸 증명해라. 우리도 너희처럼 세례를 받고, 가르치고, 설교하고, 성례전을 받고, 믿고, 기도하고, 사랑하고, 소망하고, 심지어 너희보다 많은 고난을 받고 있는데 어째서 우리는 교회가 아니란 말인가?…우리를 보고 자꾸 "교회, 교회, 교회" 노래를 부르지 마라. 너희 스스로가 교회가 맞는지 확실히 하는 편이 더 나을 것이다.[12]

루터가 아우크스부르크에 모인 성직자들을 향해 쓴 충고의 글은 보름스 제국의회 때 루터가 한 말과는 사뭇 달랐다. 1521년에 루터는 자신의 책을 변호하면서 교황의 독재를 비판했지만 그 연설은 구체적인 부분까지 파고들지는 않았다. 그러나 1530년의 권고문은 훨씬 날카롭고, 세부적인 것까지 짚어 낸다. 첫째, 루터는 루터파가 일으킨 실질적인 개혁들, 곧 새로운 뼈대를 하나하나 언급하면서 그것이 필요한 이유를 설명한다. 그다음, "참된 기독교 교회"와 관계된 32개의 항목을 나열한다. 가장 나중에 나오는 다섯 가지 항목, 즉 세속 권위를 존중하는 것, 학교를 세우는 것, 병자를 찾아가는 것, 가난한 사람을 돕는 것, 죽어 가는 자의 곁을 지키는 것을 제외하고 나머지 항목은 모두 평신도가 배워야 할 내용들이었다. 복음, 은혜, 믿음, 소망, 사랑, 그리스도인의 자유와 같은 개념의 의미, 성례전, 교회, 주교, 목사, 설교자, 기도, 선행에 대한 정의, 마지막은 교리문답, 성경을 읽고 이해하는 방법에 대한 내용이었다.[13]

"참된 교회"는 이런 것을 가르치지만 "가짜" 교회는 94개의 관습만 준수한다. 이런 관습은 대부분 교회력에 따라 특별 미사를 드리고, 쾌락을 절제하고, 잘 준비된 행렬을 선보이고, 화려한 예복을 갖추고 보내는 축일이나 단식일이다.[14] 루터도 일부 행사는 어린이들에게는 나름 의미가 있기 때문에 봐줄 만하다고 진단했다. 하지만 "늙은 바보들이 주교 모자를 쓰고 화려한 성직자 복장을 한 채 행진하는 일을 진지하게 여기고, 이를 진지하게 여기다 못해 신앙의 조항으로까지 여겨서, 그런 아이들 장난을 숭상하지 않는 것을 죄로 치부하고 사람의 양심에 가책을 준다면 그것은 악마나 다름없다."[15] 그것으로는 충분하지 않다고 생각했는지, 루터는 그들이 도저히 받아들일 수 없는 두 가지 요구로 최후통첩을 날렸다. 첫째, 그들은 모두 물러나고 루터와 그의 지지자들이 주교의 업무를 하도록 해야 한다. 아니면, 그 자리에 있으면서 루터파가 복음 선포하는 것을 허용하고 루터에게서 올바른 주교가 되는 법을 배워야 한다.¹⁶

루터파의 목적이 카를 황제를 설득하여 제국 내에서 합법적인 그리스도인으로 받아들여지기 위한 것이었다면, 루터를 의회에 데려가지 않은 것은 정말 현명한 결정이었다. 루터파 신학자들이 황제에게 루터파의 신념과 그에 따른 실천이 어떤 것인지 보여 주기 위해 만든 루터파 신앙 백서는 루터의 『권고문』 Exhortation과는 대조적으로 아주 온화한 어조로 쓰였다. 훗날 『아우크스부르크 신앙고백』이라 불리는 이 문서는 주로 멜란히톤이 쓰고 편집한 것으로서, 루터파 신앙의 리트머스 시험지 역할을 하게 된다. 아우크스부르크에 도착한 멜란히톤은 요하네스 에크가 종교개혁자들의 글에서 발췌하여 이단 낙인을 찍은 404개 신학 명제 모음집을 한 부 받은 후에 집필을 시작했다. 에크의 전략은 가톨릭이 아닌 모든 것을 이단의 바구니 안에 쓸어 넣어 버리는 것이었다. 그는 루터파와 가톨릭이 모두 반대하는 재세례파의 신앙이 루터에게서 출발했다고 주장했다. 에크가 그 404개 명제를 멋지게 베껴 쓴 책 한 권을 황제 카를 5세에게 보냈을 때, 요한 선제후와 루터파 신학자들은 카를이 루터파를 재세례파와 다를 바 없는 사람들로 낙인찍을까 봐 두려워했다. 그래서 멜란히톤은 『신앙고백』에서 루터파 신앙과 재세례파의 비정통적 관점을 정확하게 구분하면서도, 가톨릭 비판자들에게 친절한 어조를 견지했다.

9일 후, 멜란히톤과 그의 동료들은 초안을 완성하고는 말을 탄 심부름꾼을 통해 그 초안을 코부르크로 보내어 루터의 답신을 받아 오게 했다. 루터는 초안을 읽고 열광했다. "정말 큰 기쁨이 아닐 수 없습니다. 제가 따로 손댈 부분이 없습니다." 그다음에 한마디를 덧붙였는데, 그 말이 루터 사후에 루터파 내에서 논쟁거리가 되었다. "제가 그렇게 하는 것이 적절하지도 않을 것입니다. 왜냐하면 저는 이렇게 부드럽고 고요하게 걸을 수는 없기 때문입니다."[17] 루터의 열성 지지자들은 그때부터 계속해서 멜란히톤을 비판하면서, 그가 황제의 구미를 맞추느라고 루터의 종교적 확신을 희석시켰다고 주장했다. 그러나 그들이 제대로 보지 못했던 것이 있다. 멜란히톤과 루터파 제후들은 아무런 힘도 없는 저 먼 곳의 가톨릭 성직자가 아니라, 실질적 권력을 휘둘러 루터파를 처단하고 개혁을 무위로 만들어 버릴 수 있는 젊은 가톨릭 황제를 응시하고 있었다는 사실이다. 더욱이 루터는 자신의 그 말이 일종의 비판처럼 받아들여지는 것을 원하지 않았다. 그는 자기의 기질과 멜란히톤의 기질이 극과 극이라는 사실을 인정했을 뿐이며, 그의 동료들도 이미 경험을 통해 그 사실을 잘 알고 있었다. 1년 전, 루터 스스로 그 차이를 아주 선연하게 표현한 적이 있었다.

나는 이런 일을 위해서 태어났다. 폭도와 악마에게 맞서 출전하여 싸움을 싸우기 위해서! 그러므로 내 책의 대부분은 폭풍과 같고 전쟁과 같다. 나는 나무둥치며 뿌리를 뽑아 버리고, 가시와 엉겅퀴를 마구 쳐내고, 늪의 물을 다 퍼내야 한다. 나는 길이 없는 곳에 길을 내는 난폭한 나무꾼이다. 그러나 대가大家 필립은 나를 가지런히, 조용히 뒤따라온다. 하나님께서 그에게 풍부하게 허락하신 은사를 따라 땅을 일구고 채소를 심고, 씨를 뿌리고 기쁨으로 물을 준다.[18]

• 루터와 멜란히톤, 1558.

루터의 긍정적인 답신이 부쳐진 1530년 5월 15일부터 그 『신앙고백』이 황제에게 제출된 6월 25일까지, 멜란히톤과 그의 동료들은 매일같이 고민하여 최종안을 만들어 낸 후, 헤센의 필립 백작에게 서명을 받을 준비를 했다. 작센의 루터파와 뉘른베르크의 루터파는 황제와 대립하는 대신 『신앙고백』을 통해 황제의 공식 인정을 받고자 했다. 그러나 헤센의 필립은 다른 계획을 품고 있었다. 필립은 황제의 인정을 받으려고 안달하지 않았다. 필립과 그의 수행원들이 아우크스부르크로 들어오는 모습은 루터파의 허장성세를 보여 주는 일종의 쇼였다. 그들은 'VDMIE' 다섯 글자를 내세우고 들어 왔는데, 이는 라틴어로 "하나님의 말씀은 영원히 서리라!"*Verbum Domini Manet in Aeternum*라는 문장의 머리글자였다. 멜란히톤은 루터에게 편지를 보내 이 충동적인 백작을 좀 설득해 달라고 부탁했다. 그러나 루터가 코부르크에서 써 보낸 편지가 도착하기 전, 필립도 드디어 『신앙고백』에 서명하는 데 동의했다.

5월에 코부르크에 있던 루터는 그가 말한 '시험'*Anfechtung*과 유사한 공격으로 고통스러워했다. 글을 읽을 수도 없는 지경이어서, 요한 선제후는 개인 주치의를 시켜서 루터에게 약을 보냈다. 6월 초에 조금 나아진 루터는 두 명의 손님을 맞았다. 한 명은 마그데부르크에서 함께 학교를 다녔던 한스 라이니케였고, 다른 한 명은 아굴라 폰 그룸바흐*Argula von Grumbach*라는 과부로서, 종교개혁 초기에 소책자 여러 권을 집필한 여인이며 그녀의 아들이 비텐베르크에서 수학했다. 6년 전에 아굴라는 루터에게 결혼할 것을 권했는데, 1530년의 이번 방문 동안에는 카타리나가 1살짜리 딸 마그달레나의 젖을 뗄수 있는 가장 좋은 방법을 알려 주었다. 6월 5일, 루터는 카타리나가 보내온 소포와 편지에 답하면서 그 충고를 그대로 전했다. 카타리나는 마그달레나를 그린 그림을 하나 동봉했는데, 아마 목탄이나 잉크로 그린 것이었는지 그림이 너무 어두워서 마르틴은 그게 딸의 모습인지 아닌지 잘 알아볼 수 없었다. 파이트 디트리히에 의하면, 루터는 그 그림을 식탁 맞은편 벽에 붙여 놓았다고 한다. 카타리나가 보낸 소포에는 이제 마흔다섯이 된 마르틴이 직접 써 보고 고른 돋보기안경도 있었다. 루터가 얼마나 많은 안경을 테스트해 봤는지는 알 수 없지만, 그의 반응은 늘 그렇듯 퉁명스러웠다. '이번 안경이 최악이로군!' 그는 사람들이 너무 많이 찾아온다고 불평하기도 했다. 그는 코부르크성이 무슨 순례지가 된 것 같으니, 제대로 숨어 있을 수 있는 좀더 한적한 장소가 필요하다고 썼다.[19]

그러나 정말 안 좋은 소식은 이제 오고 있는 중이었다. 그날, 혹은 그다음 날, 루터는 한스 라이니케로부터 아버지가 돌아가셨다는 소식을 듣게 되었다. 라이니케는 불과 사흘 전에 코부르크에 있다가 고향 만스펠트에 가던 중 소식을 듣고 급하게 다시 코부르크로 돌아왔던 것 같다. 그날 밤, 루터는 멜란히톤에게 보내는 편지를 마무리하면서 아버지와 그의 죽음에 대한 묵상을 적어 보냈다.

그리스도를 굳게 믿으셨던 아버지께서 그나마 편안하게 눈을 감으셨다는 소식에 위안을 느끼네만, 마음의 슬픔과 그분과 보냈던 가장 행복했던 시간에 대한 기억이 나의 존재 가장 깊은 곳까지 흔들어 놓았다네. 내가 지금처럼 죽음을 증오했던 적이 있었나 싶군.…나는 너무 슬픈 나머지 글을 쓸 수도 없다네. 아들인 내가 아버지의 죽음을 슬퍼하는 것은 지극히 당연하고 또 하나님을 기쁘시게 하는 일 아니겠나. 자비로우신 하늘 아버지께서는 바로 그분을 통해 나를 낳으셨고, [창조주께서는] 그분의 땀으로 나를 먹이고 길러서 오늘의 나를 만드셨으니 말일세. 나는 그분이 오늘까지 사셔서 결국 진실의 빛을 보실 수 있었던 것을 기뻐한다네.[20]

2주 후, 파이트 디트리히는 카타리나에게 루터의 슬픔을 이렇게 묘사했다. "선생님은 이틀 만에 몸을 추스르셨습니다. 아주 힘든 일이었습니다. 그분은 [라이니케에게서 온] 편지를 읽으면서 제게 말씀하셨습니다. '아버지께서 세상을 떠나셨구나.' 그런 후 얼른 그분의 시편을 꽉 움켜쥐고 방 안으로 들어가셔서 통곡을 하셨습니다. 너무 우셔서 그다음 날에는 머리가 아프실 지경이었습니다. 그때부터는 자신의 감정을 속이지 않으셨습니다."[21]

아버지가 돌아가시고 2주 후에 마르틴이 막 4살이 된 아들 헨스헨 루터에게 편지를 쓴 것은 결코 우연이 아니었다. 그 당시 비텐베르크 대학교에서 공부하면서 루터의 가족과 함께 살고 있었던 헨스헨의 가정교사가 루터에게 그 아이가 아주 잘하고 있다는 소식을 전해 왔던 것이다. 루터는 아들이 계속해서 열심히 공부할 것을 독려하기 위해서, 헨스헨과 그의 소꿉친구들인 멜란히톤과 요나스의 아들들을 위한 어린이의 낙원을 상상해 보았다.

나는 어떤 작고 아름답고 명랑한 정원을 알고 있단다. 거기에는 작은 금빛 코트를 입은 아이들이 많지. 아이들은 나무 아래서 좋은 사과, 배, 체리, 노랗고 파란 자두를 줍기도 해. 노래하고 뛰며 즐겁게 지낸단다. 또 금색 고삐와 안장을 갖춘 예쁜 조랑말들도 있지. 나는 그 정원 주인에게 이 아이들은 어떤 아이들이냐고 물어봤단다. 그가 대답했어. "이 아이들은 기도하고 공부하고 착한 일을 좋아하는 아이들이랍니다." 그래서 내가 말했지. "선생님, 저도 아들이 하나 있는데 이름이 헨스헨 루터예요. 그 애도 이 정원에 들어와서 이렇게 좋은 사과랑 배도 먹고 예쁜 말도 타고 이 아이들과 함께 놀 수 있을까요?" 그랬더니 그분이 이렇게 대답하셨어. "만일 그 애가 기도하고 공부하고 착한 일을 좋아한다면, 리푸스와 요스트랑 같이 이 정원에 들어올 수 있답니다."[22]

이 낙원은 그에 합당한 어린이만 들어올 수 있는 곳이므로, 사실상 루터가 늘 주장하던 천국과는 다른 모습이다. 그의 신학에 따르면, 하늘의 낙원은 어떤 선한 행동을 반드시 해야만 들어갈 수 있는 그런 곳이 아니기 때문이다.

1530년 6월 15일, 마침내 황제 카를 5세와 그의 신하 및 성직자로 구성된 화려한 행렬이 아우크스부르크 성문에 도달했다. 1천 명의 보병이 황제와 수행원을 호위했고 거대한 체구의 경호원 한 명이 있었으며, 후미에는 요리사, 약사, 매부리, 그리고 200마리의 스페인산 개들이 뒤따랐다. 신성로마제국의 수상, 마인츠의 알브레히트 대주교, 독일의 제후들과 그 일행은 황제를 맞이하기 위해 밝은 옷을 입고 도열해 있었는데 마치 마상 무술 시합을 준비하는 사람들처럼 보였다. 그들 뒤에는 61개 제국 도시의 대표들과 아우크스부르크 시장이 있고, 그 뒤에는 엄청난 군인들과 200마리의 병마兵馬가 서 있었다.[23] 환영 예식이 끝난 후, 카를 황제 일행은 호위를 받으면서 주교 궁정 안에 있는 숙소로 이동했다.

카를은 시간을 낭비하지 않고 곧장 일에 착수했다. 바로 다음 날이 성체 축일이라서 대규모 미사와 행진이 거행되어야 했다. 그날에는 거룩하게 구별된 성체(성찬의 빵)를 화려하게 장식된 성체 현시대顯示臺에 담아서 높이 들고 운반한다. 루터파 제후들은 이런 행사가 성만찬의 빵을 부적절하게 다루는 것이라고 생각하여 거기 동참하지 않기로 결정했으나, 카를 황제는 고집을 꺾지 않았고 저녁 식사 후에 제후들을 궁으로 모이게 했다. 그들은 루터파가 그 행사에 참여하기를 거부하고 있는 것에 대해, 그리고 황제가 제국의회 기간 동안 루터파의 설교를 금지한 사전의 조처에 대해 논의했다. 다음 날 아침, 카를은 설교와 관련해서는 타협안에 동의하여, 가톨릭파도 루터파도 의회 기간에는 공식적으로 설교하지 않기로 정했다. 루터파 제후들은 성체 축일 행사와 관련해서는 전혀 타협의 의사가 없었으므로 결국 그 행사는 루터파 없이 진행되었다.[24]

아우크스부르크에서 이런 드라마가 펼쳐지고 있는 동안, 멜란히톤은 걱정스러울 정도로 탈진해 있었고 반면 루터는 부루퉁한 상태였다. 보름스에서는 그가 관심의 한복판에 있었는데, 아우크스부르크에서는 멜란히톤이 리더십을 발휘하고 있었다. 6월 5일, 아우크스부르크에서 세 명의 전령이 왔다 갔는데 편지를 한 통도 받지 못하자 루터는 자신이 거부당했다는 느낌을 받았다. 6월 7일에는 상한 마음이 점점 커져서, 루터는 앞으로 아우크스부르크에 있는 동료들에게 편지를 보내지 않겠다고 으름장을 놓았다.[25] 그런 행동은 사실 그답지 않은 것이었다. 악전고투하고 있는 멜란히톤을 위해 요나스가 위로의 편지를 부탁하자, 루터는 즉시 거기에 응하여 나흘 동안 세 통의 편지를 멜란히톤에게 보냈다. 『아우크스부르크 신앙고백』

은 6월 말에 황제에게 바쳐졌고, 6월 23일 루터파 신학자들과 제후들이 한데 모여 그 문서를 최종적으로 읽고 서명했다.『신앙고백』은 황제에게 바치는 정치적 문서였기 때문에, 그 문서에 서명한 사람들은 신학자들이 아니라 그『신앙고백』을 지켜 내고자 하는 루터파 도시와 영토의 책임자들이었다. 거기에는 뉘른베르크, 로이틀링겐Reutlingen(독일 남서부의 제국 자유도시), 선제후가 통치하는 작센, 헤센, 뤼네부르크, 브란덴부르크-안스바흐Brandenburg-Ansbach, 그리고 선제후의 작센에 인접한 작은 영토인 안할트Anhalt가 포함되었다.

1530년 6월 25일 오후,『신앙고백』독일어판을 작센의 수석 비서관 크리스티안 바이어가 카를 황제와 주교 궁정의 작은 예배당 가득 들어찬 제후들 앞에서 읽었다. 문서를 읽는 데는 두 시간이 걸렸다. 어느 기록에 의하면 황제는 졸기도 했다. 하지만 다른 기록에 의하면, 바이어가 아주 크고 또렷한 목소리로 읽어서 바깥에 있는 궁정 안뜰까지 그의 목소리가 들렸다.[26] 두 기록 모두 참일 수 있다. 카를 황제는 독일어를 잘 이해하지 못했고, 그래서 황제에게는 바이어가 읽어 주는 내용이 그저 뒤에서 웅성거리는 소리처럼 들렸을 수도 있다. 그날 루터는 네 통의 편지를 받았다. 하나는 멜란히톤이 쓴 것이고, 또 하나는 요한 선제후가, 남은 두 통은 요나스가 쓴 편지였다. 그다음 날 멜란히톤은 루터에게『신앙고백』최종본을 보내면서, 그것이 강력한 반대를 불러일으켰다고 서술했다. 그리고 만일 협상이 이루어질 경우 루터파가 양보할 수 있는 내용과 관련하여 루터의 조언을 구했다.[27] 사흘 후에 루터가 쓴 답장은 멜란히톤에 대한 비판처럼 들릴 수 있다. "나 개인적으로는 이미 양보를 할 만큼 했다고 보네. 만일 교황주의자들이 그걸 거부한다면 나로서는 더 양보할 게 없지." 그러나 이 말은 멜란히톤의 질문에 대한 답에 불과했다. 비판은 편지의 후반부에 나왔다. 루터는 자신이 루터의 권위에 종속되어 있다는 멜란히톤의 언급에 화를 냈다. "만일 이것이 동시에, 같은 방식으로 자네의 주장과 다르다면, 나는 그것이 내 것이라 불리거나 자네에게 강요되기를 원하지 않네. 만일 그게 나 혼자의 주장이었다면 나는 그걸 내 식대로 밀어붙였을 거야."²⁸

『신앙고백』이 확실히 정할 수 없었던 문제가 또 하나 있었으니, 그것은 거기에 서명하지 않은 루터파나 독일 프로테스탄트를 어떻게 대할 것인가의 문제였다. 독일 프로테스탄트의 비공식적 지도자는 스트라스부르를 대표하는 야코프 슈투름이었다. 현명한 정치가였던 그는 『신앙고백』에 서명하지 않은 비非루터파 개신교 도시들이 루터파와의 긴장 완화 정책을 쓰지 않는다면 고립될 수도 있음을 깨달았다. 그런 이유에서 슈투름은 다른 세 도시의 대표들을 모아 그들 나름의 신앙고백을 작성하고, 성만찬에 대한 그들의 견해가 츠빙글리보다는 루터의 견해에 가깝다는 사실을 공식적으로 표명했다. 그는 스트라스부르에서 카피토와 부처를 소환하여 네 도시의 신앙고백이 완성될 때까지 격리시켜 놓았다. 그런 후 의회의 나머지 일정을 루터파의 마음을 얻는 데 최선을 다했다. 의회가 종료되고 루터파의 『신앙고백』이 거부되자, 슈투름은 헤센의 필립과 함께 루터파를 설득하여 카를 황제에게 맞서는 개신교 연맹을 결성하는 데 마음을 모을 수 있게 되었다.

그러나 일단 루터파는 가톨릭 신학자들의 응답을 기다리는 중이었다. 그 응답은 아우크스부르크에 있는 20여 명의 가톨릭 신학자들에게 달려 있었다. 그들의 초안이 너무 공격적이라고 거부되자, 그 신학자들은 좀더 온화한 어조로 『신앙고백』에 대한 반박문을 만들었다. 『반론』Confutation으로 알려진 이 글은 1530년 8월 3일 의회에서 낭독되었다.[29] 루터파는 인쇄본 한 권을 요청했고 카를 황제는 이를 승낙했으나, 루터파가 받아들일 수 없는 몇 가지 조건을 달았다.

그러는 사이 7월이 왔다가 갔고, 루터는 여전히 코부르크성에서 기다리고 있었다. 그가 아우크스부르크에 있는 동료들에게 보낸 편지들을 보면 세 가지 주제가 반복된다. 우선 그는 『신앙고백』의 지금 형태를 아주 흡족해한다. 둘째, 그러므로 멜란히톤은 걱정을 그만두고 하나님께 결과를 맡기기 바란다. 셋째, 협상으로는 아무것도 나올 것이 없으니 그냥 집으로 돌아가는 것이 좋겠다. 이렇게 루터는 『신앙고백』을 멜란히톤의 작품으로 간주했고, 첫 번째 원고와 마찬가지로 최종 원고도 높이 칭찬했다. 그와 동시에 『신앙고백』이 교황 제도와 교황의 권위를 완전하게 거부하지 못한 것은 아쉬워했다.[30] 만일 그 정도까지 나간다면, 황제가 루터파를 제국 내 합법적 종교로 인정하는 일이 불가능해진다. 멜란히톤이 바라는 해피엔딩은 루터파가 황제로부터 인정을 받는 것이었다. 그러나 루터의 생각은 달랐다. 루터는 황제가 루터파를 받아들인다는 것은 환상에 불과하므로, 멜란히톤과 그의 동료들이 얼른 그런 환상을 버려야 한다고 생각했다. 루터는 낫을 들고 숲길을 개간하는 사람처럼 복음과 반대되는 것이라면 무엇이든지 단호히 거부하고 비판하는 사람이며, 그 결과는 하나님이 돌보아 주실 거라 생각했다. 멜란히톤은 정원사처럼 조심스럽게 키워 내는 사람이라서, 복음을 억압하지만 않는다면 반대편과도 대화하여 타협점을 만들어 가는 타입이었다. 그는 성공 확률이 거의 없다는 것을 알면서도, 합의를 추구함으로

써 예상되는 실패의 후유증을 최소화하려고 했다. 그 실패란 황제가 루터파의 개혁을 뒤집어엎고 독일의 모든 프로테스탄트에게 다시 교황의 지휘 아래로 들어가라고 명령하는 것이었다.

루터는 진정한 용기의 사람이었나? 아니면 카를 황제나 독일의 로마 가톨릭과의 타협을 무작정 거부하는 무모한 사람이었나? 대답은 사람에 따라 다를 것이다. 루터 자신은 6월 중순 코부르크에서 그가 가장 좋아하는 시편 118편을 주석하며 확실한 답을 제시했다. 라틴어 시편 118편*의 첫 단어 confitemini는 선언이나 신앙고백의 의미에서 '고백하다'라는 뜻이다.[31] 루터는 이 시편을 "아름다운 고백"the beautiful confitemini이라 불렀고, 이 시편에 대한 주석도 같은 제목으로 출간했다. 그리고 이 책을 뉘른베르크의 베네딕투스회 소속 성 길레스 St. Gilles 수도원장 프리드리히 피스토리우스에게 헌정했다. 피스토리우가 종교개혁에 동참하면서 그 수도원도 뉘른베르크시에 귀속되었다. 1530년 7월 1일, 루터는 피스토리우에게 보내는 헌정의 글에서 자신이 왜 타협을 혐오하는지 언급해 놓았다.

이것은 내가 좋아하는 시편이다. 나는 시편 전체와 거룩한 성경 말씀 전체를 나의 유일한 위안이자 삶의 근원으로 여기며 좋아하는데, 특별히 이 시편과는 사랑에 빠졌다. 그래서 이것을 나의 시편이라고 부르는 것이다. 황제와 군왕들과 현명하고 많이 배운 사람들, 심지어 성인들조차 나를 돕지 못할 때, 이 시편은 나의 친구가 되어 허다한 곤경 속에서 나를 구해 주었다. 그래서 나는 세상의 모든 부요함보

* 한글 성경에서는 117편이다.

다, 명예보다, 교황의 권력보다, 튀르크인보다, 황제보다 이 시편을 더 사랑한다. 나는 다른 모든 것과 이 시편을 절대로 맞바꾸지 않을 것이다.[32]

루터는 시편 118편 17절을 자신의 좌우명으로 삼았다. "내가 죽지 않고 살아서 여호와께서 하시는 일을 선포하리로다." 루터는 이 구절이야말로 최고의 걸작이며 죽음 한복판에서 위대한 위안의 근원이 된다고 말했다.

여기서 하나님의 오른손이 죽음 한복판에서 우리의 마음을 강력하게 들어 올리시고 위로하심으로 그 마음이 이렇게 외치는 소리를 듣게 될 것이다. "나는 죽으나 죽지 않는다. 나는 고통을 당하나 고통스럽지 않다. 나는 넘어지나 바닥에 주저앉아 있을 수 없다. 나는 모욕을 당하였으나 나의 명예가 훼손되지는 않았다."…더욱이 시편 기자는 "내가 살아서!"라고 말한다. 놀랍지 아니한가? 죽어 가는 자는 살고, 고통당하는 자는 기뻐하고, 넘어진 자는 일어나고, 모욕당하는 자는 영광을 누린다.[33]

루터는 최근 아버지를 잃은 슬픔 속에서 17절의 말씀을 읽고, 자기 자신과 그의 독자들을 위해 깊이 묵상했다. 나중의 기록에 의하면, 루터는 이 구절을 코부르크 숙소 벽면에 단선율 성가 악보와 함께 또박또박 적어 놓았다고 한다.[34]

7월과 8월, 루터는 자신에게 주어진 자유 시간을 최대한 활용했다. 소책자를 쓰고, 편지를 쓰고, 짧은 시편 주석을 구술하여 받아

쓰게 하고, 히브리어 예언서를 번역하고, 손님을 맞았다. 만스펠트에서 루터의 동생 야코프가 찾아왔고 비텐베르크에서는 아들 헨스헨을 가르치는 가정교사의 형제가 찾아왔다. 멜란히톤의 가장 가까운 친구로서 그리스어 학자인 카메라리우스는 루터를 만나기 위해 뉘른베르크에서부터 말을 타고 왔으며, 아우크스부르크의 루터파 개혁자 우르바누스 레기우스는 뤼네부르크 공국(公國)에서 발생한 새로운 문제를 해결하려 북쪽으로 가던 중 잠깐 들렀다. 이따금 루터는 두통, 어지럼증, 심신의 허약함, 과로로 힘들어했지만, 거의 매일 온종일을 책상에 앉아서 일했으며 하루 속히 집으로 돌아가기를 바랐다. 7월 15일, 그는 루터파 동료들이 아우크스부르크를 떠나 코부르크에 있는 자기를 데려가 주기를 기대하고 있었다.[35] 한 달 후인 1530년 8월 14일, 아직도 코부르크에 있던 루터는 아내 카타리나에게 어떤 소문을 들려주었다. 루터파의 『신앙고백』에 대한 가톨릭 신학자들의 『반론』이 공적으로 낭독되기는 했지만 루터파에게 그 글을 주지 않아서 반박할 수 없는 상황이라는 소문이었다. 그 소문은 사실이었다. 루터는 다시 한 번 동료들이 이제는 아우크스부르크를 떠나리라고 기대했다. 가톨릭 반대자들은 이미 "빛으로부터 뒷걸음질하고 있기"[36] 때문이다. 그 상황에서는 그 누구도 루터파가 10월 4일까지 아우크스부르크에 남아 있을 거라고 생각하지 않았다.

    8월 내내 다양한 부류의 가톨릭 신학자들과 루터파 신학자들 사이에 일련의 협상을 통해 협의를 이끌어 내려는 노력이 계속되었다. 제1라운드는 결론에 이르지 못했지만, 새로운 신학자 팀이 교리 문제와 관련하여 약간의 진전을 보였다. 가톨릭 신학자 중에는 루터에게 반대해서 글을 썼던 사람도 있었고 루터를 직접 만나 보았던 사람도 있었다. 그들은 요하네스 에크, 요한 코흘레우스, 에르푸르트에서 루터를 가르쳤던 아르놀디 폰 우징겐 등이었다. 잠깐이지만 멜란히톤의 기대가 커졌다. 『신앙고백』은 철저하게 성경에 기반을 두고 루터파 교리를 정리한 것이므로 로마 가톨릭교회도 그 교리에 동의하지 않을 수 없을 것이라고 생각했다. 멜란히톤은 이렇게 덧붙였다. "의견의 차이와 언쟁은 주로 일부 전통과 폐습에 관한 것이다."[37]

멜란히톤은 어느 부분이 정말 까다로운 논쟁거리인지 정확히 알고 있었다. 그러나 그 부분에 대한 경각심은 충분하지 않았다. 교리에 대한 토론은 양쪽을 좀더 가깝게 만들어 주었으나, 『아우크스부르크 신앙고백』이 "바로잡았다"[38]고 표현한 "폐습"에 관한 부분에서 양쪽은 다시 멀어지기 시작했다. 그 폐습은 어떻게 바로잡는가? 이미 잘 알려진 사례들이었다. 성만찬 자리에서 빵과 포도주를 모두 받는 것, 사제에게 결혼을 허용하는 것, 사적 미사를 없애는 것, 자발적 단식만을 허용하는 것, 수도원 서약을 철폐하는 것, 주교의 권한을 제한하는 것이다. 루터도 가톨릭 신학자들도 이렇게 "바로잡힌" 폐습과 관련해서는 결코 양보하려 하지 않았다. 교리는 주로 신학자들이 관심을 갖는 개념의 문제이기 때문에 토론이 가능하지만, 종교적 관행은 협상의 대상이 될 수 없었다. 종교적 관행은 거룩한 분의 현존과 능력에 다가서는 길이며 그것이야말로 종교가 존재하는 이유로 여겨졌기 때문이다.

가톨릭 측의 『반론』이 의회에서 낭독되자마자 멜란히톤은 그에 대한 반박문을 쓰기 시작했다. 그러나 오로지 기억에만 의지해서 쓴 것은 아니었다. 『반론』 원고 한 부를 달라는 요구가 거절당하자, 루터파는 낭독된 것에 기초하여 자체적으로 원고를 구성하기로 했다. 멜란히톤의 친구로서 뉘른베르크에서 온 카메라리우스는 『반론』이 낭독될 때 최대한 그 텍스트를 받아 적었고, 그 자리에 있던 사람들 중에서도 필기한 사람들이 일부 있었다. 루터파는 카메라리우스의 속기速記와 다른 노트를 맞춰 가면서 『반론』을 재구성하여, 실제로 낭독된 문서의 "모든 주요한 내용의 핵심"을 갖춘 텍스트를 만들어 냈다.[39] 9월 19일, 멜란히톤은 가톨릭의 『반론』에 맞서 『신앙고백』을 방어하는 글을 거의 완성했다고 보고하면서, 만족스러운 마음으로 이렇게 덧붙였다. "나는 정확하고도 격렬하게 썼다."[40]

사흘 후인 9월 22일, 황제 카를 5세는 판결문을 발표하기 위해 대표단을 모두 주교 궁정에 소집했다. 그는 가톨릭의 『반론』이 『아우크스부르크 신앙고백』을 논파했으니, 모든 개신교 통치자들은 1531년 4월 15일까지 다시 가톨릭으로 복귀할 것인지 말 것인지를 보고하라고 했다. 요한 선제후의 전직 비서관이자 정책 참모인 그레고르 브뤼크는 황제의 칙령을 공식적으로 거부하면서 멜란히톤의 『변론』 *Apology**을 제출했다. 기록에 의하면, 황제는 그 『변론』을 받으려고 손을 내밀었다가 다시 뒤로 뺐다고 한다. 아마도 그의 형제인 페르디난트 대공 때문이었을 수도 있고, 누군가가 귓속말로 경계의 말을 속삭였기 때문이었을 수도 있다. 그리하여 황제의 판결문은 그대로 아우크스부르크 제국의회의 공식 칙령이 되었다. 루터파에게 그 판결을 받아들일 수 있는 기회가 또 한 번 주어졌으나, 그들은 모두 거절했다.

*   '아폴로지'(Apology)는 라틴어와 그리스어로 '변호' 혹은 '변론'을 뜻하는 말에서 유래한다.

코부르크에 있던 루터는 의회가 끝났다는 소식에 기뻐했다. 그는 협상이 한창일 때도 그 협상이 성공할 수 없으리라는 것을 정확하게 예견했고, 카를 황제가 종교적 교착 상태를 교회 위원회에 위임할 것이라고 생각했다. 루터는 그 황제를 "훌륭한 남자"라고 부르면서, 그가 통일과 평화를 회복하려고는 하지만 너무나 많은 "악마적 괴물들"에게 사로잡혀 있어서 성공하기 어려울 것이라고 말했다.[41] 루터는 카타리나에게 편지를 쓸 때마다 이제 곧 집으로 갈 거라고 안심시켰으며, 9월 23일과 24일에도 다시 한 번 자기가 2주 안에 집에 도착해 있기를 "소망"한다고 말했다.[42] 작센 사람들이 곧 아우크스부르크를 떠날 것이라는 예상은 정확히 맞았지만, 곧 집에 도착할 것이라는 예상은 빗나갔다. 루터는 코부르크에서 사람들을 기다리면서 성 미하엘과 모든 천사의 축일인 9월 29일에 성城 예배당에서 설교를 했다. 설교의 대부분은 착한 천사가 아니라 타락한 천사, 악마에 관한 내용이었다. 지금 악마의 모략이 아우크스부르크에서 나타나고 있다. "악마는 우리를 신앙으로부터 떼어 내려고 안간힘을 쓰고 있다. 만일 악마가 승리한다면, 그 결과는 천지 사방에서 일어나는 살인이리라."[43] 그러나 10월 2일에 전한 두 번째 설교에서는 아우크스부르크에 두 신이 있다고 말했다. 하나는 우리의 참된 하나님이고 다른 하나는 세상의 신, 곧 악마다. 그리스도는 약한 모습인데 악마는 강력해 보인다. 그러나 은혜와 자비는 우리 쪽에 있으니, 우리는 하나님께 감사하고 하나님의 말씀이 굳게 서 있으며 우리가 그 위에 서 있음을 찬양해야 한다.[44]

    요한 선제후와 루터의 동료들은 10월 1일에 코부르크에 도착했고, 10월 4일에는 모두 비텐베르크로 가기 위해 길을 떠났다. 그 무렵 루터는 음악에 큰 관심을 보였고, 길을 떠나기 전에 뮌헨에 있는 뛰어난 작곡가 루트비히 젠플Ludwig Senfl에게 개인적 부탁을 전했다. 루터는 자신이 음악을 무척 사랑하는 사람이며, 음악 덕분에 큰 고민으로부터 벗어날 때가 많았다고 고백하면서, 시편 4편 8절("내가 평안히 눕고 자기도 하리니 나를 안전히 살게 하시는 이는 오직 여호와이시니이다")로 노래를 만들어 달라고 했다. 루터는 젊었을 때는 테너 멜로디cantus firmus(정선율)를 좋아했지만—루터는 어렸을 때 소년 성가대에서 그 시편을 라틴어로 불렀던 것 같다—지금은 여러 음성으로 부를 수 있도록 편곡된 노래를 원한다면서, 젠플에게 가까운 시간 안에 그런 곡을 완성해 주기를 부탁했다. 그러면서 자신이 이런 부탁을 하는 이유를 밝혔다.

> 사실 저는 저의 인생의 마지막이 가까이 왔기를 소망합니다. 세상은 저를 미워하고 저를 감당할 수 없으며, 저도 이 세상을 몹시 싫어하고 혐오합니다. 그러므로 최고의 목자, 가장 신실하신 목자께서 저의 영혼을 그분께로 인도해 주시길 바랍니다. 그래서 저는 응답가antiphon*45를 부르기 시작했는데, 잘 편곡된 멜로디로 듣고 싶은 마음이 간절합니다. 혹시 선생님께서 원래 선율을 갖고 계시지 않을 수도 있어서, 여기에 테너 악보와 동봉합니다.46

6개월 만에 집으로 돌아갈 수 있게 된 사람치고는 그다지 행복한 생각은 아닌 것 같다. 그러나 루터는 황제의 칙령으로 인해 곧 공격

* 두 합창대가 번갈아 노래하는 형식을 가리킨다.

이 닥쳐올 것이며 결국 그것이 자신의 죽음으로 끝날 것이라고 생각했던 것 같다. 10월 1일, 그는 『친애하는 독일 민족을 향한 경고』 Warning to His Dear German People를 쓰기 시작했다. 루터는 거기서 전쟁이 발발할 수 있다고 전제하고 그것이 자기에게 어떤 영향을 끼칠지 고민하는 모습을 내비친다. 전쟁이 일어나고 하나님이 그를 구원하지 않으신다 해도, 자신은 하나님께 감사하고 그분을 찬양할 것이라고 말한다.

나는 살 만큼 살았다. 지금까지 내가 한 일의 대가는 명백히 죽음이다. 나는 나의 주 예수님을 대신하여 교황 제도에 복수를 시작했다. 그들은 내가 죽은 다음에야 루터를 진지하게 생각할 것이다. 만일 내가 교황과 성직자들이 주도하는 무장 행동에 의해 살해당한다면, 수많은 주교, 성직자, 수도사를 몰고 다니게 될 것이며, 결국 사람들은 마르틴 박사가 어마어마한 행렬에게 호위를 받으며 무덤으로 내려갔다고 말할 것이다.[47]

그러나 비텐베르크 사람들이 1530년 10월 13일[48] 드디어 집에 도착하기도 전에, 루터에게는 자신의 죽음보다 더 중요한 관심사가 생겨났다. 스트라스부르에서 야코프 슈투름의 지지를 받아, 헤센의 필립 백작이 가톨릭의 공격에 맞서 프로테스탄트를 보호하기 위한 개신교 제후 및 도시 동맹을 제안한 것이다. 이 동맹은 스트라스부르와 비텐베르크의 신학자들이 성만찬 자리에 그리스도가 현존하는 방식에 대하여 완전히 동의했을 때만 비로소 확실한 동맹이 될 수 있었다. 제국의회가 끝나기 전, 스트라스부르에서 온 마르틴 부처와 필립 멜란히톤은 그 문제에 관해 토론을 벌였다. 기록에 의하면, 멜란히톤은 부처의 견해가 기대 이상으로 건전했으며 심지어 루터의 견해와도 유사했다고 말했다.[49] 얼마 후 마르틴 부처는 코부르크로 가서 루터와 만났다. 그 대화도 긍정적인 분위기로 마무리되었다. 그래서 요한 선제후는 아주 자연스럽게 필립의 동맹 제안을 루터에게도 전달해 주었다.

그러나 루터에게 성만찬은 단순한 이슈 이상이었다. 그는 1522년에 비텐베르크로 돌아온 후로 황제에 대한 어떤 형태의 군사적 저항도 반대해 왔다. 하지만 요한 선제후의 참모들은 그 저항이 합법이라고 주장했다. 요한 선제후는 합의를 이끌어 내기 위해 토르가우로 신학자들을 소집했다. 10월 말에 열린 그 회의에서, 루터는 황제에게 맞서 저항하는 것을 어느 정도 지지해 줄 수 있는 방안을 찾아냈다. 그러나 그와 동시에, 엄밀히 말하면 그런 일이 그리스도인에게 허용될 수 있는 일이 아니라는 입장을 견지했다.[50] 이듬해 1월에 링크에게 보낸 편지에는 그 역설이 가장 선명하게 표현되어 있다. "만일 제후가 제후로서 황제에게 저항한다면 그것은 그들의 판단과 양심의 문제일세. 세상에 대하여 죽은 그리스도인에게는 확실히 그런 저항이 허용되지 않는다네."[51]

그 장애물이 극복되자 요한 선제후는 필립의 제안을 받아들일 수 있게 되었다. 바야흐로 가장 강력한 프로테스탄트 동맹이 탄생을 앞두고 있었다. 1530년의 마지막 날, 이 동맹은 헤센에서 두 번째로 큰 도시이며 비텐베르크보다는 두 배나 큰 도시 슈말칼덴Smalcald에서 서면 합의에 의해 공식적으로 체결되었다. 슈말칼덴은 필립 백작의 제2관저가 있는 곳이기도 했다. 지리적으로 슈말칼덴은 헤센의 백작과 작센 선제후가 만나기에 가장 적합한 곳이었다. 현재는 튀링겐주에 속한 슈말칼덴은 당시에도 튀링겐과 아주 가까웠기 때문에 두 군주 모두 편안함을 느낄 수 있는 장소였다. 12월 31일, 그 동맹은 "폭력적 습격에 방어하기 위한 그리스도인 연합"이라는 이름으로 구축되었고, 그 즉시 아우크스부르크 칙령의 내용을 완화해 줄 것을 카를 황제에게 탄원하기로 했다. 슈말칼덴 동맹의 공식 헌장은 1531년 2월 27일에 서명되었다. 선제후의 작센과 헤센 외에도 『아우크스부르크 신앙고백』에 서명한 네 개의 지역, 거기에 북부 독일의 마그데부르크, 브레멘, 뤼베크, 그리고 스트라스부르를 필두로 일곱 개의 남부 독일 도시들이 가세했다.

남쪽에서 가장 강력한 루터파 도시인 뉘른베르크는 『아우크스부르크 신앙고백』에는 서명했는데도 이 동맹에 함께하지 않았다. 뉘른베르크는 황제에게 속한 도시가 황제에게 맞서 싸울 수 있는 권리를 승인한다는 것은 있을 수 없는 일이라고 선언하면서, 오랫동안 루터가 견지해 왔던 저항 반대의 입장을 두둔했다. 선제후의 작센이 루터도 이제는 그 저항을 지지하고 있다고 응답하자, 루터의 오랜 지지자이며 뉘른베르크시의 원로 정치인 라자루스 슈펭글러는 루터에게 직접 문의해 왔다. 루터는 자신이 입장을 바꿔 저항을 지지하게 된 상황에 대해 신통치 못한 변명을 늘어놓았다. 루터는 작센의 신학자들이 저항을 정당화하는 법률적 논거가 나올 때까지는 결정을 유보하고 있다고 말했다. 그러나 실상 루터는 자신이 전혀 원하지 않았던 상황, 곧 자신의 신학이 정치적 경쟁 관계에 있는 양쪽에 의해 이용당하는 상황에 휘말려 있었다.[52] 그리스도인은 이 세상에 대해 죽은 사람이지만 제후는 제후로서 행동할 수 있다고 말함으로써, 루터는 자신의 신학을 정치적 타협의 장(場)으로부터 가능한 한 멀리 떼어 놓으려고 했다. 그것은 고귀한 목적이었으나, 곧 밝혀지듯이 결국 절망적인 노력으로 끝나고 말았다.

참된 종교

1531-1534
비텐베르크 ― 토르가우

"참된 종교는 마음과 영혼의 종교이지 행위와 그 밖의 외적인 것의 종교가 아니다. 참된 마음을 가지면 나머지는 따라온다. 마음이 있는 곳에 다른 모든 것도 있기 때문이다."[1]

코부르크에서 돌아온 루터는 기력이 쇠하고 두통이 심하다고 불평하곤 했다. 1530년 12월 18일, 그는 어지럼증이 심해서 설교를 끝마치지 못했다.[2] 이러한 불평은 1531년까지도 계속되었다. 그는 코부르크에서 마신 오래된 포도주 때문에 두통이 생겼다고 투덜댔지만, 그때면 집에 돌아온 지 벌써 3개월이나 지난 시점이었다.[3] 닷새 후에는 머리의 기능이 약해졌음을 느꼈다. "글을 쓰는 것도, 책을 읽는 것도, 말을 많이 하는 것도 힘들어졌다. 나는 병든 사람처럼 살고 있다."[4] 일주일 뒤에는 피로감이 점점 심해져서 괴로운 상황이라고 털어놓았다. 아이제나흐에 있는 한 목사에게 쓴 편지를 보면, 루터는 삼촌의 편지에도 답장할 수 없을 만큼 약해져 있었다. "나는 사방에서 밀려드는 편지의 늪 속에 빠져 있다네. 그 편지들은 하나같이 오직 루터만이 자기들의 문제를 처리해 줄 수 있다고 말하지. 편지를 배달하는 사람들은 [내가 답장을 쓰는 데 필요한 시간을] 기다려 주는 법이 거의 없다네. 그들은 머물 곳도 없고 해야 할 다른 일도 있으니까. 그래서 그들은 편지를 전달하자마자 내가 곧바로 답장을 쓰기를 바란다네!…나 혼자 이렇게 즉각적으로 모든 사람의 일에 신경을 쓰고 싶지는 않군."[5] 루터는 절망에 빠져 기분이 엉망일 때는 꽤나 투정을 부렸으나, 그래도 일은 멈추지 않았다.

그는 1530년 10월 중순 비텐베르크에 돌아오고 나서 아가서 강의를 재개했으나, 12월 6일에 중단했고 1531년 5월까지는 다시 시작하지 못했다. 루터의 시간 대부분은 편지, 설교, 시편에 붙들려 있었다. 코부르크에서 루터는 디트리히에게 각각의 시편에 대한 짧은 설명을 구술하여 적게 했고, 9월 말에는 시편 24편에 이르렀다. 이 작업은 그가 비텐베르크로 돌아가면서 중단되었고 1531년 1월까지 답보 상태였다. 지연된 프로젝트로 인한 압박도 있었다. 1524년에 처음 출간된 독일어 시편 전체를 개정하는 작업이 그것이었다.[6] 구약성경을 히브리어에서 독일어로 번역하는 팀이 다시 결성되어 1531년 1월 중순부터 3월 15일까지 15차례나 모임을 가졌다. 루터는 시편 개정판을 내는 차원에서 만족하지 않고 코부르크에서 했던 것처럼 간략한 요약 설명을 추가하려고 했고, 개정 팀의 작업 방식을 변호하는 서문을 쓰고자 했다. 1533년에는 이 세 가지 시도(독일어 시편 개정판, 변론, 요약)가 모두 인쇄되어 나왔다.[7]

변론defense에서는 비텐베르크 번역 팀이 히브리어 본문의 난처하고 어려운 표현이 잘 이해될 수 있도록 적절한 독일어를 찾아내고 있다고 소개했다. 루터의 설명에 의하면, 때때로 번역 팀은 히브리어를 그대로 직역할 수 없는 문장들과 만나기도 했다. "우리는 원문의 자구 번역을 탈피하여 때로는 유대의 랍비와 문법학자들이 가르치는 내용과 다른 해석을 따르기도 했다."[8] 왜 그렇게 했는가? "독일어를 말하는 사람이라면 히브리어 스타일을 사용할 필요가 없다. 일단 히브리어 저자를 이해하고 난 후에는 그 본문의 의미에 집중하면서 이렇게 물어야 한다. '이런 상황에서 독일인이라면 뭐라고 말할까?' 일단 독일어가 떠오르면, 히브리어는 과감하게 내려놓고 그들이 알고 있는 최고의 독일어로 자유롭게 그 의미를 표현하도록 했다."[9] 하지만 또 어떤 때는 히브리어를 문자 그대로 해석해야 했는데 그것은 "몇 안 되는 그 단어에 모든 것이 달려 있는" 경우였다. 루터는 그 예로 시편 68편 18절을 들었다. "당신은 높은 곳에 오르셨습니다. 당신은 포로를 포로로 끌고 오셨습니다."

이 문장은 독일어로 "당신은 포로들을 자유롭게 하셨습니다"라고 해도 좋을 것이다. 하지만 그러면 너무 약해져서 원래 히브리어 원문("당신은 포로를 포로로 끌고 오셨습니다")의 정밀하고 풍부한 의미가 제대로 전달되지 않는다. 히브리어 원문은 그리스도께서 포로들을 자유롭게 해 주신다는 의미만이 아니라, 그분께서 포로 상태 그 자체 captivity itself를 붙잡으셔서 포로로 끌고 가셨기 때문에 그것이 다시는 우리를 포로로 붙잡을 수 없다는 의미까지도 포함한다. 이것이 [그리스도께서 성취하신] 영원한 구원이다.[10]

루터는 우리가 흔히 기독교 근본주의자들 가운데서 볼 수 있는 문자주의자, 곧 성경 본문의 일점일획도 오류가 없으며 한 단어 한 단어가 모두 성스러운 것이라고 믿는 그런 사람이 아니었다. 그렇다고 구약성경이 전반적으로, 혹은 전적으로 히브리어 경전일 뿐이라고 주장하는 현대적 의미의 텍스트 비평가도 아니었다. 루터에게 히브리어 경전은 "구약", 즉 기독교 성경의 제1권이었다. 그런 의미에서 루터는 신약성경 저자들과 비슷했다. 그들이 300개가 넘는 "구약"의 말씀을 인용하거나 암시함으로써 자신들의 메시지를 명시적으로 드러내고 증명했던 것처럼, 루터도 그렇게 구약을 활용했다.

대다수의 그리스도인들이 한 번도 본 적 없고 간직한 적도 없는 성경이 루터와 종교 개혁자들에 의해 읽을 수 있는 것이 되어 그들의 손에 쥐어졌으며, 이로써 기독교는 역사상 그 유례를 찾아볼 수 없는 '책의 종교'가 되었다. 루터도 이것을 훌륭한 아이디어라고 여겼던 것 같지만, 그 결과는 루터 자신을 비롯한 번역자 모두가 상상했던 차원을 넘어섰다. 우선, 프로테스탄트 평신도들이 읽을 수 있는 성경을 갖게 된다면 그 성경이 교황보다 큰 권위의 원천이 될 것이며 그들이 성경을 읽으면서 종교개혁자들의 주장이 옳다는 확신을 갖게 될 것이라고 봤던 루터의 기대는 정확했다. 그러므로 독일어 신구약성경이 최대한 잘 이해될 수 있도록 계속해서 개정하는 일은 루터의 주된 관심사였다. 1522년 9월에 최초로 출간된 독일어 성경은 루터가 살아 있는 동안에만 여섯 번 개정 작업을 거쳤고, 1534년에는 최초의 완전한 독일어 성경이 출간되었다. 이 성경 전체도 루터가 죽기 전에 세 번이나 개정되었다.

그러나 루터가 전혀 예상하지 못했던 것이 있었다. 루터는 성경을 읽는 궁극 목적이 복음과 만나는 것이라고 주장했건만, 너무나 많은 사람들이 루터의 그 주장을 무시했다. 1537년 루터는 설교, 세례, 성만찬, 죄를 고백하고 용서받는 일, 신자들의 상호 위로와 같은 수단을 통해 복음이 사람들에게 도움을 주고 길잡이가 된다고 말했다.[11] 성경 읽기가 빠져 있는 것이 의아한데, 사실 복음은 성경에 뿌리를 두고 있기 때문이다. 일단 사람들이 성경을 읽을 수 있게 되자 굳이 교회에 가서 다양한 형태의 복음을 듣는 것을 불필요하게 여기게 될 줄을 루터는 전혀 예견하지 못했다. 또 어떤 사람들은 성경을 자기 식대로 읽어서, 자기가 아는 일부만 가지고 기괴한 신념과 선입견을 내세우곤 했다. 또 어떤 그리스도인들은 기독교를 성경과 동일시하면서 선조들을 무시했다. 사실 그 선조들이 수 세기에 걸쳐 그 성경을 보존해 온 덕에 지금 그들이 이렇게 읽을 수 있게 되었는데도 말이다. 또 어떤 사람들은—그리스도인이건 아니건—가령 십계명과 같이 어느 정도 친숙한 구절만 끄집어내어 그것을 정치적 무기로 휘두르는 경우도 있었다. 요컨대, 성경에 담긴 복음을 통해 자유를 발견하기보다는 자구에 얽매여 '종이 교황'a paper pope의 노예가 되는 독자들이 나타난 것이다.

자신은 점점 나이가 들어 가고 학생들은 점점 어리게만 보이는 상황에서, 루터는 사람들이 성경에 담긴 복음을 놓치지 않을까 염려하고 있었다. 1530년대에 루터는 자신의 독자와 학생들에게 경고했다. "교황의 지배하"에서 복음이 아직 빛을 발하지 못하던 때의 삶은 너무나 끔찍한 것이었다. 그런데 만일 황제가 그들을 다시 로마 가톨릭으로 되돌린다면 암흑의 시간이 다시 돌아올 것이다. 아우크스부르크 의회 이후에는 또 이렇게 경고했다. 만일 독일의 프로테스탄트들이 황제가 종교개혁의 수레바퀴를 거꾸로 돌리려고 하는데도 가만히 있기만 한다면, 복음에 의해 수립된 모든 선한 것을 말살한 책임이 그들에게 있다는 것이다.[12] 그렇게 되면 무엇을 잃어버리는 것인가? 복음적 설교, 세례, 성만찬만이 아니다.

> 너희는 모든 독일어 책들, 신약성경, 시편, 기도서, 찬송, 우리가 저술한 모든 것, 그리고 그들[가톨릭 신자들] 스스로도 좋다고 인정한 것을 죄다 불태우도록 선동할 것이다. 너희는 모든 사람이 십계명도 주기도도 사도신경도 모른 채 살아가도록 만들 것이다. 그런 일이 흔히 일어나는 상황이다. 너희는 사람들이 그리스도인의 자유를 알지 못하게 할 것이다. 너희는 사람들이 그리스도만을 신뢰하지 못하도록

하고, 오로지 그분에게서 위로를 구하지 못하도록 만들 것이다. 그런 신앙은 과거에는 전혀 없던 것, 모두에게 새로운 어떤 것이기 때문이다.…너희는 그리스도의 말씀과 그분의 온 나라를 파괴하고 악마의 나라를 재건하는 데 힘쓸 것이다.[13]

『친애하는 독일 민족을 향한 경고』가 막 출간될 즈음이었는데, 시간은 어느새 1531년 4월 1일이 되었다. 그날은 로마 가톨릭으로 회귀하라는 황제의 명령을 루터파가 받아들일 것인지 말 것인지를 통보해야 하는 마지막 날이었다. 그다음 날은 고난주간의 첫날이었는데, 루터는 지정된 본문으로 설교하면서 그 최후통첩에 대해서는 언급하지 않았다.[14] 사실 그럴 필요도 없었다. 마인츠 대주교 알브레히트와 다른 한 사람의 가톨릭 선제후가 카를 황제에게 프로테스탄트와의 추가 협상을 고려해 달라고 부탁해 놓은 터라, 억지로 그러지 않아도 되는 상황이었다. 다시 한 번 제국의 정치적 분위기는 루터파에게 유리해졌다. 카를 황제는 자기 동생인 페르디난트 대공을 독일 왕의 자리에 앉히기 위해서 루터파의 표가 필요했고, 튀르크의 공격에 대비하기 위해서도 프로테스탄트의 돈과 병력이 필요했기 때문에 추가 협상을 허락해 주었다. 그러므로 루터파는 적어도 제국의 최고 법정이 아우크스부르크 칙령 위반 혐의로 자신들을 처벌하는 일을 뒤로 미루게 될 것이라고 기대할 수 있게 되었다.[15] 가톨릭 신학자들과의 대화가 재개되었다는 소식을 들은 루터는 평화를 위해, 그리고 한숨 돌릴 여유를 얻기 위해 그 협상에 동의했다.[16]

1531년 말이 되자, 비텐베르크에 남아 있는 친구라고는 루터의 가장 친한 동료 요나스와 멜란히톤뿐이었다. 루터가 코부르크에서 집으로 돌아오고 1주일 후에 부겐하겐은 뤼베크로 떠나야 했다. 뤼베크는 함부르크 동쪽에 있는 부유한 도시로서 종교개혁의 기틀을 마련하기 위해 노력하는 중이었고, 그런 맥락에서 루터파 규정을 제정하기 위해 부겐하겐을 초청한 것이었다. 1530년 10월 28일, 부겐하겐이 뤼베크에 도착하자마자 귀신 들린 젊은 여자가 거친 말로 그를 맞이했다. "뤼베크에는 설교자가 충분하지 않다는 말이냐? 어째서 비텐베르크에서 또 사람을 데려왔느냐?"[17] 요한 선제후와 루터도 똑같은 질문을 던졌다. 부겐하겐이 또 한 번 기약도 없이 작센을 떠나 있는 것을 아무도 원하지 않았기 때문이다. 부겐하겐이 없다는 것은 루터가 시교회에서 더 자주 설교를 해야 한다는 뜻이었다. 그것도 1531년 부활절 기간에 말이다. 부활절이 끝나고 곧바로 여름 학기가 시작되자 루터도 강의를 재개했다. 루터는 6월에 아가서 강의를 끝난 후 곧장 갈라디아서 강의를 개설했다. 7월 3일에 시작된 강의는 거의 매주, 방학도 없이 계속되었고, 12월 중순이 되자 갈라디아서를 거의 끝마치게 되었다. 1535년 루터의 갈라디아서 강의록이 출간되었으며, 이 책은 루터의 신학 저술 중에서도 독보적 지위를 차지하게 되었다.

1531년, 루터가 갈라디아서 강의를 하는 동안 신경을 분산시키는 일이 많았다. 4월 30일, 루터는 자기 아이의 가정교사 히에로니무스 벨러Jerome Weller의 여동생이 예정론 때문에 심각한 고민에 빠졌다는 말을 듣고 그녀를 진정시켰다. 루터는 자기가 과거 슈타우피츠에게 들었던 것과 똑같은 조언을 그녀에게도 해 주었다. 그리스도 안에 나타난 하나님의 사랑에 마음을 집중하라고 말이다.[18] 5월 4일, 요한 선제후는 루터에게 토르가우에 와서 작센의 하인리히 공작과 만나라고 했다. 그는 가톨릭을 지지하는 게오르크 공작의 형제였는데, 루터의 설교를 직접 듣고 싶어 했던 것이다. 루터는 선제후의 명령에 따라 새벽 2시에 일어나 토르가우로 출발했다.[19] 황당한 요청이었지만 루터는 군소리 없이 순종했다. 적어도 기록상으로는 아무런 불평도 없었다. 5월 20일에는 위중한 상태에 있는 모친에게 위로의 편지를 길게 써 보냈다. 그녀는 얼마 후 세상을 떠났으니, 남편이 세상을 떠나고 1년 만의 일이었다.[20] 6월 16일, 루터는 요한 선제후에게 비텐베르크의 토지 관리인 한스 메치가 매춘부를 멀리하라는 경고를 듣지 않는다며 불만을 토로했다. 메치가 자기는 여자 없이는 살 수 없다고 주장하자, 루터는 그에게 성만찬을 금지했다.[21] 그 일을 둘러싼 소문은 점점 증폭되었고 갈등이 확연해지자 결국 요한 선제후는 그 문제를 비텐베르크 시의회에 회부했다. 루터는 6월 26일에 뉘른베르크에 있는 링크에게 보낸 편지에서, 자신이 지금 사탄으로부터 엄청난 공격을 받고 있으며 사탄이 자신을 죽일 수도 있겠구나 생각하며 두려워하고 있다고 말했다. 같은 편지에서, 사소한 문제들이 서서히 자신의 힘을 빼고 있다고 불평하기도 했다.[22] 사탄과 끝도 없이 밀려드는 자질구레한 일들 가운데 무엇이 더 악영향을 끼쳤는지는 우리가 상상하기 나름일 것이다. 갈라디아서 강의가 시작된 7월 3일, 옛 스승의 여동생 마그달레나 슈타우피츠가 루터를 방문했다. 그 당시 마그달레나는 여학교의 교장으로서 수도회에 속한 건물에서 살고 있었다. 그런데 요한 선제후의 관리들이 그 수도회의 재산을 몰수하고 그녀의 집도 빼앗으려고 했다. 루터가 그녀를 위한 청원서를 선제후에게 보내 준 덕분에 마그달레나 슈타우피츠는 자기 집을 유지할 수 있었다.[23]

몇 달 후, 11월 9일에 카타리나 루터는 넷째 아이 마르틴을 낳았다. 루터는 아이가 태어나기 열흘 전, 아이슬레벤에 살고 있는 자신의 친척이자 친구인 요한 뤼엘을 초대하여 그 아이의 대부가 되게 했다.[24] 추측건대 아이의 세례식은 루터의 47번째 생일인 1531년 11월 10일에 비텐베르크에서 거행되었을 것이다. 그다음 해 생일에는 인근 안할트주의 제후들이 루터에게 멧돼지 고기를 보내 주었다. 안할트 궁정에 자리가 났을 때 루터가 친구 니콜라우스 하우스만을 그곳에 추천했는데, 하우스만은 제후들에게 성 마르틴 축일(11월 11일)과 아버지 마르틴(11월 10일), 아들 마르틴(11월 9일)의 생일 기념 파티에 멧돼지 고기를 보내 주면 루터와 네 명의 동료 교수들이 맛있게 먹을 거라고 귀띔해 주었다.[25]

마르틴 루터라는 이름으로 살아가는 일이 어린 마르틴에게도 무거운 짐이었던 것 같다. 루터는 7살쯤 된 마르틴을 '작은 악당'이라고 부르며 걱정하기 시작했다.[26] 14살의 마르틴은 아버지의 임종을 지켰고 아들들 가운데 유일하게 신학을 공부했다. 그러나 그가 목사로 일했다는 기록은 없다. 1552년에 어머니 카타리나가 세상을 떠났을 때, 그는 그때까지 집에 남아 있는 자식 중에는 가장 맏이였다. 1560년 비텐베르크 시장의 딸과 결혼했을 때, 그는 수도원 건물에 남아 있는 유일한 자식이었다. 그때 마르틴은 이미 알코올 중독이었던 것 같다. 1563년, 포메른의 젊은 제후 두 명이 비텐베르크에 유학하러 와서, 그때까지만 해도 마르틴과 그의 부인이 소유하고 있던 수도원 건물에 숙소를 배정받았다. 그런데 두 제후를 맞을 준비가 전혀 되어 있지 않았다. 수도원은 지저분했고 거의 텅 비어 있었으며, 2층에는 아무 때나 들락거리는 소란스런 대학생이 일곱 명이나 살고 있었다. 마르틴은 빈털터리였고 틈만 나면 친구들과 어울려 술판을 벌였는데, 제후의 시종은 그들을 '아무짝에도 쓸모없는 놈들'이라고 불렀다. 마르틴이 이런 상황을 개선해 달라는 부탁을 거절하자 결국 포메른의 제후들은 더 나은 숙소를 구해 나갔다.[27] 2년 후, 마르틴은 서른넷의 나이에 요절했다.

아들 마르틴이 태어난 날, 그의 아버지는 갈라디아서, 곧 바울이 자기가 개척한 소아시아 중부(터키)의 여러 교회들에 보낸 편지를 강의하고 있었다. 대부분의 초대교회처럼 갈라디아 교회도 유대인 및 이방인 개종자로 이루어진 공동체였다. 바울이 그곳을 떠나자 일부 유대인 개종자들이 이방인 개종자들에게 할례와 율법 준수를 강요했다. 바울은 격분했고, 유대인 그리스도인들이 바울에게서 받은 복음과는 다른 복음을 따르고 있음을 지적했다. 바울에 의하면, 그리스도를 믿는 사람은 유대인이나 비非유대인이나 구별 없이 모든 율법과 제사 의식으로부터 자유로워진다. 그러므로 바울은 이렇게 묻는다. 너희는 왜 다시금 그런 것의 노예가 되려고 하는가? 이어서 그는 이렇게 말한다. 만일 너희가 계속해서 그 방향으로 나간다면 "내가 너희를 위하여 수고한 것이 헛될까 두려워하노라"(갈 4:11).

루터도 프로테스탄트 신자들을 향해 같은 질문을 던졌다. 원칙적으로 그들은 종교개혁을 통해 중세 가톨릭주의가 가르치던 모든 속박하는 율법과 제사 의식으로부터 자유로워졌다. 그런데 지금 그들이 황제의 압력에 저항하지 않고 다시금 이전 종교의 종살이로 돌아간다면, 루터가 바르트부르크에서 받은 사명은 죽은 것이다. 루터는 만일 그들이 그리스도인의 자유를 누리고자 한다면 절대로 돌아서서는 안 된다고 경고했다. 루터는 95개 논제를 발표하기 전에도 갈라디아서 강의를 한 적이 있었지만, 지금이야말로 갈라디아서를 새롭게 강의하기에 가장 적합한 시점이었다.

우리는 바울이 갈라디아 사람들에게 보낸 편지를 다시 한 번 강의했다. 뭔가 새로운 걸 가르치고 싶었기 때문이 아니라…이미 여러 번 경고한 것처럼, 지금 우리가 극도로 위험한 상황에 처해 있기 때문이다. 지금 악마는 우리에게서 순수한 신앙의 가르침을 빼앗아 버리고 그것을 인간의 전통과 행위의 가르침으로 대치하려고 한다.…그러므로 신앙이라는 주제는 아무리 열심히 토론하고 가르쳐도 충분하지 않다. 신앙의 주제가 영원히 사라지면 진리에 대한 지식도 영원히 사라진다. 이 가르침이 꽃을 피우면 모든 선한 것, 즉 종교, 참된 예배, 하나님의 영광, 사물의 질서에 대한 정확한 지각도 꽃을 피운다.[28]

루터는 자신의 주장을 변호하면서 바울 서신의 목표를 요약했다. 그것은 면벌부 논쟁 이후 루터를 움직였던 것과 똑같은 목표였다. 곧 "믿음, 은혜, 죄 사함, 그리스도인의 선함에 관한 가르침을 정립하여 우리가 그리스도인의 선함과 다른 종류의 선함을 완전하게 구별할 수 있는 것"이다. 루터의 주장에 의하면, 그리스도인의 선함 혹은 하늘의 선함은 우리의 행위나 공로 없이 하나님이 우리에게 주시는 것이다. 그 선함은 우리의 선한 행동이나 우리의 율법 준수로부터 나오지 않는다. 매일의 삶은 우리에게 율법 준수를 요구한다. 그리고 율법에 순종하면 법률적, 혹은 도덕적 선에 이를 수 있다. 그러나 이것은 그리스도인의 선함과 같지 않다.

우리의 신학은 두 종류의 선, 혹은 의를 정확하게 구분하라고 가르치는데…그래야 도덕과 믿음, 행위와 은혜, 세속 사회와 종교를 혼동하지 않을 수 있기 때문이다. 각각의 쌍은 모두 필요한 것이지만, 각자 자기 영역을 지켜야 한다. 그리스도인의 선은 새사람에게 적용되며, 율법의 선은 혈과 육으로 난 옛사람에게 적용된다.[29]

이 강의에서 루터가 추구하는 전략은, 율법에서의 자유를 오해하고 있는 갈라디아의 유대인 그리스도인들을 위해 바울이 엄격하게 구분하고 있는 것이 무엇인지를 보여 주는 것이었다. 바울 자신도 개종한 유대인 학자였으며, 그에게 율법은 구약성경의 맨 처음 다섯 책인 토라였다. 거기에는 십계명도 있고 여러 제사 규정과 윤리 지침도 있다. 바울은 유대인이든 비유대인이든 모든 그리스도인은 세례를 받음으로써 그 모든 율법으로부터 자유로워졌다고 주장한다. 세례를 받을 때 임하시는 성령은 개종자들에게 필요한 모든 선과 도덕성의 근원이다. 그리스도인은 더 이상 율법 아래가 아니라 성령 안에서, 성령을 통해 살아간다.

루터의 강의는 같은 주장을 그 당시의 상황에 적용한 것이었다. 바울이 유대 그리스도인을 겨냥했다면 루터는 중세의 가톨릭교도들을 염두에 두었다. 그들의 종교는 율법과 규정에 기초하고 있으며—그 가운데 어떤 것은 성경적이고 어떤 것은 전혀 그렇지 않은데—신자들은 거기에 순종함으로써 하나님 보시기에 선한 존재가 되려고 한다. 루터는 가톨릭교도와 바리새인을 하나로 보았다. 바리새인들은 유대교 율법 전문가였고 예수님은 그들의 율법과 인간적인 규정들을 반대하셨다. 그러나 그게 전부는 아니었다. 루터는 자신이 교황주의자라고 명명한 가톨릭교도 외에 다른 사람들도 추가해서, 그가 추구하는 참된 종교의 비전을 거부하는 재세례파, 츠빙글리파, 무슬림, 또 그 당시의 유대인도 문제시했다. 루터의 주장에 의하면, 그리스도인이건 아니건 그들은 모두 기독교적 선함을 반대한다. 그 선함은 우리에게 무상으로 주어지는 하늘의 선물이지, 율법 준수에 기초한 인간의 공로로 얻을 수 있는 것이 아니다. 루터가 자신의 대적들을 상투적으로 비판하는 방식은 너무나 단순하고 부당해 보였다. 하지만 그는 이런 방식으로 바울의 메시지를 16세기 기독교에 이식하려고 했다.

이 모든 것이 루터에게는 너무나도 확실했는데, 종교적인 사람들이 파악하기에는 무리였다는 사실이 곧 드러났다. 그들에게는 종교와 도덕이 잘 구별되지 않았다. 그들은 관습과 율법을 잘 지키고 착한 일을 하면 하나님이 기뻐하시며, 그들의 종교가 약속하는 보상을 얻게 될 것이라고 배워 왔다. 루터는 평생을 이런 식으로 종교와 도덕을 동일시하는 것에 맞서 싸워 왔지만, 참 힘든 싸움이었다. 루터의 설교는 처음부터 많은 사람들에게 오해를 불러일으켰다. 인간의 행위가 아니라 오직 믿음으로 하나님을 기쁘시게 할 수 있다는 설교는 이제 도덕적 청렴과 관대한 행위를 그만두어도 된다는 소리처럼 들렸다. 선한 행위와 그리스도인의 자유에 대한 루터의 1520년대 독일어 논문들은 적극적으로 이런 오해에 맞섰다. 이제 루터는 다시 한 번 갈라디아서, 특히 5장에 근거하여 참된 선행이란 믿음과 성령의 열매라는 사실을 강조했다. 믿음이 있으면 자연스럽게 올바른 법을 따르고 도덕적으로 선한 행동을 하게 된다. 믿음과 마찬가지로 선행도 성령이 주시는 선물이기 때문이다. 1531년, 학식이 있는 청중을 대상으로 한 갈라디아서 강의에서 그는 "행함"doing의 의미를 재정립함으로써 다시금 믿음과 도덕 사이에 구분선을 그어 주었다.

> 우리는 신학에서 "행함"이라는 말을 [철학에서보다] 높이 올려서 그것이 전체적으로 새로워질 수 있도록 해야 한다.…신학에서 행함은 항상 믿음으로 행함으로 이해되며, 그러므로 믿음으로 행함은 별도의 영역, 말하자면 새로운 범주다. 이것은 도덕적 행함과 다르다. 우리 신학자들이 행함에 관해 말할 때는 믿음으로 행함을 말하는 것이 필요하다. 신학에서는 믿음을 통하지 않은 이성도 없고 선한 의지도 없으니…이는 "믿음이 없이는 하나님을 기쁘시게 할 수 없기"(히 11:6) 때문이다.[30]

이렇듯 종교와 도덕을 분리시킨 것은 루터의 혁명적 시도였으나, 동시에 그가 사람들에게 오해와 배척을 당하는 이유가 되기도 했다. 그 구분은 까마득한 옛날부터 종교의 목적으로 알려진 것, 즉 신에게 다가가 그분을 기쁘게 함으로써 복과 보상을 받는다는 공식을 거부했다. 과거에 종교적 실천은 거룩한 토지를 지정하고 성전을 건립하여 신에게 희생 제사를 드리는 것이었다. 성직자를 따로 세우고 그들에게 신자와 신 사이를 중재하는 권한을 부여하는 것이었다. 성스러운 예식을 만들어 신의 존재를 드러내는 것이었다. 신에 관한 이야기, 이 세상이 어떻게 시작되었으며 어떻게 끝날 것인지에 관한 이야기를 들려주는 것이었다. 도덕 규정을 만들어서 신자들에게 가르치고, 그 규정을 잘 따라서 영원한 보상을 얻게 하는 것이었다. 기독교는 이러한 각본에 가장 잘 어울리는 종교였다. 그런데 루터가 이를 바꾸려 했으니 여기저기서 엄청난 저항에 부딪힐 수밖에 없었다. "참된 종교는 마음과 영혼의 종교이지 행위와 그 밖의 외적인 것의 종교가 아니다. 참된 마음을 가지면 나머지는 따라온다. 마음이 있는 곳에 다른 모든 것도 있기 때문이다."[31] 루터가 자신의 입장을 이렇게 잘 요약해 놓았음에도 사람들의 저항은 수그러들지 않았다.

1531년 12월 12일에 갈라디아서 강의를 끝낸 후, 루터는 암스도르프에게 정치적 변화와 관련된 소식을 전했다. 약 30만의 튀르크 군이 다시 헝가리에 대한 공격을 개시했고 카를 황제가 프로테스탄트의 지원을 필요로 하게 되자, 가톨릭과 프로테스탄트 간의 새로운 협상이 진전을 보이기 시작했다. 아직 합의가 이루어지지는 않았지만 1532년 부활주일 다음 날 시작되는 회의에서는 가능할 것이라는 예상이 있었고, 거의 때를 같이하여 좀더 남쪽에 있는 레겐스부르크Regensburg에서 제국의회가 열릴 예정이었다. 카를 황제가 내린 규정에 의하면, 코부르크에서 그리 멀지 않은 슈바인푸르트Schweinfurt에서 열리는 회의에서 가톨릭 측 대표들은 아우크스부르크 신앙고백에 서명한 프로테스탄트 대표들하고만 이야기할 수 있었다. 황제의 규정은 슈말칼덴 동맹에는 참여했지만 아우크스부르크 신앙고백에는 서명하지 않은 중요한 도시 스트라스부르를 제외했다.[32] 스트라스부르의 신학자 대표 마르틴 부처는 성만찬에 관한 루터의 의견에 완전히 동의하지는 않았다. 그러나 튀르크의 위협도 있고, 황제와 화친을 맺을 수 있는 전망이 밝았기 때문에 마침내 스트라스부르도 아우크스부르크 신앙고백에 서명을 하고 그 회의에 참가했다.³³ 슈바인푸르트에서 열린 회의는 6월이 되자 제국의회가 개최되는 곳과 가까운 뉘른베르크로 장소를 옮겼다. 마침내 카를 황제도 자신이 제시한 조건만 충족된다면 아우크스부르크 칙령을 억지로 시행하지 않겠다는 데 동의했다. 그 자리에 참석하지 않은 루터는 요한 선제후에게 황제의 제안을 받아들이라고 충고했으며, 양측은 "뉘른베르크의 평화"Peace of Nuremberg(1532)라고 불리는 협정에 사인을 했다. 공식적으로는 한시적 협정이었으나, 그 덕분에 독일의 종교개혁은 예상치도 못했던 혜택을 누릴 수 있었다. 카를 황제는 향후 10년 동안 아우크스부르크 칙령을 강행할 수 없게 되었다.

슈바인푸르트와 뉘른베르크 회의에는 선제후를 대신해서 그의 아들 요한 프리드리히 공작이 참가했다. 요한 선제후는 괴저병壞疽病에 걸려 발가락 하나를 잃고 조금씩 회복하는 중이었다. 토르가우에 있는 루터는 선제후의 곤경을 카타리나에게 알리면서, 악마가 선제후를 물어뜯어 발에 상처를 냈으니 선제후를 위해 기도해 달라고 부탁했다.³⁴ 슈바인푸르트 회의에 참석한 유일한 루터파 신학자는 게오르크 슈팔라틴이었다. 그는 제때 도착해서 프로테스탄트 측을 위해 따로 마련된 교회에서 부활절 아침 설교를 했다. 그다음 날에도 슈팔라틴의 설교가 있었는데, 너무나 많은 사람들이 교회 안으로 들어가려고 하는 바람에 예배를 밖으로 옮겨야 했고, 슈팔라틴은 졸지에 야외 설교를 하게 되었다.³⁵ 뤼베크에서 돌아온 부겐하겐과 루터는 슈팔라틴의 성공적인 설교를 축하했으며, 멜란히톤과 카타리나 루터의 인사를 슈팔라틴과 그의 아내 카타리나, 3개월 된 딸 하나에게 전했다.³⁶

레겐스부르크 제국의회는 1532년 늦여름 휴회 직전에 튀르크 군대에 맞서기 위한 예산과 병력을 동원하기로 승인했다. 비텐베르크가 포함된 지역의 부대 지휘관으로는 브란덴부르크의 요아힘 공작이 선출되었다. 그는 철저한 가톨릭 신자이며 볼프 호르눙의 아내를 첩으로 삼은 것 때문에 루터에게 격렬한 비난을 받았던 요아힘 선제후의 아들이었다. 그러나 요아힘 공작은 루터와 멜란히톤에게 자신이 군사적 과제를 맡게 되었음을 알리고 기독교적 조언을 구했다. 루터는 요아힘 공작을 위해 기도하겠다고 정중하게 약속하고, 그리스도인이 전쟁에 나갔을 때 유의해야 할 올바른 태도에 대해 글을 써서 보내 주었다. 첫째, 그들은 자신의 힘이 아니라 하나님의 힘을 의지해야 한다. 둘째, 그리스도인은 자기만 의롭고 적은 완전히 불의한 존재라는 생각을 가져서는 안 된다. 셋째, 그리스도인은 절대로 명예나 땅이나 노획물을 탐내서는 안 되고 오로지 하나님의 영광을 위해, 그리고 우리가 지켜야 할 사람들을 위해 싸워야 한다.[37] 이러한 가르침은 과거 루터가 『군인도 구원을 받을 수 있는가』 Whether Soldiers, Too, Can be Saved[38]라는 책에서 피력한 생각을 그대로 반영하는 것이었다. 그 책에서처럼, 요아힘 공작에게 보낸 편지에서는 루터의 이상주의가 선명하게 드러난다. 루터는 만일 요아힘 공작이 이런 올바른 태도를 병사들에게 잘 가르친다면 전쟁이 훌륭한 성과를 거둘 것이라고 힘 있게 주장했다.[39]

1532년 8월 15일, 요한 선제후가 비텐베르크에서 동남동 방향으로 31킬로미터 떨어진 슈바이니츠 Schweinitz의 사냥용 성에서 뇌졸중으로 쓰러졌다. 멜란히톤과 루터는 황급히 달려가 병상에서 그를 위문하고 다음 날 아침 임종을 지켰다. 슈바이니츠 근처에는 시체에 바를 향유가 없어서 선제후의 시신은 급히 비텐베르크로 이송되었다.⁴⁰ 선제후는 비텐베르크 대학교의 후원자였으므로 장례식은 8월 18일 성교회에서 소박하게 거행되었다. 장엄한 종소리가 계속 울린 것 외에는 특별히 화려한 의식도 없었다. 나무 십자가 뒤로 성직자, 교수, 학생들이 행진했고 선제후의 참모들이 관을 호위하여 교회 안으로 들어갔으며, 다른 조문객들은 그 뒤를 따라 들어왔다. 그들은 교회 입구에 멈춰 서서 루터가 편곡한 찬송 "깊은 곳에서"Out of the Depths를 불렀다. 교회 안에서는 대학생들과 소년 합창단이 독일어 찬양 "이제 주의 종이 평안히 떠나게 하소서"와 "내 영혼이 주님의 위대하심을 노래하나이다"⁴¹를 불렀다. 루터는 선제후에 대한 찬사를 부탁받았으나 거절했다. "지금 나는 선제후의 위대한 덕을 칭송하기보다는 그를 우리와 똑같은 죄인으로 보내 드리고 싶다." 루터의 설교는 요한 선제후가 2년 전 아우크스부르크 의회에서 겪어야 했던 고통과 거기서 맞은 "진짜 죽음"을 강조했다. 루터는 아우크스부르크 신앙고백에 서명하고 그것을 지지하는 것은 육체의 죽음보다 훨씬 쓰라린 죽음이었고 더 많은 용기를 필요로 하는 일이었다고 역설했다. 이 장례식은 학문적 전통에 따른 것이라서 라틴어 기도가 추가되어야 했다. 기도문은 멜란히톤이 작성해서 하관 예식 때 직접 읽으며 기도했다. 요한 프리드리히 공작은 아버지의 장례식 때까지 맞춰 올 수 없었기 때문에 그다음 주에 성교회에서 추모 예배를 드리게 해 달라고 부탁했다. 장례식이 끝난 뒤 목요일에 추모 예배가 열렸고 루터는 같은 설교문을 다시 읽었다.⁴²

요한 선제후는 세상을 떠나기 직전, 선제후령領 작센에 대한 새로운 참관 지침을 발표했다. 이것은 29살의 나이에 아버지의 뒤를 이어 새로운 선제후의 자리에 오른 요한 프리드리히가 비텐베르크 신학자들과 논의해야 하는 여러 주제들 가운데 하나였다. 요한 프리드리히는 루터 생애의 세 번째이자 마지막 작센 선제후가 되는 데 부족함이 없을 만큼 잘 준비되어 있었다. 루터는 요한 프리드리히가 아직 10대였을 때 그가 종교개혁을 적극 지지한 것에 감사하는 의미로 "마리아 찬가" 독일어 주석을 그에게 헌정했다.[43] 그러나 처음에는 요한 프리드리히 선제후에게 거는 루터의 기대가 크지 않았다. 루터가 보기에 젊은 선제후는 너무 세상적이며, 학자인 참모들보다는 다른 귀족들의 의견에 귀를 기울이는 것 같았다. 그러나 루터의 예상은 빗나갔다. 아버지에서 아들로의 권력 이양은 자연스럽게 이루어졌고 요한 프리드리히 선제후는 일찍부터 그 능력을 입증해 보였다. 1533년, 요한 프리드리히는 아버지의 지침을 개정한 후에 제2차 참관을 추진했고 헤센의 필립 백작과 더불어 슈말칼덴 동맹의 공동 대표로 활동했다.

요한 프리드리히 선제후는 초반부터 작센의 가톨릭 통치자인 게오르크 공작의 도전에 직면했다. 라이프치히 근방에서 루터 지지자들이 정부에게 반대하는 운동을 벌이자, 게오르크 공작은 자신의 신하들 중에서 로마 가톨릭의 지침에 따라 신앙을 고백하고 성체를 배령하지 않는 사람이 누구인지 공식적으로 조사하라고 명령했다. 부활절이 다가오고 있었기에, 루터의 추종자들은 성만찬에 참여하여 빵만 받으면서 가톨릭 신자 행세를 할 것인지를 결정해야 하는 상황에 처했다. 그들은 루터에게 편지를 보내 조언을 구했다. 루터는 그들이 빵과 포도주를 같이 받을 수 없다면 결코 성만찬에 참여해서는 안 된다고 대답했다. 게오르크 공작은 양심을 거스르는 행동을 강요할 권리가 없다는 것이다.[44] 그 편지에 관해 들은 게오르크 공작은 요한 프리드리히 선제후에게 루터가 그 일에 합당한 징계를 받아야 한다고 항의했다. 과거에 게오르크 공작이 루터를 공격하면, 프리드리히나 요한 선제후는 일단 게오르크에게 정중한 답변을 보내고, 썩 내키지는 않지만 참모들을 시켜 루터를 진정시키는 쪽을 선택했다. 그러나 요한 프리드리히 선제후는 게오르크 공작에게, 루터는 어느 곳이든 개신교 신자가 있다면 그에게 조언과 위로를 베풀 권리가 있다고 잘라 말했다. 게다가 60살이 넘은 게오르크 공작을 향해, 루터 지지자들을 더 이상 괴롭히지 말고 더 늦기 전에 하나님과 화해하라고 일침을 가했다.[45] 요한 프리드리히의 솔직담백한 반응은 새로운 선제후가 강경하게 친(親)루터파 정치를 할 것이라는 예감을 주었으며, 때로는 루터의 조언을 앞지르기도 했다.

1532년부터 1546년까지 루터는 요한 프리드리히 선제후에게 172통의 편지와 공식 의견서를 보냈다. 그 가운데 60통은 루터가 절친한 동료 신학자들과 함께 써서 제출한 것이다. 그들은 아직 루터파 주교가 없는 상태에서 권위 있는 집행부 혹은 위원회의 형태로 선제후의 작센 지방에 있는 개신교 교회를 감독했고, 요한 프리드리히 선제후가 조언을 구하든 구하지 않든 간에 그에게 종교 문제와 관련된 조언을 했다. 1525년 요한 선제후가 취임한 이후에도 이와 유사한 비공식 신학자 모임이 꾸려졌는데 그 모임의 구성원은 루터, 멜란히톤, 부겐하겐, 요나스였다. 그 핵심 그룹은 그대로 이어지다가, 1534년에는 30살의 젊은 나이로 신학과 교수가 된 카스파르 크루치거도 그 팀의 일원이 되고 루터의 총애를 받게 되었다. 1548년 크루치거가 44살의 나이로 세상을 떠났을 때, 그 소식을 멜란히톤에게 알린 동료 신학자들은 그를 루터의 제자이자 루터가 무척 사랑한

아들이라고 불렀다.[46]

선제후의 작센 안팎에 있는 루터파 교회들이 더 좋은 조직을 갖추고 목사도 많이 배출하자, 비텐베르크에 있는 루터 팀은 그들이 직면한 수많은 문제를 분류하여 신학, 정치, 교회 조직, 결혼 생활의 네 가지 범주로 나누었다. 비텐베르크 위원회가 제기한 공식 의견의 3분의 2는 첫 번째와 두 번째 범주에 속하는 문제와 관련된 것, 3분의 1은 세 번째와 네 번째 범주에 속하는 것이었다. 그러나 통계만 가지고는 루터에게 남은 14년의 시간 동안 그의 기력을 거의 소진시킬 정도로 많았던 온갖 분쟁과 탄원의 무게를 다 가늠할 수 없다. 이미 1533년에 멜란히톤은 루터가 결혼 문제와 관련해서 600통 이상의 편지를 썼다고 기록했다.[47] 언제나 논란의 중심에 서 있던 신학 교수, 종교개혁자 마르틴 루터가 서서히 온갖 분란의 재판관, 상담자, 행정가가 되어 가고 있었다. 과거에 잠깐 동안 엄수 아우구스티누스회 지방 대표로 일하면서 인사 관리와 조직 경영의 경험을 조금 쌓기는 했지만, 그야말로 약간의 경험에 불과했다. 더욱이 루터의 새로운 역할은 과거 교황이나 황제 앞에서 불꽃 튀는 격전의 드라마를 연출했던 것에 비하면 지극히 평범하고 세속적인 것이었다. 그러나 그는 이런 방식으로 개신교 목사들을 돕고 개신교 교구가 번영하도록 하는 것도 독일에 참된 종교를 회복하기 위한 그의 더 큰 사명에 꼭 필요한 일임을 깨달았다.

루터의 가족은 점점 늘어났기 때문에 이전보다 많은 관심이 필요했다. 1532년 8월, 요한 선제후가 세상을 떠났을 때 카타리나는 루터 가족의 다섯째 아이를 임신하고 있었다. 그 아이는 1533년 1월 29일 새벽 1시에 태어나 그날 저녁 성교회에서 세례를 받았으며, 바울 사도의 이름을 따라 파울 루터라 했다. 파울의 대부는 요나스, 멜란히톤, 선제후의 장군 한스 뢰저Hans Löser, 그리고 죽은 요한 선제후의 아들이자 요한 프리드리히 선제후의 이복형제인 요한 에른스트John Ernest였다. 1524년에 루터는 뢰저의 결혼 주례를 맡았고, 1531년에는 뢰저가 자신을 사냥 여행에 데려간 것에 대한 감사의 의미로 시편 147편 주석을 헌정했다. 뢰저는 진짜 사냥을 즐겼지만 루터는 마차에 앉아 영적인 사냥에 몰두했다. "저는 주석을 동원하여 시편 147편을 사냥했으며, 이것은 나의 가장 행복한 사냥이요 [내가 잡은] 가장 고귀한 사냥감이었습니다. 제가 그것을 집으로 가져와 차지해 버렸으니, 장군[뢰저]의 영지에서 얻은 상품을 몰래 가져온 것에 양심의 가책을 느끼고 배은망덕한 사람이 되지 않으려고 이렇게 장군께 알려 드립니다."[48]

파울 루터의 대모는 마르가레트 린데만Margaret Lindemann이었다. 의학 교수인 남편 카스파르와 그녀는 비텐베르크에 거주한 지 1년이 채 되지 않았다. 그러나 루터는 모친 마르가레트의 친척이자 프리드리히 선제후와 요한 선제후의 공식 주치의였던 카스파르를 이전부터 알고 있었다. 마르가레트와 카스파르는 금세 루터의 학문적 친구 모임에 들어오게 되었는데, 그 모임의 핵심 멤버는 요나스와 그의 아내, 요하네스 부겐하겐이었다. 1532년 9월 10일, 루터 가족은 그들을 저녁 식사에 초대했으며, 그 자리에는 튀링겐의 귀족으로 과부인 펠리키타스 폰 젤메니츠Felicitas von Selmenitz도 있었다. 그녀는 아들이 비텐베르크 대학교에서 공부를 하는 동안 그곳에 머물렀다. 펠리키타스는 개혁자들과 접촉하면서 그들의 저작 사본을 요청하여, 열심히 글을 읽고 자유롭게 밑줄을 그었다. 루터는 그녀에게 1534년판 독일어 성경을 선물로 한 권 주었는데, 지금도 남아 있는 이 성경에는 루터가 직접 선물했음을 증명하는 손 글씨가 있다.[49]

카타리나 요나스와 마르가레트 린데만은 카타리나 루터의 좋은 친구였으며, 엘리자베트 크루치거Elizabeth Cruciger도 그 모임에 끼게 되었다. 파울이 태어나기 한 달 전, 엘리자베트는 카타리나 루터에게 금으로 만든 선물을 주었다. 루터는 그녀의 남편 크루치거에게 감사의 편지를 보내면서, 카타리나도 엘리자베트에게 선물을 하나 보냈다고 했다. 외적 가치야 엘리자베트의 선물에 못 미치지만 선한 의지와 따뜻한 마음만큼은 그에 상응하는 것이라고 덧붙였다.[50] 그 시기에 카타리나 루터의 친구가 되는 일은 결코 쉬운 일이 아니었다. 비텐베르크 사람들은 그녀가 거만하고 탐욕스러운 사람이라는 뒷말을 퍼뜨리고 다녔다. 1533년 어느 여성은 카타리나가 마땅히 분쟁을 가라앉히는 일을 해야 하는데 오히려 부추기고 다닌다며 불평을 늘어놓았다.[51] 카타리나 루터와 카타리나 멜란히톤의 사이도 그리 가깝지 못했다. 물론 그 원인이 멜란히톤의 부인에 대한 시기심과 적대감 때문이라는 주장은 근거가 박약하다.[52] 오히려 멜란히톤 자신은 카타리나와 아주 잘 지냈고, 루터가 세상을 떠난 후에는 그녀와 아이들을 돕는 데 각별한 노력을 기울였다.[53] 루터가 죽기 전에도 루터와 요나스가 비텐베르크에 없는 경우에는 멜란히톤이 두 사람의 가족을 챙기고 편지로 상황을 알리기로 되어 있었다.

그들이 지역의 문제를 챙기느라 한창 바쁠 때였지만, 독일 외부에서도 종교개혁이 진전을 보이고 있었기 때문에 루터와 멜란히톤은 결코 잊힌 존재가 아니었다. 그 당시 로마 가톨릭의 입장에서는 잉글랜드가 가장 위험한 곳이었다. 잉글랜드 왕 헨리 8세는 교황에게 카를 5세의 이모이기도 한 아라곤의 캐서린과 결혼을 끝낼 수 있게 해 달라고 부탁했다. 헨리 8세는 남자 상속자를 원했지만 캐서린은 아들을 낳지 못하고 딸만 하나 낳았으니, 그 딸 메리는 훗날 잉글랜드의 여왕이 되고 철저한 가톨릭 신앙으로 통치하면서 '피의 메리'라 불리게 된다. 교황 클레멘스 7세는 결혼 무효 신청을 받아들이지 않았지만, 헨리는 캐서린과 이혼하고 앤 불린^{Anne Boleyn}과 결혼했다. 잉글랜드의 신임 수상이 된 토머스 크롬웰은 눈치가 빠르고 프로테스탄트에게 호의적인 사람이었는데, 그가 유럽 대륙의 신학자들에게 의견을 물어보자고 제안했다. 1531년, 독일과 스위스 개혁자들의 의견을 타진하기 위해 선발된 사람은 바젤의 신학자 시몬 그리네우스^{Simon Grynaeus}였다. 그는 적어도 1524년부터는 멜란히톤과 개인적으로 알고 지내던 사이였고 멜란히톤을 통해서 다른 개혁자들의 의견을 물어 왔다. 멜란히톤의 대답은 헨리 8세의 기대와는 다른 것이었다. 멜란히톤은 헨리가 형 아서의 미망인 캐서린과 잠시나마 결혼 생활을 한 것은 레위기 18장 16절의 "너는 네 형제의 아내의 하체를 범하지 말라"는 율법을 위반한 것이라고 주장했다. 멜란히톤은 헨리가 실제로 그 율법을 위반했지만, 모세의 율법은 그리스도인의 구원과는 무관하므로 헨리는 양심의 가책 없이 캐서린과 결혼 관계를 유지할 수 있다는 논리를 폈다.[54]

1531년, 루터는 잉글랜드의 아우구스티누스회 수도사인 로버트 반스^{Robert Barnes}를 통해서 이 문제를 알게 되었다. 반스는 프로테스탄트 신앙 때문에 감옥에 갇혀 있다가 1529년 유럽 대륙으로 망명하는 데 성공했다. 반스는 이미 부겐하겐과 만났고, 왕실의 우위를 강력하게 옹호하는 글을 발표함으로써 헨리왕의 마음을 움직여 안전

• 루터 성경의 최초 완성본 표제지, 1534.

하게 잉글랜드로 돌아올 수 있다는 약속을 받았다. 반스는 독일을 떠나기 전 루터에게 헨리의 이혼에 관한 의견을 물었다. 그러나 헨리왕과 루터가 앙숙처럼 싸웠던 전력이 있기에 헨리가 루터의 지지를 기대할 것 같지는 않았다. 반스는 잉글랜드에 도착하자마자 루터의 생각을 크롬웰과 헨리에게 알렸다. 멜란히톤의 의견보다 나을 것이 없는 내용이었다. 루터는 캐서린과의 이혼이 그녀와의 결혼보다 큰 죄라고 주장했다. "죄로 맺어진 결혼이 이 세상에 얼마나 많은가? 그렇다고 그 관계를 모두 흩어 버릴 수도 없고 그래서도 안 된다." 루터는 남자 상속자를 얻기 위해 어쩔 수 없이 헤어져야 한다는 헨리의 주장은 결코 이혼 사유가 될 수 없다고 생각했다. 캐서린 왕비가 앞으로 왕자를 낳을 수도 있고, 그렇지 않다 하더라도 그 다음 왕비가 아들을 낳을 수도 있기 때문이다. 루터는 이렇게 결론을 내렸다. "나는 그런 이혼을 승인해 주기보다는 [구약의] 족장이나 왕들처럼 왕이 두 여인, 혹은 두 왕비를 두는 것을 허용하는 편이다."[55] 루터가 중혼重婚에 대해 관대한 입장을 보인 것은 이번 한 번만이 아니었다.

 1534년 9월에는 마침내 최초의 완전한 독일어 성경이 출간되었으니, 그 책의 출판을 담당한 인쇄업자는 비텐베르크의 한스 루프트였다.[56] 이것에 관해 루터가 직접 언급한 적은 없는데, 그해 9월에 그가 쓴 편지는 세 통밖에 남아 있지 않다. 그해 초에 루터는 이 번역을 완성하는 일이 가장 우선이라는 암시를 주었다. "나는 우리 민족을 가르치고, 용기를 북돋고, 잘못을 교정하고, 감독하는 일을 통해서 그들을 충분히 도왔다고 생각한다. 성경을 번역하는 일만 해도 우리는 쉴 틈 없이 바빴다. 사탄은 내가 나의 가장 가치 있는 일을 버리고 별로 중요하지도 않은 일에 신경 쓰도록 만들기 위해 온갖 술책을 부렸다."[57] 그해 10월, 제본되지 않은 독일어 성경이 2굴덴 8그로셴의 값에 팔렸으니, 이는 루터의 1522년판 독일어 신약성경[58]의 다섯 배가 되는 금액이었고 루터의 교수 연봉의 1퍼센트였다. 그러나 그 책을 살 수 있는 사람에게는 그만한 가치가 있는 책이었다. 1534년판 성경에는 100점이 넘는 목판화가 실렸는데 그중 일부는 금박을 입혔고, 루터의 구약과 신약 서문이 각각 붙어 있었고, 요한계시록을 비롯하여 다른 몇몇 권에도 루터의 서문이 첨부되었으며, 루터가 직접 추가한 난외주欄外註도 수백 개에 달했다. 한스 루프트는 그전에도 루터의 소책자를 인쇄한 경험이 있었지만 1534년판 성경과 이후의 저서를 출판하면서는 큰 부자가 되었고 비텐베르크 서적상들도 호황을 누렸다. 루터가 세상을 떠난 뒤에도 루프트는 루터파 서적 인쇄 전문가로 인정받았다. 루프트의 가족은 시청 뒤쪽에 있는 큰 집에서 살았고, 루프트는 시의회 의원이자 시장으로 봉사했다. 루프트는 루터보다 거의 40년이나 더 살았고, 1584년 89살의 나이로 죽기 전까지는 그가 비텐베르크에서 최고령자, 혹은 거의 최고령자였을 것이다.

__16__

더 나은 쪽으로

1535-1538
비텐베르크 — 토르가우 — 슈말칼덴

"모든 인생에는 계획했던 많은 일이 해로운 결과를 가져오는
경우가 있게 마련이다. 그러나 하나님은 이런 실패를 사용하셔서
그분의 성도를 겸손하게 만드시고 우리의 잘못된 행실을
더 나은 쪽으로 돌리신다. 만일 우리에게 이런 결함이 없었다면,
하나님께서는 그렇게 하지 않으셨을 것이다."[1]

1534년 12월 17일, 그러니까 독일어 성경이 완간되고 두 달 후, 카타리나와 마르틴의 셋째 딸이자 여섯째 아이가 세상에 태어났다. 그다음 날, 소수의 증인들이 모인 자리에서 세례식이 거행되었고 그 아이의 이름은 할머니의 이름을 따라 마르가레트가 되었다. 대부는 멀리 브레멘의 야코프 프롭스트[2]와 인근 안할트의 제후 요아힘이었다. 두 사람 다 세례식에는 참석할 수 없었지만 요아힘은 자기 대신 니콜라우스 하우스만을 보냈다.[3] 대모는 안나 괴리츠Anna Göritz로서, 게오르크 공작이 남편을 작센의 가톨릭 지역에서 추방시키자 남편과 함께 비텐베르크로 온 여인이었다.[4] 이제 루터 가족에게는 다섯 명의 아이가 있었다. 마르가레트가 태어났을 때 한스는 8살, 마그달레나는 5살, 마르틴은 3살, 파울은 아직 2살도 채 안 된 상태였다. 전염병이 한창이던 1527년에 태어난 첫째 딸 엘리자베트는 1528년, 1살이 되기도 전에 죽었다. 1535년 8월 또 한 번의 전염병이 비텐베르크를 강타했을 무렵 마르가레트는 8개월이었다. 다행히 아기는 살아남았지만, 루터의 실수로 큰 위험에 빠진 일이 있었다. 어느 날 루터가 집으로 돌아와, 손을 씻지 않은 채로 아무 생각 없이 딸아이의 입에 손을 댄 것이다. 루터는 자기가 무슨 일을 했는지 깨닫고는 혼비백산했다. 그것은 자기 딸을 위험에 빠뜨렸을 뿐 아니라 "하나님을 시험"[5]하는 행동이었기 때문이다.

루터의 집에는 식구들 외에도 몇 명의 조카, 질녀도 함께 살았는데 그중 몇 명은 대학교에서 공부하고 있었다. 그 밖에도 관리인 한 명, 가정교사 한 명 또는 그 이상, 각양각색의 손님들이 그 집에서 묵었다. 수도원은 가정집이라기보다는 거대한 하숙집처럼 보였다. 카타리나의 사업 수완 덕분에 루터 가족은 근처에 있는 대지를 얻게 되었으며, 그로 인해 1542년에는 비텐베르크에서 가장 넓은 부동산을 소유한 시민 축에 들었다.[6] 그들이 1531년에 구매한 비텐베르크 동문 밖에 있는 드넓은 밭에는 헛간과 "작은 집" 한 채가 있었다. 바로 그 근처에서 소와 돼지를 판매했기 때문에 루터는 카타리나를 "돼지 시장의 마님"[7]이라 부른 적도 있었으나, 카타리나가 거기서 힘겹게 일하는 것을 인정하며 고마워했다. 1535년 10월, 루터는 요나스에게 이렇게 썼다. "자네에게 내 여주인 케테의 인사를 전하네. 그녀는 마차를 몰고, 정원을 돌보고, 소를 사다가 꼴을 먹여 키우고, 포도주와 맥주 양조나 그 밖의 온갖 일도 하지. 게다가 성경 읽기도 시작했는데, 나는 그녀가 부활절 전에 끝까지 읽으면 50굴덴을 주기로 약속했다네. 그녀는 아주 진지하게 독서를 하고 있고 이제 신명기를 시작했다네."[8] 지난해에는 루터가 타지에 있었는데, 거기서 마신 맥주가 입맛에 맞지 않아서 카타리나에게 이렇게 전했다. "내가 집에서 얼마나 좋은 포도주와 맥주를 마시는지, 얼마나 아름다운 마님 혹은 (그렇게 부르는 것이 마땅한데) 주인과 함께 사는지 알게 되었소. 나의 포도주와 그대의 맥주병으로 가득한 창고 전체를 나한테 보내 주시오. 안 그러면 이곳의 [저급한] 맥주 때문에 내가 집까지 당도하지 못할 수도 있다오."[9]

신성로마제국 내에서 뉘른베르크의 평화는 여전히 효력을 발휘하고 있었고 프로테스탄트의 슈말칼덴 동맹은 튀르크 군대나 황제 카를 5세로부터 아무 위협도 받지 않았다. 두 적대자들은 모두 유럽에 등을 돌렸다. 튀르크의 지도자 술레이만은 영토를 서쪽으로 확장하려는 계획을 포기하고 페르시아를 다음 과녁으로 삼아 이슬람 세력권을 넓혀 가려고 했다. 그러나 1535년 초, 튀르크군은 페르시아를 거의 뚫고 들어가지 못한 상태로 바그다드에 머물러 있었다. 술레이만이 유럽에서 철군한 것에 고무된 황제 카를 5세는 해상 십자군을 조직하여 아프리카의 바버리 해안Barbary coast에 있는 무슬림을 공격했다. 제국의 함대는 1535년 6월에 튀니스Tunis에 도착했고, 처음으로 직접 군대를 지휘한 카를 황제는 튀니스를 성공적으로 포위했다. 해적 두목 바르바로사Barbarossa가 알제Algiers로 달아나자 튀니스는 제국의 군대에게 항복했다. 황제는 튀르크의 정복자가 되어 되돌아왔으나 그 영광은 오래가지 않았다. 5년 후, 바르바로사와 그 해적 일당은 또다시 지중해를 지배하게 되었다.

독일의 가톨릭과 프로테스탄트를 모두 긴장시킨 문제는 오히려 그들의 뒷마당과도 같은 도시, 베스트팔렌Westphalia 북서부의 뮌스터Münster가 포위당한 일이었다. 1534년 초, 가톨릭 주교인 발데크Waldeck의 프란츠가 한시적으로 프로테스탄트의 규정을 받아들이자, 네덜란드에서 넘어온 과격한 재세례파가 그 도시를 장악했다.[10] 그 규정을 작성한 사람은 탁월한 설교자인 베른하르트 로트만Bernhard Rothmann인데, 그는 루터파 개혁자였다가 재세례파 사도인 얀 마티스Jan Matthijs 추종자들의 영향을 받아 재세례파로 전향했다. 마티스는 멜키오르 호프만Melchior Hofmann이라는 급진적인 평신도 설교자의 예언을 이용하여 1534년 부활절에 세상의 종말이 올 것이라고 예언했으며, 참된 신자들은 새로운 예루살렘인 뮌스터로 모여야 최후의 심판이 닥칠 때 살아남을 수 있다고 호소했다. 천여 명의 뮌스터 시민들이 다시 세례를 받았고 도시 바깥에서도 수백 명이 몰려들었다. 프란츠 주교는 자신의 교구에 급진주의자들이 몰려드는 것을 보고 깜짝 놀라, 헤센의 필립 백작과 상의하여 그 도시를 포위하기로 했다. 재세례파는 그에 대한 반응으로 다시 세례받기를 거부하는 주민 2천 명을 뮌스터에서 내쫓았다.

부활절이 되었으나 종말은 오지 않았고, 마티스는 돌격대에 합류하여 뮌스터 성벽 밖에서 접전을 벌이다가 살해되었다. 그의 자리를 이어받은 사람이 레이던의 얀John of Leiden이라는 열광주의자였다. 그는 새 예루살렘인 뮌스터는 이스라엘 다윗왕의 보좌를 모델로 삼은 재세례파의 왕국이라고 선언했다. 그는 뮌스터를 다스리는 12명의 장로 위원회를 세우고, 뮌스터 여성들의 반대에도 불구하고 일부다처제를 도입했다. 1534년 9월, 레이던의 얀은 새로운 다윗왕으로 등극하여 이 재세례파 왕국을 다시 오실 그리스도께 인도할 것을 선포했다. 그는 그날을 기다리면서 인근 지역의 네 도시에 27명의 선교사를 파송하기로 했다. 각 팀은 금화 한 닢을 받았는데, 만일 그 도시가 뮌스터 왕국에 가담하기를 거부할 경우 하나님의 진노의 표시로 그 금화를 던져 놓고 왔다. 여덟 명의 선교사를 맞이한 조스트Soest는 전혀 겁을 먹지 않았다. 시 위원회가 그들에게 사형 선고를 내린 후, 재세례파 선교사들은 짐짝처럼 묶인 채로 마차에 실려 마을 밖으로 끌려 나가서 참형斬刑에 처해졌다.[11]

1535년 내내 독일의 인쇄업자들과 서적상들은 뮌스터 사태 같은 것에 대한 두려움을 자극하여, 그런 난리를 튀르크군의 침입보다 더 무섭게 보이도록 만들어 버렸다.[12] 그 두려움이 퍼지고 또 퍼져서, 제국의 여러 지역은 소요를 진압하기 위한 분담금까지 걷었다. 마침내 1535년 6월 25일, 프란츠 주교는 헤센의 필립과 가톨릭 쪽에서는 브뤼셀 합스부르크가의 지원을 받아 포위되어 있던 뮌스터성을 탈환했다. 레이던의 얀과 두 명의 주요 추종자는 사형 선고를 받았다. 그들은 포박당한 채로 뜨겁게 달군 부집게에 온몸을 찔렸다. 그들의 유해는 성 람베르트 교회 공동묘지로 운반되어, 세 개의 우리에 넣어져 교회 탑에 매달렸다. 아직도 그곳에 걸려 있는 우리, 시청 앞에 전시된 부집게는 이후로도 뮌스터를 하나님의 왕국으로 변화시키려는 시도가 다시 있어서는 안 된다는 메시지를 담고 있는 잔인한 경고의 상징이다.[13]

재세례파의 왕국이 무너져 버렸다는 소식을 접한 루터의 반응은 "그러게 내가 뭐랬어"였다. 1532년 루터와 멜란히톤은 설교자 로트만에게 츠빙글리파와 열광주의자를 조심하라고 경고했었다.[14] 1535년 초에는 루터도 뮌스터의 재세례파를 공격하는 소책자 두 권의 서문을 썼다. 좀더 긴 소책자는 루터파 개혁자 우르바누스 레기우스가 쓴 것으로, 그는 이것을 뮌스터에서 불과 51킬로미터 떨어져 있는 오스나브뤼크Osnabrück에 보냈다. 레기우스는 뮌스터 급진주의자들의 신념을 체계적으로 비판하면서, 그들이 단죄받은 까닭은 초기 기독교에서 발생한 두 종류의 이단을 되살려 냈기 때문이라고 했다.[15] 루터의 서문은 레기우스의 글을 추천하기 위한 것이었지만, 전반적으로는 모든 광신주의가 루터와 루터의 글에서 유래했다는 공격에 맞서 자신을 방어하는 내용이었다. 루터는 명랑하게 혐의를 인정하면서 상대방을 무장해제시키는 전술을 구사했다. 예수님의 제자였지만 예수님을 배반한 유다처럼, 모든 이단은 처음에는 그리스도인이었지만 악마가 그들을 잘못된 길로 인도한다. 그러나 유다가 예수님의 제자라는 이유로 예수님이 악마가 될 수는 없는 것처럼, 로트만 같은 광신자가 과거에는 루터를 지지했다는 이유로 루터 자신이 악마인 것은 아니다. 성경도 마찬가지다. 광신자들이 성경의 내용을 비틀어서 자신들의 기괴한 주장을 합리화한다고 해서 성경이 이단적 책인 것은 아니다.[16]

루터의 자기방어는 설득력이 있었다. 하지만 루터 자신에게 그다지 도움이 되지 않더라도 루터는 흔쾌히 서문을 써 주곤 했다. 16세기에 유명 인사의 서문은 오늘날로 치면 대대적인 책 광고와도 같은 효과가 있었다. 무슨 말이 쓰여 있느냐보다 누가 썼느냐가 중요했다. 그래서 레기우스는 자신의 원고를 루터에게 보냈고, 루터는 거기에 서문을 첨가하여 루카스 크라나흐에게 보냈으며, 크라나흐는 표제지에 들어갈 목판화를 골라 자신의 인쇄소에서 그 소책자를 찍어 냈다.[17] 루터의 이름과 크라나흐의 표지로 책을 꾸미는 것은 그 책을 널리 알릴 수 있는 최고의 방법이었다. 레기우스도 이 방법으로 큰 효과를 보았을 것이다. 뮌스터의 재세례파를 비판한 이 글의 (루터의 서문이 있는) 1535년 원본은 옥스퍼드에서 레닌그라드까지, 스웨덴에서 스위스까지 여러 도서관에 보관되어 있으며, 시카고에도 한 권이 있다.

1530년대에는 세 방향에서 비판자들과 대적들이 루터와 이제 막 기지개를 켠 루터파 교회들을 뒤흔들어 놓았다. 하나는 재세례파였는데, 그들 대부분은 뮌스터의 재세례파보다는 덜 급진적이었다. 또 하나는 독일과 스위스의 츠빙글리 추종자들이었다. 마지막 하나는 신성로마제국 내에서 합법적으로 인정된 유일한 종교인 로마 가톨릭교도들이었다. 루터파 입장에서는 가톨릭교도들과 원만하게 지내는 편이 츠빙글리파나 재세례파와 잘 지내는 것보다 전망이 밝아 보였다. 독일 내에서 츠빙글리파들의 지위는 루터파와 가톨릭과 츠빙글리파 모두에게 이단시되던 재세례파의 지위보다 나을 게 없었다. 더욱이 새로운 교황은 포괄적 의미의 교회 공의회를 개최하는 것에 전임자인 클레멘스 7세보다 좀더 호의적이었으며, 그 자리에서는 루터파도 나름의 합법성을 주장할 수 있었다.

1534년, 토스카나 귀족 가문의 후예인 알레산드로 파르네세 Alessandro Farnese가 66살의 나이에 교황으로 선출되었으니 바로 교황 파울루스 3세다. 파울루스는 확실한 인문주의 교육을 받았고, 젊은 시절에 범법 행위 전력이 있었으며, 예술을 사랑하는 등 르네상스 시대의 교황들에게서 전형적으로 나타나는 특징을 가지고 있었다. 그러나 그는 개혁을 지지하는 추기경이라는 점에서 다른 교황들과 구별되었다. 그는 교황으로 선출되자마자 새로운 추기경들을 선출하여 위원회를 하나 꾸리고, 로마 가톨릭 내부의 잘못된 관행들을 조사하고 이를 해결할 수 있는 길을 모색하도록 했다. 1537년 3월, 그 위원회는 교황 파울루스 3세에게 보고서를 제출했다. 그해가 가기 전에 루터는 보고서 사본을 하나 입수하여 읽고는 "로마 추기경들의 기괴한 작품"[18]이라고 일축해 버렸다. 루터의 의견과는 달리 그 보고서는 가톨릭교회의 쇄신을 원했던 지도급 추기경들의 진지한 제안서였다. 그러나 그 보고서가 나온 타이밍은 썩 좋지 않았는데, 2달 전에 교황 파울루스는 이탈리아에서 열린 공의회에 가톨릭교도와 프로테스탄트 모두를 초대했다. 대부분의 프로테스탄트들은 독일 이외의 지역에서 열리는 공의회에는 참석을 거부했다. 독일에서는 공정한 청문회를 기대할 수 있지만 다른 곳은 그렇지 않았기 때문이다. 루터는 오래전부터 로마 가톨릭의 자기 개혁 능력에 대해 대단히 회의적이었으며, 적대적인 정치 분위기 때문에 추기경들의 개혁 의지도 무시해 버렸다.

그럼에도 교황 파울루스 3세는 개혁을 추진하고 하나 된 교회를 회복하기 위한 이 공의회를 진지하게 생각했다. 1535년, 교황은 유럽의 다른 수장들에게 사신을 보내서 지지를 요청했다. 그 사신 가운데 한 사람인 피에트로 파올로 베르게리오는 야심 있는 이탈리아의 법률가로서, 비엔나에 있는 페르디난트 대공의 궁정에서 교황 사절로 일하고 있었다. 베르게리오의 과제는 이탈리아(만토바Mantua)가 새로운 공의회 장소로 채택되도록 독일의 제후들을 설득하는 것이었다. 1535년 8월 5일, 요한 프리드리히 선제후는 베르게리오의 방문 소식을 접했으나 오스트리아로 긴 여행을 막 떠난 참이었다. 그 덕분에 베르게리오는 어쩔 수 없이 마르틴 루터와 직접 만나는 기회를 얻게 되었다. 만일 그가 루터를 설득하여 만토바에서 열리는 공의회에 참석하게 한다면, 그의 독일 임무가 놀라운 성과로 알려질 판이었다. 베르게리오는 1535년 11월 6일 비텐베르크에 도착했다. 그 다음 날의 만남에서 루터는 베르게리오에게, 공의회가 필요하긴 하지만 이미 하나님의 참된 말씀을 지니고 있는 루터파에게는 꼭 필요하지 않다고 말했다. 베르게리오는 루터가 자기 이전의 학식 있는 신학자들과 공의회보다 스스로 지혜롭고 거룩한 것처럼 생각해서는 안 된다고 꾸짖었다.[19] 루터는 이미 20년 넘게 그런 비난을 들어온 터라 늘 그랬던 것처럼 요지부동이었다. 그가 요나스에게 보낸 편지에는 베르게리오와의 만남에 대해 좀더 자세한 내용이 담겨 있다.

로마 교황의 특사가 느닷없이 마을에 나타났다네.…그 사람은 말을 타고 온 게 아니라 날아서 온 것 같더군. 자네가 이 자리에 함께 있었다면 참 좋았을 텐데! 특사는 나와 포메른 사람[부겐하겐]을 아침 식사에 초대했는데, 그건 내가 목욕을 하느라고 전날 저녁 식사를 거절했기 때문이라네. 그래서 성에서 그 사람과 아침을 먹었는데, 그때 내가 무슨 말을 했는지 아무에게도 쓰지 말라는 지시를 받았다네. 식사하는 동안 나는 루터로서 행동하기도 했지만, 교황의 특사가 나와 함께 초대한 잉글랜드 사람[로버트 반스] 노릇도 하면서 불쾌감을 주는 역할을 하기도 했다네.[20]

14년 만에 처음으로 교황의 사절이 이단 범법자를 대면하는 자리인지라, 루터가 만남 전에 목욕을 하고 싶어 했다는 것은 충분히 납득이 간다. 최대한 말쑥하고 준비된 모습으로 그를 접견하고 싶었을 것이다. 이름이 알려지지 않은 목격자들의 증언이나 『탁상담화』에 실린 내용처럼, 루터는 교황 특사와의 아침 식사 모임에 가기 전 이발사를 찾아가 이발과 면도를 했다. 보통은 마을 끝에 있는 성까지 걸어 다녔지만, 그날만큼은 루터와 부겐하겐도 마차를 타고 그 짧은 거리를 이동했다. 노력한 보람은 있었다. 베르게리오가 교황의 비서에게 보낸 보고서에 의하면, 루터는 (당시 52살을 눈앞에 두고 있었는데도) 젊고 건강해 보였다.[21] 베르게리오는 루터가 르네상스 멋쟁이처럼 옷을 입고 나왔다고[22] 보고했는데, 신빙성은 없지만 전혀 불가능한 일도 아니었다. 최근 루터는 신학과 학장으로 선출되었기 때문에 그 보고와 같이 아마 금으로 만든 메달을 목에 걸고 있었을 것이다. 장난기가 다분한 루터였지만 교황의 특사와 근엄한 부겐하겐

앞에서는 교양 없이 행동하지 않았을 것이다. 한편으로는, 루터는 더 이상 잃을 것이 없었다.

루터가 요나스에게 보낸 편지에 의하면, 1535년 말 잉글랜드의 사절 로버트 반스가 비텐베르크에 잠시 들렀다. 잉글랜드에서는 프로테스탄트 개혁이 아직 시작 단계였다. 그 개혁은 우연에 힘입어, 또한 기회주의적인 수상 토머스 크롬웰의 도움을 받아, 작지만 피비린내 나는 혁명과 함께 시작되었다. 헨리 8세는 교황이 아라곤의 캐서린과 이혼하는 것을 허락하지 않았다는 이유로 로마 가톨릭과의 관계를 끊고, 1534년 스스로가 잉글랜드 교회의 최고 지도자라고 선언했다. 직전 수상이었던 토머스 모어는 루터에게 반대하는 글을 쓰고 국왕의 수위권supremacy을 거부하다가 1535년 7월 참수당했다. 헨리의 첫 번째 아내인 아라곤의 캐서린은 1536년 1월 편안하게 숨을 거두었고, 두 번째 아내 앤 불린은 결국 헨리에게 아들을 낳아주지 못하고 같은 해 5월에 처형당했다. 그때부터 헨리는 황제 카를 5세, 오스트리아의 페르디난트 대공, 프랑스의 프랑수아 1세와 같이 막강한 가톨릭 제왕들과 원수지간이 되었다. 그래서 크롬웰은 프로테스탄트 진영으로부터 지원을 받는 것이 좋겠다고 판단했으며, 그 가운데 가장 강력한 세력이 북부 독일의 루터파였다. 그의 왕에게 지지를 얻으려는 노력이 일찍이 실패했음에도 불구하고, 그는 로버트 반스를 다시 작센으로 보내 필립 멜란히톤을 잉글랜드로 모셔오도록 했다.[23] 잉글랜드가 프로테스탄트 진영의 슈말칼덴 동맹에 가입하려면 어떤 조치를 취해야 하는지 조사를 의뢰한 것이다.[24]

1535년 12월 또 한 무리의 잉글랜드 대표단이 반스를 지원하기 위해 독일로 향했다. 에드워드 폭스Edward Foxe 주교와 캔터베리의 부

주교가 인솔하는 대표단은 제때 슈말칼덴에 도착해서 동맹 회의에 참여했다. 그러나 그 동맹에 가입하기 위해서는 신학적 합의가 전제되어야 했고, 거기에 필요한 토론이 비텐베르크에서 열렸다. 잉글랜드 대표단은 멜란히톤이 그 토론에 참여하기를 바랐으며, 루터는 요한 프리드리히 선제후에게 예나에 있는 그를 보내 달라고 부탁했다. 당시 또다시 발생한 전염병 때문에 비텐베르크 대학교는 예나에서 운영되고 있었다.[25] 그들의 대담은 1월에 시작해서, 잉글랜드 대표단이 슈말칼덴으로 출발한 1536년 4월 10일까지 질질 끌었다. 루터는 그 논쟁이 그저 말다툼에 불과했다고 말하면서, 그 잉글랜드 사람들을 마을에 모시느라 드는 비용이 크다며 선제후에게 불평했다. 루터는 자기가 그 옛날 카를슈타트나 츠빙글리하고 논쟁하면서 이런 쓸모없는 대화를 싫어하게 되었는데 이제는 아예 진절머리가 난다고 실토했다.[26] 그럼에도 불구하고 비텐베르크 신학자들과 잉글랜드 대표단은 상호 합의하에 일련의 라틴어 선언문을 만들어 낼 수 있었다.[27] 『비텐베르크 조항』*Wittenberg Articles*으로 알려진 그 선언문은 독일어나 영어로 번역되지도 않았고 거의 사라져 버린 줄로만 알았다가 1905년 독일에서 발견되었다.[28]

어떤 역사가들은 그 선언문 자체를 찾아내기가 어려운 상황에서도 이『비텐베르크 조항』이 1536년 잉글랜드의 성직자 의회가 채택한『열 가지 조항』*Ten Articles*에 영향을 주었다고 믿는다.[29] 『열 가지 조항』은 프로테스탄트의 관점과 가톨릭의 관점을 뒤섞어 놓은 것으로서, 잉글랜드의 주교들조차도 그들의 왕이 진정으로 프로테스탄트인지 아니면 가톨릭인지 도무지 명확히 알 수 없었던 처지를 고스란히 반영하고 있다. 마치 반란을 일으킨 선원들처럼, 그 당시 잉글랜드의 주교들은 이전의 선장(교황)을 물속으로 던져 없애는 데는 동의했지만, 아직 새로운 선장(헨리왕)이 어떤 결정을 내리지 못한 상태라서 그 배를 어떤 종류의 선박으로 운영하고 어떻게 조종할지 갈팡질팡하는 상황이었다. 그런데 1537년 슈말칼덴 동맹이 이탈리아에서 공의회를 열고 프로테스탄트를 초대하려는 교황 파울루스의 제안을 거절하자, 갑자기 헨리 8세는 요한 프리드리히 선제후에게 다시 토론을 열고 싶다는 마음을 전했다. 그러나 헨리가 루터파를 잉글랜드로 초대하기까지는 또 1년이라는 시간이 흘러갔다. 이렇게 시간이 지연된 까닭은 부분적으로 헨리의 유일한 남자 상속자 에드워드 왕자가 태어나고, 12일 후에 그의 어머니인 제인(시모어 Seymour) 왕비가 세상을 떠났기 때문이었다. 루터가 잉글랜드에 가는 것은 누가 봐도 불가능했는데, 요한 프리드리히 선제후는 멜란히톤을 보내기도 꺼려했다. 1538년까지만 해도 잉글랜드가 루터파로 돌아설 가능성이 농후해 보였다. 루터는 기대에 들떠 에드워드 폭스에게 이렇게 썼다. "이 [루터파] 대표단이 돌아올 때 귀하의 잉글랜드 교회에 대한 참으로 좋은 소식을 듣게 되기를 소망합니다."[30]

루터가 좋은 소식을 기대할 수 있었던 이유 가운데 하나는 잉글랜드 대표단 지도자가 캔터베리 대주교인 토머스 크랜머라는 것이었다. 그는 뉘른베르크의 루터파 개혁자인 안드레아스 오지안더의 좋은 친구였으며, 1532년에는 오지안더 부인의 조카딸과 결혼했다.[31] 크랜머의 프로테스탄트 신학은 루터보다는 츠빙글리의 신학에 가까웠으나, 독일 사람들 가운데서는 누구도 그 사실을 알지 못했고, 설령 알았더라도 별 차이가 없다고 생각했을 것이다. 그런데 그 대담이 수포로 돌아간 것은 크랜머 때문이 아니라 잉글랜드 팀의 보수적 신학자들 때문이었다. 그들은 개인적 고해는 단순 권고 사항이 아니라 필수 요소라고 주장했다. 낙담한 루터파 대표들은 결국 헨리 8세에게 직접 개인적 고해의 의무와 그 밖의 가톨릭 관행에 대하여 왕이 서 있는 지점이 어디인지를 말해 달라고 부탁했다. 보수적인 주교 한 명만 데리고 잉글랜드 남단까지 내려온 헨리는 끝내 루터파의 기대를 저버렸고, 그들의 회담은 정치적 언쟁까지 오가면서 서서히 끝나 버렸다. 1538년 10월 1일, 독일인들은 허탈한 심정으로 잉글랜드를 떠났다.[32] 2년 후, 결국 헨리의 신임을 잃은 토머스 크롬웰과 로버트 반스도 형장의 이슬로 사라졌다. 죽기 전, 반스는 고백의 글을 루터에게 보내면서 꼭 출간해 달라는 부탁을 남겼다. 루터는 그 책에 서문을 쓰면서 반스를 순교자로 칭송하고 헨리는 기회주의자로 묘사했다. 그 기회주의자는 로마 교황에게서 잉글랜드를 빼앗아 오고 잉글랜드의 돈도 되찾아 왔으나, 교황의 권력을 자기 것으로 만들어 버렸다. 반스는 루터에게 경고했다. "나의 왕은 종교의 수호자가 아니오. 그가 곧 종교라오."[33]

독일의 슈말칼덴 동맹은 잉글랜드 없이도 잘 굴러가고 있었다. 1536년에 접어들면서 슈말칼덴 동맹이 규정을 채택한 것에 때맞춰 새로운 도시들과 포메른 공국과 뷔르템베르크 공국도 동맹 안으로 들어왔다. 독일 남부에 위치한 뷔르템베르크는 북쪽 루터파 본거지보다는 남쪽의 독일 도시들과 스위스와 더 가까웠다. 프로테스탄트들 사이에 이루어진 타협안을 통해서 뷔르템베르크 남부에는 츠빙글리파 감독자가, 북부에는 루터파 감독자가 세워졌다. 저 멀리 비텐베르크에서 루터는 크게 실망했으나, 자신의 비협조적 입장을 포기하고 헤센의 필립 백작을 통해 마르틴 부처에게 성만찬과 관련하여 프로테스탄트들 간에 합의를 도출해 보자고 제안했다.[34] 여전히 스트라스부르의 핵심 정치 전략가로 활약 중이던 부처와 야코프 슈투름은 얼른 그 제안을 받아들였고, 필립은 멜란히톤과 부처의 만남을 주선했다. 두 신학자는 공동 성명서를 만들어 낸 뒤 각자의 지역으로 돌아와 그 결과를 긍정적으로 보고했다. 부처는 지금까지 프로테스탄트 간의 합의가 이처럼 성공적이었던 적이 없었다고 생각하면서 의기양양했다. 루터도 그에 상응하는 찬성의 입장을 표명했으며, 다만 양쪽 설교자들의 의견을 더 수렴하여 조금 천천히 합의를 이뤄 내기를 원했다.[35] 필립 백작으로서는 1년 더 기다리는 수밖에 없었다. 그사이 부처는 남부 독일 설교자들의 지지를 얻어 내기 위해 때로는 직접 발로 뛰면서 노력을 기울였다.

    1536년 초, 루터는 남부 독일의 신학자들과 루터파 신학자들이 5월 14일에 (튀링겐의) 아이제나흐에서 직접 만나 토론할 것을 제안했다. 부처와 카피토, 그리고 남부 독일 신학자 일행은 4월 17일에 스트라스부르에서 출발하여 정해진 시간에 아이제나흐에 도착했다. 그런데 루터의 모습을 찾을 수가 없었다. 아무런 연락도 없이 나흘이 지나갔다. 그래서 부처는 자기 식대로 밀어붙이기로 했다. 그러나 마지막 순간에 한 사람이 달려와 소식을 전하길, 루터가 몸이 너무 안 좋아서 여행을 할 수 없는 지경이니 모임을 한 주 연기해 달라고 요청했다는 것이다. 부처는 일행과 함께 곧장 비텐베르크로 향하기로 결정했고, 그래서 1536년 5월 21일 마침내 모임이 성사되었다. 루터는 정말 아팠던 것일까? 아니면 부처 일행이 루터의 본거지까지 오도록 일부러 작전을 쓴 것일까? 루터 자신의 기록에 의하면, 부활주일까지 계속 기력이 쇠약해져서 이러다 죽을 수도 있겠다고 생각할 정도로 심각한 지경에 이르렀다.[36] 그러나 1536년 부활주일은 4월 16일로, 아이제나흐 회의까지는 아직 한 달 정도가 남아 있었다. 게다가 루터는 4월 말에 동료인 카스파르 크루치거의 두 번째 결혼식 주례를 맡기 위해 남쪽으로 55킬로미터 떨어진 아일렌부르크Eilenburg까지 여행하기도 했다.[37] 물론 아이제나흐가 훨씬 멀기는 하지만, 병에서 회복된 지 한 달은 지난 시점에서 회의에 못 갈 정도로 몸이 안 좋았다는 말은 의심스러운 구석이 없지 않다.

아이제나흐에서 더 북쪽으로 올라온 부처의 남부 독일 일행 12명은, 전에 한 번 비텐베르크에 와서 루터를 만난 적이 있는 카피토를 제외하면 모두가 전혀 익숙하지 않은 영역 안으로 들어오게 된 셈이었다. 루터의 고향은 그들의 고향과는 정말 판이하게 달랐다. 그들은 멜란히톤이 살던 세계, 바덴Baden과 슈바벤과 라인란트의 밀집된 도시 환경에서 온 사람들이었다. 5월이면 튀링겐 중부의 완만한 벌판에서는 들꽃들과 익어 가는 곡식들의 밭이 펼쳐졌을 것이다. 그러나 비텐베르크에 가까워질수록 대지는 평평해지고 분위기도 황량해져 가며 마을 이름들도 점점 낯설어졌으리라. 북부의 마을들은 남부에 비해 확연히 촌스러웠다. 비텐베르크는 그나마 예외였다. 그곳에는 선제후의 성과 교회, 대학교가 있었고, 크라나흐가 살다가 지금은 멜란히톤이 살고 있는 멋진 집들도 있었다. 선제후는 얼마 전 멜란히톤을 위해 르네상스 스타일로 작은 저택을 지어 주었는데, 이것은 다른 대학들이 그를 채 가지 못하도록 하려는 의도에서였다.[38]

남부 독일 대표단과 아이제나흐와 고타에서 그들과 합류한 루터파 목사 두 명이 5월 21일 주일 오후에 비텐베르크에 도착했고, 멜란히톤과 크루치거의 안내를 받아 루터를 만났다. 다음 날 아침, 루터는 부처와 카피토를 대면한 자리에서 의제를 설정했다. 루터보다 6살 많은 카피토는 10년 넘는 세월 동안 손아래 개혁자 루터를 본 적이 없었지만, 부처는 5년 전 코부르크에서 루터와 함께 성만찬 문제를 논의한 적이 있었다. 점심 휴식 후에 다시 루터의 집으로 돌아온 카피토와 부처는 루터와 멜란히톤 외에도 다섯 명의 동료 신학자 부겐하겐, 요나스, 크루치거, 메니우스, 뮈코니우스와 동석했다. 루터는 자기가 여전히 남부 독일인들의 진정성을 확신하지 못한다고 밝히면서 두 가지 조건을 내걸었다. 첫째, 부처와 그의 동료들은 성만찬 때 오직 빵과 포도주만 받는 것이라는 기존의 가르침을 철회해야 한다. 둘째, 그들은 믿는 이든 믿지 않는 이든 성만찬에 참여하는 모든 사람이 그리스도의 실제 몸과 피를 받는 것이라는 루터의 견해를 받아들여야 한다. 부처는 어리둥절해하면서, 자기나 자기 동료들은 성만찬 때 빵과 포도주만 받는 것이라는 주장을 발표한 적이 없다고 했다.

그다음 날 부처는 남부 독일인들의 입장을 반복했고, 루터파는 이에 대해 어떻게 대응할지 논의하기 위해 휴회를 요청했다. 잠시 후, 부처와 그의 동료들은 루터파가 자신들의 입장을 받아들이고 자신들을 주님 안에서 소중한 형제로 영접한다는 말을 듣고 깜짝 놀랐다. 이것은 7년 전 마르부르크에서 루터가 스위스 사람에 대해서는 끝까지 거절했던 바로 그것이었다. 남부 독일인들도 『아우크스부르크 신앙고백』과 『변론』을 따르기로 결정했으니, 이것이야말로 요한 프리드리히 선제후가 바라고 또 바라던 것이었다. 그 즉시 멜란히톤은 검토용으로 공동 선언문을 작성했으며, 1536년 5월 29일

월요일에 양측은 『비텐베르크 협정』*Wittenberg Concord*에 서명했다.³⁹ 하지만 이렇게 명문화된 협약보다도 지난 목요일에 일어난 일이 더 중요한 사건이었을 것이다. 참가자들은 그리스도의 승천일을 기념하여 함께 성만찬을 거행했다. 그들은 떠나기 전에도 함께 모여 성만찬에 참여했다. 루터는 때로 고압적인 모습도 보였던 것 같은데, 그래도 양쪽의 협의에 대해서는 진지한 자세를 취했다. 1년 후, 부처가 한창 그 일을 남부 독일인들에게 부지런히 알리는 동안에, 루터는 카피토에게 보낸 편지에서 그들의 과제에 관하여 언급했다. "저는 이러한 노력으로 인해 여러분 모두가 얼마나 많은 땀을 흘리게 될 것인지를 생각하고 있었습니다. 하지만 동시에 그리스도께서 우리의 노고가 헛되지 않게 해 주시기를 기도했습니다.…저는 선생님과 부처가 진실하고 정직하게 일하고 있으리라 확신합니다. 그리고 저에게 편지를 쓰거나 소식을 전해 오는 사람들 모두가 선생님에 대해서 같은 느낌인 것을 기쁘게 생각합니다."⁴⁰

1536년의 『비텐베르크 협정』은 독일의 프로테스탄트들이 먼저 하나가 된 다음, 1537년에 있을 가톨릭 공의회에 참석할 것인지를 결정하자는 취지를 가지고 있었다. 1537년 초에 열린 슈말칼덴 동맹 대회는 그와 관련하여 공식 결정을 내렸다. 그러나 그보다 먼저, 요한 프리드리히 선제후는 자기가 교황의 초대를 거부하며 차라리 슈말칼덴 동맹이 자체적으로 소집한 "자유롭고 기독교적인 공의회"를 선호한다고 선언했다. 선제후는 그런 목적으로 루터에게 그 공의회에서 다루어야 할 신학 주제 목록을 만들어 달라고 부탁했다. 결과적으로 선제후는 루터파 자체 공의회에 대한 계획은 포기했지만, 여전히 루터가 작성한 목록을 원했고 루터파 신학자들이 그 문제를

토론하기를 바랐다.[41]

　루터는 거의 즉각적으로 일에 착수했다. 그는 12월 15일에 비텐베르크 바깥에서 활동하던 신학자들(아그리콜라, 암스도르프, 슈팔라틴)에게 초대장을 보내어, 12월 28일과 29일에 토르가우에서 만나 자신이 작성한 초안을 놓고 토론하자고 요청했다. 그러나 12월 18일과 19일, 루터는 심장에 아주 심각한 통증이 생기는 바람에 초고를 직접 마무리하지는 못했고 나머지 부분은 다른 사람이 받아 적도록 해야 했다.[42] 이것이 『슈말칼덴 조항』 Smalcald Articles 이라는 이름으로 알려진 루터의 초안으로, 선제후의 지시를 글자 그대로 따른 것은 아니었다. 주제는 세 부분으로 나뉘었는데, 삼위일체와 예수 그리스도의 구원 사역을 다룬 제1부와 제2부는 논란의 여지가 없었다. 루터는 제3부의 조항들은 "우리 가운데 학식 있고 합리적인 사람들이" 논의할 수 있는 문제라고 썼지만, 가톨릭 신학자들을 이 논의에 포함시키는 데까지는 나아가지 않았다. 루터는 교황 측과 관련된 부분에서는 일체의 모호함을 허락하지 않았다. "교황과 그의 왕국은 이런 주제[제3부의 내용]와 관련해서는 큰 도움이 되지 못한다. 그들에게는 양심이 아무런 의미도 없으며, 오직 돈과 명예와 권력이 전부다."[43]

　루터에게 중용이란 없었다. 요한 프리드리히 선제후도 이런 방식을 좋아했기 때문에 루터가 교황 제도를 마음껏 비판하는 것을 간접적으로 허용했다. 『조항』 제2부는 그에게 완벽한 기회를 제공했다. 그는 그리스도의 구원의 사역으로부터 우리가 유익을 누릴 수 있는 유일한 방법은 믿음뿐이라는 사실을 강조하면서, 가톨릭 미사야말로 "가장 끔찍한 혐오를 불러일으키는 짓"이라며 혹평했다. 루터는 일반인들이 참여하지 않고 거행되는 사적 미사를 집중 공격했다. 그런 미사는 신자의 믿음을 필요로 하지도 않고 그 믿음을 강하게 만들지도 않기 때문이다. 그 자리에 있지도 않은 사람, 주로 세상을 떠난 사람을 위해 기부된 것으로 행해지므로 "사이비 종교 의식"이다. 루터는 그런 사이비 종교 의식은 혐오스러운 것이며[44] 그러므로 이런 것을 옹호하는 사람들과 루터파는 영원히 반대편에 있을 수밖에 없다고 썼다. 요한 프리드리히 선제후가 『슈말칼덴 조항』을 명령한 것은, 이렇듯 루터가 하고 싶은 말을 마음껏 할 수 있도록 해 주는 것 외에 다른 의도도 있었다. 선제후는 루터 사후에 루터의 동료 신학자들 사이에서 논쟁이 일어날 것을 대비하여 루터가 직접 쓴 신학 선언문을 확보해 놓고 싶었던 것이다. 선제후는 그런 일이 곧 일어날 것이라고 생각했다. 그는 1536년 4월에 루터가 심하게 앓았던 것을 기억하고 있었다. 2달 전 선제후의 아들 결혼식에서도 루터는 어지럼증 때문에 예식을 끝까지 집례하지 못했다.

1536년 12월 28일에서 1537년 1월 3일까지 토르가우에 모여 있던 일곱 명의 신학자들, 곧 비텐베르크의 요나스, 부겐하겐, 크루치거, 멜란히톤과 마그데부르크에서 온 암스도르프, 알텐부르크에서 온 슈팔라틴, 아이슬레벤에서 온 아그리콜라는 루터의 글을 읽고 서명을 했다. 그들은 서명하기 전에 성인에게 기도하는 것을 반대하는 조항을 하나 삽입했다.[45] 멜란히톤은 『조항』을 참되고 기독교적인 것으로 받아들이면서도 다음과 같은 조건을 내세우면서 서명에 동의했다. "교황과 관련하여 내가 견지하는 입장은, 만일 그가 복음을 받아들인다면 우리도 (지금 그의 휘하에 있고 앞으로도 그러할 그리스도인들과의 보편적인 일치와 평화를 위하여) 그가 인간적 권리로서 가지고 있는 최고의 권한, 곧 주교들을 다스리는 권한을 인정할 수 있다."⁴⁶ 멜란히톤과 루터는 교황은 로마 가톨릭의 주교일 뿐이며 그가 다른 주교들에게 행사하는 권위는 신적 권위가 아니라는 점에는 동의했다. 그러나 멜란히톤은 만일 로마 가톨릭이 교황의 권위가 인간적인 것이라는 사실을 받아들이고, 성인에 대한 기도나 사적 미사 거행 같은 잘못된 관습을 폐지하는 데 동의한다면 그들과 화해할 수 있다는 입장을 고수했다. 슈팔라틴은 최종 원고의 깔끔한 사본에 루터의 편지를 동봉하여 요한 프리드리히 선제후에게 바쳤다. 선제후는 그 원고를 두 번 읽은 후, 깊은 만족과 감사의 마음을 담은 축하 편지를 보내 주었다.⁴⁷

슈말칼덴 동맹 대회는 1537년 2월 7일에 열렸다. 그 당시 슈말칼덴의 인구는 약 4,500명이었지만 제후 열여섯, 백작 여섯과 그 수행원들, 도시 대표 28명, 신학자 42명, 그리고 황제, 교황, 프랑스 왕과 덴마크 왕이 보낸 참관자들이 숙식할 수 있는 시설이 갖추어져 있었다. 상인들과 도시의 입장에서는 경제적으로 횡재였다. 마을은 공공 창고를 털어서 1천 리터의 포도주를 손님들에게 제공했다. 슈말칼덴 동맹의 분위기는 최고조에 달했다. 그러나 그들의 미래에 대단히 중요한 영향을 끼칠 결정을 내려야 하는 자리이기도 했다. 5월에 이탈리아에서 개최되는 가톨릭 공의회에 참석할 것인가, 말 것인가? 루터는 그들이 가든 안 가든 그 결과는 떠들썩한 말다툼이 될 것이라고 생각했다.⁴⁸ 1월 30일, 루터와 멜란히톤과 부겐하겐은 선제후 일행과 함께 토르가우를 떠나서 일주일 후인 2월 7일에 슈말칼덴에 도착했다.⁴⁹ 루터는 에르푸르트 시절부터 알고 지낸 것으로 추측되는 헤센 재정관의 집에서 유숙했다. 그는 2층에 있는 크고 난

방이 되지 않는 방에 짐을 풀고 거기서 19일을 보냈다.

도착 다음 날, 소변을 보는데 요혈과 함께 작은 돌이 하나 나왔지만 통증이 있지는 않았다. 2월 9일에는 컨디션이 좋아서 마을 교회에서 설교도 했다. 그 교회는 후기 고딕 양식의 예배당이었는데, 건물 안의 울림이 얼마나 안 좋았는지 루터 스스로 자신의 목소리가 바가지 긁는 여자 목소리처럼 들렸을 것 같다고 말할 정도였다.[50] 동맹 대회는 그다음 날 법원 대강당에서 개최되었으며, 즉시 주요 안건으로 들어가서 가톨릭 공의회에는 대표단을 파견하지 않기로 결정했다. 루터와 요한 프리드리히 선제후의 바람과는 달리, 멜란히톤은 필립 백작과 다른 사람들에게 루터의 『슈말칼덴 조항』을 대회 석상에서 정식으로 다루지 않는 것이 좋겠다고 조언했다. 그 문건이 너무 논쟁적이라서 북부 독일 루터파와 남부 독일 도시들 간의 해묵은 반목을 부추길 만한 소지가 있다는 것이었다. 그래서 신학자 위원회에서만 그 『조항』을 다루었으며, 동맹의 회원 모두가 교리적 토대로 받아들이지는 않았다. 루터는 2월 11일, 그의 숙소에서 그리 많지 않은 청중을 대상으로 설교를 했다. 그런데 바로 그다음 날, 신장과 방광 부위에서 날카로운 통증을 느꼈고 또 한 번 돌멩이가 소변에 섞여 나왔다. 루터는 자신이 쓸모없는 존재가 되었다는 느낌에 사로잡혔다가도, 귀족들과 고귀한 분들이 최고의 빵, 과자, 포도주, 고기, 생선을 저녁 식사로 제공했다며 격찬을 늘어놓기도 했다.[51]

정치적 드라마는 막을 내렸지만 루터 개인의 투쟁은 점점 고조되었다. 2월 19일부터는 비뇨기 쪽이 점점 더 불편해졌고 구역질, 심한 통증, 설사, 심신허약과 같은 증상이 동반되었다. 루터는 계속 기도하면서 자신을 하나님 손에 맡기기로 했다. 자기 같은 사람 때문에 하나님이 이미 신경을 쓸 만큼 쓰셨다고 말했다. "하나님께서 내 기도를 듣기로 하셨다면 이제 그분이 생각하시기에 가장 좋은 일을 하실 것이다."[52] 의사들도 별 도움이 되지 못했고 루터의 상황은 악화되기만 했다. 루터가 헤센에서 죽고 싶지는 않다고 말했기 때문에 그를 집으로 돌려보내기 위한 채비가 마련되었다. 루터를 최대한 편안하게 이송하기 위해 특별한 신경을 썼는데, 열성적인 별자리 연구자 멜란히톤은 지금 당장 여행을 시작하기에는 달의 위치가 적합하지 않다는 주장을 고수했다.[53] 결국 1537년 2월 26일, 루터 일행은 요한 프리드리히 선제후가 마련해 준 마차를 타고 비텐베르크로 향했다. 뒤따르는 마차에는 의약품들과 청동 냄비 하나가 있었는데, 그 냄비 안에 탄炭불을 피워 담요를 덥히면 루터가 그 담요로 추위를 이겨 낼 수 있었다. 길이 거칠었기 때문에, 루터 일행은 겨우 16킬로미터 이동한 후 탐바흐Tambach에서 하룻밤을 보내기로 했다. 마차의 덜컹거림과 잠자기 전에 마신 적포도주 한 잔이 효력을 발휘했는지, 새벽 1시 반쯤에 막힌 것이 뚫리면서 상태가 호전되었다. 그날 밤, 루터는 카타리나에게 하나님이 자신의 요로尿路를 열어 주시니 "새로 태어난"[54] 것 같은 느낌이라고 썼다.

그러나 위험에서 완전히 벗어난 것은 아니었다. 그다음 날, 고타로 가는 길에서 통증이 재발했다. 루터는 마차에서 부겐하겐에게 죄를 고백하고 사죄의 선언을 받았다. 루터 일행은 닷새 동안 고타에 머물렀으며, 루터는 부겐하겐에게 자신의 유언을 받아 적어 유언장을 만들어 달라고 부탁했다. 이것이 루터가 남긴 두 개의 유언장 중에서 첫 번째 것이다. 두 번째 유언장은 1542년에 작성된 것으로, 주로 가족과 재산에 관한 내용이다. 첫 번째 유언의 주된 내용은 교회와 관련된 것이었다. 첫째, 루터 자신은 깨끗한 양심으로 로마 교황에게 반대했다. 둘째, 요한 프리드리히 선제후와 헤센의 필립 백작은 하나님의 도우심으로 참된 가르침을 지켜 나가야 하며 그들을 적그리스도에게서 구해 내신 하나님께 감사해야 한다.[55] 남은 여행길은 평온했다. 일행은 또 하룻밤을 알텐부르크에서 묵게 되었는데, 루터는 슈팔라틴의 집에서 간호를 받았다. 카타리나는 요한 프리드리히 선제후로부터 급히 슈말칼덴으로 오라는 요청을 받고 알텐부르크까지 왔으나, 루터가 알텐부르크에 도착하기 전에 남편의 병세가 호전되었다는 소식을 듣고 다시 집으로 돌아갔다.[56] 1537년 3월 14일, 루터는 마침내 비텐베르크에 도착했으며 건강도 슈말칼덴을 떠날 때보다는 훨씬 좋은 상태였다.

4월 초순에 루터는 기력을 완전히 되찾아 다시 설교와 집필을 시작했다. 물론 대학교 행정 업무와 교회 일에도 신경을 써야 했다. 1535년 여름학기부터는 루터가 비텐베르크 신학과 학장으로 일했기 때문이다. 그의 일 가운데 한 부분은, 신학 박사 학위를 받으려는 후보자가 성교회에서 루터 자신, 또는 경우에 따라 멜란히톤이 작성한 일련의 신학 명제를 옹호하는 학술 논쟁 시간을 마련하는 것이었다. 1535년부터 1545년까지 작성된 28건의 명제가 현재까지 남아 있으며, 그 가운데 13건은 박사 학위 후보자의 공식 변론의 형식을 띠고 있다. 슈말칼덴에서 돌아와 세 달이 지났을 때, 루터 앞에서 두 명의 후보자가 믿음과 선행에 관한 주제를 놓고 성공적으로 변론을 마쳤다. 신학과가 수여한 박사 학위를 하나하나 기록으로 남기는 것도 학장으로서 루터의 임무였다.[57]

 루터와 그의 동료 교수들은 목사 후보생의 안수식도 주재했다.

1535년 이전에는 루터파 교구 목사 가운데 안수를 다시 받은 사람은 없었다. 루터도 그랬지만, 초기 루터파 목사 대부분은 이미 로마 가톨릭 성직자로 안수받은 사람들이었다. 비텐베르크의 신학자들은 중세에 성례전의 하나로 간주되던 사제 서품식을 거부하고, 그 대신 교구 목사를 지정하여 파송하기로 했다. 그러나 요한 프리드리히 선제후가 지휘한 참관 결과에 의하면, 교구 목회에 적합하지 않은 사람들이 그 능력에 대한 평가도 제대로 받지 않은 채 목사로 일하는 경우가 있었다. 1535년 5월 12일, 선제후는 충분한 자질을 갖춘 목회자를 양성하자는 취지에서 새로운 목사 후보생을 엄격하게 검증하고 그 절차를 통과한 사람에게만 안수를 주는 방안을 비텐베르크 신학과에 공식적으로 요구했다. 신학과 기록에 남아 있는 첫 번째 안수식은 루터가 주재한 것으로 1537년 6월 24일에 열렸다. 그때 이후로 루터가 1546년 세상을 떠날 때까지 비텐베르크 신학과는 740건의 목사 안수식을 거행했다.[58]

1537년 7월 5일, 루터는 왕실 결혼식에 참석하기 위해 코펜하겐에 가 있던 부겐하겐에게 편지를 써서 자신이 드디어 주요 업무, 곧 성경을 강의하는 일[59]에 복귀했음을 알렸다. 루터는 2년 전에 창세기의 49개 장에 대한 강의를 시작했었다. 하지만 번번이 병이나, 슈말칼덴 대회 참석을 위한 여행 같은 정치적 의무가 강의의 맥을 끊었다. 그 때문에 여덟 달 동안이나 강의를 못하고 지냈다.[60] 그러나 그 후 2년 동안에는 눈에 띄는 진전이 있었다. 루터는 아브라함과 사라가 아비멜렉왕에게 거짓말하는 창세기 20장을 강의하면서, 하나님이 믿는 이들의 삶 속에 어떻게 개입하시는지를 언급했다. 그는 사라와 아브라함과 같은 성인들도 거짓말을 했지만, 하나님은 우리의 연약함을 사용하셔서 우리를 겸손하게 만드시고 이로써 우리에게 더 큰 복을 주신다고 고백했다. 하나님은 루터 자신의 바보 같은 계획도 잘 바꿔 주셔서 자신이 기대했던 것보다 훨씬 좋은 결과를 낳게 해 주셨다. 그는 계속해서 이렇게 말했다. "모든 인생에는 계획했던 많은 일이 해로운 결과를 가져오는 경우가 있게 마련이다. 그러나 하나님은 이런 실패를 사용하셔서 그분의 성도를 겸손하게 만드시고 우리의 잘못된 행실을 더 나은 쪽으로 돌리신다. 만일 우리에게 이런 결함이 없었다면, 하나님께서는 그렇게 하지 않으셨을 것이다."[61]

학생들이 강의실에서 루터의 강의를 들으면서 그 가르침의 핵심을 파악하기 위해 노력하는 모습을 떠올려 보라.[62] 그들을 가르치는 유명한 교수는 한때 완벽하고 거룩한 삶을 살기 위해 노력하던 수도사였다. 그러나 지금 그는 자신들에게, 하나님은 완벽함을 보시고 상을 베푸시는 것이 아니라 불완전함을 보시고 더 큰 복으로 갚아 주신다고 말하고 있다. 이것은 마치 아이에게, 부모님의 사랑을 받기 위해 완전해져야 하는 것은 아니라고 이야기해 주는 것과 같다. 이것은 말의 내용뿐 아니라 그 말을 한 사람 때문에 더욱 강력한 복음의 선언이다. 스승의 단어들은 수많은 독자들을 매료시켰지만, 가장 좋은 것은 누가 뭐래도 그의 입에서 나오는 말을 직접 듣는 것이었다.

17

교황주의자들에게 빚진

1539-1541
비텐베르크 — 바이마르 — 아이제나흐 — 라이프치히

"나 자신은…교황주의자들에게 크게 빚진 사람인데, 왜냐하면 악마의 격동으로 인해 그들이 나를 엄청나게 치고 누르고 괴롭게 했기 때문이다. 다시 말해, 그들이 나를 정말 좋은 신학자로 만든 것이다. 그렇지 않았다면 나는 좋은 신학자가 될 수 없었을 것이다."[1]

1538년 9월, 루터는 브레멘에 있는 친구 야코프 프롭스트에게 쓴 편지에서, 루터의 추종자들이 그렇게 많은 원수들에게 시달리는 이유를 이렇게 설명했다.

우리가 하나님 나라를 위해 부름받은 존재이며 하나님의 참된 말씀을 받은 사람이라는 증거가 따로 없다면, 다음과 같은 증거만으로도 충분할 것이다. 우리는 자꾸만 새로운 형태로 가지치기를 하는 수많은 종파의 공격을 끊임없이 받고 있다. 어떤 것은 심지어 우리에게서 비롯된 것도 있는데, 교황주의자들의 공격은 말할 것도 없고 나 스스로도 일상적으로 사탄과 씨름하고 있으며, 우리 자신의 대열 안에서도 하나님의 말씀을 위해 모욕당하기도 한다. 이런 면에서 우리는 사도들이나 선지자들보다, 심지어 우리 주님보다 사정이 낫다고 할 수 없다.[2]

이런 설명이 나온 이유는 루터의 동료 두 사람 사이의 오랜 논쟁이 재발했기 때문이었다. 그 두 사람이란 요하네스 아그리콜라("아이슬레벤의 대가")와 필립 멜란히톤이었다. 1526년, 멜란히톤은 아그리콜라를 최고의 친구 가운데 하나라고 치켜세웠다.[3] 그런데 1년 후, 아그리콜라는 멜란히톤이 그리스도인의 삶에서 율법, 특히 십계명의 중요성에 관해 쓴 글을 문제 삼으면서 불쾌감을 표시했다. 그때는 루터가 상황을 잘 무마할 수 있었다. 그러나 10년 후, 아그리콜라가 비텐베르크로 돌아와 교수 자리를 알아보면서 그 문제가 다시금 뜨거운 이슈가 되었다. 이번 1537년에는 루터가 멜란히톤의 편을 들면서 아그리콜라에게 맞섰다. 그러면서 이른바 반(反)율법주의 논쟁이 무르익었다. 반율법주의자Antinominian라는 표현은 "율법에 반대하는 사람들"을 의미하며, 처음에는 특별히 아그리콜라와 그의 추종 세력을 가리켰다. 그들은 율법을 설교하거나 가르쳐서는 안 된다고 주장했다. 신자들에게 자신의 죄를 회개하도록 하거나 도덕적 행동을 가르쳐서는 안 된다고 말이다. 아그리콜라의 주장에 의하면, 십계명을 설교한다는 것은 율법이 요구하는 선한 일을 해야 구원을 받을 수 있다는 말과 같다. 그러면 믿음만으로 불충분하다는 말이 된다.

그러나 멜란히톤은 율법을 일방적으로 무시하면 신자들이 십계명마저도 외면하고 죄악 된 길에서 벗어나지 않을 수도 있다는 점을 우려했다. 그가 이런 우려를 갖게 된 데는 루터파 설교자들의 불만도 한몫을 했다. 1539년에는 루터도 율법을 설교하는 것을 적극적으로 옹호했다. 그의 논지는 다음과 같았다. 종교개혁 초기(1520년대)에 복음적 설교자들이 오직 믿음으로 구원을 얻는 복음을 강조한 것은, 로마 가톨릭 성직자들이 사람들을 겁주면서 수많은 계명과 교황의 칙령을 지키지 않으면 저주를 받을 것이라고 가르쳤기 때문이다. 이런 사람들에게 율법을 설교하는 것은 그들의 두려움과 절망을 더욱 악화시키는 짓이다. 그러나 1530년대에 들어서자, 더 이상 교황의 그늘 아래 있지 않은 사람들은 구원을 당연한 것으로 여기면서 십계명을 무시하거나 아무 거리낌 없이 그 계명을 위반했다. 그리고 "달콤한 말을 늘어놓는 우리의 반율법주의자들은 이렇게 이미 자기 확신이 지나친 사람들을 더욱 편안하게 해 줌으로써 그들이 은혜에서 떨어져 나오도록 하고 있다."[4] 루터는 자기가 처음부터 십계명을 무시한 적이 없었으며, 계속해서 설교와 교육의 근거로 사용해 왔다고 주장했다. 그리고 지금은 "내가 충분히 나이도 들었고 충분히 배우기도 했지만, 그래도 매일 그 계명의 말씀을 하나하나 아이처럼 암송하고 있다"[5]고 했다.

1537년과 1538년에 열린 세 차례의 학문적 논쟁으로도 갈등이 해결되지 않자 아그리콜라는 의견을 철회하겠다는 신호를 보내 왔다. 그러나 루터가 그에 대해 너무나 몰인정한 비판으로 응수하는 바람에 화해는 물 건너가고 말았다. 『탁상담화』에 의하면, 루터는 동료 교수들을 식사에 초대한 자리에서 아그리콜라를 곤혹스럽게 했다. 그는 유리잔 하나에 선을 세 개 그었는데, 제일 윗줄은 십계명을 의미하고 그다음 줄은 사도신경, 마지막 줄은 주기도를 의미했다. 루터는 먼저 그 유리잔에 포도주를 따르고 단숨에 들이켰다. 그런 뒤 포도주를 다시 따르고는 아그리콜라에게 건넸다. 아그리콜라는 조금밖에 마시지 않아서 포도주는 제일 윗줄인 십계명 아래까지만 간신히 내려왔다. 루터는 으스대며 모인 사람들을 향해 크게 말했다. "이럴 줄 알았지! 아이슬레벤의 대가께서는 십계명은 제쳐 버릴 수 있지만, 사도신경과 주기도는 있는 그대로 두셔야 할 거야."[6]

반율법주의 논쟁에서는 어떤 선한 것도 나오지 않았다. 요한 프리드리히 선제후는 그 분란을 조사하기로 하고, 아그리콜라에게 논쟁이 가라앉을 때까지 비텐베르크를 떠나지 말라고 명령했다. 그러나 아그리콜라는 그때까지 기다리지 않고 브란덴부르크 공국으로 도망쳤다. 종교개혁을 도입하려던 그곳의 새로운 선제후 요아힘 2세가 아그리콜라를 자신의 궁정 설교자로 초빙한 것이다. 아그리콜라는 결국에는 선제후의 작센에서도 좋은 지위를 차지할 수 있었지만, 루터는 결코 누그러지지 않았다. 그들의 친밀한 관계가 영영 깨져 버린 것은 단순히 신학적 견해 차이가 아니라, 오랜 기간 지속되던 인간적 의리가 깨지면서 생겨난 비극이었다. 1517년 이전에 아그리콜라는 죄책감과 절망감에 양심이 장악당한 상태로 비텐베르크에 도착했다. 루터의 강의는 그런 아그리콜라에게 율법 준수가 아니라 복음과 믿음이야말로 하나님의 용서에 대한 확신을 주고, 더불어 그의 양심에 안위를 가져다준다는 확신을 불어넣음으로써 그를 구해 냈다.[7] 그런 아그리콜라였으니, 멜란히톤이 율법과 회개와 선행에 대한 설교를 고수하는 것에 문제를 제기한 것은 너무나 당연한 일이었다. 아그리콜라는 자신의 경험과 루터의 초기 저작에 비추어, 율법으로 더럽혀지지 않은 복음만이 자신의 멘토인 루터 신학의 핵심이라고 확신했다.

더욱이 두 사람은 아주 친밀한 인간관계를 발전시켜 왔다. 1540년에 루터가 지난날을 돌아보면서 자기가 아그리콜라보다 사랑한 사람은 멜란히톤밖에 없다고 말할 정도로 가까웠다.[8] 루터는 아그리콜라를 자신의 날개 아래 두었고, 그의 학문적 성취를 지도해 주었으며, 1519년 라이프치히 논쟁에도 서기 자격으로 데리고 갔다. 아그리콜라는 비텐베르크에서 학위를 끝내고 강의를 시작했다. 1525년에 아이슬레벤으로 돌아간 후에는 슈파이어 제국의회와 아우크스부르크 제국의회 때 작센 대표단의 설교자로 임명되었다.[9] 1536년 12월에는 루터의 슈말칼덴 조항에 처음으로 서명한 신학 위원회의 한 사람이었다. 그런데 그의 서명이 멜란히톤의 서명 바로 아래에 있었다는 사실[10]은 반율법주의 논쟁이 두 번째로 불타오른 이후의 관점에서 보면 참으로 아이러니하다.

도대체 루터는 왜 그랬을까? 너무나 진부한 추측이지만, 사랑이란 쉽게 미움으로 변하는 법이라서 아그리콜라를 그렇게 뿌리친 걸까? 혹은 한때 아끼고 사랑했던 사람이 자기와 다른 견해를 고집하는 것을 참을 수 없어서였을까? 아마도 둘 다 맞을 것이다. 루터의 가까운 동료 혹은 친구가 되는 일은 언제나 위태위태한 일이었다. 아그리콜라만큼이나 절친했던 카를슈타트와 결별했던 것에서도 알 수 있듯이, 루터에게 동료 간의 우정이란 서로 같은 의견을 가지고 순종하는 것을 의미했다. 1521년부터 루터는 자기에게 참된 복음을 보여 주시고 그 복음을 전파할 사명을 맡기신 주님께만 복종한다는 신념을 견지했다. 루터는 이 신성한 사명의 무게를 느끼면서, 종교개혁의 변영을 위해서라면 무슨 일이든 하려고 했다. 이리저리 요동하는 청중에 맞게 복음의 메시지를 적용하려는 노력도 거기 속했다. 아그리콜라는 이런 순응을 받아들일 수 없었으며, 루터의 무정한 행동은 아그리콜라를 내쳐 버렸다.

1539년 말까지, 교황 파울루스 3세는 원래 1537년에 개최될 예정이었던 공의회를 세 차례나 연기했다. 황제 카를 5세도 독일의 신앙을 하나로 통일시킬 수 있는 수단을 찾고 있었다. 튀르크 군대가 남부 유럽을 또다시 공격해 왔고, 프랑스하고는 언제 전쟁이 터질지 모르는 상황이었기 때문에 여전히 통일은 중요한 목표였다. 카를 황제는 프로테스탄트와 가톨릭 신학자 간 공적인 종교적 논의를 불허하는 방침을 고수해 왔지만 마침내 대화를 허락했다. 1540년 6월 12일, 비텐베르크에서는 650킬로미터나 떨어진 곳, 스트라스부르 북쪽의 도시 하게나우Hagenau에서 첫 모임이 열렸다. 일설에 의하면, 멜란히톤이 남쪽으로 떠나면서 지지자들에게, 자기는 평생 회의를 하면서 살아왔는데 이제는 회의를 하다가 죽을 것 같다고 말했다고 한다. 실제로 그는 거의 죽을 뻔했다. 멜란히톤은 바이마르에 도착하자마자 심각한 병으로 몸져누웠다. 요한 프리드리히 선제후는 즉시 개인 주치의를 그에게 보냈고, 루터와 카스파르 크루치거에게 바이마르로 오라고 전갈을 보냈다. 두 사람이 도착했을 때 멜란히톤은 의식도 거의 없고 먹지도 마시지도 못했다. 가까스로 정신이 돌아온 멜란히톤은 루터에게 차라리 자기를 죽게 내버려 두라고 간청했다. 그러나 루터는 멜란히톤에게 조금이라도 더 하나님께 봉사하면서 살아야 한다고 말했다. 그런데도 멜란히톤이 여전히 식사를 거부하자 루터는 아예 윽박을 질렀다. "당장 먹지 않으면 자네를 파문시키겠네!"[11] 1540년 7월 2일, 루터는 카타리나에게 이렇게 썼다. "나는 보헤미아 사람처럼 폭식하고 독일 사람처럼 폭음하고 있소. 하나님, 감사합니다, 아멘. 그 이유는 대가 필립이 정말 죽었다가 이제 나사로처럼 죽음에서 다시 일어났기 때문이라오."[12] 일어나긴 했지만, 아무래도 하게나우까지 여행할 정도의 상태는 아니었던 것 같다. 루터는 멜란히톤을 아이제나흐로 데려갔으며, 거기서 암스도르프를 만났다. 암스도르프는 그 당시 멜란히톤을 마음 깊이 힘들게 만들었던 사건을 함께 논의하기 위해 마그데부르크에서 그곳까지 내려와 있었다. 바로 프로테스탄트 진영의 지도자, 헤센의 필립 백작이 결혼 계율을 위반한 사건이었다.

1540년 3월, 필립은 자기 누이가 거느렸던 시녀의 딸로 아직 십대의 처녀였던 마르가레트 폰 데어 잘레Margaret von der Sale와 결혼했다.

필립은 이미 아내와 아이들이 있었기 때문에 이것은 중혼죄를 범한 것이었다. 마르가레트의 어머니가 자신의 딸이 첩이 되기를 원하지 않았기 때문에, 필립은 구약의 족장, 예컨대 야곱이 한 명 이상의 아내를 거느렸던 것을 근거로 두 번째 결혼을 결심했다. 사회법에 의하면 이중 결혼은 심각한 처벌의 대상이었지만, 필립은 범법마저도 자기에게 유리하게 해석하여 하나님과 법 사이의 부조화를 지적하고 자신이 하나님 편에 서는 것이라고 우겼다. 하나님이 허용하신 것(중혼)을 법은 금지하고, 하나님이 금지하신 것(매춘)은 법이 눈감아 준다. 필립은 자신의 아내가 자신의 성적 욕구를 만족시켜 주지 못했기에, 매춘부에게 가는 대신 적절한 기독교적 결혼으로 맺어진 더 나은 파트너를 얻으려는 것이라고 주장했다. 그는 자신의 현재 가족을 절대로 버리지 않겠다고 약속했으며, 첫째 아내로부터 두 번째 결혼에 대한 동의서까지 받아 낼 수 있다고 했다.

필립은 스트라스부르의 개혁자인 마르틴 부처의 조언을 구했고, 부처는 루터와 멜란히톤의 승인을 얻어야 한다는 데 동의했다. 필립은 두 사람이 만일 반대한다면 카를 황제에게 승인을 받겠다고 말했다. 그야말로 어설픈 협박이었는데도 개혁자들은 이를 무시할 수 없었다.[13] 그들은 두 사람의 결혼이 극비리에 거행되어야 함을 강력하게 권고했으며, 그들의 변호인도 그 결혼이 마치 고해소에서 이루어지는 일처럼 비밀이 유지될 것이라고 생각했다. 그러나 금세—적어도 필립이 자기 누이에게 말했기 때문은 아니었을 것이다—소문이 퍼져 필립의 중혼은 공적 스캔들이 되고 말았다. 루터와 멜란히톤이 아이제나흐에 도착해서 마르틴 부처, 그리고 필립 백작의 참모들과 더불어 그 문제를 논의했을 때는 이미 그로 인한 피해가 나타나기 시작했다. 1539년 12월 부처, 루터, 멜란히톤은 함께 서명한 편지를 한 통 보냈는데, 필립은 그 편지를 자신의 두 번째 결혼에 대한 어쩔 수 없는 찬성 신호로 해석했다.[14] 더욱 충격적이었던 것은 결혼식에 부처와 멜란히톤이 참석했다는 사실이었다. 필립과 그의 참모들은 이제 어쩔 수 없이 결혼을 공식적으로 인정하고, 종교개혁자들의 조언을 공표해야 할 것 같다고 생각했다. 그런데 루터는 그 생각에 단호하게 반대했다. 그는 그들의 변호사가 비밀을 유지하려는 의도를 지지했으며, 요한 프리드리히 선제후에게도 만일 필립 백작이 자신의 욕망을 마음껏 발산하려는 습관이 있는 사람임을 알게 되지 않았던들 자기도 똑같은 충고를 했을 거라고 말했다.[15] 비록 루터가 속아 넘어간 셈이었지만, 그래도 루터는 그 조언을 적당하다고 생각했으며, 고해소를 보호하기 위한 필요에서 나온 거짓말이라면 하나님도 반대하지 않으실 것이라고 판단했다.[16] 그곳에서 일어난 일은 하나님과 죄인 사이에서 일어난 일로 남아야 한다. 비록 그 죄인이 정직하지 못한 사람이라 해도 말이다.

멜란히톤은 참담한 심정으로 그 일을 후회했으며, 부처는 스트라스부르에서 명성에 큰 타격을 입었다. 그러나 루터는 몸을 낮추고 눈에 띌 만한 일을 하지 않았는데, 그래서 그 당시 사람들에게서보다 후대의 역사가들에게 더 많은 비판을 받았다. 필립 백작은 루터의 의도가 선하다는 것을 인정하고 루터야말로 가장 탁월한 신학자라고 선언했다.[17] 슈말칼덴 동맹의 다른 지도자들은 필립 때문에 화가 났지만, 필립은 영향력을 잃은 것 말고는 그다지 심각한 피해를 입지 않았다. 필립은 은밀히 카를 황제와 평화로운 협력 정책을 추구하고 있었고[18] 얼마 후에 카를 황제는 조용히 그를 사면해 주었다.

이중 결혼으로 인해, 루터파의 본거지 근방에 남아 있는 유일한 가톨릭 평신도 제후이며 필립의 철천지원수였던 볼펜뷔텔의 하인리히 공작과 필립 사이는 더욱 악화되었다.

필립의 중혼 스캔들에도 불구하고, 1540-1541년의 종교 회담은 가톨릭과 프로테스탄트의 교착 상태를 극복할 수 있는 평화로운 화해의 길에 대한 기대를 불러일으켰다. 하게나우의 첫 번째 회의는 보름스에서의 두 번째 회의로 이어졌고, 보름스에서는 황제의 수석 비서가 의제를 내놓았다. 멜란히톤은 머나먼 여행 끝에 보름스에 도착했고, 거기서 장 칼뱅이라는 이름의 프랑스 청년을 만나게 된다. 훗날 제네바의 개혁자로 명성을 날리게 될 그 청년을 멜란히톤이 직접 만난 것은 이번이 처음이자 마지막이었다. 가톨릭과 프로테스탄트 양측의 신학자들과 외교관들이 그 회담에 참여했는데 한쪽에 각각 11표씩이 배당되었다. 11명의 가톨릭 제후보다는 프로테스탄트 진영이 더 결집력이 강했으니, 이는 브란덴부르크의 요아힘 2세를 비롯하여 가톨릭 진영에서 세 명의 제후가 중립이거나 이미 종교개혁 쪽으로 기울어진 상태였기 때문이다.

1539년에 가톨릭 진영은 루터의 거칠고 열성적인 적수였던 작센의 게오르크 공작을 잃었다. 그가 세상을 떠나자 그의 동생이자 종교개혁에 찬성하는 하인리히가 자리를 이어받았는데, 그는 루터파 목사의 설교를 들으려고 형의 장례 미사 중에 빠져나왔다. 하인리히 공작은 이 마을 저 마을을 돌면서 시민들의 하례賀禮를 받았으며, 과거 가톨릭 공국이었던 그곳에서 공식적으로 승인받은 최초의 루터파 성만찬이 거행되었다. 하인리히 공작은 성령강림절 주말(1539년 5월 24-25일)에 요한 프리드리히 선제후와 비텐베르크 신학자들을 라이프치히로 초대했다. 20년 전 루터가 게오르크 공작이 지켜보는 가운데 에크와 신학 논쟁을 했던 바로 그곳이었다. 이번에는 루터의 라이프치히 여행에 멜란히톤, 유스투스 요나스, 카스파르 크루치거가 동행했고, 1519년에도 그랬던 것처럼 라이프치히 대학생들이 나와서 비텐베르크 신학자들을 호위하여 성 안으로 들어왔다.[19]

성령강림절을 앞둔 토요일 오후에 루터는 과거 라이프치히 논쟁의 장소였던 성에서, 주일에는 성 도마 교회에서 설교했다. 설교 내용은 토요일 것만 남아 있는데 아마도 크루치거가 정리해 놓은 것 같다. 루터는 몸이 썩 좋지 않았기 때문에 청중을 향해 종교개혁의 가르침을 의기양양하게 간추려서 선포하는 대신 참된 교회의 본질에 대해 짤막하게 설교했다. 그 설교에 영감을 준 것은 예수님의 말씀이었다. "사람이 나를 사랑하면 내 말을 지키리니 내 아버지께서 그를 사랑하실 것이요, 우리가 그에게 가서 거처를 그와 함께하리라"(요 14:23). 루터는 이 말씀이 참된 교회가 무엇인지를 보여 주고 있다고 말했다. 예수님이 세우고자 하신 것이 땅 위의 나라도 아니고, 교황과 추기경과 주교가 좌지우지하는 로마 가톨릭의 제도도 아님을 보여 주는 본문이기 때문이다. 참된 교회는 복음적 공동체로 구성된다.

> 교회는 하나님을 사랑하고 그분의 말씀을 들을 수 있는 거처로서 존재한다. 나무나 돌이 아니라, 말을 알아듣지 못하는 동물이 아니라, 하나님을 알고 사랑하고 찬양하는 사람들이 있는 곳이다. 그래서 여러분은 십자가와 고난까지 포함하여 모든 것 안에서 확신을 가지고 하나님을 신뢰할 수 있으며, 그럴 수만 있다면 겨우 두어 명의 신자

가 모인 곳이라 할지라도 그곳이 참된 교회라는 사실을 알아야 한다. 그래서 그리스도께서 이렇게 말씀하시는 것이다. 나를 사랑하는 사람은 내 말을 지킬 것이요 그러면 내가 그곳에 거할 것이며 그곳에 내 교회를 세우리라.[20]

그러나 신자들이 하나님의 말씀을 지키기 위해서는 그 말씀이 그들에게 선포되어야 한다. 그러므로 루터는 예수님의 말씀이 또한 이런 의미라고 말했다. "나의 교회는 내 말씀이 순수하게 설교되고 그 말씀을 순전하게 지켜 내는 곳이다."[21] 그러기 위해서는 설교자가 순수한 말씀을 잘 알아야 하며, 두세 사람 이상이 그 말씀을 듣기 위해 모일 수 있는 장소가 있어야 한다. 그런 장소라면 종교개혁을 받아들인 지역에 벽돌과 돌로 이루어진 예배당이 이미 있으므로 그런 곳을 잘 활용하면 된다. 그렇게 루터파 교회가 조직되는 것이다. 루터는 그런 교회를 로마 가톨릭교회보다 확실히 선호했지만, 그렇게 조직된 종교 기관도 루터가 끝없이 추구하던 참된 종교, 혹은 개혁된 기독교와 완전히 같지는 않았다. 참된 종교와 마찬가지로, 참된 기독교는 하나님의 말씀을 계속해서 다른 사람에게 전하고 그것을 믿으며 이에 수반되는 모든 자유, 자선, 십자가, 결핍과 함께 그 말씀을 지키는 사람들로만 구성된다. 종교 기관은 참된 종교의 촉진자로 복무할 뿐이다.

어쨌든 루터는 요한 프리드리히 선제후와 하인리히 공작이 작센 공국을 루터파의 영토로 만들기로 결의한 것에 기뻐했다. 하인리히 공작은 루터가 설교하고 두 달이 채 안 된 시점에서 다섯 명의 "참관자"를 임명하여 마이센의 교회들을 조사하고, 여전히 만연한 가톨릭 관행을 금지했다. 참관자 가운데 요나스와 슈팔라틴은 선제후의 작센이 루터파 공국의 모델이 될 것이라고 보증했다. 마이센의 가톨릭 주교는 루터의 오랜 두 적수, 곧 고故 게오르크 공작의 사제였던 요한 코흘레우스와 1539년 교황의 특사로 프라하에 갔던 히에로니무스 알레안더의 도움을 받아 타협안을 제시했다. 비텐베르크 신학자들은 주교의 제안을 거절했으며 루터는 작센 공국이 계속해서 참관을 시행할 것을 촉구했으니, 이것은 첫 번째 조사 이후에도 대부분의 가톨릭 사제들이 그대로 자리를 차지하고 있었기 때문이다. 루터는 그들을 루터파 목사로 바꿔 달라고 요구하는 "편지가 빗발치고 있다"고 보고하면서 그 요구를 들어주고자 했으나, 선제후의 작센에도 남는 목회자가 없었다.[22]

루터와 요한 프리드리히 선제후의 관심이 작센 공국에 집중되어 있는 동안, 보름스의 종교 회담은 1541년 4월까지 연기되었고 결국은 바이에른의 레겐스부르크로 장소를 옮겼다. 레겐스부르크에서는 프로테스탄트 진영과 가톨릭 진영이 두 가지 주제, 곧 이신칭의와 성만찬 가운데 그리스도의 현존 방식에 관하여 의견 일치를 볼 수 있을 것 같다는 전망이 있었다. 그러나 결과적으로는 합의에 이르지 못했는데, 이는 양쪽의 신학자들이 거부 의사를 표명했기 때문이었다. 가톨릭과 프로테스탄트 중 어느 쪽도 1517년 95개 논제가 나온 이후 양쪽을 갈라놓은 실천적 이슈들, 곧 면벌부, 사제의 독신, 개인적 고해에서 죄를 열거하는 것, 사적 미사 등의 문제에 대한 의견 차이를 좁히고 싶어 하지 않았다. 같은 시기에 레겐스부르크에서 열린 제국의회에서는 그 문제를 공의회나 다음번 의회에 넘기기로 했다. 영리한 움직임이긴 했으나, 결국 이것은 독일의 종교적 통일에 대해서는 죽음의 키스 kiss of death*였음이 곧 드러난다.

멜란히톤이 보름스와 레겐스부르크에서 선제후의 작센을 대표하고 있는 동안, 루터는 비텐베르크에 남아서 강의하고, 설교하고, 새로운 목사들에게 안수하는 일을 했다. 그리고 1539년 7월에는 출간된 지 5년밖에 안 된 독일어 성경 개정 작업에 착수했다. 루터는 번역 팀을 다시 소환했다. 핵심 멤버는 멜란히톤, 부겐하겐, 요나스, 그리고 히브리어 학자 마테우스 아우로갈루스 Matthew Aurogallus였고, 개정 과정을 기록할 사람으로 크루치거와 뢰러가 합류했다. 번역 팀은 1540년 7월부터 1541년 2월 초까지 대략 70번의 모임을 가졌다.[23] 그 기간 동안 요하네스 마테지우스 John Mathesius라는 사람이 루터의 식탁에 고정 손님이었는데, 그를 비롯하여 여러 사람이 그 자리에서 들은 이야기를 기록해 놓은 것이 훗날 『탁상담화』가 된다. 개정 작업 팀은 저녁 식사 전에 루터의 집에 모여서 일을 했는데, 마테지우스는 그들이 일하는 모습을 지켜보았을 뿐 아니라 아마도 뢰러에게서 더 자세한 내용까지 들었던 것 같다. 마테지우스는 자료들을 토대로 그 모임의 전형적인 모습을 다음과 같이 재구성했다.

루터 박사가 자기의 오래된 라틴어 성경과 새로 나온 독일어 성경, 그리고 항상 가지고 다니는 히브리어 텍스트를 가지고 방에 들어왔다. 필립[멜란히톤]은 그리스어 텍스트를 가져왔고, 크루치거는 히브리어와 아람어 버전을 가져왔다. 유대 랍비들의 주해도 준비되어 있었고,

- 가롯 유다가 예수님에게 한 입맞춤에서 유래한 표현으로, 당장 보기에는 도움이 될 것 같지만 장차 파멸을 가져오게 되는 일을 말한다.

• 여러 종교개혁자들(슈팔라틴, 부겐하겐, 에라스무스, 요나스, 크루치거 등) 한가운데 있는 루터. 1558.

포메른의 [부겐하겐] 박사는 자기에게 친숙한 라틴어 성경을 들고 왔다. 모든 참여자는 그날 번역할 본문을 연구하면서 그리스어와 라틴어 본문 및 랍비들의 주해를 검토하고 자신의 의견을 준비했다. 모임을 이끄는 사람이 자기가 제시한 독일어 표현이나 기존 주석에서 발견한 것에 대해 각 사람에게 의견을 물으면서 협의가 시작되었다. 그들이 피력한 견해는 아주 훌륭하고 교훈적이어서, 게오르크 뢰러는 그 가운데 일부를 받아 적어 성경 본문 여백에 주석으로 인쇄했다.[24]

개정판 원고가 완성되기도 전에 인쇄가 시작되었다. 1541년 4월 초에 인쇄공은 이미 에스겔 작업을 마쳤는데, 루터는 에스겔서 마지막 장의 새로운 성전 부분에 대한 추가 해설을 쓰고 있었다. 인쇄업자들이 루터에게 빨리 끝내 달라고 요청했지만, 루터는 "머리[뇌]의 연약함"에 대한 불평만 늘어놓았다.[25] 결국 그 부분은 나중에 루터의 에스겔서 서문 끄트머리에 추가되었으며 전체 성경 개정판은 9월에 완간되었다.[26]

1541년까지 루터는 오랜 기간 두통, 허약함, 어지럼증, 우울증, 요로 결석 등 온갖 질병으로 고생했지만, 가장 최근의 상태에 대해서는 특별히 '머리의 유출'flux of the head이라는 표현을 썼다. 심한 감기나 인플루엔자의 마지막 단계가 아니었을까 추측된다. 그는 너무나 혹사당한 자기의 늙은 머리에서 어쩌면 이렇게 많은 진액이 나오는지 이해할 수 없었고 마침내는 주님께 호소했다. "이것이 끝나든지 제가 끝나든지 둘 중 하나입니다."[27] 루터의 쇠약함에 대한 기록은 차고 넘치는데, 현재 남아 있는 서신 중에는 1540년 1월에 카타리나가 죽을 뻔한 위기를 가까스로 넘긴 일에 대해서는 특별한 언급이 없다. 멜란히톤과 요나스에 의하면, 그녀는 유산 후유증으로 죽을 고비를 맞았다.[28] 2월 26일, 루터는 자기도 잘 지내고 있으며 카타리나도 식욕을 되찾았고, 다른 사람의 부축을 받으며 집 안을 걸어 다닐 수 있을 정도는 되었노라고 기록했다.[29]

1530년대 후반에 들어서면서, 루터의 건강이 점점 나빠진 것과 적대자들에 대한 비난이 격해진 것은 어느 정도 관계가 있는 것 같다. 하지만 이것은 어디까지나 추측일 뿐이다. 루터의 적대자 가운데 아직도 활동하고 있는 이들은 가톨릭 제후들과 신학자들뿐이었지만, 루터에게 "적대자"는 독일의 기독교를 정화하여 회복시키려는 그의 사명에 협력하지 않는 모든 사람과 모든 집단을 의미했다. 루터가 그렇게 규정하여 확실한 표적으로 삼은 집단이 바로 유대인들이었다. 다른 나라에서와는 달리 신성로마제국에서는 유대인들이 아직 대규모 추방을 당하지 않았다. 그러나 1536년 8월 6일, 요한 프리드리히 선제후는 자신이 다스리는 작센 지역에서는 유대인이 거주하거나 사업을 하거나 여행을 해서도 안 된다는 법령을 반포했다. 그로부터 10개월 후, 제국의 유대인 대표자 가운데 한 사람인 랍비 요젤 폰 로스하임 Josel von Rosheim은 선제후의 작센을 여행하고자 미리 루터에게 선제후로부터 통행 허가를 받을 수 있게 해 달라고 부탁했다. 루터는 유대인들이 그런 일로 "자신의 도움"을 오용하는 바람에 자기가 제후들에게 더 이상 영향력을 행사할 수 없게 되었다고 둘러대면서 그 요청을 거부했다. 루터는 그럼에도 불구하고 유대인들을 친절하게 대하되 "그들이 자신들의 오류를 더욱 고집하고 더욱 성가신 존재가 되지" 않도록 해야 한다고 주장했다. 한 걸음 더 나아가, 루터는 소책자를 써서 "여러분 가운데 일부 덕망 있

는 사람들"을 얻고 "그들을 여러분의 약속된 메시아에게로 인도"하려는 자신의 의도를 밝혔다.[30]

루터는 1523년에도 그리스도인들이 유대인을 정중하게 대하면 그들 가운데 일부는 예수님을 참된 메시아로 받아들일 것이라는 소망을 피력한 바 있었다. 그리스도인들은 사랑의 법의 인도를 받아 "그들을 진심으로 용납하고, 그들이 우리 안에서 장사하고 일도 할 수 있도록 허용해야 한다." 그래야 그들도 "기독교의 가르침을 듣고 우리의 기독교적 삶을 증언"할 수 있을 것이다. 그런데 일부 유대인들이 그것을 거부한다면 어떻게 해야 하는가? 루터는 "무엇보다 먼저 우리 자신도 모두 좋은 그리스도인은 아니"라는 사실을 인정해야 한다고 말했다.[31] 루터는 이런 말 때문에 유대인에게 너무 친절한 것 아니냐는 비난을 받기도 했다. 그러나 유대인에 대한 그의 친절한 태도는 그리 오래가지 못했다. 요젤 폰 로스하임의 요청을 거절한 바로 그 1537년에, 루터는 창세기 12장을 강의하면서 다음과 같이 말했다.

> 저 불행한 유대인들로 하여금 자신들이 아브라함의 참된 자손이 아니라는 사실을 고백하도록 해야 한다. 그들은 지금 오류를 범하고 있으며 하나님의 진노 아래 있으니, 이는 그들이 참된 종교를 거부하기 때문이다. 만일 그들이 이 사실을 인정하지 않는다면, 우리가 직접 나서서 그들로 하여금 하나님은 거짓말쟁이라는 신성모독적인 선언을 하도록 강요해야 한다. 여기에 무슨 타협안이 있을 수 있겠는가?[32]

유대교에 대한 루터의 태도는 14년 만에 이렇게 급격하게 변한 것인가? 아마도 아닐 것이다. 루터는 하나님의 눈에 비친 유대인의 지위에 대하여 항상 양면적 입장을 취해 왔다. 초기 강의들에서 루터는 선행을 통해 스스로 구원에 이를 수 있다고 생각하면서 그리스도인이 되려 하지 않는 유대인들을 강력하게 비판했다. 또한 유대 민족을 이단자의 범주, 그리고 그가 교만하고 독선적이라고 부르는 사람들의 범주에 집어넣기도 했다.[33] 그러나 1520년대에는 오로지 믿음에 근거하여 유대인과 비유대인 모두를 받아 주시는 자비하신 하나님에 대한 메시지가 많은 유대인을 개종시킬지 모른다는 기대를 많은 개혁자들이 품고 있었다. 루터도 비텐베르크에서 알게 된 유대인 베르나르트Bernard가 세례받는 모습을 보면서 같은 희망을 품었다.[34] 그러나 1525년에는 유대인이 이자를 받고 돈을 빌려주는 것이 허용되었던 이유를 설명하면서 "유대인은 더 이상 하나님의 민족이 아니기 때문에"[35] 그런 허용 조치가 더 이상 유효하지 않다고 선언했다.

앞의 언급은 예외적 사례가 아니었다. 루터가 1537년에 쓴 소논문 『안식일 엄수주의자에 대한 반론』Against the Sabbatarians의 내용도 마찬가지다. 그 논문은 유대인이 "다양한 장소에서" 그리스도인을 설득하여 자신들처럼 할례도 받고, 안식일도 지키고, 나사렛 예수가 메시아라는 것도 부인하도록 만들고 있다는 사실을 알려 준 "좋은 친구"에게 보내는 글이었다. 그 "좋은 친구"가 누구인지는 나중에 밝혀졌지만, 유대인들이 작센 동부 지역에서 그리스도인을 대상으로 포교 활동을 했다는 증거는 존재하지 않는다.[36] 루터가 어떤 동기에서 『안식일 엄수주의자에 대한 반론』을 저술했는지는 모르지만, 그 논문의 내용 자체는 유대교로 개종할 것을 권유받은 그리스도인과는 전혀 무관하다. 그 대신, 그는 이스라엘의 죄 때문에 하나님이 메시아를 보내지 않으셨다고 주장하는 유대교 랍비들을 비판한다. 루터에 의하면 구약성경에는 그런 죄가 언급되어 있지 않으며, 하나님은 반드시 약속을 지키시는 분이시므로 나사렛 예수야말로 약속된 메시아일 수밖에 없다. 유대인과 관련된 그의 후기 저작 대부분이 그렇듯이, 루터의 주장은 자신이 가장 잘 알고 있는 텍스트, 곧 구약성경에 기초하고 있다. 물론 루터에게 구약성경은 기독교의 책이다. 그가 관심을 기울이던 문제는 그 당시 독일에 거주하는 유대인의 지위가 아니라 유대인의 경전에 대한 "참된" 이해에 관한 것이었다. 즉, 그 책이 하나님의 백성이라 자부하는 유대인을 대신하게 된 그리스도인을 위한 약속과 교훈의 책이라고 이해하는 것을 말한다. 유대교 학자들이 루터를 싫어하는 이유는 그들이 다른 기독교 개혁자들과 신학자들을 싫어하는 이유와 동일하다. 유대교 학자들이 볼 때, 이 사람들은 히브리어 성경을 유대인으로부터 빼앗고 유대인을 거짓말쟁이라고 부르는데, 이는 나사렛 예수가 유대인의 성경에 예언된 메시아임을 유대인이 인정하지 않기 때문이다.

루터는 구약성경이 기독교의 책이라는 사실을 옹호하려 했던 많은 프로테스탄트들 가운데 한 사람에 불과했다. 1537년에 우르바누스 레기우스는 엠마오로 내려가던 제자들에게 예수님이 나타나신 부활절 이야기를 사용하여 똑같은 주장을 펼쳤다. 루터가 살아 있는 동안 출간된 특이한 책 가운데 하나인 이 책에서, 레기우스는 예수님이 두 제자에게 말씀하신 "것들"을 통해 그들이 십자가에서 죽으시고 부활하신 메시아를 믿게 되었음을 상기시켰다. "메시아가 이런 일들을 당하고 자기의 영광에 들어가야 할 것이 아니냐? 하시고 이에 모세와 모든 선지자의 글로 시작하여 모든 성경에 쓴 바 자기에 관한 것들을 자세히 설명하시니라."³⁷ 레기우스는 책의 제목을 『누가복음 24장에서 그리스도께서 부활의 날 예루살렘과 엠마오 사이에서 두 제자에게 모세와 예언자들을 통하여 전해 주신 아름다운 설교에 관한 대화』*A Dialogue concerning the Beautiful Sermon from Moses and the Prophets That Christ Delivered according to Luke 24 between Jerusalem and Emmaus to the Two Disciples on Easter Day*[38] 라고 했다. 그는 히브리어를 안다고 소개된 자신의 아내 안나와 함께 대화를 나누면서 구약성경에 등장하는 근거 본문proof-texts을 500쪽에 걸쳐 나열했다. 명시적으로 반유대적 의도에서 쓰인 책은 아니었지만 그 효과는 동일했다. 그는 족장들과 예언자들에게 주어진 구약의 약속은 의식적으로 그리스도를 가리키고 있다면서, 개종을 거부하는 유대인들에게는 이 약속이 해당되지 않는다고 단언했다.

레기우스의 책은 1537년 비텐베르크에서 처음 출간되었고, 1년이 채 안 되어 루터의 『안식일 엄수주의자』에 대한 반론이 나왔다. 그런데 16세기에는 루터의 책보다도 레기우스의 『대화』가 더 많이 인쇄되어 나왔으며 북부 독일 방언, 네덜란드어, 덴마크어, 영어, 체코어로 번역되었다. 비록 독자들보다는 인쇄업자들에게 인기가 더 많았지만, 어쨌든 이 책에 대한 반응은 구약성경의 약속이 기독교의 의도를 보증한다는 사실을 확인하고 싶어 하는 사람들, 특히 신학자들이 적지 않았음을 알게 해 준다. 특별히 대규모 유대인 거주 구역이 있는 도시를 제외하고는, 일반 그리스도인의 경우 유대인과 접촉할 일이 거의 없었다. 루터는 1520년대 중반에 두세 사람의 랍비가 방문했다고 기록해 놓기는 했지만,[39] 그 역시 책이나 소문으로 아는 것 말고는 유대인과의 접촉이 거의 없었다. 아마 이전에는 유대인들이 지금도 존재하는 비텐베르크의 유대인 거리Jüdenstrasse 같은 곳에서 살았겠지만, 어쨌거나 루터 시대의 비텐베르크에는 개종하지 않은 유대인이 거주했다는 기록은 없다.[40] 비텐베르크 사람들은 시교회를 지나다닐 때마다 교회 외벽에 붙은 저속한 조각물 "유대인 돼지"Judensau를 볼 수 있었을 것이다. 이 조각은 1300년대 만들어진 것으로 추정되며, 지금도 독일의 중세 교회 건물 중 스물다섯 군데 이상에 남아 있다.[41] 유대인이 우물에 독을 풀고 그리스도인 어린이를 죽이는 의식을 거행한다는 소문은 루터도 알고 있었다. 루터는 여러 번 그런 주장을 반복했으며, 한번은 그런 소문이 참이든 거짓이든 유대인은 그런 일을 은밀하게 혹은 공공연히 저지르고도 남을 만한 사람들이라고 말했다.[42] 루터파 개혁자들이 모두 그런 생각이었던 것은 아니다. 뉘른베르크에서 활동한 안드레아스 오지안더는 유대인이 그런 살인 제의를 벌인다는 소문이 사실무근임을 설득력 있게 밝혀냈는데, 거기에 화가 난 가톨릭 신학자 요하네스 에크는 그 소문의 진정성을 주장하고 나서기까지 했다.[43]

1539년 9월에는 루터의 독일어 저작 선집選集이 출간되었는데, 그 책의 서문에서 루터는 매우 드물게도 자신을 적대하는 가톨릭 신학자들을 칭찬하기도 했다.

> 나 자신은…교황주의자들에게 크게 빚진 사람인데, 왜냐하면 악마의 격동으로 인해 그들이 나를 엄청나게 치고 누르고 괴롭게 했기 때문이다. 다시 말해, 그들이 나를 정말 좋은 신학자로 만든 것이다. 그렇지 않았다면 나는 좋은 신학자가 될 수 없었을 것이다. 그래서 나는 그들이 획득한 것들—명예, 승리, 성공—을 진심으로 인정하노니, 이것이야말로 그들이 원했던 방식이리라.[44]

이 칭찬은 누가 보더라도 진실성이 결여되어 있다. 더욱이 1530년대 중반에는 가톨릭 적대자들에 대한 루터의 공격이 더욱 신랄해지고 있었다. 첫 번째 대상은 마인츠의 추기경 알브레히트였다. 그는 루터의 95개 논제를 로마에 보낸 장본인이면서도 종교개혁에 대해 양가적 태도를 취했다. 1534년, 알브레히트는 자기가 저지른 세금 수입 횡령 문제를 무마하기 위하여 자신의 재정 비서를 고발하고 그를 처형하라고 명령했다. 루터는 피해자의 형제와 요한 프리드리히 선제후를 통해 이 문제에 개입하게 되었다. 그 당시 종교개혁에 호의를 보이기 시작했던 브란덴부르크의 요아힘 2세가 알브레히트의 조카인 것을 감안하여, 주위 사람들은 루터에게 알브레히트를 공격하지 말라고 부탁했지만 전혀 먹히지 않았다. 1539년 루터는 『마그데부르크의 주교, 알브레히트 추기경 비판』Against the Bishop of Magdeburg, Cardinal Albert[45]이라는 비교적 온화한 제목으로, 그러나 통렬하게 추기경을 비난했다. 루터에게는 그 소책자가 양심의 문제였지만, 요한 프리드리히 선제후는 그의 논쟁 기술이 정치적으로 유용하다는 사실을 깨달았다.[46]

　루터 자신도 공격의 표적이 되곤 했다. 알브레히트 추기경과의 갈등이 한창이던 1538년, 멜란히톤이 비텐베르크에서 공부하도록 격려했던 재능 있는 시인 시몬 렘니우스Simon Lemnius가 펴낸 얇은 풍자시집은 알브레히트에게는 은근히 아부하면서 비텐베르크의 주요 인물들을 교묘하게 조롱감으로 만들었다. 렘니우스는 가택 연금을 당했고 그 시집을 펴낸 인쇄업자는 감옥에 갇혔다. 루터가 렘니우스를 향해 신랄한 경고를 퍼붓자 결국 그 시인은 자신의 안전을 위해 알브레히트의 영토로 피신했다. 렘니우스는 거기에서도 루터, 요나스, 슈팔라틴과 그 부인들의 결혼 생활에 대한 외설스러운 비난의 글을 펴냄으로써 비텐베르크의 유명 인사들에게 복수했다.[47] 멜란히톤의 사위가 그 시인과 공모한 것이 밝혀지면서, 그 당시 비텐베르크 대학교의 총장이었던 멜란히톤이 렘니우스를 봐주고 있는 것은 아니냐는 의혹이 제기되기도 했다. 멜란히톤은 선제후에게 자신의 결백을 주장하는 탄원서를 제출했지만, 대학교를 떠나는 것까지도 고려하고 있었다. 그러나 다시 마음을 다잡고 자리를 지키기로 했다.[48] 렘니우스 사건 때문에 멜란히톤과 루터의 관계에 불화가 생기지는 않았다. 그 문제로 시끄러운 동안에도 멜란히톤은 루터가 2주간 앓던 병에서 회복된 것을 감사했다. 광신자와 이단자가 날뛰는 세상에서 교회는 루터의 권위를 필요로 하고 있었다.[49]

1541년, 가톨릭교도이자 브라운슈바이크-볼펜뷔텔의 공작인 하인리히 공작과 요한 프리드리히 선제후 사이의 반목 때문에 루터는 다시 한 번 정치적 의도가 숨어 있는 공격에 연루되었다.[50] 루터와 하인리히 공작은 서로 모욕적인 언사를 주고받았고 결국에는 헤센의 필립 백작도 그 문제에 개입했다. 필립 백작은 중혼의 문제가 있었기 때문에, 하인리히의 입장에서는 요한 프리드리히보다 그를 공격하기가 유리했다. 그러나 하인리히 공작에게도 치명적인 약점이 있었다. 그의 정부(情婦) 에바 폰 트로트(Eva von Trott)는 하인리히에게 세 명의 아이를 낳아 준 뒤 쫓겨나서 죽었다고 알려져 있었는데, 사실 그녀의 죽음은 날조된 것이었다. 하인리히는 그녀를 성(城)에 숨기고 있었고 그녀는 하인리히에게 일곱 명의 자녀를 더 낳아 주었다. 그 논쟁으로 인해 100편에 달하는 인쇄물이 나왔는데, 정작 루터의 『한스부르스트 비판』(Against Hanswurst)은 루터 자신이 아니라 요한 프리드리히 선제후를 겨냥한 모욕에 맞서는 글이었다. 하인리히 공작은 프리드리히를 "뚱뚱하고 사악하고 거짓말이나 늘어놓는 주정뱅이"라고 부르면서 선제후가 참된 가톨릭교회에서 이탈하여 고집스럽게 이단 및 배교의 길을 가고 있다며 비난을 퍼부었다. 루터는 하인리히를 그 당시 유명했던 어릿광대의 이름을 따서―그는 목에 소시지wurst를 걸고 다녔다―"한스부르스트"라고 부르며 조롱했다. 그러나 그 소책자의 주 내용은 루터 자신이 종교개혁을 시작한 것이라는 고발과, 로마가 참된 교회라는 하인리히의 가설을 반박하는 것이었다.

누가 참된 교회인가라는 마지막 사안은 말년의 루터에게 가장 중요한 질문이었다. 루터는 성 아우구스티누스가 고안한 구별법으로 그 문제에 대한 답을 제시했다. 이것은 루터가 창세기 강의를 하면서 사용했던 방법이기도 하다. 거짓 교회와 참된 교회는 가인과 아벨 이후로 항상 존재해 왔다.[51] 예수님 이전의 참된 교회는 메시아에 대한 하나님의 약속을 믿는 신실한 이스라엘 사람들이었다. 프로테스탄트들은 그 약속이 예수님을 통해 성취되었음을 믿음으로써 참된 교회의 자격을 물려받았으나, 가톨릭교도들은 교회를 로마 가톨릭의 주교와 그 하수인들에게만 제한시킴으로써 자격을 상실하고 말았다. 가톨릭 신학자들은 반대로 가톨릭이 참된 교회고 프로테스탄트를 거기서 박차고 나간 사람들이라 생각했으니 루터의 주장이 그야말로 터무니없어 보였을 것이다.

루터는 자신의 입장을 옹호하기 위해서 참된 교회와 거짓 교회의 특징을 나열했다.[52] 그 비교는 상당히 공격적이었으며, 루터파에게 확연히 유리한 방식이었다. 그런데 루터는 그런 비교를 넘어 종교개혁의 출발점을 다시 한 번 돌아보면서, 원래 자신의 목표는 새로운 교회를 시작하는 것이 아니었다고 주장했다. 루터의 원래 의도는 면벌부의 남용을 지적하기 위해 학문적 논쟁을 활용하는 것이었다. 교회의 분열을 일으킨 주범은 테첼과 같은 면벌부 설교자, 마인츠의 알브레히트 대주교, 그리고 루터처럼 선한 의도로 비판하는 사람들에게는 귀 기울이지 않고 오히려 면벌부로 이익을 챙긴 교황 레오다.[53] 루터의 이러한 변론 뒤에는 종교개혁에 대한 현대의 통념과는 확연히 다른 견해가 자리하고 있다. 종교개혁은 기독교의 초기부터 존재했던 로마 가톨릭교회에서 프로테스탄트 교회가 떨어져 나온 것 같은 종파적 분열이 아니었다. 오히려 프로테스탄트(루터의 관점에서는 주로 루터파)는 언제나 존재하고 있던 참된 기독교와 참된 교회를 지키려는 이들이다. 다만 교황과 주교를 중심으로 한 로마 가톨릭의 위계 시스템이 참된 모습을 배반하고 오염시켜서 이단과 악마가 주도하는 거짓 교회로 전락시켜 버린 것이다. 루터는 거짓 교회의 특징을 나열하면서 그것을 "신기한 제품들"novelties이라고 불렀다. 면벌부, 성지 순례, 사적 미사, 연옥, 수도원, 교황…. 이런 것에 대해서는 그 어떤 타협도 있을 수 없으며, 그 이유는 다음과 같다.

> 교황 제도하에서 제작된 신기한 제품들은 그야말로 신기한 제품 그 이상일 수 없기 때문에, 평화를 위해서는 새로운 코트를 입어 보는 것 같은 방식으로 어느 정도 허용할 수는 있다. 하지만 이런 발명품을 교회의 율법처럼 지키고 성스러운 예배요 합당한 삶이요 영적인 것이라 부른다면, 그때는 그런 것이 사탄의 독毒이며 지옥의 학살이나 다름없다.…우리는 이런 율법을 지키면 자비와 생명을 얻고, 지키지 않으면 분노와 죽음을 받는다는 가르침을 믿도록 강요되었다. 그

런 강요는 거짓말을 진리로, 악마를 하나님으로, 천국을 지옥으로 바꿔 놓았다.⁵⁴

역사는 언제나 그 역사를 기술하는 사람의 편견과 불가피한 근시안近視眼을 반영하는 과거의 재구성이다. 그리고 종교가 주제가 될 때는 어떤 것이 참인지 거짓인지 검증할 방법이 없다. 한 사람에게는 참된 종교인 것이 다른 사람에게는 이단이요 광신이다. 종교 회담은 가톨릭과 루터파를—다른 프로테스탄트, 무슬림, 유대인은 더 말할 나위도 없다—화해시키는 데 실패했다. 그 원인은 무엇이 옳고 무엇이 그르고의 차이 아래 숨어 있는 위태로움인데, 루터는 이것을 자비와 생명이냐 분노와 죽음이냐를 가름하는 위태로움이라고 보았다. 물론 전통, 관습, 불의, 민족에 대한 충성심도 나름의 역할을 했다. 오늘날에도 어떤 종교를 선택하고 실천할 때 그런 요소들이 작용하는 것처럼 말이다. 그러나 16세기 유럽에서 종교적 갈등은 너무나 혹독했으며, 종교 간의 화해는 너무나 드물었다. 마르틴 루터를 비롯하여 관련된 대부분의 사람들에게는 전부가 걸린 문제였기 때문이다.

18

어마어마한 죄인

1542-1546

나움부르크 — 비텐베르크 — 라이프치히 — 할레 — 아이슬레벤

"우리에게 그리스도가 얼마나 중요한 분인지 그 의미를 손상시키지 않으려거든, 이제 우리 어마어마하고 상습적인 죄인의 대열에 합류하게. …자네는 가짜 죄인일 수 있고, 자네의 그리스도는 가상의 구원자일 수 있다네. 자, 이제는 그러지 말고 그리스도께서 참된 구원자이시며 자네는 진짜 죄인이라는 사실에 익숙해지게나."[1]

1542년 1월 20일, 마르틴 루터는 최초의 독일 루터파 주교를 임명했다. 이미 교황에 의해 임명된 주교가 아닌 최초의 개신교 주교였다. 주교 임명식은 비텐베르크에서 남서쪽으로 120킬로미터 떨어진 나움부르크^{Naumburg} 대성당에서 열렸다. 1년 전 나움부르크의 가톨릭 주교가 죽었고, 요한 프리드리히 선제후는 자기가 차기 주교를 선출하기로 했다. 물론 주교 선출은 그의 권한이 아니었다. 주교는 대성당 성직자 참사회에 속한 사제들이 선발했으며, 나움부르크 대성당 참사회는 종교개혁을 받아들이지 않은 상태였다. 그들은 전례에 따라 온건하고 학식 있는 가톨릭 주교 율리우스 폰 플루크^{Julius von Pflug}를 선택했다. 그런데도 선제후는 단념하지 않았다. 플루크가 주교직을 수락할지 고민하는 동안, 요한 프리드리히는 비텐베르크 신학자들의 어정쩡한 동의를 받아 낸 후 니콜라우스 폰 암스도르프를 새로운 주교로 세웠다. 루터파 신학자라는 사실만 아니면 암스도르프도 일반적 기준에 합당한 사람이었다. 귀족 가문 출신의 독신 사제였기 때문이다. 1542년 1월 17일, 대성당 참사회가 율리우스 폰 플루크를 새로운 주교로 선포한 바로 그날, 요한 프리드리히 선제후는 루터와 멜란히톤과 암스도르프와 슈팔라틴을 데리고[2] 나움부르크에 도착했다. 이틀 후, 루터는 암스도르프에게 안수하여 나움부르크의 새로운 주교로 삼았다.[3]

전날 저녁, 루터는 그 주교구의 세속 권력자들(시장, 백작 등)과 만나 루터파 주교를 지지해 달라고 설득했다. 루터의 주장은 아주 단순했다. 가톨릭 주교는 사실상 복음 선포를 금지할 것이다. 만일 참사회가 선제후와 협력하기를 거부한다면, 세속 권력자들도 참사회에게 충성을 다할 책임이 없으며 자유롭게 선제후의 선택을 지지할 수 있다. 법적 근거는 약했지만, 세속 관리들은 그의 주장에 찬성하여 그다음 날 아침 암스도르프의 주교 임명식에 참석했다. 이러한 정치적 지원에도 불구하고 암스도르프가 주교 직책을 유지할 수 있었던 기간은 고작 4년이었다. 나움부르크 대성당 참사회는 그를 받아들이지 않았고 그를 위한 요한 프리드리히 선제후의 뒷받침도 극히 미미했다. 루터와 그의 동료들이 선제후의 압력 때문에 자신들의 판단을 꺾고 그의 생각을 따른 것은 이번이 처음은 아니었다.

1541년 고난주간에 유스투스 요나스가 비텐베르크를 떠나 할레에서 루터파 설교자로 임시 근무하게 되었다. 알브레히트 대주교가 제일 좋아하던 관저가 할레에 있었지만, 세금 관련 문제가 불거졌고 시민들의 마음도 개신교 운동 쪽으로 기울어진 상황이라 알브레히트는 일찌감치 그곳을 떠나 있었다. 할레는 알브레히트가 관할하는 마그데부르크 대주교구의 일부였으나, 시의회는 그 사실을 무시하고 개신교 지지자들이 비텐베르크에서 설교자를 모셔 오도록 허용했다. 그들은 유스투스 요나스로 마음을 정하고 그를 초대하여 두 달간 평가 기간을 가졌다. 그 기간이 연장되고 또 연장되다가 결국 1544년 12월, 요나스는 성모 마리아 시장 교회Market Church of Our Lady 목사로 공식 임명되었다.

요나스가 비텐베르크를 떠나게 된 일은 요나스 자신에게도 루터에게도 힘든 일이었다. 그들은 20년 동안 험난한 시련을 헤치며 서로 위로하고, 가족의 경조사에 함께했으며, 멜란히톤 및 부겐하겐과 더불어 선제후의 작센을 루터파 영역으로 만들기 위해 꾸준히 애써 왔다. 이제 루터가 할 수 있는 최선은 요나스와 계속해서 소식을 주고받는 일뿐이었다. 1542년 2월에 나눈 소식은 전부 어두운 것이었다. 튀르크 군대는 헝가리에서 독일을 침략하려는 목적으로 폴란드 통과 허가를 받아 내기 위해 노력하고 있었다. 바젤에서는 카를슈타트가 죽었는데, 바위와 자갈을 던져 대는 난폭한 유령이 카를슈타트의 집과 무덤 주위에 출몰했다. 스트라스부르에서는 마르틴 부처의 아내와 아들, 그리고 딸들 전부가 역병으로 죽는 바람에 다른 신학자들에게도 큰 슬픔을 안겼다. 아들, 딸, 의붓아들을 이미 잃었던 볼프강 카피토도 3개월 전에 세상을 떠났다. 부처와 함께 마르부르크에 왔던 카스파르 헤디오는 다섯 명의 자녀를 잃었다. 또 한 명의 희생자 빌헬름 츠빙글리Wilhelm Zwingli는 스위스의 종교개혁자 울리히 츠빙글리의 아들이었다.[4]

1542년 8월 26일, 루터는 토르가우에 있는 라틴어 학교 교장에게 16살 된 아들 요한(헨스헨)이 입학 허가를 받아 문법과 음악을 공부하도록 그곳에 보냈다고 알렸다. 학교 교장 마르쿠스 크로델Marcus Crodel은 루터의 아들 요한, 그리고 카타리나의 조카로 요한과 함께 입학한 플로리안 폰 보라Florian von Bora를 주시했다. 여태까지 두 소년은 루터의 집에서 개인 교습을 받았으나, 루터는 요한과 플로리안이 많은 사내아이들과 어울릴 필요가 있다고 생각했다. "그것이 개인적이고 사적인 교육보다 많은 것을 이뤄 내는 것 같아서"[5]였다. 그런데 하루 혹은 이틀 후, 루터는 플로리안이 요한의 동생인 파울의 주머니칼을 훔쳐 놓고도 거짓말을 하고 그걸 토르가우에 가져갔다는 사실을 알게 되었다. 루터는 크로델에게 그 건달 같은 놈에게 사흘 연속으로 몽둥이찜질을 하든지, 아니면 그 녀석을 비텐베르크로 돌려보내라고 요청했다.[6]

2주 후, 루터는 크로델에게 다른 심각한 문제로 편지를 보내야 했다. 요한의 여동생 마그달레나(렌헨)가 위독한 상태이며 오빠의 얼굴을 보기 원한다는 내용이었다. 루터는 요한이 얼른 집에 오도록 마차를 보냈다.[7] 마그달레나가 죽어 가는 모습을 보면서 루터는 이렇게 말했다고 한다.

> 마음은 원이로되 육신이 약하구나. 내가 이 아이를 얼마나 사랑하는데… 하나님께서는 지난 천 년 동안 그 어떤 주교에게도 베풀지 않으셨던 큰 선물을 내게 주셨다(하나님이 주신 선물은 자랑해 마땅하다). 그러나 지금은 비록 가끔 간단한 노래를 부르고 감사 기도는 드리지만, 하나님께 진심으로 기뻐할 수도 없고 감사할 수가 없으니, 그런 나에게 화가 난다. 살든지 죽든지, 우리는 하나님의 것이로다.[8]

마그달레나는 1542년 9월 20일 아침 9시경 아버지의 품 안에서 숨을 거두었다.[9] 그 자리에는 카타리나, 멜란히톤, 게오르크 뢰러가 있었고, 아마 젊은 한스도 있었을 것이다. 비텐베르크 대학교 총장은 부음을 전하고 신학과 교수들과 학생들에게 4시 장례식에 참석해 줄 것을 요청했다.[10] 운구 행렬이 집에서 빠져나갈 때, 루터는 애도하는 사람들을 향해 말했다. "슬퍼하지 마십시오. 저는 천사 하나를 하늘나라로 보낸 것입니다." 그러고는 14년 전에 죽은 딸 엘리자베트를 떠올리면서 덧붙였다. "사실은 이번이 두 번째로 보내는 것이지요."[11]

1537년에는 슈말칼덴에서 돌아오던 길에 루터 자신도 곧 죽을 거라 생각해서 부겐하겐 앞에서 유언장을 작성했다. 3년 후에는 유언장을 다시 만들 필요는 없다고 여겨서 비공식적으로 아내 카타리나를 "총체적 상속인"이요 모든 자녀의 후견인으로 지정했다.[12] 그러나 1541년에 병을 앓고 난 후에는 두 번째 유언장을 작성하기로 했다. 이 유언장은 결혼 때 가져온 지참금과 개인 소유물 외에는 다른 재산을 배우자에게 상속하는 것을 금지하는 작센의 법률 규정을 교묘히 피했다. 그 대신에 아직 살아 있는 사람이 다른 사람에게 재산을 양도하는 증서와 비슷한 형태로 작성되어, 루터는 이 증서를 통해 모든 재산을 카타리나의 소유로 이전시켰다. 그 유언은 1542년 1월 6일에 이행되었고 증인은 멜란히톤, 크루치거, 부겐하겐이었다.[13] 루터는 이렇게 모든 재산을 아내에게 증여하는 이유로 세 가지를 들었다. 첫째, 카타리나는 신실하고 경건한 아내로서 항상 다정하게 루터의 곁을 지켰으며 자녀를 낳고 길러 주었다. 둘째, 그녀는 마르틴이 죽은 이후에 남는 빚을 갚을 수 있는 능력이 있다. 무엇보다 셋째, 이렇게 재산을 양도해야 카타리나가 자식들에게 경제적으로 의존하지 않고 하나님이 명령하셨듯이 그들에게 존경받을 수 있다. 루터는 어머니야말로 자녀를 위한 최고의 보호자라고 덧붙이면서, 설령 카타리나가 재혼을 하더라도 모든 것을 자녀들과 나눌 것을 확신한다고 말했다. 루터는 요한 프리드리히 선제후가 이 증서의 수호자이자 관리자임을 선언했으며, 선제후는 루터가 죽고 두 달 후에 이 유언장의 내용을 공식적으로 확증해 주었다.

루터는 유언장의 나머지 부분에서 자기 가족의 실제 자산과 관련하여 흥미로운 언급을 했다. 루터 자신은 인세를 받지 않았기 때문에, 그의 봉급과 그가 1542년 가계 보유 물품 목록에 기재한 선물 외에는 다른 수입이 없다는 것이다.[14] 그러나 실제로 루터 부부는 상당한 재산을 모았고 꽤나 크고 버거운 살림을 꾸려 나가고 있었다. 루터도 언급했듯이, 그들이 이 모든 걸 충당할 수 있었던 것은 놀라운 일이었다. 그는 또 이렇게 덧붙였다. "진짜 기적은 [우리가 가진] 현금 부족이 아니라 빚이 아주 많지는 않았다는 사실이다."[15] 루터가 직접 말한 적은 없지만, 사실 수도원은 그야말로 밑 빠진 독처럼 돈이 드는 곳이었다. 루터가 비축한 재산의 대부분은 지하 저장고에서 지붕까지 건물을 수리하고 욕조를 갖춘 새 욕실을 설치하는 데 들어갔다. 양조장, 돼지·말·소 우리, 정원을 유지하는 데도 비용이 들었다. 1540년에는 카타리나가 남편을 위한 선물로 수도원 출입문을 최고급 엘베강 사암砂巖으로 개축하게 했다. 문의 양 옆에는 앉는 곳을 만들 수 있도록 오목하게 판 벽감niche이 있고 그 위로 작은 닫집baldachin이 있는데, 하나에는 루터의 얼굴을 부조로 새기고 다른 하나에는 루터의 문장紋章인 '루터의 장미'를 조각했다.[16] 루터 가족은 1532년에서 1541년 사이에 건물 공사 및 유지를 위해 꽤 많은 건축 자재를 구입했는데 그것이 나중에 빚의 원인이 되었다. 1542년에는 수도원 건물에 대한 자산 평가를 받아야 했는데, 루터는 평가 자체가 불가능할 것이라고 말했지만 6천 굴덴의 감정가가 나왔다.[17] 루터의 유언장은 공증을 받지 않았지만, 루터는 모든 사람이 이 유언장을 쓴 사람이 진실로 자신이라는 사실을 인정해 주기를 부탁하면서 자신이 "하늘과 땅이 알고, 지옥도 알 정도로 공적으로 알려진 사람이며, 공증인보다 더 신뢰할 만한 존경과 권위를

• 카타리나가 선물한 비텐베르크 루터의 집 출입문 장식, 1520.

지닌 사람인데 그것은…무엇보다 나의 필체가 아주 잘 알려졌기 때문"이라고 말했다.[18] 그 당시 사람들에게는 잘 알려진 필체였을지 몰라도, 후대 사람들이 읽기에는 너무 어렵고 작은 글씨였다.

1542년에 수도원 건물을 감정한 목적은 이른바 튀르크 세(稅) 징수를 위한 자산 재평가였다. 오스만 튀르크의 군대가 다시 중앙 유럽으로 들이닥쳤던 것이다. 1541년 술레이만 대제의 군대는 페르디난트 대공의 독일 군대를 괴멸시켰고 헝가리 영토 대부분이 튀르크의 손아귀에 들어갔다.[19] 이 때문에 1542년 슈파이어 제국의회에서는 튀르크군에 맞서 독일을 방어할 대규모 군대를 편성하기 위해 특별세금을 부과하기로 했다. 루터는 세금을 면제받았음에도 자기 몫을 내기로 결정했다.[20]

1520년대 후반에 튀르크 군대가 처음으로 독일을 위협했을 때에도 루터는 그것을 세상에 대한 하나님의 최후 심판이 가까이 왔음을 알리는 하나의 징조로 여겼다.[21] 1541년 튀르크 군대가 다시 쳐들어왔을 때, 루터는 독일 민족이 그동안의 사악한 행실을 뉘우치고 하나님께 대한 신뢰를 회복할 수 있었던 시간이 이제는 다 지나가고 말았다고 단정했다. 선제후가 모든 목사들에게 독일의 구원을 위해 기도하도록 촉구할 것을 부탁하자 루터는 기꺼이 그 부탁에 따랐다.[22] 그런데 루터의 호소문은 단순한 기도 부탁이라고 보기에는 어조가 너무 강했다. 그는 지난 20년 동안 자신들에게 선포된 하나님의 말씀을 무시한 독일인들을 호되게 꾸짖었다. 그들은 믿음과 사랑으로 살아가기보다는 이 나라 곳곳에서 도둑질과 탐욕을 일삼았다. 독일은 그 옛날 홍수 심판을 받은 노아 세대보다 나을 것이 없는 패역한 세대다. 그러므로 하나님이 지금 튀르크 군대를 보내셔서 독일이 정신을 차리게 하신 것은 어쩌면 당연한 일이다.[23] 이 재난을 피하려면 독일 민족은 이제라도 하나님을 진지하게 받아들이고 그분의 자비를 신뢰해야 한다. 만일 그렇게 한다면, 튀르크 군대는 독일 민족을 깨우쳐서 오직 하나님께 구하고 하나님만을 두려워하는 이 마땅한 사명을 가르쳐 준 하나님의 도구가 되는 것이다. 그러나 만일 그걸 거부한다면, 독일 민족은 튀르크 군대에 의해 괴멸당하든지, 아니면 죄와 자기만족으로 멸망하게 될 것이다.[24]

1545년에는 루터의 표현이 더욱 격해져서, 튀르크 군대가 사탄의 군대 소속이며 교황 제도는 악마의 창작물이라고까지 했다. 루터는 기독교의 심장에 그리스도를 회복시키고자 했던 종교개혁이 악마를 자극해서 하나님과의 최후 결전에 나서도록 한 것 같다고 추측했다. 그러므로 종교개혁은 단순히 후대의 역사가들이 연구 대상으로 삼을 수 있는 중세의 개혁 운동 가운데 하나가 아니었다. 루터에게 종교개혁은 최후의 심판과 하나님의 영원한 나라가 도래함을 알리는 서곡序曲이었다. 루터는 자기에게 반대하는 모든 사람들 뒤에는 악마가 있다고 상상했다. 재세례파, 성례전주의자, 심지어 뮌처의 뒤에도 악마가 있으며 뮌처는 아예 "사탄의 서곡이며 서문"이라고 말했다.[25] 그러나 루터가 보기에 그런 자들은 튀르크 군대, 교황주의자, 유대인만큼 심하게 악마의 조종을 당하는 것 같지는 않았다.

마그달레나가 죽고 2달 후, 루터는 가장 유명하고 가장 많은 비난을 받은 반유대주의 소책자 『유대인과 그들의 거짓말』*The Jews and Their Lies*을 쓰기 시작했다. 그는 이 글의 첫 문단에서 그리스도인이라면 유대인이 되라는 속임수에 마냥 넘어가지는 않을 것이라고 말했다. 그러나 "악마는 이 세상의 신이고, 하나님의 말씀이 없는 곳에서라면 악마는 무슨 일이든 쉽게 처리할 수 있으니 약한 사람만 표적이 되는 것이 아니라 강한 사람도 그렇게 될 수 있다"[26]라고 주장했다. 책의 뒷부분에서는 "유대인이 회당을 세우는 곳에는 반드시 악마의 소굴이 있다"[27]며 유대인을 조심하라고 경고했다. 루터의 눈에는 교황주의자와 유대인이 비슷해 보였는데, 그 이유는 단순히 악마가 그들 뒤에 있기 때문이 아니라, 믿음과 사랑의 복음을 받아들이지 않는 종교는 결국 "내가 이것을 해야 하나님이 기뻐하실 거야"라고 생각하는 종교가 되기 때문이다. 다른 말로 하면, 교황주의자와 유대인은 참된 종교를 반대하고 있다. 그들은 마음의 변화를 추구하기보다는 행동을 바꿈으로써 하나님의 상급을 받기를 기대한다. 『탁상담화』에 의하면, 루터는 안토니우스 마르가리타Antonius Margaritha라는 유대인 개종자가 쓴 『유대교 신앙의 모든 것』The Entire Jewish Faith[28]이라는 책을 가지고 다른 사람들과 토론하던 중에 이런 생각을 피력했다.

유대교 랍비의 아들인 마르가리타는 1521년 기독교로 개종했고, 아우크스부르크에서 히브리어를 가르치며 생계를 유지했다. 『유대교 신앙의 모든 것』이 출간되고 몇 달 후 마르가리타는 아우크스부르크 제국의회(1530)에서 독일의 유대인 대변인 요젤 폰 로스하임과 논쟁을 벌였는데, 그 논쟁은 요젤의 승리로 끝났다. 마르가리타의 책은 유대인에 대해 호의적인 그리스도인들에게, 유대교의 모든 측면(탈무드, 기도, 예배, 명절 의식)이 사실은 그리스도인에 대한 적대감에서 촉발되었다는 사실을 보여 주려는 목적을 가지고 있었다.[29] 마르가리타는 아우크스부르크 의회가 끝난 뒤 라이프치히에 가서 히브리어를 가르쳤고, 거기서 『유대교 신앙의 모든 것』 2판을 출간했다. 이 책을 활용한 사람은 루터만이 아니었다. 1530년 초판을 찍은

이 책은 최소 네 번 이상 인쇄되어 나왔다.[30]

루터의 책 『유대인과 그들의 거짓말』은 1539년 바젤 대학교의 히브리어 교수 제바스티안 뮌스터Sebastian Münster가 출간한 『그리스도인과 유대인의 메시아』Messiahs of the Christians and Jews에 대한 간접적 응답이었다.[31] 뮌스터는 히브리어를 배우고 히브리어 책을 읽는 일로 그리스도인과 유대인이 서로 관용하는 데 이바지하기를 바랐다. 그의 책 『메시아』는 그리스도인 한 명과 유대인 한 명이 서로 대화하는 형식을 차용했는데, 두 사람의 논쟁은 결국 무승부로 끝난다. 구약성경에 대한 자신의 해석만이 옳고 "자신의 메시아"만이 진정한 메시아라는 두 사람의 주장은 모두 상대방을 설득시키는 데 성공하지 못했다.[32] 어쨌든 이 이야기가 해피엔딩으로 끝난 것이 루터에게는 전혀 만족스럽지 않았다. 학문적으로 루터가 걸어온 길을 볼 때, 구약성경에 대한 해석은 오로지 기독교적 해석만이 올바르며, 유대교 학자들의 주장은 루터 자신만이 아니라 기독교 전체를 위협하는 것이었다. 구약성경의 약속과 예언이 유대 민족에게만 적용된다는 그들의 주장은 거짓말에 불과했다. 루터는 『안식일 엄수주의자에 대한 반론』(1538)에서 다른 거짓말의 뿌리가 되는 가장 중요한 거짓말을 요약한 바 있는데, 1543년에는 이제 그 거짓말을 논파하려고 했다. 1,500년 전에 이 땅에 오신 나사렛 예수가 메시아가 아니라면 하나님이 거짓말을 하신 것이고 스스로 하신 약속도 지키지 않으신 셈이기 때문이다.[33]

현대 독자들, 특히 홀로코스트 이후의 독자들은 유대교에 대한 루터의 이런 신랄한 태도를 혐오스러워한다. 이는 주로 독일의 유대인을 어떻게 대할 것인가에 대한 루터의 의견 때문이다. 이 의견은 『유대인과 그들의 거짓말』의 작은 부분을 차지하고 있는데, 루터가 이 부분을 추가한 것은 1530년대의 정치적 상황이 변했기 때문이다. 그 당시 유대인들은 새롭게 프로테스탄트 개혁을 받아들인 도시와 지방에 정치적·종교적 위협으로 간주되었다.[34] 헤센의 필립 백작은 공식적으로는 1532년부터 유대인에게 관용과 보호 정책을 펼쳤으나, 1538년에 그 정책이 성직자 집단의 강력한 반대에 부딪치자 결국 이를 개정했다. 필립 백작은 마르틴 부처의 조언에 따라 추방은 거부했지만, 헤센 지역에 남고 싶은 유대인이 지켜야 할 14개 금지 규정을 발표했다.[35]

요한 프리드리히 선제후는 자신이 다스리는 작센에서 유대인이 거주하거나 일하거나 여행하는 것을 전부터 금지한 상태였으니, 선제후에게는 루터가 무슨 조언을 해도 별 의미가 없었다. 그래서 루터는 작센 내에서 영구 거주를 위해 필요한 조건 같은 것은 신경 쓰지도 않았다. 그가 제안한 조치는 거기서 더 나아가 추방까지 목표로 하고 있었다. 예를 들면, 헤센의 필립 백작은 유대인이 새로운 회당을 짓는 것을 금지했는데, 루터는 아예 기존의 회당까지 불태워야 한다고 권고했다.[36] 루터의 제안은 마르가리타와 그 외의 출처를 통해 들어온 잘못된 정보에 기반을 둔 것이었을 뿐 아니라, 루터 자신도 기독교가 출발할 때부터 겪은 여러 진통의 원인이자 중세 후기의 유럽에 스며들어 있던 반유대교 바이러스에 감염된 결과였다. 루터는 유대교의 남은 자가 예수님을 메시아로 고백하는 날이 올 것이라는 성경의 전망에 의지하여 자신의 조언을 "날카로운 자비"라고 불렀으며, 그것이 "최소한 소수는 구원"할 것이라고 생각했다.[37] 루터는 유대인을 전멸시키거나 신체적으로 피해를 입히는 일을 옹호하지는 않았다. 루터의 글에 의하면, 설교자들은 교구 신자들에게 유대인을 조심하라고 가르치고 그들을 피하라고 가르치되, 유대인을 "인간으로서 저주하거나 해쳐서는 안 된다"[38]고 가르쳐야 한다. 또한 루터는 유럽의 유대인들이 "우리의 정부, 우리의 나라, 우리의 생명, 우리의 재산, 우리의 믿음에 손대지 말고 우리를 떠나" 예루살렘이 있는 고국으로 돌아갈 것을 제안했다.[39] 루터의 제안은 자비의 흔적이라고는 찾아볼 수 없는 것이었지만, 그렇다고 홀로코스트 같은 대대적 학살로 몰아가려던 것은 아니었다.

루터 말년의 거칠고 비열한 언어는 너무나 명백한 사실 하나를 재확인해 준다. 루터 또한 그 시대 및 그 시대의 편견에 갇혀 있는 사람이었다는 사실 말이다. 물론 16세기에도 제한적으로나마 정치적·종교적 관용을 외치는 목소리가 없지는 않았다. 하지만 인문주의의 귀감으로 알려진 에라스무스조차도 유대인에 대한 반감을 드러냈다.[40] 루터 사후에는 튀르크족, 유대인, 교황 제도에 대한 후기의 저작들이 베스트셀러가 되지도 않았으며, 그런 글이 루터에 대한 후대의 역사적 판단을 주도하지도 않았다.[41] 그러나 루터가 아직 살아 있는 동안에는 그의 무례한 언어가 종종 문제가 되었다. 1543년, 취리히의 개혁자 하인리히 불링거Henry Bullinger는 유대인과 스위스 종교개혁자들을 싸잡아 모욕하는 루터의 발언에 움찔했다. 불링거는 루터의 어떤 책에 등장하는 느닷없고 상스러운 언행을 몇 개 인용하면서, 루터가 유대교의 주장에 맞서는 데 유용한 주장을 능숙하게 활용하고는 있지만, 그와 동시에 입에 담기 어려운 비열한 언어를 쓰는 바람에 좋은 의도가 오히려 묻혀 버린다고 평가했다.[42] 2년 후, 불링거는 아예 그 책을 조롱거리로 만들었다. "만일 그 책을 쓴 사람이 유명한 목사가 아니라 돼지치기였다면 용서받기 힘들었을 것이다."⁴³ 하지만 그런 말을 하는 불링거 자신도 성자는 아니었다. 그 역시 유대인을 폄하하는 발언을 쏟아 냈으며, 루터와 똑같은 근거를 들면서 유대인이 하나님의 백성이라는 주장을 배척했다.⁴⁴

루터의 반유대주의 저술은 그다지 널리 알려지지 않았다가, 20세기에 들어서서 나치의 선전 도구로 전락하고 말았다. 그러나 홀로코스트 이후에도 대부분의 역사가들은 나치의 살인적인 반유대주의의 책임을 루터에게 돌리지는 않았다. 루터와 홀로코스트를 연결 지은 것은 주로 제2차 세계대전 이후에 나온 『제3제국의 흥망성쇠』*The Rise and Fall of the Third Reich*나 『히틀러의 자발적 학살집행인』*Hitler's Willing Executioners*⁴⁵같은 영미권의 책들이었고, 아마 루터가 "반유대주의자요 여성 혐오주의자였으며, 섹슈얼리티에 대한 강한 혐오와 공포에 몸부림쳤고, 폭동을 일으킨 농민들은 모두 죽여야 한다는 믿음을 가진 사람"⁴⁶이었다고 주장하는 『신의 역사』*History of God*˙도 간접적으로 여기 한몫했을 것이다. 그러나 이 주장은 맞는 게 하나도 없다. 루터의 반유대주의 발언이 불쾌한 것은 사실이지만, 그가 입에 거품을 물고 그것만 외쳐 대는 사람은 아니었다. 루터의 동기와 그의 주장은 결코 옹호할 수 없는 것이지만, 그 둘을 구분하고 설명하는 일은 충분히 가능하다. 루터는 여성을 높이 평가했고 결혼을 옹호했으며, 오히려 그 시대에 널리 퍼져 있던 여성 혐오적 인쇄물들을 비판했다.⁴⁷ 성에 관한 것이라면 질색하는 사람이 아니라, 독신주의를 배격

- 우리말 번역은 카렌 암스트롱 지음, 배국원·유지황 옮김, 『신의 역사 II』(동연출판사, 2000) p. 499를 참조했다.

하고 올바른 결혼 생활에서 이루어지는 성적 결합을 수용한 사람이었다. 루터는 금욕의 은사를 받은 사람을 제외한 모든 사람에게 결혼을 권했다. 그는 폭동만 반대한 것이 아니라 폭정에도 반대했으며, 1525년 농민 전쟁 때는 농민들만 꾸짖은 것이 아니라 제후들도 꾸짖었다. 루터는 전쟁 중에는 주동자와 어쩔 수 없이 가담한 사람을 구별하기가 불가능하므로, 항복하고 포로가 된 사람에게는 자비를 베풀어야 한다고 주장했다. 루터에게 반란은 고귀한 대의가 아니었다. 반란은 "대지를 살육과 출혈로 뒤덮고 과부와 고아를 양산하며 모든 것을 뒤집어엎는, 최악의 재난과 같은"[48] 전쟁 그 이상도 이하도 아니었다.

그러나 한때는 자신의 조언을 구하는 옛 아우구스티누스회 수도사에게 "하나님은 죄인 안에만 거하시네"라는 자비로운 말을 건넬 수 있었던 사람이, 어떻게 유대교 회당을 불태우라는 말을 거침없이 내뱉는 사람이 될 수 있는지를 곰곰이 생각해 보는 것은 타당한 일이다. 1516년에 루터가 이런 말을 건넨 사람은 게오르크 슈펜라인인데, 그는 1544년에도 에르푸르트 근처에서 루터파 목사로 일하며 살고 있었다. 슈펜라인이 일을 시작하고 얼마 되지 않아서, 그가 목회하는 교회의 부목사와 그 마을의 학교 교장 사이에 격렬한 언쟁이 벌어졌다. 루터도 그 분쟁에 관한 소식을 들었고, 부목사나 교장이나 자기가 당한 부당한 처사에 대한 보상을 원하고 있음도 알게 되었다. 슈펜라인은 그 언쟁을 조정하기에 앞서 루터에게 조언을 구했는데, 루터는 두 사람 모두에게 보상 요구를 내려놓도록 하라고 말했다. "너무 빡빡하게 정의를 추구하다가 감정을 건드리게 되면 결코 평화를 얻을 수 없다"는 것이 그 이유였다. 루터는 이어서 말했다. "누구든지 그리스도인이 되고자 하는 사람은 그런 경우 정의에 대한 자신의 훌륭한 생각을 포기하고, 평화를 위하여 하나님께 판단을 맡기고 은혜와 평화가 들어설 여지를 마련해야 한다."[49]

불행히도 루터 자신은 자기의 말대로 하지 않았다. 그는 자신의 적대자들 앞에서 하나님이 판단해 주시길 기다리지 않고 거친 비판을 쏟아 냈다. 그는 자기가 임한 전투는 슈펜라인이 직면한 지역의 분쟁과는 비교할 수 없을 정도로 위태로운 상황이라고 생각했다. 최후의 심판이 코앞에 다가왔으며 참된 종교는 악마의 공격을 받고 있다. 독일에 참된 종교를 일으키려는 그의 필생의 과제가 흔들리고 있다. 필사적인 조치가 불가피하다. 22년 전에도 루터의 과격한 언사는 독자들을 당혹스럽게 했다. 그때 루터는 다음과 같이 설명했다.

> 여러분은 내게, 그리스도께서는 어디서나 인내를 가르치셨는데 어째서 내가 거물들과 주교들을 그렇게 거칠게 공격하고 비난하며 그들을 바보 멍청이라고 부르는지 이해할 수 없다고 말합니다. 나의 대답은 이렇습니다. 나도 인내와 겸손을 충분히 오래 보여 주었습니다. 간청하며 매달렸습니다. 세 번이나, 어디든지 그들이 있는 곳에 가서 만나겠다고 약속했습니다. 언제나 복종하는 모습도 보여 주었습니다. 이건 온 세상이 다 아는 일입니다.[50]

정중하고 공손한 모습을 보이는 때는 지나갔으며 다시 돌아오지 않는다. "하나님의 말씀은 전능하시니, 그러므로 믿음과 성령은 쉴 틈 없이 바쁘시고 항상 움직이면서 전투에 임하실 수밖에 없다."[51]

루터의 생애를 기록한 초기의 저자들도 루터의 과격한 언사를 아주 긍정적으로 평가하지는 않았지만, 그럼에도 그런 말이 하나님의 목적에 기여할 수 있을 거라고 생각했다. 마테지우스는 이렇게 말했다. "자신이 선택하신 도구 안에 저런 타오르는 열정을 일으키신 분도 주님이시니, 그분의 종을 용서해 주실 것이다."[52] 비텐베르크 성교회에서 거행된 루터의 하관식 때는 멜란히톤도 이렇게 말했다. "덕망 있는 분들 가운데 몇몇 분조차도 루터는 우리가 감당할 수 없을 정도로 날카로운 사람이라고 불평하신 적이 있습니다. 저는 그분들과도, 거꾸로 그런 루터를 편드는 사람들과도 논쟁하지는 않겠습니다. 다만 에라스무스가 종종 했던 말로 대답하고자 합니다. '병이 너무 지독하여, 하나님께서 우리 시대에 아주 거친 의사를 보내셨다.'"[53] 루터는 일찍부터 다른 사람의 영혼과 지갑에 피해를 끼치는 것을 혐오했는데, 자기가 그렇게 된 것을 로마 가톨릭의 탓으로 돌렸다. 이런 태도는 그의 평생에 걸쳐 약화되기는커녕 오히려 강화되었다.[54] 교황과 그 밖의 다른 대적들은 참된 기독교의 핵심을 손상시키고 있으며, 하나님은 루터 자신을 부르셔서 그것을 되살리도록 하셨다. 그 핵심은 하나님이 거저 주신 믿음, 그 믿음에서 흘러나오는 사랑, 그리고 정의를 위한 갈망이다. 그의 세상에서는 이것이야말로 싸워서 지킬 만한 것이었다. 일단은 말로 싸우지만 불가피한 경우에는 무기도 들어야 했다.

1544년 10월 4일, 루터와 부겐하겐은 토르가우에 가서 의도적으로 철저하게 루터파 예배를 위해 재건축한 최고의 건물이라는 평을 받는 거대한 예배당의 봉헌식을 진행했다.[55] 요한 프리드리히 선제후는 자신의 수석 건축가에게 건축을 맡겨서, 요한 프리드리히 선제후의 토르가우 관저인 하르텐펠스Hartenfels성 북쪽 측면에 2층짜리 예배당을 지었다. 원래의 디자인이 바뀌지는 않았다. 북쪽 면에는 2층 발코니 아래의 벽에서 돌출되어 눈에 띄는 설교단이 있으며, 제단을 찾다 보면 자연스럽게 그 설교단에 눈길을 주게 된다. 사실 그곳에는 제단이 없고, 예배당 서쪽 끝에 돌로 된 탁자가 있을 뿐이다. 그 탁자는 벽에서 약간 떨어져 있어서, 목사가 그 앞에 서면 예배자들을 한눈에 볼 수 있다. 성만찬이 희생 제사라는 의미를 담고 있는 제단과는 달리, 이 탁자는 성만찬이 성스러운 식사임을 상징하고 빵과 포도주를 분급하는 장소다. 2층 발코니 약간 아래, 탁자 위에는 예배당 건축 직후에 자리를 잡은 오르간이 설치되어 있고 그 옆으로 양쪽에는 합창단석이 마련되어 있다. 원래 예배당의 그림은 루카스 크라나흐의 작품인데, 지금도 설교단을 장식하고 있는 세 개의 부조는 크라나흐가 만든 것이 아니다. 중앙 부조는 12살의 예수님이 성전에서 가르치시는 모습을 담아서 성경 해석이 설교의 핵심이라는 사실을 암시한다. 왼쪽 부조는 간음한 여인을 용서하시는 예수님의 모습으로서 은혜와 용서의 선포를 의미한다. 오른쪽 부조는 예수님이 행상인과 환전상을 성전에서 내쫓으시는 모습인데, 이것은 불건전한 설교로 하나님의 집을 더럽히지 말 것을 경고하는 의미를 담고 있다.

루터의 봉헌식 설교 본문은 두 부분으로 나뉘어 있는 복음서 이야기였다. 첫 번째 부분에서 예수님은 안식일에 병자를 고치신 것이 안식일 규정을 위반한 것이라는 공격에 맞서 자신을 변호하신다.[56] 루터가 그 본문에서 끄집어낸 메시지는 단순했다. 기독교의 예배는 어떤 특정한 시간이나 공간에 제한되지 않으며, 믿는 사람들이 모이는 곳이라면 어디서라도 거행될 수 있다. 만일 신자들이 지금 봉헌식을 올리고 있는 이런 예배당 건물에 모이기를 원치 않는다면, "바깥 샘물 곁이라든지, 그 밖의 어떤 곳에서라도 설교를 할 수 있다." 설교 본문의 두 번째 부분은 결혼 잔치 자리에 가면 높은 자리에 앉지 말고 가장 낮은 곳에 자리를 잡으라는 충고의 말씀이다. 그 이야기의 핵심 메시지는 온화해 보인다. 스스로를 높이는 사람은 낮아질 것이요 스스로를 낮추는 사람은 높아질 것이다. 그러나 루터는 겸손을 미덕으로 치켜세우는 대신 그 이야기의 사회적 함의를 날카롭게 부각시켰다. 이 예배당에 모이는 모든 예배자는 사회적 지위에 상관없이 모두가 평등하다고 말이다.

> 당신 혼자 식탁의 주인석에 앉을 수 있으며 다른 사람에게 양보할 필요가 없다고 생각해서는 안 된다. 왜 그런가? 당신을 주인으로, 평의원으로, 의사로, 교사로 세우신 하나님께서는 지금 당신의 문에 엎드려 있는 가난한 거지의 하나님이기도 하시기 때문이다. 하나님의 시선은 이 세상의 가장 위대한 왕과 제후를 볼 때와 똑같이 그 가난한 사람을 직접 굽어살피신다. 한마디로, 당신이 제일 위에 앉든지, 중간에 앉든지, 바닥에 있든지, 모두는 믿음으로 평등해진다.[57]

루터의 설교에는 그 예배당의 디자인이라든지 그곳의 성스러운 성격에 대해서는 일언반구도 없었는데, 그다지 놀라운 일은 아니다. 루터에게 교회란 언제나, 무엇보다도 믿음의 사람들을 의미했기 때문이다. 교회는 믿는 이들이 모였을 때, 모인 그곳에서 가시화된다. 어떤 영속적 구조로 가시화되는 것이 아니다. 루터는 복음이 오직 진정한 소수의 신자들 속에서만 뿌리를 내린다는 사실을 깨닫고 난 뒤에는, 교회의 은폐성을 강조하면서 그런 교회가 사도신경의 다른 항목과 마찬가지로 믿음의 대상이라고 주장했다.

"나는 거룩한 교회를 믿나이다"라는 조항은 다른 조항들과 마찬가지로 믿음의 조항이다. 본성적 이성은 아무리 이런저런 안경을 쓰고 보더라도 그걸 알아볼 수 없다. 악마가 교회를 수많은 스캔들과 분열로 둘러싸는 바람에 우리는 불쾌함을 느끼지 않을 수 없다. 그러나 하나님께서도 온갖 실수와 부족함 뒤에 교회를 숨기시기 때문에 우리 또한 그에 속아서 교회에 대하여 잘못된 평가를 내린다. 교회는 눈으로 알 수 있는 것이 아니라 믿음으로 알 수 있는 것이다.[58]

그럼에도 말년의 루터에게는 명백하게 가시적인 증거도 필요했다. 루터는 1543년 링크에게 보낸 편지에서, 자신이 너무 많은 일과 요로 결석으로 극한 고통을 겪고 있노라고 심한 불평을 늘어놓았다. 도무지 독서하거나 개인적으로 기도할 시간이 없으니, 제발 그의 영혼을 평안히 데려가 주실 것을 주님께 간구해 달라고 말했다. "나는 할 만큼 했고 완전히 탈진했다네. 나는 이제 아무것도 아니잖나." 그러고 나서는 스스로를 위로하면서 이렇게 적었다. "그래도 우리의 교회를 나쁘게 보지는 않는다네. 교회는 순수하고 건전한 가르침 속에서 번성하고 있으며, 훌륭하고 신실한 많은 목사들을 통해 나날이 성장하고 있네."[59]

루터는 그때로부터 3년을 더 살았지만, 그가 에르푸르트나 비텐베르크에서 알고 지낸 친한 친구들과 동료들 대부분은 그보다 오래 살았다. 랑게, 링크, 암스도르프, 크라나흐, 요나스, 부겐하겐, 프롭스트, 디트리히, 크루치거, 뢰러, 멜란히톤, 그리고 작센의 오랜 수상 브뤼크도 모두 루터보다 오래 살았다. 하우스만과 슈팔라틴은 예외였다. 1538년 하우스만은 고향 교회의 새로운 목사로 임명되었는데, 갑자기 뇌졸중으로 쓰러져서 그날 저녁에 세상을 떠났다. 카타리나, 요나스, 멜란히톤은 그 소식을 차분하게 받아들였으나, 루터는 큰 충격 속에서 하루 종일 눈물을 흘렸다.[60] 2년 동안 심한 우울증을 앓던 슈팔라틴은 1545년 1월, 집에서 세상을 떠났다. 암스도르프, 멜란히톤, 루터, 요한 프리드리히 선제후는 그를 위로하기 위해 모든 수단을 동원했지만 슈팔라틴은 회복되지 않았다. 루터가 요나스에게 보낸 편지에는 과거 슈타우피츠에게 배운 문장, 그리고 멜란히톤에게도 한 번 사용했던 문장이 들어 있었다. 루터는 자꾸만 자기의 허물에 대한 생각에서 벗어나지 못하는 슈팔라틴을 참 허약한 죄인이라고 말하면서 이렇게 당부했다.

우리에게 그리스도가 얼마나 중요한 분인지 그 의미를 손상시키지 않으려거든, 이제 우리 어마어마하고 상습적인 죄인의 대열에 합류하게. 그리스도께서는 가상의 죄인, 혹은 사소한 죄인의 구주가 아니라 진짜 죄인의 구주시라네. 비천할 뿐 아니라 거대하고 막강한 죄인의 구주 말일세. 실제로 그분은 모든 죄인의 구주시라네. 나의 스승 슈타우피츠는 내가 낙담해 있을 때 이런 식으로 나를 위로했다네. 자네는 가짜 죄인일 수 있고, 자네의 그리스도는 가상의 구원자일 수 있다네. 자, 이제는 그러지 말고 그리스도께서 참된 구원자이시며 자네는 진짜 죄인이라는 사실에 익숙해지게나.[61]

1544년 4월, 루터의 가족은 간신히 죽음을 모면했다. 비텐베르크에 홍역이 돌아서 네 자녀가 모두 홍역에 걸린 것이다. 루터의 기록에 의하면, 마르가레테는 확실히 회복된 후에도 10주 동안이나 고열에 시달렸다. 루터는 "주님께서 이런 악마의 시대에 그 아이를 데려가신다고 해도 나는 그분께 화가 나지 않을 것"이라고 썼다. 그는 자기 자신과 가족 전체도 그렇게 되기를 희망하면서 어서 사탄의 광기가 끝나 버리기를 고대했다. 루터는 야코프 프롭스트에게 병세에 관해 전하면서, 다시 한 번 이번에는 자기도 죽을 때가 된 것 같다고 말했다. "나는 충분히 오래 살았다네, 만일 이걸 산 것이라고 할 수 있다면 말일세."[62] 1546년 1월 17일, 그러니까 죽기 한 달 전에도 루터는 똑같은 심정을 프롭스트에게 표현했는데, 늘 불평하던 목록에 새로 추가된 한 가지는 제대로 보이는 눈이 하나밖에 남지 않았다는 것이었다.

늙고 쇠약해지고 둔하고 기진맥진하고 몸은 춥고, 이제는 눈도 하나밖에 보이지 않는 상태로 야코프 자네에게 편지를 쓰네. 나는 내가 남은 시간을 온전히 내 것으로 누릴 수 있기를 바라지만, 지금도 쓰고 말하고 할 일이 너무 많다 보니, 내가 이전에 쓰고 말하고 성취한 일이 아무것도 없었던 것 같은 느낌이 들기도 한다네.[63]

한쪽 시력을 잃은 것은 짚고 넘어갈 만한 일이다. 젊은 시절의 루터를 직접 만나 본 사람들은 그의 범상치 않은 두 눈을 언급했다. 가장 오래된 언급은 1518년에 루터를 만난 카예탄 추기경의 촌평이다. 카예탄은 그를 "머릿속에 환상적인 아이디어"를 가진 "아주 깊은 눈"의 "야수"라고 불렀다.⁶⁴ 여기서 "깊은"이라고 번역된 라틴어는 '프로푼두스'*profundus*인데, '바닥이 없는' '깊이를 잴 수 없는' '꿰뚫고 들어오는' '신비스러운'이란 뜻이기도 하다. 1524년 예나에 있는 검은 곰 여관에서 그를 만난 스위스 사람들은 루터의 깊고 검은 두 눈이 별처럼 반짝였다고 말했다. 멜란히톤은 루터의 눈이 사자의 눈처럼 밝고 명랑하다고 묘사한 바 있으며, 다른 두 명은 매의 눈이라고 했다. 적대자들의 평가는 그다지 친절하지 않아서, 루터의 눈은 악마의 눈 같다든지, 신들린 사람의 눈처럼 번들거린다든지 하면서 혹평했다. 교황의 특사 베르게리오도 루터의 두 눈이 악마에게 사로잡힌 사람처럼 광적인 데가 있다고 평가했다.⁶⁵ 그에게 열광하는 사람이든 그를 싫어하는 사람이든, 모두가 루터의 눈을 보면 뭔가 꿰뚫고 들어오는 듯한 강렬함을 느꼈기에 그들 나름대로의 판단을 그의 눈에 투영시켜 표현했던 것이다.

루터가 편지에서 이제는 사는 데 완전히 지쳤다는 표현을 쓴 것은 한두 번이 아니었다. 하지만 루터는 비텐베르크에 사는 데도 질려 버렸다. 1545년에는 비텐베르크에서 멀리 떨어진 곳에서 카타리나에게 편지하기를, 가능하면 비텐베르크에 다시 돌아가지 않고 싶다고 말했다. 요한 프리드리히 선제후에게 속한 수도원 건물 말고는 모든 걸 다 팔고 췰스도르프*Zöllsdorf*로 이사를 가자며, 자기가 죽은 다음에 비텐베르크를 떠나는 것보다는 지금 떠나는 것이 아내나 가족 모두에게 낫다고 생각했다. 루터 자신에게도 평생 신실하고 힘겹게 쌓아 올린 모든 것을 무너뜨리는 "비텐베르크의 오물" 속에서 말년을 참혹하게 보내느니 거지가 먹는 빵을 먹으며 사는 편이 더 나아 보였다.⁶⁶ 루터는 진작부터 이사를 고려하고 있었다. 그 당시 루터의 설교는 비텐베르크 사람들의 느슨함과 게으름, 십계명에 대한 경멸, 온갖 험담과 도둑질, 무례함, 매춘, 고리대금, 탐욕, 술주정, 미신을 호되게 비판했다.[67] 그러나 그곳을 아예 떠나 있을 수는 없었다. 1545년, 루터는 라이프치히와 토르가우를 거쳐 마지못해 비텐베르크로 다시 돌아왔다. 멜란히톤은 자신과 루터의 차이 때문에 이런 도피 행위가 일어난 것이 아닌가 생각하기도 했지만, 워낙에 이상주의자였던 루터가 이미 수년 전부터 괴로워하던 현실이 그 원인이었을 가능성이 크다. 루터가 보기에 비텐베르크는 더 이상 참된 그리스도인의 고향이 아니었다.

루터의 생애 말년에도 그의 최고의 적대자는 교황 제도였다. 그의 마지막 저서 『악마가 세운 로마 교황 제도 반박』*Against the Roman Papacy Instituted by the Devil* (1545)은 교황을 정조준했다. 어느 역사가는 그 글이 "루터의 펜 끝에서 나온 글 중에서 제일 의도적으로 공격적이고 천박한 글"[68]이라고 했다. 그러나 이 책은 루터 초기의 일부 저술들처럼 격정적이지는 않았다. 왜냐하면 책을 쓰게 된 계기가 자신의 생각이 아니었기 때문이다. 교황 파울루스 3세는 카를 5세가 프로테스탄트에게 저자세로 나오는 것을 보고 황제를 맹비난했는데, 그런 상황에서 요한 프리드리히 선제후와 브뤼크 수상이 루터에게 이 책을 써 줄 것을 부탁했다. 그즈음 교황 파울루스는 오랫동안 기다려 왔던 공의회를 소집했는데, 이것이 훗날 역사적인 트리엔트 공의회로 기록된다. 이 공의회는 종교개혁에 반대하고 로마 교회에 계속해서 충성을 다짐하는 나머지 중세 기독교를 미래의 로마 가톨릭교회로 변화시키는 작업에 착수했다. 트리엔트 공의회는 루터의 『로마 교황 제도 반박』이 인쇄된 날, 곧 1545년 3월 25일에 시작되었다. 이것은 유럽 내에서 새로운 종교적 시기가 태동하고 있음을 알리는 전조였다. 오로지 교황에게만 복종하던 중세 서구 기독교의 옛 질서가 해체되고 그 자리에 다양한 형태의 기독교회들이 들어선 것이다.

『로마 교황 제도 반박』은 브뤼크가 기대했던 것에 비해 너무나 온화했다. 그는 루터가 "도끼를 휘두를 것이며, 그것이야말로 하나님의 은혜로 그 누구보다 루터에게 더 많이 주어진 달란트"라고 선제후에게 말했다.[69] 교황의 최고 지위와 권위에 대한 루터의 비판은 새로운 것이 아니었다. 그의 주장은 1519년 라이프치히 논쟁 때 요하네스 에크에게 맞서 내세운 주장과 똑같았다. 교황은 악마의 피조물이라는 루터의 고발은 그리 오래된 것은 아니었지만, 그것도 세상의 마지막 날을 말할 때면 루터가 항상 언급하던 시나리오였다. 비속하다고 할 만한 것은 주로 크라나흐가 그린 여덟 점의 그림과 거기 붙은 루터 자신의 만평이었다.[70] 그러나 교황에 대한 루터의 비판은 아주 냉정하고 논점이 분명했다. 복음을 순수하게 설교하며, 다른 성직자도 그렇게 할 수 있도록 보장해 주는 적절한 주교가 교황을 대체하지 않는다면 로마 교황과 가톨릭교회 전체에는 희망이 없다. 로마의 주교는 동등한 주교들 가운데 하나일 뿐이며, 그러므로 다른 주교들을 자기에게 굴복시킨다든지 세속의 통치자를 로마의 권위에 굴복시키려고 해서는 안 된다.[71] 1520년에도 그는 똑같은 제안을 했고 그 후로 25년의 세월이 흘렀다.

1546년 1월 17일, 루터는 프롭스트에게 보낸 편지에서 또 한 편의 반가톨릭 저서를 쓰기 시작했다고 말했다. 이번에는 벨기에 루뱅 대학교 신학과에서 펴낸 명제들에 대한 반론이었다. 루뱅 대학교 신학과는 오래전에도 루터를 비난하는 글을 발표한 적이 있었다. 루터는 자기가 나이 든 신학자치고 너무 화를 내는 것 같다고 인정하면서도, "우리가 사탄의 괴물들로 인해 최후의 호흡을 내쉬게 된다 하더라도 끝끝내 그들에게 저항해야 한다"[72]고 말했다. 루터는 그 원고를 다 마무리하지 못한 상태에서, 닷새 뒤에 비텐베르크를 떠나 할레를 경유하여 아이슬레벤으로 향했다.

생애 마지막 해가 된 1546년에 루터는 할레를 여러 번 두루 다녔으며, 성모 마리아 시장 교회에서 세 번 설교를 했다. 마지막 두 번의 설교는 1546년 1월에 한 것인데, 그때 루터는 만스펠트 백작들을 화해시키는 임무를 수행하기 위해 할레에 도착했고, 그것이 그의 생애 마지막 임무가 되었다. 1월 25일에 루터는 할레를 떠나 아이슬레벤으로 향했는데, 그날 저녁 강물에 물이 많이 붇고 유빙遊氷 조각도 너무 많아서 어쩔 수 없이 할레로 되돌아와야 했다. 그다음 날, 그는 물이 줄기를 기다리면서 두 번째 설교를 했다. 설교의 일부는 알브레히트 대주교와 그가 성유물을 할레에 전시해 놓은 것에 대한 비판이었다. 할레는 종교개혁을 이미 받아들였지만, 루터는 과거 알브레히트 주교가 그 도시에 머무르는 것을 무척 좋아했다는 사실을 계속해서 염두에 두고 있었다. 알브레히트는 루터가 그 설교를 하기 4개월 전인 1545년 9월에 사망했다. 루터는 마지막 여행길에서도 여전히 그 사람을 생각하고 있었다. 거의 30년 전, 자신의 95개 논제를 로마에 보냄으로써 면벌부에 대한 학문적 저항을 인정사정없는 미해결의 갈등으로 만들어 놓은 사람이 바로 그였다.

마침내 1월 28일, 만스펠트의 백작들은 기병 부대를 보내 루터와 두 아들, 루터의 조교 요하네스 아우리파버John Aurifaber와 유스투스 요나스를 아이슬레벤까지 호송하게 했다. 여행 중에 루터는 어지럼증으로 고생했지만 여행은 계속되었다. 백작들과의 협상은 이틀에 한 번, 혹은 사흘에 한 번 열렸는데, 루터는 자기가 협상에 참여하는 시간을 한 시간이나 두 시간으로 제한했다. 아이슬레벤의 성 안드레아스 교회에서 루터는 네 번이나 설교를 했고, 마지막으로 카타리나에게 편지를 써 보낸 2월 14일에는 두 명에게 목사 안수를 주었다.[73] 2월 16-17일에는 백작들 간에 부분적 합의가 이루어졌으나, 17일에는 루터의 몸이 안 좋아지는 바람에 협상 자리에 참여할 수 없었다. 만스펠트의 궁정 설교자인 코엘리우스와 요나스의 신뢰할 만한 증언에 의하면,[74] 루터는 그날 저녁 식사를 하고 천국에 가면 서로를 알아볼 수 있을까 없을까 하는 주제로 동료들과 토론을 벌였다. 저녁 8시쯤 방으로 들어간 루터는 가슴이 답답하고 아프다고 했다. 그는 한 시간 동안 긴 의자에 누워 잠을 자다가, 침실로 들어가 1546년 2월 18일 오전 1시까지 잠을 잤다. 요나스, 루터의 아들 마르틴과 파울, 하인 암브로시우스가 그의 곁을 지켰다. 고통이 잦아들지 않았고, 루터는 자기가 태어나고 세례받은 이곳을 떠나지 못할 수 있다는 사실을 인지했다.[75]

루터는 일어나서 몇 걸음 걸었지만 다시 긴 의자에 누웠고, 주위 사람들이 그의 몸에 따뜻한 수건을 덮어 주었다. 코엘리우스와 아우리파버가 두 명의 의사와 함께 돌아왔고 알브레히트 백작과 그의 부인 안나도 왔다. 루터가 이제는 죽는 것 같다고 말을 했고, 백작 부인 안나와 두 의사는 카타리나가 남편을 위해 보내 준 장미 향수와 알코올을 섞은 혼합수를 루터의 맥박에 바르고 문질러 주었다. 루터가 움직이지 않자, 요나스와 코엘리우스는 그에게 그리스도를 신뢰하며 그분이 가르치신 것을 끝까지 붙잡은 채로 죽을 준비가 되어 있느냐고 큰 소리로 물었다. 루터는 또렷하게 "네!" 하고 대답하고 오른쪽으로 돌아누워 잠에 빠졌다. 새벽 2시 45분경 루터의 얼굴은 갑자기 창백해졌고, 코와 발이 차가워졌다. 깊고 부드럽게 숨을 한 번 들이마시고는 아무 미동 없이, 아무런 고통과 괴로움의 흔적도 없이 그의 혼이 떠나갔다.[76] 단말마의 고통 없이 죽는 것은 그 사람이 하나님과 올바른 관계 속에 있다는 표로 받아들여졌다. 루터의 임종 때, 안수받은 목사는 있었지만 사제는 없었다. 죄의 고백도 없었고 기름을 바르는 의식도 없었다.

루터의 유해는 비텐베르크로 가는 길에 다시 한 번 할레에서 하룻밤을 보내야 했다. 홍수가 일어나는 바람에 아이슬레벤으로 가는 마지막 여행에서 발목을 붙잡았던 바로 그 도시였다. 죽은 루터의 얼굴과 손에 밀랍을 입힌 것도 그날 저녁이라고 한다. 그러나 "데스마스크"가 만들어지기 시작했다고 추정되는 신뢰할 만한 날짜는 1600년대 초반이며, 귀와 목이 보강된 그 마스크와 얼굴은 종교개혁자의 조상彫像 일부가 되어 1930년대까지도 남아 있었다. 그러나 루터가 사망한 해에는 그의 데스마스크가 아이슬레벤에 모습을 드러내지도 않았고, 그의 시신에 대고 직접 주형 작업을 하지도 않았던 것 같다.[77]

비텐베르크에서 거행된 루터의 장례식은 1525년에 있었던 프리드리히 선제후의 장례식과 유사했다. 1546년 2월 22일, 비텐베르크의 유명 인사들과 가족들이 앞장선 기나긴 행렬이 그의 시신을 호위하며 비텐베르크 성문 안으로 들어온 후 수도원과 대학교, 멜란히톤과 크라나흐의 집을 거쳐 마을의 서쪽 끝에 있는 성교회 안으로 들어갔다. 비텐베르크 주민 가운데 누구도 이렇게 많은 사람들이 성문 바깥에 있거나 조문객이 1킬로미터 정도 길이의 거리 양쪽과 시장 광장을 가득 메운 모습을 본 적이 없었다.[78] 루터의 관이 성 교회 안으로 들어와 설교단 앞에 놓였을 때 예배당은 천 명이나 되는 군중으로 가득 찼다. 장례에 합당한 노래와 찬송을 부른 후에 부겐하겐이 설교를 했고 멜란히톤이 라틴어로 기도를 드렸다. 일부 "학식 있는" 선생들이 루터의 시신을 무덤으로 운반했으며, "설교단에서 멀지 않은" 그곳에 고이 모셨다.

그 자리에 참석한 사람 중에서 루터가 그 무덤에 남아 있을 거라고 기대한 사람은 거의 없었다. 루터의 유해가 도둑맞을 수도 있기 때문은 아니었다. 물론 1년 후, 황제 카를 5세가 직접 그 무덤을 찾았을 때 그런 일이 일어날 뻔했다. 하지만 루터의 장례식에 참석한 이들은 오히려 바울 사도가 몸의 부활에 관해 말씀한 것을 믿었다. 그 소중한 수사적 표현을 루터의 번역으로 읽으면 다음과 같다. "썩을 것으로 심고 썩지 아니할 것으로 다시 살아나며 욕된 것으로 심고 영광스러운 것으로 다시 살아나며 약한 것으로 심고 강한 것으로 다시 살아나도다."[79] 요나스와 코엘리우스도 친구의 마지막 나날에 대한 기록을 바로 이 말씀, 곧 루터가 흔들림 없이 믿었던 말씀을 압축적으로 다시 인용하면서 마무리했다. 그들은 루터가 썩어질 존재라는 것을 알고 있었다. 요나스나 멜란히톤처럼 가까운 친구들은 그의 연약함을 직접 목도했고 그를 괴롭혔던 악평을 함께 나누었다. 그가 서 있는 중요한 지위에도 불구하고, 그를 잘 아는 사람들은 그가 결코 완벽한 믿음과 기적적인 능력의 소유자가 아니었음을 기억했다. 루터 역시도 그들과 마찬가지로 약한 죄인, 어마어마한 죄인이었다. 그러나 그들이 루터에게서 배운 것이 있다면, 실제로 죄를 지은 것이 구원에 이르는 데 꼭 필요한 조건이 되며, 약간의 믿음이 때로는 많은 믿음보다 진정한 것이 된다는 사실이었다. 그의 가르침이 참이었다면, 썩을 수밖에 없는 루터는 썩지 아니할 영광을 누리고 있을 것이다. 언젠가는 그들도 똑같이 누리게 될 썩지 아니할 영광을….

• 비텐베르크에 있는 루터 조각상, 19세기.

맺음말

마르틴 루터의 유족으로는 아내 카타리나(46살)와 네 자녀 한스(19살), 마르틴(14살), 파울(13살), 마르가레트(11살)가 있었다. 아버지의 죽음에 대한 자녀들의 반응에 대해서는 기록되지 않았다. 설혹 있었다 하더라도 우리에게 전해진 것은 없다. 그러나 카타리나는 7주 뒤인 1546년 4월 6일에 올케 크리스티나 폰 보라에게 자신의 슬픔을 털어놓았다.

자네가 나와 나의 불쌍한 아이들 때문에 진심으로 함께 아파하고 있다는 것을 금방 알겠네. 나의 사랑하는 주인처럼 가치 있는 사람을 잃었으니 누구라도 슬퍼하고 염려하지 않겠는가? 그는 단순히 한 마을, 한 나라를 섬긴 사람이 아니라 온 세상을 아주 잘 섬긴 사람이니… 나는 먹지도 마시지도 못하겠네. 잠도 못 자겠네. 내가 한 도시나 제국을 가졌다가 그걸 잃었다 해도 이렇게 괴롭지는 않을 거야. 사랑하는 내 주 하나님께서 그 소중하고 가치 있는 사람을 나에게서—나만이 아니라 온 세상에서—빼앗아 가시다니.[1]

카타리나는 남편의 죽음이 이 세상에 끼칠 여파는 과대평가했으나, 그 죽음이 그녀 자신의 삶에 가져온 결과는 그녀가 예상했던 것보다 컸다. 처음에는 루터의 부동산과, 요한 프리드리히 선제후와 만스펠트의 백작들과 루터의 절친한 동료 교수들 덕분에 돈은 많이 있었다. 카타리나는 전직 수상 브뤼크와 멜란히톤의 충고를 듣지 않고 엘베강 건너 박스도르프Wachsdorf에 있는 낮은 지대의 농장을 구매했다. 비텐베르크에서는 마차로 두 시간이나 걸렸지만 췰스도르프에 있는 친정 소유의 부동산보다는 훨씬 가까웠기 때문이다. 선제후는 작센의 법률과 맞지 않는 루터의 유언장을 따르지 않고, 루터의 자녀들을 위한 별도의 후견인과 재정 관리인을 임명했다.[2]

그러나 1년 후에는 모든 것이 바뀌었다. 루터가 죽고 얼마 안 되어, 황제 카를 5세는 프로테스탄트와의 협상을 포기하고 루터파의 슈말칼덴 동맹을 공격하기 시작했다. 요한 프리드리히 선제후와 헤센의 필립 백작의 군사력은 카를 황제와 그의 동생 페르디난트 대공이 소집한 군대에게는 감히 적수가 되지 못했다. 1547년 4월, 루터파는 비텐베르크에서 남동쪽으로 72킬로미터 떨어진 (엘베강 변의) 뮐베르크Mühlberg에서 황제의 군대에게 항복했다. 요한 프리드리히와 필립은 포로가 되었고 비텐베르크는 순식간에 포위당했다. 비텐베르크는 한 달 만에 항복을 선언했고, 충격에 빠진 주민 중에서 그래도 용기를 내서 은신처에서 기어 나온 사람들은 황제가 말을 타고 성교회에 있는 루터의 무덤을 향해 가는 모습을 보았다. 비텐베르크의 전승에 의하면, 황제의 일행 가운데 스페인의 귀족들이 루터의 유해를 파내서 불태워 버리자고 제안했지만 카를 황제가 거부했다고 한다.[3]

카타리나와 자녀 셋은 슈말칼덴 동맹에 속한 마그데부르크성으로 일찌감치 피신해 있었다. 멜란히톤과 그의 가족도 그곳으로 왔으나, 도시는 이미 피난민으로 넘쳐 났으며 언제라도 공격을 받을 수 있는 처지였다. 카타리나는 멜란히톤에게 덴마크의 루터파 왕이 전부터 지원금을 보내 주고 있으니 함께 그곳으로 가 달라고 부탁했다. 그들은 북부 독일에 있는 루터파 영역 뤼네부르크까지 이동했으나, 그쪽에도 루터파에 적대적인 군대가 많아서 브라운슈바이크로 피했다. 카타리나는 거기 두 달 동안 머물다가 자녀들과 함께 안전하게 비텐베르크로 돌아갔다. 박스도르프에 사 놓은 지 얼마 안 된 땅은 폐허가 되었고 밭의 작물도 모조리 털렸다. 수도원만 무사했다. 카타리나는 가족을 부양하기 위해서 수도원을 숙박시설로 바꾸었고 멜란히톤의 도움을 받아 간신히 빈곤을 모면했다. 1549년, 멜란히톤은 한스 루터가 프로이센 동부의 쾨니히스베르크 Königsberg에서 법학 공부를 할 수 있도록 주선해 주었다. 학업에 필요한 비용은 프로이센을 최초의 공식적인 루터파 영토로 만든 알브레히트 공작이 부담했다.[4]

그러나 카타리나의 어려움은 끝나지 않았다. 1547년의 전쟁은 끝났지만, 황제 카를 5세는 독일 전체를 교황에게 복속시킨다는 목표를 달성하지는 못했다. 1548년, 황제는 프로테스탄트들에게도 대부분의 가톨릭 제의를 다시 지키도록 하되, 이미 결혼한 성직자는 그대로 두고 성만찬 때 빵과 포도주를 받는 것도 허용하기로 하는 한시적 해결안에 동의했다. 루터파는 그 한시적 합의안을 받아들일 것이냐 말 것이냐를 놓고 분열되었다. 1552년 북부 독일에서는 격렬한 저항 분위기가 조성되었고 결국에는 프로테스탄트 제후들의 반란이 일어났다. 비텐베르크에 있는 카타리나와 그녀의 가족에게는 정치적으로 적대적인 상황과 더불어 또 하나의 반갑지 않은 손님이 찾아왔다. 또다시 전염병이 돌아서 그녀의 집 하숙생들에게도 영향을 끼쳤고, 전염병이 가라앉을 때까지 대학교도 다른 곳으로 이전해야 했던 것이다. 카타리나와 어린 두 자녀, 파울과 마르가레트는 두 번째로 비텐베르크를 떠났다. 마차를 타고 가던 중 말들이 토르가우를 앞두고 갑자기 뒷걸음질 치자 카타리나는 마차에서 뛰어내렸거나 아니면 떨어졌는데, 잘못 착지하는 바람에 앞으로 꼬꾸라져서 축축한 도랑에 빠졌다. 그녀는 토르가우로 이송되었지만 침대에 누워만 있다가 3개월 후 세상을 떠났다. 1552년 12월 20일, 그녀의 딸 마르가레트가 18살 생일을 맞고 사흘 뒤의 일이었다.[5]

비텐베르크 대학교의 총장이 카타리나를 위해 위엄 있는 장례식을 치러 주었고, 그녀의 시신은 토르가우에 있는 성모 마리아 시교회에 묻혔다. 거대한 묘비에는 눈을 크게 뜬 카타리나가 성경을 든 모습이 얕은 양각으로 새겨져 있고, 그 위에는 루터 가문의 문장과 폰 보라 가문의 문장이 조각되어 있다. 장례식이 끝나고 5개월 후, 그리고 1554년에도 다시 한 번 카타리나의 자녀들 및 멜란히톤과 루터의 형제 야코프를 포함한 그 후견인들이 만나서 부동산 문제를 해결했다. 카타리나가 돈을 많이 모아 놓았기 때문에 자녀들은 모두 유산을 적당히 받았다. 모두가 혼인을 했는데, 의학을 공부한 파울이 첫 번째였다. 파울과 안나 폰 바르베크Anna von Warbeck의 결혼식이 카타리나의 장례식이 있고 막 한 달이 지난 시점에서 거행된 것으로 보아, 두 사람의 약혼은 그녀가 죽기 전에 이루어졌을 것이다. 파울과 안나의 자녀가 마르틴 루터의 직계 자손이 되었고 그 계보는 18세기까지 이어졌다.

마르틴도 카타리나도 독일의 종교개혁이 정치적·법적으로 정착되는 것은 직접 보지 못한 채 세상을 떠났다. 그런 제도적 정착은 1555년에야 비로소 가능해졌다. 1552년 프로테스탄트 진영의 저항에 맞닥뜨린 카를 황제는 가톨릭 지역과 프로테스탄트 지역이 각자의 종교적 영토를 유지하는 것을 당분간 허용하기로 했다. 새로운 제국의회가 열려 이 교착 상태를 해결하기 전까지는 그럴 수밖에 없었다. 그 의회는 1555년에 아우크스부르크에서 열렸으니, 이 도시로 말할 것 같으면 1518년에는 카예탄 추기경이 루터를 심문했던 곳이요, 1530년에는 루터파 통치자들이 카를 5세에게 『아우크스부르크 신앙고백』을 제출한 곳이었다. 그러나 1555년에는 카를 황제가 참석하지 않았고, 과거에도 늘 그랬던 것처럼 그의 동생 페르디난트가 황제 대신 의회를 주재했다. 차기 제국 황제의 자리에 오르게 되는 페르디난트는 종교적 분열을 막는 것이 불가능하다는 데 동의한 후, 루터파 통치자와 영토의 법적 지위를 인정해 주고 가톨릭 영토와 기관을 루터파가 차지하지 못하도록 하는 법안을 상정했다. 가톨릭 통치자와 성직자는 루터파 통치자와 시민을 개종시킬 수 없으며, 그 역도 마찬가지다. "아우크스부르크 화의"Peace of Augsburg라 불리는 이 문서는 1555년 9월 25일에 선포되었다. 이로써 독일에서는 1618년에 30년 전쟁이 터지기 전까지는 종교로 인한 싸움이 금지되었으나, 그때 형성된 종교적 구분선은 오늘까지도 독일에서 가시적으로 확인할 수 있다.

만일 마르틴 루터가 살아서 아우크스부르크 화의가 체결되는 것을 보았다면, 그는 종교개혁이 성공을 거두었다고 여겼을까? 그럴 것 같기도 하고 아닐 것 같기도 하다. 아닐 것 같은 이유는, 루터는 한 번도 그런 식으로는 생각하지 않았기 때문이다. 참된 종교는 참된 교회와 마찬가지로 언제나 소망의 문제이기 때문에, 어딘가에 한정될 수도 없으며 완벽하고 전면적으로 실현될 수도 없다. 그리고 신성한 소명에 기초한 루터의 사명은 루터 자신이나 어느 누가 인간적 기준으로 실패나 성공을 판단할 수 있는 전문적 프로젝트가 아니었다. 루터의 사명 뒤에는 하나님이 계시므로, 궁극적으로 그 사명은 이루어질 수밖에 없다. 비록 최후 심판의 날까지는 그것이 완전히 성취되지는 않는다 하더라도 말이다. 복음은 그것을 생생하게 간직하고 있는 사람이 소수라 할지라도 언젠가는 반드시 승리를 거두게 될 것이다. 이것이 루터의 비전이었다. 아우크스부르크 화의로 독일의 종교적 분립이 고착화되는 것은 그의 비전이 아니었다.

그러나 그와 동시에 루터는 종교개혁이 독일에 참된 종교의 가능성을 가져왔다고 믿었다. 비록 대중적 신앙과 제도 교회의 사업은 이를 알아보지 못했지만 말이다. 아우크스부르크 화의는 적어도 그 가능성이 소멸되는 것만큼은 막아 주었다. 루터라면 그렇게 생각했을 수도 있다. 루터는 자기의 비전이 성취되는 것을 결코 보지 못할 것 같다고 생각했다. 그는 깊이 실망한 상태에서 인간의 완고함과 자신의 순진함을 탄식했다.

세상은 세상이다. 만일 내가 복음 사역을 다시 할 수 있다면 다른 방식으로 할 것이다. 비천한 군중은 계속해서 교황의 지배를 받게 하고, 두려움과 절망에 빠져 있는 사람에게는 개인적으로 위안을 줄 것이다. 설교자는 세상을 잘 알아야 한다. 한때 수도사였던 내가 세상을 알았던 것보다 잘 알아야 한다. 그 당시 나는 세상이 정의로운 곳이라고 생각했고, 그래서 세상 사람들이 복음을 듣자마자 앞으로 달려갈 것이라고 생각했다. 그러나 막상 뚜껑을 열어 보니 정반대였다.[6]

그러나 루터가 전성기를 보내고 있을 때는 독일에서 믿음과 사랑의 복음이, 참된 종교가 계속 전진하고 있었다. 물론 그는 위안을 원하는 헌신적인 그리스도인은 믿음으로써 살아가고 그 믿음을 끝까지 지켜야 한다고 생각했지만, 교회가 자기만족적 기관이 아니라 사랑과 믿음의 대표자로 존재하는 한 루터파 교회들의 새로운 연결망을 긍정적으로 생각했다.

마르틴 루터라는 이름이 언급되면 많은 사람들이 마틴 루터 킹Martin Luther King Jr.을 생각하는 건 지극히 당연한 일이다. 2015년이면 종교개혁은 거의 500년 전의 일이지만, 미국의 민권 운동과 킹은 여전히 생생한 기억이다. 두 사람은 MIT의 판테온 프로젝트가 선별한 범주에서 각각 최상위 인물에 속하지만, 두 사람을 직접 비교하는 것은 불가능하다. 킹은 사회 운동가 범주에서 1위이고 루터는 종교 인물 범주에서 4위이기 때문이다. 그러나 우리가 관심을 갖는 것은 이름이나 순위가 아니다. 두 사람을 함께 떠올리면 두 사람의 명백한 차이에도 불구하고 공통점이 두드러지는데, 킹 자신도 그들이 공유하는 특징 하나를 언급한 적이 있었다. 그 유명한 버밍엄 감옥에서 쓴 편지에서, 킹은 자신을 극단주의자라고 비난하는 사람들에게 또 다른 극단주의자들의 이름을 열거했다. 그들은 예수, 아모스, 바울, 존 버니언John Bunyan, 에이브러햄 링컨Abraham Lincoln, 토머스 제퍼슨Thomas Jefferson, 그리고 마르틴 루터였다.[7]

실제로 킹과 루터는 극단주의자였고, 용감한 사람이었다. 이는 그들이 현실에 만족하기를 거부하고, 기존 질서가 방해받는 것을 싫어하는 권력에 도전했기 때문이다. 또한 두 사람은 꿈꾸는 사람이었다. 그러나 그 꿈이 실현되는 것을 자신들의 두 눈으로 직접 볼 수 있을 거라고는 생각하지 않았다. 두 몽상가는 자신들의 비전을 뒷받침해 주는 기관이 불완전함을 알았지만, 그들의 꿈을 생생하게 유지시켜 주는 구조가 없다면 그 꿈도 다 흩어져 버릴 것이라는 사실도 인정했다. 두 사람 모두 혹독한 비판을 받았다. 그 시대 기득권 세력의 비판도 있었고 자기 진영 내부의 비판도 있었다. 두 사람 모두, 그들이 자신의 비전을 추구하느라 쏟아부은 시간과 에너지 때문에 강한 여성들의 도움이 필요했다. 두 사람 모두 강력한 문필가이자 연설가였는데, 그들의 결함과 실수는 시간이 지날수록 점점 더 두드러졌다. 그리고 두 사람 다 비전의 사람으로서, 자기가 꿈꾸었던 개혁이 죽을 때까지도 성취되지 않았지만 언젠가는 완전하게 이루어질 날이 올 것이라고 믿었다.

약어

Aleander	*Depeschen des Nuntius Aleander vom Wormser Reichstage 1521*
ARC	*Acta Reformationis Catholicae*
ARG	*Archive for Reformation History/Archiv für Reformationsgeschichte*
AWA	*Archiv zur Weimarer Ausgabe der Werke Martin Luthers*
BSB	*Bayerische Staatsbibliothek Munich*
CE	*Contemporaries of Erasmus*
Clemen	*Luthers Werke in Auswahl, ed. O. Clemen*
CWE	*Collected Works of Erasmus*
DB	*Deutsche Biographie, online at www.deutsche-biographie.de*
EAS	*Erasmus Ausgewählte Schriften*
E var	*D. Martini Lutheri opera latina varii argumenti...*
HAB	*Herzog August Bibliothek Wolfenbüttel*
LuJ	*Lutherjahrbuch*
Luther	*Luther: Zeitschrift der Luther-Gesellschaft*
LW	*Luther's Works*
MBW.T	*Melanchthons Briefwechsel, Texte*
MD	*Melanchthon Deutsch*
ML-LDS	*Martin Luther: Lateinisch-Deutsche Studienausgabe*

MPL	*Patrologiae cursus completus, Series Latina*
MVGAE	*Mitteilungen des Vereins für die Geschichte und Altertumskunde von Erfurt*
MWA	*Melanchthons Werke in Auswahl*
NRSV	*The Bible: New Revised Standard Version*
OER	*Oxford Encyclopedia of the Reformation*
RFG	*500 Jahre Reformation: Von Frauen Gestaltet*, online at www.frauen-und-reformation.de
Roth	*Zur Wittenberger Stadt- und Universitäts-Geschichte in der Reformationszeit: Briefe aus Wittenberg an M. Stephan Roth in Zwickau*
SB	*Sächsische Biografie*, online at www.saebi.isgw.de
SCJ	*The Sixteenth Century Journal*
StA	*Martin Luther: Studienausgabe*
TRE	*Theologische Realenzyklopädie*
WA	*Luthers Werke: Kritische Gesamtausgabe, Schriften*
WABr	*Luthers Werke: Kritische Gesamtausgabe, Briefwechsel*
WADB	*Luthers Werke: Kritische Gesamtausgabe, Deutsche Bibel*
WATR	*Luthers Werke: Kritische Gesamtausgabe, Tischreden*
ZSSR	*Zeitschrift der Savigny-Stiftung für Rechtsgeschichte, Kanonistische Abteilung*
ZKG	*Zeitschrift für Kirchengeschichte*

주

머리말
1. http://pantheon.media.mit.edu/methods. Cultural Production: Human Accomplishment.
2. http://pantheon.media.mit.edu/people/Martin%20Luther.
3. Junghans, "Lutherbiographien", 438.
4. 다양한 수집과 편찬 작업에 대해서는 Junghans, "Die Tischreden Martin Luthers", 35-50를 보라.
5. 나도 나름대로 루터의 신학을 간결하게 소개한 책을 2009년 Abingdon Pillars of Theology 시리즈로 출간했다(참고문헌 목록을 보라).

1. 나의 고향
1. Luther to Count Albert of Mansfeld, February 23, 1542, in *WABr* 9, 626.
2. Martin Luther to Katharina Luther, February 14, 1546, in *WABr* 11, 300; *LW* 50, 311-312.
3. *Luther Handbuch*, ed. Beutel, 340.
4. Luther to Michael Coelius, March 9, 1541, in *WABr* 9, 335; Luther to Count Albert of Mansfeld, February 23, 1542, in *WABr* 9, 626; Luther to Counts Philip and Hans Georg of Mansfeld, March 14, 1542, in *WABr* 10, 10.
5. Martin Luther to Katharina Luther, February 14, 1546, in *WABr* 11, 300; *LW* 50, 312.
6. Martin Luther to Katharina Luther, February 14, 1546, in *WABr* 11, 300; *LW* 50, 311-313.

7. Schneider, "Martin Luthers Reise nach Rom", 120-127. 그 시대의 전통적 견해에 관해 살펴볼 수 있는 현존 자료로는 Steinmetz, *Misericordia Dei*, 7-10를 보라.
8. *WATR* 4, 583 (no. 4925); 6, 320 (no. 7005).
9. *Augsburg during the Reformation Era*, ed. Tlusty, 239-241.
10. Luther to George Spalatin, September 19, 1526, in *WABr* 4, 118.
11. Pfister & Fertig, *The Population History of Germany*, 4-7.
12. *WA* 53, 169.
13. *WA* 53, 22-184; Kleckley, *The Supputatio Annorum Mundi and Luther's View of History*, 1985을 보라.
14. Lectures on Genesis, *WA* 42, 154; *LW* 1, 206.
15. 창세기 2:10-14.
16. *WA* 42, 74-75; *LW* 1, 98.
17. *WA* 42, 75; *LW* 1, 99.
18. *WA* 42, 76; *LW* 1, 100.
19. Crane, *Mercator*, 190, 201-203, 314, n. 15.
20. Hahn-Woernle, *Die Ebstorfer Weltkarte*, 25-40.
21. Hahn-Woernle, *Die Ebstorfer Weltkarte*, 7-11.
22. Hahn-Woernle, *Die Ebstorfer Weltkarte*, 41-78.
23. *WATR* 4, 412-413 (no. 4638); *LW* 54, 358-359.
24. Westman, "The Melanchthon Circle", 181-193.
25. Luther to George Spalatin, October 10, 1531, in *WABr* 6, 204.
26. *WA* 23, 7-12. Kurze, *Johannes Lichtenberger*, 57-62.
27. Buck, "Anatomia Antichristi", 361-368.
28. Grisar & Heege, *Luthers Kampfbilder* III, 1-23.
29. Bagchi, "Luther's Catholic Opponents", 99.
30. Murner, *Von den grossen Lutherischen Narren...*, 220; Rummel, *Scheming Papists and Lutheran Fools*, 72-87를 보라.
31. Febvre, *The Problem of Unbelief in the Sixteenth Century*, 438.
32. *WA* 54, 192-194; *LW* 34, 363-366.
33. *WA* 54, 193-194; *LW* 34, 366.
34. *WA* 54, 478-496.

2. 나의 모든 존재와 소유

1. Luther to Philip Melanchthon, June 5, 1530, in *WABr* 5, 351; *LW* 49, 318-319.
2. Erikson, *Young Man Luther*, 49-97.
3. 출생 시점을 각각 다르게 기록한 자료에 대해서는 Bulisch, "Wie alt ist Martin Luther geworden?" 그리고 Staats, "Ist Zwingli älter als Luther?"를 보라.
4. *Luther und die Reformation am Oberrhein* A3, 135-138, with illustration.
5. *WATR* 5, 76 (no. 5347).
6. Brosseder, "The Writing in the Wittenberg Sky", 557-576.
7. Scribner, "Incombustible Luther", in *Popular Culture and Popular Movements*, 301-322.
8. *WATR* 5, 95 (no. 5362).
9. Strauchenbruch, *Luthers Kinder*, 106.
10. *WATR* 3, 415-416 (no. 3566A); *LW* 54, 234-235.
11. Van Dülmen, *Kultur und Alltag in der frühen Neuzeit*, 101.
12. Martin Luther to Margaret Luder, May 20, 1531, in *WABr* 6, 103-106; *LW* 49, 17-21. 마르틴은 그녀를 위해 요한 폰 슈타우피츠의 책 한 권에 서명을 남겼다. *Luther-Lexikon*, ed. Beutel, 190.
13. Luther to Melanchthon, June 5, 1530, in *WABr* 5, 351; *LW* 49, 318-319.
14. Stievermann, "Sozialer Aufstieg um 1500", *Martin Luther und der Bergbau*, 42-62.
15. *Fundsache Luther*, 165.
16. Beer, *Eltern und Kinder*, 341-342.
17. *WATR* 5, 95 (no. 5362).
18. Luther to Martin Seligmann, March 25, 1520, in *WABr* 2, 76.
19. Luther to Justus Jonas, April 19, 1529, in *WABr* 5, 56.
20. Luther to Spalatin, November 29, 1520, in *WABr* 2, 22.
21. *A Sermon on Keeping Children in School* 1530, in *LW* 46, 250-251; *WA* 30:2, 576.
22. *To the Councils of All Cities in Germany...* 1524, in *LW* 45, 369; *WA* 15, 46.
23. *Treatise on Good Works* 1520, trans. Hendrix, 98; *StA* 2, 68.
24. Scheel, *Martin Luther* 1, 32.
25. *LW* 45, 370; *WA* 15, 46.
26. *Instructions of the Visitors for Parish Pastors* 1528, in *WA* 26, 237; *LW* 40,

315-316.
27. *WATR* 3, 353 (no. 3490); *LW* 54, 211.
28. Springer, *Luther's Aesop*, 12-15.
29. *WATR* 5, 317 (no. 5677); *LW* 54, 476.
30. *Preface to the Wittenberg Edition of his German Writings* 1539, in *WA* 50, 660; *LW* 34, 287.
31. *Akten und Briefe...Georgs von Sachsen* 1, 768.
32. Luther to Elector Joachim II of Brandenburg, March 9, 1545, in *WABr* 11, 50.
33. Hendrix, "Brethren of the Common Life", 369.
34. Kolde, *Die deutsche Augustiner-Congregation*, 355. 이러한 추측은 루터가 링크에 대해서 남긴 언급, 즉 "일찍부터 나와 함께 똑같은 (혹은 그에 상응하는) 학급에서 자라났다"고 말한 것에 기초한다. Luther to Cajetan, October 17, 1518, in *WABr* 1, 222, n. 1을 보라.
35. Braasch, "Die Familie Schalbe in Eisenach", 268-270.
36. *Das Leben Martin Luthers 1546, MD* 2, 171; Henning, "Martin Luther als Lateinschüler in Eisenach", 112-113.
37. Luther to Güldenapf, April 28, 1507, *WABr* 1, 15.
38. Crotus Rubeanus to Luther, April 28, 1520, *WABr* 2, 91.
39. *WATR* 5, 657 (no. 6428).
40. *Sermon on Keeping Children in School* 1530, *LW* 46, 250; *WA* 30:2, 576.
41. Hintzenstern, "Vorspiele zur Reformation in Eisenach", 81.
42. Junghans, *Der junge Luther und die Humanisten*, 68.

3. 머리끝에서 발끝까지 거룩한

1. Sermon on June 24, 1525, *WA* 17:1, 309; Scheel, *Dokumente*, 37 (no. 93).
2. *WATR* 4, 177 (no. 4170).
3. Kleineidam, *Universitas Studii Erffordensis* 2, 169-170.
4. Dietrich Lindemann to Stephan Roth, January 4, 1526, in Scheel, *Dokumente*, 42 (no. 106); Springer, "Luther als Student des Artes", 87.
5. *CE* 1 (1985) 362.
6. Scheel, *Dokumente*, 151 (no. 412).
7. Springer, "Luther als Student des Artes", 90-92.

8. *WATR* 2, 609-610 (no. 2710).
9. Kleineidam, *Universitas Studii Erffordensis* 2, 142.
10. Kleineidam, *Universitas Studii Erffordensis* 2, 168-169.
11. *Luther: Erfurter Annotationen*, ed. Matsuura, 711-727.
12. HAB Wolfenbüttel 72.5 Quod.
13. Bubenheimer, "Zur vorreformatorischen Rezeption des italienischen Humanismus", 3-5.
14. *Luther: Erfurter Annotationen*, ed. Matsuura, CXXXVII.
15. Bauer, "Kurfürst Johann Friedrich I von Sachsen und die Bücher", 171.
16. Höss, *Spalatin*, 17.
17. Junghans, *Der junge Luther und die Humanisten*, 55.
18. Scheel, *Dokumente*, 154 (no. 423).
19. Dörfler-Dierken, "Luther und die heilige Anna", 39-46.
20. 참조. 사도행전 9:3-4; Scheel, *Dokumente*, 15 (no. 31).
21. Luther to Gregor Rosseken, March 28, 1533, in *WABr* 6, 438-439.
22. Weiss, *Ein fruchtbar Bethlehem*, 31.
23. Kleineidam, *Universitas Studii Erffordensis* 2, 291.
24. Scheel, *Dokumente*, 53 (no. 156); Schneider, "Episoden aus Luthers Leben als Erfurter Mönch", 134-139. 수도원의 언어로 회심이란 "세상에 대해 죽고" 완전의 삶을 향해 다시 태어남을 의미했다.
25. Oberman, *Harvest of Medieval Theology*, 9-21.
26. Zumkeller, *Erbsünde*, 457-458; Biel, *Expositio*, vol. 1, p. x.
27. Scheel, *Dokumente*, 144 (no. 391); *WATR* 3, 564 (no. 3722).
28. Luther to John Lang, mid-October 1516, in *WABr* 1, 66.
29. Luther to John Lang, mid-October 1516, in *WABr* 1, 65.
30. Scheel, *Dokumente*, 16 (no. 33) and 17 (no. 37).
31. Bell, *Divus Bernhardus*, 17-26.
32. Pascoe, *Jean Gerson*, 104-109.
33. Scheel, *Dokumente*, 174 (no. 480) and 127 (no. 342).
34. Luther to his father Hans, November 21, 1521, in *WA* 8, 574; *LW* 48, 322.
35. *Luther: Erfurter Annotationen*, ed. Matsuura, LXXVIII-LXXX.

4. 그런 사람들 가운데 하나는 아닌

1. *Preface to the First Volume of His Collected Latin Writings* 1545, in *WA* 54, 186; *LW* 34, 338.
2. Haile, *Luther*, 11-18.
3. Myconius, *Historia Reformationis*, ed. Cyprian, V, 24-26.
4. Neser, *Luthers Wohnhaus in Wittenberg*, 21-29, 32.
5. *WATR* 5, 77 (no. 5349). 그러나 『탁상담화』의 내용은 그 예배당이 허물어지기 2년 전 상황과 관련된 것이다.
6. Junghans, *Martin Luther und Wittenberg*, 24-25.
7. Scheurl to Henlein, June 3, 1507, in *Christoph Scheurls Briefbuch*, 1, 46.
8. *Lectures on Galatians* 1531, in *WA* 40/2, 92; *LW* 27, 73; Steinmetz, *Luther and Staupitz*, 141-144.
9. Wriedt, "Johannes von Staupitz", 174.
10. Schneider, "Episoden", 138.
11. *WATR* 5, 98 (no. 5371).
12. *WATR* 2, 379 (no. 2255).
13. *WABr* 12, 402-405.
14. 비텐베르크의 아우구스티누스회 수도원은 라이츠카우에 있는 양어지(養魚池)의 소유주였는데, 헤르츠베르크 교회의 후원자에게 그 연못을 넘기라는 요구를 받고 있었다. 그와 관련된 협상이 토르가우에 있는 작센 선제후의 관저에서 열렸다.
15. Luther to John Lang, October 26, 1516, in *WABr* 1, 72; *LW* 48, 27-28.
16. Winterhager, "Martin Luther und das Amt des Provinzialvikars", 707-738. 1517년에 카를슈타트는 루터를 "온 작센의" 엄수 아우구스티누스회 수도사들의 "대리자"(vicar)라고 불렀다. *Karlstadt und Augustin*, ed. Kahler, 4.
17. Winterhager, "Martin Luther und das Amt des Provinzialvikars", 718.
18. Luther to Lang, May 29, 1516, in *WABr* 1, 42; *LW* 48, 16.
19. Winterhager, "Martin Luther und das Amt des Provinzialvikars", 736-737.
20. Luther to John Lang, October 26, 1516, in *WABr* 1, 72; *LW* 48, 27-28.
21. Luther to Spalatin, August 24, 1516, in *WABr* 1, 50; *LW* 48, 17.
22. Luther to George Spenlein, April 8, 1516, in *WABr* 1, 33-36; *LW* 48, 11-14.
23. Luther to the Erfurt Faculty, December 21, 1514, in *WABr* 1, 29-33.
24. *Commentary on the Alleged Imperial Edict* 1531, in *WA* 30 III, 387; *LW* 34,

103.
25. Freiherr von Scheurl, "Martin Luthers Doktoreid", 46-52.
26. Köpf, "Martin Luthers theologischer Lehrstuhl", 80-86.
27. 오래된 자료는 1788년 자료이며, 최근 연구에서는 인쇄소와 관련된 새로운 증거가 나오지 않았다. Neser, *Luthers Wohnhaus*, 31를 보라.
28. *WA* 4, 463-526.
29. In vols. 3, 4, and 55 of the Weimar Edition.
30. Luther to Lang, July 16, 1517, in *WABr* 1, 100.
31. Augustine, *Confessions* X, 29, trans. Pine-Coffin, 233. 『고백록』(경세원).
32. *WA* 54, 186; *LW* 34, 337.
33. Luther to Lang, mid-October 1516, in *WABr* 1, 65-66.
34. *WATR* 3, 192 (no. 3232b 약간 표현을 달리하여 3232a & 3232c); *LW* 54, 193-194.
35. 루터의 "발견"에 대한 논쟁, 그리고 로마서 강의의 역할에 대한 논쟁에 대해 좀더 깊이 연구하려면, Leppin, *Martin Luther*, 107-117; *Meilensteine der Reformation*, 48-59; Brecht, *Martin Luther* 1, 221-237를 보라.
36. *WA* 56, 271-277; *LW* 25, 260-264.
37. *WA* 56, 171-173; *LW* 25, 151-152.
38. *WA* 54, 186; *LW* 34, 337.
39. *WA* 56, 171-173; *LW* 25, 151-152; Augustine, *De spiritu et littera* 11.18, *MPL* 44, 211.
40. Steinmetz, *Misericordia Dei*, 85-86.
41. *WA* 54, 186; *LW* 34, 338.
42. Matthias, "Die Anfänge der reformatorischen Theologie des...Karlstadt", 96.
43. Luther to Staupitz, October 3, 1519, in *WABr* 1, 515.

5. 더 이상 침묵할 수 없습니다

1. Luther to Archbishop Albert of Mainz, October 31, 1517, in *WA* 1, 111; *LW* 48, 46.
2. *WA* 10:1:1, 136; *LW* 52, 37.
3. Luther to Lang, August 6, 1517, in *WABr* 1, 101-102.
4. *WA* 1, 158-220.

5. Luther to Christoph Scheurl, January 27, 1517, in *WABr* 1, 86.
6. Luther to Lang, May 18, 1517, in *WABr* 1, 99; *LW* 48, 42.
7. Paulus, *Die deutschen Dominikaner*, 1-3.
8. Winterhager, "Ablasskritik als Indikator", 24.
9. Köhler, *Dokumente*, 113-116.
10. *Against Hanswurst* 1541, in *WA* 51, 539; *LW* 41, 231-234; 또한 95개 논제의 28, 75, 77, 79번 참조, in *StA* 1, 176-185; *LW* 31, 25-33.
11. Köhler, *Dokumente*, 125.
12. Junghans, "Martin Luther, kirchliche Magnaten und Thesenanschlag", 38, 41.
13. Sermon on Luke 19:8, October 31, 1516, in *WA* 1, 99; Rieske-Braun, "Glaube und Aberglaube", 27-30를 보라.
14. 히브리인들이 이집트를 탈출하기 전 열 가지 재앙이 닥쳤는데, 아홉째 재앙이 어둠이었다. 출애굽기 10:21-29.
15. Sermon on Matthew 11:25, February 24, 1517, in *WA* 1, 141; *LW* 51, 31.
16. Bacon, "Art Patronage in Electoral Saxony", 973.
17. Kohnle, "Die Frömmigkeit der Wettiner", 136.
18. Erasmus, *Praise of Folly*, *CWE* 27, 114.
19. Luther to Albert of Mainz, October 31, 1517, in *WABr* 1, 111; *LW* 48, 46.
20. Luther to Albert of Mainz, October 31, 1517, in *WABr* 1, 111; *LW* 48, 47.
21. Albert of Mainz to his counselors in Magdeburg, December 13, 1517, in *Quellen zur Reformation*, 39.
22. Luther to Spalatin, early November 1517, in *WABr* 1, 118.
23. *WATR* 3, 564 (no. 3722); Moeller, "Thesenanschläge", 29.
24. Treu, "Der Thesenanschlag fand wirklich statt", 140-144.
25. Wengert, "Georg Major", 93-97.
26. *Against Hanswurst* 1541, in *WA* 51, 540; *LW* 41, 233.
27. 이 강의는 1517년 겨울학기에 시작되어 1518년 여름학기 내내 지속되었다. Bayer, *Promissio*, 205.
28. *Against Hanswurst* 1541, in *WA* 51, 540; *LW* 41, 234.
29. Luther to Lang, November 11, 1517, in *WABr* 1, 121-122.
30. Moeller, "Thesenanschläge", 25-31.
31. Scheurl to Caspar Güttel, January 8, 1518, in *Christoph Scheurls Briefbuch* 2,

43-44.

32. Scheurl to Conrad Peutinger, January 5, 1518, in *Christoph Scheurls Briefbuch* 2, 40-41.
33. Scheurl to John Eck, November 5, 1517, in *Christoph Scheurls Briefbuch* 2, 40.
34. 크라수스는 막대한 부로 유명한 로마의 정치가다.
35. *WA* 1, 238; *LW* 31, 33.
36. Luther to Lang, March 21, 1518, in *WABr* 1, 155.
37. *Sermon von Ablass und Gnade* 1518, in *WA* 1, 246.
38. *Johann Tetzels Rebuttal*, 30-31.
39. *WATR* 3, 656 (no. 3846).
40. *E var* 1, 306.
41. Luther to Eck, May 19, 1518, in *WABr* 1, 178.
42. *E var* 1, 345.
43. *E var* 1, 348; *Luthers 95 Thesen samt seinen Resolutionen...*, ed. Köhler, 6.
44. Luther to Staupitz, May 30, 1518, in *WA* 1, 526; *LW* 48, 68.
45. *WA* 1, 527-529; Clemen 1, 19-21.
46. *WA* 1, 525-628; Clemen 1, 22-147; *LW* 31, 83-252.
47. Fuhrmann, *Die Päpste*, 157-159.

6. 최고의 신학자들

1. *Preface to the Complete Edition of a German Theology* 1518, in *WA* 1, 379; *LW* 31, 75.
2. *Sermon Preached in the Castle at Leipzig*, June 29, 1519, in *WA* 2, 245; *LW* 51, 55.
3. *Sermon on the Raising of Lazarus*, March 19, 1518, in *WA* 1, 275-276; *LW* 51, 47.
4. *WA* 56, 271-277; *LW* 25, 260-264.
5. Luther to Staupitz, March 31, 1518, in *WABr* 1, 160.
6. *Disputation against Scholastic Theology* 1517 (thesis no. 50), in *WA* 1, 226; *LW* 31, 12.
7. Lecture on Psalm 119:147, 1515, in *WA* 4, 375; *LW* 11, 511.
8. Lang's note in Luther, *Propositiones* 1531 (부벤하이머의 허가를 받음);

Scheible, "Luther und die Anfänge der Reformation am Oberrhein", 16.
9. 프란체스코 수도회 신학자 던스 스코터스(1308년 사망)는 옥스퍼드와 파리에서 가르쳤다.
10. Martin Bucer to Beatus Rhenanus, May 1, 1518, in *Correspondance de Martin Bucer* 1, 61; *Luther's Correspondence* 1, 82.
11. *WABr* 1, 173; *LW* 48, 61.
12. *WABr* 1, 173-174; *LW* 48, 62-63.
13. *WABr* 1, 173; *LW* 48, 61-62.
14. 욀쉬는 대학교 총장이자, 철학과 학장 및 교수로 재직했다.
15. 루핀은 루터가 1516년에 끌어들인 나이 든 동료 교수였다.
16. Luther to Trutvetter, May 9, 1518, in *WABr* 1, 170.
17. Luther to Trutvetter, May 9, 1518, in *WABr* 1, 170.
18. Winterhager, "Martin Luther und das Amt des Provinzialvikars", 738.
19. *Preface to...A German Theology* 1518, in *WA* 1, 378; *LW* 31, 75.
20. Hamm, *Der frühe Luther*, 200-250.
21. *Preface to...A German Theology* 1518, in *WA* 1, 379; *LW* 31, 76.
22. Luther to Spalatin, October 31, 1518, in *WABr* 1, 225; *LW* 48, 91.
23. *Augsburg during the Reformation Era*, ed. Tlusty, 287.
24. *WATR* 5, 78-79 (no. 5349); 또한 *WATR* 4, 533 (no. 4816) 참조.
25. *Proceedings at Augsburg* 1518, in *WA* 2, 8; *LW* 31, 262.
26. *WATR* 5, 78 (no. 5349).
27. Luther to Spalatin, October 31, 1518, in *WABr* 1, 224; *LW* 48, 90-91.
28. Luther to Spalatin, October 31, 1518, in *WABr* 1, 224; *LW* 48, 90-91.
29. Jedin, *History of the Council of Trent* 1, 114-116.
30. Luther to Spalatin, November 25, 1518, in *WABr* 1, 253; *LW* 48, 94.
31. Luther to Spalatin, December 2, 1518, in *WABr* 1, 260-261.
32. Staupitz to Luther, mid-December 1518, in *WABr* 1, 267.
33. *WATR* 5, 103 (no. 5375c).
34. *Kurzer Bericht wie der ehrwürdige Herr, unser lieber Vater und Präzeptor Philippus Melanchthon, sein Leben hie auf Erden geendet und ganz christlich beschlossen hat*, 19-20.
35. Luther to Spalatin, August 31, 1518, in *WABr* 1, 192; *LW* 48, 78.
36. *WATR* 4, 187 (no. 4187).

37. Brecht, *Martin Luther* 1, 309-316.
38. *Akten und Briefe*, ed. Gess 1, 61; *Documents*, ed. Naphy, 17.
39. 얼마 전에 학사 학위를 취득하고 이 논쟁에 참여했던 제바스티안 프뢰쉘(Sebastian Fröschel)의 기록. Kohnle, "Die Leipziger Disputation und ihre Bedeutung für die Reformation", 9; Brecht, *Martin Luther* 1, 312.
40. Luther to Spalatin, July 20, 1519, in *WABr* 1, 422; *LW* 31, 322.
41. *Disputation and Defense of Brother Martin Luther* 1519, in *WA* 2, 161; *LW* 31, 318.
42. Luther to Spalatin, July 20, 1519, in *WABr* 1, 422; *LW* 31, 321-322.
43. *WA* 2, 80-130; *LW* 42, 19-91.
44. Luther to Lang, December 18, 1519, in *WABr* 1, 597; *LW* 48, 138.
45. *ARC* I (1520-1532), 107-116.
46. Luther to Spalatin, July 20, 1519, in *WABr* 1, 423; *LW* 31, 324.
47. *An Explanation of the Lord's Prayer for Simple Laity* 1519, in *WA* 2, 80; *LW* 42, 19.

7. 내 마음의 돛

1. Luther to Spalatin, January 14, 1520, in *WABr* 1, 611; *LW* 48, 147.
2. *Unterricht auf etlich Artikel...*1519, in *WA* 2, 69-73; Clemen 1, 148-153.
3. *WA* 2, 72; Clemen 1, 153.
4. Wurm, "Johannes Eck und die Disputation von Leipzig 1519", 104, 106.
5. Luther to Spalatin, January 14, 1520, in *WABr* 1, 610- 611; *LW* 48, 145-146.
6. Luther to Spalatin, ca. February 14, 1520, in *WABr* 2, 42; *LW* 48, 153.
7. Luther to Spalatin, January 14, 1520, in *WABr* 1, 611; *LW* 48, 147-148.
8. Luther to Staupitz, October 3, 1519, in *WABr* 1, 514.
9. Borth, *Die Luthersache*, 71-72.
10. Köhler, *Luther und die Kirchengeschichte*, 32.
11. *Dr. Martin Luthers sämmtliche Schriften*, rev. ed., ed. Walch, 15, 1658-1659.
12. Fuhrmann, *Die Päpste*, 159.
13. Borth, *Die Luthersache*, 72, n. 1.
14. Luther to Spalatin, March 25, 1520, in *WABr* 2, 75.
15. 고린도전서 2:9; *The Rule of St. Benedict in English*, ed. Fry, 29.
16. *Vocabularius theologiae*, ed. Altenstaig, fol. 169b.

17. Rhegius, *Anzaygung, daß die romisch Bull mercklichen schaden...*, Dr-Dv.
18. *Treatise on Good Works* 1520, trans. Hendrix, 16; *WA* 6, 203.
19. Luther to Spalatin, April 16, 1520, in *WABr* 2, 83; *LW* 48, 160-161.
20. Luther to Spalatin, May 1, 1520, in *WABr* 2, 96; *LW* 48, 162.
21. Smolinsky, *Augustin von Alveldt und Hieronymus Emser*, 18-23, 48-86.
22. *WA* 6, 293; *LW* 39, 65.
23. *WA* 6, 298; *LW* 39, 72.
24. *Letters of John Hus*, ed. Spinka, 178.
25. Leff, *Heresy in the Late Middle Ages* 2, 536-537.
26. Luther to Spalatin, March 13, 1518, in *WABr* 1, 359; *LW* 48, 110.
27. *WA* 6, 308; *LW* 39, 80.
28. *WA* 6, 289; *LW* 39, 60.
29. Luther to Spalatin, February 24, 1520, in *WABr* 2, 48.
30. *WA* 6, 404; *LW* 44, 123.
31. *WA* 6, 404-405; *LW* 44, 123-124.
32. 고린도전서 12:12-13; 베드로전서 2:9-10; 요한계시록 5:9-10.
33. *WA* 6, 407-408; *LW* 44, 127-129.
34. 고린도전서 2:15.
35. 고린도후서 3:17.
36. *WA* 6, 412; *LW* 44, 135.
37. *WA* 6, 417; *LW* 44, 142-143.
38. *StA* 2, 110, n. 132. 30만 다카트면 어마어마한 액수다. 16세기 독일에서 장인(匠人) 한 명이 일주일 일해서 번 돈이 1다카트 정도였다.
39. *WA* 6, 431; *LW* 44, 161.
40. Luther to Lang, August 18, 1520, in *WABr* 2, 167.
41. *Luther und Emser*, ed. Enders, 1, 16-37.
42. 에르푸르트 시절부터 루터의 친구였던 요하네스 랑게와 혼동하면 안 된다.
43. Luther to Staupitz, September 17, 1523, in *WABr* 3, 155-156; *LW* 49, 48.
44. Kohnle, *Reichstag und Reformation*, 50-51.
45. Melanchthon to Spalatin, March 2, 1521, in *MBW.T* 1, 262-263 (no. 128).
46. *WABr* 2, 194.
47. Luther to Spalatin, October 11, 1520, in *WABr* 2, 195.
48. Aleander, 20-21.

49. Kohnle, *Reichstag und Reformation*, 77-80.
50. Aleander, 19.
51. Aleander, 10-11.
52. Melanchthon to Spalatin, November 4, 1520, in *MBW.T* 1, 233 (no. 109).
53. Rhein, "Katharina Melanchthon, geb. Krapp", 501-518.
54. Luther to John Lang, August 18, 1520, in *WABr* 2, 168.
55. *Freedom of a Christian* 1520, in *WA* 7, 10; *LW* 31, 342.
56. *WA* 7, 21; *LW* 31, 344.
57. *WA* 7, 34; *LW* 31, 365.
58. *Eck's New Bulls and Lies* 1520, in *WA* 6, 576-594; *Against the Execrable Bull of the Antichrist* 1520, in *WA* 6, 597-612.
59. Luther to Spalatin, December 10, 1520, in *WABr* 2, 234; *LW* 48, 186-187.
60. *Quellen zur Reformation 1517-1555*, 68.

8. 그분께만 종속된

1. From the letter dedicating Luther's *Judgment on Monastic Vows* to his father Hans, November 21, 1521, in *WA* 8, 576; *LW* 48, 336.
2. 루터가 자기 강의에서 사용한 라틴어 성경(불가타역)으로는, 시편 21편 30절.
3. *Operationes in Psalmos*, in *WA* 5, 668.
4. Luther to Staupitz, January 14, 1521, in *WABr* 2, 245-246; *LW* 48, 191-192.
5. Kohnle, *Reichstag und Reformation*, 88-89.
6. Aleander, 44.
7. Mercurino Gattinara to Erasmus, April 5, 1521, in *CWE* 8, 195.
8. Luther to Melanchthon, April 7, 1521, in *WABr* 2, 296.
9. *WABr* 2, 296.
10. *Sermon at Erfurt on the Journey to Worms*, April 7, 1521, in *WA* 7, 810; *LW* 51, 65.
11. Luther to Lang, April 13, 1519, in *WABr* 1, 370.
12. '에델 바서'(Edel Wasser)는 브랜디 와인이거나 슈냅스였다.
13. Luther to Spalatin, April 14, 1521, in *WABr* 2, 298-299; *LW* 48, 198.
14. Möncke, "Editionsnachtrag", *ARG* 103 (2012) 275.
15. Möncke, "Editionsnachtrag", *ARG* 103 (2012) 275.
16. Spalatin, *Annales Reformationis*, 48-49.

17. 코흘레우스는 1479년 바이에른 남부의 벤델슈타인(Wendelstein)에서 태어났으며 본명은 요한 도브네크(John Dobneck)다. '코흘레우스'는 중세 라틴어로 나선(螺線, spiral)을 뜻하며, 독일어로는 '벤델'(Wendel)이다.
18. Cochlaeus, *Historia Martini Lutheri*, 86.
19. *WATR* 5, 73 (no. 5342b).
20. Wohlfeil, "Der Wormser Reichstag von 1521", 112-113.
21. Kohnle, *Reichstag und Reformation*, 95.
22. Moeller, "Luthers Bücher auf dem Wormser Reichstag", 122-123.
23. *Operationes in Psalmos*, Part 1; Gerhard Hammer, "Historisch-theologische Einleitung", in *AWA* 1:1 (1991) 243-245를 보라.
24. Moeller, "Luthers Bücher auf dem Wormser Reichstag", 122.
25. *WA* 7, 838; *LW* 32, 112-113. 자주 인용되는 "내가 여기 서 있으며, 달리는 할 수 없습니다"라는 말은 나중에 비텐베르크에서 인쇄된 문건에서 딱 한 번만 등장한다.
26. *Operationes in Psalmos* 1519-1521: 프리드리히 선제후에게 헌정, in *AWA* 1:2 (1981) 13-14; 또한 *WA* 5, 23 참조.
27. *Proceedings at Augsburg*, in *WA* 2,18; *LW* 31, 277.
28. *Defense and Explanation of All the Articles of Dr. Martin Luther Unjustly Condemned by the Roman Bull* 1521, in *WA* 7, 315; *LW* 32, 10-11.
29. Ludolphy, "Haben sie tatsächlich nie miteinander gesprochen?" 115-121; Ludolphy, *Friedrich der Weise*, 384.
30. Spalatin, *Annales Reformationis*, 49-50.
31. *Quellen zur Reformation*, 44; Kohnle, *Reichstag und Reformation*, 95.
32. Luther to Count Albert of Mansfeld, May 3, 1521, in *WABr* 2, 326.
33. *Briefwechsel des Justus Jonas* 1, 53, n. 2.
34. Wechmar, "Propst Justus Jonas: Luthers Freund", 147-148.
35. Ludolphy, *Friedrich der Weise*, 437-438; Kohnle, *Reichstag und Reformation*, 103.
36. Schilling, *Passio Doctoris Martini Lutheri*, 32, 92- 93.
37. Luther to Lucas Cranach, April 18, 1521, in *WABr* 2, 305; *LW* 48, 202.
38. Luther to Spalatin, May 14, 1521, in *WABr* 2, 337-338; *LW* 48, 225-226.
39. Mennecke, "Luther als Junker Jörg", 63-99.
40. Luther to John Agricola, May 12, 1521, in *WABr* 2, 335-336; *LW* 48, 221.

41. Cochlaeus, *Historia Martini Lutheri*, 95.
42. Luther to Melanchthon, May 26, 1521, in *WABr* 2, 347-349; *LW* 48, 236.
43. Stephan, "Kulturpolitische Massnahmen", 70.
44. 본명은 란첼로토 데 폴리티(Lancellotto de' Politi)로 1484년 시에나에서 태어났다. 도미니쿠스 수도회 수도사이자 시에나 대학교 교수로, 트리엔트 공의회(1545-1547)에 참석한 신학자다. 그는 1521년 교황의 수위권에 대한 루터의 공격에 맞서 주저(主著)를 남겼다. 또 다른 논문에서, 카타리누스는 에라스무스가 모든 개신교적 오류의 근원이라고 혹평했다.
45. Luther to Melanchthon, May 26, 1521, in *WABr* 2, 347-349; *LW* 48, 233.
46. Luther to Melanchthon, July 13, 1521, in *WABr* 2, 357; *LW* 48, 257.
47. Luther to Spalatin, August 15, 1521, in *WABr* 2, 380-381; *LW* 48, 295.
48. Luther to Melanchthon, May 12, 1521, in *WABr* 2, 332-333; *LW* 48, 215.
49. Luther to Melanchthon, August 1, 1521, in *WABr* 2, 371; *LW* 48, 279.
50. HAB Wolfenbüttel, 68.7 Theol. (3).
51. Luther to his father Hans Luder, November 21, 1521, in *WA* 8, 573-576; *LW* 48, 329-338.
52. *WA* 8, 575-576; *LW* 48, 334-335.
53. *WA* 8, 576; *LW* 48, 336.

9. 천 가지 술책의 달인

1. *That These Words of Christ, "This Is My Body..."* 1527, in *WA* 23, 71; *LW* 37, 17-18.
2. Brecht, "Andreas Bodenstein von Karlstadt", 135-150.
3. Luther to Melanchthon, May 12, 1521, in *WABr* 2, 332-333; *LW* 48, 216.
4. Karlstadt, *De legis litera sive carne et spiritu...Enarratio*, Bl. Ai; Kruse, *Universitätstheologie*, 282.
5. Kawerau, *Johann Agricola*, 19-20.
6. Luther to Melanchthon, May 26, 1521, in *WABr* 2, 349; *LW* 48, 236.
7. Erasmus to Jonas, May 10, 1521, in *CWE* 8, 202.
8. Jonas to Elector Frederick, June 19, 1521, in *Briefwechsel des Justus Jonas*, 1, 62-63 (no. 54).
9. Kruse, *Universitätstheologie*, 285.
10. Luther to Melanchthon, August 1, 1521, in *WABr* 2, 370; *LW* 48, 277.

11. Luther to Spalatin, November 11, 1521, in *WABr* 2, 403; *LW* 48, 328.
12. Luther to Melanchthon, August 1, 1521, in *WABr* 2, 372; *LW* 48, 280.
13. *The Misuse of the Mass*, in *WA* 8, 482-563; *LW* 36, 127-230.
14. Luther to Melanchthon, August 1, 1521, in *WABr* 2, 372; *LW* 48, 281-282.
15. *Die Wittenberger Bewegung*, 16 (no. 4); Kruse, *Universitätstheologie*, 318.
16. Kruse, *Universitätstheologie*, 319.
17. *DB* at http://www.deutsche-biographie.de/pnd12863460X.html.
18. Kruse, *Universitätstheologie*, 322.
19. Kruse, *Universitätstheologie*, 331.
20. Luther to Spalatin, November 22, 1521, *WABr* 2, 404-405; *LW* 48, 337-338.
21. Luther to Spalatin, ca. December 5, 1521, in *WABr* 2, 409-410; *LW* 48, 351.
22. Luther, *Eyn trew vormanung* 1522, Aiv^v-B^r; *LW* 45, 62-66.
23. Kruse, *Universitätstheologie*, 339-340.
24. Kruse, *Universitätstheologie*, 349-350.
25. Kruse, *Universitätstheologie*, 352; Müller, *Die Wittenberger Bewegung*, 132 (no. 61).
26. Karant-Nunn, *Zwickau in Transition*, 106-109; Bubenheimer, *Thomas Müntzer und Wittenberg*, 50; Edwards, *Luther and the False Brethren*, 9 & 24-25.
27. Luther to Amsdorf, January 13, 1522, in *WABr* 2, 423; *LW* 48, 364.
28. Luther to Melanchthon, January 13, 1522, in *WABr* 2, 425; *LW* 48, 366-367.
29. Bubenheimer, *Thomas Müntzer und Wittenberg*, 36-37.
30. Kruse, *Universitätstheologie*, 355.
31. Urban Baldwin to Stefan Roth, August 1, 1529, in Roth, 62 (no. 68).
32. Luther to Lang, December 18, 1521, in *WABr* 2, 413; *LW* 48, 356.
33. Melanchthon to Caspar Cruciger, March 6, 1522, in *MBW.T* 1, 458 (no. 219).
34. Bentley, *Humanists and Holy Writ*, 112-193.
35. Bluhm, *Luther: Translator of Paul*, 357.
36. Luther to Amsdorf, January 13, 1522, in *WABr* 2, 423; *LW* 48, 363.
37. Luther to Spalatin, March 30, 1522, in *WABr* 2, 490; *LW* 49, 4.
38. Luther to Spalatin, May 10, 1522, in *WABr* 2, 524.
39. Luther to Elector Frederick, ca. February 24, 1522, in *WABr* 2, 448; *LW* 48, 387.

40. Luther to Elector Frederick, March 5, 1522, in *WABr* 2, 454-455; *LW* 48, 389-390.
41. Schild, *Denkwürdigkeiten Wittenbergs*, 24.
42. *Receiving Both Kinds in the Sacrament* 1522, in *WABr* 10:2, 29; *LW* 36, 254.
43. *WA* 10:3, 11; *LW* 51, 74.
44. *WA* 10:3, 38; *LW* 51, 87.
45. Martin Luther to Hans Luder, November 21, 1521, in *WA* 8, 576; *LW* 48, 334-335.
46. Brecht, "Andreas Bodenstein von Karlstadt", 136-140.
47. *On the Councils and the Church* 1539, in *WA* 50, 633; *LW* 41, 154-155; *Trade and Usury* 1524, in *WA* 15, 301-302; *LW* 45, 256-257.
48. Luther to Gregor Brück, October 18, 1523, in *WABr* 3, 176-177; *LW* 49, 52-53; Kolb, *Martin Luther: Confessor of the Faith*, 185; Rieth, *"Habsucht" bei Martin Luther*, 198-213.
49. *A Brief Instruction on What to Look For and Expect in the Gospels* 1521, in *WA* 10:1:1, 16-17; *LW* 35, 123.
50. *Freedom of a Christian* 1520, in *WA* 7, 64; *LW* 31, 365.
51. *Receiving Both Kinds in the Sacrament* 1522, in *WA* 10:2, 37; *LW* 36, 262.
52. Luther to Duke John Frederick of Saxony, March 18, 1522, in *WABr* 2, 477.
53. Bubenheimer, "Andreas Bodenstein von Karlstadt", in *Querdenker*, 27.
54. *DB* at http://www.deutsche-biographie.de/pnd135647258.html.
55. Luther to Elector Frederick, November 1523, in *WABr* 3, 196-197; *LW* 49, 57-59.
56. "Lutherana", ed. Buchwald, 96.
57. Luther to Nicholas Hausmann, March 17, 1522, in *WABr* 2, 474; *LW* 48, 401.
58. Luther to Spalatin, September 20, 1522, in *WABr* 2, 598; *LW* 49, 15.
59. Holfelder, "Bugenhagen, Johannes", 356.
60. Luther to Spalatin, June 7, 1522, in *WABr* 2, 556; *LW* 49, 9.
61. Luther to Linck, March 19, 1522, in *WABr* 2, 478.
62. Luther to Staupitz, June 27, 1522, in *WABr* 2, 567; *LW* 49, 12.
63. Luther to Staupitz, June 27, 1522, in *WABr* 2, 567; *LW* 49, 13.
64. Staupitz to Luther, April 1, 1524, in *WABr* 3, 263-264.

10. 나 같은 유명한 애인

1. Luther to Spalatin, April 16, 1525, in *WABr* 3, 475; *LW* 49, 104-105.
2. Krause, "Albrecht von Brandenburg und Halle", 312.
3. Krause, "Albrecht von Brandenburg und Halle", 317.
4. Luther to Spalatin, November 11, 1521, in *WABr* 2, 402; *LW* 48, 326.
5. *WA* 10:2, 105-158; *LW* 39, 247-299.
6. *WA* 6, 407; *LW* 44, 127.
7. *WA* 10:2, 105; *LW* 39, 247.
8. Smolinsky, *Augustin von Alveldt und Hieronymus Emser*, 275-289.
9. Cochlaeus, *Historia Martini Lutheri*, 116.
10. Smolinsky, *Augustin von Alveldt und Hieronymus Emser*, 279-282.
11. Wolgast, *Hochstift und Reformation*, 91-99.
12. 마인츠의 대주교 알브레히트와 혼동하면 안 된다.
13. *An Exhortation to the Knights of the Teutonic Order That They Lay Aside False Chastity and Assume the True Chastity of Wedlock* 1523, in *WA* 12, 232-244; *LW* 45, 131-158.
14. *Die Reformation im Ordensland Preussen 1523/24*, ed. R. Stupperich, 5-13.
15. *An Order of Mass and Communion for the Church at Wittenberg* 1523, in *WA* 12, 205-220; *LW* 53, 15-40.
16. *WA* 12, 215; *LW* 53, 32.
17. Luther to Staupitz, March 31, 1518, in *WABr* 2, 160.
18. *Personal Prayer Book* 1522, in *WA* 10:2, 375-406; *LW* 43, 3-45.
19. *WA* 10:2, 375; *LW* 43, 11-12.
20. *Open Letter to Bartholomew von Starhemberg* 1524, in *WA* 18, 5-7; *Early Protestant Spirituality*, ed. Hendrix, 205-206.
21. *Against the Falsely Named Spiritual Estate of the Pope and the Bishops* 1522, *WA* 10:2, 151-152; *LW* 39, 292.
22. Luther to Archbishop Albert of Mainz, December 1, 1521, in *WABr* 2, 408; *LW* 48, 342-343.
23. Bubenheimer, "Streit um das Bischofsamt...", 198-209.
24. *Von ehelichem Leben* 1522, in *WA* 10:2, 275-304; *LW* 45, 11-49.
25. *WA* 10:2, 283; *LW* 45, 25.

26. *WA* 10:2, 276-277; *LW* 45, 21.
27. Luther to Wolfgang Stein, April 16, 1523, in *WABr* 3, 60; Moeller, "Wenzel Lincks Hochzeit", 199-200.
28. Treu, *Katharina von Bora*, 5-12.
29. *WATR* 4, 503-504 (no. 4786).
30. Luther to Spalatin, April 16, 1525, in *WABr* 3, 475; *LW* 49, 104-105.
31. Luther to Spalatin, April 16, 1525, in *WABr* 3, 475; *LW* 49, 104-105.
32. *Why Nuns May Leave Their Cloisters with God's Blessing* 1523, in *WA* 11, 387-400.
33. *WA* 11, 398.
34. Melanchthon to Jerome Baumgartner, July 14, 1523, in *MBW.T* 2, 70 (no. 280).
35. Luther to Baumgartner, October 22, 1524, in *WABr* 3, 357-358.
36. *DB* at http://www.deutsche-biographie.de/pnd116067128.html.
37. Kunze, *Das Amt Leisnig*, 326-346.
38. Council and People of Leisnig to Luther, January 25, 1523, in *WABr* 3, 21-23.
39. Luther to the Council of Leisnig, January 29, 1523, in *WABr* 3, 23-24; *LW* 49, 30-32.
40. 독일어로는 'Kirchenordnung', 직역하면 '교회의 질서'다.
41. *WA* 11, 409; *LW* 39, 306.
42. *Ordinance of a Common Chest: A Proposal for How to Handle Ecclesiastical Property* 1523, in *WA* 12, 11-30; *LW* 45, 159-194.
43. *WA* 12, 16; *LW* 45, 177.
44. *WA* 12, 19; *LW* 45, 179.
45. *WA* 12, 28; *LW* 45, 192.
46. *WA* 6, 461; *LW* 44, 205-206.
47. *Exposition of Psalm 127 for the Christians at Riga in Livonia* 1524, in *WA* 15, 361; *LW* 45, 318-319.
48. To the Mayors and City Councils, *WA* 15, 27; *LW* 45, 347.
49. To the Mayors and City Councils, *WA* 15, 28-30; *LW* 45, 348-350.
50. To the Mayor and City Councils, *WA* 15, 32; *LW* 45, 352-353.
51. To the Mayor and City Councils, *WA* 15, 40; *LW* 45, 363.

52. Bornkamm, *Martin Luther in der Mitte seines Lebens*, 133.
53. *Whether or Not To Proceed Slowly and Avoid Offending the Weak in Matters That Concern God's Will* 1524; Freys & Barge, *Verzeichnis*, 69 (no. 138).
54. Joestel, *Ostthüringen und Karlstadt*, 136-140; Bubenheimer, "Bodenstein von Karlstadt, Andreas", in *OER* 1, 179.
55. Joestel, *Ostthüringen und Karlstadt*, 138.
56. Luther to John Briessmann, July 4, 1524, in *WABr* 3, 315.
57. Müntzer, *Briefwechsel* 2, 285-286 (no. 84).
58. Müntzer, *Briefwechsel* 2, 287-292 (no. 86).
59. Joestel, *Ostthüringen und Karlstadt*, 100.
60. Karlstadt, *Schriften aus den Jahren 1523-1525* 1, 13-15 & 96.
61. 1524년 뉘른베르크에서 인쇄되었다.
62. *WA* 15, 334-341 & 327.
63. Bornkamm, *Luther in der Mitte seines Lebens*, 160-161; Looß, "Bodensteins Haltung zum Aufruhr", 271.
64. Luther to Spalatin, September 13, 1524, in *WABr* 3, 346; Luther to Duke John Frederick, September 22, 1524, in *WABr* 3, 353.
65. *WA* 15, 199-221; *LW* 40, 46-59.
66. *Letter to the Princes of Saxony* 1524, in *WA* 15, 213-215; *LW* 40, 52-53.
67. *Letter to the Princes of Saxony* 1524, in *WA* 15, 215; *LW* 40, 54.
68. *Letter to the Princes of Saxony* 1524, in *WA* 15, 216-217; *LW* 40, 55.
69. Melanchthon to Spalatin, end of December 1524, in *MBW.T* 2, 232 (no. 366).
70. Luther to Elector Frederick, March 23, 1524, in *WABr* 3, 258-259; *LW* 49, 75-76 & n. 8.
71. Luther to Amsdorf, March 15, 1529, in *WABr* 5, 40.
72. Luther to Elector Frederick, May 29, 1523, in *WABr* 3, 76; *LW* 49, 40.
73. Luther to Elector Frederick, May 29, 1523, in *WABr* 3, 77; *LW* 49, 41.
74. *WA* 15, 183; Smolinsky, *Augustin von Alveldt und Hieronymus Emser*, 289-301.
75. *WA* 15, 194-195.
76. Luther to Henry of Zütphen, September 1, 1524, in *WA* 3, 337.

77. Luther to Henry of Zütphen, September 1, 1524, in *WA* 3, 337.
78. 요아힘 카메라리우스(Joachim Camerarius, 1500-1574); *DB* at http://www.deutsche-biographie.de/sfz35406.html.
79. Scheible, "Philipp Melanchthon der bedeutendste Sohn der Stadt Bretten", 267-268; Richard, *Philip Melanchthon*, 121-122.
80. *MWA* 1, 179-189; Scheible, "Philipp Melanchthon der bedeutendste Sohn der Stadt Bretten", 268-269.
81. Luther to Spalatin, second half of January 1523, in *WABr* 3, 24.
82. Luther to Katharina Zell, December 17, 1524, in *WABr* 3, 405-406.
83. Luther to Spalatin, November 30, 1524, in *WABr* 3, 393-394; *LW* 49, 92; December 12, 1524, in *WABr* 3, 398.

11. 폭동은 용납할 수 없다

1. *Also Against the Robbing and Murdering Mobs of the Other Peasants* 1525, in *StA* 3, 147; *LW* 46, 54-55.
2. Stievermann, "Sozial- und verfassungsgeschichtliche Voraussetzungen Martin Luthers", 160-164.
3. *WABr* 3, 118-119.
4. *WA* 12, 92-93.
5. Herholt, "The Massacre of Weinsberg", 173.
6. 독일 중남부에 위치한 이 분화구의 독일 이름은 리스(Ries)다.
7. Luther, *Ermanunge zum fride...*, in HAB 131.6 Theol. (16).
8. Müller, *Martin Luther und Weimar*, 41.
9. *Admonition to Peace* 1525, in *StA* 3, 111; *LW* 46, 18.
10. *Also Against the Robbing and Murdering Mobs of the Other Peasants* 1525, in *StA* 3, 147; *LW* 46, 54-55.
11. *Open Letter concerning the Harsh Book against the Peasants* 1525, in *StA* 3, 154; *LW* 46, 67.
12. *Open Letter...*, in *StA* 3, 165; *LW* 46, 79.
13. *Open Letter...*, in *StA* 3, 165-166; *WA* 46, 80-82.
14. Schwarz, *Die apocalyptische Theologie...*, 62-108.
15. *Dialogus oder ein gesprechbüchlin...1524*. Freys & Barge, *Verzeichnis*, 64 (no. 126).

16. Barge, *Andreas Bodenstein von Karlstadt* 2, 150–154.
17. *Letter to the Christians at Strassburg*...1524, *WA* 15, 391–397; *LW* 40, 65–71.
18. *Letter to the Christians at Strassburg*...1524, *WA* 15, 394; *LW* 40, 68.
19. *Letter to the Christians at Strassburg*...1524, *WA* 15, 396; *LW* 40, 70.
20. *Against the Heavenly Prophets in the Matter of Images and Sacraments* 1525, in *WA* 18, 65–214; *LW* 40, 79–223.
21. *Dialogus oder ein gesprechbüchlin...*, biii^v–c; *The Eucharistic Pamphlets of...Karlstadt*, 175–176.
22. *Against the Heavenly Prophets...*, *WA* 18, 202–203; *LW* 40, 212–213.
23. Dickens, *The German Nation and Martin Luther*, 60.
24. Luther to Nicholas Hausmann, November 17, 1524, in *WABr* 3, 373; *LW* 49, 88–90.
25. Luther to Amsdorf, January 23, 1525, in *WABr* 3, 428.
26. *De servo arbitrio*, in *WA* 18, 600–787; *LW* 33, 15–295.
27. Kolb, *Bound Choice...*, 15–66.
28. *LW* 9, ix–x.
29. Luther to Nicholas Hausmann, February 2, 1525, in *WABr* 3, 431.
30. *WA* 7, 463.
31. Luther to Nicholas Hausmann, March 14, 1524, in *WABr* 3, 256.
32. *WA* 17:2, ix, xviii.
33. *WA* 17:2, xviii.
34. Melanchthon to Camerarius, April 4, 1525, in *MBW.T* 2, 279 (no. 387).
35. *WA* 17:1, xxxi.
36. Luther to Amsdorf, April 11, 1525, in *WABr* 3, 472.
37. *WA* 17:1, xxxi.
38. *WATR* 5, 657 (no. 6429).
39. Griese, "Luthers Reise ins Aufstandsgebiet", 27.
40. In 1531: *WA* 30:3, 279; *LW* 47, 15.
41. Griese, "Luthers Reise ins Aufstandsgebiet", 34–35.
42. Luther to John Rühel, May 4, 1525, in *WABr* 3, 482; *LW* 49, 111.
43. John Eck to Giovanni Giberti, June 29, 1525, in *ZKG* 19 (1899) 213–214.
44. Luther to Spalatin, May 7, 1525, in *WABr* 3, 487.
45. *Georg Spalatins historischer Nachlaß...*, 69–72.

46. Höss, *Georg Spalatin*, 279-280.
47. Glaser, *Klimageschichte Mitteleuropas*, 103-104.
48. Luther to John Rühel, June 3, 1525, in *WABr* 3, 522.
49. Luther to Spalatin, June 10, 1525, in *WABr* 3, 525-527.
50. Justus Jonas to Spalatin, June 14, 1525, in *Briefwechsel des Justus Jonas*, ed. Kawerau, 1, 94 (no. 90).
51. Brecht, *Martin Luther* (German version) 2, 197-198.
52. Erasmus to Daniel Mauch, October 10, 1525, in *CWE* 11, 325, and note 3; Treu, *Katharina von Bora*, 6.
53. Melanchthon to Camerarius, June 16, 1525, in *Luther's Correspondence* 2, 325; *MWA* 7/1, 238-241.
54. Melanchthon to Camerarius, June 16, 1525, in *Luther's Correspondence* 2, 325; *MWA* 7/1, 242-243.
55. Luther to Amsdorf, June 21, 1525, in *WABr* 3, 541; *LW* 49, 117.
56. Luther to Spalatin, June 21, 1525, in *WABr* 3, 540; *LW* 49, 115-116; Höss, *Georg Spalatin*, 284.
57. Bornkamm, *Martin Luther in der Mitte seines Lebens*, 363.
58. Junghans, "Luther in Wittenberg", in *Martin Luther von 1526 bis 1546* 1, 14-15.
59. *WATR* 4, 431-432 (no. 4690).
60. Luther to Frederick Pistorius, April 22, 1527, in *WABr* 4, 194; Luther to Linck, May 6, 1529, in *WABr* 5, 62; *LW* 49, 220.
61. Karlstadt to Luther, June 12, 1525, in *WABr* 3, 529-530.
62. Barge, *Andreas Bodenstein von Karlstadt* 2, 364-365.
63. Barge, *Andreas Bodenstein von Karlstadt* 2, 371.
64. Luther to Spalatin, September 28, 1525, in *WABr* 3, 583.
65. *ML-LDS* 1, 246 & 247; *LW* 33, 35.
66. Duke George to King Henry VIII, May 1523, in *Akten und Briefe* I, 508-509 (no. 509).
67. Erasmus to Duke George, September 6, 1524, in *CWE* 10, 376-377; *Akten und Briefe* I, 734-735 (no. 723).
68. Luther to Eobanus Hessus, March 29, 1523, in *WABr* 3, 50; *LW* 49, 34.
69. Luther to Lazarus Spengler, November 17, 1520, in *WABr* 2, 217-218; *LW*

48, 185.
70. *Defense and Explanation of All the Articles* 1521, WA 7, 308 ff. and LW 32, 93.
71. StA 3, 207-208; LW 33, 65.
72. StA 3, 208; LW 33, 65-66.
73. Erasmus, *Hyperaspistes*, in EAS 4, 412; LW 33, 66, n. 71.
74. Luther to Michael Stifel, December 31, 1525, in WA 3, 653; LW 49, 140.
75. Erasmus to Luther, April 11, 1526; WABr 4, 47; CWE 12, 138.
76. WATR 1, 212-213 (no. 484); LW 54, 81.

12. 상스럽고 난폭한 민족

1. *The German Mass*...1526, in WA 19, 75; LW 53, 64.
2. *The German Mass*...1526, in WA 19, 72; LW 53, 61.
3. Luther to Hausmann, March 26, 1525, in WABr 3, 462.
4. Schlüter, *Musikgeschichte Wittenbergs*, 288-289, 335, 345.
5. "Verba des alten Johan Walters", in Praetorius, *Syntagma Musicum* 1, 451-452.
6. *The German Mass*... in WA 19, 74-75; LW 53, 63-64.
7. WA 19, 75; LW 53, 64.
8. WA 19, 75; LW 53, 64.
9. WA 19, 75; LW 53, 64.
10. *Commentary on 1 Corinthians 7*...1523, in WA 12, 105; LW 28, 17.
11. Luther to Elector John, October 31, 1525, in WABr 3, 595; LW 53, 134, n. 15.
12. Junghans, *Martin Luther und Wittenberg*, 102, 104.
13. Schlüter, *Musikgeschichte Wittenbergs*, 288.
14. Luther to Elector John, October 31, 1525, in WABr 3, 595; LW 53, 135.
15. 영어의 'sun'과 'son'이 비슷한 것처럼, 독일어 '태양'(Sonne)과 '아들'(Sohn)의 비슷한 발음을 활용한 말장난이다.
16. Luther to John Rühel, June 8, 1526, in WABr 4, 87; LW 49, 152-153.
17. Luther to Spalatin, June 17, 1526, in WABr 4, 89.
18. "Lutherana", ARG 25 (1528) 75.
19. "Lutherana", ARG 25 (1528) 85.
20. Luther to Spalatin, December 6, 1526, in WABr 3, 635.

21. Luther to Linck, August 26, 1526, in *WABr* 4, 109-110.
22. *Notes on Ecclesiastes* 1532, in *WA* 20, 158 (전 9:1); *LW* 15, 144.
23. *Against the King of England*...1522, in *WA* 10:2, 258.
24. Luther to Spalatin, March 27, 1526, in *WABr* 4, 42; *LW* 49, 146-147.
25. Weigelt, *The Schwenckfelders*, 36.
26. Weigelt, *The Schwenckfelders*, 38-39.
27. Weigelt, *The Schwenckfelders*, 37.
28. Luther to Linck, January 1, 1527, in *WABr* 4, 147-148; *LW* 49, 157-158.
29. Brigden, *London and the Reformation*, 213.
30. *WA* 10:2, 262.
31. *Akten und Briefe* 2, 352-353; *LW* 49, 119-120, n. 24.
32. *WA* 23, 33.
33. *WA* 23, 670-671.
34. Luther to John Agricola, early July 1527, in *WABr* 4, 219-220.
35. Luther to Spalatin, July 10, 1527, in *WABr* 4, 221.
36. Luther to Melanchthon, August 2, 1527, in *WABr* 4, 226-227.
37. *Briefwechsel des Jonas Justus* 1, 104-107 (no. 103).
38. *Bugenhagens Briefwechsel*, 72.
39. Elector John to Luther, August 10, 1527, in *WABr* 4, 226-227.
40. Luther to Spalatin, August 19, 1527, in *WABr* 4, 232.
41. George Rörer to Stephan Roth, August 20, 1527, in Roth, 3 (no. 3).
42. Luther to Jonas, ca. November 10, 1527, in *WABr* 4, 280; *LW* 49, 173.
43. *Whether to Flee from the Deadly Plague* 1527, in *WA* 23, 341-345, 363-367; *LW* 43, 121-123, 131-132.
44. Luther to Spalatin, August 19, 1527, in *WABr* 4, 232.
45. Mann, *1491: New Revelations of the Americas before Columbus*, 102-106.
46. Luther to Jonas, December 10, 1527, in *WABr* 4, 295; *LW* 49, 182-183.
47. Melanchthon to Spalatin, December 17, 1527, in *MBW.T* 3, 229 (no. 632).
48. Luther to Jonas, December 10, 1527, in *WABr* 4, 294; *LW* 49, 181.
49. Junghans, "Philipp Melanchthon als theologischer Sekretär", 131-139.
50. Luther to John Brenz, November 28, 1527, in *WABr* 4, 285; *LW* 49, 179.
51. Luther to Nicholas Gerbel, July 28, 1528, in *WABr* 4, 508; *LW* 49, 201-202.
52. *Bugenhagens Briefwechsel*, 67; *Briefwechsel des Justus Jonas* 1, 106 (no.

103).
53. Luther to Clemens Ursinus, March 21, 1527, in *WABr* 4, 177.
54. Nicholas Gerbel to Luther, April 2, 1527, in *WABr* 4, 189 & 190, n. 11; Gerbel to Luther, August 29, 1527, in *WABr* 4, 240.
55. Luther to Spalatin, March 11, 1527, in *WABr* 4, 175.
56. Luther to John Hess, January 27, 1528, in *WABr* 4, 372.
57. Melanchthon to Spalatin, November 12, 1527, in *MBW.T* 3, 214 (no. 624).
58. *Concerning Baptism*...1528, in *WA* 26, 146-149; *LW* 40, 231-234.
59. *Concerning Baptism*...1528, in *WA* 26, 154-155; *LW* 40, 240-241.
60. Luther to the mayor and council of Zerbst, December 24, 1527, in *WABr* 4, 301.
61. *Predigten D. Martin Luthers* 1, 169.
62. Luther to Jonas, December 29, 1527, in *WABr* 4, 307.
63. Luther to Jonas, December 30, 1527, in *WABr* 4, 312; *LW* 49, 186.

13. 새로운 노래

1. *WA* 35, 411-415 & 487-488; *LW* 53, 211-216.
2. Luther to Melanchthon, July 13, 1521, in *WABr* 2, 359; *LW* 48, 262.
3. Wengert, "Caspar Cruciger (1504-1548)", 417-441.
4. Gregory, *Salvation at Stake*, 6.
5. Fabiny, *A Short History*, 3; Daniel, "Highlights", 23.
6. Kolb, *For All the Saints*, 85-102.
7. Myconius, *Original Life of Zwingli* 1532, 23.
8. *Elisabeth's Manly Courage*, 9-36.
9. Moeller, "Inquisition und Martyrdom", 229.
10. Moeller, "Inquisition und Martyrdom", 219.
11. Jacob Propst to Luther, mid-December 1524, in *WABr* 3, 400-403; Moeller, "Inquisition und Martyrdom", 243.
12. Luther to Jacob Propst, December 31, 1527, in *WABr* 4, 313-314.
13. *WATR* 4, 303 (no. 4414); *LW* 54, 338.
14. *WA* 26, 196; *LW* 40, 270.
15. *WA* 26, 200; *LW* 40, 272-73.
16. Luther to Hausmann, August 5, 1528, in *WABr* 4, 511; *LW* 49, 203.

17. Luther to Amsdorf, May 5, 1529, in *WABr* 5, 61; *LW* 49, 218-219.
18. Martin Luther to his father Hans Luther, February 15, 1530, in *WABr* 5, 241; *LW* 49, 271.
19. Duke John Frederick to Luther et al., March 12, 1529, in *WABr* 5, 36-37.
20. *LW* 53, 68; Arand, *That I May Be His Own*, 58-63.
21. *WA* 26, 230; *LW* 40, 308.
22. George Rörer to Stephan Roth, January 20, 1529, in Roth, 51 (no. 53).
23. Wengert, *Law and Gospel*, 51.
24. *WA* 26, 202; *LW* 40, 274.
25. *Book of Concord*, 353.
26. *Book of Concord*, 347-348.
27. *Die Reformation im Ordensland Preussen 1523/24*, 100-102.
28. *Book of Concord*, 454.
29. Mager, "Lied und Reformation", 25.
30. Mager, "Lied und Reformation", 26.
31. Brown, *Singing the Gospel*, 5; "Lied", in *Das Luther-Lexikon*, 386.
32. *Early Protestant Spirituality*, ed. Hendrix, 181-199.
33. 다음을 보라. Rhein, "Melanchthon und die Musik", 117-127.
34. *Kurzer Bericht...*, 35.
35. Leder, "Johannes Bugenhagen Pomeranus", in *Johannes Bugenhagen*, 24.
36. Spehr, "Reformatorenkinder", 212-213.
37. Hesse, "Ein Beitrag zur Vorgeschichte von Bugenhagens Braunschweiger Kirchenordnung von 1528", 65.
38. *Der Ehrbaren Stadt Hamburg Christliche Ordnung 1529*, 281-287.
39. Bugenhagen to Luther, Jonas, and Melanchthon, March 8, 1529, in *Bugenhagens Briefwechsel*, 84-85.
40. Koch, "Unser Bischof", 146.
41. Ebeling, *Luthers Seelsorge*, 143-155.
42. Luther to Hausmann, June 29, 1528, in *WABr* 4, 488.
43. Luther to Spalatin, October 20, 1528, in *WABr* 4, 586.
44. Rüttgardt, *Klosteraustritte in der frühen Reformation*, 273-276; 우르술라의 변론과 관련해서는 *Convents Confront the Reformation*, 39-63를 보라.
45. 남부 독일의 프라이부르크와는 다른 도시다.

46. *WATR* 2, 433 (no. 2359).
47. *WATR* 2, 458 (no. 2416).
48. Rüttgardt, *Klosteraustritte in der frühen Reformation*, 55-56.
49. Luther to Wenzel Linck, June 29, 1529, in *WABr* 5, 100.
50. Luther to Jonas, June 5, 1529, in *WABr* 5, 95.
51. Elector John to Luther, May 18, 1529, in *WABr* 5, 72.
52. Luther to Jonas, June 5, 1529, in *WABr* 5, 94.
53. Luther to Jonas, June 14, 1529, in *WABr* 5, 96-97.
54. Luther to Philip of Hesse, June 23, 1529, in *WABr* 5, 101-105; *LW* 49, 228-231.
55. Kohnle, *Reichstag und Reformation*, 371-375.
56. Brady, *Protestant Politics*, 68-69.
57. Luther to Justus Jonas, June 14, 1529, in *WABr* 5, 97; Melanchthon to Jerome Baumgartner, June 20, 1529, and to Philip of Hesse, June 22, 1529, in *MBW.T* 3, 532 & 537-538 (nos 797 & 802).
58. Luther to Philip of Hesse, June 23, 1529, in *WABr* 5, 102; *LW* 49, 231.
59. *Sources and Contexts of the Book of Concord*, 91.
60. Kohnle, *Reichstag und Reformation*, 377-378.
61. Köhler, *Zwingli und Luther* 2, 64-65.
62. *LW* 38, 23; *Das Marburger Religionsgespräch 1529*, 21.
63. *LW* 38, 17; *Das Marburger Religionsgespräch 1529*, 18.
64. *LW* 38, 64 & 67; *Das Marburger Religionsgespräch 1529*, 52 & 54.
65. *Confession concerning Christ's Supper* 1528, in *WA* 26, 339-340; *LW* 37, 228.
66. 루터, 요나스, 멜란히톤, 오지안더, 아그리콜라, 브렌츠, 외콜람파디우스, 츠빙글리, 부처, 헤디오. 서명까지 완전히 갖춘 원본 세 부 가운데 한 부가 취리히에 남아 있다.
67. *LW* 38, 88-89 *Das Marburger Religionsgespräch 1529*, 70.
68. *LW* 38, 35-36 *Das Marburger Religionsgespräch 1529*, 29
69. *LW* 38, 70-71; *Das Marburger Religionsgespräch 1529*, 56-57.
70. Taviner, Thwaites & Gant, "The English Sweating Sickness, 1485-1551", 96-98.
71. Melanchthon to Myconius, October 17, 1529, *MBW.T* 3, 627 (no. 833); 또한

WABr 5, 164, n. 6 참조.
72. Reston, *Defenders of the Faith*, 279-289.

14. 세상에 대하여 죽은

1. Martin Luther to Wenzel Linck, January 15, 1531, in WABr 6, 17.
2. 야코프(루터의 동생)의 처남인 게오르크 카우프만의 아들이 루터 부부와 함께 살기 위해 왔다. 1530년 11월, 쿼리아크는 비텐베르크 대학교에 등록했다. Strauchenbruch, *Luthers Kinder*, 142-145.
3. Martin Luther to Hans Luder, February 15, 1530, in WABr 5, 239; LW 49, 268-269.
4. Martin Luther to Hans Luder, February 15, 1530, in WABr 5, 240-241; LW 49, 270-271.
5. Luther to Melanchthon, April 24, 1530, in WABr 5, 285-286; LW 49, 288-291; 또한 Dietrich to Melanchthon, April 24, 1530, in WABr 12, 111 참조.
6. Luther to Spalatin, April 15, 1530, in WABr 5, 290-291; LW 49, 293-294.
7. LW 15, viii-ix.
8. George Rörer to Stephan Roth in Zwickau, March 19, 1530, in Roth, 79 (no. 84).
9. WA 32, xxv-xxvi.
10. *Sermon on Cross and Suffering Preached at Coburg* 1530, in WA 32, 32-33; LW 51, 202.
11. *Exhortation to All Clergy Assembled at Augsburg* 1530, in WA 30:2, 279-280; LW 34, 15.
12. WA 30:2, 321; LW 34, 39-40.
13. WA 30:2, 345-346; LW 34, 53.
14. WA 30:2, 347-351; LW 34, 54-58.
15. WA 30:2, 353; LW 34, 59.
16. WA 30:2, 340-342; LW 34, 49-51.
17. Luther to Elector John, May 15, 1530, in WABr 5, 319; LW 49, 297-298.
18. WA 30:2, 68-69.
19. Martin Luther to Katharina Luther, June 5, 1530, in WABr 5, 347; LW 49, 312-316 & 312, n. 6.
20. Luther to Melanchthon, June 5, 1530, in WABr 5, 351; LW 49, 318-319.

21. Veit Dietrich to Katharina Luther, June 19, 1530, in *WABr* 5, 379; *LW* 49, 319, n. 22.
22. Luther to his son Hänschen, June 19, 1530, in *WABr* 5, 377-378; *LW* 49, 323-324.
23. Brady, *Protestant Politics*, 76 & n. 178.
24. Immenkötter, *Der Reichstag zu Augsburg*, 20-24.
25. Luther to Melanchthon, June 7, 1530, in *WABr* 5, 354; *LW* 49, 320. 이 부분에 대한 예리한 통찰은 Leppin, *Martin Luther*, 292-305를 보라.
26. *Briefe und Akten*, 90.
27. Melanchthon to Luther, June 26, 1530, in *WABr* 5, 396-397.
28. Luther to Melanchthon, June 29, 1530, in *WABr* 5, 405-406; *LW* 49, 328 & 330.
29. *Confutation*의 영어 텍스트 출처는 다음과 같다. *The Augsburg Confession*, 348-383.
30. 이 편지에 대한 고트프리트 크로델(Gottfried Krodel)의 논의에 관해서는 *LW* 49, 345-347를 보라.
31. NRSV는 시편 118편 1절을 다음과 같이 옮겼다. "오, 주님께 감사하라. 그는 선하시고, 그의 변함없는 사랑은 영원하시다"(O give thanks to the Lord, for he is good; his steadfast love endures forever).
32. *The Beautiful Confitemini* 1530, in *WA* 31:1, 65-66; *LW* 14, 45.
33. *The Beautiful Confitemini* 1530, in *WA* 31:1, 152; *LW* 14, 86.
34. *WABr* 5, 638, n. 4; *LW* 49, 426, n. 3; *WA* 48, 283-284 (Anhang X, no. 4).
35. Luther to Spalatin, July 15, 1530, in *WABr* 5, 481.
36. Martin Luther to Katharina Luther, August 14, 1530, in *WABr* 5, 544-545; *LW* 49, 400.
37. *Book of Concord*, 58-60.
38. Wicks, "Abuses under Indictment at the Diet of Augsburg", 285-287.
39. Peters, *Apologia*, 7.
40. Peters, *Apologia*, 15.
41. Luther to Nicholas Hausmann, September 23, 1530, in *WABr* 5, 632; *LW* 49, 422.
42. Martin Luther to Katharina Luther, September 24, 1530, in *WABr* 5, 633; *LW* 49, 425.

43. *WA* 32, 114.
44. *Koburger Predigten Martin Luthers*, ed. Buchwald, 44-45.
45. 시편을 부르기 전이나 부른 후에 노래하는 산문체 본문의 전례 음악.
46. Luther to Ludwig Senfl, October 1-4, 1530, in *WABr* 5, 639; *LW* 49, 428-429.
47. *LW* 30:3, 279; *LW* 47, 15.
48. George Rörer to Stephan Roth, October 17, 1530, in Roth, 85 (no. 94).
49. 스트라스부르의 자료에서 인용. Brady, *Protestant Politics*, 77, n. 190.
50. Wolgast, *Die Wittenberger Theologie*, 173-185.
51. Luther to Wenzel Linck, January 15, 1531, in *WABr* 6, 17.
52. Luther to Spengler, February 15, 1531, in *WABr* 6, 37; *LW* 50, 12.

15. 참된 종교

1. From Luther's *Exposition of the Second Psalm*, based on George Rörer's lecture notes from 1531, which were edited by Veit Dietrich and published in 1546; *WA* 40:2, 304; *LW* 12, 87.
2. *WA* 32, xxvi.
3. Luther to Linck, January 15, 1531, in *WABr* 6, 17.
4. Luther to Amsdorf, March 12, 1531, in *WABr* 6, 52.
5. Luther to Justus Menius, second half of March 1531, in *WABr* 6, 61.
6. *WADB* 10:2, vi.
7. *LW* 35, 206-207.
8. *WA* 38, 9; *LW* 35, 209.
9. *WA* 38, 11; *LW* 35, 213-214.
10. *WA* 38, 13; *LW* 35, 216.
11. *The Smalcald Articles*, part III, art. 4, in *Sources and Contexts of the Book of Concord*, 319.
12. *Warning to His Dear German People* 1531 in *WA* 30:3, 317; *LW* 47, 52.
13. *WA* 30:3, 318; *LW* 47, 52-53.
14. *WA* 34:1, 181-189.
15. Kohnle, *Reichstag und Reformation*, 396.
16. Luther to Gregor Brück, late May of 1531, in *WABr* 6, 107-108; *LW* 50, 22-23.

17. *Bugenhagens Briefwechsel*, 101-105; Schreiber, *Die Reformation Lübecks*, 72-73.
18. Luther to Barbara Lisskirchen, April 30, 1531, in *WABr* 6, 86-88.
19. Elector John to Luther, May 4, 1531, in *WABr* 6, 90.
20. Luther to Margaret Luder, May 20, 1531, in *WABr* 6, 103-106; *LW* 50, 17-21.
21. Luther to Elector John, June 16, 1531, in *WABr* 6, 122-123; *LW* 50, 24.
22. Luther to Linck, June 26, 1531, in *WABr* 6, 128.
23. Luther to Elector John, July 3, 1531, in *WABr* 6, 145-146.
24. Luther to John Rühel, October 30, 1531, in *WABr* 6, 220.
25. Luther to Nicholas Hausmann, November 6, 1532, in *WABr* 6, 384.
26. *WATR* 3, 535 (no. 3690).
27. Medem, *Die Universitäts-Jahre*, 29-32.
28. *WA* 40:1, 39; *LW* 26, 3.
29. *WA* 40:1, 45; *LW* 26, 6.
30. *WA* 40:1, 411-414; *LW* 26, 262-263.
31. *Exposition of the Second Psalm* 1532, in *WA* 40:2, 304; *LW* 12, 87.
32. Brady, *Protestant Politics*, 81-82.
33. Gäumann, *Reich Christi und Obrigkeit*, 87-93.
34. Martin Luther to Katharina Luther, February 27, 1532, in *WABr* 6, 270-271; *LW* 50, 48-49.
35. Höss, *Georg Spalatin*, 356.
36. Luther to Spalatin, May 20, 1532, in *WABr* 6, 311-312.
37. Luther to Duke Joachim, in *WABr* 6, 344-345; *LW* 50, 69-71.
38. *WA* 19, 623-662; *LW* 46, 87-137.
39. *WABr* 6, 345; *LW* 50, 71.
40. *WATR* 2, 197 (no. 1738).
41. Nicholas Hausmann to Valentin Hausmann, August 26, 1532, in Clemen, "Beiträge zur Lutherforschung", 94-96.
42. Both sermons in *WA* 36, 237-270; *LW* 51, 231-255.
43. Luther to Duke John Frederick, October 30, 1520, in *WABr* 2, 204-206, *LW* 48, 181-183; *Commentary on the Magnificat* 1521, *WA* 7, 544-545, *LW* 21, 297-298.
44. Luther to the Evangelicals in Leipzig, April 11, 1533, in *WABr* 6, 449-450.

45. Junghans, "Die Ausbreitung der Reformation von 1517 bis 1539", 63-64.
46. Wolgast, "Luther, Jonas und die Wittenberger Kollektivautorität", 91.
47. Melanchthon to Spalatin, ca. February 1533, in *MBW.T* 5, 394 (no. 1310).
48. *WA* 31:1, 430-431; *LW* 14, 110.
49. *WATR* 2, 573 (no. 2642b); Hofmann, "Felicitas von Selmenitz", at *RFG*: www.frauenund-reformation.de/?s=bio&id=68.
50. Luther to Caspar Cruciger, December 21, 1532, in *WABr* 6, 396.
51. Peter von Naumarck to Stephan Roth, November 17, 1533, in Roth, 104 (no. 120).
52. Rhein, "Katharina Melanchthon, geb. Krapp", 515-518.
53. Scheible, "Melanchthon und Frau Luther", 378-391.
54. Melanchthon to Grynaeus, August 23, 1531, in *MBW.T* 5, 178-181 (no. 1180).
55. Luther to Robert Barnes, September 3, 1531, in *WABr* 6, 178-179; *LW* 50, 32-33.
56. Reinitzer, *Biblia Deutsch*, 115.
57. Luther to Amsdorf, ca. March 11, 1534, in *WABr* 7, 37.
58. Brecht, *Martin Luther* 3, 104-107.

16. 더 나은 쪽으로

1. *Lectures on Genesis*, in *WA* 43, 116; *LW* 3, 335-336.
2. Luther to Jacob Propst, August 23, 1535, in *WABr* 7, 239.
3. Luther to Joachim of Anhalt, December 19, 1534, in *WABr* 7, 131-132.
4. Luther to Anna Göritz, December 17, 1534, in *WABr* 7, 131.
5. *WATR* 5, 195 (no. 5503); *LW* 54, 434.
6. Spehr, "Reformatorenkinder", 189, n. 16에서 인용된 자료.
7. *WABr* 12, 416.
8. Luther to Jonas, October 28, 1535, in *WABr* 7, 316-317; *LW* 50, 108-109.
9. Martin Luther to Katharina Luther, July 29, 1534, in *WABr* 7, 91; *LW* 50, 81.
10. Kohnle, *Reichstag und Reformation*, 427-428.
11. Schwartz, *Geschichte der Reformation in Soest*, 176-177.
12. Haude, *In the Shadow of "Savage Wolves"*, 여러 곳.
13. Kerssenbrock, *Narrative of the Anabaptist Madness* 2, 713-716.

14. Luther to Rothmann, December 23, 1532, in *WABr* 6, 403; Melanchthon to Rothmann, December 24, 1532, in *MBW.T* 5, 365 (no. 1294); 또한 *Schriften der münsterischen Täufer und ihrer Gegner* 1, 39-41 참조.
15. Rhegius, *Rebuttal of the Münster Valentinians and Donatists* 1535, in *Schriften der münsterischen Täufer* 2, 82-137.
16. *WA* 38, 338-340; 또한 *Schriften der münsterischen Täufer* 2, 83-86 참조.
17. Rothert, "Eine Schrift gegen die Wiedertäufer", 90-91.
18. Luther to Nicholas Hausmann, February 23, 1538, in *WABr* 8, 200; *LW* 50, 176.
19. Haile, *Luther*, 14.
20. Luther to Jonas, November 10, 1535, in *WABr* 7, 322; *LW* 50, 110-111.
21. *WATR* 5, 633-635 (no. 6384); 또한 *WATR* 5, 636-638 (no. 6388) 참조.
22. Haile, *Luther*, 19-29.
23. *LW* 50, 88-92.
24. Anderson, "Robert Barnes on Luther", 40.
25. Luther to Elector John Frederick, January 11, 1536, in *WABr* 7, 342; *LW* 50, 120-121.
26. Luther to Francis Burchart, January 25, 1536, in *WABr* 7, 352; *LW* 50, 131.
27. Luther to Elector John Frederick, March 28, 1536, in *WABr* 7, 383; *LW* 50, 132-134.
28. Anderson, "Robert Barnes on Luther", 59-60, n. 25.
29. MacCulloch, *Thomas Cranmer*, 161.
30. Luther to Edward Foxe, May 12, 1538, in *WABr* 8, 220; *LW* 50, 180. 폭스는 이 편지를 받지 못했다. 그는 독일 대표단이 영국으로 떠나기 전에 사망했다.
31. MacCulloch, *Thomas Cranmer*, 69-72.
32. MacCulloch, *Thomas Cranmer*, 216-221.
33. *WA* 51, 449-450.
34. Luther to Philip of Hesse, October 17, 1534, in *WABr* 7, 109-110.
35. Luther to Philip of Hesse, January 30, 1535, in *WABr* 7, 157-158; *WA* 38, 300.
36. Luther to John Briessmann, May 1, 1536, in *WABr* 7, 405-406.
37. *WA* 41, xxxii; Luther's sermon in *WA* 41, 547-563.
38. Haile, *Luther*, 133-147; 또한 Edwards, *Luther and the False Brethren*, 147-

155 참조.

39. *Wittenberger Konkordie* 1536, in *Martin Bucers deutsche Schriften* 6:1, 119-134.
40. Luther to Wolfgang Capito, July 9, 1537, in *WABr* 8, 99; *LW* 50, 173.
41. Elector John Frederick to Luther, Jonas, Bugenhagen, Melanchthon, and Cruciger, December 11, 1536, in *WABr* 7, 612-614; *Urkunden und Aktenstücke*, 26-28.
42. *Urkunden und Aktenstücke*, 33; *WATR* 5, 475 (no. 6079); *StA* 5, 329.
43. *Book of Concord*, 310.
44. Luther to Francis Burchart, January 25, 1536, in *WABr* 7, 352; *LW* 50, 131.
45. *Book of Concord*, 305-306.
46. *Book of Concord*, 326.
47. *Urkunden und Aktenstücke*, 69-77; *StA* 5, 330; Elector John Frederick to Luther, January 7, 1537, in *WABr* 8, 4-7.
48. *WABr* 8, 35; *LW* 50, 158.
49. Beutel, "Luther und Schmalkalden", 107-120.
50. Luther to Jonas, February 9, 1537, in *WABr* 8, 40.
51. Luther to Jonas, February 14, 1537, in *WABr* 8, 42.
52. *WATR* 3, 393 (no. 3543b); Beutel, "Luther und Schmalkalden", 119.
53. *WATR* 4, 684 (no. 5147); Beutel, "Luther und Schmalkalden", 119.
54. Martin Luther to Katharina Luther, February 27, 1537, in *WABr* 8, 51; *LW* 50, 167.
55. *WABr* 8, 54-56; Fabiny, *Martin Luther's Last Will and Testament*, 27-31.
56. Luther to Spalatin, March 21, 1537, in *WABr* 8, 59.
57. Schwarz, "Disputationen", in *Luther Handbuch*, 328-340.
58. *WABr* 12, 447-485.
59. Luther to Bugenhagen, July 5, 1537, in *WABr* 8, 96.
60. *WA* 42, vii.
61. *WA* 43, 112-116; *LW* 3, 330-336.
62. Maxfield, *Luther's Lectures on Genesis*, 10-18.

17. 교황주의자들에게 빚진

1. *WA* 50, 660; *LW* 34, 287.

2. Luther to Propst, September 15, 1538, in *WABr* 8, 292; *LW* 50, 182-183.
3. Melanchthon to Agricola, January 15, 1526, in *MBW.T* 2, 396 (no. 443).
4. *WA* 39:1, 571-572; *LW* 47, 104-105.
5. *WA* 50, 470; *LW* 47, 109.
6. *WATR* 6, 147 (no. 6725).
7. Koch, "Johann Agricola neben Luther", 135-137.
8. *WATR* 5, 482 (no. 4924).
9. Rogge, "Agricola, Johann", in *TRE* 2, 113.
10. *Book of Concord*, 326-327.
11. *WABr* 9, 169, n. 5; Richard, *Philip Melanchthon*, 272-274.
12. Martin Luther to Katharina Luther, July 2, 1540, in *WABr* 9, 168; *LW* 50, 208-209.
13. Schneider Ludorff, *Der fürstliche Reformator*, 194; Ebeling, *Luthers Seelsorge*, 80-83.
14. Luther and Melanchthon to Philip of Hesse, December 10, 1539, in *WABr* 8, 638-644.
15. Luther to Elector John Frederick, June 10, 1540, in *WABr* 9, 133-134; Ebeling, *Luthers Seelsorge*, 88-99.
16. *Briefwechsel Landgraf Philipps des Grossmüthigen* 1, 375; Ebeling, *Luthers Seelsorge*, 97.
17. Brecht, *Martin Luther* 3, 212.
18. Brady, *Protestant Politics*, 220-223.
19. Wartenberg, "Die Entstehung der sächsischen Landeskirche von 1539 bis 1559", 69.
20. *Sermon Preached in Castle Pleissenburg*, May 24, 1539, in *WA* 47, 776-777; *LW* 51, 309.
21. *WA* 47, 778; *LW* 51, 311.
22. Luther to Elector John Frederick, September 19, 1539, in *WABr* 8, 552.
23. *WADB* 4, xxvii-xxxi.
24. Buchwald, Doktor *Martin Luther*, 326.
25. Luther to Melanchthon, April 4, 1541, in *WABr* 9, 358-359 & n. 17.
26. *Biblia Germanica* 1545 (복사본), LXXIIII.
27. Luther to Melanchthon, April 12, 1541, in *WABr* 9, 366-367.

28. Melanchthon to Meienburg, January 23, 1540, in *MBW.T* 9, 86 (no. 2354); Jonas to Prince George of Anhalt, January 24, 1540, in *Briefwechsel Justus Jonas* 1, 382 (no. 481).
29. Luther to Jonas, Bugenhagen, and Melanchthon, February 26, 1540, in *WABr* 9, 63-64.
30. Luther to Josel von Rosheim, June 11, 1537, in *WABr* 8, 89-91; *LW* 47, 62.
31. *That Jesus Christ Was Born a Jew* 1523, in *WA* 11, 336; *LW* 45, 229.
32. *Lectures on Genesis*, in *WA* 42, 448; *LW* 2, 362.
33. *Lectures on the Psalms* 1513-1515, in *WA* 3, 620 & 4, 344; *LW* 11, 110 (시 82:8) & 11, 469 (시 119:78).
34. *Martin Luther, the Bible, and the Jewish People*, 86.
35. *Lectures on Deuteronomy* 1525, in *WA* 14, 656; *LW* 9, 146.
36. Kaufmann, *Luthers "Judenschriften"*, 85-90.
37. 누가복음 24:26-27.
38. Rhegius, *Dialogus von der schönen predigt...*, Wittenberg 1537.
39. *WATR* 4, 517 (no. 4795); Kaufmann, *Luthers "Judenschriften"*, 90, notes 37 & 157-158.
40. *WABr* 3, 101-104 & n. 1; *Martin Luther, the Bible, and the Jewish People*, 84-86.
41. Junghans, "Luther in Wittenberg", 126-127.
42. *WA* 52, 482; Hsia, *The Myth of Ritual Murder*, 133.
43. Hsia, *The Myth of Ritual Murder*, 136-143.
44. *WA* 50, 660; *LW* 34, 287.
45. *WA* 50, 393-431.
46. Edwards, *Luther's Last Battles*, 171.
47. Mundt, *Lemnius und Luther*, Part I.
48. Brecht, *Martin Luther* 3, 87-89.
49. Melanchthon to Elector John Frederick, ca. July 31, 1538, in *MBW.T* 8, 177 (no. 2070).
50. Edwards, *Luther's Last Battles*, 143-162.
51. Augustine, *City of God* [books] 15, ch. 28 & 16, ch. 1, in *Basic Writings of Saint Augustine* 2, 274-276; *WA* 42, 187; *LW* 1, 252.
52. *WA* 51, 477-499; *LW* 41, 194-206.

53. *WA* 51, 539-546; *LW* 41, 231-237.
54. *WA* 51, 499; *LW* 41, 206.

18. 어마어마한 죄인

1. Luther to Spalatin, August 21, 1544, in *WABr* 10, 639.
2. Spalatin, *Annales*, 655-671.
3. Edwards, *Luther's Last Battles*, 172-182.
4. Luther to Jonas, February 16, 1542, in *WABr* 9, 622; *LW* 50, 227-228.
5. Luther to Marcus Crodel, August 26, 1542, in *WABr* 10, 134; *LW* 50, 231-232.
6. Luther to Marcus Crodel, August 28, 1542, in *WABr* 10, 136-137; *LW* 50, 233-234.
7. Luther to Marcus Crodel, August 28, 1542, in *WABr* 10, 147; *LW* 50, 235.
8. *WATR* 5, 189-190 (no. 5494); *LW* 54, 430-431. 마지막 문장은 로마서 14장 8절에 나오는 표현이다.
9. *WATR* 5, 192 (no. 5496); *LW* 54, 431.
10. *WABr* 12, 353.
11. *WATR* 5, 193 (no. 5499); *LW* 54, 433.
12. *WATR* 4, 631 (no. 5041).
13. *WABr* 9, 572-574; *LW* 34, 295-297.
14. *WABr* 9, 579-587 (Beilage IV).
15. *WABr* 9, 573; *LW* 34, 296.
16. Luther to Lazarus Spengler, July 8, 1530, in *WABr* 5, 445; *LW* 49, 358-359.
17. Neser, *Luthers Wohnhaus in Wittenberg*, 41-48.
18. *WABr* 9, 573-574; *LW* 34, 297.
19. Luther to King Gustav I of Sweden, October 4, 1541, in *WABr* 9, 530-531.
20. Edwards, *Luther's Last Battles*, 91-114.
21. *WADB* 11:2, 13; *LW* 35, 300.
22. *WA* 51, 577-625; *LW* 43, 215-241.
23. *WA* 51, 586; *LW* 43, 219.
24. *WA* 51, 596; *LW* 43, 224.
25. *WA* 23, 427; *LW* 43, 162-163.
26. *WA* 53, 417; *LW* 47, 137.
27. *WA* 53, 446; *LW* 47, 172.

28. *WATR* 5, 198 (no. 5504).
29. Kaufmann, "Die theologische Bewertung des Judentums", 197-207.
30. Hsia, *The Myth of Ritual Murder*, 151; Kaufmann, *Luthers "Judenschriften"*, 174-175.
31. Kaufmann, *Luthers "Judenschriften"*, 96-110.
32. Burnett, "A Dialogue of the Deaf", 169.
33. *WA* 50, 318; *LW* 47, 73.
34. Kaufmann, "Die theologische Bewertung des Judentums", 210.
35. *Martin Bucers deutsche Schriften* 7, 391-393.
36. *WA* 53, 523; *LW* 47, 268.
37. *WA* 53, 523 & 526; *LW* 47, 268 & 272.
38. *WA* 53, 527; *LW* 47, 274.
39. *WA* 53, 529; *LW* 47, 276.
40. 그 자료와 예시에 대해서는 Kaufmann, *Luthers "Judenschriften"*, 180-181를 보라.
41. 튀르크족에 대한 글 전체가 거칠고 논쟁적이지는 않았다. 개관하려면 다음을 보라. Henrich & Boyce, "Martin Luther—Translations of Two Prefaces on Islam."
42. Bullinger to Martin Bucer, December 8, 1543, in *Heinrich Bullinger Briefwechsel* 13, 336.
43. Bullinger, *Wahrhaffte Bekanntnuß*, 10r.
44. Detmers, "Sie nennen unseren Retter Christus einen Hurensohn und die göttliche Jungfrau eine Dirne...", 242-243.
45. Kaufmann, *Luthers "Judenschriften"*, 144, n. 35. 루터가 추가로 집필한 두 편의 이른바 '반유대교' 문헌에 대해서는 Edwards, *Luther's Last Battles*, 134-136를 보라.
46. Armstrong, *A History of God*, 279.
47. 예컨대, *The Estate of Marriage*, in *LW* 45, 13-49; *WA* 10:2, 275-304.
48. *LW* 46, 50, 54, 80-85; *WA* 18, 358, 361, 397-401.
49. Luther to George Spenlein, June 17, 1544, in *WABr* 10, 594.
50. Luther to Claus Storm, June 15, 1522, in *WABr* 2, 56.
51. *Admonition concerning the Sacrament* 1530 in *WA* 303, 621; *LW* 38, 131.
52. Zeeden, *Martin Luther und die Reformation* I, 39에서 인용.

53. *MD* 2, 161; 또한 Erasmus to Melanchthon, December 10, 1524, in *MBW.T* 2, 214 (no. 360) 참조.
54. *Die Lügend von St. Johanne Chrysostomo* 1537, in *WA* 50, 62.
55. Ellwardt, *Evangelischer Kirchenbau*, 28-30.
56. 누가복음 14:1-11; *LW* 51, 333-354; *WA* 49, 588-615.
57. *WA* 49, 607; *LW* 51, 349.
58. *Preface to the Revelation of St. John* 1546, in *LW* 35, 410; *WADB* 7, 419-420.
59. Luther to Linck, June 20, 1543, in *WABr* 10, 335.
60. *WATR* 4, 124-125 (no. 4084); *LW* 54, 319.
61. Luther to Spalatin, August 21, 1544, in *WABr* 10, 639.
62. Luther to Propst, ca. April 17, 1544, in *WABr* 10, 554; *LW* 50, 245-246.
63. Luther to Propst, January 17, 1546, in *WABr* 11, 363-364.
64. Preuss, *Lutherbildnisse*, 6; *WATR* 2, 421 (no. 2327).
65. Preuss, *Lutherbildnisse*, 6-7.
66. Martin Luther to Katharina Luther, July 28, 1545, in *WABr* 11, 149-150; *LW* 50, 278-279.
67. Werdermann, *Luthers Wittenberger Gemeinde*, 72-76, 84-89.
68. Edwards, *Luther's Last Battles*, 163.
69. Edwards, *Luther's Last Battles*, 163에서 인용.
70. 그림은 *WA* 54의 마지막에 있다.
71. *WA* 54, 292; *LW* 41, 368.
72. Luther to Propst, January 17, 1546, in *WABr* 11, 363-364.
73. Brecht, *Martin Luther* 3, 371-372.
74. *WA* 54, 487-496.
75. *WA* 54, 490.
76. Brecht, *Martin Luther* 3, 376-377.
77. Birkenmeier, "Luthers Totenmaske?", 187-203.
78. *WA* 54, 496.
79. 고린도전서 15:43; *WA* 54, 496.

맺음말

1. Smith, "Katharina von Bora through Five Centuries", 753.
2. Scheible, "Melanchthon und Frau Luther", 381-387.

3. Junghans, "Kaiser Karl V. am Grabe Martin Luthers", 254-259.
4. Scheible, "Melanchthon und Frau Luther", 387-389.
5. Treu, *Katharina von Bora*, 80-87.
6. *WATR* 2, 178 (no. 1682).
7. http://mlk-kpp01.stanford.edu:5801/transcription/document_images/undecided/630416-019.pdf.

참고문헌

1차 문헌

Acta Reformationis Catholicae. Vol. 1: 1520-1532. Ed. G. Pfeilschifter. Regensburg 1959.

Akten und Briefe zur Kirchenpolitik Herzog Georgs von Sachsen. Ed. F. Gess. 2 vols. Leipzig 1905 & 1917.

Altenstaig, Johannes. Vocabularius theologiae. Hagenau 1517.

Archiv zur Weimarer Ausgabe der Werke Martin Luthers: Texte und Untersuchungen. 9 vols. Cologne, Weimar, & Vienna 1981-.

The Augsburg Confession: A Collection of Sources. Ed. J. M. Reu. Reprint. St. Louis n.d.

Augsburg during the Reformation Era. Ed. B. A. Tlusty. Indianapolis & Cambridge 2012.

Augustine of Hippo, Confessions. Trans. R. S. Pine-Coffin. Baltimore 1961.

Aurifaber, Johann. Tischreden oder Colloquia Doct. Mart. Luthers. Eisleben 1566.

Basic Writings of Saint Augustine. Ed. W. J. Oates. 2 vols. New York 1948.

Biblia Germanica 1545. Facsimile ed. Stuttgart 1967.

Briefe und Acten zu der Geschichte des Religionsgespräches zu Marburg 1529 und des Reichstages zu Augsburg 1530. Ed. F. W. Schirrmacher. Gotha 1876.

Der Briefwechsel des Justus Jonas. 2 vols. Ed. G. Kawerau. Reprint: Hildesheim 1964.

Briefwechwel Landgraf Philipps des Grossmüthigen von Hessen mit Bucer. 3 vols. Ed. M. Lenz. Stuttgart 1880-1891 (rpt. Osnabrück 1965).

Bullinger, Heinrich. *Warhaffte Bekanntnuß der Dieneren der Kilchen zu Zürych*. Zurich 1545.

Burkhardt, C. A. H. "Altes und Neues über Luthers Reisen quellenmässig mitgeteilt." *ZKG* 19 (1899) 99-105.

Christoph Scheurl's Briefbuch. Ed. F. von Soden and J. K. F. Knaake. 2 vols. Aalen 1962.

Clemen, Otto. "Beiträge zur Lutherforschung." *ZKG* 34 (1913) 93-102.

Cochlaeus, Johann. *Historia Martini Lutheri*. Trans. J. C. Hueber. Ingolstadt 1582.

Collected Works of Erasmus. Toronto 1974-.

Convents Confront the Reformation. Ed. M. Wiesner-Hanks. Milwaukee 1996.

Correspondance de Martin Bucer. Vol. 1. Ed. J. Rott. Leiden 1979.

D. Martini Lutheri opera latina varii argumenti ad reformationis historiam imprimis perti-nentia. 7 vols. Frankfurt & Erlangen, 1865-1873.

Die Depeschen des Nuntius Aleander vom Wormser Reichstage 1521. Ed. P. Kalkoff. Halle 1886.

Documents on the Continental Reformation. Ed. W. G. Naphy. New York 1996.

Dokumente zum Ablassstreit von 1517. 2nd ed. Ed. W. Köhler. Tübingen 1934.

Dokumente zur Luthers Entwicklung. Ed. O. Scheel. 2nd ed. Tübingen 1929.

Dr. Martin Luthers sämmtliche Schriften. Rev. ed. Ed. J. G. Walch. 23 vols. St. Louis 1880-1910.

Early Protestant Spirituality. Ed. & trans. S. H. Hendrix. Mahwah, New Jersey 2009.

Der Ehrbaren Stadt Hamburg Christliche Ordnung 1529. Ed. A. Hübner. Hamburg 1976.

Elisabeth's Manly Courage: Testimonials and Songs of Martyred Anabaptist Women in the Low Countries. Ed. H. Joldersma & L. Grijp. Milwaukee 2001.

Erasmus, Desiderius. *Ausgewählte Schriften*. Vol. 4: *De Libero Arbitrio & Hyperastistes Diatribae*. Ed. W. Lesowsky. Darmstadt 1969.

———. *The Education of a Christian Prince*. Ed. L. Jardine. Cambridge 1997.

The Eucharistic Pamphlets of Andreas Bodenstein von Karlstadt. Trans. & ed. A. N. Burnett. Kirksville 2011.

Gabrielis Biel Canonis Misse Expositio. Ed. H. A. Oberman & W. J. Courtenay. 4 vols. Wiesbaden 1963–1967.

Georg Spalatins historischer Nachlaß und Briefe. Vol. 1: Friedrichs des Weisen Leben und Zeitgeschichte. Ed. C. G. Neudecker & L. Preller. Jena 1851.

Heinrich Bullinger Briefwechsel. Vol. 13: Briefe des Jahres 1543. Ed. R. Heinrich et al. Zurich 2008.

Johann Tetzel's Rebuttal against Luther's Sermon on Indulgence and Grace. Trans. D. W. Kramer. Atlanta 2012.

Dr. Johannes Bugenhagens Briefwechsel. Ed. O. Vogt, E. Wolgast, H. Volz. Reprint: Hildesheim 1966.

Karlstadt, Andreas Bodenstein von. *De legis litera sive carne & spiritu… Enarratio*. Wittenberg 1521. BSB 4 Asc. 186 (digital version).

———. *Dialogus oder ein gesprechbüchlin von dem grewlichen unnd abgöttischen mißbrauch des hochwirdigsten sacraments Jesu Christi*. Basel 1524.

———. *Schriften aus den Jahren 1523-1525*. Parts I & II. Ed. E. Hertzsch. Halle 1956 & 1957.

Karlstadt und Augustin: Der Kommentar des…Karlstadt zu Augustins Schrift De Spiritu et Litera. Ed. E. Kähler. Halle 1952.

Kerssenbrock, Hermann von. *Narrative of the Anabaptist Madness: the Overthrow of Münster, the Famous Metropolis of Westphalia*. Trans. C. S. Mackay. 2 vols. Leiden & Boston 2007.

Koburger Predigten Martin Luthers aus dem Jahre 1530. Ed. G. Buchwald. Leipzig 1917.

Kurzer Bericht wie der ehrwürdige Herr, unser lieber Vater und Präzeptor, Philippus Melanchthon, sein Leben hie auf Erden geendet und ganz christlich beschlossen hat. Wittenberg 1560. Facsimile edition. Ed. W. Heinsius. Munich 1960.

The Letters of John Hus. Trans. & ed. M. Spinka. Manchester 1972.

Luther: Erfurter Annotationen 1509-1510/11. Ed. J. Matsuura. Cologne, Weimar & Vienna 2009.

Luther, Martin. *Ermanunge zum fride auff die zwolff artickel der Bawerschafft in Schwaben*. Mainz 1525. HAB 131.6 Theol. (16).

———. *Eyn trew vormanung Martini Luther tzu allen Christen, sich tzu vorhuten fur auffruhr unnd Emporung*. Wittenberg 1522. HAB Li 5530 Slg. Hardt (69, 1385).

———. *Treatise on Good Works*. Trans. S. H. Hendrix. Minneapolis 2012.

———. *Wolfenbütteler Psalter*. Ed. E. Roach, R. Schwarz & S. Raeder. 2 vols. Frankfurt 1983.

"Lutherana." Ed. G. Buchwald. *ARG* 25 (1528) 1-98.

Luther, Martin. *Propositiones a Martino Luthero subin e dispvtatae*. Wittenberg 1531.

Luther und Emser: ihre Streitschriften aus dem Jahre 1521. Ed. L. Enders. 2 vols. Halle 1889 & 1892.

Luthers 95 Thesen samt seinen Resolutionen sowie den Gegenschriften von Wimpina-Tetzel, Eck und Prierias und den Antworten Luthers darauf. Ed. W. Köhler. Leipzig 1903.

Luther's Correspondence and Other Contemporary Letters. Ed. P. Smith & C. Jacobs. 2 vols. Philadelphia 1913 & 1918.

Luthers Werke in Auswahl. Ed. O. Clemen. Berlin 1912-1933; 1959-1967.

Luther's Works. Ed. C. B. Brown et al. Vols. 56-75. St. Louis 2006-.

Luther's Works. Ed. H. Lehman, J. Pelikan, et al. Vols. 1-55. St. Louis, Philadelphia, Minneapolis 1955-1986.

Das Marburger Religionsgespräch 1529. Ed. Gerhard May. Gütersloh 1970.

Martin Bucers deutsche Schriften. Ed. R. Stupperich et al. 20 vols. Gütersloh, Paris, 1960-.

Martin Luther, the Bible, and the Jewish People: A Reader. Ed. B. Schramm & K. Stjerna. Minneapolis 2012.

Martin Luther Lateinisch-Deutsche Studienausgabe. Ed. W. Härle et al. 3 vols. Leipzig 2006-2009.

Martin Luther Studienausgabe. Ed. H.-U. Delius et al. 6 vols. 1979-1999.

Medem, F. L. C. von. *Die Universitäts-Jahre der Herzoge Ernst Ludwig und Barnim von Pommern*. Anclam 1867.

Melanchthon Deutsch. Ed. M. Beyer, S. Rhein, G. Wartenberg. 2 vols. 1997.

Melanchthons Briefwechsel: Texte. Ed. C. Mundhenk, H. Scheible, R. Wetzel, et al. 14 vols. Stuttgart-Bad Cannstatt 1991-.

Melanchthons Werke in Auswahl. 7 vols. Ed. R. Stupperich et al. Gütersloh 1951-1983.

Müntzer, Thomas. "Briefwechsel." *Thomas-Müntzer-Ausgabe* 2. Ed. S. Bräuer & M. Kobuch. Leipzig 2010.

Murner, Thomas. *Von den grossen Lutherischen Narren...* Strasbourg 1522.

Myconius, Friedrich. *Historia Reformationis vom Jahr Christi 1517 bis 1542*. Ed. E. S. Cyprian. Leipzig 1718.

Myconius, Oswald. *Original Life of Zwingli* 1532. In *Ulrich Zwingli Early Writings*. Ed. S. M. Jackson, 1912 (rpt. Durham 1986).

Patrologiae cursus completus, Series Latina. Ed. J.-P. Migne. Paris 1844-1864.

Praetorius, Michael. *Syntagma Musicum*. Vol. 1. Wittenberg 1615.

Predigten D. Martin Luthers. Ed. G. Buchwald. 2 vols. Gütersloh 1925.

Politische Correspondenz der Stadt Strassburg im Zeitalter der Reformation, 1517-1545. Ed. H. Virck. 3 vols. Strassburg 1882-1898.

Quellen zur Reformation 1517-1555. Ed. R. Kastner. Darmstadt 1994.

A Reformation Reader. Ed. D. R. Janz. 2nd ed. Minneapolis 2008.

Die Reformation im Ordensland Preussen 1523/1524. Ed. R. Stupperich. Ulm 1966.

Rhegius, Urbanus. *Anzaygung, daß die romisch Bull mercklichen schaden in gewissin manicher menschen gebracht hab und nit Doctor Luthers leer...* Augsburg 1521.

―――. *Dialogus von der schönen predigt die Christus Luc. 24. von Jerusalem bis gen Emaus den zweinen jüngern am Ostertag aus Mose und allen Propheten gethan hat...* Wittenberg 1537, et al.

The Rule of St. Benedict in English. Ed. T. Fry. Collegeville 1982.

Schriften der münsterischen Täufer und ihrer Gegner. Ed. R. Stupperich. 3 vols. Münster 1970-1983.

Schubart, Christoph. *Die Berichte über Luthers Tod und Begräbnis.* Weimar 1917.

Sources and Contexts of the Book of Concord. Ed. R. Kolb & J. Nestingen. Minneapolis 2001.

Spalatin, Georg. *Annales Reformationis oder Jahr-Bücher von der Reformation Lutheri.* Ed. E. S. Cyprian. Leipzig 1718.

Urkunden und Aktenstücke zur Geschichte von Martin Luthers Schmalkaldischen Artikeln (1536-1574). Ed. H. Volz. Berlin 1957.

Vom christlichen Abschied aus diesem tödlichen leben des Ehrwirdigen Herrn D. Martin Lutheri. Ed. P. Frybe. Stuttgart 1996.

Die Wittenberger Bewegung 1521 und 1522. Ed. N. Müller. 2nd ed. Leipzig 1911.

Zur Wittenberger Stadt- und Universitäts-Geschichte in der Reformationszeit: Briefe aus Wittenberg an M. Stephan Roth in Zwickau. Ed. G. Buchwald. Leipzig 1893 (rpt. 1997).

2차 문헌

*전집으로 묶여 나온 책의 논문이 여기서 여러 편 언급될 때는 그 책의 서지 정보를 전체 참고도서 아래에 한 번만 제시하였다. 논문 자체는 제목과 논문집의 간략한 제목 및 페이지 수와 함께 저자별로 분류되었다.

700 Jahre Wittenberg: Stadt—Reformation—Universität. Ed. S. Oehmig. Weimar 1995.

Algazi, Gadi. "'Geistesabwesenheit': Gelehrte zu Hause um 1500." *Historische Anthropologie* 13 (2005) 325-342.

Anderson, Charles S. "Robert Barnes on Luther." In *Interpreters of Luther*. Ed. W. Pauck. Philadelphia 1968, 35-66.

Arand, Charles P. *That I May Be His Own*. St. Louis 2000.

Armstrong, Karen. *A History of God*. New York 1993. 『신의 역사』(동연).

Arnold, Matthieu. *La Correspondance de Luther*. Mainz 1996.

―――. *Les femmes dans la correspondance de Luther*. Paris 1998.

Augustijn, Cornelius. "Die Religionsgespräche der vierziger Jahre." In *Die Religionsgespräche der Reformationszeit*. Ed. G. Müller. Gütersloh 1980, 43-53.

Bacon, Paul. "Art Patronage in Electoral Saxony: Frederick the Wise Promotes the Veneration of His Patron, St. Bartholomew." *SCJ* 39 (2008) 973-1001.

Bagchi, David. "Luther's Catholic Opponents." In *The Reformation World*. Ed. A. Pettegree. London & New York 2000, 97-108.

Barge, Hermann. *Andreas Bodenstein von Karlstadt*. 2 vols. Leipzig 1905 (rpt. 1968).

Bauer, Joachim. "Kurfürst Johann Friedrich I von Sachsen und die Bücher." In *Johann Friedrich I.—der lutherische Kurfürst*, 169-189.

Bayer, Oswald. *Promissio*. Göttingen 1971.

Beer, Matthias. *Eltern und Kinder des späten Mittelalters in ihren Briefen*. Nuremberg 1990.

Bell, Theo. *Divus Bernhardus: Bernhard von Clairvaux in Martin Luthers*

Schriften. Mainz 1993.

Bentley, Jerry. *Humanists and Holy Writ*. Princeton 1983.

Beutel, Albrecht. "Luther und Schmalkalden." *Luther* 84 (2013) 107-120.

Bierende, Edgar. "Demut und Bekenntnis—Cranachs Bildnisse von Kurfürst Johann Friedrich I. von Sachsen." In *Johann Friedrich I.—der lutherische Kurfürst*, 327-357.

Birkenmeier, Jochen. "Luthers Totenmaske? Zum musealen Umgang mit einem zweifelhaften Exponat." *LuJ* 78 (2011) 187-203.

Die Bischöfe des Heiligen Römischen Reiches 1448 bis 1648. Ed. E. Katz. Berlin 1996.

Bluhm, Heinz. *Luther: Translator of Paul*. New York 1984.

Boehmer, Heinrich. *Luther im Lichte der neueren Forschung*. 5th ed. Leipzig 1918.

Bornkamm, Heinrich. *Martin Luther in der Mitte seines Lebens*. Göttingen 1979.

Borth, Wilhelm. *Die Luthersache (Causa Lutheri) 1517-1524*. Lübeck & Hamburg 1970.

Braasch, Ernst-Otto. "Die Familie Schalbe in Eisenach." In *Mosaiksteine*. Berlin 1981, 268-270.

Brady, Thomas A., Jr. *Protestant Politics: Jacob Sturm (1489-1553) and the German Reformation*. Atlantic Highlands, New Jersey 1995.

Bräuer, Siegfried. "Bauernschaft in der Grafschaft Mansfeld—Fiktion und Fakten." In *Martin Luther und der Bergbau im Mansfelder Land*, 121-157.

―――. "Die reformatorische Bewegung in Halle im Vorfeld des Wirkens von Justus Jonas." In *Justus Jonas (1493-1555) und seine Bedeutung für die Wittenberger Reformation*, 165-181.

Brecht, Martin. "Andreas Bodenstein von Karlstadt, Martin Luther und der Kanon der Heiligen Schrift." In *Querdenker der Reformation*, 135-150.

―――. *Martin Luther*. 3 vols. Stuttgart 1981-1987. English trans. J. L. Schaaf. 3 vols. Minneapolis 1981-1993.

Brigden, Susan. *London and the Reformation*. Oxford 1989.

Brosseder, Claudia. "The Writing in the Wittenberg Sky: Astrology in Sixteenth-Century Germany." *JHI* 66 (2005) 557-576.

Brown, Christopher Boyd. *Singing the Gospel: Lutheran Hymns and the Success of the Reformation*. Cambridge, MA & London 2005.

Bubenheimer, Ulrich. "Andreas Bodenstein von Karlstadt und seine fränkische Heimat." In *Querdenker der Reformation*, 15-29.

———. "Bodenstein von Karlstadt, Andreas." *OER* 1, 178-180.

———. "Streit um das Bischofsamt in der Wittenberger Reformation." *ZSSR* 104:73 (1987) 155-209.

———. *Thomas Müntzer: Herkunft und Bildung*. Leiden 1989.

———. *Thomas Müntzer und Wittenberg*. Mühlhausen 2014.

———. "Zur vorreformatorischen Rezeption des italienischen Humanismus in Erfurt und Wittenberg: Martin Luther und Andreas Karlstadt." In *Anwälte der Freiheit! Humanisten und Reformatoren im Dialog*. Ed. M. Dall'Asta. Darmstadt 2015.

Buchwald, Georg. *Doktor Martin Luther: Ein Lebensbild für das deutsche Haus*. Leipzig & Berlin 1902.

———. *Luther-Kalendarium*. Leipzig 1929.

Buck, Lawrence. "Anatomia Antichristi: Form and Content of the Papal Antichrist." *SCJ* 42 (2011) 349-368.

Buckwalter, Stephen E. *Die Priesterehe in Flugschriften der Reformation*. Gütersloh 1998.

Bulisch, Jens. "Wie alt ist Martin Luther geworden? Zum Geburtsjahr 1482 oder 1484." *LuJ* 77 (2010) 29-40.

Burnett, Amy Nelson. *Karlstadt and the Origin of the Eucharistic Controversy*. New York 2011.

Burnett, Stephen G. "A Dialogue of the Deaf: Hebrew Pedagogy and Anti-Jewish Polemic in Sebastian Münster's *Messiahs of the Christians and the Jews* (1529/39)." *ARG* 91 (2000) 168-190.

Clemen, Otto. "Beiträge zur Lutherforschung." *ZKG* 34 (1913) 93-102.

Contemporaries of Erasmus. Ed. P. Bietenholz & T. Deutscher. 3 vols. Toronto 1985-1987.

Crane, Nicholas. *Mercator: The Man Who Mapped the Planet*. New York 2003.

Daniel, David. "Highlights of the Lutheran Reformation in Slovakia." *Concordia Theological Quarterly* 42 (1978) 21-34.

Detmers, Achim. "'Sie nennen unseren Retter Christus einen Hurensohn und die göttliche Jungfrau eine Dirne': Heinrich Bullingers Gutachten zur Duldung von Juden 1572." In *Die Zürcher Reformation*. Ed. A. Schindler & H. Stickelberger. Bern 2001, 229-259.

Dickens, A. G. *The German Nation and Martin Luther*. London & New York 1974.

Dörfler-Dierken, Angelika. "Luther und die heilige Anna." *LuJ* 64 (1997) 19-46.

van Dülmen, Richard. *Kultur und Alltag in der frühen Neuzeit*. Vol. 1: Das Haus und seine Menschen 16.-18. Jahrhundert. Munich 1990.

Ebeling, Gerhard. *Luthers Seelsorge*. Tübingen 1997.

Edwards, Jr., Mark U. *Luther and the False Brethren*. Stanford 1975.

———. *Luther's Last Battles*. Ithaca & London 1983.

Ellwardt, Kathrin. *Evangelischer Kirchenbau in Deutschland*. Petersberg 2008.

Erickson, Erik. *Young Man Luther*. New York 1958. 『청년 루터』(CH북스).

Fabiny, Tibor. *Martin Luther's Last Will and Testament*. Dublin & Budapest 1982.

———. *A Short History of Lutheranism in Hungary*. Budapest 1997.

Febvre, Lucien. *The Problem of Unbelief in the Sixteenth Century*. Cambridge, MA & London 1985. 『16세기의 무신앙 문제』(지식을만드는지식).

Freiherr von Scheurl, Siegfried. "Martin Luther's Doktoreid." *Zeitschrift für bayerische Kirchengeschichte* 32 (1963) 46-52.

Freys, E. & H. Barge, *Verzeichnis der gedruckten Schriften des Andreas Bodenstein von Karlstadt*. Nieuwkoop 1965.

Fuhrmann, Horst. *Die Päpste*. Munich 1998. 『교황의 역사』(길).

Fundsache Luther: Archäologen auf den Spuren des Reformators. Ed. Harald Meller. Stuttgart 2008.

Gäumann, Andreas. *Reich Christi und Obrigkeit*. Bern 2001.

Georg Major (1502–1574). Ed. I. Dingel, G. Wartenberg & M. Beyer. Leipzig 2005.

Glaser, Rüdiger. *Klimageschichte Mitteleuropas*. 2nd ed. Darmstadt 2008.

"Gott hat noch nicht genug Wittenbergisch Bier getrunken": Alltagsleben zur Zeit Martin Luthers. Ed. Evangelisches Predigerseminar. Wittenberg 2001.

Griese, Christiane. "Luthers Reise ins Aufstandsgebiet vom 16.4.1525 bis zum 6.5.1525." *Mühlhäuser Beiträge zu Geschichte…*. 12 (1989) 25-35.

Grisar, Hartmann & Franz Heege. *Luthers Kampfbilder III*. Freiburg 1923, 1-23.

Hahn-Woernle, Birgit. *Die Ebstorfer Weltkarte*. 2nd ed. Stuttgart 1993.

Haile, H. G. *Luther: An Experiment in Biography*. Garden City, NY 1980.

Hamm, Berndt. *Der frühe Luther*. Tübingen 2010.

Haude, Sigrun. *In the Shadow of "Savage Wolves": Anabaptist Münster and the German Reformation during the 1530s*. Boston 2000.

Hendrix, Scott H. "Brethren of the Common Life." *Dictionary of the Middle Ages*, vol. 2. New York 1983, 366-370.

―――. *Luther*. In the series Abingdon Pillars of Theology. Nashville 2009.

―――. *Luther and the Papacy*. Philadelphia 1981.

―――. *Martin Luther: A Very Short Introduction*. Oxford 2010. 『마르틴 루터』(뿌리와이파리).

―――. *Recultivating the Vineyard: The Reformation Agendas of Christianization*. Louisville & London 2004.

Henning, Friedrich. "Martin Luther als Lateinschüler in Eisenach." *Luther* 67 (1996) 109-114.

Henrich, Sarah & James L. Boyce. "Martin Luther―Translations of Two

Prefaces on Islam: Preface to the *Libellus de ritu et moribus Turcorum* (1530) and Preface to Bibliander's Edition of the *Qur'an* (1543)." *Word & World* 16 (1996) 250-266.

Herholt, Johann. "The Massacre of Weinsberg, 16 April 1525." In Janz, *A Reformation Reader*, 173.

Hesse, Otmar. "Ein Beitrag zur Vorgeschichte von Bugenhagens Braunschweiger Kirchenordnung von 1528." *Jahrbuch der Gesellschaft für niedersächsische Kirchengeschichte* 64 (1966) 62-69.

Hintzenstern, Herbert von. "Vorspiele zur Reformation in Eisenach." *Amtsblatt der Evangelisch-Lutherischen Kirche in Thüringen* 34:10 (1981) 79-85.

Hofmann, Mechthild. "Felicitas von Selmenitz: Die erste Frau der Reformation in Halle." In *RFG*: www.frauen-und-reformation.de/?s=bio&id=68.

Holfelder, H. H. "Bugenhagen, Johannes (1485-1558)." *TRE* 7 (1981) 354-363.

Höss, Irmgard. *Georg Spalatin 1484-1545*. Weimar 1956.

Hsia, R. Po-chia. *The Myth of Ritual Murder: Jews and Magic in Reformation Germany*. New Haven & London, 1988.

Immenkötter, Herbert. *Der Reichstag zu Augsburg und die Confutatio*. Münster 1979.

Das Jahrhundert der Reformation in Sachsen. Ed. H. Junghans. 2nd ed. Leipzig 2005.

Jedin, Hubert. *History of the Council of Trent*. 2 vols. London 1957.

Joestel, Volkmar. *Ostthüringen und Karlstadt*. Berlin 1996.

Johann Friedrich I.—der lutherische Kurfürst. Ed. V. Leppin, G. Schmidt & S. Wefers. Heidelberg 2006.

Johannes Bugenhagen: Gestalt und Wirkung. Ed. H.-G. Leder. Berlin 1984.

Junghans, Helmar. "Die Ausbreitung der Reformation von 1517 bis 1539." In *Das Jahrhundert der Reformation in Sachsen*, 37-67.

———. *Der junge Luther und die Humanisten*. Weimar 1984.

———. "Kaiser Karl V. am Grabe Martin Luthers in der Schloßkirche zu Wittenberg." In *Spätmittelalter, Luthers Reformation, Kirche in Sachsen*, 249-259.

———. "Lutherbiographien zum 500. Geburtstag des Reformators 1983." *Theologische Literaturzeitung* 110 (1985) 402-442.

———. "Luther in Wittenberg." In *Martin Luther von 1526 bis 1546*. 2 vols. Ed. H. Junghans. Berlin 1983, 1, 11-37.

———. "Martin Luther, kirchliche Magnaten und Thesenanschlag…" In *Luthers Thesenanschlag*, 33-46.

———. "Martin Luther und die Leipziger Disputation." In *Die Leipziger Disputation 1519*, 87-94.

———. *Martin Luther und Wittenberg*. Munich & Berlin 1996.

———. "Martin Luthers letzte Jahre." *Luther* 67 (1996) 114-130.

———. "Philipp Melanchthon als theologischer Sekretär." In *Der Theologe Melanchthon*. Ed. G. Frank. Stuttgart 2000, 129-152.

———. *Spätmittelalter, Luthers Reformation, Kirche in Sachsen*. Ed. M. Beyer & G. Wartenberg. Leipzig 2001.

———. "Die Tischreden Martin Luthers." In *D. Martin Luthers Werke… Sonderedition: Begleitheft zu den Tischreden*. Weimar 2000, 24-50.

Justus Jonas (1493-1555) und seine Bedeutung für die Wittenberger Reformation. Ed. I. Dingel. Leipzig 2009.

Kaplan, Debra. "Sharing Conversations: A Jewish Polemic against Martin Luther." *ARG* 103 (2012) 41-63.

Karant-Nunn, Susan C. *Luther's Pastors: The Reformation in the Ernestine Countryside*. Philadelphia 1979.

———. *Zwickau in Transition, 1500-1547*. Columbus 1987.

Kaufmann, Thomas. *Luthers "Judenschriften"*. Tübingen 2011.

———. "Die theologische Bewertung des Judentums im Protestantismus des späteren 16. Jahrhunderts (1530-1600)." *ARG* 91 (2000) 191-237.

Kawerau, Gustav. *Johann Agricola von Eisleben*. Berlin 1881.

Kleckley, Russell C. *The Supputatio Annorum Mundi and Luther's View of History*. Lutheran Seminary at Philadelphia 1985.

Kleineidam, Erich. *Universitas Studii Erffordensis*. Part 2. 2nd ed. Leipzig 1992.

Koch, Ernst. "Johann Agricola neben Luther: Schülerschaft und theologische Eigenart." In *Lutheriana*, 131-150.

_____. "Unser Bischof: Johannes Bugenhagen als Gestalt der Reformation." *Die Zeichen der Zeit* 39 (1985) 145-149.

Köhler, Walther. *Luther und die Kirchengeschichte nach seinen Schriften zunächst bis 1521*. Erlangen 1900.

_____. *Zwingli und Luther*. Vol. 2. Ed. E. Kohlmeyer & H. Bornkamm. Gütersloh 1953.

Kohnle, Armin. "Die Frömmigkeit der Wettiner und die Anfänge der Reformation." *LuJ* 75 (2008), 125-141.

_____. *Reichstag und Reformation*. Gütersloh 2001.

_____. "Die Leipziger Disputation und ihre Bedeutung für die Reformation." In *Die Leipziger Disputation 1519*, 9-24.

Kolb, Robert. *Bound Choice, Election, and Wittenberg Theological Method*. Grand Rapids 2005.

_____. *For All the Saints*. Macon, GA 1987.

_____. *Martin Luther: Confessor of the Faith*. Oxford 2009.

_____. *Martin Luther As Prophet, Teacher, and Hero*. Grand Rapids 1999.

_____. *Nikolaus von Amsdorf (1483-1565)*. Nieuwkoop 1978.

Kolde, Theodor. *Die deutsche Augustiner Congregation und Johann von Staupitz*. Gotha 1879.

Köpf, Ulrich. "Martin Luthers theologischer Lehrstuhl." In *Die Theologische Fakultät Wittenberg 1502 bis 1602*, 71-86.

Krause, Hans-Joachim. "Albrecht von Brandenburg und Halle." In *Erzbischof Albrecht von Brandenburg (1490-1545)*. Ed. F. Jürgensmeier. Frankfurt 1991, 296-356.

Krodel, Gottfried G. "Wider den Abgott zu Halle: Luthers Auseinandersetzung mit Albrecht von Mainz im Herbst 1521." *LuJ* 33 (1966) 9-87.

Kruse, Jens-Martin. *Universitätstheologie und Kirchenreform: die Anfänge der Reformation in Wittenberg 1516-1522*. Mainz 2002.

Kunze, Jens. *Das Amt Leisnig im 15. Jahrhundert*. Leipzig 2007.

Kurze, Dietrich. *Johannes Lichtenberger (gest. 1503)*. Lübeck & Hamburg 1960.

Leben und Werk Martin Luthers von 1526 bis 1546. Ed. H. Junghans. 2 vols. Göttingen 1983.

Leff, Gordon. *Heresy in the Late Middle Ages*. 2 vols. Manchester & New York 1967.

Die Leipziger Disputation 1519. Ed. M. Hein & A. Kohnle. Leipzig 2011.

Leppin, Volker. *Antichrist und Jüngster Tag*. Gütersloh 1999.

———. *Martin Luther*. Darmstadt 2006.

Lindner, Andreas. "Was geschah in Stotternheim? Eine problematische Geschichte und ihre problematische Rezeption." In *Luther und das monastische Erbe*, 93-110.

Looß, Sigrid. "Andreas Bodensteins von Karlstadt Haltung zum Aufruhr." In *Querdenker der Reformation*, 265-276.

Ludolphy, Ingetraut. *Friedrich der Weise, Kurfürst von Sachsen, 1463-1525*. Göttingen 1984.

———. "Haben sie tatsächlich nie miteinander gesprochen?" *Luther* 53 (1982) 115-121.

Luther Handbuch. Ed. A. Beutel. Tübingen 2005.

Luther und die Reformation am Oberrhein. Ausstellungskatalog der Badischen Landesbibliothek. Karlsruhe 1983.

Das Luther-Lexikon. Ed. V. Leppin & G. Schneider-Ludorff. Regensburg 2014.

Lutheriana: Zum 500. Geburtstag Martin Luthers. Ed. G. Hammer & K.-H. zur Mühlen. Cologne & Vienna 1984.

Luther's "September Bible" in Facsimile. Ed. K. Strand. Ann Arbor 1972.

Luthers Thesenanschlag—Faktum oder Fiktion. Ed. J. Ott & M. Treu. Leipzig 2008.

MacCulloch, Diarmaid. *Thomas Cranmer: A Life*. New Haven & London 1996.

Mager, Inge. "Lied und Reformation." In *Das protestantische Kirchenlied im 16. und 17. Jahrhundert*. Ed. A. Dürr & W. Killy. Wiesbaden 1986, 25–38.

Mann, Charles C. *1491: New Revelations of the Americas before Columbus*. New York 2006.

Martin Luther und der Bergbau im Mansfelder Land. Ed. R. Knape. Eisleben 2000.

Matthias, Markus. "Die Anfänge der reformatorischen Theologie des Andreas Bodenstein von Karlstadt." In *Querdenker der Reformation*, 87–109.

Maxfield, John A. *Luther's Lectures on Genesis and the Formation of Evangelical Identity*. Kirksville 2008.

Meilensteine der Reformation: Schlüsseldokumente der frühen Wirksamkeit Martin Luthers. Ed. I. Dingel & H. Jürgens. Gütersloh 2014.

Mennecke, Ute. "Luther als Junker Jörg." *LuJ* 79 (2012) 63–99.

Moeller, Bernd. "Inquisition und Martyrdom in Flugschriften der frühen Reformation in Deutschland." In *Luther-Rezeption*, 219–244.

———. *Luther-Rezeption*. Ed. J. Schilling. Göttingen 2001.

———. "Luthers Bücher auf dem Wormser Reichstag." In *Luther-Rezeption*, 121–140.

———. "Thesenanschläge." In *Luthers Thesenanschlag*, 9–31.

———. "Wenzel Lincks Hochzeit: Über Sexualität, Keuschheit und Ehe im Umbruch der Reformation." In *Luther-Rezeption*, 194–218.

Möncke, Gisela. "Editionsnachtrag zu einer Flugschrift über Luther in Worms." *ARG* 103 (2012) 273–280.

Müller, Ernst. *Martin Luther und Weimar*. Weimar 1983.

Mundt, Lothar. *Lemnius und Luther*. Parts I & II. Bern 1983.

Neser, Anne-Marie. *Luthers Wohnhaus in Wittenberg*. Leipzig 2005.

Oberman, Heiko A. *The Harvest of Medieval Theology*. 3rd ed. Grand Rapids 2000.

―――. *Luther: Man between God and the Devil*. New Haven & London 1989. 『루터: 하나님과 악마 사이의 인간』(한국신학연구소).

Oehmig, Stefan. "Der Wittenberger Gemeine Kasten in den ersten zweieinhalb Jahrzehnten seines Bestehens (1522/23 bis 1547)." *Jahrbuch für Geschichte des Feudalismus* 13 (1989) 133-179.

Oxford Encyclopedia of the Reformation. Ed. H. Hillerbrand. 4 vols. New York & Oxford 1996.

Pascoe, Louis. *Jean Gerson: Principles of Church Reform*. Leiden 1973.

Peters, Christian, *Apologia Confessionis Augustanae*. Stuttgart 1997.

Paulus, Nikolaus. *Die deutschen Dominikaner im Kampfe gegen Luther (1518-1563)*. Freiburg 1903.

Pfister, Ulrich & Georg Fertig. *The Population History of Germany*. Max Planck Institute of Demographic Research. Rostock 2010.

Preuss, Hans. *Lutherbildnisse*. Leipzig 1912.

Querdenker der Reformation—Andreas Bodenstein von Karlstadt und seine frühe Wirkung. Ed. U. Bubenheimer & S. Oehmig. Würzburg 2011.

Der Reichstag zu Worms von 1521. Ed. F. Reuter. Worms 1971.

Reinitzer, Heimo. *Biblia Deutsch: Luthers Bibelübersetzung und ihre Tradition*. Wolfenbüttel 1983.

Reston, James Jr. *Defenders of the Faith*. New York 2009.

Rhein, Stefan. "Katharina Melanchthon, geb. Krapp." In *700 Jahre Wittenberg: Stadt—Reformation—Universität*, 501-518.

―――. "Melanchthon und die Musik." *Luther* 82 (2011) 117-127.

Richard, James W. *Philip Melanchthon: The Protestant Preceptor of Germany*. New York 1898.

Rieske-Braun, Uwe. "Glaube und Aberglaube: Luthers Auslegung des Ersten Gebotes 1516/1518." *LuJ* 69 (2002) 21-46.

Rieth, Ricardo. *"Habsucht" bei Martin Luther*. Weimar 1996.

Rogge, Joachim. "Agricola, Johann (1492/94-1566)." *TRE* 2 (1978) 110-118.

Roper, Lyndal. "'To His Most Learned and Dearest Friend': Reading Luther's Letters." *German History* 28 (2010) 283-295.

Rothert, Hermann. "Eine Schrift gegen die Wiedertäufer von 1535." *Mitteilungen des Vereins für Geschichte und Landeskunde von Osnabrück* 64 (1950) 88-97.

Rummel, Erika. *Scheming Papists and Lutheran Fools*. New York 1993.

Rüttgardt, Antje. *Klosteraustritte in der frühen Reformation*. Gütersloh 2007.

Scheel, Otto. *Martin Luther: Vom Katholizismus zur Reformation*. 2 vols. Tübingen 1916-1917.

Scheible, Heinz. *Aufsätze zu Melanchthon*. Tübingen 2010.

―――. "Luther und die Anfänge der Reformation am Oberrhein." In *Luther und die Reformation am Oberrhein*. Ed. G. Römer & G. Schwinge. Karlsruhe 1983, 15-39.

―――. "Melanchthon und Frau Luther." In *Aufsätze zu Melanchthon*, 373-391.

―――. "Melanchthon und Luther während des Augsburger Reichstag 1530." In *Martin Luther: Reformator und Vater im Glauben*. Ed. P. Manns. Stuttgart 1985, 38-60.

―――. "Philipp Melanchthon der bedeutendste Sohn der Stadt Bretten." In *Geschichte der Stadt Bretten von den Anfängen bis zur Zerstörung 1689*. Bretten 1977, 257-282.

―――. "Die Universität Heidelberg und Luthers Disputation." In *Melanchthon und die Reformation: Forschungsbeiträge*. Ed. H. Scheible et al. Mainz 1996, 371-391.

Schild, Theodor. *Denkwürdigkeiten Wittenbergs*. Wittenberg 1892.

Schilling, Heinz. *Martin Luther: Rebell in einer Zeit des Umbruchs*. München 2012.

Schilling, Johannes. "Briefe." In *Luther Handbuch*, 340-346.

──────. "Musicam semper amavi─Die Musik habe ich allezeit lieb gehabt': Martin Luther, Johann Walter und die Anfänge der evangelischen Musik." *Luther* 83 (2012) 133-144.

──────. *Passio Doctoris Martini Lutheri*. Gütersloh 1989.

Schlüter, Marie. *Musikgeschichte Wittenbergs im 16. Jahrhundert*. Göttingen 2010.

Schneider, Hans. "Episoden aus Luthers Zeit als Erfurter Mönch." In *Luther* 81 (2010) 133-148.

──────. "Martin Luthers Reise nach Rom neu datiert und neu gedeutet." In *Studien zur Wissenschafts- und Religionsgeschichte*. Ed. Akademie der Wissenschaften zu Göttingen. Berlin 2011, 1-157.

Schneider Ludorff, Gury. *Der fürstliche Reformator*. Leipzig 2006.

Schorn-Schütte, Luise. *Die Reformation: Vorgeschichte─Verlauf─Wirkung*. 5th ed. Munich 2011.

Schreiber, Heinrich. *Die Reformation Lübecks*. Halle 1902.

Schulze, Winfried. *Deutsche Geschichte im 16. Jahrhundert*. Frankfurt 1987.

Schwartz, Hubertus. *Geschichte der Reformation in Soest*. Soest 1932.

Schwarz, Reinhard. *Die apokalyptische Theologie Thomas Müntzers und der Taboriten*. Tübingen 1977.

──────. *Luther*. Göttingen 1986. 『라인하르트 슈바르츠의 마틴 루터』(한국신학연구소).

Scribner, R. W. "Luther Myth" and "Incombustible Luther." In *Popular Culture and Popular Movements in Reformation Germany*. London 1987, 301-353.

Smith, Charlotte Colding. *Images of Islam 1453-1600: Turks in Germany and Central Europe*. London 2014.

Smith, Jeanette C. "Katharina von Bora through Five Centuries: A Historiography." *SCJ* 30 (1999) 745-774.

Smolinsky, Heribert. *Augustin von Alveldt und Hieronymus Emser*. Münster 1983.

Spehr, Christopher. "Reformatorenkinder." *LuJ* 77 (2010) 183-219.

Springer, Carl P. E. *Luther's Aesop*. Kirksville, MO 2011.

Springer, Klaus-Bernward. "Luther als Student der Artes und studentisches Leben in Erfurt im Spätmittelalter und zu Beginn der Frühen Neuzeit." *MVGAE* 72 (2011) 72-97.

Staats, Reinhart. "Ist Zwingli älter als Luther?" *Zwingliana* 16 (1985) 470-476.

―――. "Luthers Geburtsjahr 1484 und das Geburtsjahr der evangelischen Kirche 1519." *Bibliothek und Wissenschaft* 18 (1984) 61-84.

Steinmetz, David. *Luther and Staupitz*. Durham 1980.

―――. *Misericordia Dei: The Theology of Johannes von Staupitz in Its Late Medieval Setting*. Leiden 1968.

Stephan, Bernd. "Kulturpolitische Massnahmen des Kurfürsten Friedrich III., des Weisen, von Sachsen." *LuJ* 49 (1982) 50-95.

Stievermann, Dieter. "Sozialer Aufstieg um 1500: Hüttenmeister Hans Luther und sein Sohn Dr. Martin Luther." In *Martin Luther und der Bergbau im Mansfelder Land*, 43-62.

―――. "Sozial- und verfassungsgeschichtliche Voraussetzungen Martin Luthers und der Reformation―der landesherrliche Rat in Kursachsen, Kurmainz und Mansfeld." In *Martin Luther: Probleme seiner Zeit*. Ed. V. Press & D. Stievermann. Stuttgart 1986, 137-176.

―――. "Zum Sozialprofil der Erfurter Humanisten." In *Humanismus in Erfurt*, ed. G. Huber-Rebenich & W. Ludwig. Rudolstadt 2002, 33-53.

Strauchenbruch, Elke. *Luthers Kinder*. Leipzig 2010.

Taviner, Mark, Guy Thwaites & Vanya Gant. "The English Sweating Sickness, 1485-1551: A Viral Pulmonary Disease?" In *Medical History* 42 (1998) 96-98.

Die Theologische Fakultät Wittenberg 1502 bis 1602. Ed. I. Dingel, G. Wartenberg & M. Beyer. Leipzig 2002.

Treu, Martin. *Katharina von Bora*. 3rd ed. Wittenberg 1999.

―――. *Martin Luther in Wittenberg: A Biographical Tour*. 2nd ed. Wittenberg 2008. 『비텐베르크의 마르틴 루터』(컨콜디아사).

―――. *Martin Luther und Eisleben: Ein Rundgang durch die Ausstellung im Geburtshaus.* Wittenberg 2007.

―――. "Der Thesenanschlag fand wirklich statt." *Luther* 78 (2007) 140-144.

Vandiver, Elizabeth, Ralph Keen & Thomas D. Frazel. *Luther's Lives: Two Contemporary Accounts of Martin Luther.* Manchester 2002.

Walter, Peter. "Albrecht und Erasmus von Rotterdam." In *Erzbischof Albrecht von Brandenburg (1490–1545).* Ed. F. Jürgensmeier. Frankfurt 1991, 102-116.

Wartenberg, Günther. "Die Enstehung der sächsischen Landeskirche von 1539 bis 1559." In *Das Jahrhundert der Reformation in Sachsen,* 69-92.

Wechmar, Ernst. "Propst Justus Jonas, Luthers Freund." In *Genealogisches Jahrbuch* 15 (1975) 137-150.

Weigelt, Horst. *The Schwenckfelders in Silesia.* Pennsburg 1985.

Weiss, Ulman. *Ein fruchtbar Bethlehem: Luther und Erfurt.* Berlin 1982.

Wengert, Timothy J. "Caspar Cruciger (1504-1548): The Case of the Disappearing Reformer." *SCJ* 20 (1989) 417-441.

―――. "Georg Major: An 'Eyewitness' to the Posting of Martin Luther's Ninety-Five Theses." In *Luthers Thesenanschlag,* 93-97.

―――. *Law and Gospel.* Grand Rapids 1997.

―――. "Martin Luther's Movement toward an Apostolic Self-Awareness as Reflected in His Early Letters." *LuJ* 61 (1994) 571-592.

Werdermann, Hermann. *Luthers Wittenberger Gemeinde wiederhergtellt aus seinen Predigten.* Gütersloh 1929.

Westman, Robert S. "The Melanchthon Circle, Rheticus, and the Wittenberg Interpretation of the Copernican Theory." *Isis* 66 (1975) 165-193.

Wicks, Jared. "Abuses under Indictment at the Diet of Augsburg 1530." *Theological Studies* 43 (1980) 253-302.

Winterhager, Wilhelm Ernst. "Ablasskritik als Indikator historischen Wandels vor 1517: Ein Beitrag zu Voraussetzungen und Einordnung der Reformation." *ARG* 90 (1999) 6-71.

――――. "Martin Luther und das Amt des Provinzialvikars in der Reformkongregation der deutschen Augustiner-Eremiten." In *Vita Religiosa im Mittelalter*. Ed. F. J. Felten & N. Jaspert. Berlin 1999, 707-738.

Wohlfeil, Rainer. "Der Wormser Reichstag von 1521." In *Der Reichstag zu Worms von 1521*. Ed. F. Reuter. Worms 1971, 59-154.

Wolgast, Eike. *Hochstift und Reformation*. Stuttgart 1995.

――――. "Luther, Jonas, und die Wittenberger Kollektivautorität." In *Justus Jonas (1493-1555) und seine Bedeutung für die Wittenberger Reformation*, 87-100.

――――. *Die Wittenberger Theologie und die Politik der evangelischen Stände*. Heidelberg 1997.

Wriedt, Markus. "Johannes von Staupitz als Gründungsmitglied der Wittenberger Universität." In *700 Jahre Wittenberg*, 173-186.

Wurm, Johann Peter. "Johannes Eck und die Disputation von Leipzig." In *Die Leipziger Disputation 1519*, 95-106.

Zeeden, Ernst W. *Martin Luther und die Reformation im Urteil des deutschen Luthertums*. 2 vols. Freiburg 1950 & 1952.

Zumkeller, Adolar. *Erbsünde, Gnade, Rechtfertigung und Verdienst nach der Lehre der Erfurter Augustinertheologen des Spätmittelalters*. Würzburg 1964.

도판 출처

p. 58 Wikipedia | p. 76 Lucas Cranach the Elder/Portrait of Hans Luther, Luther's father; Portrait of Margaretha Luther, Luther's mother/Wikipedia | p. 102 ⓒ S. Hendrix | p. 113 ⓒ S. Hendrix | pp. 114-115 ⓒ S. Hendrix | p. 118 Wikipedia | p. 143 Lucas Cranach the Elder/Portrait of Cardinal Albrecht of Brandenburg/Wikipedia | p. 205 after Bernard van Orley/Portrait of Charles V/Wikipedia | p. 241 ⓒ 2006 by Robert Scarth | p. 244 Lucas Cranach the Elde/Portrait of Martin Luther as Junker Jörg/Wikipedia | p. 274 Lucas Cranach the Elder/Martin Luther preaching/Wikipedia | p. 281 ⓒ S. Hendrix | p. 297 Lucas Cranach the Elder/Portrait of Katharina von Bora/Wikipedia | p. 325 Lucas Cranach the Elder/Portrait of Frederick III the Wise, Elector of Saxony; Portrait of male; Portrait of John Frederic the Magnanimous, Elector and Duke of Saxony/Wikipedia | p. 361 Internet Archive | p. 366 ⓒ S. Hendrix | p. 417 ⓒ S. Hendrix | p. 439 attributed to Lucas Cranach the Younger/Double portrait of Martin Luther and Philipp Melanchthon/Wikipedia | p. 484 Wikipedia | p. 527 Lucas Cranach the Younger/Wikipedia | p. 548 ⓒ S. Hendrix | p. 572 ⓒ S. Hendrix.

찾아보기

95개 논제(ninety-five theses) 97, 148-160, 174, 180-189, 364, 567

가톨릭 측의 반대(Catholic opposition) 51-54, 358, 396-398, 438, 494-495, 525, 534-539

군사적 공격(military attack) 48, 419, 454-455, 492

로마 가톨릭교회의 출현(emergence of Roman Catholic Church) 538, 565

『반론』(Confutation) 447, 450-452

잉글랜드에서(in England) 482-483, 497-499

출판(publications) 63, 208, 245, 288, 318-319

또한 '게오르크', '로마 가톨릭교회', '에크, 요하네스'를 보라.

개신교 운동(evangelical movement) 278, 321

분열(splintering) 332-333, 419

비텐베르크 바깥의(outside Wittenberg) 302-309, 319-320, 326-329, 394-416, 433-435, 446, 516-517, 543

세속 권력의 지지(support of civil authority) 358-359, 455-457, 478-479

또한 '루터파: 운동'을 보라.

『개인 기도서』(Personal Prayer Book, 루터) 292

개혁(reforms) 164, 436

교회 조직(church orders) 304-305, 321, 382-383, 407-409

신학적(theological) 164-166, 179, 204-208, 332-340, 348-354, 383-384, 421-425, 503-505

종교적 관행(religious practices) 169, 196-198, 249, 258-267, 275-278, 291-314, 319, 324, 326, 340, 358-365, 371-372, 382-383, 407-418, 451, 511, 515-516, 575

갠지스강(Ganges river) 55

게오르크(George the Bearded, 작센의

공작) 147, 301, 349, 376, 387, 488, 522
개혁에 대한 반대(opposition to reforms) 413-416, 478-479
와 농민 전쟁(and Peasants' War) 327
와 라이프치히 논쟁(and Leipzig disputation) 181-189, 212
와 『마이센에서 높임을 받게 된 새 우상과 옛 악마에게 반대함』(and *Against the New Idol and the Old Devil about To Be Elevated at Meissen*, 루터) 318-319
결혼(marriage) 258, 275, 294-302, 324, 342-343, 363, 483, 555
중혼(bigamy) 520
또한 '독신'을 보라.
『결혼 생활』(*Married Life*, 루터) 295
『고백록』(*Confessions*, 아우구스티누스) 130-131
고해(confession) 105, 245, 275, 388, 403, 500
고행(penance) 106, 144, 183
공동생활 형제회(Brethren of the Common Life) 82
광산업(mining) 46, 73
『광신자의 영에 반대하며 스트라스부르의 그리스도인들에게 보내는 편지』(*Letter to the Christians at Strassburg in Opposition to the Fanatic Spirit*, 루터) 332
괴물(monstrosities) 61-62
교구 참관(visitation of parishes) 404, 409, 525
선제후령 작센에서(in Electoral Saxony) 146, 367-368, 382-383, 400, 477-478
교리문답(catechisms) 401-406
교육(education) 77-78, 105, 141-142, 165-166, 178-179, 306-308
『교황과 주교가 영적 계급이라는 잘못된 명칭에 반대하면서』(*Against the Falsely Named Spiritual Estate of the Pope and Bishops*, 루터) 288
교황 당나귀(pope-donkey) 61
교황의 권위(papal authority) 180, 188, 326
무류성(infallibility) 246
에 대한 루터의 생각(Luther on) 61-62, 68, 149-155, 160-161, 174, 183-185, 200-209, 217, 234-235, 505, 565-566
『교황의 능력에 대한 마르틴 루터의 건방진 명제에 맞서는 대화』(*A Dialogue against Martin Luther's Presumptuous Theses concerning the power of the Pope*, 프리에리아스) 159
교황 칙령 『일어나소서 주님』(*Exsurge Domine papal bull*, 1520) 195, 211-215, 219, 231, 235
교회 규정(church orders) 304, 321, 382, 409
교회력(ecclesiastical calendar) 44
『교회의 바빌론 포로상태』(*Babylonian Captivity of the Church*, 루터) 375

구걸(begging) 275-276
"구원이 우리에게 오셨네"(Salvation unto Us Has Come, 슈페라투스) 405
군사적 저항(military resistance) 456, 476, 556
『군인도 구원을 받을 수 있는가』(Whether Soldiers, Too, Can Be Saved, 루터) 476
귈데나프, 비간트(Wigand Güldenaph) 83
그레벨, 콘라트(Conrad Grebel) 384
그룸바흐, 아굴라 폰(Argula von Grumbach) 440
그리네우스, 시몬(Simon Grynaeus) 483
『그리스도인과 유대인의 메시아』(Messiahs of the Christians and Jews, 뮌스터) 552
그리스도인의 선함(Christian goodness) 470-472
그리스도인의 자유(Christian freedom) 196, 206-207, 252, 276-278, 383
『그리스도인의 자유』(Freedom of a Christian, 루터) 218-219, 276
그리스어(Greek language) 94, 268, 309
그림마(Grimma) 117-118, 146, 187, 300
글라츠, 카스파르(Caspar Glatz) 302
『금서 목록』(Index of Prohibited Books, 1559) 355
금식(fasting) 326, 399

기대 수명(life expectancy) 54
기도(prayer) 84, 104, 164, 189, 292-293, 319, 378, 464

나움부르크(Naumburg) 542-543
나일강(Nile river) 55-56
나틴, 요하네스(John Nathin, 에르푸르트의 교수) 104-105
"내가 여기 있나이다" 발언("Here I stand" statement) 596주25
"내 주는 강한 성이요"(A Mighty Fortress Is Our God, 루터) 405-406
"내 하나님의 뜻이 언제나 이뤄지소서"(Let My God's Will Prevail Always, 프로이센의 알브레히트 공작) 408
네덜란드(Holland) 213, 490
노르트하우젠(Nordhausen) 339, 390
『농민들에게 반대한 가혹한 책에 대한 공개서한』(An Open Letter on the Harsh Book against the Peasants, 루터) 330
농민 전쟁(Peasants' War, 1525) 327-331, 338-343, 347-348, 555-556
『누가복음 24장에서 그리스도께서 부활의 날 예루살렘과 엠마오 사이에서 두 제자에게 모세와 예언자들을 통하여 전해 주신 아름다운 설교에 관한 대화』(A Dialogue concerning the Beautiful Sermon from Moses and the Prophets That Christ Delivered according to Luke 24 between Jerusalem and Emmaus to the Two Disciples on Easter

Day, 레기우스) 532-533
뉘른베르크(Nuremburg)
　의 개신교 운동(evangelical movement in) 360, 394-395, 419, 422, 432, 440, 445, 448, 457
　의 인쇄 부수(print runs in) 152-153, 188
　의 평화(Peace of, 1532) 475, 489
뉘첼, 카스파르(Caspar Nützel, 뉘른베르크의 번역자) 153
니케아 공의회(Council of Nicea, 주후 325) 184

『단검표』(*Obelisks*, 에크) 158
『대교리문답』(*Large Cathechism*, 루터) 402, 406
대학교(university)
　루뱅(Louvain) 186, 245, 566
　에르푸르트(Erfurt) 85, 92-97, 133, 226-227
　파리(Paris) 186
　또한 '비텐베르크: 대학교'를 보라.
데메디치, 조반니(Giovanni de'Medici) '레오 10세'를 보라.
덴마크(Denmark) 374-375, 409, 575
덴마크 왕비(queen consort of Denmark) '도로테아'를 보라.
덴마크의 엘리자베트(Elisabeth of Denmark, 브란덴부르크 선제후의 아내) 412
뎅크, 한스(Hans Denck) 386
도나투스, 아엘리우스(Aelius Donatus) 78-79

도덕(morality) 470-473, 515
도로테아(Dorothea, 덴마크와 노르웨이의 왕비) 409
독신(celibacy) 208, 249, 258, 267, 290, 294, 324
독일(Germany) 39
　개신교 운동의 확산(spread of evangelical movement) 238, 358, 375-376, 395, 419-420, 500-501, 577-579
　과 교황 칙령 『일어나소서 주님』(and *Exsurge Domine* papal bull) 211-212, 223
　농민 전쟁(Peasants' War, 1525) 327-331
　라이프치히 논쟁(Leipzig disputation) 181
　에서 루터의 시련(trial of Luther in, 1518) 170-177, 195
　에서 유대인에 대한 대우(treatment of Jews in) 552-555
　의 귀족(nobility of) 202-209
　의 기독교 교육(Christian education in) 307-308
　카를 5세와(Charles V and) 52, 426, 431-432, 518, 574
　튀르크의 위협(Turkish threat) 52-54, 418, 426-427, 465, 544, 549-550
『독일 그리스도인 귀족들에게 고함』(*Address to the Christian Nobility of the German Nation*, 루터) 203, 207-212

『독일 신학』(A German Theology, 작자 미상) 170-171
독일어(German language)
　루터의 출판물(publications of Luther) 171, 187-189, 192-194, 199, 354, 402-403, 410
　미사(mass) 264-267, 273, 359-365, 373-374
　성경 번역(Bible translations) 268-269, 317, 461-463, 485-486, 526, 528
『독일어 미사』(German Mass, 루터) 359-364, 373-374, 402
되링, 크리스티안(Christian Döring) 257
될쉬, 요한(John Dölsch, 비텐베르크의 교수) 169
『두 가지를 모두 받음』(Receiving Both Kinds, 루터) 278
『두 목회자에게 재세례에 관하여』(Concerning Rebaptism to Two Pastors, 루터) 387
드라흐슈테트, 필립(Philip Drachstedt) 46
드레히젤, 토마스(Thomas Drechsel) 265
디트리히, 파이트(Veit Dietrich) 421, 432-433, 442, 562

라미니트, 안나(Anna Laminit) '아우크스부르크의 우르젤'을 보라.
라우, 게오르크(George Rhau, 비텐베르크 인쇄공) 408
라이니케, 한스(Hans Reinicke) 46, 73, 80, 440-442
라이스니히(Leisnig) 303-307
라이프치히(Leipzig)
　152, 212, 522-523
　1519년 논쟁(1519 Disputation) 181-187, 192
라토무스, 야코부스(Jacob Latomus) 245-246
라틴어(Latin language)
　미사에서(mass in) 291, 359-360
　성경 번역(Bible translations) 268, 526-528
　연구(study of)
　　78-80, 94, 126, 128, 350
　출판물에서의 사용(use of in publications) 63, 151-152, 161, 171, 192-194
『라틴어 저작 선집 제1권』(First Volume of His Collected Latin Writings, 루터) 131
랑, 마테우스(Matthew Lang, 잘츠부르크의 대주교) 210-211
랑게, 요하네스(John Lang) 96-97, 110, 119-123, 133, 140-141, 170, 208, 227, 268-269, 394
　루터에게 받은 편지(correspondence from Luther) 121, 152, 157, 188
러요시 2세(Louis II, 헝가리 왕) 53, 418
레겐스부르크(Regensburg)
　1532년 제국의회(Diet of, 1532) 474-476

1541년 제국의회(Diet of, 1541) 525
레기우스, 우르바누스(Urban Rhegius) 395, 450
『누가복음 24장에서 그리스도께서 부활의 날 예루살렘과 엠마오 사이에서 두 제자에게 모세와 예언자들을 통하여 전해 주신 아름다운 설교에 관한 대화』(*A Dialogue concerning the Beautiful Sermon from Moses and the Prophets That Christ Delivered according to Luke 24 between Jerusalem and Emmaus to the Two Disciples on Easter Day*) 532-533
『뮌스터의 발렌티니아누스주의자와 도나투스주의자들에 대한 반박』(*Rebuttal of the Münster Valentinians and Donatists*) 492-493
레오 10세(Leo X, 교황)
  180, 207, 286, 375
  95개 논제에 대한 반응(response to ninety-five theses) 156, 157-162
  루터가 보낸 회유의 편지(conciliatory letter from Luther) 210, 217-219
  루터에 대한 조사를 명령함(investigation of Luther ordered, 1518) 170-176, 186, 193-196
  면벌부 활용(use of indulgences) 142, 148-151, 538
레이던의 얀(John of Leiden) 491
레티쿠스(G. J. Rheticus) 59-60
렘니우스, 시몬(Simon Lemnius) 535

로마(Rome) 49-50, 161, 194
로마 가톨릭교회(Roman Church)
  1520년 교황 칙령『일어나소서 주님』(*Exsurge Domine* papal bull, 1520) 195, 211-215, 219, 231, 235
  1521년 교황 칙령(papal edict, 1521) 222-223
  95개 논제에 대한 반응(response to ninety-five theses) 158-159
  개혁에 대한 요청(call for reforms) 494-495, 506-507, 518, 565-566
  독일 귀족과(German nobility and) 204-206
  루터에 대한 조사(investigation of Luther, 1518-1519) 170-175, 179-180, 194-195
  순교자(martyrs) 396
  『아우크스부르크 신앙고백에 대한 반론』(*Confutation of the Augsburg Confession*) 446-447, 450-452
  역사적 주장(historical claims) 184-185, 372
  와 잉글랜드(and England) 482-483, 497, 500
  의 보고(treasury of) 144, 154-155, 174
  재정(finances) 144-146, 207, 305
  제5차 라테란 공의회(Fifth Lateran Council, 1512-1517) 161, 176
  종교개혁을 분열시킴(Reformation schism) 48, 63, 418-420, 430-440, 455-457, 469-470, 494-495, 522-525, 537-539, 542, 574-579

또한 '가톨릭 측의 반대'를 보라.
『로마의 교황 제도』(The Papacy at Rome, 루터) 200-203
로이힐린, 요하네스(John Reuchlin) 177-178
로터, 멜키오르(Melchior Lotther) 188, 198
로트만, 베른하르트(Bernhard Rothmann) 490, 492-493
롬바르두스, 페트루스(Peter Lombard)
『명제집』(Sentences) 108-110, 141-142
뢰러, 게오르크(George Rörer) 379, 402, 421, 545
 루터의 비서(Luther's secretary) 151, 337, 433, 526, 528
 성모 마리아 교회의 부제(deacon, Church of St. Mary) 365, 368
뢰저, 한스 폰(Hans von Löser) 324, 481
루더, 도로테아(Dorothy Luder, 마르틴의 여동생) 75
루더, 마르가레트(Margaret Luder, 마르틴의 여동생) 75
루더, 마르틴(Martin Luder) '루터, 마르틴'을 보라.
루더, 바르바라(Barbara Luder, 마르틴의 여동생) 75
루더, 야코프(Jacob Luder, 마르틴의 남동생) 46, 48, 75, 430, 450, 576
루더, 하인츠(Heinz Luder, 마르틴의 삼촌) 377
루더, 한스(Hans Luder, 마르틴의 아버지) 68-69, 73-77, 98, 107, 250-251, 345, 401, 430
루뱅(Louvain) 213
 대학교(university in) 186, 245, 566
루베아누스, 크로투스(Crotus Rubeanus) 83, 90, 98, 226
루터, 마그달레나(Magdalena Luther, 마르틴의 딸) 73, 401, 440-441, 488, 545
루터, 마르가레트(Margaret Luther, 마르틴의 딸) 399, 488, 563, 573-576
루터, 마르틴(Martin Luther)
 1511년 로마 여행(trip to Rome, 1511) 49-50
 1519년 라이프치히 논쟁(Leipzig disputation, 1519) 181-187, 192
 1521년 보름스 제국의회에서(at Diet of Worms, 1521) 1-52, 215, 224-226, 229-238
 1529년 마르부르크 회담에서(at Marburg colloquy, 1529) 418-427
 1530년 아우크스부르크 제국의회에서(at Augsburg diet, 1530) 431-437, 444-448, 452-453
 개인의 재정(personal finances) 317, 346-347, 486, 547-548
 교수로서(as professor) 109-110, 119-136, 169, 199, 235, 247, 280, 337, 348, 510-512
 교황의 권위에 관하여(on papal authority) 61-62, 68, 150-155, 159-162, 174-176, 183-185, 195-218, 232-235, 504-506, 565-567

교황 제도에 관하여(on the papacy) 51, 288-289, 372, 388, 534-535, 550
군사적 저항에 관하여(on military resistance) 456-458, 475-476, 555-556
"내가 여기 있나이다"(Here I stand) 596주25
미사에 관하여(on the mass) 259-264, 273-275, 291, 359-367, 371-375, 505-506
사제로서(as priest) 104-108, 272-273, 280-282, 400-402, 411-414
성만찬에 관하여(on the Lord's Supper) 332-336, 455-456, 500-504
수도사로서(as monk) 68, 69, 86, 96-110, 119-122, 247, 250, 272-273
수도원 제도에 관하여(on monasticism) 62, 258-259, 296-302, 413-416, 435, 587주24
아버지로서(as father) 73, 368, 381, 401, 442-443, 468-469, 480-481, 488-489, 545
아버지와의 관계(relationship with his father) 68-69, 74-77, 98-99, 107, 250-251, 430, 441-442
악마에 관하여(on the devil) 64, 256, 263-264, 271-272, 307, 319, 330-333, 453, 550-551
에 관한 로마 가톨릭의 조사(Roman Church investigation of, 1518-1519) 170-175, 179-180, 194-195
에 관한 신화와 소문(myths and rumors about) 48, 63-66, 97-98, 199
와 1520년 교황 칙령 『일어나소서 주 님』(and Exsurge Domine papal bull, 1520) 195-196, 211-215, 219, 231, 235
와 농민 전쟁(and Peasants' War) 328-331, 338-341, 556
와 죄에 대한 개인적 씨름(and sin, personal struggle) 106, 124
우주관과 점성학에 관하여(on cosmology and astrology) 59-60
유언과 유언장(will and testament) 546, 574
음악가로서(as musician) 83, 360, 398, 404-408, 454
의 거친 언어(harsh language of) 557-558
의 눈(eyes of) 563-564
의 주해(glosses of) 93, 128
의 첫 미사(first mass of) 85, 107, 250
이단 고발(accusation of heresy) 158-162, 172-180, 185-188, 192-196, 233
장례식에 관하여(on funerals) 340-341, 477
종교개혁의 발견(reformation discovery) 97, 131-134
종교개혁자로서(as reformer) 273, 309-321, 358-364, 414, 518
죄에 관하여(on sin) 124, 166-167, 246, 334, 350-353

죽음(death)
44-49, 64-66, 561, 568-569
지방 대표로서(as vicar) 121-122, 140, 146, 165, 170
질병(illness) 377-382, 389, 460, 505-510, 528, 561-564, 567-569
청년기(youth) 69-86, 89-93
추방 이후 비텐베르크로의 귀환(post-exile return to Wittenberg) 272-282, 291, 309-310
출생(birth) 69-70
파문과 추방(excommunication and exile) 210, 222-223, 236-252, 256, 262-272, 286-288, 315, 351
카타리나 폰 보라와의 결혼(marriage to Katharina von Bora) 299-300, 342-347
루터, 마르틴(Martin Luther Jr., 마르틴의 아들) 73, 468-469, 488, 568, 573
루터, 엘리자베트(Elisabeth Luther, 마르틴의 딸) 381, 390, 401, 488
루터, 요한(John Luther, 헨스헨, 마르틴의 아들) 368, 390, 442-443, 488, 544-545, 573-575
루터, 파울(Paul Luther, 마르틴의 아들) 72, 324, 480-481, 488, 568, 573, 576
루터의 작품(works of Martin Luther) 225
95개 논제(ninety-five theses) 97, 148-160, 174, 176, 179-189, 364, 567

『개인 기도서』(Personal Prayer Book) 292-293
『결혼 생활』(Married Life) 295
『광신자의 영에 반대하며 스트라스부르의 그리스도인들에게 보내는 편지』(Letter to the Christians at Strassburg in Opposition to the Fanatic Spirit) 332
교리문답(catechisms) 401-404
『교황과 주교가 영적 계급이라는 잘못된 명칭에 반대하면서』(Against the Falsely Named Spiritual Estate of the Pope and Bishops) 288
『교회의 바빌론 포로상태』(Babylonian Captivity of the Church) 375-376
『군인도 구원을 받을 수 있는가』(Whether Soldiers, Too, Can Be Saved) 476
『그리스도인의 자유』(Freedom of a Christian) 218, 278
"내 주는 강한 성이요"(A Mighty Fortress Is Our God) 405-406
『농민들에게 반대한 가혹한 책에 대한 공개서한』(An Open Letter on the Harsh Book against the Peasants) 330
『독일 그리스도인 귀족들에게 고함』(Address to the Christian Nobility of the German Nation) 203-209, 288, 304
『독일 신학』 서문(A German Theology, preface) 170-171

『독일어 미사』(German Mass) 359-362, 374, 402
독일어 출판물(German publications) 171, 187, 189, 199, 354, 402
『두 가지를 모두 받음』(Receiving Both Kinds) 278
『두 목회자에게 재세례에 관하여』(Concerning Rebaptism to Two Pastors) 397-389
라이스니히 규정(Leisnig ordinance) 304-307
『라틴어 저작 선집 제1권』 서문(First Volume of His Collected Latin Writings preface, 1545) 131-132
『로마의 교황 제도』(The Papacy at Rome) 200-203
『마그데부르크의 주교, 알브레히트 추기경 비판』(Against the Bishop of Magdeburg, Cardinal Albert) 535
마르부르크 조항(Marburg Articles) 424
"마리아 찬가" 주석(Magnificat, commentary) 243, 245, 478
『마이센에서 높임을 받게 된 새 우상과 옛 악마에게 반대함』(Against the New Idol and the Old Devil about To Be Elevated at Meissen) 319
『모든 그리스도인이 반란과 폭동에 맞서 경계할 것을 권면하는 진지한 훈계』(A Sincere Admonition to All Christians to Guard against Insurrection and Rebellion) 263
『반박』 서문(Rebuttal preface) 493
『반역적인 영에 관하여 작센의 제후들에게 보내는 편지』(Letter to the Princes of Saxony Concerning the Rebellious Spirit) 315-316
『새로운 노래』(A New Song) 398
『선제후의 작센에 있는 교구 목사를 위한 참관자의 가르침』(Instruction of the Visitors for the Parish Pastors in Electoral Saxony) 382-383, 387, 400
『선행』(Good Works) 198-199
『설명문』(Explanations) 160-161, 164, 170, 174
성경 번역(Bible translations) 268-269, 317, 462-463, 485-486, 526, 528
성경에 관하여(on Bible) 126-134, 167, 222, 380, 324, 337, 370-371, 448-449, 466-473, 481, 511-512, 530, 537
『성상과 성례의 문제에 관해 하늘의 예언자들에게 반박함』(Against the Heavenly Prophets in the Matter of Images and Sacraments) 337
세계사 연대표(world history chart) 55
『속박된 선택』(Bound Choice) 337-338, 354-355
『수도원 서약에 관한 판단』(A Judgment on Monastic Vows) 250
『슈말칼덴 조항』(Smalcald Articles)

505-508
『슈바바흐 조항』(Schwabach Articles) 421
시편 118편 주석(commentary on confitemini) 448
『아우크스부르크에 모인 모든 사제들에게 보내는 권고』(Exhortation to All Clergy Assembled at Augsburg) 434-437
『악마가 세운 로마 교황 제도 반박』(Against the Roman Papacy Instituted by the Devil) 565
『안식일 엄수주의자에 대한 반론』(Against the Sabbatarians) 531
『유대인과 그들의 거짓말』(The Jews and Their Lies) 550-552
인보카비트 설교(Invocavit) 273-275
『잉글랜드 왕의 신성모독적인 책에 대한 반박문』(Against the Blasphemous Book of the King of England) 376-377
『잉글랜드 왕 헨리에 대한 반박문』(Against Henry the King of England) 375
『작은 기도서』(Little Prayer Book) 402
주기도에 관한 해설(explanation of the Lord's Prayer) 189
주석(postils) 245, 337
『친애하는 독일 민족을 향한 경고』(Warning to His Dear German People) 455, 465
『평화를 권면함』(Admonition to Peace) 328-330, 338
『하인리히 형제의 화형』(The Burning of Brother Henry) 397
『학교에서 아이들을 돌보는 것에 관한 설교』(A Sermon on Keeping Children in School) 77
『한스부르스트 비판』(Against Hanswurst) 536-537
『할레의 우상에 맞서』(Against the Idol at Halle) 287-288
루터파(Lutherans)
　루터파 교회(Lutheran Church) 523, 537-539, 542-544, 557-561, 574, 576
　비텐베르크 바깥의(outside Wittenberg) 289-291, 367-368, 375-377, 381-383, 394-400, 409-410, 416-420, 437, 444-451
　정착된 운동(established movement) 465, 477-480, 493-494, 498-507, 523-525
　초기 운동(early movement) 53-54, 251, 261-265
루프쉬, 콘라트(Conrad Rupsch) 360
루프트, 한스(Hans Lufft, 비텐베르크 인쇄공) 485-486
루핀, 페터(Peter Lupin, 비텐베르크의 교수) 169
뤼네부르크(Lüneburg) 369, 445, 450
뤼베크(Lübeck) 409, 410, 457, 466
뤼엘, 요한(John Rühel, 만스펠트 친척) 340, 342, 345, 368
뤼티히(Lüttich) 213

리가(Riga) 307
리그니츠(Liegnitz) 372-373
리하르트(Richard, 트리어의 대주교) 213, 236
리히텐베르거, 요하네스(John Lichtenberger) 60
린데만, 디트리히(Dietrich Lindemann, 아이제나흐 친척) 90
린데만, 마르가레트(Margaret Lindemann, 마르틴의 어머니) 71-73, 75, 345, 467
린데만, 마르가레트(Margaret Lindemann, 카스파르의 아내) 481
린데만, 안토니우스(Antonius Lindemann, 마르가레트의 삼촌) 73
린데만, 카스파르(Caspar Lindemann, 마르가레트의 친척) 72, 481
링크, 벤첼(Wenzel Linck) 82, 153, 158-159, 186, 210, 217, 296, 345-347, 369, 394
  개혁 총회에서(in Reformed Congregation) 247, 269
  루터에게 받은 편지(correspondence from Luther) 280-282, 369, 374, 416, 456, 467, 561
  루터의 청문회에서(at hearing of Luther, 1518) 173-175

마그데부르크(Magdeburg) 80-82, 575
  에서 판매된 면벌부(indulgences sold in) 142, 287
  의 개신교 운동(evangelical movement in) 320, 394, 407, 457, 543

『마그데부르크의 주교, 알브레히트 추기경 비판』(Against the Bishop of Magdeburg, Cardinal Albert, 루터) 535
마르가리타, 안토니우스(Antonius Margaritha)
  『유대교 신앙의 모든 것』(The Entire Jewish Faith) 551
마르부르크 조항(Marburg Articles, 루터) 424-425
마르부르크 회담(Marburg colloquy, 1529) 418-424
마르샬크, 니콜라우스(Nicholas Marschalk) 94-95, 116
『마르틴 루터 박사의 수난』(The Passion of Doctor Martin Luther, 작자 미상) 238
마이센(Meissen) 48, 212, 318-319, 524
『마이센에서 높임을 받게 된 새 우상과 옛 악마에게 반대함』(Against the New Idol and the Old Devil about To Be Elevated at Meissen, 루터) 319
마이센의 벤노(Benno of Meissen, 성인) 318-319
마인츠(Mainz) 142, 150
마켄로트, 파울(Paul Mackenrot, 마르틴의 처남) 75
마테지우스, 요하네스(John Mathesius) 526, 558
마티스, 얀(Jan Matthijs) 490-491
막시밀리안 1세(Maximilian I, 신성로마

제국) 172, 179
만스펠트(Mansfeld) 46-47, 69-80
만츠, 펠릭스(Felix Mantz) 385
메니에르 병(Ménière's disease) 378
메르제부르크(Merseburg) 212
메르카토르, 헤라르뒤스(Gerard Mercator) 56
메리 1세(Mary I, 잉글랜드 여왕) 397, 483
메제리츠, 엘리자베트(Elisabeth Meseritz) '크루치거, 엘리자베트'를 보라.
메치, 한스(Hans Metzsch, 비텐베르크 토지 관리인) 401, 467
멜란히톤, 카타리나(Katharina Melanchthon, 필립의 아내) 215-217, 381, 482
멜란히톤, 필립(Philip Melanchthon)
  1530년 아우크스부르크 제국회의에서(at Diet of Augsburg, 1530) 432-433, 444, 455-456
  개혁의 지도자로서(as leader of reform) 61-62, 256-262, 265-268, 340, 394, 482
  결혼과 가족(marriage and family) 75, 216-217, 302, 381
  과 반율법주의 논쟁(and Antinomian controversy) 514-516
  과 성경 번역(and Bible translation) 269, 526
  과 『슈말칼덴 조항』(and Smalcald Articles) 506-508
  과 시몬 렘니우스(and Simon Lemnius) 536
  과 잉글랜드(and England) 483, 497-498
  과 재세례파(and Anabaptists) 387, 492
  과 점성학(and astrology) 60, 69, 509
  과 헤센의 필립(and Philip of Hesse) 320-321, 519
  루터가 보낸 편지(correspondence from Luther) 243, 247, 249, 260-261, 432, 441
  루터의 사망 시(at Luther's death) 65, 570
  루터의 전기 작가로서(as Luther's biographer) 69-70, 558, 564
  루터의 핵심 측근(in Luther's inner circle) 47, 65, 182, 326, 343-344, 465, 479
마르부르크 회담(Marburg colloquy, 1529) 420-424
『변론』(Apology) 452, 503
비텐베르크 포위 기간 동안(during Wittenberg siege, 1547) 575
『비텐베르크 협정』(Wittenberg Concord, 1536) 501-504
『선제후의 작센에 있는 교구 목사를 위한 참관자의 가르침』(Instruction of the Visitors for the Parish Pastors in Electoral Saxony) 382-383, 400
『아우크스부르크 신앙고백』(Augsburg Confession) 437-438, 444-446, 451-452, 457, 474, 503

의 봉급(salary of) 179, 317, 346
의 찬송가(hymns of) 408
의 청년기(youth of) 177-178
죄와 회개(sin and repentance) 403
질병(illness) 519
"청소년 학습을 바로잡음"(Correcting the Studies of Youth) 178-179
커리큘럼에 관하여(on curriculum) 79
면벌부(indulgences) 68, 116, 287, 326, 375
1517년 논쟁(controversy, 1517) 140-160, 173-174, 180, 183, 188, 538
와 성 베드로 대성당(and St. Peter's basilica) 142-151, 154-158
『명제집』(Sentences, 롬바르두스) 108-110, 141-142
『모든 그리스도인이 반란과 폭동에 맞서 경계할 것을 권면하는 진지한 훈계』(A Sincere Admonition to All Christians to Guard against Insurrection and Rebellion, 루터) 263
모든 성인 교회(Church of All Saints, 비텐베르크) 114, 125, 151, 228, 477
  루터의 장례식과 무덤(funeral and grave of Luther) 70, 179, 574
  모든 성인 교회 참사회(All Saints Chapter at) 258, 267, 286, 364-365
  에서의 개혁(reforms at) 262-265, 340-343, 359
모든 성인 교회 참사회(All Saints Chapter, 비텐베르크) 267, 286, 341, 359, 364
모라비아(Moravia) 385
모리츠부르크성(Moritzburg castle, 할레) 286
모어, 토머스(Thomas More) 397, 497
모카우, 안나 폰(Anna von Mochau, 카를슈타트의 아내) 267
모하치(Mohács) 53
뫼라(Möhra) 240
무티안, 콘라트(Conrad Mutian) 95
뮌스터(Münster, 도시) 492-493
뮌스터, 제바스티안(Sebastian Münster)
  『그리스도인과 유대인의 메시아』(Messiahs of the Christians and Jews) 552
뮌스터베르크의 여공작(duchess of Münsterberg) '우르술라'를 보라.
『뮌스터의 발렌티니아누스주의자와 도나투스주의자들에 대한 반박』(Rebuttal of the Münster Valentinians and Donatists, 레기우스) 492
뮌처, 토마스(Thomas Müntzer) 265-266, 309, 311-316, 326-328, 339, 359, 367, 383, 550
『비텐베르크에서 영혼 없이 고분고분 살고 있는 육체들에 대한 의무적 방어와 답변』(An Obligatory Defense and Reply to the Spiritless Soft-Living Flesh at Wittenberg) 313
뮌헨(Munich) 51, 118
뮐베르크(Mühlberg) 574

미사(mass) 273, 291, 418
  독일어(in German) 264-265, 359-365, 372-374
  사적(private) 208, 259-262, 273, 305, 506
  성만찬 제정의 말씀(words of institution) 261, 374
  정경(canon of the) 104
  또한 '성만찬'을 보라.
미신(superstition) 64, 336
믿음(faith) 93, 155, 174, 218, 246, 383-389
  오직 믿음(faith alone) 197, 472, 515
  으로 인한 칭의(justification by) 130-133, 525
밀티츠, 카를 폰(Karl von Miltitz) 180, 195

바그너, 리하르트(Richard Wagner)
  〈탄호이저〉(Tannhäuser) 242
바르트부르크 요새(Wartburg fortress, 아이제나흐) 238-243, 247-248, 252, 256, 260, 263-272, 286-287
바울(Paul, 사도) 132, 134, 166-167, 206-207, 469-473, 570
  또한 '성경: 바울 서신'을 보라.
바움가르트너, 히에로니무스(Jerome Baumgartner, 비텐베르크 대학교 학생) 302
바이마르(Weimar) 340, 519
바이어, 크리스티안(Christian Beyer) 91, 262, 445
바이에른(Bavaria) 386, 525

바인스베르크(Weinsberg) 327
바젤(Basel) 152, 187, 231
박스도르프(Wachsdorf) 574-575
반스, 로버트(Robert Barnes) 483, 497, 500
『반역적인 영에 관하여 작센의 제후들에게 보내는 편지』(Letter to the Princes of Saxony Concerning the Rebellious Spirit, 루터) 315
반율법주의 논쟁(Antinomian controversy) 515-518
발터, 요한(John Walter, 루터파 음악가) 360
『신앙적인 찬송가 책자』(Spritual Songbooklet) 405
법/율법(law) 131, 470-472, 514-517
베르게리오, 피에트로 파올로(Peter Paul Vergerio) 112, 495-496, 564
베르길리우스(Virgil) 80
베른하르디, 바르톨로메우스(Bartholomew Bernhardi) 169
베를레프쉬, 한스 폰(Hans von Berlepsch) 243, 248
베오그라드(Belgrade) 52
벨기에(Belgium) 213, 398
벨러, 히에로니무스(Jerome Weller, 루터 자녀의 가정교사) 466
『변론』(Apology, 멜란히톤) 452, 503
보라, 마그달레나 폰(Magdalena von Bora, 카타리나의 고모) 298, 301, 401
보라, 카타리나 폰(Katharina von Bora)
  가족(family and household) 73-74,

345-347, 368-369, 377-382, 400-401, 413-414, 466-467, 480-481, 488-489, 528-529, 544-545
루터에게 받은 편지(correspondence from Luther) 44-47, 475, 519, 564
루터와의 결혼(marriage to Luther) 299-300, 342-347
수녀원에서의 탈출(escape from convent) 296-297, 414-415
와 루터의 죽음(and Luther's death) 65-66, 573-576
우정(friendships) 482
의 죽음(death of) 576-577
보라, 크리스티나 폰(Christina von Bora, 카타리나의 올케) 573
보라, 플로리안 폰(Florian von Bora, 카타리나의 조카) 544
보라, 한스 폰(Hans von Bora, 카타리나의 아버지) 297-298
보름스(Worms) 522, 526
1521년 제국의회(Diet of, 1521) 51-52, 215, 224-226, 229-238, 397
보름스 칙령(Edict of Worms, 1521) 237, 367-368, 370, 418
볼로냐(Bologna) 431
부겐하겐, 요하네스(John Bugenhagen)
과 『슈말칼덴 조항』(and Smalcald Articles) 506-508
교황 사절과의 만남(meeting with papal nuncio) 495
루터의 핵심 측근(in Luther's inner circle) 47, 257, 342, 365-368, 373, 390-391, 546, 570
비텐베르크 교수이자 목회자(Wittenberg professor and pastor) 280-282, 379, 416, 431-432
성경 번역(Bible translation) 526-528
참관과 교회 조직(visitation and church orders) 381, 400, 409-411, 466, 479, 558
부르군트의 지기스문트(Sigismund of Burgundy, 성인) 116
부처, 마르틴(Martin Bucer) 168, 395, 446, 520-521, 544, 553
성만찬에서 그리스도의 현존에 관하여(on Christ's presence in the Lord's Supper) 424-425, 455-456, 502-503
부흐(Buch, 수녀원) 303
분서(book burning) 212-214, 219-220, 223-224, 375
불링거, 하인리히(Henry Bullinger) 554-555
뷔르츠부르크(Würzburg) 165
뷔르템베르크(Württemberg) 500
브라운, 요한(John Braun, 아이제나흐의 사제) 84
브라운슈바이크(Braunschweig) 400, 409-411
브란덴부르크(Brandenburg) 412, 516
브란덴부르크-안스바흐(Brandenburg-Ansbach) 445
브레멘(Bremen)

320, 390, 395-398, 457
브렌츠, 요하네스(John Brenz) 395-396, 422
브뤼셀(Brussels) 398
브뤼크, 그레고르(Gregor Brück, 작센 궁정 수상) 225, 431, 452, 565
브리스거, 에버하르트(Eberhard Brisger, 비텐베르크 아우구스티누스회 수도사) 279, 346, 394
브리스만, 요한(John Briessmann, 루터파 개혁자) 290, 395
블라우로크, 게오르크(George Blaurock) 385
블랑켄펠트, 카타리나(Katharina Blankenfeld, 요아힘 1세의 정부) 413
비엔나(Vienna) 418, 426-427
비텐베르크(Wittenberg) 38, 46, 112, 114-115, 140-141
  교황 사절의 방문(papal envoy visit, 1535) 495-497
  대학교의 개혁(university, reforms) 141-142, 147, 169, 177-178, 199, 257-267
  대학교의 발전(university, development) 94-97, 108-109, 116-130, 280, 379-381, 389-390, 401, 536
  대학교의 재정(university, finances) 317, 346, 364-365
  로 달아난 시토회 수녀들(Cistercian nuns flee to) 296-299
  로부터 종교개혁의 확장(reformation expansion from) 375-376, 394-395, 409-411, 455-456, 462-463, 465-466, 479-480, 499-501, 514-515
  루터의 장례식(funeral of Luther) 65-66, 569-570
  모든 성인 교회 참사회(All Saints Chapter) 267, 286, 359, 364
  반성직자주의 폭력 시위(anticlerical violence, 1521) 262-263
  보름스 칙령과(Edict of Worms and) 237-238
  성모 마리아 교회/시교회(Church of St. Mary/Town Church) 116, 264, 273, 280, 282, 359, 365, 400, 534
  성령 예배당(Chapel of the Holy Spirit) 115
  시의회(town council) 226, 467
  의 루터 가족(Luther family in) 72-73, 345-346, 368-369, 381, 401, 414, 430, 468, 480-481, 488-489, 563
  의 아우구스티누스회 수도원(Augustinian cloister in) 107, 114-120, 129, 261-262, 269-270, 279-280, 346-347, 547, 549, 564, 575
  의 전염병(plague in) 377-378, 488
인쇄(printing) 63, 187-188
종교개혁의 시작(reformation beginnings) 256-257, 262-283, 291, 310, 321, 324, 359-365
포위(siege, 1547) 574
프리드리히의 장례식(funeral of Frederick the Wise) 340-341

또한 '모든 성인 교회'를 보라.
『비텐베르크에서 영혼 없이 고분고분 살고 있는 육체들에 대한 의무적 방어와 답변』(An Obligatory Defense and Reply to the Spiritless Soft-Living Flesh at Wittenberg, 뮌처) 313
『비텐베르크 조항』(Wittenberg Articles) 498
『비텐베르크 협정』(Wittenberg Concord) 504
빌, 가브리엘(Gabriel Biel) 104, 131

사도신경(Apostles' Creed) 402, 516
사제직(priesthood)
  모든 성인 교회 참사회(All Saints Chapter) 267, 286, 359, 364
  모든 신자의(of all believers) 206-207, 210
  안수(ordination) 206, 210, 277, 510-511
『새로운 노래』(A New Song, 루터) 398
샬베 가문(Schalbe family, 아이제나흐) 82-85
『선제후의 작센에 있는 교구 목사를 위한 참관자의 가르침』(Instruction of the Visitors for the Parish Pastors in Electoral Saxony, 루터와 멜란히톤) 382, 400
선행(good works) 166-167, 196-198, 363, 472-473
『선행』(Good Works, 루터) 196-198
『설명문』(Explanations, 루터) 160-161, 164, 170, 174
성경(Bible) 276, 337
  구약(Old Testament) 337, 532-533, 552
  독일어 번역(German translations) 268, 317, 461, 526
  레위기(Leviticus) 483
  마태복음(Matthew) 184, 276
  바울 서신(Pauline epistles) 131-132, 206-207, 324, 469-472
  복음(gospel) 132-134, 155, 246, 277, 463-464, 560
  시편(Psalms) 127-129, 167, 222, 280, 307, 448-449, 454, 461-462
  신명기(Deuteronomy) 276, 337
  전도서(Ecclesiastes) 204, 370-371
  창세기(Genesis) 295, 511, 530, 537
  해석(interpretation of) 233-234, 275-277, 351-352
  또한 '성경의 권위'를 보라.
성경의 권위(scriptural authority) 174, 184, 204-206, 235, 246, 276, 463
성교회(Castle Church, 비텐베르크) '모든 성인 교회'를 보라.
『성령과 문자』(The Spirit and the Letter, 아우구스티누스) 135
성령 예배당(Chapel of the Holy Spirit, 비텐베르크) 115
성례전(sacraments) 187, 195, 375
성례전주의자(sacramentarians) 371, 550
성만찬(the Lord's Supper) 291-292, 360-362, 402, 500-504, 559

빵과 포도주(bread and wine) 92, 259-264, 273-278, 359, 407, 451, 478
　에서 그리스도의 현존(presence of Christ in) 332-336, 371-373, 383, 421-425, 446, 455, 525
성모 마리아 교회(Church of St. Mary, 비텐베르크) 116, 264, 275, 280, 359, 364-365, 400, 534
성모 마리아 시장 교회(Market Church of Our Lady, 할레) 543, 567
『성 베네딕투스 규칙서』(Rule of St. Benedict) 197
성 베드로 대성당(St. Peter's Basilica) 142-150, 184
성 베드로 대수도원(St. Peter's Abbey, 잘츠부르크) 211, 283
성변화(transubstantiation) 334, 372, 419-425, 455-456, 525
성상(images) 275-276, 333
성상 파괴(iconoclasm) 270
성유물(relics) 84, 208, 298, 319
　브란덴부르크의 알브레히트의(of Albert of Brandenburg) 286, 567
　프리드리히의(of Frederick the Wise) 147, 150-151, 286, 365
성인(sainthood) 51, 319
성인들(saints) 144, 155, 275
세례(baptism) 206-207, 210, 246, 471
　유아(infant) 266, 384-389
　재세례(rebaptism) 384-388, 490
『소교리문답』(Small Catechism, 루터) 402-404

『속박된 선택』(Bound Choice, 루터) 337-338, 354-355
쇤펠트 자매, 아베와 마르가레트(Ave and Margaret Schönfeld) 299
쇼이얼, 크리스토프(Christoph Scheurl) 116, 141, 153, 181
수도사 송아지(monk-calf) 61-62
『수도원 서약에 관한 판단』(A Judgment on Monastic Vows, 루터) 250
수도원 제도(monasticism) 62, 101, 258-259, 297-301, 413-415, 435, 587주24
　또한 '독신'을 보라.
순교자(martyrs) 396-399
술레이만(Suleyman the Magnificent) 52, 418, 426, 490, 549
슈르프, 히에로니무스(Jerome Schurf) 169, 203, 262, 272, 343
　1521년 보름스 제국의회에서(at Diet of Worms, 1521) 230, 235
　95개조 논제에 대해(on ninety-five theses) 151, 155
슈말칼덴(Smalcald) 456, 489, 507
슈말칼덴 동맹(Smalcald League) 456-457, 474, 478, 489, 497-501, 504-508, 574
『슈말칼덴 조항』(Smalcald Articles, 루터) 504-508
『슈바바흐 조항』(Schwabach Articles, 루터) 421
슈바베, 페터(Peter Swawe, 포메른 학생) 226, 256
슈바이니츠(Schweinitz) 476

슈바인푸르트(Schweinfurt) 474-475
슈베르트페거, 요한(John Schwertfeger, 비텐베르크 법학자) 257
슈베비쉬 할(Schwäbisch Hall) 395, 422
슈벵크펠트, 카스파르 폰(Caspar von Schwenckfeld) 372-374
슈타우피츠, 마그달레나(Magdalena Staupitz, 요한의 여동생) 300, 467
슈타우피츠, 요한(John Staupitz) 153
　1518년 아우크스부르크에서(at Augsburg, 1518) 175-176
　루터에게 받은 편지(correspondence from Luther) 193-194, 223, 283-284
　아우구스티누스회 주교 대리에서 사임함(resignation as Augustinian vicar-general) 210
　와 루터의 『설명문』(and Luther's *Explanations*) 160-161, 170
　와 청년 루터(and young Luther) 109, 117-125, 135-137, 217, 562
슈토르히, 니콜라우스(Nicholas Storch) 265
슈톨베르크(Stolberg) 339
슈투름, 야코프(Jacob Sturm, 스트라스부르의 최고위 판사) 419-420, 446, 455, 501
슈튀프너, 마르쿠스(Marcus Stübner) 265
슈파이어(Speyer) 320
　1526년 제국의회(Diet of, 1526) 53, 367-370, 400
　1529년 제국의회(Diet of, 1529) 406, 418-419, 426
　1542년 제국의회(Diet of, 1542) 549
슈팔라틴, 게오르크(George Spalatin) 94-97, 562
　1521년 보름스 제국의회에서(at Diet of Worms, 1521) 229-230
　1530년 아우크스부르크 제국의회에서(at Diet of Augsburg, 1530) 431-432, 435
　결혼(marriage) 369-370, 535-536
　과 『슈말칼덴 조항』(and *Smalcald Articles*) 505-508
　과 비텐베르크 대학교(and Wittenberg university) 346, 365
　과 종교개혁의 확장(and reformation expansion) 394, 525, 542
　루터에게 받은 편지(correspondence from Luther) 168, 171, 193, 239, 299-300, 314, 342, 348, 377, 390-391, 414, 433
　루터의 작품에 미친 영향(influence on Luther's works) 196-197, 202, 263, 381
　선제후의 작센 궁정의 연락책(liaison at Electoral Saxony court) 122, 143, 149-150, 170, 177, 212, 225-226, 229, 236, 257-258, 280, 288, 321-322, 340-341
　슈바인푸르트 회의에서(at Schweinfurt talks, 1532) 475
슈페라투스, 파울(Paul Speratus, 루터파 개혁자이자 음악가) 290, 395

"구원이 우리에게 오셨네"(Salvation unto Us Has Come) 405
슈펜라인, 게오르크(George Spenlein, 아우구스티누스회 수도사) 123-125, 556-557
슈펭글러, 라자루스(Lazarus Spengler) 153, 457
슐레지엔(Silesia) 372, 386
스위스(Switzerland) 321, 358, 397, 493
스타풀렌시스, 파베르(Faber Stapulensis) 128
스트라스부르(Strasbourg) 321, 326, 332, 395, 419-420, 446, 544
슈말칼덴 동맹(in Smalcald League) 456-457, 474, 500, 521
시교회(Town Church, 비텐베르크) '성모 마리아 교회'를 보라.
시편 118편 주석(commentary on confitemini, 루터) 448
시편 주해(annotated Psalter, 스타풀렌시스) 128
신비주의 신학(mystical theology) 107, 124, 155, 170, 313
신성로마제국(Holy Roman Empire) 52, 204, 318, 431, 489-490, 529
신성로마제국 의회(diets of Holy Roman Empire)
  1518년 아우크스부르크(1518, of Augsburg) 171-175
  1521년 보름스(1521, of Worms) 51-52, 215, 224-226, 229-238
  1526년 슈파이어(1526, of Speyer) 367, 370, 400
  1529년 슈파이어(1529, of Speyer) 406, 418-419, 426-427
  1530년 아우크스부르크(1530, of Augsburg) 431, 435-438, 443-448, 450-453, 551
  1532년 레겐스부르크(1532, of Regensburg) 474-475
  1541년 레겐스부르크(1541, of Regensburg) 525
  1542년 슈파이어(1542, of Speyer) 549
  1555년 아우크스부르크(1555, of Augsburg) 577
『신앙고백』(Confession) '『아우크스부르크 신앙고백』'을 보라.
『신앙적인 찬송가 책자』(Spiritual Songbooklet, 발터) 405-406
신학 연구(theological studies) 119-121, 126, 130
스콜라 신학(scholastic theology) 105-108, 141, 164-169, 351
『실제로는 최고의 이단자 루터와 그가 성직자라는 잘못된 명칭에 반대하면서』(Against the Falsely Named Ecclesiastic and True Archheretic Martin Luther, 엠저) 289
십계명(Ten Commandments) 132, 198, 276, 292, 402, 514-515

아그리콜라, 슈테판(Stephen Agricola) 395, 422
아그리콜라, 엘자(Elsa Agricola, 요한의 아내) 368, 377

아그리콜라, 요하네스(John Agricola) 256, 368, 381, 402, 515-518
아라곤의 캐서린(Catherine of Aragon, 잉글랜드의 왕비) 483, 497
아리스토텔레스(Aristotle) 92-94, 105-108, 141, 165-166
아메리카(the Americas) 54-55
아우구스티누스 수도회(Augustinian Order)
　1518년 엄수 아우구스티누스 수도회 대회(1518 convention of strict Augustinians) 165-169
　개혁 총회(Reformed Congregation) 119-122, 210, 247, 269
　독일(in Germany) 89, 123
　로마(in Rome) 49
　비텐베르크(in Wittenberg) 107-110, 114-120, 129, 262-264, 278-279
　에르푸르트(in Erfurt) 95-105, 107-110, 119, 226
『아우구스티누스회 수도사 마르틴 루터가 독일의 귀족에게 보낸 비기독교적인 책에 반박함』(*Against the Unchristian Book of Martin Luther, Augustinian, Addressed to the German Nobility*, 엠저) 209
아우크스부르크(Augsburg) 50-51, 153, 187, 386, 395
　1518년 제국의회(Diet of, 1518) 171-175
　1530년 제국의회(Diet of, 1530) 431-432, 435-438, 443-447, 450-453, 551
　1530년 황제의 칙령(Imperial Edict of, 1530) 452-454, 465, 474-475
　1555년 제국의회(Diet of, 1555) 577-578
　1555년 화의(Peace of, 1555) 577-578
『아우크스부르크 신앙고백』(*Augsburg Confession*) 437, 444, 451, 457, 474, 503
『아우크스부르크 신앙고백에 대한 반론』(*Confutation of the Augsburg Confession*) 447, 450-452
『아우크스부르크에 모인 모든 사제들에게 보내는 권고』(*Exhortation to All Clergy Assembled at Augsburg*, 루터) 434-437
아우크스부르크의 우르젤(Ursel of Augsburg, 사기꾼) 50-51
아우크스부르크 화의(Peace of Augsburg, 1555) 577-578
아우크스부르크 황제 칙령(Imperial Edict of Augsburg, 1530) 452-453, 465, 474
아이슬레벤(Eisleben) 44, 46-48, 65, 70-71, 73, 338-339, 414, 567-569
아이제나흐(Eisenach) 70-86, 501-502, 519-520
바르트부르크 요새(Wartburg fortress) 238-243, 247, 252, 256, 260, 263-272, 286-287
아펠, 요한(John Apel, 비텐베르크 대학교 총장) 342-343
아헨(Aachen) 204

악마(the devil) 64, 256, 263, 272, 319, 330-333, 453, 550
『악마가 세운 로마 교황 제도 반박』(Against the Roman Papacy Instituted by the Devil, 루터) 565
『안식일 엄수주의자에 대한 반론』(Against the Sabbatarians, 루터) 531
안트베르펜(Antwerp) 398
안페히퉁(Anfechtung, 시험) 378, 440
안할트(Anhalt) 445, 468
알레안더, 히에로니무스(Jerome Aleander) 211, 223-225, 231, 238, 397, 525
알브레히트(Albert, 프로이센의 공작) 290-291, 405
  "내 하나님의 뜻이 언제나 이뤄지소서"(Let My God's Will Prevail Always) 408
알브레히트, 브란덴부르크(Albert of Brandenburg, 마인츠와 마그데부르크의 대주교) 81, 346, 443, 465, 543
  교황 칙령 『일어나소서 주님』과(Exsurge Domine papal bull and) 195
  와 95개 논제(ninety-five theses and) 142-157, 173
  의 루터 비판(Luther's criticism of) 286-291, 294, 535-536, 567
알슈테트(Allstedt) 311-312, 359
알텐부르크(Altenburg) 296, 394, 421, 510
알펠트, 아우구스티누스(Augustine Alveld) 200
암스도르프, 니콜라우스 폰(Nicholas von Amsdorf) 182, 203, 320, 326, 401, 407
  1521년 보름스 제국의회에서(at Diet of Worms, 1521) 237, 239
  루터에게 받은 편지(correspondence from Luther) 336, 345, 347, 390-391, 474
  비텐베르크 개혁 지지자(Wittenberg reform supporter) 256, 264-268
  스콜라 신학에 대한 거부(rejection of scholastic theology) 141, 169
  와 『슈말칼덴 조항』(and Smalcald Articles) 506-508
  첫 번째 루터파 주교(first Lutheran bishop) 542-543
암플로니우스 대학(Amplonian College, 에르푸르트) 90
앤 불린(Anne Boleyn, 잉글랜드의 왕비) 483, 497
양심(conscience) 233
에라스무스(Erasmus) 225-226, 554, 597주44
  루터에 대해(on Luther) 257-258, 343, 558
  신약성경, 그리스어 번역(New Testament, Greek translation) 268
  『우신예찬』(Praise of Folly) 147
  『자유로운 선택』(Free Choice) 348-355
  자유 의지에 대해(on free will) 336-337

에르푸르트(Erfurt) 79, 83, 85-86, 88-110, 165-166, 186-187, 226-228, 394, 421
에른스트(Ernest, 마그데부르크의 대주교) 81
에릭슨, 에릭(Erik Erikson)
『청년 루터』(Young Man Luther) 68-69
에스헨, 얀 판 데어(Jan van der Esschen, 루터파 순교자) 398
에크, 요하네스(John Eck) 217, 340, 451, 534
　95개 논제에 대한 고발(indictment of ninety-five theses) 153, 158-159, 192, 194-195
　교황 칙령의 전달(delivery of papal bull) 211-213
　라이프치히 논쟁(Leipzig disputation) 181-186, 192, 194
　이단적 404개 신학 명제 목록(list of 404 theological heresies) 437
『단검표』(Obelisks) 158-159
에크하르트, 마이스터(Meister Eckhart) 89
엠저, 히에로니무스(Jerome Emser) 187, 319
『실제로는 최고의 이단자 루터와 그가 성직자라는 잘못된 명칭에 반대하면서』(Against the Falsely Named Ecclesiastic and True Archheretic Martin Luther) 289
『아우구스티누스회 수도사 마르틴 루터가 독일의 귀족에게 보낸 비기독교적인 책에 반박함』(Against the Unchristian Book of Martin Luther, Augustinian, Addressed to the German Nobility) 209
엡스토르프 지도(Ebstorf map) 56-59
『여덟 곡 노래의 책』(Book of Eight Hymns) 405
연옥(purgatory) 144-145, 147, 154-155
『열 가지 조항』(Ten Articles, 1536) 249
예나(Jena) 314, 379, 381, 387, 389-390, 498
『예수 그리스도의 더없이 고결한 성례전 대부분이 참담한 형태로, 또는 우상 숭배적으로 오용되는 것에 대한 대화』(A Dialogue or Conversation concerning the Abominable and Idolatrous Misuse of the Most Honorable Sacrament of Jesus Christ, 카를슈타트) 332
오를라뮌데(Orlamünde) 310, 312
오버마이어, 플로렌티나 폰(Florentina von Oberweimar, 전 시토회 수녀) 414-415
오스나브뤼크(Osnabrück) 492
오스만 튀르크 제국(Turkish Ottoman Empire) 52-53, 418, 426-427, 489, 549
　침략을 위한 지원(support for invasion threat) 144, 367, 465, 474-476, 518, 549
오스트리아(Austria) 52-53, 367, 385-386

오지안더, 안드레아스(Andrew Osiander) 395, 422, 499, 534
오컴, 윌리엄(William Ockham) 105, 110
외콜람파디우스, 요하네스(John Oecolampadius) 420-422
요나스, 유스투스(Justus Jonas) 421, 431, 465, 523, 543-544
　개혁의 지지자(supporter of reforms) 262, 374, 479-482, 506
　루터에게 받은 편지(correspondence from Luther) 381-382, 390, 489, 495-496, 562
　루터의 죽음에 관한 기술(account of Luther's death) 65, 568-569
　루터의 핵심 측근(in Luther's inner circle) 47, 90, 96, 228, 237, 257, 342, 378
　의 결혼(marriage of) 267, 536-537
요나스, 카타리나(Katharina Jonas, 유스투스의 아내) 267, 481
요아힘 1세(Joachim I, 브란덴부르크의 선제후) 149, 224, 412-413
요아힘 2세(Joachim II, 브란덴부르크의 공작이자 선제후) 476, 516, 522, 535
『요약 교본』(*Summary Instruction*) 145, 149
요젤 폰 로스하임(Josel von Rosheim) 529-530, 551
요한(John the Steadfast, 작센의 선제후) 213, 282, 328, 346, 369-370, 432, 480, 466-467
　과 1530년 아우크스부르크 제국의회(and Diet of Augsburg, 1530) 431-432, 437
　과 루터의 작품(and Luther's works) 199, 312, 315, 346
　과 참관(and visitations) 381, 400
　비텐베르크 개혁자들에 대한 지원 (support of Wittenberg reforms) 324, 340, 359-360, 364-365, 367-368, 412-421
　의 장례식(funeral of) 476-477
요한 에른스트(Prince John Ernest, 작센-코부르크의 공작) 481
요한 프리드리히(John Frederick the Magnanimous, 작센의 선제후) 149, 475, 495, 498, 516, 542-543, 558, 562, 574
　와 루터의 죽음(and death of Luther) 65, 546
　와 유대인(and Jews) 529, 553
　와 참관(and visitations) 367, 478-480
　와 프로테스탄트(and Protestants) 503-510, 516, 519-525
우르술라(Ursula, 뮌스터베르크의 여공작) 413-414
우르술라(Ursula, 성인) 147-148
『우신예찬』(*Praise of Folly*, 에라스무스) 147
우주관(cosmology) 59
우징겐, 바르톨로메우스 아르놀디 폰 (Bartholomew Arnoldi von Usingen) 94, 105, 165, 168, 451

울름(Ulm) 419
울리히(Ulrich, 뷔르템베르크의 공작) 422
울시, 토마스(Thomas Wolsey, 추기경이자 요크의 대주교) 375-376
위클리프, 존(John Wyclif) 201
위터보크(Jüterbog) 142-143
『유대교 신앙의 모든 것』(The Entire Jewish Faith, 마르가리타) 551
유대인(Jews) 529-534, 550-555
『유대인과 그들의 거짓말』(The Jews and Their Lies, 루터) 550-555
율리우스 2세(Julius II, 교황) 142, 176
이단 고발(accusation of heresy) 158-162, 172-180, 185-189, 192-196, 232-233, 437
이솝(Aesop) 79
인구(population)
  독일(Germany) 54
  보름스(Worms) 229
  비텐베르크(Wittenberg) 114
  에르푸르트(Erfurt) 89
인도(India) 55
인문주의자(humanists) 79, 92-96, 116, 153, 178, 187, 208, 214, 350
인보카비트 설교(Invocavit sermons, 루터) 273-275
인쇄(printing) 63, 94, 187-188, 408, 493, 533
  루터의 인쇄 부수(Luther's print runs) 152-153, 198-199, 208, 225, 338, 402, 486
잉글랜드(England) 374-376, 385, 396-397, 426, 482-483, 497-500
잉글랜드 교회(English Church) 355, 497
잉글랜드 성직자 의회(Convocation of English Clergy) 498
잉글랜드 속립열(English sweating sickness) 426
『잉글랜드 왕의 신성모독적인 책에 대한 반박문』(Against the Blasphemous Book of the King of England, 루터) 376
『잉글랜드 왕 헨리에 대한 반박문』(Against Henry the King of England, 루터) 375

『자유로운 선택』(Free Choice, 에라스무스) 348-355
자유 의지(free will) 336-338, 348-354
작센(Saxony) 40, 147, 180, 311-315, 326-328, 347, 497
  공작령(Ducal) 181, 301, 478, 522-526
  선제후령(Electoral) 195, 212, 223, 237, 301, 457, 475
  선제후령에서의 참관(visitations in Electoral) 146, 367-368, 382, 400, 457, 477-478
  의 유대인(Jews in) 529-532, 553
『작은 기도서』(Little Prayer Book, 루터) 402
잘레, 마르가레트 폰 데어(Margaret von der Sale) 519-520

잘츠부르크(Salzburg) 211, 283
장례식 의례(funeral practices) 340, 477, 569-570
재세례파(Anabaptism) 384-389, 396-399, 437, 490-494
재정(finances)
　개신교회(evangelical church) 304-307, 389
　개인의(personal, 루터) 317, 346-347, 486, 546-547
　로마 가톨릭교회(Roman Church) 144-145, 207, 305
　비텐베르크 대학교(university of Wittenberg) 364-365
　화폐 가치(monetary value) 594주38
적그리스도(Antichrist) 201-203, 209
전염병(plague) 377-380, 389, 399, 488, 544, 576
점성학(astrology) 60-61
제5차 라테란 공의회(Fifth Lateran Council, 1512-1517) 161, 176
제그레나(Seegrehna) 267, 348
제르송, 장(Jean Gerson) 105
젠플, 루트비히(Ludwig Senfl) 454
젤메니츠, 펠리키타스 폰(Felicitas von Selmenitz, 튀링겐의 귀족) 481
죄(sin) 130, 144-146, 403
　에 대한 루터의 생각(Luther on) 124, 166-167, 246, 333-334, 350-354
　와 루터의 개인적 씨름(Luther's personal struggle with) 106, 124
주교(bishops) 289, 434-437

루터파(Lutheran) 542-543
주기도(the Lord's Prayer) 189, 293, 402, 406, 516
주석(postils) 245, 337
중혼(bigamy) 485, 520-522
지도 제작법(cartography) 56-59
지베르거, 볼프강(Wolfgang Sieberger, 루터의 집 관리인) 346
지킹겐, 프란츠 폰(Franz von Sickingen) 203

찬송가(hymns) 398, 404-408
참된 종교(true religion) 459, 472-474, 480, 524, 530, 539, 557, 578-579
천국의 문(Heaven's Gate) '암플로니우스 대학'을 보라.
천사의 다이제스트(Angelic Digest) 106
『천체의 회전에 관하여』(Revolutions of the Heavenly Bodies, 코페르니쿠스와 레티쿠스) 60
『청년 루터』(Young Man Luther, 에릭슨) 68-69
"청소년 학습을 바로잡음"(Correcting the Studies of Youth, 멜란히톤) 178-179
체르프스트(Zerbst) 389
첼, 마테우스(Matthew Zell) 321
첼, 카타리나 쉬츠(Katharina Schütz Zell) 321
최후의 날(Last Day) 44-45, 54-55, 550
취리히(Zurich) 321, 326, 384-386

취트펜, 하인리히(Henry of Zütphen, 루터파 순교자) 257, 262, 320, 397-398
츠비카우(Zwickau) 265-266, 311, 360, 390
츠빌링, 가브리엘(Gabriel Zwilling) 261, 270, 282-283, 299
츠빙글리, 울리히(Ulrich Zwingli) 321, 326, 332, 336, 384, 395-397
　성만찬에 관한 논쟁(debate over the Lord's Supper) 371-372, 446, 418-426
츠빙글리파(Zwinglians) 492, 500-504
『친애하는 독일 민족을 향한 경고』(Warning to His Dear German People, 루터) 455, 465

카를 5세(Charles V, 신성로마제국) 183, 204-205, 289-290, 518, 565
　1521년 보름스 제국의회(Diet of Worms, 1521) 52, 212-215, 224-226, 230-238
　1530년 독일로의 귀환(return to Germany, 1530) 427, 431-432, 443-448
　1530년 아우크스부르크 황제 칙령(Imperial Edict of Augsburg, 1530) 452, 457, 465
　1532년 레겐스부르크 제국의회(Diet of Regensburg, 1532) 475
　1540년 하게나우 회의(Hagenau meeting, 1540) 518-519
　루터의 무덤에서(at Luther's grave) 570, 574
　와 『독일 그리스도인 귀족들에게 고함』(and *Address to the Christian Nobility of the German Nation*, 루터) 203
　와 튀르크의 군사적 위협(and threat of Turkish attack) 53-54, 465, 489
　프로테스탄트에 대한 공격(attack on Protestants) 48, 419-421, 574-575
카를슈타트, 안드레아스 보덴슈타인 폰 (Andrew Bodenstein von Karlstadt) 125, 150-151, 347-348, 411, 544, 588주16
　루터와의 갈등(conflict with Luther) 275-283, 310-315, 326, 332-336, 371, 383
　스콜라 신학에 대한 공격(attack on scholastic theology) 136, 141, 169
　에크와의 라이프치히 논쟁(Leipzig disputation with Eck, 1519) 181-183
　『예수 그리스도의 더없이 고결한 성례전 대부분이 참담한 형태로, 또는 우상 숭배적으로 오용되는 것에 대한 대화』(*A Dialogue or Conversation concerning the Abominable and Idolatrous Misuse of the Most Honorable Sacrament of Jesus Christ*) 332
　와 비텐베르크 개혁(and Wittenberg reforms) 249, 256-262, 264-265
카메라리우스, 요아힘(Joachim Came-

rarius) 320, 343, 450-452
카예탄, 토마스(Cardinal Thomas Cajetan) 51, 172-176, 194-195, 234-235, 396, 563
카우프만, 게오르크(George Kaufmann, 야코프 루더의 처남) 75, 430
카우프만, 퀴리아크(Cyriac Kaufmann, 게오르크의 아들) 430
카타리누스, 암브로시우스(Ambrose Catharinus) 245-246
카토의 격언집(maxims of Cato) 79
카피토, 볼프강(Wolfgang Capito) 214, 287, 395, 446, 501-504, 544
칼뱅, 장(John Calvin) 522
코부르크(Coburg) 432-441, 447-456
코엘리우스, 미하엘(Michael Coelius) 65-66, 568-570
코페, 레온하르트(Leonhard Koppe, 토르가우의 상인) 298-299, 345, 415
코페르니쿠스, 니콜라우스(Nicolaus Copernicus) 59-60
『천체의 회전에 관하여』(Revolutions of the Heavenly Bodies) 60
코흘레우스, 요한(John Cochlaeus) 229, 243, 289, 451, 525
콘스탄츠 공의회(Council of Constance, 1415) 185
콘스탄티누스 1세(Constantine I) 202-203
'콘스탄티누스 대제의 기부장'(Donation of Constantine) 202-203
쾰른(Cologne) 51, 121, 127, 186, 213-215, 289

크라나흐, 루카스(Lucas Cranach) 257, 299, 341, 343, 346
그림(paintings) 75, 243, 286, 559
루터가 보낸 편지(correspondence from Luther) 238
인쇄(prints) 63, 493, 566
크라우트발트, 발렌틴(Valentin Crautwald) 373
크라프, 카타리나(Katharina Krapp) '멜란히톤, 카타리나'를 보라.
크라프트, 아담(Adam Krafft, 루터파 개혁자) 395
크랜머, 토머스(Thomas Cranmer, 캔터베리의 대주교) 397, 499
크로델, 마르쿠스(Marcus Crodel, 토르가우의 학교 교장) 544-545
크롬웰, 토머스(Thomas Cromwell) 376, 483, 497, 500
크루치거, 엘리자베트(Elizabeth Cruciger, 카스파르의 아내) 482
"하나님의 유일하신 아들"(The Only Son From Heaven) 408
크루치거, 카스파르(Caspar Cruciger) 421, 479, 502-503, 519, 526
루터의 핵심 측근(in Luther's inner circle) 47, 395, 523, 546
크리스토포루스(Christopher, 성인) 434
크리스티안 2세(Christian II, 덴마크 왕) 375
크리스티안 3세(Christian III, 덴마크 왕) 409
클레르보의 베르나르(Bernard of Clair-

vaux) 105
클레멘스 7세(Clement VII, 교황) 431, 483
클레스, 베인켄(Weynken Claes, 재세례파 순교자) 397
킹, 마틴 루터(Martin Luther King, Jr.) 579-580

타울러, 요하네스(John Tauler) 170
『탁상담화』(*Table Talk*) 379, 526
   인용-(references) 59, 71, 74, 98, 133, 496, 516, 551
〈탄호이저〉(Tannhäuser, 바그너) 242
테렌티우스(Terence) 80
테첼, 요한(John Tetzel) 142-145, 148, 180, 188
토르가우(Torgau)
   299, 403, 466, 544, 576
   에서의 대화(talks in) 381-383, 403, 456, 505-507
   하르텐펠스성(Hartenfels castle) 559-561
튀링겐(Thuringia) 88, 112, 240-242, 327-328, 338, 386, 502
튀링겐의 엘리자베트(Elisabeth of Thuringia, 성인) 93, 241
튜턴 기사단(Teutonic Order) 170, 290-291
트로트, 에바 폰(Eva von Trott) 536
트루트페터, 요도쿠스(Jodocus Trutvetter) 94, 105, 116, 165, 168-69
트리엔트 공의회(Council of Trent, 1545) 565

파르네세, 알레산드로(Alessandro Farness) '파울루스 3세'를 보라.
파리 대학교(university in Paris) 186
파문-(excommunication) 210, 222-223, 236-252, 263-272, 315, 351
파울루스 3세(Paul III, 교황) 494-495, 499, 518, 565
파울루스 4세(Paul IV, 교황) 355
판테온 프로젝트(Pantheon project, 메사추세츠 공대) 21, 579
팔케, 카타리나(Katharina Falche) '요나스, 카타리나'를 보라.
페르디난트 1세(Ferdinand I, 오스트리아의 대공) 52-53, 367, 418, 426, 465, 495, 497, 549, 574, 577
페핑거, 요하네스(John Pfeffinger) 389
펠라기우스(Pelagius) 130-135
『평화를 권면함』(*Admonition to Peace*, 루터) 328-329, 338
포메른(Pomerania) 409, 500
포이팅거, 콘라트(Conrad Peutinger) 153
폭스, 에드워드(Edward Foxe, 헤리퍼드의 주교) 497, 499
폰 데어 에켄, 요한(John Von der Ecken, 보름스에서 황제 측 심문자) 231-233
폴란드(Poland) 290-291
폴너, 한스(Hans Polner, 루터의 조카) 75
『표준 주석』(*Glossa ordinaria*) 128
푸거 금융 가문(Fugger banking enterprise) 146, 173, 207
푸스, 헨드릭(Hendrik Voes, 루터파 순

교자) 398
폭스, 안나(Anna Fuchs, 슈페라투스의 아내) 405
프라이베르크(Freiberg) 415
프란츠(Franz, 발데크의 주교) 490
프랑수아 1세(Francis I, 프랑스 왕) 497
프랑스(France) 52, 507, 518
프랑켄하우젠 전투(battle of Frankenhause) 327-329
프로쉬, 요하네스(John Frosch, 루터파 개혁자) 172
프로이센(Prussia) 290-291, 395, 405, 408, 575
프로이센의 공작(Duke of Prussia) '알브레히트'를 보라.
프로테스탄트(Protestant, 용어) 419
프로테스탄트 종교개혁(Protestant Reformation)
   과 로마 가톨릭(and Roman Church) 48, 418-421, 430-438, 455, 494-495, 522-526, 537-538, 542-543, 565-566, 574-579
   과 유럽의 상황(and European situation) 224-225, 426-427, 474-476
   반전 가능성(possible reversal) 464-465, 469-470
   분열(splintering) 311-313, 326, 332-336, 339, 383-387, 490-494
   비텐베르크 너머로의 확장(expansion beyond Wittenberg) 304, 320-321, 394-401, 407-411, 418-422, 482, 489-490, 500-501
   세속 권력의 지지(support of civil authority) 358-368, 370-377, 382-383
   스위스에서(in Switzerland) 321, 358, 383-386, 397, 419-420, 425-426
   시작(beginnings) 45, 97, 256, 261, 262-273, 284, 537
   잉글랜드에서(in England) 375-376, 396-397, 482-483, 497-500
   또한 '개신교 운동'을 보라.
프롭스트, 야코프(Jacob Propst, 루터파 개혁자) 257, 395, 398-399, 488
   루터에게 받은 편지(correspondence from Luther) 390, 514, 563, 566-567
프리드리히(Frederick the Wise, 작센의 선제후)
   슈타우피츠와(Staupitz and) 117-119
   슈팔라틴과(Spalatin and) 95, 228, 321-322
   와 교황 칙령 『일어나소서 주님』(and *Exsurge Domine* papal bull) 195-196, 212, 223
   와 루터의 작품(and Luther's works) 245, 288, 315-316, 338
   와 루터의 탈출(and exile of Luther) 236-240, 247, 270-272, 279-280
   와 면벌부 논쟁(and indulgences controversy) 142-151, 164, 169-177, 180
   와 보름스 제국의회(and Diet of Worms, 1521) 215, 224
   와 비텐베르크의 개혁(and Wittenberg reforms) 261-266, 310, 324,

358-359
의 성유물(relics of) 147-148, 151, 286, 365
의 장례식(funeral of) 341
프리드리히 2세(Frederick II, 리그니츠의 공작) 372-373
프리에리아스, 실베스터 (Sylvester Prierias)
『교황의 능력에 대한 마르틴 루터의 건방진 명제에 맞서는 대화』(*A Dialogue against Martin Luther's Presumptuous Theses concerning the Power of the Pope*) 159
플라이센부르크성(Pleissenburg castle, 라이프치히) 183
플루크, 율리우스 폰(Julius von Pflug, 나움부르크의 주교) 542
피셔, 존(John Fisher, 추기경) 397
피스토리우스, 프리드리히(Frederick Pistorius) 347, 448
필립(Philip the Magnanimous, 헤센의 백작)
　개혁에 대한 지지(support of reform) 320-321, 500-501
　과 마르부르크 회담(and Marburg colloquy, 1529) 418-427
　과 뮌스터 포위(and siege of Münster) 491
　과 슈말칼덴 동맹(and Smalcald League) 455-457, 478, 507-508, 574
　과 『신앙고백』(*and Confession*) 440, 446, 455-456
　농민 전쟁에서(in Peasants' War) 327

보름스 제국의회에서(at Diet of Worms, 1521) 230
유대인에 대한 대우(treatment of Jews) 553
의 중혼(bigamy of) 519-521, 536

하게나우(Hagenau) 519
하나님의 능력(power of God) 132
"하나님의 유일하신 아들"(The Only Son From Heaven, 엘리자베트 크루치거) 408
하나님의 은혜(grace of God) 130-135, 155, 157, 351-353
하나님의 정의/의(justice/righteousness of God) 130-135
하늘(heaven) 430, 443
『하늘의 예언자들에게 반박함』(*Against the Heavenly Prophets in the Matter of Images and Sacraments*, 루터) 337
하르텐펠스성(Hartenfels castle, 토르가우) 558-560
하우비츠/하우크비츠, 카타리나(Katharina Haubitz/Haugwitz, 카타리나 폰 보라의 어머니) 297
하우스만, 니콜라우스(Nicholas Hausmann, 츠비카우 목회자) 360, 395, 488, 562
　루터에게 받은 편지(correspondence from Luther) 336, 369, 390, 401, 468
하이델베르크(Heidelberg) 165-170
하인리히(Henry the Pious, 작센의 공

작) 466-467, 522-524
하인리히 5세(Henry V, 브라운슈바이크-볼펜뷔텔의 공작) 522, 536-537
『하인리히 형제의 화형』(The Burning of Brother Henry, 루터) 397
『학교에서 아이들을 돌보는 것에 관한 설교』(A Sermon on Keeping Children in School, 루터) 77
『한스부르스트 비판』(Against Hanswurst, 루터) 537
할레(Halle) 286-287, 543, 567, 569
『할레의 우상에 맞서』(Against the Idol at Halle, 루터) 288
함부르크(Hamburg) 153, 320, 400, 409-411, 426
합스부르크가(House of Habsburg) 52
핼리 혜성(Halley's Comet) 60
헝가리(Hungary) 52, 367, 396, 418, 426-427, 474, 544, 549
헤르만 폰 비트(Hermann von Wied, 쾰른의 대주교) 213, 289-290
헤센(Hesse) 320-321, 395, 445-446, 456-457, 553
헤센의 백작(count of Hesse) '필립'을 보라.
헤수스, 에오바누스(Eoban Hessus) 95, 226-227
헤어스펠트(Hersfeld) 239
헤이그(The Hague) 397
헨리 8세(Henry VIII, 잉글랜드 왕) 349, 355, 374-377, 397, 482-483, 485, 497-500
헬트, 콘라트(Conrad Helt, 비텐베르크

아우구스티누스회) 257
헬펜슈타인 백작(count of Helfenstein) 327
호르눙, 볼프(Wolf Hornung, 브란덴부르크 시민) 412-413
후브마이어, 발타자르(Balthasar Hubmaier) 385-386
후스, 얀(John Hus) 185, 192-193, 200-201
후원자 임명권 제도(patronage system) 303
후텐, 울리히 폰(Ulrich von Hutten) 95, 202-203, 214
후트, 한스(Hans Hut) 386
히브리어(Hebrew language) 309, 461-462, 551-552
히포의 아우구스티누스(Augustine of Hippo, 성인) 100, 105-107, 109-110, 537
『고백록』(Confessions) 130-131
『성령과 문자』(The Spirit and the Letter) 135
와 펠라기우스의 논쟁(and Pelagian controversy) 130-135
커리큘럼에서(in curriculum) 141, 166-167, 169

연표*

1483/1484.11.10	아이슬레벤에서 태어나다. 다음 날 성 베드로-바울 교회에서 세례를 받다.
1492-1498	만스펠트, 마그데부르크, 아이제나흐에서 학교를 다니다.
1501-1505	에르푸르트 대학교에서 공부하다. 학사 학위(1502)와 석사 학위(1505)를 취득하다.
1505.7	아우구스티누스 수도회에 입회하다. (34년 후 『탁상담화』에서 이 해에 있었던 폭풍우 속의 서약에 관해 단 한 번 언급하다.)
1507	에르푸르트 대성당에서 사제 서품을 받다.
1508-1511	비텐베르크 대학교에서 1년간 임시로 아리스토텔레스의 『윤리학』을 강의하고, 이후 에르푸르트로 돌아와 2년간 페트루스 롬바르두스의 『명제집』을 강의하다.
1511.10	아우구스티누스 수도회 본부가 있는 로마로 여행하다. 이후 요한 슈타우피츠의 권유로 비텐베르크로 옮겨 가다.
1512.10	비텐베르크 대학교에서 신학 박사 학위를 취득하고 교수가 되다.
1513-1518	시편, 로마서, 갈라디아서, 히브리서를 강의하다. 로마서 강의를 계기로, 흔히 '탑 체험'이라 불리는 회심을 여러 해에

	걸쳐 점진적으로 경험하다.
1515.6-1518.4	엄수 아우구스티누스 수도회 개혁 총회의 지방 대표로 일하다.
1516-1517	알브레히트 대주교의 임명을 받아 요한 테첼이 위터보크에서 성 베드로 대성당 면벌부를 판매하다.
1517.10.31	면벌부에 반대하는 95개 논제를 작성하여 알브레히트 대주교에게 보내다. 알브레히트가 이를 로마로 보냄으로써 루터와 로마 가톨릭 사이에 충돌이 빚어지다.
1518	요한 테첼과 콘라트 빔피나가 106개 명제로 루터를 이단으로 정죄하다. 루터는 95개 논제『설명문』을 써서 교황 레오 10세에게 보내다.
1518.4	하이델베르크에서 열린 엄수 아우구스티누스 수도회 대회에서 스콜라 신학에 맞서 새로운 비텐베르크 신학을 변호하다.
1518.10	아우크스부르크에서 카예탄 추기경에게 '이단적 진술'의 철회를 요구받았으나 거부하다.
1519.7	라이프치히에서 요하네스 에크와 논쟁하다.
1519	『평범한 민중을 위한 주기도 독일어 해설』을 비롯하여 기독교 신앙에 관한 독일어 소책자를 많이 출간하다.
1520	교황의 칙령『일어나소서 주님』이 공포되어 루터에게 파문 위협을 가하다. 『선행』,『로마의 교황 제도』,『독일의 그리스도인 귀족들에게 고함』,『교회의 바빌론 포로상태』,『그리스도인의 자유』를 출간하다.
1520.12.10	비텐베르크에서『일어나소서 주님』을 비롯한 교황 칙령과 가톨릭 저자들의 책을 불태우다.
1521.4.17-18	보름스 제국의회에서 변론하다. 이후 카를 황제가 루터에게 파문을 선고하는 '보름스 칙령'을 발표하다.

1521-1522	바르트부르크성에 은신하며 신약성경을 독일어로 번역하다. 비텐베르크에서는 멜란히톤, 카를슈타트를 비롯한 동료들이 개혁 운동을 시작하다.
1522.9	비텐베르크로 돌아온 뒤, 멜란히톤의 도움을 받아 독일어 신약성경을 출간하다.
1523	루터가 쓴 36편의 찬송이 실린 최초의 루터파 찬양집 『새로운 노래』가 출간되다.
1524-1525	독일에서 농민 전쟁이 발발하다. 프랑켄하우젠 전투가 일어나기 전 저술한 『평화를 권면함』이 문제가 되어, 『농민들에게 반대한 가혹한 책에 대한 공개서한』을 출간하다.
1525.6.13	카타리나 폰 보라와 결혼하다.
1525	『의지의 속박』을 출간하여 에라스무스와 자유 의지에 관해 논쟁하다.
1526.6	제1차 슈파이어 제국의회에서 '보름스 칙령' 시행을 보류하다.
1526	독일어 예배의 기준을 규정하기 위해 『독일어 미사』를 출간하다.
1527	비텐베르크에 전염병이 퍼지다. 루터의 집에 환자들이 모여들고, 루터도 건강이 좋지 않은 상태가 지속되다. 멜란히톤과 함께 『선제후의 작센에 있는 교구 목사를 위한 참관자의 가르침』을 출간하다.
1529	제2차 슈파이어 제국의회에서 '보름스 칙령'을 재확정하다. 『슈바바흐 조항』을 작성하다.
1529.10.1-4	마르부르크 회담이 열리다. 합의를 위해 "마르부르크 조항"을 작성하였으나, 츠빙글리를 비롯한 스위스 개신교 신학자들을 완전히 포용하지는 못하다.
1529	『소교리문답』과 『대교리문답』을 쓰다.
1530.4	아우크스부르크 제국의회가 열리다. 멜란히톤이 『아우크스부르크 신앙고백』을 작성하고 루터가 승인하다. 그러나 카

	를 5세가 프로테스탄트 통치자들에게 가톨릭으로 복귀하라는 '아우크스부르크 칙령'을 공표하다.
1530.6	아버지 한스가 세상을 떠나다.
1531.6.30	어머니 마르가레트가 세상을 떠나다.
1532	가톨릭과 프로테스탄트 사이에 "뉘른베르크의 평화" 협정이 맺어지다. 이로써 '아우크스부르크 칙령' 시행이 가로막히다.
1534.9	비텐베르크에서 최초의 완전한 독일어 성경이 출간되다.
1536.5.29	남부 독일 대표단과 루터파가 성만찬 문제에 관해 합의하고 "비텐베르크 협정"에 서명하다.
1537	프로테스탄트 동맹을 위해 『슈말칼덴 조항』을 작성하다. 요나스, 부겐하겐, 크루치거, 멜란히톤, 암스도르프, 슈팔라틴, 아그리콜라가 서명하다.
1543	『유대인과 그들의 거짓말』을 출간하다.
1545	마지막 저서 『악마가 세운 로마 교황 제도 반박』을 출간하다.
1546.2.18	아이슬레벤에서 사망하다. 비텐베르크 성교회에 묻히다.
1547.4	카를 황제의 공격으로 프로테스탄트 동맹이 항복하다.
1552.12.20	카타리나 폰 보라가 세상을 떠나다.
1555.9.25	"아우크스부르크 화의"가 선포되어, 루터파가 법적 지위를 인정받다.

- 스콧 헨드릭스가 본문에서 제시한 내용을 참고하여 작성했다.

옮긴이의 말

"나에게 루터는 그야말로 경외의 대상이어서, 루터에게서 몇 가지 작은 결함을 찾아낸 것은 모든 걸 곰곰이 따져 볼 때 오히려 아주 좋은 일이라고 여길 정도라네. 그런 결함들을 발견하지 못했다면 나는 정말이지 그 사람을 거의 신격화할 지경이었으니 말일세. 루터의 완전한 모습들, 그중에서 가장 눈부신 것들보다도 내가 루터에게서 발견한 인간적인 것의 흔적이 내게는 더욱 소중하다네. 그의 모든 완전한 것을 합친 것보다도 오히려 이런 흔적들이 나에게 아주 많은 것을 가르쳐 준다네."
―고트홀트 에프라임 레싱, "P에게 보내는 두 번째 편지"(1753) 중에서

정체불명의 수신자, 어쩌면 가상의 수신자 P에게 보내는 편지를 쓰며 다음 작품을 구상하던 젊은 작가의 가슴속에는 마르틴 루터가 있었다. 청년 레싱에게 200년 전 루터가 이루어 낸 위업은 눈부신 것이었다. 도대체 한 인간이 어떻게 이런 위대한 일을 해낼 수 있었을까! 그의 대담한 언행, 그가 일으킨 개혁, 그가 쓴 글은 500년 후인 지금도―신격화까지는 아니더라도―신비로운 아우라 속에서 추

앙되고 칭송된다. 때로는 위험스러울 정도로 영웅시되기도 한다. 그와 관련된 영웅담, 혹은 전설은 여전히 무성하다. 그래서일까? 청년 작가 레싱의 총명한 눈빛을 애써 떠올리게 된다. 완전하고 눈부신 것에 매혹·미혹되지 않고 차분하게 결함을 발견해 낼 수 있는 눈, 그리고 그런 결함과 함께 드러나는 인간적인 것의 '흔적'을 짚어 나가면서 나를 위한 가르침을 찾아내는 눈을 떠올린다. 그런 사소해 보이는 흔적들이 위대한 업적만큼이나 소중할 수 있음을 읽어 내는 눈 밝은 사람들을 만나고 싶다. 그런 의미에서 이 책은 젊은 레싱의 눈빛과 오늘 우리의 눈빛을 이어 주는 책이 될 것이다. 틀림없다. 이 책을 읽고 난 후에 우리는 레싱과 똑같은 내용의 메시지를 각자의 P에게 보내게 될 것이다.

루터를 에둘러 가는 길은 없다. 반드시 그를 거쳐 가야 한다. 피해 가려고 해도 꼭 만나게 된다. 10년 전, 독일 튀빙겐 대학교 신학과 학장실 옆방에서 세 시간 반 동안 교수들 앞에서 구술시험을 치른 날이 생생하다. 교회사 전공 교수인 폴커 헨닝 드레콜 Volker Henning Drecoll과 마주하여 '마르틴 루터와 농민 전쟁'을 주제로 토론을 벌였다. 신학 박사가 되기 위한 마지막 관문이었다. 농민 전쟁 전후로 발표된 루터의 저술과 『아우구스부르크 신앙고백』 라틴어 원문을 하나하나 부여잡고 나의 신학적 입장을 피력해야 했다. 질문은 짧지만 혹독했다. 답변은 뭉툭하거나 모호해서는 안 됐다. 반드시 루터, 혹은 멜란히톤의 글에 근거해서 논리적인 길을 제시해야 했다. 어렵다고 그냥 물러설 수는 없는 노릇이었기에, 안간힘을 써서 글의 맥락을 따져 가며 용감하게 말길을 터 나갔다. 가장 힘든 주제였지만 묘한 감동과 함께 토론을 마칠 수 있었다. 덕분에 무사히 박사가 되었지만 그만큼이나 중요한 것을 얻었다. 그것은 루터의 글, 루터의 삶을 단단히 부여잡고 근본적으로(뿌리로부터!) 사유하고 그 누구와도 담판하면서 끝까지 버텨 내는 신학함의 긍지였다.

그런데 사실 한국에 돌아온 후에는 그런 긍지를 다시 느끼는 일이 거의 없었다. 루터 공부는 파편처럼 여기저기 흩어지기 시작했다. 종교개혁 500주년이라는 헤아림은 가슴 벅찬 기억의 투쟁이 아니라, 어딘지 모르게 강박적이고 그래서 더욱 공허하게 느껴지는 구호였다. 곳곳에서 루터와 종교개혁에 대한 갑론을박이 넘쳐 났고 오늘의 한국 교회 현실에 대한 비분강개도 들끓었지만, 나는 곧 사그라질 그런 흐름에 발을 담그지 못하고 있었다. 그 위대한 역사, 인물, 신학이 마냥 버거울 정도로 허무함 속에 빠져 있는 나의 시간, 나의 됨됨이, 나의 상념들 때문이었으리라.

이런 상태에서 우연히 붙잡은 번역 노동이 다시 한 번 나를 루터 앞으로 데려다주었다. 스콧 헨드릭스의 날렵한 문체는 헤르메스의 샌들 역할을 했다. 나는 그 신발을 신고 아이슬레벤, 비텐베르크, 보름스, 바르트부르크 등을 날아다니며 인간 루터의 '흔적'을 되짚어 볼 수 있었다. 이 책의 도드라진 특징은 루터가 머물렀던 지역과 그의 삶을 최대한 긴밀하게 연결시킨 전기(傳記)라는 점이다. 가만히 읽다 보면, 그 땅을 걸어 본 사람만이 그려 낼 수 있는 정경 묘사를 간간히 만나게 된다. 헨드릭스의 글은 루터의 생애 공간을 속도감 있게, 그러나 성급하지 않게 밟아 나가면서 루터의 사상적 고투를 땅과 밀착시킨다. 전혀 지루하지 않다. 오히려 흩어졌던 퍼즐 조각을 맞추는 즐거움이 쏠쏠하다. 루터라는 사람에 대해, 루터의 사상에 대해 단편적으로 알았던 내용이 하나둘씩 끼워 맞추어져 역동적인 하나의 그림으로 완성되는 지적 희열을 느끼게 된다. 번역자이기 이전에 한 사람의 독자로서 다시 한 번 신학함의 뿌듯함을 맛보는 시간이었다.

헨드릭스의 꼼꼼한 역사적 재구성을 통해 모습을 드러낸 루터는 인생의 중요한 시간 대부분을 글 쓰는 데 할애한 사람이다. 헨드릭스의 재치 있는 역사 서술을 통해 우리는 루터가 소중한 친구들과 주고받은 편지 뭉치를 새삼 주목하게 된다. 그 수많은 편지들은 인간 루터의 '흔적'을 담담히 응시할 수 있게 해 주는 훌륭한 역사적 자료로서 빛을 발한다. 헨드릭스는 루터의 대담한 행적과 경이로운 업적을 루터의 인간적인 흔적과 절묘하게 결합시켜 하나의 맥락을 제공한다. 그것은 루터의 사상을 포괄적이고 다층적으로 바라볼 수 있게 도와주는 이해의 맥락이면서, 다양한 관계와 감정으로 복잡하게 얽혀 있던 루터의 삶을 좀더 친숙하게 마주할 수 있도록 도와주는 공감의 맥락이다. 내 안의 지적 허무함은 그 이중의 맥락 속에서 어느새 겸손히 가라앉는다. 나를 괴롭히던 우울함 역시 그 맥락 속에서 루터와 그 친구들의 우울함을 만나 외로움을 면한다. 많은 것을 가르쳐 줄 뿐 아니라 뜻밖의 위로를 주는 특별한 루터 전기다.

무엇보다 이 책이 지닌 최고의 미덕은 21세기 '신학 교육'에 최적화된 루터 입문서라는 점에 있다. 저자가 밝히듯이 이 책은 루터의 생애 전체를 포괄하면서 가장 최근의 연구 성과까지 반영하고 있다. 그런데도 너무 어렵거나 사변적이라는 느낌이 들지 않는다. 막 신학 공부를 시작한 학생이라도 충분히 완독할 수 있게끔 쓰였다. 어떻게 이것이 가능했을까? 세계적인 교회사 학자이자 종교개혁 분야의 대가인 스콧 헨드릭스는 자신의 모든 실력과 필력을 최상의 "학교 강의"라는 목표를 위해 쏟아부었다. 미래의 신학자, 목사, 평신도 지도력들이 루터 생애의 핵심적인 사건과 사상들을 역사적 맥락 속에서 치우침 없이 공부해 나갈 수 있도록 세심한 노력을 기울였다. 루터 한 사람을 다루지만 그가 속한 시대를 함께 보여 주고, 종교개혁 시대의 특수한 역사적 상황을 다루지만 인간의 보편적 곤경과 비전을 결부시켰다. 이 책의 독자들은 루터를 통해 그 시대를 보고, 종교개혁기의 소용돌이 속에서 자기 자신을 성찰할 수 있을 것이다. 진심으로 스콧 헨드릭스에게 감사한다.

이 책을 번역할 수 있는 소중한 기회를 준 IVP에 감사의 말을 전하고 싶다. 번역하는 내내 알뜰한 조언을 준 김진혁 박사에게도 감사한다. 난해한 영어 문장을 독해하는 데 결정적인 도움을 준 김은혜 Grace Kim, 오소연 Sarah Oh, 최순양 박사에게도 고마운 마음을 전한다. 그리고 이 책이 곧 나올 것이라는 소식을 듣고 누구보다도 기뻐하셨던 분, 이 책을 번역하는 아들을 위해 가장 열심히 기도하셨던 분, 나의 아버지, 나의 선제후, 나의 스승, 나의 조언자 고故 손재하 장로께 감사와 사랑의 마음을 담아 이 책이 드디어 출간되었음을 보고드리련다.

2017년 대림절 첫 주, 신촌에서
손성현

옮긴이 **손성현**은 한국외국어대학교 독일어과와 감리교신학대학교 신학과를 졸업한 뒤 동 대학원에서 석사 학위를 받고, 독일 튀빙겐 대학교에서 신학 박사 학위를 받았다. 현재 감리교신학대학교에서 강의하고 있으며, 창천감리교회에서 청년부를 담당하고 있다. 옮긴 책으로는 『로마서』 『칼 바르트』(이상 복있는사람), 『역사적 예수』(다산글방), 『생태주의자 예수』(나무심는사람), 『한스 큉의 이슬람』 (시와진실), 『카이투스』 『어린이 성경』 『이게 뭘까?』(이상 북극곰), 『사랑하라 하고 싶은 일을 하라』(문학의숲) 등이 있다.

마르틴 루터

초판 발행_ 2017년 12월 20일

지은이_ 스콧 헨드릭스
옮긴이_ 손성현
펴낸이_ 신현기

펴낸곳_ 한국기독학생회출판부
등록번호_ 제313-2001-198호(1978.6.1)
주소_ 04031 서울 마포구 동교로 156-10
대표 전화_ (02)337-2257 팩스_ (02)337-2258
영업 전화_ (02)338-2282 팩스_ 080-915-1515
홈페이지_ http://www.ivp.co.kr 이메일_ ivp@ivp.co.kr
ISBN 978-89-328-1601-2
ISBN 978-89-328-1603-6 (세트)

ⓒ 한국기독학생회출판부 2017

책값은 뒤표지에 있습니다.
무단 전재와 복제를 금합니다.